Post-BRICs 경제의 이해

이 재 기 저

청목출판사

머 리 말

BRICs는 거대신흥시장인 브라질(Brazil), 러시아(Russia), 인도(India), 중국(China)의 네 나라를 의미하며 골드만삭스(Goldman Sachs)는 BRICs가 2050년이면 G6에 진입하는 것으로 전망한 바 있다. BRICs는 미국의 투자은행인 골드만삭스의 이코노미스트인 도미니크 윌슨(Dominic Wilson)과 루파 푸루쇼사맨(Roopa Purushothaman)이 2003년 10월 발표한 투자전략보고서인 'BRICs와 함께 꿈을 : 2050년으로 가는 길(Dreaming With BRICs : The Path to 2050)'에서 만든 신조어(新造語)이다.

BRICs가 큰 이변이 없이 성장한다면 이들 국가의 총 경제력은 국내총생산(GDP) 기준으로 2025년에는 현재 세계 최대의 경제력을 자랑하는 미국, 일본, 독일, 프랑스, 영국, 이탈리아 등 소위 G6의 경제규모의 50%에 이르고 2050년에 가서는 이들 국가가 미국, 일본과 함께 G6를 구성하게 되며 중국은 세계 최대의 경제대국이 될 것으로 전망된다.

다수의 경제학자들은 BRICs가 많은 인구와 제조업 기반을 갖추고 있어 고성장으로 선진국을 추월할 잠재력이 충분한 것으로 추정하고 있다.

세계은행(World Bank)은 최근 발표한 세계 경제전망에 관한 보고서에서 세계경제의 성장둔화 가능성을 지적하고 있으나 개발도상국들(developing countries)은 여전히 선진국보다 2배 이상의 높은 경제성장률을 유지할 것으로 전망하고 있다. 이는 여전히 세계 경제성장의 역동성은 개발도상국에서 비롯되는 것임을 시사하는 것으로 이해할 수 있다.

특히, 최근 수년간 세계경제의 성장에 중국을 비롯하여 인도, 러시아 등 BRICs 국가들이 중요한 역할을 해 왔음은 주지의 사실이다. 그러나 일부 경제학자들은 BRICs 시장의 레드오션(red ocean)화를 지적하고, 더 나아가 BRICs 대체시장에 대한 논의도 제기되고 있다. 인구, 국토면적 등을 기준으로 선정된 BRICs 4개국은 상당기간 세계경제의 중요한 한 축을 형성할 것으로 보이나 새로운 시장기회(new market opportunity)를 모색하는 기업들에게는 또 다른 유망한 블루오션(blue ocean) 시장에 대한 기대가 커지고 있다.

BRICs란 신조어를 만들어 국제투자자들의 관심을 제고시켰던 미국의 세계적인 투자은행(investment bank) 골드만삭스(Goldman Sachs)는 BRICs의 뒤를 이어 세계경제를 이끌 11개 나라를 선정해 또다시 'NEXT-11'이라 명명하였다. 골드만삭스가 선정한 11개국은 한국을 비롯하여 방글라데시, 이집트, 인도네시아, 이란, 멕시코, 나이지리아, 파키스탄, 필리핀, 터키, 베트남 등이다. 골드만삭스는 거시경제의 안정성(macroeconomic stability), 정치적 성숙도, 교역 및 투자의 개방도, 교육의 질(quality of education) 등을 고려해 11개국을 선정한 것으로 판단된다. 골드만삭스는 BRICs와 같이 NEXT-11 국가들도 2050년경 세계경제의 중심이 될 것이라는 전망을 하고 있다.

본서는 NEXT-11에 포함된 국가들 중 한국 및 아직은 상대적인 경제활력도(economic vitality)가 저하되어 있는 방글라데시, 이집트, 파키스탄 등 4개국을 제외한 7개 NEXT-11 국가들의 경제전망과 국가별 주요 이슈를 분석하였으며 저자를 비롯한 여러 학자들의 시각과 논리, 그리고 관련참고문헌과 자료를 될 수 있는대로 다양하게 소개하려고 시도하였다. 경우에 따라서는 논리적인 비약도 있으리라 생각된다. 본서가 가지고 있는 내용상의 미흡함에 대해서는 넓은 아량으로 이해해 주기 바란다. 선배 제현과 독자 여러분의 아낌없는 질타와 조언을 기대해 보며 오류로 지적되는 부분이 있으면 차후에 이를 수정할 계획이다.

본서가 나오기까지 여러 동료 교수님들의 성원과 도움이 있었으며 이에 깊은 감사의 말씀을 드리는 바이다. 또한, 원고정리에 많은 수고를 아끼지 않았던 본교 사회과학대학에 재학하고 있는 유대석 군에게 각별히 고마운 마음을 전한다.

출판계의 어려운 사정에도 불구하고 본서의 출판을 흔쾌히 허락해 주신 청목출판사의 유성렬 사장님과 편집에 여러모로 수고해 주신 편집부 여러분에게 진심으로 감사의 말씀을 드린다. 본서의 집필기간 동안 가정에 소홀했음에도 불구하고 항상 사랑과 격려를 보내주고 편안한 안식처를 제공해 준 사랑하는 아내 경심과 군 복무에 열중하고 있는 소중한 아들 형진에게 무한한 감사의 마음을 전한다.

2007년 8월 10일
안서동 연구실에서
이 재 기

차 례

제 2 편 BRICs 및 Post-BRICs의 의의 및 경제전망

제 3 편 BRICs 경제의 주요 이슈

제 5 편 Post-BRICs 경제분석

◈ 부록

제 1 편

세계경제의 동향과 전망

1
chapter

세계경제의 동향

제 1 절 개 관

세계경제는 2006년 중 고유가, 미국 · 유럽연합(EU) 등 주요 국가의 금리인상 등에도 불구하고 5% 내외의 높은 성장률을 기록하며 2003년 이후 4년 연속 장기추세를 상회하는 성장호조가 지속되었다. 이는 미국이 2006년 3분기 이후 성장세가 둔화되고 있으나 연간으로는 전년과 비슷한 3%대 초반의 양호한 성장률을 기록한 데다 유로지역(Euroland) 및 일본이 내수 호조에 힘입어 회복세가 확대되고 중국 등 개발도상국(developing country)도 고성장을 지속한 데 기인한 것으로 판단할 수 있다.

미국경제는 개인소비, 기업설비 및 비(非)주거건설투자 등의 호조를 기반으로 견실한 성장을 기록하였다. 다만 분기별로는 주택경기 둔화에 따른 주택건설 급감으로 2006년 2분기 및 3분기 성장률이 크게 둔화되고 최근 소매판매, 산업생산, 내구재수주 등의 지표가 일부 둔화 조짐을 나타내고 있다.

유로지역경제는 수출이 양호한 가운데 기업투자(corporate investment), 소비 등 내수부문도 호조를 보이며 성장률이 6년내 최고수준인 2%대 중반으로 제고되었으며 실업률도 크게 개선되었다.[1)] 일본과 중국을 제외한 기타 아시아경제는 내수가 다소 둔화되었으나 수출이 호

1) 일본경제는 최근 가계소비(household consumption)가 다소 부진한 모습을 보이고 있으나 기업설비투자 확대 등을 기반으로 회복기조를 지속하고 있다. 중국경제는 고정자산투자와 수출이 급속히 확대되고 소비도 견실한 증가세를 나타냄에 따라 2006년 1~9월 중 10.7% 성장하여 성장세가 전년보다 확대되

조를 보이며 높은 성장세를 지속하였다. 중남미경제도 원자재 수출 호조 등으로 대체로 2005년과 비슷한 양호한 성장세를 유지하였다.

제 2 절 주요 국가(지역)별 동향

1. 미국경제

1.1 경제성장

미국경제는 2006년 2분기부터 성장세가 급속히 둔화되고 있다. 2006년 1분기 중 소비지출과 기업투자의 호조에 힘입어 전기 대비 연율 5.6%를 기록했던 실질 GDP 성장률은 이후 주택경기가 현저하게 둔화되면서 2분기 2.6%, 3분기 2.2%로 크게 둔화되었다. 한편, 4분기에도 전기와 비슷한 성장세를 유지함으로써 연간으로는 3.3% 내외의 성장률을 기록할 것으로 보인다.

1.2 수요

수요부문별로 살펴보면 2006년 1분기에 크게 확대되었던 개인소비지출은 주택경기 둔화의 영향으로 2분기 중 2.6% 증가하는 데 그쳤으나 3분기에는 유가 하락에 따른 구매력(purchasing power) 증대, 고용 호조 및 FRB(연방준비제도이사회, Federal Reserve Board)의 금리인상 중단 등에 힘입어 2.9%로 다시 회복되었다. 소매판매는 상반기에 꾸준한 증가세를 보이다가 하반기 들어 자동차 등 내구재(durable goods) 소비의 둔화에 따라 감소세로 전환되었으며, 소비자신뢰지수는 3분기 중 빠른 상승세를 보였으나 최근 들어 하락세로 반전되었다.

1.3 투자

민간설비투자는 2006년 1분기 중 15.6%나 급증한 후 2분기에 1.4% 감소하였으나 3분기 중 다시 7.2% 증가로 반전되었다. 기업투자의 선행지표인 비방위자본재수주(항공기 제외) 증가율도 2분기에 일시 둔화되었다가 3분기 중 3.5%로 확대되었다. 내구재수주도 3분기 들어 호전되는 모습을 보였다. 다만 10월 중에는 9월에 급증한 운수장비 및 컴퓨터 관련 수주의 급감으로 비방위자본재수주와 내구재수주가 모두 큰 폭으로 감소하였다.

었다. 이에 따라 연중 수차례에 걸쳐 대출금리 및 지불준비율 인상 등 과열억제조치가 단행된 바 있다(한국은행, 조사통계월보, 2006. 12. pp. 72~99 요약 · 재구성).

〈표 1-1〉 미국 경제성장률[1] 추이

(단위 : 전기대비, 연율, %)

	2004	2005					2006		
		연간	1분기	2분기	3분기	4분기	1분기	2분기	3분기
실 질 G D P	3.9	3.2	3.4 〈3.5〉	3.3 〈3.1〉	4.2 〈3.4〉	1.8 〈3.1〉	5.6 〈3.7〉	2.6 〈3.5〉	2.2 〈3.0〉
개 인 소 비	3.9	3.5	2.7	4.2	3.9	0.8	4.8	2.6	2.9
민 간 총 투 자	9.8	5.4	8.2	-3.6	5.2	16.2	7.8	1.0	0.0
기 업 투 자	5.9	6.8	6.0	5.2	5.9	5.2	13.7	4.4	10.0
설 비 투 자[2]	7.3	8.9	6.3	7.9	11.0	2.8	15.6	-1.4	7.2
비주거건설투자	2.2	1.1	5.3	-2.0	-7.0	12.0	8.7	20.3	16.7
민 간 주 택 투 자	9.9	8.6	11.1	20.0	7.1	-0.9	-0.3	-11.1	-18.0
재 고 증 감[3]	53.4	19.6	55.2	-7.4	-12.7	43.5	41.2	53.7	58.0
수 출	9.2	6.8	4.7	9.4	3.2	9.6	14.0	6.2	6.3
수 입	10.8	6.1	4.1	1.4	2.5	13.2	9.1	1.4	5.3
GDP디플레이터[4]	2.8	3.0	3.4	2.5	3.3	3.3	3.3	3.3	1.7
개인소비디플레이터[4]	2.6	2.9	2.3	3.1	4.1	2.9	2.0	4.0	2.4

주 : 1) 계절변동조정 후, 〈 〉안은 전년동기 대비 2) 소프트웨어 포함
3) 연간 환산치(십억 달러) 4) 가격연쇄가중치 기준(2000=100)
자료 : 미 상무부

1.4 주택경기

주택경기는 착공과 거래가 큰 폭으로 감소하고 재고가 급증하는 등 급속히 냉각되는 양상을 나타내고 있다. 신축주택판매(연간환산치)는 3분기 중 전기보다 8.6% 줄어들었으며 10월에는 100.4만호로 2005년 7월 정점에 비해 26.6%나 감소하였다. 주택착공호수도 2분기 -11.8%, 3분기 -8.2%로 급속히 감소하여 10월 중 148.6만호로 2000년 7월 이후 가장 낮은 수준을 기록하고 있으며 건설지출액도 2006년 5월 이후 급속한 감소세를 나타내고 있다.

1.5 제조업 경기

제조업 경기는 2006년 호조세를 보였으나 하반기 들어 점차 둔화되고 있다. 산업생산은 상반기에 5~6%의 높은 증가율을 보인 후 3분기 중 자동차 및 주택관련 부문의 부진으로 4.2%로 둔화되었다. 제조업가동률도 2006년 이후 하락세를 지속하고 있다. ISM제조업지수는 5월부터 하락세를 지속하여 2006년 11월 기준 49.5로 2003년 4월 이후 최초로 기준치를 하회하였다.

1.6 고용

고용사정은 2006년 2분기 중 일시 악화되었으나 3분기 이후 다시 호전되는 모습을 보이고

있다. 실업률(unemployment rate)은 연초부터 지속적으로 하락하다가 7월에 4.8%까지 제고되었으나 이후 하락세를 지속하여 10월 중 4.4%를 기록함으로써 2001년 5월 이후 최저치를 기록하였다. 신규실업수당 신청자수도 2005년 평균보다 낮은 수준을 유지하고 있다. 또한, 비농업부문 취업자수도 3분기 중 월평균 16.7만명 늘어나 2005년 평균(16.5만명)과 비슷한 증가세를 나타내고 있다.

한편, 2006년 1분기 중 상품 · 서비스수지 적자가 10분기 만에 처음으로 전분기보다 감소하였으나 이후 다시 증가하여 2006년 1~9월 중 적자규모는 2005년 동 기간보다 12.3% 증가하는 등 여전히 확대되는 추세를 나타내고 있다.

1.7 물가

소비자 및 생산자물가는 에너지가격 하락으로 인해 2006년 7월 이후 상승세 둔화가 지속되고 있다. 10월 중 소비자물가 상승률은 전년동월 대비 1.3%로 2002년 6월 이후 가장 낮은 수준이며 생산자물가는 1.6% 하락하여 4년만에 처음으로 하락세를 기록하였다. 다만 식료품 및 에너지가격을 제외한 근원소비자물가 상승률은 에너지가격 안정의 영향으로 다소 하락하기는 했으나 10월 중 전년동월 대비 2.7%로 연초보다 크게 높은 수준을 나타내고 있다.

2. 유로지역경제

2.1 경제성장

유로지역경제는 2006년 상반기 중 수출 호조세가 지속되는 가운데 고정투자와 민간소비도 확대되면서 1분기와 2분기에 각각 전기 대비 0.8%와 1.0% 성장하였다. 그러나 3분기에는 고정투자가 위축되면서 성장률이 0.5%로 둔화되는 모습을 보였다. 한편, 4분기에는 민간소비를 중심으로 내수가 다시 확대되면서 3분기 수준의 성장세를 이어가 연간 2% 중반의 성장을 보임으로써 6년래 최고치를 기록할 것으로 보인다.

〈표 1-2〉 유로지역의 경제성장률[1)] 추이

(단위 : 전기대비, %)

	2004	2005					2006		
		연간	1분기	2분기	3분기	4분기	1분기	2분기	3분기
실질GDP	2.0	1.4	0.4 (1.2)	0.4 (1.2)	0.6 (1.6)	0.4 (1.8)	0.8 (2.2)	1.0 (2.8)	0.5 (2.7)
민간소비	1.5	1.3	0.0	0.4	0.7	0.1	0.7	0.3	0.6
정부소비	2.3	2.5	0.3	1.0	1.4	0.6	1.0	2.3	0.8
고정투자	1.2	1.3	0.1	0.5	0.6	0.4	0.9	0.1	0.8
수 출	6.8	4.3	-0.4	1.8	2.6	0.7	3.8	1.1	1.7
수 입	6.7	5.3	-1.0	2.5	2.5	1.6	2.8	1.1	2.1

주 : 1) 계절변동조정 후, ( )안은 전년동기 대비
자료 : EU 통계청

국가별로 살펴보면 역내 경제대국인 독일은 수출이 호조를 지속한 가운데 설비투자를 중심으로 고정투자가 크게 증가하고 2007년 부가가치세율 인상을 앞두고 민간소비도 일시적으로 증가하면서 경제성장률이 6년래 최고치인 2.3%를 기록할 것으로 보인다. 프랑스도 민간소비와 고정투자가 호조를 보인 데다 수출증가세가 확대되면서 성장률이 전년보다 크게 상승한 2.2%를 기록하고, 이탈리아도 내수 호조에 힘입어 1.7% 내외의 성장세를 시현할 것으로 기대된다.

〈표 1-3〉 주요 국가별 경제성장률[1)] 추이

(단위 : 전기대비, %)

	2004		2005					2006		
			연간	1분기	2분기	3분기	4분기	1분기	2분기	3분기
독 일	[28.0]	1.2	0.9	0.6 (0.4)	0.3 (0.8)	0.5 (1.5)	0.3 (1.7)	0.8 (1.9)	1.1 (2.7)	0.6 (2.8)
프 랑 스	[21.4]	2.3	1.2	0.1 (1.6)	-0.1 (0.8)	0.8 (1.4)	0.2 (0.9)	0.5 (1.4)	1.2 (2.6)	0.0 (1.8)
이탈리아	[17.7]	1.1	0.0	-0.4 (-0.3)	0.6 (0.0)	0.3 (0.1)	0.0 (0.5)	0.7 (1.6)	0.5 (1.5)	0.3 (1.5)

주 : 1) 계절변동조정 후, ( )안은 전년동기 대비
2) [ ]안은 유로지역에서 차지하는 비중(2005년 경상GDP 기준)
자료 : EU 통계청

2.2 경기심리지표

유로지역의 주요 경기심리지표는 경제성장세가 확대되면서 높은 수준을 유지하고 있다. 유로지역의 경기체감지수(ESI)는 2006년 들어 상승세를 지속하며 10월 110.4로 2001년 2월(110.8) 이후 최고치를 기록하였다. 제조업 구매관리자지수(PMI)도 11월 중 56.6으로 2005년

7월부터 기준치(50)를 지속적으로 상회하고 있다. 또한, 독일의 Ifo지수는 2006년 11월 106.8로 15년 만의 최고치를 기록하였다. 프랑스의 INSEE지수도 2006년 4월 109로 5년만의 최고치를 기록한 이후 다소 하락하였으나 11월 107로 여전히 높은 수준을 유지하고 있다.

2.3 고용

고용사정은 2006년 들어 지속적으로 개선되는 모습을 보이고 있다. 실업률은 2005년 8.6%로 높은 수준을 보였으나 2006년 들어 독일, 프랑스, 스페인 등을 중심으로 지속적으로 하락하여 2006년 10월에는 2001년 4월 이후 최저 수준인 7.7%를 기록하였다. 국가별로는 경제규모가 큰 프랑스(8.8%), 스페인(8.4%), 독일(8.2%) 등이 상대적으로 높은 반면 네덜란드(3.9%), 아일랜드(4.2%), 오스트리아(4.7%) 등은 낮은 수준을 나타내었다.

2.4 경상수지

경상수지는 2006년 1~9월 중 148억 유로의 적자를 기록하여 전년동기(72억 유로 흑자)보다 크게 악화되었다. 이는 수출이 전년동기 대비 13.7% 증가에 그친 반면 수입은 고유가 등에 따라 18.5% 증가함으로써 상품수지 흑자폭이 크게 감소한 데다 경상이전수지가 대규모 적자(2005. 1~9월 중 497억 유로 → 2006. 1~9월 중 496억 유로)를 지속한 데 주로 기인하였다. 국가별로는 독일이 2006년 1~9월 중 전년동기(645억 유로)보다 확대된 665억 유로의 흑자를 기록하였으나 프랑스는 동 기간 중 220억 유로의 적자를 기록하여 2005년(190억 유로 적자)보다 적자폭이 크게 확대되었다.

2.5 물가

소비자물가(HICP 기준)는 2006년 상반기에 고유가가 지속되면서 1~8월 중 상승률이 전년동기 대비 2.4%로 확대되었으나 9~11월 중에는 유가 상승세가 둔화되면서 유럽중앙은행(ECB : European Central Bank)의 물가안정목표(2.0%)를 하회하는 1.7% 내외를 유지하였다.[2] 국가별로 보면 2006년 1~10월 중 스페인(3.8%), 그리스(3.3%), 포르투갈(3.2%) 등이 높은 상승세를 나타낸 반면 핀란드(1.3%), 네덜란드(1.6%), 오스트리아(1.7%) 등은 안정되었다. 한편, 소비자물가에서 에너지 및 비가공식품 가격을 제외한 근원인플레이션율은 2006년 들어 1.4% 내외에 그쳐 안정된 모습을 나타내고 있다.

---

2) 유로지역 종합소비자물가지수(HICP : Harmonized Index of Consumer Prices)는 각국 HICP를 국가별 민간소비지출 비중으로 가중평균하여 산출된다. 각국 지수에 포함되는 바스켓(basket) 항목은 동일하나 항목별 가중치는 매년 가중치가 변화하는 연쇄지수(chain index)로 산출된다.

3. 기타 아시아경제

3.1 경제성장

아시아경제(일본, 중국 제외)는 고유가, 고금리의 영향으로 내수가 다소 부진하였으나 수출 호조가 지속됨으로써 높은 성장세를 지속하고 있다. 특히, 인도경제는 9% 전후의 높은 성장률을 기록하고 있다. 다만 최근에는 싱가포르와 필리핀에서 수출 증가세가 둔화되고 태국에서는 개인소비가 감소하여 성장률이 하락하였다. 2006년 4분기에는 내수 약세와 더불어 수출도 증가세가 다소 둔화되어 연간으로는 2005년과 비슷한 수준의 성장률을 달성할 것으로 보인다.

〈표 1-4〉 아시아 국가의 실질GDP 성장률 추이

(단위 : 전년동기대비, %)

	2004	2005					2006		
		연간	1분기	2분기	3분기	4분기	1분기	2분기	3분기
대만	6.2	4.0	2.5	2.9	4.2	6.4	4.9	4.6	5.0
홍콩	8.6	7.3	6.0	7.2	8.2	7.5	8.0	5.5	6.8
싱가포르	7.5	6.4	3.4	5.7	7.6	8.7	10.7	8.2	7.2
태국	6.2	4.5	3.5	4.7	5.5	4.3	6.1	5.0	4.7
말레이시아	7.3	5.2	6.1	4.1	5.3	5.2	5.9	6.2	5.8
인도네시아	5.1	5.4	5.6	5.7	5.4	4.7	4.8	5.1	5.5
필리핀	6.4	4.9	4.2	5.4	4.8	5.3	5.7	5.8	4.8
인도	7.4	8.3	8.6	8.5	8.4	7.5	9.3	8.9	9.2

자료 : CEIC 및 각국 통계청

3.2 소비

개인소비는 대부분의 국가에서 증가세가 둔화되었다. 특히, 가계부채(household debt) 문제로 대출규제가 강화된 대만과 정치불안정(political instability)과 홍수피해 등을 경험한 태국에서는 부진이 지속되고 있다. 홍콩, 말레이시아 등에서는 고용 및 소득환경의 개선에 힘입어 최근 소비가 다소 회복되는 양상을 나타내고 있다.

3.3 투자

설비투자는 고금리 등으로 투자심리가 악화되면서 대부분의 국가에서 증가세가 둔화되었다. 최근 들어 홍콩과 대만에서는 수출 호조에 힘입어 설비투자 증가세가 확대되는 모습을 나타내고 있으나 향후 수출 증가세 둔화에 따라 다시 약세로 전환될 것으로 보인다.

〈표 1-5〉 아시아 국가의 수출 증가율 추이

(단위 : 전년동기대비, %)

	2004	2005					2006					
		연간	1분기	2분기	3분기	4분기	1분기	2분기	3분기	8월	9월	10월
대 만	21.8	9.0	8.6	5.9	7.1	14.2	13.1	14.0	18.6	16.6	18.1	5.6
홍 콩	16.1	11.5	11.0	12.4	12.6	9.9	13.1	5.3	8.4	9.9	4.7	7.9
싱가포르	20.6	13.9	11.4	10.9	12.4	20.7	22.7	17.2	12.3	10.5	12.7	2.7
태 국	21.6	15.2	13.2	13.9	22.6	11.1	17.9	15.8	16.4	17.0	14.5	20.9
말레이시아	20.7	11.1	13.5	10.8	7.6	12.5	11.7	9.5	14.0	14.7	11.4	-3.4
인도네시아	17.2	20.8	32.1	24.5	12.5	14.2	13.7	17.2	20.8	22.2	16.8	9.6
필리핀	9.5	4.3	4.2	3.7	5.3	4.0	14.0	19.5	15.8	21.3	13.2	..
인 도	24.6	26.3	16.5	33.3	29.0	26.6	19.5	21.5	26.1	20.5	21.9	11.4

자료 : CEIC 및 각국 통계청

3.4 수출

수출은 세계경기 확대를 기반으로 전기 · 전자, IT 관련 제품을 중심으로 호조를 보였으나 2006년 10월 들어서는 대부분의 국가에서 증가율이 대폭 하락하였다. IT 재고조정, 미국경제 감속 등의 영향으로 수출증가율 둔화는 당분간 지속될 것으로 보인다.

〈표 1-6〉 아시아 국가의 소비자물가 변동 추이

(단위 : 전년동기대비, %)

	2004	2005					2006					
		연간	1분기	2분기	3분기	4분기	1분기	2분기	3분기	8월	9월	10월
대 만	1.6	2.3	1.6	2.1	3.0	2.5	1.4	1.5	-0.3	-0.6	-1.2	-1.2
홍 콩	-0.4	1.0	0.4	0.8	1.4	1.3	1.6	2.1	2.3	2.5	2.1	2.0
싱가포르	1.7	0.5	0.3	0.1	0.5	1.1	1.4	1.2	0.7	0.7	0.4	0.4
태 국	2.7	4.5	2.8	3.7	5.6	6.0	5.7	6.0	3.6	3.8	2.7	2.8
말레이시아	1.5	3.1	2.5	3.0	3.4	3.3	3.7	4.1	3.6	3.3	3.3	3.1
인도네시아	6.1	10.4	7.8	7.6	8.6	17.8	16.9	15.5	14.9	14.9	14.6	6.3
필리핀	5.7	7.1	8.0	7.5	6.6	6.1	6.2	6.1	5.2	5.3	5.0	5.1
인 도	3.8	4.2	4.2	4.0	3.7	5.0	5.1	6.4	6.6	6.0	6.8	7.6

자료 : CEIC 및 각국 통계청

3.5 물가

소비자물가는 고유가로 높은 상승률을 지속하였으나 2006년 하반기 들어 국제유가 하락에 따라 석유관련 제품가격이 안정되며 상승세가 둔화되었다. 특히, 인도네시아와 태국 등 연료보조금 인하로 인플레이션 압력(inflationary pressure)이 확대되었던 국가에서는 물가상승폭이 크게 축소되었다. 최근에는 유가가 다시 상승하고 있어 소비자물가 상승률이 지속적으로 크게 둔화되지는 않을 것으로 보인다.

4. 중남미경제

4.1 경제성장

중남미경제는 대체로 2005년과 비슷한 성장세를 유지하였다. 브라질은 2006년 2분기에 성장이 일시 둔화되었으나 중앙은행의 지속적인 금리인하에 힘입어 3분기 이후 성장세가 다시 확대되었다.[3] 아르헨티나의 성장률은 2005년에 비하여 소폭 둔화되었으나 여전히 8% 내외의 높은 수준을 유지하고 있다. 반면 칠레는 수출호조 등 대외여건의 개선에도 불구하고 투자부진에 따라 2006년 중 성장세가 지속적으로 둔화되는 모습을 보이고 있다. 멕시코는 고유가, 재정지출 확대, 대미수출 호조 등으로 인해 2005년 보다 성장세가 크게 확대되었으며, 베네수엘라도 유가상승에 힘입어 6분기 연속 10%를 상회하는 높은 성장세를 지속하고 있다.

〈표 1-7〉 중남미 국가의 경제성장률 추이

(단위 : 전년동기대비, %)

	2004	2005					2006		
		연간	1분기	2분기	3분기	4분기	1분기	2분기	3분기
브 라 질	4.9	2.3	2.8	4.0	1.0	1.4	3.3	1.2	3.2
아르헨티나	9.0	9.2	8.0	10.4	9.2	9.0	8.8	7.9	..
칠 레	6.2	6.3	6.6	7.2	5.8	5.8	5.2	4.4	2.9
멕 시 코	4.2	3.0	2.4	3.3	3.4	2.7	5.5	4.7	4.6
베네수엘라	17.9	9.3	8.4	11.7	10.2	10.9	10.1	10.2	10.2

자료 : IMF, Bloomberg

4.2 수출

수출은 유가 및 원자재가격의 강세, 미국경기 호조 등으로 인해 높은 증가세를 유지하였다. 브라질은 2006년 2분기 중 수출증가세가 소폭 둔화되는 모습을 보였으나 3분기에는 다시 20%대로 확대되었다. 칠레는 주요 수출품인 구리가격의 급등, 미국 및 유럽연합(EU) 지역에 대한 수출 확대 등에 힘입어 전년동기 대비 50%를 상회하는 높은 수출 증가세를 유지하고 있다. 베네수엘라도 고유가에 힘입어 수출이 급속히 증가하고 있다.

---

3) 브라질 중앙은행은 경기회복을 위해 12차례에 걸쳐 기준금리를 2005년 10월 19.5%에서 2006년 11월 13.25%로 6.25%포인트 인하하였다.

〈표 1-8〉 중남미 국가의 수출 증가율 추이

(단위 : 전년동기대비, %)

	2004	2005		2006					
		연간	4분기	1분기	2분기	3분기	9월	10월	11월
브 라 질	32.0	22.6	20.6	20.2	7.8	20.5	18.0	27.8	10.0
아르헨티나	16.9	16.1	21.4	17.1	12.6	11.8	17.3	25.1	··
칠 레	48.7	25.9	25.7	39.7	45.3	57.0	57.0	43.9	··
멕 시 코	14.1	14.0	19.4	25.5	18.1	16.9	12.7	16.0	··
베네수엘라	45.9	39.8	36.9	36.1	33.9	12.0	-	-	-

자료 : Bloomberg, 각국 통계청

4.3 물가

소비자물가는 2005년에 비해 대체로 상승세가 둔화되는 양상을 나타내고 있다. 브라질은 지속적인 금리인하에도 불구하고 물가 상승세가 둔화되고 있다. 또한, 칠레의 소비자물가 상승률도 2004년 말부터 지속된 금리인상의 영향으로 2006년 10월 중 2.1%까지 하락하였다. 멕시코도 3~4% 내외의 상승률을 유지하고 있다. 다만 아르헨티나는 정부의 물가안정대책에도 불구하고 2006년 10월 중 소비자물가 상승률이 전년동월 대비 10.5%를 나타내었다. 베네수엘라도 2006년 상반기에 상승세가 일시 둔화되다가 하반기 들어 다시 15% 내외의 높은 상승세를 나타내고 있다.

〈표 1-9〉 중남미 국가의 소비자물가 상승률 추이

(단위 : 전년동기대비, %)

	2004	2005		2006					
		연간	4분기	1분기	2분기	3분기	9월	10월	11월
브 라 질	6.6	6.9	6.1	5.5	4.3	3.8	3.7	3.3	··
아르헨티나	4.4	9.6	11.7	11.6	11.4	10.6	10.4	10.5	··
칠 레	1.1	3.1	3.8	4.1	3.8	3.5	2.8	2.1	··
멕 시 코	4.7	4.0	3.1	3.7	3.1	3.5	4.1	4.3	··
베네수엘라	21.7	15.9	15.2	12.6	11.2	14.6	15.4	15.5	15.8

자료 : IMF, Bloomberg, 각국 통계청

제 3 절 국제금융 및 원자재가격 동향

1. 국제금융시장

국제금융시장(international financial market)은 2006년 중반경 인플레이션 압력 증대에 따른 주요 국가의 금리인상 전망, 세계경기 둔화 가능성 증대 등으로 주가와 환율 등이 큰 폭으로 변동하기도 하였으나 이후 FRB가 금리를 동결한 가운데 유가가 하향조정되면서 전반적으로 안정적인 모습을 나타내었다.

1.1 주가

주요 국가 주가는 2006년 5~6월 조정 이후 완만히 상승하여 12월 기준 대체로 전년말 수준을 상회하였다. 미국 주가는 성장둔화 가능성 증대에도 불구하고 기업실적 호조, FRB 금리인상 종료기대, 유가하락 등으로 강세를 보이며 12월 중순 기준 다우존스(DJIA : Dow Jones Industrial Average) 지수 및 나스닥(NASDAQ) 지수가 전년 말보다 각각 15%, 11% 상승하였다. 유로지역(Euroland) 및 일본 주가도 미국주가와 동조하는 가운데 경기회복세 지속 등으로 각각 전년말 대비 12%, 4% 상승하였다.

1.2 환율

미 달러화는 2006년 4~5월 중 큰 폭의 약세를 보인 후 강보합세를 이어가다 10월 하순 이후 경기둔화에 따른 FRB의 금리인하 가능성이 제기되면서 다시 급격한 약세로 전환되었다. 연중으로는 유로(Euro)화에 대해 대폭 평가절하된 반면 엔(Yen)화에 대해서는 상대적으로 소폭 평가절하되는 데 그쳤다. 이는 ECB가 유로지역의 성장확대를 배경으로 지속적으로 금리를 인상한 데 비해 일본은행은 2006년 7월 한 차례 금리인상 이후 금리조정을 동결한 데 주로 기인하였다.[4] 2006년 12월 11일 기준 달러화는 엔화 및 유로화에 대해 각각 전년말 대비 1%, 11% 평가절하된 116.6엔/달러 및 1.32달러/유로를 기록하였다.

---

4) ECB는 2005년 12월 기준금리를 2.0%→2.25%로 인상한 데 이어 2006년 중 5차례(3, 6, 8, 10, 12월)에 걸쳐 기준금리를 3.5%까지 인상한 바 있다.

1.3 금리

미국 국채(國債)금리(10년 만기)는 2006년 상반기 중 FRB의 금리인상에 따라 지속적으로 상승하여 6월말경 5.25%까지 상승하였으나 이후 경기둔화 및 인플레이션 압력 완화 등으로 하락세로 반전되어 12월 중순 기준 4.5% 수준으로 하락하였다. 이에 따라 2006년 하반기 이후 장단기금리(3개월과 10년 만기 국채간) 역전현상이 심화되어 12월 중순 기준 금리차가 50bp 내외로 확대되었다.

한편, 회사채(會社債) 신용스프레드는 투자등급 회사채의 경우 대체로 전년보다 소폭 축소된 수준에서 안정된 모습을 보이고 있는 반면 투기등급인 정크본드(junk bond) 신용스프레드는 2006년 5월 이후 확대되어 전년말보다 다소 높은 수준에서 등락하는 모습을 나타내고 있다.

2. 국제원자재시장

2.1 국제유가

국제유가는 2006년 들어 이란 핵문제 등 지정학적 위험(geopolitical risk)에 따른 공급차질 우려 등으로 강세를 지속하며 8월초 사상최고치를 경신하였으나 이후 큰 폭의 조정을 받으며 고점 대비 20% 이상 하락하였다. 이는 이스라엘과 레바논간 휴전 등으로 중동지역의 긴장이 완화된 가운데 세계 원유수요 증가세 둔화, 원유재고 증가 등으로 수급여건이 양호한 데 주로 기인하였다.[5] 2006년 10월 이후 유가는 55~60달러 범위에서 안정된 모습을 보이다 석유수출국기구(OPEC)의 감산, 동절기 난방유 수요 증가 등으로 11월 하순 이후 다소 반등하였다. 12월 11일 기준 브렌트(Brent) 유가는 전년말 대비 7% 상승한 62.6달러, 두바이(Dubai) 유가는 10% 상승한 58.3달러를 기록하였다.[6]

2.2 기타원자재 가격

기타원자재 가격(IMF 비연료원자재 가격)은 2006년 하반기 이후 급등세가 진정되면서 강보합세를 보였으나 상반기 중 급등의 영향으로 2006년 1~10월 중 전년동기 대비 27% 상승하여 2005년 연간 10.3%에 비해 상승세가 크게 확대되었다. 품목별로는 동, 알루미늄 등 상반

5) IEA, EIA, OPEC 등 국제기구들은 연초 2006년 원유수요가 전년 대비 1.9~2.2% 증가할 것으로 전망하였으나 11월 기준 1.2~1.4%로 전망치를 대폭 하향조정하였다.

6) 2006년 10월 20일 카타르에서 개최된 OPEC 긴급회의에서 회원국들은 2006년 11월 1일부터 120만bpd를 감산하기로 합의한 바 있다.

기에 급등했던 비철금속(非鐵金屬) 가격이 하반기 들어 경기둔화 우려 등으로 다소 주춤하는 반면 소맥, 옥수수 등 곡물(穀物) 가격은 주산지 기상여건 악화 등으로 2006년 9월 이후 크게 상승하였다.

2
chapter

세계경제의 전망

제1절 개 관

세계경제는 2007년에 미국을 중심으로 성장률이 다소 하락하겠으나 유로지역(Euroland) 및 일본의 회복세 지속, 중국의 고성장 등에 힘입어 장기평균을 초과하는 4% 중반의 양호한 성장을 지속할 것으로 보인다.[1] 다만 미국경기의 예상외 큰 폭 둔화, 세계경제 불균형(global economic imbalance)의 급격한 조정 및 환율불안 가능성 등 위험요인도 잠재해 있다.

미국경제는 주택경기 및 개인소비 위축 등으로 잠재성장률(3% 내외)을 하회하는 2% 중반으로 성장이 둔화될 것으로 보인다. 다만 고용, 기업이익(corporate profit) 등이 양호하여 경기의 급락 가능성은 크지 않을 것으로 전망된다.

유로지역은 금리인상 효과, 재정건전화 정책, 수출 둔화 등으로 성장률이 2006년보다 다소 하락할 것으로 보이나 기조적으로는 회복세를 지속할 것으로 보인다. 한편, 기타 아시아경제(일본, 중국 제외)는 세계성장 감속에 따른 수출둔화 영향으로 2006년에 비해 성장률이 하락할 것으로 전망되며 중남미경제도 미국경기 둔화, 유가 및 원자재가격 안정 등의 영향으로 성장세가 소폭 둔화될 것으로 보인다.

1) 과거 10년(1996~2005) 평균 세계성장률은 4.0%였다(한국은행, 조사통계월보, 2006. 12. pp. 100~112 요약 · 재구성).

〈표 2-1〉 세계경제 성장률 전망

(단위 : 전년대비, %)

	세계	선진국	미국	일본	유로지역	NIAEs[2]	개도국	중국
2005년[1]	4.9	2.6	3.2	2.7	1.4	4.5	7.4	10.2
2006년[e]								
IMF	5.1	3.1	3.4	2.7	2.4	4.9	7.3	10.0
World Bank	5.1	3.0[3]	3.3	2.9	2.3	-	-	10.4
EU집행위원회	5.1	3.1	3.4	2.6	2.6	-	7.5	10.4
OECD	-	3.2[3]	3.3	2.8	2.6	-	-	10.6
Global Insight	3.94)	-	3.3	2.5	2.6	-	-	10.5
2007년[e]								
IMF	4.9	2.7	2.6	2.1	2.0	4.4	7.2	10.0
World Bank	4.5	2.4[3]	2.4	2.4	1.9	-	-	9.6
EU집행위원회	4.6	2.5	2.3	2.1	2.1	-	7.1	9.8
OECD	-	2.5[3]	2.4	2.0	2.2	-	-	10.3
Global Insight	3.3[4]	-	2.4	2.1	1.9	-	-	9.2

주 : 1) 국가별 실적치 또는 IMF 추정치 2) 한국, 대만, 싱가포르, 홍콩
3) OECD 회원국 기준 4) 시장환율 기준

자료 : IMF, World Economic Outlook(2006. 9), Regional Economic Outlook(2006. 11)
World Bank, East Asia Update(2006. 11)
EU집행위원회, Economic Forecasts(2006. 11)
OECD, Economic Outlook(2006. 11)
Global Insight, Global Executive Summary(2006. 11)

제 2 절 주요 국가(지역)별 전망

1. 미국경제

1.1 경제성장

미국경제는 주택경기 둔화의 영향이 2007년 중반까지 지속되겠으나 다른 부문이 견실한 양상을 나타낼 것으로 보여 2007년 중 성장률이 급락하기보다는 잠재성장률(potential growth rate)을 소폭 하회하는 수준으로 둔화될 것으로 보인다.

1.2 소비

개인소비는 주택경기의 냉각에도 불구하고 유가 안정, 견실한 고용 및 소득 증가 등에 힘

입어 소폭 둔화에 그칠 것으로 전망된다.

1.3 투자

총투자는 기업이익 호조와 내·외부 자금조달여건의 개선 등으로 기업투자(corporate investment)가 높은 증가세를 지속할 것으로 예상되나 주택건설투자의 감소가 향후 수분기 동안 이어질 것으로 보여 2007년 중에는 증가세가 크게 둔화될 것으로 기대된다.

1.4 수출

수출은 달러화 약세에도 불구하고 2007년 중 일본, 유로지역 등 주요 교역상대국의 경제성장세가 2006년보다 둔화되면서 증가세가 소폭 낮아질 것으로 전망된다. 다만 경기둔화로 수입이 더욱 부진할 것으로 보여 순수출의 성장기여도는 개선될 것으로 보인다.

〈표 2-2〉 미국 경제성장률 전망

(단위 : 전기대비 연율, %)

	(전망시점)	2005	2006					2007e		
			1분기	2분기	3분기	4분기	연간[e]	1분기	2분기	연간
실적치		3.2	5.6	2.6	2.2					
전망치										
IMF	(2006. 11)						3.4			2.6
OECD	(2006. 11)					3.0	3.3			2.4
CITI	(2006. 11)					2.3	3.3	3.0	3.7	2.8
JP Morgan	(2006. 12)					2.0	3.3	2.5	3.0	2.6
Lehman Brothers	(2006. 12)					2.2	3.3	2.5	2.8	2.5
Deutsche Bank	(2006. 12)					0.0	3.3	2.1	2.6	2.3
Goldman Sachs	(2006. 12)					2.0	3.3	2.0	2.0	2.1
UBS	(2006. 12)					2.0	3.2	1.8	1.9	2.0
Merrill Lynch	(2006. 12)					1.4	3.3	1.8	1.2	1.7

2. 유로지역경제

2.1 경제성장

유로지역경제는 수출 증가율이 하락하고 고정투자(fixed investment)도 위축되어 GDP성장률이 2006년 중 2% 중반에서 2007년에는 2.0% 내외로 둔화될 것으로 전망된다.

2.2 물가

소비자물가는 간접세 인상 등의 불안요소가 있으나 유가 안정세가 당분간 지속될 것으로 예상됨에 따라 2007년 중에도 2006년과 비슷한 수준인 2.1% 내외의 상승률을 보일 것으로 전망된다.

〈표 2-3〉 유로지역 성장 및 물가 전망

(단위 : 전년대비, %)

	(전망시점)	실질GDP 성장률			소비자물가 상승률		
		2005	2006e	2007e	2005	2006e	2007e
EU 집행위원회	(2006. 11)	1.4	2.6	2.1	2.2	2.2	2.1
OECD	(2006. 11)		2.6	2.2		2.2	1.9
Deutsche Bank	(2006. 12)		2.6	1.6		2.3	2.2

2.3 수요

수요부문별로 보면 민간소비가 간접세 인상의 파급효과 등으로 증가세가 둔화되고 고정투자도 설비투자는 호조세를 지속하겠으나 일부 회원국의 주택경기 냉각과 금리인상의 영향으로 건설투자가 위축되면서 2006년 보다 둔화될 것으르 예상된다.

2.4 수출

수출도 미국경기의 감속에 따른 세계경제 성장세 둔화로 2006년 보다는 위축될 것으로 보인다.

〈표 2-4〉 유로지역의 수요부문별 전망

(단위 : 전년대비, %)

	2005	2006e	2007e
실질GDP 성장률	1.4	2.6	2.1
민 간 소 비	1.4	2.0	1.6
고 정 투 자	2.5	4.3	3.0
정 부 소 비	1.4	2.0	1.4
수 출	4.3	7.9	6.0
수 입	5.3	7.5	5.7

자료 : EU 집행위원회, Economic Forecasts, 2006. 11.

2.5 주요 국가별 전망

주요 국가별로 보면 독일은 수출 증가세가 둔화되고 부가가치세율 인상에 따른 민간소비 위축으로 2006년 보다 둔화된 1% 중반의 성장세를 기록할 것으로 보인다. 반면 프랑스는 가계의 가처분소득(disposable income)이 증가하면서 민간소비가 확대되고 장기평균을 상회하는 설비가동률과 양호한 자금조달 여건에 힘입어 투자활성화(investment vitalization)가 발생하여 2006년 보다 확대된 2% 초반의 성장을 보일 것으로 전망된다. 또한, 이탈리아는 민간소비와 수출 증가세가 다소 둔화되기는 하겠으나 설비투자를 중심으로 고정투자가 호조를 지속하면서 2006년에 이어 1% 중반의 성장을 지속할 것으로 보인다.

〈표 2-5〉 주요 국가별 GDP 성장률 전망

(단위 : 전년대비, %)

		(전망시점)	2005	2006e	2007e
독 일	EU 집행위원회	(2006. 11)	0.9	2.4	1.2
	OECD	(2006. 11)		2.6	1.8
	Deutsche Bank	(2006. 12)		2.2	0.6
프 랑 스	EU 집행위원회	(2006. 11)	1.2	2.2	2.3
	OECD	(2006. 11)		2.1	2.2
	Deutsche Bank	(2006. 12)		2.3	1.8
이탈리아	EU 집행위원회	(2006. 11)	0.0	1.7	1.4
	OECD	(2006. 11)		1.8	1.4
	Deutsche Bank	(2006. 12)		1.6	1.3

2.6 실업률

실업률은 기업의 수익 개선으로 설비투자가 호조를 보이는 데다 노동개혁(labor reform)의 효과가 점차 나타나면서 고용이 증대되어 2007년에는 2006년 보다 개선된 7%대 중반으로 하락할 것으로 전망된다.

〈표 2-6〉 유로지역 실업률 전망

(단위 : 전년대비, %)

	(전망시점)	2005	2006e	2007e
EU 집행위원회	(2006. 11)	8.6	8.0	7.7
OECD	(2006. 11)		7.9	7.4
Lehman Brothers	(2006. 12)		7.9	7.5

3. 기타 아시아경제

아시아경제(일본, 중국 제외)는 2007년 상반기에 미국 등 세계경제 감속의 영향으로 그동안 성장을 견인해 온 수출의 증가세가 둔화되어 2006년에 비해 성장률이 하락할 것으로 보인다. 다만 소비자 물가 및 금리 상승세 둔화로 내수가 회복되면서 성장률 하락폭은 크지 않을 것으로 보인다. 다만 인도네시아는 연료가격 인상 부담이 약화되고 중앙은행이 적극적으로 금리를 인하하고 있어 2007년에 성장이 다소 가속될 것으로 전망된다.

〈표 2-7〉 아시아국가 성장률 전망

(단위 : 전년동기 대비, %)

		(전망시점)	2005	2006				2007e
				1분기	2분기	3분기	연간e	
홍콩	실적치		7.3	8.0	5.5	6.8		
	IMF	(2006. 9)					6.0	5.5
	ADB	(2006. 9)					6.5	5.2
	Global Insight	(2006. 12)					5.6	4.7
	투자은행[1)]	(2006. 12)					6.0~6.7	5.0~5.5
대만	실적치		4.0	4.9	4.6	5.0		
	IMF	(2006. 9)					4.0	4.2
	ADB	(2006. 9)					4.3	4.0
	Global Insight	(2006. 12)					3.8	3.6
	투자은행[1)]	(2006. 12)					4.0~4.5	3.5~4.5
싱가포르	실적치		6.4	10.7	8.2	7.2		
	IMF	(2006. 9)					6.9	4.5
	ADB	(2006. 9)					6.6	4.6
	Global Insight	(2006. 12)					8.0	5.5
	투자은행[1)]	(2006. 12)					7.6~8.2	0.3~6.7
태국	실적치		4.5	6.1	5.0	4.7		
	IMF	(2006. 9)					4.5	5.0
	ADB	(2006. 9)					4.2	4.0
	Global Insight	(2006. 12)					4.9	5.3
	투자은행[1)]	(2006. 12)					4.3~4.9	3.2~5.5
말레이시아	실적치		5.2	5.9	6.2	5.8		
	IMF	(2006. 9)					5.5	5.8
	ADB	(2006. 9)					5.2	5.0
	Global Insight	(2006. 12)					5.6	5.5
	투자은행[1)]	(2006. 12)					5.5~5.9	4.6~5.5

		(전망시점)	2005	2006				2007e
				1분기	2분기	3분기	연간e	
인도네시아	실적치		5.4	4.8	5.1	5.5		
	IMF	(2006. 9)					5.2	6.0
	ADB	(2006. 9)					5.4	6.0
	Global Insight	(2006. 12)					5.2	5.4
	투자은행[1)]	(2006. 12)					5.3~5.4	5.5~6.3
필리핀	실적치		4.9	5.7	5.8	4.8		
	IMF	(2006. 9)					5.0	5.4
	ADB	(2006. 9)					5.4	5.3
	Global Insight	(2006. 12)					5.3	4.9
	투자은행[1)]	(2006. 12)					5.1~5.9	4.3~6.5
인도	실적치		8.3	9.3	8.9	9.2		
	IMF	(2006. 9)					8.3	7.3
	ADB	(2006. 9)					7.8	7.8
	Global Insight	(2006. 12)					7.9	7.6
	투자은행[3)]	(2006. 12)					8.4~8.9	7.0~7.5

주 : 1) 5개 투자은행 전망치
2) 회계연도 기준(당년 4. 1 ~ 익년 3. 31)
3) 3개 투자은행 전망치

4. 중남미경제

중남미경제는 2007년 중 미국경기 둔화, 유가안정 등의 영향으로 전반적으로 2006년보다는 성장세가 소폭 둔화될 것으로 예상된다. 아르헨티나는 내수와 수출이 모두 2006년보다 둔화될 것으로 보이며, 멕시코도 미국경기 둔화의 영향으로 성장률이 하락할 것으로 전망된다. 베네수엘라 역시 국제유가 하락, 민간투자 부진 등에 따라 2006년보다 낮은 성장에 그칠 것으로 전망된다.

그러나 브라질은 견실한 소비 및 투자 증가세에 힘입어 2006년보다 높은 성장률을 기록할 것으로 보이며, 칠레도 구리가격의 고수준 유지, 인플레이션 완화에 따른 금리인하 가능성 등으로 인해 성장세가 소폭 확대될 것으로 보인다.

〈표 2-8〉 중남미 주요 국가의 성장률 전망

(단위 : 전년동기대비, %)

		(전망시점)	2005	2006				2007e
			연간	1분기	2분기	3분기	연간e	
브라질	실적치		2.3	3.3	1.2	3.2		
	IMF	(2006. 11)					3.2	4.0
	OECD	(2006. 11)					3.1	3.8
	Global Insight	(2006. 12)					3.0	4.0
	JP Morgan	(2006. 12)					2.7	3.5
	Morgan Stanley	(2006. 12)					3.5	4.0
	Goldman Sachs	(2006. 12)					3.0	3.5
아르헨티나	실적치		9.2	8.8	7.9	..		
	IMF	(2006. 11)					8.0	6.0
	Global Insight	(2006. 12)					8.1	6.5
	JP Morgan	(2006. 12)					8.5	8.0
	Morgan Stanley	(2006. 12)					8.7	7.0
	Goldman Sachs	(2006. 12)					8.3	7.0
칠레	실적치		6.3	5.2	4.4	2.9		
	IMF	(2006. 11)					5.2	5.5
	Global Insight	(2006. 12)					4.9	5.2
	JP Morgan	(2006. 12)					4.0	5.5
	Morgan Stanley	(2006. 12)					5.3	5.0
	Goldman Sachs	(2006. 12)					4.3	5.0
멕시코	실적치		3.0	5.5	4.7	4.6		
	IMF	(2006. 11)					4.4	3.3
	OECD	(2006. 11)					4.7	3.6
	Global Insight	(2006. 12)					4.4	3.8
	JP Morgan	(2006. 12)					4.9	3.5
	Morgan Stanley	(2006. 12)					4.1	3.3
	Goldman Sachs	(2006. 12)					4.7	3.8
베네수엘라	실적치		9.3	10.1	10.2	10.2		
	IMF	(2006. 11)					7.5	3.7
	Global Insight	(2006. 12)					9.4	7.1
	JP Morgan	(2006. 12)					9.0	6.0
	Morgan Stanley	(2006. 12)					8.0	6.0
	Goldman sachs	(2006. 12)					9.6	6.2

제 3 절 세계교역, 환율 및 국제원자재 가격

1. 세계교역

세계교역은 세계경제 성장세 둔화에 따라 증가율이 다소 하락할 것으로 보이나 과거 10년간 평균 증가율(6.7%)을 상회하는 7%대의 신장세를 이어갈 것으로 예상된다. 다만 미 무역적자(trade deficit) 확대로 인한 보호무역주의(trade protectionism) 강화 우려, 세계경기의 예상외 큰 폭 둔화 가능성 등이 교역증가를 저해하는 요인으로 작용할 위험이 있다.

〈표 2-9〉 세계교역 신장률 전망

(단위 : 전년대비, %)

2004[1)]	2005[1)]	2006e				2007e			
		IMF	World Bank	OECD	EU 집행위원회	IMF	World Bank	OECD	EU 집행위원회
10.6	7.4	8.9	9.7	9.6	8.8	7.6	7.3	7.7	8.2

주 : 1) IMF 기준

자료 : IMF, World Economic Outlook(2006. 9)
World Bank, East Asia Update(2006. 11)
OECD, Economic Outlook(2006. 11)
EU, Economic Forecasts(2006. 11)

2. 환율

미 달러화는 대규모 미 무역적자가 지속되는 가운데 유로지역 및 일본의 성장세가 미국에 비해 상대적으로 견실하고 유럽중앙은행(ECB)과 일본은행(BOJ)의 금리인상으로 대미 금리격차가 축소됨에 따라 약세기조를 이어갈 것으로 보인다. 통화별로는 엔(Yen)화에 대한 약세 폭이 유로(Euro)화에 비해 클 것으로 예상된다.

〈표 2-10〉 엔화 및 유로화의 대미달러 환율 전망

(단위 : 기말기준, 엔/달러, 달러/유로)

		(전망시점)	2006				2007			
			1분기	2분기	3분기	4분기	1분기	2분기	3분기	4분기
유로화	실적치(기간평균)		1.20	1.26	1.27	1.28[1)]				
	Lehman Brothers	(12. 1)				1.34	1.35	1.33	-	1.28
	Goldman Sachs	(11.30)				1.30	1.32	1.32	1.32	1.32
	HSBC	(11. 9)				1.30	1.32	1.37	1.40	1.45
	Merrill Lynch	(12. 1)				1.33	1.34	1.34	1.33	1.33
	Citi Group	(12. 5)				1.29	1.27	1.26	1.25	1.24
	CSFB	(11.17)				1.27	1.22	1.20	1.19	1.18
	Morgan Stanley	(11.30)				1.31	1.33	1.32	1.27	1.24
	평 균[2)]					1.31	1.31	1.31	1.31	1.30
	최 고					1.34	1.35	1.40	1.40	1.45
	최 저					1.27	1.22	1.20	1.19	1.18
엔화	실적치(기간평균)		116.8	114.4	116.1	117.6[1)]				
	Lehman Brothers	(12. 1)				115	108	105	-	100
	Goldman Sachs	(11.30)				118	115	114	110	106
	HSBC	(11. 9)				112	108	105	102	98
	Merrill Lynch	(12. 1)				115	111	108	107	107
	Citi Group	(11.27)				116	115	-	108	-
	CSFB	(11.17)				118	121	123	124	125
	Morgan Stanley	(11.30)				116	115	113	110	108
	평 균[2)]					116	113	112	110	106
	최 고					119	121	123	124	125
	최 저					111	107	105	99	95

주 : 1) 10.1 ~ 12.11 기준 2) 12개 투자은행 평균

3. 국제유가

국제유가는 비(非)OPEC의 생산증대, 높은 수준의 원유재고, 경기감속에 따른 수요둔화 가능성 등으로 수급여건이 양호하여 지정학적 위험(geopolitical risk)이 증대되지 않는 한 안정세를 유지할 것으로 보인다. 다만 이란 핵문제, 나이지리아 정정(政情) 불안 등의 지정학적 위험과 석유수출국기구(OPEC)의 감산정책 등이 유가하락을 제약하는 요인으로 작용할 것으로 보인다.

주요 예측기관들은 2007년 중 유가(Brent유 기준)를 대체로 전년보다 다소 하락한 58~64달러로 전망하고 있는데 일부 기관은 예외적으로 큰 폭의 하락 또는 상승을 전망하고 있다. 선물유가는 최근 65달러 내외에서 형성되고 있다.

〈표 2-11〉 국제유가 전망(Brent유 기준)

(단위 : 기간평균, 달러/배럴)

		(전망시점)	2006	2007e				
				연간	1분기	2분기	3분기	4분기
실적치			65.3[1)] [61.8]					
CERA[2)]	Base	(12. 1)		59.0 [56.0]	61.0 [58.0]	60.0 [57.0]	59.0 [56.0]	56.0 [53.0]
	저유가[3)]			44.0 [41.0]	46.5 [43.5]	44.5 [41.5]	43.5 [40.5]	41.5 [38.5]
	고유가[4)]			79.0 [75.0]	74.5 [70.5]	82.5 [78.5]	80.5 [76.5]	78.5 [74.5]
CGES		(11.20)		49.9	51.6	48.1	49.3	50.6
OEF		(11.28)		60.0	60.0	60.0	60.0	60.0
Barclays Capital		(12.11)		74.8	67.5	74.7	79.0	78.0
Deutsche Bank		(12. 8)		61.0	69.0	60.0	60.0	55.0
Bloomberg Survey[5)]		(12.12)		61.3	63.5	62.6	63.8	63.0
Reuters Survey[5)]		(12.11)		62.4	64.4	-	-	-
선물유가		(12.12)		64.7	62.3	64.3	65.7	66.6
EIA (WTI 기준)		(11. 7)	66.3[1)]	65.2	64.3	66.3	65.0	65.0

주 : 1) 1. 1~12. 11 기준 2) [ ]안은 Dubai 가격 기준
3) 비OPEC 공급확대 4) 산유국 공급차질
5) 블룸버그 및 로이터 서베이는 각각 21개, 36개 기관의 전망치 평균
자료 : 캠브리지에너지연구소(CERA), 세계에너지연구소(CGES), 옥스퍼드경제연구소(OEF) 등

4. 기타원자재 가격

기타원자재 가격은 2003년 이후 높은 상승세를 지속하고 있으나 2007년에는 주요 소비국가의 성장 감속에 따른 수요둔화 등으로 2006년 중반 이후의 조정이 지속되면서 하강국면으로

〈표 2-12〉 기타원자재 가격 전망

(단위 : 전년동기 대비, %)

	2004	2005	2006		2007e
			1~10월	연간e	
IMF	18.5	10.3	27.4	22.1	-4.8
EU 집행위원회	15.5	8.3		23.2	1.2
OEF	18.5	10.3		22.4	0.0

주 : 1) 전망기관별 실적치의 편차는 포괄범위 가중치 등의 차이에 기인
자료 : IMF, World Economic Outlook(2006. 9)
EU, Economic Forecasts(2006. 11)
OEF, Commodity Price Monitor(2006. 11)

전환될 것으로 전망된다. 품목별로는 금속광물이 수급여건 개선, 그간의 급등에 따른 조정 등으로 하락할 것으로 보이나 곡물가격의 경우 낮은 재고수준, 에탄올 등 대체 에너지 수요 증대 등으로 당분간 강세를 유지할 것으로 예상된다.

제2편

BRICs 및 Post-BRICs의 의의 및 경제전망

3
chapter

BRICs의 의의 및 경제전망

제 1 절 BRICs의 의의

BRICs는 거대신흥시장인 브라질(Brazil), 러시아(Russia), 인도(India), 중국(China)의 네 나라를 의미하며 골드만삭스(Goldman Sachs)는 BRICs가 2050년이면 G6에 진입하는 것으로 전망한 바 있다. BRICs는 미국의 투자은행인 골드만삭스의 이코노미스트인 도미니크 윌슨(Dominic Wilson)과 루파 푸루쇼사맨(Roopa Purushothaman)이 2003년 10월 발표한 투자전략보고서인 'BRICs와 함께 꿈을 : 2050년으로 가는 길(Dreaming With BRICs : The Path to 2050)'에서 만든 신조어(新造語)이다.[1)]

BRICs가 큰 이변이 없이 성장한다면 이들 국가의 총 경제력은 국내총생산(GDP) 기준으로 2025년에는 현재 세계 최대의 경제력을 자랑하는 미국, 일본, 독일, 프랑스, 영국, 이탈리아 등 소위 G6의 경제규모의 50%에 이르고 2050년에 가서는 이들 국가가 미국, 일본과 함께 G6를 구성하게 되며 중국은 세계 최대의 경제대국이 될 것으로 전망된다.

다수의 경제학자들은 BRICs가 많은 인구와 제조업 기반을 갖추고 있어 고성장으로 선진국을 추월할 잠재력이 충분한 것으로 추정하고 있다.

---

1) 전국은행연합회, 금융, 2004. 1.
한국수출입은행, BRICs 국가현황 및 우리의 진출 방안, 2004. 1. pp. 3~15 요약 · 재구성

〈표 3-1〉 BRICs의 인구 비교(2002년)

(단위: 억명)

브라질	러시아	인도	중국	BRICs	세계
1.7	1.5	10.2	12.6	25.9	60.6

BRICs는 각 대륙 최대의 국가라고 할 수 있으며 선진국을 제외한 고성장 가능 국가로서 브라질은 인구가 남미에서 최대, 러시아는 유럽과 아시아에 걸쳐 최대, 중국은 세계 최대, 인도는 인도대륙의 최대국이다.

또한, BRICs는 현재 국민총생산이 상대적으로 저수준을 나타내고 있으나 견실한 제조업 기반을 구비하고 있는 국가들로서 경제의 개방(economic opening)과 자유시장경제(free market economy)의 확립, 적절한 경제정책(proper economic policy) 집행, 그리고 제도 정비가 구비되면 급속한 성장이 가능한 것으로 전망할 수 있다.

〈표 3-2〉 BRICs의 GDP의 비교(2002년)

(단위: 억 달러)

브라질	러시아	인도	중국	BRICs
4,524	3,465	5,012	12,659	25,660

이들 국가는 과거 오랜 기간 사회주의(socialism) 정책의 강력한 실행(러시아, 중국)이나 수입대체(import substitution) 위주 정책(브라질, 인도)으로 인해 자유시장경제와 교역이 주는 성장잠재력(growth potentials)을 제대로 발휘하지 못했던 국가들로 평가할 수 있다.

따라서 BRICs는 시장 규모 확대 잠재력이 매우 커서 외국자본의 대량 유입이 가능한 국가들로 인식할 수 있다.

제 2 절 BRICs 성장전망

1. 전망의 주요 내용

1.1 경제성장

골드만삭스의 보고서에 따르면 BRICs의 경제력은 2050년에 세계 최대 규모에 도달할 것으로 예상된다. 이에 따라 2050년의 G6는 BRICs와 미국, 일본으로 구성될 것으로 보인다.

〈표 3-3〉 BRICs의 국별 GDP 규모 추정치

	BRICs				G6							
	브라질	중국	인도	러시아	프랑스	독일	이탈리아	일본	영국	미국	BRICs	G6
2000	762	1,078	469	391	1,311	1,875	1,078	4,176	1,437	9,825	2,700	19,702
2005	468	1,724	604	534	1,489	2,011	1,236	4,427	1,688	11,697	3,330	22,548
2010	668	2,998	929	847	1,622	2,212	1,337	4,601	1,876	13,271	5,441	24,919
2015	952	4,754	1,411	1,232	1,767	2,386	1,447	4,868	2,089	14,786	8,349	27,332
2020	1,333	7,070	2,104	1,741	1,930	2,524	1,553	5,221	2,285	16,415	12,248	29,928
2025	1,695	10,213	3,174	2,264	2,095	2,604	1,625	5,567	2,456	18,340	17,345	32,687
2030	2,189	14,312	4,935	2,980	2,267	2,697	1,671	5,810	2,649	20,833	24,415	35,927
2035	2,871	19,605	7,854	3,734	2,445	2,903	1,708	5,882	2,901	23,828	34,064	39,668
2040	3,740	26,439	12,367	4,467	2,668	3,147	1,788	6,039	3,201	27,229	47,013	44,072
2045	4,794	34,799	18,847	5,156	2,898	3,381	1,912	6,297	3,496	30,956	63.596	48,940
2050	6,074	44,453	27,803	5,870	3,148	3,603	2,061	6,673	3,782	35,165	84,201	54,433

주 : 2003년 미 달러화 기준

경제성장의 약 1/3은 통화가치 상승에 기인하는 것으로 해석할 수 있다. 즉, BRICs의 GDP 증가의 약 2/3은 부가가치 증가분으로, 나머지는 통화가치 상승분으로 구성된다.[2] 또한, BRICs의 경제성장률은 전반부 30년은 높게, 후반부 20년은 낮게 나타날 것으로 예상된다. BRICs는 전망기간의 후반부에서는 성장이 둔화될 것이나, 인도만은 2050년까지 3% 이상의 성장률을 나타낼 것으로 전망된다.

1.2 소득 및 소비

(1) 소득

BRICs 평균 1인당 소득은 50년 후에도 러시아를 제외하고는 현재의 G6 국가의 평균치보다 낮을 것으로 보이며 중국의 1인당 국민소득은 지금의 선진국 경제와 비슷한 3만 달러 수준으로 전망된다.

(2) 소비

BRICs 경제성장의 동인은 소비시장의 성장으로 볼 수 있다. BRICs의 연간 소비지출액 증가는 이르면 2009년에 현재 규모의 2배를 초과하여 G6의 증가보다 커질 것으로 예상된다.

---

2) BRICs의 실질환율(real exchange rate)은 연평균 2.5%가 평가절상되어 50년 후에는 현재보다 300% 상승할 것으로 예상된다.

〈표 3-4〉 2050년까지의 BRICs 대미 달러 실질환율 평가절상률

(단위: %)

브라질	러시아	인도	중국
129	208	281	289

〈표 3-5〉 BRICs의 2050년까지의 실질GDP 성장률

(단위: %)

	브라질	중국	인도	러시아
2000~2005	2.7	8.0	5.3	5.9
2005~2010	4.2	7.2	6.1	4.8
2010~2015	4.1	5.9	5.9	3.8
2015~2020	3.8	5.0	5.7	3.4
2020~2025	3.7	4.6	5.7	3.4
2025~2030	3.8	4.1	5.9	3.5
2030~2035	3.9	3.9	6.1	3.1
2035~2040	3.8	3.9	6.0	2.6
2040~2045	3.6	3.5	5.6	2.2
2045~2050	3.4	2.9	5.2	1.9

2025년이면 BRICs의 연간 소비지출액 증가는 G6 증가의 2배가 되고 2050년에는 4배를 초과할 것으로 예상된다.[3] 또한, BRICs는 세계경제의 새로운 원동력으로서 중요한 역할을 담당할 것으로 보인다. 세계경제에서 BRICs의 중요성은 더 빠르게 커질 수 있는데 BRICs의 고도성장은 선진국의 노년층 인구비중 증가와 저성장을 상쇄할 수 있다.

고성장은 자본수익과 자본수요 증가로 이어져서 세계 투자포트폴리오(global investment portfolio)에서 BRICs의 비중이 급격히 상승하게 되며 대규모 자본이 BRICs로 유입됨으로써 세계통화의 환율재조정을 유발할 가능성이 큰 것으로 지적된다.

BRICs의 소비패턴(consumption pattern) 변화에 대해 살펴보면 소득증가가 지역 소비 패턴을 변화시키게 됨에 따라 다수 상품들의 수요와 가격결정 패턴도 변화하게 된다. 소비가 크게 증가하는 소득수준인 1인당 국민소득 3,000달러에서 10,000달러 대로 BRICs 소득이 증가하면 소비재 소비는 급증할 것으로 전망된다.

3) 이번 전망의 전제조건으로 BRICs가 성장정책과 관련제도를 성공적으로 유지 · 발전시키는 것을 지적할 수 있다. BRICs의 어느 나라든 성장을 유지하기가 쉽지 않을 것으로 보인다. 이는 각국이 여러 가지 어려움을 안고 있으며 정책이 잘못 추진되거나 예기치 못한 외부 충격(unexpected external shock)이 발생하게 될 경우에는 예측은 당연히 틀리게 된다.

2. BRICs 성장의 조건

거시경제의 안정성(macroeconomic stability), 제도적 환경, 경제개방도와 교육수준이 경제성장의 기본적 요건으로 지적될 수 있다. 즉 높은 교육수준, 긴 수명, 저출산율, 낮은 재정지출, 더 나은 법질서 유지, 저인플레이션, 교역조건의 개선 등과 같은 요소들은 서로 연결되어 경제성장의 촉진(promotion of economic growth)을 가능하게 한다.

① 거시경제 안정성의 확보

불안정한 거시경제 환경은 물가와 인센티브를 왜곡시켜 경제성장을 저해하게 된다. 따라서 초점은 물가안정으로서 재정수지 적자 축소, 통화긴축, 환율조정이 필요하다.

② 적절한 제도의 확립

제도는 경제의 효율성(economic efficiency)에 지대한 영향을 미치게 된다. 광의의 제도는 법규, 시장, 보건, 교육, 금융기관, 정부 관료주의 등을 모두 포함하며 비효율적인 제도는 그릇된 정치와 경제정책을 야기하여 투자, 근로, 저축을 저해하는 장기적인 요인이 된다.

③ 개방성 제고

무역과 외국인직접투자(FDI)에 대한 개방으로 자본, 기술, 시장을 확대해야 한다. 자본과 새로운 기술의 유입 증가, 그리고 보다 큰 시장에의 접근을 위해 개방확대가 필요하다.

④ 충분한 교육

교육을 받은 숙련노동자(skilled worker)의 충분한 공급이 필요하다. 경제성장에 따라 숙련노동자 부족 현상에 직면하게 되는데 중 · 고등교육은 보다 높은 단계의 경제로 이행하는 데 필수조건이 되고 있다.

3. 국가별 성장 전망

3.1 브라질

브라질의 향후 50년간 평균 GDP 성장률은 3.6%로 예상된다. 브라질의 경제규모는 2025년에는 이탈리아, 2031년에는 프랑스, 2036년에는 영국과 독일을 추월할 것으로 보인다. 그러나 1인당 GDP(per capita GDP)는 2025년에도 이탈리아의 27%에 불과할 것이며 2031년부터는 중국에도 뒤처질 것으로 보인다. 브라질은 아직 대외개방이 미흡하고 투자율과 저축률이 낮은 수준이며 공공채무(public debt)와 외채가 높아서 거시경제의 안정성이 낮은 것이 경제성장의 주요한 장애요인이 되고 있다. 따라서 이들 요인의 제거 또는 감소가 전술한 전망을 실현시킬 수 있을 것으로 보인다.

〈표 3-6〉 브라질의 GDP 전망

	2000~2010	2011~2020	2021~2030	2031~2040	2041~2050
GDP (10억 달러)	762~668	718~1,333	1,397~2,189	2,308~3,740	3,932~6,074
1인당 GDP (달러)	4,338~3,417	3,640~6,302	6,562~9,823	10,320~16,370	17,191~26,592
실질 GDP 성장률 (연간, %)	4.2~4.2	4.1~3.7	3.7~3.9	3.8~3.6	3.6~3.4

3.2 러시아

BRICs 중에서는 이미 상당히 높은 소득 수준이어서 향후 경제성장률은 BRICs 중에서 가장 낮을 것으로 보인다. GDP 규모 자체는 2018년에 이탈리아, 2024년에 프랑스, 2027년에 영국, 2028년에 독일을 추월할 것으로 전망된다. 1인당 GDP도 2038년에 이탈리아, 2050년에 독일 보다 앞설 것으로 보인다. 그러나 인구감소가 가장 큰 성장 장애요인으로서 2034년부터 실질GDP 성장률이 3% 아래로 하락할 것으로 예상된다.

〈표 3-7〉 러시아의 GDP 전망

	2000~2010	2011~2020	2021~2030	2031~2040	2041~2050
GDP (10억 달러)	391~847	917~1,741	1,829~2,980	3,131~4,467	4,613~5,870
1인당 GDP (달러)	2,675~5,948	6,453~12,527	13,212~22,427	23,674~35,314	36,684~49,646
실질 GDP 성장률 (연간, %)	10.0~4.1	4.0~3.3	3.3~3.4	3.3~2.4	2.3~2.1

3.3 인도

인도의 경제성장률은 2050년까지 5% 이상을 유지할 것으로 전망되며 국내총생산(GDP)은

2032년에는 일본을 추월할 것으로 보인다. 1인당 GDP는 2035년에 현재의 35배에 이를 것으로 예상되지만 현재의 소득수준이 너무 낮아서 2014년에야 1,000달러를 넘게 되고 2043년에 가서야 10,000달러를 초과할 것으로 예상된다.

BRICs 중에서도 인구가 지속적으로 증가할 유일한 국가로서 고성장률을 유지할 수 있겠지만 아직 경제의 많은 부문이 폐쇄적으로 운영되고 있고 BRICs 중에서도 교육지수가 낮은 것이 장애요인이 되고 있다.

〈표 3-8〉 인도의 GDP 전망

	2000~2010	2011~2020	2021~2030	2031~2040	2041~2050
GDP (10억 달러)	469~929	1,011~2,104	2,278~4,935	5,407~12,367	13,490~27,803
1인당 GDP (달러)	468~804	864~1,622	1,739~3,473	3,776~8,124	8,810~17,366
실질 GDP 성장률 (연간, %)	5.4~6.1	6.0~5.5	5.6~6.1	6.1~5.8	5.8~5.1

3.4 중국

중국의 GDP 성장률은 2022년부터는 5% 미만으로 하락할 것으로 보인다. 경제성장률은 그 후 2040년대 중반까지 3.5%로 완만하게 하락할 것이나 경제규모는 2007년에 독일, 2016에 일본, 2041년에 미국을 추월하여 세계 최대가 될 것으로 예상된다. 그러나 1인당 GDP는 2050년에야 2000년의 일본에 근접하는 수준에 이를 것으로 보인다. 높은 투자율과 풍부한 노동력, 안정된 정치가 경제성장의 긍정적 요인으로 작용하고 있다.

〈표 3-9〉 중국의 GDP 전망

	2000~2010	2011~2020	2021~2030	2031~2040	2041~2050
GDP (10억 달러)	1,078~2,998	3,316~7,070	7,646~14,312	15,260~26,439	28,003~44,453
1인당 GDP (달러)	854~2,233	2,453~4,965	5,346~9,809	10,454~18,209	19,315~31,357
실질 GDP 성장률 (연간, %)	8.0~6.6	6.4~5.0	5.2~3.9	3.8~3.7	3.8~2.7

제 3 절 BRICs에 대한 한국의 교역과 투자

1. 수출입

BRICs가 한국의 교역액에서 차지하는 비중은 주로 중국과의 교역액 증가에 힘입어 2000년의 23.4%로부터 2003년(1~11월)에 36.1%로 상승하였다. 선진국에 비해 BRICs의 상대적인 고성장과 소득수준 향상에 따른 소비증가로 한국 교역에서도 BRICs의 비중은 향후 더욱 제고될 것으로 예상된다.

〈표 3-10〉 한국의 대BRICs 교역 추이

(단위 : 백만 달러)

	브라질	러시아	인도	중국	BRICs 계	세계	BRICs 비중
2000							
수출	1,724	788	1,326	18,455	22,293	172,268	12.9%
수입	935	2,058	985	12,799	16,777	160,481	10.5%
수지	789	-1,270	341	5,656	5,516	11,787	46.8%
2001							
수출	1,611	938	1,408	18,190	22,147	150,439	14.7%
수입	1,126	1,929	1,106	13,303	17,464	141,098	12.4%
수지	485	-991	302	4,887	4,683	9,341	50.1%
2002							
수출	1,247	1,066	1,384	23,753	27,450	162,471	16.9%
수입	1,248	2,218	1,249	17,400	22,115	152,126	14.5%
수지	-1	-1,152	235	6,353	5,335	10,345	51.6%
2003							
수출	1,044	1,438	2,523	31,488	36,493	174,407	20.9%
수입	1,485	2,259	1,115	19,689	24,548	161,136	15.2%
수지	-441	-821	1,408	11,799	11,945	13,271	90.0%
2003 국별교역 비중	0.8%	1.1%	1.1%	15.3%	18.2%	100.0%	

주: 2003년은 1~11월 통계수치임

특히, 중국의 고성장은 향후에도 상당기간 지속될 수 있을 것으로 전망된다. 중국과의 교역 급증은 규모뿐만 아니라 상품수지의 면에서도 두드러져 한국의 2003년 1~11월 상품수지 흑자의 88.9%가 대중국 교역에서 발생되었다.

자유무역협정(FTA) 체결 등 지역에 적합한 수출환경 개선 지원이 브라질과 같이 수출비중이 낮은 국가로의 수출 증대에 기여할 수 있을 것으로 보인다. 러시아와 인도, 중국으로의 수출은 2000년대 이후 2배 가까이 증가한 반면에, 1990년대에 18억 달러 수준에 이르렀던 대브라질 수출은 최근 10억 달러 수준으로 하락하였다.

2. 해외직접투자 규모

BRICs에 대한 한국기업들의 직접투자는 순투자금액 기준으로 전체의 21.6%에 이르나 대중국 투자가 압도적으로 많고 다른 국가들에 대한 투자는 아직은 미미한 수준을 보이고 있다. BRICs 중 중국을 제외한 3국에 대한 한국기업들의 투자는 중장기적으로 확대될 것으로 전망된다.

〈표 3-11〉 한국 대BRICs 직접투자 현황

	브라질	러시아	인도	중국	BRICs 계	세계	BRICs 비중
건수	36	124	109	8,634	8,903	17,891	49.8%
금액 (백만 달러)	274	180	533	6,222	7,210	33,445	21.6%
국별투자액비중	0.8%	0.5%	1.6%	18.6%	21.6%	100.0%	

주 : 2003년 11월말 기준 순투자 누계임

해외직접투자는 투자자의 경쟁력, 생산품목의 현지시장 수용성뿐만 아니라 투자처의 제도적, 행정적 환경도 중요한 요소이므로 단기에 급격히 증가하기는 어렵다고 할 수 있다. 그러나 중국으로의 투자집중에 따른 위험 증가를 완화시키기 위해서도 브라질, 러시아, 인도와 같은 신흥시장(emerging market)으로의 투자진출이 확대될 것으로 보이며 대기업을 중심으로 한 대BRICs 투자는 중장기적으로 크게 증가할 것으로 전망된다.

〈표 3-12〉 BRICs 주요 도시의 투자관련 비용 비교

		브라질 (리우데자네이루) 1$: 3.618레알	러시아 (모스크바) 1$: 31.78루블	인도 (뉴델리) 1$: 48.25루피	중국 (북경) 1$: 8.2772위안
		비용($)	비용($)	비용($)	비용($)
임금(월)	일반노동자	146.01	460~770	138	63~178
	엔지니어	1,126.87	750~1,300	320	144~268
	중간관리직	1,411~3,270	2,700~5,000	753	169~604
	법정최저 임금/월	60.81	14.22	55.54	56.18
	명목임금 상승률(%)	2000년 : 6.0 2001년 : 6.0 2002년 : 7.0	2000년 : 46.0 2001년 : 45.7 2002년 : 35.0	N.A.	1999년 : 12.2 2000년 : 14.1 2001년 : 17.2
임차료	공업단지 임차료/월(m^2)	0.84 (토지를 포함한 공업용창고)	1.70	구입만 가능	3.62~7.25
	사무소 임차료/월(m^2)	2.64	34~120	15.61~22.30	37.00
통신료	전화기본 요금(월)	11.54	58.8	5.18	3.02
	휴대전화 기본요금/월	41.46	10.8	국내통화용 : 10.22 국제전화용 : 111.27	6.04
공공요금	업무용 전기 요금(kWh)	0.18	0.04	0.08	0.05~0.09
	업무용 수도요금(m^3)	0.0177	0.42	0.25~0.50	0.31 (상수 0.22, 하수 0.09)
	업무용 가스요금(m^3)	2,738.36 (1,206~4,820$m^{3)}$	0.03	파이프라인 : 0.08	0.22
세금	법인소득세	15%	24%	42%	33% (국세 30%, 지방세 3%)
	개인소득세 (최고세율)	0%/15%/27.5%	13%	31.5%	45%
	부가가치세	없음	20%	16%	17%

주: 2002년 11월 기준임

제4절 BRICs 경제의 분석

거대한 잠재력을 보유하고 있고 유망 신흥시장(emerging market)으로 급부상하고 있는 BRICs 4개국(브라질, 러시아, 인도, 중국)이 최근 세계경제의 주목대상이 되고 있다. 세계적인 투자은행인 골드만삭스(Goldman Sachs)가 2003년 10월 발간한 'Dreaming With BRICs : The Path to 2050'이라는 제목의 보고서에 따르면 BRICs 4개국이 세계인구의 42.6%, 면적의 28.7%를 차지하고 있으며 다수의 기본 전제조건들이 충족될 경우 2050년에는 세계경제 규모의 순위가 중국, 미국, 인도, 일본, 브라질, 러시아 순이 될 것으로 전망한 바 있다.[4] 현재 G6의 15% 수준인 BRICs의 경제규모는 2025년까지 G6 경제의 50% 규모를 상회할 것으로 전망되며 2039년 경에는 G6보다 경제규모가 커져 2050년에는 미국, 일본과 함께 G6를 구성하게 된다는 전망도 나오고 있다.[5]

그러나 여전히 선진국과 비교했을 때 투자리스크(investment risk)가 높은 편이다. 따라서 무디스(Moody's)나 스탠더드 앤드 푸어스(S&P) 같은 세계적인 신용평가회사가 발표하는 BRICs 국가의 국가신용등급은 국제투자자들의 지대한 관심의 대상이 되고 있다.

국가신용등급의 개선은 자국 경제의 건전성을 대외에 홍보하는 효과와 동시에 해외투자자들에게는 투자의 유인을 제공해 주는 역할을 하게 된다. 이에 BRICs 국가의 국가신용등급이 변동할 때마다 그 배경과 향후 전망에 대한 다수의 연구가 진행되었다. 그러나 대부분은 신용평가회사가 제시한 보고서를 위주로 등급 변동의 배경에 대한 사안별 연구에 그치고 있는 실정이다.

접근방식을 달리하여 현재 BRICs 국가의 국가신용등급이 시사하는 바가 무엇이며 향후 국가별 선결과제는 무엇인지를 거시경제지표를 통해 분석한 대외경제정책연구원의 보고서를 중심으로 살펴보고자 한다.

---

4) Goldman Sachs, Dreaming With BRICs : The Path to 2050, 2003.

5) BRICs 4개국은 다양한 성장동력을 기반으로 건실한 성장을 지속하고 있으며 점차적으로 세계경제에 통합되고 있는 추세를 보이고 있다. 여전히 개발도상국(developing countries) 지위를 유지하고 있는 BRICs 국가들에 있어서 지속가능한 경제성장(sustainable economic growth)과 세계경제로의 편입을 위해 필요한 당면과제는 해외투자자본 유치를 통한 경제개발인데 다수의 해외투자자가 유망 신흥시장으로서 BRICs 국가로의 진출에 관심을 보이고 있어서 전망을 밝게 하고 있다(대외경제정책연구원, 세계경제, 2005. 4. pp. 110~121 요약・재구성).

1. 국가신용등급의 의미와 결정요인

1.1 국가신용등급의 의미

미국의 Moody's와 S&P, 영국의 Fitch 등이 발표하는 국가신용등급은 거시경제지표와 실물경제의 분석을 기반으로 특정 국가의 경제 및 투자환경을 평가하는 중요한 기준이 된다. 국가신용등급은 특정 채무국이 채무를 불이행할 상대적 가능성에 대한 평가로 높은 국가신용등급을 얻은 국가는 국제투자자들(international inverstors)의 신뢰도가 제고되어 국제자본시장(international capital market)으로부터 투자자본을 유치하기가 용이해진다. 특히, 국채신용등급은 외화획득을 목표로 정부가 발행하는 채권의 채무이행 가능성에 대한 평가로 국제채권시장(international bond market)에서 국가신용등급을 통해 특정 국가의 신용도를 평가하는 가장 중요한 기준이 된다.

〈표 3-13〉 국가신용등급의 기호

의미(대분류)		Moody's	S&P
투자 적격	Highest Quality	Aaa	AAA
	High Quality	Aa1 Aa2 Aa3	AA+ AA AA-
	Strong Payment Capacity	A1 A2 A3	A+ A A-
	Adequate Payment Capacity	Baa1 Baa2 Baa3	BBB+ BBB BBB-
투자 부적격	Uncertainty of Obligations	Ba1 Ba2 Ba3	BB+ BB BB-
	High-Risk Obligations	B1 B2 B3	B+ B B-

세계적인 권위를 인정받고 있는 신용평가회사가 발표하는 국가신용등급은 국제투자자들이 특정 국가에 대한 투자를 고려하는 데 있어 가장 중요한 기준이 되고 있으며 각국의 거시경제지표에 대한 세밀한 분석을 기반으로 결정되기 때문에 자국 경제의 건전성을 나타내는 하나의 중요한 지표가 된다.

대외경제정책연구원의 보고서는 미국의 양대 신용평가회사인 Moody's와 S&P의 국가신용등급을 분석대상으로 삼고 있다. 양사의 국가신용등급은 표시기호만 상이할 뿐 많은 부분에서 상호 유사성을 나타내고 있다. 국가신용등급은 크게 2등급(① 투자적격 등급, ② 투자부적격 등급)으로 분류되며 그 정도에 따라 총 16등급으로 구분된다.

1.2 국가신용등급의 결정요인

각 신용평가회사는 특정 국가의 정치적 · 경제적 · 사회적 요인을 포괄하여 총괄적인 분석을 통해 국가신용등급을 결정한다. 따라서 국가신용등급의 결정요인을 분석하면 특정 국가경제의 긍정적인 요소와 부정적인 요소를 파악하는 데 용이하며 이를 통해 새로운 정책적 대안을 제시할 수 있다. 그러나 신용평가회사들은 그들의 구체적인 국가신용등급 결정과정 및 방법론을 공개하지 않고 있으며 각 국가의 전반적인 상황을 양적 변수(quantitative variable)로 나타내기가 용이하지 않기 때문에 실질적인 국가신용등급의 결정요인을 분석하는 것은 매우 힘든 작업이다. 또한, 양적변수로 구체화한다고 해도 각 변수와 신용등급의 상관관계를 설명하는 것 역시 어려운 작업이다.

각 신용평가회사는 특정 국가의 국가신용등급 변동을 발표할 때마다 그 변동이유를 설명하는 보고서를 발표하며 'Ratings Methodology'를 통해 평가기준을 개략적으로 제시한다. 따라서 그동안 이러한 보고서상에서 자주 언급되는 요인을 토대로 한 평가기준 분석이 다수의 연구자에 의해서 진행되었다. 그 중에서 Cantor와 Packer(1996)가 제시한 국가신용등급 결정요인은 다음 8가지 변수이다.

① 1인당 소득(Per Capita Income)

채무국의 잠재적인 과세기준이 높아질수록 채무상환의 가능성이 커지며 정부의 세수는 1인당 소득과 양의 상관관계(positive interrelationship)를 갖는다.

② GDP 성장률(GDP Growth Rate)

GDP 성장률로 대변되는 경제성장률이 높을수록 국가의 채무상환 가능성은 증대된다.

③ 인플레이션(Inflation)

높은 인플레이션은 정부재정의 구조적 문제점을 나타내는 하나의 지표가 되며 정부의 재정지출이 증가할 때 인플레이션 압력(inflationary pressure)이 커진다. 또한, 높은 인플레이션은 국민들의 불만으로 이어져 정치적 불안정(political instability)의 요소가 된다.

④ 재정수지(Fiscal Balance)

높은 재정수지 적자(fiscal deficit)는 재정지출과 채무상환을 위한 세수의 부족을 의미한다.

⑤ 경상수지(Current Account)

높은 경상수지 적자(current account deficit)는 경제 전반에 필요한 자본의 해외의존도를 심화시키게 되며 이는 지속적인 채무의 증가를 야기시킨다.

⑥ 대외채무(External Debt)

대외채무가 높을수록 국가경제의 디폴트(default) 가능성을 증대시킨다.

⑦ 경제발전(Economic Development)

신용평가회사들은 경제발전정도와 국가의 리스크를 음의 상관관계(negative interrelationship)로 평가하고 있으며 이는 상기한 6가지 변수로 대리측정이 가능하다.

⑧ 디폴트 경험(Default History)

다른 모든 변수가 동일할 때 과거 디폴트의 경험은 국가신용도의 높은 리스크를 나타낼 수 있다.

2. BRICs의 국가신용등급 분석 및 경제진단

2.1 국가신용등급과 등급별 거시경제지표의 평균 산출

Cantor와 Packer(1996)는 전술한 8가지 결정요인과 국가신용등급의 관계를 분석하기 위해 1995년 9월 29일자 49개국 국가신용등급과 이의 결정요인인 거시경제변수(macroeconomic variable)의 등급별 평균을 산출하였다. 8가지 거시경제변수 중 계량화할 수 있는 6가지 거시경제변수의 정의는 〈표 3-14〉와 같다.[6)]

〈표 3-15〉는 49개국 Moody's와 S&P의 16단계 국가신용등급을 〈표 3-13〉의 대분류 6등급으로 나누어 각 등급에 해당하는 국가들의 〈표 3-14〉 거시경제변수의 평균을 구한 것이다.

---

6) Cantor & Packer(1996)는 경제발전정도와 디폴트 경험도 더미변수(dummy variable)로 변경하여 분석하였다. 경제발전정도는 IMF가 1995년에 발표한 Industrialized/not Industrialized를 기준으로 각각 1과 0으로 처리하였다. 디폴트 경험은 경험국가는 1, 비경험국가는 0으로 처리하였다. 그러나 본장에서는 이 2가지 변수는 제외하였다. 대외경제정책연구원의 분석대상국인 BRICs의 경제발전정도는 유사하다고 가정하며 6개의 거시경제변수로도 설명이 가능하다. 동 연구원은 디폴트 경험은 신용평가회사가 국가신용등급을 결정하는 데 중요한 요소이나 BRICs의 경제를 진단하기 위한 거시경제변수에는 포함되지 않으므로 분석에서 배제하였다.

이를 통해 거시경제변수가 국가신용등급을 얼마나 잘 설명해 주고 있는가를 알 수 있을 뿐만 아니라 BRICs 국가들의 신용등급과 거시경제지표가 표준화된 지표(standardized indicator)와 어떻게 차별화되며 등급의 상향조정을 위해서는 어떠한 지표의 개선이 필요한지를 파악할 수 있다.

〈표 3-14〉 거시경제변수의 정의

변 수	정 의	단 위
1인당 소득	1994년 1인당 GNP	1,000달러
GDP 성장률	1991~1994년 평균 실질 GDP 성장률	%
인플레이션	1992~1994년 평균 CPI 인플레이션	%
재정수지	1992~1994년 평균 GDP 대비 재정수지	%
경상수지	1992~1994년 평균 GDP 대비 경상수지	%
대외부채	1994년 수출 대비 대외부채율	%

2.2 설명 가능한 거시경제변수의 추출

Cantor와 Packer(1996)는 거시경제변수가 국가신용등급을 얼마나 잘 설명해주고 있는가를 파악하기 위해 OLS(Ordinary Least Squares)를 통한 다중회귀분석(Multiple Regression Analysis)을 실행하였다. 그 결과 〈표 3-15〉에서도 대체적으로 알 수 있듯이 GDP 성장률, 재정수지, 경상수지는 설명력(explanatory power)이 부족한 것으로 나타났다. GDP 성장률은 10% 수준에서 유의한 것으로 나타났으나 재정수지와 경상수지의 경우는 전혀 유의성(significance)이 검증되지 않았다.

(1) GDP 성장률

GDP 성장률의 경우에는 개발도상국의 경제성장률이 국가신용등급이 높은 서구 선진국과 낮은 후진국에 비해 대체로 높기 때문임을 알 수 있다. 그럼에도 불구하고 대외경제정책연구원의 분석대상국은 개발도상국 지위인 BRICs 4개국이므로 이 또한 유용한 변수로 가정할 수 있다. 재정수지 및 경상수지와 국가신용등급과의 상관관계가 부족하다는 결과는 의외로 받아들일 수 있다.

(2) 재정수지 및 경상수지

① 재정수지

재정수지의 경우에는 각 국가가 자국의 발전계획에 따라 각기 상이한 재정정책(fiscal policy)을 사용하고 있기 때문으로 추측된다. 또한, 높은 신용등급을 받은 미국이 심각한 재정적자(fiscal deficit)를 나타내고 있는 등 예외성이 높기 때문이다.

② 경상수지

경상수지의 경우 수출의존도(export dependence), 국제자본시장으로의 개방정도 등에 따라서 국가별로 큰 차이를 보이기 때문인 것으로 추측된다. 러시아의 경우가 이에 관한 국가별 예외성을 잘 설명해 주고 있다. 러시아는 최근의 고유가로 인한 수출증가와 오일머니(oil money)의 대량유입으로 인해 높은 재정수지와 경상수지를 기록하고 있으나 국가신용등급은 투자적격등급 중 최하 등급을 나타내고 있다.

③ 1인당 소득 · 인플레이션 · 대외채무

1인당 소득, 인플레이션, 대외채무 등 3가지 설명변수는 1% 수준에서 유의성을 보여 높은 설명력을 가진 것으로 나타났다. 이는 이 3가지 변수가 국가의 채무상환능력에 직접적인 영향을 미칠 뿐만 아니라 보편적인 경제발전정도 및 경제의 건전성과 밀접한 관련이 있음을 말해준다.

따라서 대외경제정책연구원의 BRICs 4개국 국가신용등급 분석은 4가지 거시경제변수(① 1인당 소득, ② GDP 성장률, ③ 인플레이션, ④ 대외채무)를 기반으로 한다.

〈표 3-15〉 국가신용등급과 등급별 거시경제변수 평균

	Aaa/AAA	Aa/AA	A/A	Baa/BBB	Ba/BB	B/B
1인당 소득	23.6	19.2	7.0	2.0	3.2	3.0
GDP성장률	1.4	2.4	6.2	4.6	2.3	3.6
인플레이션	2.8	2.5	4.4	14.0	22.9	37.7
재정수지	-2.5	-2.7	0.2	-1.68	-3.0	-2.9
경상수지	2.0	0.7	-3.1	-2.1	-3.1	-2.2
대외부채	76.5	99.9	66.1	157.2	205.0	261.6

2.3 BRICs 국가신용등급 분석 및 경제진단

Moody's와 S&P가 가장 최근에 발표한 BRICs 4개국의 국가신용등급과 다중회귀분석에서 유의성이 검증된 4가지 거시경제변수는 〈표 3-16〉에 나타나 있다. 거시경제지표의 계산은 〈표 3-15〉의 거시경제지표와 비교하기 위해 대외경제정책연구원은 Cantor와 Packer(1996)가 사용한 동일한 기준과 방법론에 따라 2002~2004년의 최신지표를 이용하여 계산하였다. 〈표 3-15〉의 등급별 표준화된 거시경제지표와 〈표 3-16〉에서 볼 수 있는 BRICs 국가의 최근 국가신용

등급 및 거시경제지표와의 비교를 통해 BRICs 4개국의 거시경제를 진단하고 향후 등급의 상향조정을 위해서는 어떠한 처방이 필요한지를 파악할 수 있다(이후 BRICs 4개국의 국가신용등급 분석은 S&P의 등급을 기준으로 함).

〈표 3-16〉 BRICs 4개국의 국가신용등급과 거시경제변수

		브라질	러시아	인도	중국
국가신용등급	Moody's	B1	Baa3	Baa3	A2
	S&P	BB-	BBB-	BB+	BBB+
1인당 소득[1]		2.7	2.3	0.5	1.0
GDP 성장률[2]		1.9	6.4	6.9	8.7
인플레이션[3]		10.6	12.9	4.2	1.4
대외채무[4]		202.4	100.3	12.1	38.3

주 : 1) 2003년 1인당 GNP
2), 3) 2002~2004년 평균(%)
4) 2002~2004년 수출 대비 대외부채규모(%)

(1) 브라질

브라질의 국가신용등급은 BRICs 4개국 중에서 가장 낮은 등급으로 2004년 9월 9일 Moody's가 투자부적격등급 High-Risk Obligations인 B1으로 조정한 바 있다. S&P는 브라질의 국가신용등급을 2004년 9월 17일 B+에서 BB-로 상향조정하여 Uncertainty of Obligations의 지위를 부여하였으나 여전히 투자부적격 등급을 탈피하지 못하고 있다.

S&P를 기준으로 BB등급의 거시경제지표를 브라질의 거시경제지표와 비교하면 가장 두드러진 문제점이 GDP 성장률이 낮다는 것이다. BRICs 국가 간의 비교에서도 6% 이상의 평균성장을 기록하고 있는 3개국에 비해서 브라질은 1.9%의 저성장 상태를 나타내고 있다. 2004년에는 약 3% 이상 성장하였으나 2002년과 2003년에는 2% 이내의 낮은 성장률을 기록하였다. 브라질경제는 1998년 이후 경기침체(recession)가 지속되면서 성장동력을 상실하였으며 1999년 변동환율제도(flexible exchange rate system) 도입 이후 헤알(Real)화 가치가 급락하면서 경제규모도 크게 축소하였다. 또한, 정부의 지속적인 고강도 긴축재정정책에다 고금리의 영향으로 투자가 부진을 보인 것이 저성장의 주요 요인 중 하나로 지적된다. 1990년까지 평균 20%대를 약간 상회했던 저축률은 1990년대 들어 19%대로 하락하였다. 이는 중국(40.1%), 인도(22.9%), 러시아(32.2%)의 저축률에 비해 상당히 낮은 수준으로 평가된다.

브라질 거시경제지표에서 또 하나의 문제점은 인플레이션이다. 중국과 인도에 비해서는 높

은 10%의 인플레이션을 기록하고 있으나 BB등급의 인플레이션 22.9%에 비해서 10% 이상 낮은 수준이다. 1980년대 하이퍼인플레이션(hyperinflation, 초인플레이션)을 경험한 이후 브라질정부는 1999년 인플레이션 타깃팅(inflation targeting)을 도입하여 물가를 성공적으로 통제해오고 있다. 그러나 이는 전술한 저성장과 밀접한 관계를 가지고 있다. 비교적 낮은 인플레이션은 높은 금리에 의한 투자 및 소비부진이 큰 부분을 차지한다. 즉, 고금리기조를 유지하면서 물가안정을 통한 거시경제의 안정화(macroeconomic stabilization)에 주력한 결과 성장동력을 상실하게 된 것이다.

고금리기조로 인해 야기된 가장 심각한 거시경제의 불안요인은 막대한 정부부채와 대외채무(external debt)이다. 브라질의 대외채무는 변수 평균과 비슷한 수준을 보이고 있다. 고금리로 인한 투자와 소비의 부족은 정부부채와 대외채무로 귀결된다. 〈표 3-16〉에서 나타난 수출대비 대외채무규모는 202.4%로 러시아의 2배, 인도의 17배 수준을 나타내고 있다. 브라질 중앙은행의 최근 연구결과에 따르면 1996~2003년 정부부채 증가의 가장 큰 요인으로 과도하게 높은 금리를 지적하고 있다.

결국 브라질의 국가신용등급 투자부적격 판정의 주요 요인 및 경제적 문제점은 저성장의 지속과 높은 대외부채를 지적할 수 있다. 이의 개선을 위해 시급한 과제는 과도한 인플레이션 타깃팅을 조절하여 BBB등급 평균인 14%까지 완화하는 한편 금리를 낮추어 투자 및 소비를 촉진시키고 대외채무규모를 BBB등급 수준인 150% 이하로 하락시켜야 한다.

(2) 러시아

S&P가 2005년 1월 31일 러시아 국채 신용등급을 투자적격등급인 BBB-로 상향 조정함에 따라 러시아는 세계 3대 신용평가기관으로부터 모두 투자적격 판정을 받았다. Moody's는 2003년 10월 러시아에 투자적격 등급인 Baa3등급을, Fitch는 2004년 11월 러시아에 최하 투자적격등급인 BBB-등급을 부여한 바 있다. 러시아의 국가신용등급 투자적격 판정은 러시아의 대외채무(external debt) 감소, 안정화 펀드로 인한 건전한 재정상태, 대외 금융 유동성(external financial liquidity)의 증가 등이 긍정적인 요인으로 작용한 것으로 평가되고 있다.

〈표 3-16〉의 러시아 거시경제지표와 BBB등급의 거시경제지표를 비교해보면 러시아의 거시경제지표는 대체로 건전한 상태이며 추후 등급의 상향조정 가능성이 큰 것을 알 수 있다. 특히, GDP 성장률의 경우에는 A등급의 수준으로 높은 성장을 시현하고 있다. 또한, 유의성 있는 거시경제변수에는 제외되었으나 재정수지와 경상수지의 경우에도 각각 2.5%와 9.0%로 높은 수준을 나타내고 있다.

향후 러시아 국가신용등급의 상향조정을 위해서 다음 2가지 변수에 유의할 필요가 있다.

① 인플레이션

우선 가장 시급한 과제는 인플레이션 문제이다. 러시아의 2002~2004년 평균 인플레이션은 12.9%로 BBB등급 평균 인플레이션에 비해서 낮은 수준을 보이고 있으나 A등급 4.4%와 인도와 중국의 4.2%, 1.4%에 비하면 여전히 높은 수준으로 평가할 수 있다. 러시아정부는 2005년초 인플레이션 타깃을 8.5%로 정했으나 현재 추이로는 이를 달성하는 것은 불가능한 것으로 판단된다.

최근 지속되는 인플레이션 압력은 다수의 요인으로 설명할 수 있다. 임금, 실질소득, 원자재가격 등 생산요소의 가격인상이 생산성의 상승률을 초과하고 있으며 이로 인한 수요와 공급의 불일치가 인플레이션을 야기하고 있다. 또한, 국제유가의 상승에 의한 오일머니의 대량 유입으로 경상수지가 지속적인 흑자를 기록하면서 통화량이 증가하고 금융이 완화되어 인플레이션 압력이 증대되고 있다.

② 대외채무

인플레이션과 동시에 고려해야 할 문제가 대외채무문제이다. 2002~2004년 평균 수출 대비 대외채무는 100.3%로 BBB등급 157.2%에 비해서 건전한 채무상태를 유지하고 있다. 그러나 A등급의 66.1%에 비해서는 여전히 높은 수준을 나타내고 있다. 최근 러시아에서는 인플레이션 압력을 해소하고 대외채무를 감소시키기 위한 논의가 진행 중에 있다. 러시아정부는 인플레이션의 완화를 위해 대(對)달러 루블화 환율의 지속적인 평가절상(appreciation)을 시도했다. 그러나 이는 심각한 부작용을 초래할 가능성이 있다.

S&P는 2005년 2월 17일 논평을 통해 현재 러시아가 'Dutch Disease'에 직면해 있다고 경고하면서 러시아 경제구조 전반에 대한 개혁을 지적한 바 있다.[7] 러시아는 석유 및 가스 수출로 인한 막대한 외화의 유입으로 루블(Rouble)화 실질환율의 평가절상이 나타나고 있으며 이는 러시아의 산업경쟁력(industrial competitiveness)에 악영향을 미치고 있다. 따라서 지속적인 루블화의 평가절상은 러시아 제조업에 큰 타격을 주어 산업경쟁력을 심각하게 위협할 것으로 전망된다. 최근 러시아정부는 막대한 안정화 펀드를 사용하여 IMF, 파리클럽 등의 부채를 조기에 상환하기 위해 노력하고 있다. 이는 대외채무의 감소는 물론 인플레이션의 완화에 긍정적인 역할을 할 것으로 평가되고 있다. IMF도 현재 러시아가 무리한 성장보다는 인플레이션을 억제하고 각종 산업의 구조개혁(structural reform)에 집중해야 한다고 권고하면서

7) Dutch Disease는 천연자원 수출국에서 주로 나타나는 문제로 천연자원 수출로 막대한 외화가 유입되어 자국 화폐 실질환율의 평가절상(appreciation)이 발생하면서 천연자원을 제외한 기타 제조업 및 서비스업의 수출이 타격을 입는 현상을 의미한다.

러시아의 막대한 오일머니는 인플레이션을 지속적으로 자극하게 되어 이를 방지하는 최선의 방법은 오일머니로 대외채무를 상환하는 것임을 강조하였다.

전술한 바와 같이 러시아는 거시경제를 더욱 건전하게 만들기 위해서 인플레이션의 압력을 해소하고 대외채무비율을 감소시킬 필요가 있다. 그러나 이를 위해 성장을 희생시켜서는 안 되며 에너지 의존적인 산업구조(energy-dependent industrial structure)를 탈피하여 다양한 성장동력을 개발해야 한다.

(3) 인도

인도의 국가신용등급은 S&P로부터 BB+등급으로 투자부적격 판정을, Moody's로부터 Baa3로 투자적격 판정을 받아 투자적격과 부적격의 경계에 위치해 있다. S&P 등급기준 BB등급의 거시경제지표와 인도의 거시경제지표를 비교해 보면 가장 두드러지는 인도경제의 문제점은 낮은 1인당 국민소득이다. 세계은행(World Bank)의 보고서에 따르면 BRICs 국가들의 경제규모를 구매력평가(PPP : Purchasing Power Parity)로 환산하는 경우 2002년 기준으로 브라질(9위), 러시아(10위), 인도(4위), 중국(2위)이 모두 세계 10대 경제대국에 포함된다. 그러나 실질환율에 기초한 인도의 2002년 1인당 국민소득은 약 480달러 수준으로 미국의 1/73에 불과하다.[8)]

〈표 3-16〉에서 1인당 GNP로 나타낸 2003년 1인당 소득은 0.5(500달러)로 브라질과 러시아의 약 1/5, 중국의 약 1/2 수준이며 BB등급 평균지표 3.2(3,200달러)의 약 1/6에 불과하다. 2002~2004년 평균 6.9%의 높은 GDP성장률과 비교해볼 때 1인당 국민소득이 낮은 가장 주요한 요인은 10억명이 넘는 인구 중에서 최소 생계유지마저 불가능한 극빈계층이 약 1억 5,000만명(전인구의 14.3%)에 이르고 있어서 1인당으로 평가할 때 경제성장의 효과가 극히 미약하기 때문으로 평가할 수 있다. 그러나 최근 지속적인 증가추세를 보이고 있는 소득증가가 소비와 연결될 경우 경제성장의 효과가 커질 수 있다. 낮은 1인당 국민소득에도 불구하고 오히려 이 같은 잠재적 가능성이 인도를 매력적인 투자처가 되게 하는 원동력이 되고 있다.

〈표 3-16〉에 나타난 인도의 대외채무규모는 BRICs 국가와의 비교에서 뿐만 아니라 AAA등급의 평균지표보다 낮은 수준이다. 또한, 인플레이션도 A등급의 평균지표보다 안정되어 있어 향후 신용평가등급의 투자적격 판정과 그 이상의 상향조정도 충분히 가능할 것으로 기대된다.

---

8) 1인당 국민소득이 높은 국가에서는 실질환율(real exchange rate)과 구매력평가의 괴리가 크지 않은 반면에 저소득국가에서는 저생산성(low productivity)으로 인하여 두 변환기준 간에 큰 차이가 존재하게 된다. 이 같은 격차는 소득수준이 높아질수록 축소된다.

(4) 중국

중국은 최근 S&P로부터 BBB+, Moody's로부터 A2의 투자적격등급을 받아 BRICs 4개국 중 가장 높은 국가신용등급을 유지하고 있다. S&P 등급 기준 BBB등급의 평균거시경제지표와 중국의 거시경제지표를 비교해 보면 가장 두드러지는 중국경제의 문제점은 인도와 유사한 낮은 1인당 국민소득이다.

〈표 3-16〉에서 1인당 GNP로 분석한 1인당 소득은 약 1,000달러로 인도보다 2배 높은 수준이나 브라질 및 러시아의 50%에도 못 미치고 있다. 세계은행이 2000년에 발표한 보고서에 따르면 2000년 중국의 1인당 평균국민소득(GNI)은 840달러로서 세계평균수준의 16.3%에 불과하며 구매력평가로 환산해도 3,940달러로 세계 평균의 53.6% 수준을 나타내고 있다. 이는 인도와 마찬가지로 13억명에 이르는 인구 내에 빈부의 격차가 심한 것을 나타낸다. 특히, 농촌과 도시의 빈부의 격차가 심각하여 최근 고성장의 효과가 미약하다고 할 수 있다.

그러나 장기적으로 전체 인구의 거대한 소비잠재력이 고성장의 지속으로 급속히 유효수요(effective demand)화되고 중산층이 내수시장의 안정적 성장을 지지할 수 있는 충분한 규모에 이를 것으로 전망되어 향후 개선의 가능성은 크다고 할 수 있다. 실제로 미국의 세계적 투자은행인 모건스탠리(Morgan Stanley)의 분석에 따르면 2010년경에 연해지역 인구가 4억 9,000만명에 이르게 되고 이 지역의 1인당 연간소득은 6,000달러에 달하여 중산층에 속하게 될 것으로 예상하고 있다. 따라서 인도의 경우와 마찬가지로 중국은 이러한 잠재적 가능성(potential possibility)으로 인해 세계 최대의 투자처로서의 입지가 더욱 강화될 것으로 기대된다.

〈표 3-16〉의 BBB등급지표와 중국의 거시경제지표를 비교해 보면 중국도 인도와 마찬가지로 인플레이션과 대외채무비율의 안정화에 성공적인 것으로 평가할 수 있다. 중국의 2002~2004년 평균인플레이션은 평균지표의 1/10인 1.4%에 불과하다. 수출 대비 대외채무 비율도 평균지표 157.2%의 약 1/4인 38.3%를 나타내고 있다.

최근 중국에서는 이 같은 긍정적인 전망에도 불구하고 외국인투자 유치와 관련한 구조적인 문제점이 발생하고 있다. 중국 상무부가 2005년 초에 발표한 '2005년 중국 내 다국적기업'이라는 보고서에 따르면 2004년 중국의 총수출(약 5,936억 달러)의 50%는 다국적기업(MNCs : Multinational Corporations)이 차지한 것으로 나타났다. 또한, 이들 기업은 세수의 20%를 담당하고 있는 것으로 조사되었다. 다국적기업에 의한 외국인투자로 인하여 중국은 매년 10%에 가까운 고성장을 시현하여 왔다. 그러나 순수 중국인이 획득한 수입인 국민총소득(GNI)의 증가율은 GDP 증가율의 50%에도 못 미쳤다.

향후 중국경제는 지속적으로 거시경제지표를 건전하게 유지하고 국내 빈부격차의 해소를 위한 다양한 정책을 개발하며 경제개방과 외국인투자 유치과정에서 발생한 구조적인 문제점을 해결할 경우 고도성장을 지속할 것으로 전망된다.

4
chapter

Post-BRICs의 의의 및 경제전망

제 1 절 Post-BRICs의 의의

세계은행(World Bank)은 최근 발표한 세계경제 전망에 관한 보고서에서 세계경제의 성장 둔화 가능성을 지적하고 있으나 개발도상국들(develooing countries)은 여전히 선진국보다 2배 이상의 높은 경제성장률을 유지할 것으로 전망하고 있다. 이는 여전히 세계경제 성장의 역동성은 개발도상국에서 비롯되는 것임을 시사하는 것으로 이해할 수 있다.

특히, 최근 수년간 세계경제 성장에 중국을 비롯하여 인도, 러시아 등 BRICs 국가들이 중요한 역할을 해 왔음은 주지의 사실이다. 그러나 일부 경제학자들은 BRICs 시장의 레드오션(red ocean)화를 지적하고, 더 나아가 BRICs 대체시장에 대한 논의도 제기되고 있다. 인구, 국토면적 등을 기준으로 선정된 BRICs 4개국은 상당기간 세계경제의 중요한 한 축을 형성할 것으로 보이나 새로운 시장기회(new market opportunity)를 모색하는 기업들에게는 또 다른 유망한 블루오션(blue ocean) 시장에 대한 기대가 커지고 있다.

BRICs란 신조어를 만들어 국제투자자들의 관심을 제고시켰던 미국의 세계적인 투자은행(investment bank) 골드만삭스(Goldman Sachs)는 ERICs의 뒤를 이어 세계경제를 이끌 11개 국가를 선정해 'NEXT-11'이라 명명하였다. 골드만삭스가 선정한 11개국은 한국을 비롯하여 방글라데시, 이집트, 인도네시아, 이란, 멕시코, 나이지리아, 파키스탄, 필리핀, 터키, 베트남 등이다. 골드만삭스는 거시경제의 안정성(macroeconomic stability), 정치적 성숙도, 교역 및 투자의 개방도, 교육의 질(quality of education) 등을 고려해 11개국을 선정한 것으로 판단된다. 골드만삭스는 BRICs와 같이 NEXT-11 국가들도 2050년경 세계경제의 중심이 될 것이라는 전망을 하고 있다.

NEXT-11에 포함된 국가들 중 한국 및 아직은 상대적인 경제활력도(economic vitality)가 저하되어 있는 방글라데시, 이집트, 파키스탄 등 4개국을 제외한 7개 NEXT-11 국가들의 경제전망과 국가별 주요 이슈를 분석한 수출입은행의 보고서를 중심으로 살펴본다.

제 2 절 경제전망

1. 인도네시아

1.1 국내경제

2004년 취임한 유도요노 대통령의 경제개혁(economic reform)은 속도는 완만하나 착실히 진행되고 있으며 국영기업 매각과 경영합리화 조치도 지속적으로 추진되고 있다.[1)]

(1) 경제성장

2006년에 이어 인도네시아 거시경제의 안정은 2007년에도 지속될 것으로 기대되어 경제성장률은 6%대를 기록할 것으로 전망된다. 2007년 상반기에는 투자보다 민간소비가 경제성장을 주도할 것으로 보인다. 민간소비 증가는 공무원 임금인상과 2007년 상반기 실행되는 최저임금(minimum wage) 인상에 따른 구매력(purchasing power) 증가에 기인한 것이다. 또한, 2007년 하반기부터는 민간투자가 회복되고 정부지출 증가가 성장을 이끌어갈 것으로 보인다. 금리인하 추세의 지속여부와 시장참여자들(market participants)의 신뢰회복이 이 같은 경제성장의 핵심이 되고 있다.

(2) 물가

소비자물가는 2007년에 인도네시아 경제의 견실한 경제활동으로 인해 정부가 정한 물가목표인 6% 수준을 보일 것으로 전망된다. 공급부문의 활발한 경제활동이 경제성장으로 촉발되

1) 인도네시아는 2006년 전반기에는 2005년 10월 연료비 인상에 따른 공공부문 구매력 감소로 인해 경제활동이 다소 위축되었으나 하반기 이후 물가가 안정되고 환율이 평가절상되어 소비수요가 회복되고 투자가 확대되어 2006년 기간 중 5.5%의 경제성장이 달성된 것으로 추정되고 있다(수출입은행, 수은해외경제, 2007. 2. pp. 6~42 요약·재구성).

는 수요 증가세를 상쇄(相殺)하고 정부가 약속하고 있는 공공요금 인상 최소화가 물가안정에 기여할 것으로 판단된다. 또한, 식료품가격의 안정도 물가안정에 기여할 것으로 보인다.

(3) 금리

인도네시아 중앙은행은 환율방어와 인플레이션 억제를 위해 2005년 7월부터 12월까지 6차례에 걸쳐 기준금리를 8.5%에서 12.75%까지 4.25%포인트나 인상한 바 있다. 이는 시중은행의 대출금리도 상승시켜 내수와 투자를 위축시키는 요인으로 작용하였다. 그러나 2006년 5월 이후 교역증가에 따른 수출확대로 경상수지 흑자(current account surplus) 폭이 확대되고 루피아화 가치 및 물가상승률이 안정을 회복하여 중앙은행은 내수와 투자 진작을 위해 2006년 5월부터 2007년 1월까지는 반대로 8차례에 걸쳐 기준금리를 12.75%에서 9.5%까지 3.25%포인트 인하한 바 있다. 2007년에도 인플레이션 압력(inflationary pressure)과 위험이 진정될 경우 점진적이고 신중한 속도로 기준금리를 추가 인하할 가능성이 상존하고 있다.

〈표 4-1〉 주요 국내경제 지표

(단위 : %)

	2002	2003	2004	2005	2006e	2007f
경제성장률	4.4	4.7	5.1	5.6	5.5	6.0
재정수지 / GDP	-0.8	-1.7	-1.2	-0.3	-1.0	-0.9
소비자물가상승률	11.9	6.6	6.2	10.5	13.1	6.5

자료 : IFS, EIU

(4) 재정

아체지역 재건사업과 인프라 개발사업 추진계획에 따라 공공부문 지출이 증가하고 있으나 연료보조금 삭감에 따른 지출감소와 경제성장으로 인한 세수증대로 국내총생산(GDP) 대비 재정수지 비율은 2006년 -1.0%에서 2007년 -0.9%로 소폭 개선될 것으로 보인다. 인도네시아 정부가 추가적인 연료보조금 삭감과 세제개편 등의 재정확충 방안을 제시한 것으로 보여 재정수지는 당분간 양호한 수준에서 관리될 수 있을 것으로 판단된다.

1.2 대외거래

(1) 경상수지

인도네시아 제품 및 천연자원(natural resources)에 대한 중국의 수요증가로 인해 2006년에는 수출이 대폭 증가하였으며 유가상승에 따른 민간소비 둔화와 원유수입 감소로 인해 수입

증가폭은 수출증가폭을 하회하였다. 이에 따라 2005년에 비해 상품수지와 경상수지 흑자는 대폭 증가하였다. 2007년에는 인도네시아 주요 수출시장의 경제성장 둔화와 상품가격 하락 등으로 수출증가 폭이 2006년에 미치지 못할 것으로 보인다. 반면에 민간소비 활성화와 투자 및 자본재 수요 증대로 수입증가율은 2006년보다 높아질 것으로 전망된다.

〈표 4-2〉 주요 대외거래 지표

(단위 : 백만 달러, %)

	2002	2003	2004	2005	2006e	2007f
경상수지	7,824	8,387	1,562	929	6,100	6,100
(경상수지 / GDP)	(2.5)	(3.5)	(0.6)	(0.3)	(1.7)	(1.6)
상품수지	23,513	24,844	20,151	22,368	28,500	28,400
수출	59,165	64,391	70,766	86,224	97,700	108,100
수입	35,652	39,548	50,615	63,856	69,200	79,700
외환보유고	30,971	34,962	34,952	32,989	37,563	-

자료 : IFS, EIU

인도네시아는 수출입화물의 95%를 외국선박회사가 취급하고 있어 서비스수지가 항상 적자를 보이고 있으며 소득수지도 적자를 기록하고 있어 구조적으로 경상수지 흑자 폭은 상품수지 흑자폭에 미치지 못하고 있다. 2007년도 소득수지는 104억 달러 정도 적자가 예상되며 이중 50% 정도가 외채상환에 따른 것으로 판단된다.

(2) 대외채무

인도네시아의 외채총액(2006년말 기준)은 1,285억 달러로 다소 과중한 편이나 외채의 GDP 대비 비중은 2002년 66.1%에서 2006년 36.7%로 하락하는 등 점차 호전되고 있다. 채무상환 연기를 요청할 것이라는 국제금융계의 예상과는 달리 인도네시아 정부는 채무를 정상적으로 상환하고 있다. 특히, 최근 외환보유고(foreign exchange reserves) 증가와 호전된 경제상황으로 2010년까지 상환하기로 되어 있던 국제통화기금(IMF) 차관 약 70억 달러도 2006년에 조기 상환한 바 있다.

〈표 4-3〉 대외채무 규모 변화 추이

(단위 : 백만 달러, %)

	2002	2003	2004	2005e	2006e	2007f
총외채잔액	132,200	136,900	140,600	138,600	128,500	131,500
총외채잔액 / GDP	66.1	58.3	53.3	49.3	36.7	34.0
총외채잔액 / 수출	146.4	139.9	120.4	99.6	73.1	65.0
DSR	24.7	25.7	23.6	15.5	20.3	12.0

자료 : EIU viewswire

1.3 외국인직접투자

유도요노 대통령은 인도네시아 경제시스템의 구조적 발전을 위해서는 외국인직접투자의 활성화(vitalization of foreign direct investment)가 선결과제임을 인식하고 각종 투자유인책과 규제완화(deregulation), 인프라서밋 개최 등을 추진하고 있다. 이 같은 적극적인 유인책에도 불구하고 외국인투자가 크게 증대되지 않고 있는 원인은 고용과 해고의 자율성 확대를 위한 노동법 개정이 지연되고 각종 세법과 투자법안 심의가 국회에서 지연되고 있기 때문으로 해석된다. 법인세 인하, 내외국인 투자자에 대한 동등한 대우 및 토지사용권 완화, 조세감면제도 도입 등을 포함하고 있는 세법과 투자법 개정안은 외국인직접투자 활성화를 위한 선결과제라고 할 수 있다. 인도네시아는 2억명이 넘는 인구와 각종 천연자원이 풍부한 장점을 가진 국가로 전술한 투자의 장애요인들이 해소될 경우 향후 외국인투자가 대폭 증가할 수 있을 것으로 기대된다.

〈표 4-4〉 외국인직접투자 유입 추이

(단위 : 백만 달러, %)

	2002	2003	2004	2005	2006e	2007f
금 액	145	-597	1,896	5,259	3,727	5,000
GDP 비중	0.1	-0.3	0.7	1.9	1.1	1.3

자료 : EIU viewswire

1.4 경제성장의 장애요인

인도네시아 경제는 1990년대 말 외환위기(foreign exchange crisis) 이후 안정적으로 발전하고 있으나 경제구조의 취약, 사회인프라(social infrastructure)의 미비, 경제적 격차의 심화, 부정부패의 만연 등이 경제성장의 장애요인으로 지적되고 있다.

(1) 경제구조의 취약

인도네시아는 자체적으로 축척된 자본과 기술로 경제발전을 이룩할 수 있는 역량이 부족하여 구조적으로 외국투자에 크게 의존하고 있다. 따라서 외형적인 경제지표가 양호한 경우에도 정치·사회적 불안정으로 외국투자자들의 신뢰를 상실할 경우 경제기반(economic foundation)이 붕괴될 수 있는 취약한 구조를 나타내고 있다. 또한, 최근 수출증가세가 수입을 압도하고 있으나 자원수출 이외에는 뚜렷한 수출기반이 없는 상태로 대외교역구조 역시 매우 취약한 편이다.

(2) 사회인프라의 미비

인도네시아는 전기가 공급되지 않는 가구가 전체에서 약 47%를 차지하여 인구수 기준으로 약 9,000만명이 전기혜택을 받지 못하고 있다. 또한, 전력생산의 효율성(efficiency) 및 공급서비스의 질적 수준도 저조한 것으로 평가되고 있다. 자바나 발리 등의 가정용 전기 보급률은 96%를 상회하고 있으나 여타 지역들은 지리적 문제 등으로 인해 전기보급률이 매우 낮아 지역적으로도 보급률 격차가 큰 실정이다. 또한, 도로운송 여건이 양호하지 않은 곳이 많은 편이어서 컨테이너의 운송 및 통관 등에 상당한 비용이 소요되고 있다.

(3) 경제적 격차의 심화

인도네시아는 풍부한 천연자원을 기반으로 적극적인 외국인투자 유치를 시도하면서 점진적으로 경제성장을 이루고 있으나 자카르타 또는 발리 등 일부 대도시 지역에만 성장의 과실이 집중되고 있어 지역간, 종족간 경제적 격차(economic gap)가 심화되고 있다. 최근 분리·독립 움직임이 많이 완화되기는 하였으나 자원이 풍부한 아체, 이리안자야 지역 등에서 발생하는 경제적 이익(economic benefit)을 중앙정부가 거의 독점함에 따라 이 지역 주민 다수가 인식하는 상대적 박탈감(relative deprivation)은 사회·정치적 불안정(sociopolitical instability)을 야기시킬 가능성이 증대되고 있다.

(4) 부정부패의 만연

현 정부의 개혁정책으로 이전보다 많은 제도개선이 이루어졌다. 그러나 여전히 제도상 규정된 것보다 외국인투자 허가절차 등에 상당한 시간이 소요되고 있으며 자의적인 법해석, 편법 성행 등으로 인한 부정부패 문제도 여전히 경제성장의 장애물이 되고 있다.

2. 이란

2.1 경제전망

(1) 경제성장

이란 경제는 2005년 6.9%에 이어 2006년에도 5.0%의 양호한 성장세를 시현할 것으로 추정된다. 그러나 석유생산량이 당초 계획대로 증가하지 못한 가운데 경제성장의 핵심 역할을 해오던 경상수지 흑자(current account surplus)가 국제유가의 하향안정과 상품수입 확대 등으로 대폭 축소되면서 경제성장률도 2007년 4.5% 내외, 2008년 4%대 초반에 머물러 현저하게 둔화될 것으로 전망된다.

특히, 이란 핵문제와 관련한 서방세계와의 갈등 장기화로 UN 제재와 미국의 금융제재(financial sanctions)가 더욱 강화될 경우 현재 이란 정부가 추진하고 있는 석유화학, 가스 플랜트 건설 및 대규모 인프라 건설 등 각종 투자사업 추진에도 차질이 발생할 수 있어 경제성장 둔화추세는 더욱 더 급속도로 진행될 가능성이 상존하고 있다.

〈표 4-5〉 이란 주요 경제지표

	단위	2004	2005	2006e	2007f	2008f
경제성장률	%	5.6	6.9	5.0	4.6	4.0
소비자물가상승률	%	14.8	13.4	15.8	16.0	15.5
경상수지	십억 달러	1.4	14.0	13.1	8.4	3.0
총외채 잔액	십억 달러	13.2	14.5	14.8	14.0	12.0
DSR	%	4.1	3.5	3.3	na	na

자료 : EIU

(2) 물가

이란의 소비자물가상승률은 2004년 14.8%에서 2005년 13.4%로 다소 하락하였다. 이는 오일머니(oil money)의 급속한 유입, 내수수요 급증, 낮은 이자율 등을 고려할 때 상당히 예외적인 것으로 평가할 수 있다.

국민의 지지를 유지하기 위한 아흐마디네자드 정권의 광범위한 보조금 지출이 공공요금 인하 등으로 나타나 부분적으로 물가상승 압력을 상쇄하는 역할을 할 것으로 판단되나 2006년

16.2%, 2007년 15.8% 등 고인플레 추세는 지속될 것으로 보인다.

(3) 경상수지

이란의 경상수지 흑자는 유가급등으로 인해 2005년에는 140억 달러(GDP 대비 7.7%)를 기록하였으나, 2006년에는 원유생산 증가세 둔화와 유가안정 및 상품수입 급증 등으로 인해 흑자 폭이 다소 감소한 131억 달러(GDP의 6.0%)로 추정된다. 2007년에는 원유 생산량이 다소 감소하고 유가가 안정세를 보이는 가운데 수입 증가세는 지속될 것으로 예상되어 경상수지 흑자는 대폭 감소한 80억 달러 내외(GDP 대비 3% 수준)에 그치고, 2008년에는 더욱 더 감소할 것으로 전망되고 있다.

(4) 대외채무

2006년 기준 이란의 대외채무(external debt)는 148억 달러 규모로 추산되며 DSR(Debt Service Ratio)은 3.3%에 불과하여 대외채무 상환부담은 낮은 것으로 판단된다.

그러나 실제 변수는 미국이 UN 제재와는 별도로 추진하고 있는 금융제재의 수위로 향후 이란의 대외채무 상환위험에 결정적인 영향을 미칠 요인이 될 것으로 보인다.

〈참고 1〉 대(對)이란 금융제재 현황

① 미국은 UN을 통해 이란의 핵 활동 중지를 견인할 만한 실효성 있고 강력한 제재 방안을 도출하기 어렵다는 판단 하에 2006년부터 UN 제재와는 별도로 대이란 금융제재를 강력하게 추진하고 있음

② 미 재무부는 2006년 9월에 모든 미국 은행에 대해 테러단체 지원 가능성을 근거로 Bank Saderat 및 동 은행의 런던 현지법인과의 금융 거래를 전면 중단시킨 바 있음

Bank Saderat은 그동안 이란이 추진해 온 대규모 인프라 건설 프로젝트의 자금조달 창구 역할을 해온 대표 은행으로 동 조치 이후 모든 자금조달 거래를 유로(Euro)화로 전환하였다.

③ 미 재무부는 2007년 1월에 다시 이란 미사일 개발 관련기관에 금융서비스를 제공한 의혹을 근거로 이란의 대형 국영상업은행인 Bank Sepha와의 거래를 전면 중단시킨 바 있음

④ 미국은 이 같은 국내 조치와 병행하여 각종 외교 채널을 통해 국제은행 및 투자기관들로 하여금 대이란 금융제재에 동참하도록 압력을 행사하고 있음

※ 이란과의 금융거래를 축소 또는 중단하겠다고 발표한 은행 현황

· 유럽계 : Barclays PLC, HSBC Holdings PLC, Credit Sycnnais, Societe General SA, ABN Amro Holdings
· 일본계 : Bank of Tokyo - Mitsubishi UFJ, Mizuho Corporate Bank, Sumitomo Mitsui Banking Corp.

⑤ 상기한 금융제재 조치들에 대해 이란 정부는 2006년 12월 대외자산 및 거래 통화를 유로화로 전환한다고 공식 발표하면서, 미국의 조치는 이미 예견되어 있었던 것으로 큰 문제가 되지 않는다고 언급한 바 있음

그러나 실제로는 이란 은행이나 기업이 외국은행에서 신용장을 개설하려면 최고 100%까지 현금을 예치해야 하는 등 무역금융 분야에서 어려움에 직면해 있는 것으로 알려지고 있다.

2.2 핵 이슈

(1) UN안보리 제재 결의안 채택

UN안보리는 이란 정부가 2006년 7월 31일 채택된 이란 핵활동 중단(2006년 8월 31일한) 요구결의안을 거부한 데 대한 제재조치의 일환으로 2006년 12월 23일 만장일치로 「UN안보리 제재결의안」을 채택한 바 있다.

2006년 8월 31일 이란의 핵활동 중단시한 경과 당시 미국을 중심으로 논의되었던 포괄적 금융제재, 석유 및 관련 산업 금수조치 등 강력한 제재조치들이 모두 제외된 이번 제재 안에 대해 다수의 국제문제 전문가들은 미국이 이란에서 석유개발사업을 진행 중인 중국과 부세르 원전건설사업을 진행 중인 러시아를 설득하기 위해 제재수위를 대폭 낮출 수밖에 없었다는 해석을 하고 있다. 따라서 이번 제재안은 이란의 핵문제 관련 입장을 변화시키기에는 힘들 것이라는 평가가 대세를 이루고 있다.

미국은 일단 이번 제재안이 만장일치로 통과되어 이란 핵문제에 대한 국제사회의 우려를 통일된 행동으로 보여주었으며 향후 IAEA 이행보고를 통해 추가적인 제재가능성을 열어 둔 점에 의미를 부여하고 있다.

그러나 국제문제 전문가들은 2007년 2월 21일 이후에도 거부권을 가진 러시아와 중국이 소속되어 있는 UN안보리에서 강력하고 실효성 있는 제재방안이 도출되기는 어려울 것으로 판단하고 있으며 오히려 미국이 독자적으로 추진하고 있는 금융제재의 진행추이에 더욱 큰 관심을 보이고 있는 상황이다.

〈참고 2〉 UN안보리 대이란 제재결의안의 주요 내용

① 이란은 IAEA가 요구한 조치를 즉시 시행하고 농축활동, 재처리활동, 중수로 관련 프로젝트 등 모든 핵활동 즉시 중단
② 모든 UN 회원국은 이란의 농축, 재처리, 중수로 관련 활동 및 미사일 등과 관련된 모든 품목, 물질, 장비, 상품 및 기술의 공급, 판매 또는 이전 금지
③ 모든 UN 회원국은 핵활동 관련 품목, 물질, 장비, 상품 및 기술의 공급, 판매, 이전, 생산 또는 사용과 관련된 기술지원·교육훈련·금융원조, 투자, 중개 또는 기타 서비스 제공을 금지하기 위하여 필요한 조치 시행
④ 모든 회원국은 핵 및 미사일 프로그램 관련 기관 및 개인(Annex에 명단 지정)의 자금, 금융자산 및 경제적 자원 동결
⑤ 모든 회원국은 60일 이내에 조치내용을 위원회에 보고
⑥ IAEA 사무총장은 60일 이내에(2007년 2월 21일한) 이란이 본 결의안에서 지적된 모든 활동의 중단 및 IAEA 요구사항의 이행여부 등에 관한 보고서를 IAEA 이사회 및 안보리에 제출
⑦ 이란이 본 결의사항을 이행하지 않는 경우 별도의 결의를 통해 추가적으로 적절한 조치 시행

(2) 이란 핵문제 진행전망

이란의 핵문제 진행전망은 군사행동 여부, 이란의 핵연료 사용후 재처리 회수까지의 핵연료주기(Nuclear Fuel Cycle) 완성 여부 및 국제사회와의 합의여부 등에 따라 다음 5가지 결과를 예측해 볼 수 있다.

① 비(非)군사행동 / 핵연료주기(Nuclear Fuel Cycle) 미완성 / 국제사회 미합의

이란이 국제사회의 압력과 제재 또는 군사행동 위협에 굴복하여 핵주기 완성을 포기하는 경우이다.

② 비군사행동 / 핵연료주기(Nuclear Fuel Cycle) 미완성 / 국제사회 합의

이란이 국제사회의 정치, 경제적 지원을 대가로 핵 활동을 중단하기로 합의하는 경우이다.

③ 비군사행동 / 핵연료주기(Nuclear Fuel Cycle) 완성 / 국제사회 미합의

이란이 국제사회의 우려에도 불구하고 자체적으로 핵주기를 완성하는 경우이다.

④ 비군사행동 / 핵연료주기(Nuclear Fuel Cycle) 완성 / 국제사회 합의

이란이 국제사회의 강력한 사찰을 수용하는 조건으로 핵주기를 완성하되 국제사회의 정치,

경제적 지원을 받는다는 합의를 하는 경우이다.

⑤ 군사행동 / 핵연료주기(Nuclear Fuel Cycle) 완성

이란의 핵주기 완성을 용인할 수 없다는 판단 하에 미국 또는 이스라엘이 독자 또는 우방국들과 공동으로 이란 핵시설에 대한 공습을 감행하는 경우이다.

상기한 시나리오들에 대해 국제문제 전문가들은 어떻게든 이란이 핵주기를 완성하고 자체적으로 핵무기를 개발할 수 있는 핵물질을 생산하는 단계에 이를 가능성(③ 또는 ④번 시나리오)이 가장 큰 것으로 판단하고 있다. 영국의 경제지 이코노미스트(The Economist)는 최근 보고서에서 이란이 핵주기를 완성(③ 또는 ④번)하는 데 45%, 군사행동(⑤)으로 이어지는 데 35%, 마지막으로 핵주기 완성에 실패(① 또는 ②)하는 데 20%의 가능성이 있다고 분석한 바 있다.

3. 멕시코

3.1 개관

멕시코 경제는 2006년에 대통령선거 후유증으로 인한 정국불안에도 불구하고 비교적 양호한 성과를 기록하였다. 경제성장률은 전임 폭스 대통령 집권기간 중 가장 높은 4.7%를 기록하였으며 소비자물가상승률도 중앙은행 물가억제목표를 소폭 상회하는 4.1%에 그친 것으로 보인다. 고유가 지속과 총수출의 85% 정도를 차지하고 있는 미국의 수입수요 증가에 힘입어 수출산업이 호조를 보였고 미국거주 멕시코 근로자들의 송금 증가로 내수산업도 양호한 성장을 하였다.

멕시코 경제는 2007년에도 성장세를 이어갈 것으로 보인다. 그러나 미국 경제의 둔화와 국제유가의 약보합세 전환 등 대외경제여건의 악화로 경제성장세는 소폭 둔화될 것으로 전망된다.

3.2 경제전망

(1) 경제성장

멕시코 경제는 2006년에 비교적 양호한 성과를 거두었다. 7월 대통령선거로 인해 정치적 불안정(political instability)이 지속되었으나 미국 경제의 활성화와 국제유가 상승에 따른 수출 증가, 해외근로자의 모국송금 증가로 인한 내수회복 등에 힘입어 양호한 성장세를 시현하였다.

2006년 분기별 경제성장률은 1분기와 2분기에 각각 5.5%와 4.7%의 매우 양호한 성과를 보인데 이어, 3분기에도 4.6% 성장한 것으로 나타났다. 그러나 하반기 이후 경제성장세가 점차 둔화되고 있고 4분기 성장률도 더욱 하락할 것으로 보여, 2006년 전체 경제성장률은 4.7%를 기록한 것으로 추정된다.

멕시코 경제는 2007년에도 성장세를 지속할 것으로 보이나 성장률은 3%대로 하락할 것으로 전망된다. 이는 멕시코 경제에 직접적이고도 지대한 영향을 미치고 있는 미국 경제의 둔화가 멕시코 경제 전반에 걸쳐 부정적 영향을 미칠 것으로 판단되기 때문이다. 대미수출 증가세가 둔화되면서 수출산업 부문의 투자 및 고용 축소가 발생할 것으로 보이나 미국거주 멕시코 근로자들의 송금유입액 증가로 인한 내수증가가 수출감소의 효과를 어느 정도 상쇄시키면서 경제성장세를 유지시켜 줄 것으로 전망된다.

(2) 물가

물가는 하향안정 추세를 지속하고 있다. 그러나 물가지수에서 큰 비중을 차지하고 있는 음식료품, 담배 등 생필품가격이 높은 상승세를 보여 2006년 소비자물가상승률은 정부의 물가억제 목표(3%±1%)를 소폭 상회하는 4.1%를 기록한 것으로 추정된다. 그러나 2007년에는 경제성장세 둔화와 국제원자재가격 약보합세 전환 등에 따른 영향으로 물가상승률이 3%대로 하락할 것으로 보인다.

〈표 4-6〉 경제성장률 및 물가상승률 추이

(단위 : %)

	2002	2003	2004	2005	2006e	2007f
경제성장률	0.8	1.4	4.2	3.0	4.7	3.1
물가상승률	5.0	4.5	4.7	4.0	4.1	3.8

자료 : EIU

(3) 재정

재정수지는 1993년 이후 13년 만에 흑자로 전화되었다. 정부 재정수입의 1/3 이상을 차지하는 석유산업의 호조와 경제성장에 따른 재정수입 증가로 인해 2006년 제정수지는 GDP의 0.5% 흑자를 기록한 것으로 추정된다. 선거가 있는 해임에도 불구하고 정부가 재정수출을 효과적으로 통제한 것이 재정수지 개선에 크게 기여한 것으로 판단된다. 그러나 2007년에는 국제유가가 약보합세로 전환됨에 따라 석유관련 재정수입 감소가 예상되고 있으며 여소야대 정국으로 인해 비효율적 조세행정 개선과 세수증대를 위한 조세개혁(tax reform)도 시행하기 어려운 상황이어서 다시 소폭 적자로 전환될 것으로 보인다.

(4) 대외거래

고유가 지속과 미국의 경기회복 등에 힘입어 2006년에는 수출이 전년 대비 16.5% 증가한 2,493억 달러를 기록하였다. 수입도 전년 대비 15.1% 증가한 2,553억 달러에 달하였다. 수출과 더불어 수입이 크게 증가한 데는 멕시코의 주력 수출산업인 보세가공무역산업(마킬라도라산업)의 특성상 수출증가가 원부자재의 수입증가를 동반할 뿐만 아니라 경제성장세 회복으로 인해 국내 수입수요도 크게 증가하였기 때문으로 해석된다. 그러나 2007년에는 수출입 모두 증가세가 크게 둔화될 것으로 전망된다.

한편, 최근 수년간 경상수지는 수출증가로 인한 상품수지 적자규모 축소와 해외거주자의 송금증가 등으로 인해 뚜렷한 개선 추세를 보이고 있다. 2002년 국내총생산(GDP)의 2.2%인 141억 달러에 이르렀던 경상수지 적자(current account deficit)가 2006년에는 GDP의 0.3%인 26억 달러 수준으로 축소되었다. 그러나 2007년에는 수출증가세 둔화로 인해 상품수지와 경상수지 적자규모가 다시 증가할 것으로 보인다. EIU는 2007년 멕시코 수출입이 각각 2,651억 달러와 2,785억 달러로 상품수지 적자규모는 134억 달러로 증가하고 경상수지 적자규모도 GDP의 1.0%인 87억 달러를 기록할 것으로 전망하고 있다.

〈표 4-7〉 멕시코 수출입 추이

(단위 : 억 달러, %)

	2002	2003	2004	2005	2006e	2007f
수　　출	1,610	1,648	1,880	2,142	2,496	2,651
수　　입	1,687	1,705	1,968	2,218	2,553	2,785
수출증가율	1.6	2.4	14.1	13.9	16.5	6.2
수입증가율	0.2	1.1	15.4	12.7	15.1	9.1

(5) 외채 및 외환유동성

멕시코의 외채구조 및 외환유동성은 매우 양호한 상태이며 최근 수년간 개선추세를 보이고 있다. 멕시코 정부는 2006년 대통령선거를 앞두고 정권교체기에 반복되어 온 경제위기(economic crisis)의 재발가능성을 사전에 차단하기 위해 2006~2007년 기일도래 정부외채 124억 달러를 조기 상환하는 등 외채관리에 만전을 기하고 있다. 신중한 거시경제 운영과 긴축정책의 지속 그리고 수출증가와 외국인직접투자(FDI) 및 해외근로자 송금 유입 등에 따라 멕시코의 외환보유고(2006년말 기준)는 연초 대비 81억 달러 증가한 819억 달러를 기록하는 등 외환유동성도 풍부한 상황이다.

한편, 멕시코의 외채총액은 2005년 1,354억 달러에서 2006년에는 1,295억 달러로 1년 만에 59억 달러가 감소한 것으로 나타났다. GDP 대비 총외채 비율도 2005년 17.6%에서 2006년에는 15.8%로 하락하였으며 총수출 대비 총외채 비율도 2005년 52.9%에서 2006년에는 43.8%로 크게 낮아졌다. DSR은 정부의 외채 조기상환 실시로 인해 2005년 14.1%에서 2006년에는 15.7%로 다소 높아졌으나, 개발도상국 평균과 비교해서 매우 양호한 상태로 평가할 수 있다. 멕시코의 풍부한 외환유동성과 외채규모 등을 고려할 때 외채구조는 2007년에도 안정을 유지할 것으로 보이며 외환유동성 위기 발생가능성도 매우 낮은 것으로 분석된다.

〈표 4-8〉 멕시코 주요 외채지표

(단위 : 억 달러, %)

	2002	2003	2004	2005	2006e	2007f
총외채	1,402	1,416	1,387	1,354	1,295	1,309
총외채 / GDP	21.6	22.2	20.3	17.6	15.8	14.7
총외채 / 총수출	74.7	72.8	61.8	52.9	43.8	41.4
DSR	23.3	21.7	22.9	14.1	15.7	13.4

자료 : EIU

3.3 멕시코 경제의 주요 변수

향후 멕시코 경제의 주요 변수는 미국 경제와 국제유가 그리고 해외근로자 송금으로 지적된다. 특히, 미국 경제의 둔화가 멕시코 경제에 가장 큰 장애요인이 될 것으로 보이며 국제유가 약보합세 전환도 석유산업에 대한 재정의존도가 높은 멕시코 정부의 재정운영에 어려움을 가중시킬 것으로 예상된다. 한편, 연간 200억 달러를 상회하는 해외근로자 송금유입은 내수경기를 자극하여 경제성장세를 유지하는 데 중요한 역할을 할 것으로 전망된다.

그러나 최근 국제유가가 하락세를 보이면서 유가변동이 멕시코 경제에 미칠 부정적 영향에 대한 가능성이 증대되고 있다. 멕시코 정부는 2006년에 멕시코산 원유바스켓 수출단가를 배럴당 42.8달러로 가정하고 정부 예산안을 편성하였으나 2007년 1월 기준 멕시코산 원유 바스켓의 수출단가는 예산편성에 반영된 기준유가를 하회하는 41.95달러를 기록(2006년 3분기 멕시코산 원유 수출단가는 배럴당 57.1달러였음)함에 따라 2007년 정부 예산안 수정 여부가 관건이 되고 있다.

멕시코 정부는 아직까지 정부 예산안을 수정할 의사를 표명하고 있지 않으나 석유산업에 대한 정부 재정수입의 의존도를 감소시킬 필요성이 있으며, 유가하락이 석유의존도 축소를 위한 재정개혁(fiscal reform)이 가속화되는 계기가 될 것으로 판단하고 있다. 그러나 여야 대치

국면과 여소야대 정국을 고려할 경우 깔데론 정부에서도 조세, 에너지, 노동부문의 구조개혁이 큰 진전을 보이기는 현실적으로 어려울 것으로 보인다.

한편, 집권 첫 해인 2007년 깔데론 정부의 가장 큰 목표는 경제활성화(economic vitalization)를 통한 지역간, 계층간 양극화 해소가 될 것으로 판단된다. 따라서 이를 위한 경기부양책을 적극적으로 실시할 것으로 예상된다. 그러나 조세, 에너지, 노동부문의 구조개혁이 이루어지지 않은 상황에서의 재정지출 확대와 같은 경기부양책은 결국 재정적자(fiscal deficit) 누적과 이로 인한 물가 및 금융불안정(financial instability)을 초래할 가능성이 커서 실제 정책시행에는 한계가 있을 것으로 보인다.2)

4. 나이지리아

4.1 경제전망

(1) 경제성장

나이지리아는 2003년 이후 유가상승과 원유생산 증가, 농업부문의 호조 등으로 인해 고도성장을 지속하였다. 그러나 2006년에는 주요 유전지역인 니제르 델타 인근의 정정(政情) 불안요인이 고조되면서 경제성장률이 4.2%로 소폭 감소하였다. 2007년에도 니제르델타 지역의 정정불안이 여전히 해소되지 않고 있으나 현재의 신규유전 발굴 및 생산시설 확대 속도로 볼 때 석유생산량 목표의 달성가능성은 비교적 큰 것으로 판단된다. 따라서 5% 이상의 경제성장이 달성될 것으로 전망된다.

한편, 고유가로 인한 경제성장 및 막대한 재정수입에도 불구하고 국민들의 빈곤상태는 개선되지 않고 있다. 이는 아직까지 나이지리아 경제가 석유산업 이외에는 제조업 등 다른 기반산업이 발달하지 못하여 고용창출효과(job creation effect)를 유발하지 못하고 있으며 낮은 노동생산성(low labor productivity) 및 열악한 인프라 상황 등이 나이지리아의 지속가능한 경제성장(sustainable economic growth)에 장애요인이 되고 있다.

(2) 물가

나이지리아는 취약한 경제구조 및 정치적 불안정(political instability)과 함께 과도한 통화

2) 세계 주요 경제연구기관들은 멕시코의 2007년 경제성장률이 3%대로 하락할 것으로 전망하고 있다. OECD는 「2006년 하반기 경제전망 보고서」에서 멕시코의 경제성장률이 2007년 3.6%로 하락할 것으로 예상한 바 있다. 세계은행(World Bank)도 2006년 12월 발표한 「글로벌 경제전망 보고서」에서 멕시코의 2007년 경제성장률을 3.5%로 전망하였으며, IMF는 멕시코의 경제성장률을 3.3%로 전망하였다. 기타 주요 투자은행들도 2007년 멕시코 경제성장률을 3.3~3.8%로 전망하고 있다.

공급, 자국 통화의 급격한 평가절하(depreciation), 국내 유류가격의 상승 등으로 1990년대 초에는 소비자물가상승률이 50%를 초과하는 등 극심한 물가불안 상태를 보였다. 그러나 2000년대 들어 중앙은행의 강력한 긴축정책 실시와 식료품 수급사정 호전으로 인해 물가상승률이 10%대 수준을 유지하고 있다. 2007년도 농업생산 호조에 따른 식료품가격 안정이 물가에 긍정적인 영향을 미칠 것으로 판단되나, 2007년 대통령선거에 따른 정부지출 확대, 시중 유동성 증가 및 신규 도입될 금융제도의 불확실성(uncertainty of financial system) 등으로 물가상승률은 전년과 비슷한 10% 내외를 기록할 것으로 보인다.

(3) 경상수지

나이지리아는 상품수지 및 경상수지가 석유수출 여건에 의해 절대적으로 영향을 받고 있는 대표적인 국가로 평가된다. 2000년대 들어 산유량 증가와 큰 폭의 국제유가 상승으로 인해 상품수지 및 경상수지가 크게 개선되어 왔다. 2007년에도 니제르 델타지역의 정정불안의 가능성 증대와 수입 및 서비스지출 증가가 예상되고 있으나 지속적인 원유생산량 증가에 힘입어 경상수지 흑자는 GDP의 8.6%를 나타낼 것으로 보인다.

〈표 4-9〉 주요 대외거래 지표

(단위 : 백만 달러, %)

	2003	2004	2005	2006e	2007f
경상수지	-1,569	3,456	7,698	11,200	11,300
(경상수지 / GDP)	(-2.7)	(4.4)	(8.4)	(9.7)	(8.6)
상품수지	10,057	22,154	27,040	33,159	36,800
수출	27,250	37,329	49,420	57,025	63,800
수입	17,193	15,175	22,380	23,866	27,000

자료 : EIU

(4) 재정

정부의 재정지출이 확대되고 있으나 고유가 지속으로 인한 석유수입 급증으로 최근 재정수지도 적자폭이 감소되어 왔다. 2007년에도 GDP 대비 재정수지 적자비율은 전년도와 비슷한 1.4%를 기록할 것으로 보인다.

4.2 나이지리아 경제의 주요 변수

향후 나이지리아 경제의 가장 중요한 변수 중 하나는 2007년에 시행될 대통령선거이다. 2006년에 니제르 델타지역을 중심으로 석유시설 테러 빈발로 생산차질이 심했던 나이지리아가 2007년 대통령선거를 앞두고 정치적인 혼란이 가중될 가능성과 함께 지난 수년간 지속되어 온 종족, 종교간 분쟁의 심화 등도 나이지리아 경제성장의 장애요인이 되고 있다.

5. 필리핀

5.1 국내경제

(1) 경제성장

아로요 대통령에 대한 대통령선거 부정 의혹 및 가족들의 뇌물수수 조사 등 불안정한 정국에도 불구하고 필리핀 경제는 2006년에 양호한 성장을 기록한 것으로 보인다. 2005년에는 가뭄에 따른 농산물 작황 악화와 고유가 등의 영향으로 5.0% 성장하였으나 2006년에는 전자제품 수요 증가에 따른 수출활성화와 농작물 작황 호조, 소비수요 증가 등으로 인해 5.6%의 성장을 시현한 것으로 추정된다. 필리핀 경제는 2007년에도 2006년과 비슷한 수준인 5.5%의 성장이 기대되고 있다. 다만 해외근로자로부터의 해외이전소득에 근거한 민간소비가 경제성장을 견인하고 있으나 높은 이자율과 사회간접시설(SOC) 미비, 정부의 재정수지 적자(fiscal deficit) 축소를 위한 투자위축 등이 경제성장의 장애요인이 될 것으로 판단된다. 그러나 경제성장을 촉진하기 위해서는 무엇보다도 정치적 안정(political stability)이 선행되어야 한다.

(2) 물가

고유가 현상과 부가가치세 인상의 영향으로 2006년 초반까지 7% 수준의 높은 물가상승률이 유지되었으나 하반기 이후 농산물 작황 호조에 따른 식료품비 인하, 페소(Peso)화 강세에 따른 수입품 가격안정, 유가안정 등의 영향으로 인플레 압력(inflationary pressure)은 둔화되었다. 2006년 10월말 기준 전년동기 대비 물가상승률은 5.4% 수준까지 하락하였으며 2007년에도 물가는 안정세를 유지할 것으로 보인다. 필리핀 중앙은행은 2005년 10월 이후 현재까지 단기 기준금리를 7.5%로 유지하고 있으나 물가수준이 지속적으로 안정될 경우 투자활성화(investment vitalization)와 경제성장을 위해 금리인하를 추진할 것으로 전망된다.

(3) 재정

필리핀은 부실한 조세제도와 세수기반 부족 등으로 인해 만성적인 재정적자를 보이고 있다. 그러나 2002년 이후 국내총생산(GDP) 대비 재정수지 적자규모는 점차 축소되고 있으며 2007년에도 이 같은 추세가 지속될 것으로 보인다. 2006년 8월 의회에 제출된 2007년도 재정운용 계획의 주요 특징은 이자지출 감소와 자본지출 증가이다. 즉, 이자율 하락과 달러 대비 환율 하락으로 국채에 지급되는 이자부담을 경감시킬 수 있다(국채 이자율은 2006년 8% 수준에서 2007년 6%까지 하락하고, 달러 대비 환율은 2006년 55~56페소에서 2007년 51~53페소 수준까지 하락할 것으로 예상되고 있음). 그 결과 사회인프라(social infrastructure) 확충을 위한 자본지출을 확대할 수 있을 것으로 예상된다. 한편, 5% 이상의 양호한 경제성장과 부가가치세율 2% 인상에 따른 세수증대가 예상되어 2007년에는 GDP 대비 재정수지 적자가 0.5%까지 개선될 것으로 보인다.

〈표 4-10〉 주요 국내경제 지표

(단위 : %)

	2002	2003	2004	2005	2006e	2007f
경제성장률	4.4	4.9	6.2	5.0	5.6	5.5
재정수지 / GDP	-5.4	-4.6	-3.8	-2.7	-1.1	-0.5
소비자물가상승률	3.0	3.5	6.0	7.6	6.3	4.4

자료 : IFS, EIU

(4) 인프라 확충

아로요 대통령은 2006년 7월 국회 개원 연설에서 국가발전전략계획의 일환으로 필리핀 인프라 확충 종합계획안을 발표한 바 있다. 이는 최근 들어 재정수지 적자가 감소하고 정부의 이자부담이 감소하면서 경제성장을 촉진하기 위한 적극적인 인프라 개발의 필요성이 증대되었기 때문으로 분석된다. 계획안은 지역을 새롭게 분류한 대권역(mega-regions)별로 집중 투자분야를 명시하고 있다. 대통령은 자신의 임기인 2010년 6월까지 사업을 완료할 것임을 표명하였다.

① North Luzon : 도로복구, 공항개발, San Roque 다목적댐 확장, 소규모 관개시설 프로젝트 등

② Metro Luzon : Subic-Clark-Tarlac 고속도로와 남북 Luzon 고속도로를 포함하는 고속도로 연결사업, 통근철도서비스 연결, 철도 및 항만 건설 등

③ 중부지역 : 공항 건설 및 확장, 도로건설 및 항만확장 등

④ 민다나오 : 도로건설 및 Lanao del Norte와 Misamis Occidental을 연결하는 교량건설 등

⑤ Cyber Corridor : 과학 및 기술 투자 등

5.2 대외거래

(1) 경상수지

필리핀의 상품수지는 적자상태를 보이고 있다. 2006년에는 상품수출의 2/3를 차지하고 있는 전자제품 수출이 크게 증가하여 고유가와 수입수요 증가에도 불구하고 상품수지 적자가 2005년에 비해 크게 감소하였다. 2007년에는 전자제품 수출증가세가 다소 부진할 것으로 보여 2006년보다 상품수지 적자폭이 확대될 것으로 보인다.

2003년 이후 흑자를 유지하고 있는 필리핀의 경상수지는 상품수지 적자를 서비스 수지와 소득수지가 보전하고 있다. 특히, 2006년에는 해외노동자 송금액이 40억 달러를 초과한 것으로 추정된다. 이 같은 추세는 2007년에도 지속될 것으로 보인다.

〈표 4-11〉 주요 대외거래 지표

(단위 : 백만 달러, %)

	2002	2003	2004	2005	2006e	2007f
경상수지	-279	288	1,633	2,338	4,993	5,200
(경상수지 / GDP)	(-0.4)	(0.4)	(1.9)	(2.4)	(4.3)	(4.0)
상품수지	-5,530	-5,851	-5,384	-7,546	-6,303	-7,200
수출	34,403	35,339	38,794	40,231	44,673	46,000
수입	39,933	41,190	44,178	47,777	50,976	53,200
외환보유고	13,329	13,655	13,116	15,926	19,885	-

자료 : IFS, EIU

(2) 환율

2006년 들어 글로벌 달러약세 현상과 맞물려 필리핀 페소화의 달러환율도 지속적으로 평가절상되었다. 2007년에도 재정적자 부담이 완화되고 수출 및 해외로부터의 송금이 증가세를 유지할 것으로 보여 페소화 가치가 급격하게 하락할 가능성은 크지 않을 것으로 보인다. 다만 사회 · 정치적 불안정(sociopolitical instability)이 발생할 경우 통화가치가 급변할 가능성이 상존하고 있다.

(3) 외채

필리핀의 외채총액은 600억 달러를 초과하고 있으며 외채상환 부담이 단기간 내에 해결될 가능성은 크지 않은 것으로 판단된다. 그러나 최근 들어 GDP 또는 수출액 대비 총외채잔액 비율이 지속적으로 하락하고 있으며 DSR도 하향 안정화되고 있어 단기에 대외지급 불능사태가 발생할 가능성은 작은 것으로 평가된다.

〈표 4-12〉 대외채무규모 변화 추이

(단위 : 백만 달러, %)

	2002	2003	2004	2005	2006e	2007f
총외채잔액	59,900	62,500	60,600	60,800	61,200	63,400
총외채잔액 / GDP	78.0	78.5	69.8	61.8	52.6	48.5
총외채잔액 / 수출	114	118	104	98	90	89
DSR	19.3	19.3	19.9	14.5	14.4	14.6

자료 : EIU viewswire

(4) 외국인직접투자

필리핀의 주요 투자국은 미국, 일본, 네덜란드, 대만 등으로 2002년 15억 달러를 기록하였던 외국인직접투자(FDI : Foreign Direct Investment)가 2003년 5억 달러 수준으로 급락한 이후 점진적인 증가세를 보이고 있다. 필리핀 법제도에서의 외국인투자에 대한 보장수준이나 동국의 경제규모 등을 고려할 때 외국인투자 유입이 여타 ASEAN 국가에 미치지 못하는 가장 큰 요인으로 필리핀에 대한 외국인투자자들의 신뢰상실(lack of confidence)을 지적할 수 있다. 필리핀의 정정(政情) 불안과 재정위기(fiscal crisis) 발생 우려, 중국과의 외국인투자 유치경쟁 등이 외국인투자 유입에 장애요인이 되고 있다. 2006년 외국인투자 유입 증가는 주로 외국기업간 또는 외국기업과 자회사 간의 자금이동이 증가한 데 따른 것으로 신규투자가 크게 증가한 것은 아니며 2007년에도 신규투자가 활성화되기는 어려울 것으로 판단된다.

〈표 4-13〉 외국인직접투자 유입 추이

(단위 : 억 달러, %)

	2002	2003	2004	2005	2006e	2007f
금액	15	5	7	11	20	20
GDP비중	2.0	0.6	0.8	1.2	1.7	1.5

자료 : EIU viewswire

5.3 필리핀 경제의 구조적 취약성

필리핀 경제가 2007년에도 안정적인 상승세를 유지할 것으로 보이나 필리핀 경제구조는 재정수지의 만성적인 적자기조, 해외거주 노동자 송금에 대한 의존성 및 수출구조의 취약성 등의 구조적 결함을 지니고 있다.

(1) 만성적인 재정수지 적자

필리핀의 국내총생산(GDP) 대비 재정수지 비율은 2002년 -5.3%를 기록할 정도로 다소 심각한 수준으로 볼 수 있다. 이는 세수기반 부족과 각종 조세징수 체계의 미비 등에 주로 기인하였다. 2002년 이후 아로요 정권의 지속적인 재정수지 건전화 노력에 힘입어 비록 완만하기는 하나 재정수지 적자기조는 지속적으로 완화되어 왔다. 2006년 동 비율은 -1.1%까지 감소하였으며 2007년에는 -0.5%까지 축소될 것으로 전망된다. 다만 이 같은 재정수지 적자폭 감소가 경제성장에 반드시 필요한 사회간접자본(SOC)에 대한 투자 지연 등에 기인한다면 장기적으로 국가경제의 성장에는 장애요인으로 작용할 가능성도 배제할 수 없다.

(2) 해외거주 노동자 송금에의 과도한 의존

필리핀의 경상수지 흑자는 상품수지 적자를 해외거주 노동자의 송금으로 보전한 결과로 해석할 수 있다. 2005년까지 매년 송금액이 대폭 증가하여 왔으나 2006년부터 증가율이 소폭 감소하고 있으며 근본적으로 해외로부터의 송금에 국가경제가 과도하게 의존하는 점이 필리핀 경제구조의 안정성(stability of economic structure)에는 악영향을 미치고 있다.

(3) 수출구조의 취약성

2005년 기준으로 총 상품수출(402억 달러)에서 전자제품 수출(273억 달러)이 차지하는 비중이 68%를 초과할 정도로 수출이 특정 품목에 집중되고 있다. 따라서 세계 전자제품시장이 위축될 경우 필리핀 수출이 일시에 급격하게 위축될 수 있으며 경제 전반에 커다란 충격을 줄 가능성이 존재하고 있다. 또한, 총 수출의 약 35%가 미국과 일본 양국에 집중되어 있는 점도 수출구조 취약성의 한 단면을 나타내고 있다.

6. 터키

6.1 국내경제

(1) 경제성장

2001년 금융위기(financial crisis) 및 경기침체(recession) 이후 터키 경제성장률은 2002~2005년 중 연평균 7.5%를 기록한 데 이어 2006년 상반기까지 전년 대비 7%대의 경제성장률을 유지하였다. 그러나 2006년 3분기에는 경제성장률이 3.4% 수준으로 급속히 하락하여 2002년 4분기 이후 최저기준의 분기별 성장률을 기록하였다. 이는 리라화 가치 급락, 민간소비성장률 둔화, 소비자물가 상승 지속 및 고금리로 인한 국내수요의 영향에 따른 것으로 분석된다. 특히, 2006년 5~6월 중 금융시장 불안을 해소하기 위한 고금리 정책으로 자동차 및 여타 내구재에 대한 지출이 축소되면서 민간소비(GDP의 70%) 증가율이 둔화되었다. 이에 따라 2006년 경제성장률은 전년의 7.4%에서 5.2%로 하락하였으며, 2007년에는 4.5%로 하락추세를 지속할 것으로 전망된다. 내수부진에도 불구하고 수입위축, 수출증가로 국제수지는 개선효과가 있을 것으로 전망되나 소비자물가 상승추세가 2007년에도 지속되고 터키중앙은행이 통화정책을 긴축기조로 선회한다면 경기침체의 장기화 가능성 증대가 터키경제가 당면하게 되는 실질적인 리스크가 될 것으로 판단된다.

(2) 재정

터키 정부는 최근 긴축재정정책을 시행하였다. 이는 정부채무 부담 완화에 기여한 것으로 평가된다. 2005년말 기준으로 정부채무규모는 GDP의 70% 수준으로 2001년의 100% 수준과 비교할 때 상당히 호전된 것으로 볼 수 있다. 2005년 5월에 체결된 IMF의 대기성차관협약은 터키 정부가 공공부문 재정수지 흑자(general government sector primary surplus)(공공부문 재정수지에서 이자 지급금액 차감한 금액임) 규모를 2006~2007년 GDP의 6.5% 수준으로 유지하고, 2008년에는 긴축예산을 운영할 것을 제안하고 있다. 경제성장 지속 및 조세수입 증대에도 불구하고 IMF와 합의한 공공부문 재정수지 흑자 목표치는 2005년에 0.5%포인트를 약간 상회하였으나, 2006년에는 목표치를 달성한 것으로 추정된다. 그러나 2007년에는 경제성장 부진, 총선 이전의 재정지출 압박 증대 등으로 IMF와 합의한 재정수지 적자 목표치를 달성하기 어려울 것으로 판단된다.

(3) 물가

2006년 5~6월의 리라화 가치급락의 영향으로 고인플레가 예상되어 2006년말 기준으로 IMF 차관지원조건의 달성 목표치인 5%의 물가상승률 수준을 달성하지 못하였다. 연중 소비자물가상승률은 2006년 5~6월의 리라화 약세로 인하여 7월 중 11.7%의 최고치를 기록한 이후 점진적으로 하락하다가 11월에는 10% 이하로 낮아졌다. 이 같은 물가안정은 리라화의 가치회복, 국제유가 하락 및 내수부진에 따른 것으로 볼 수 있다. 또한, 발전용 연료 투입비용 증가에도 불구하고 정부는 최종소비자의 전기 사용료, 담배 및 주류에 대한 세금인상 조치를 취하지 않은 것도 주효한 것으로 분석된다.

소비자물가보다는 환율 및 상품가격 변동에 더욱 민감한 도매물가는 2006년 하반기에는 5~6월의 급격한 상승세를 보인 이후 완만한 변화추세를 보였다. 2006년 6월 말과 11월 말을 비교한 원유와 정유제품의 생산자물가지수(producer price index)는 각각 12%, 20% 하락하였으며 기초금속의 생산자물가지수는 70%나 하락한 것으로 나타났다. 그러나 제품가격 대부분은 상승추세를 보이고 있으며 가스와 전기의 도매물가 상승은 상당히 지연되었다. 그 결과 연중 도매물가지수는 11월말 기준 11.7%로 7월의 14.3%보다는 하락하였다.

향후 6~12개월 리라화 가치하락으로 추가적인 통화불안이 예상되는 가운데 2007년 중 소비자물가상승률은 10% 수준에 이를 것으로 전망된다. 소비재가격이 안정되고 재정정책(fiscal policy)이 총선 이전에 상당히 완화되지 않고, 리라화가 현재 예상보다 추가적으로 하락하지 않는다는 가정 하에서 2007년 하반기 중에 소비자물가상승률(consumer price growth rate)은 연말 기준으로 6.0~6.5% 수준으로 하락할 것으로 예상된다. 이는 터키중앙은행이 4% 목표치(2005년도 IMF의 차관 지원조건임)를 기준으로 ±2%포인트의 범위를 약간 벗어나는 수준이 될 것으로 전망된다.

(4) IMF의 대기성차관 지원조건 이행

터키 정부는 1999년말 이후 IMF가 지원하는 경제정책 골격을 대체적으로 유지하고 있다. IMF의 대기성차관 지원에 따른 경제개혁 프로그램(economic reform program)의 결과로 터키의 경제상황이 호전되고 경제가 활성화되었다. IMF는 터키 정부에 GDP 대비 공적채무(public debt) 비중을 하락시키기 위한 긴축재정정책 시행, 안정적인 재정확보, 시장경제(market economy) 역할 제고 및 외국인투자 유치를 위한 경제구조의 개혁(reform of economic structure)을 제안하였다.

그러나 2006년 5~6월 외환시장 불안정에서와 같이 과다한 정부채무(excessive government debt), 경상수지 적자누적(accumulation of current account deficit), 과다한 단기성자본 차입의존 등에 따른 외국인투자자금 이탈로 경제구조는 취약성을 노출시켰다. 또한, 대외경제여건은 지난 2년간 터키경제에 유리하게 작용하지 않았다. 미국의 단기금리 인상, 선진권에 대한 안정적인 글로벌 투자성향으로 터키는 대규모 해외차입수요를 충족하는 데 어려운 상황에 직면하였다.

다만 2005년 5월에 체결한 IMF 대기성차관 지원조건을 3년간 터키 정부가 얼마나 잘 이행할 수 있는지가 관건이 되고 있다. 터키 정부의 성공적인 차관조건 이행실적은 지속적인 경제개혁에 대한 외국인투자자의 신뢰를 회복하는 데 매우 긍정적인 영향을 미칠 것으로 보인다. 2007년 총선 이후 등장하게 되는 신정부가 IMF와 신규차관 협정을 체결할지는 아직 불확실하다. 터키는 이전에 IMF와 합의한 경제정책 이행 지연·미실행 사례가 있어 2007년 총선 즈음 재정정책 완화, 민영화(privatization) 등 경제구조개혁 지연 등의 결과가 초래될 가능성이 존재하고 있다. 현 정부가 총선에 대비하여 재정정책 완화, 선거 이후 구성되는 신규내각의 경제개혁 지연, 재정수지 적자 심화 등의 경제적인 문제점이 부각되거나 불안정한 연정구성으로 정정(政情)이 불안정해질 경우 터키는 또 다른 위험에 직면할 수 있다.

(5) 금리

터키중앙은행은 리라화의 가치하락을 억제하고 인플레 압력(inflationary pressure)을 완화하기 위하여 2006년 6~7월 중 초단기 차입금리(overnight borrowing rate)를 17.5%(425bp 인상)로 인상하고, 동시에 초단기 대출금리(overnight lending rate)를 22.5%(625bp 인상)로 올린 바 있다. 터키 통화정책위원회(MPC : Monetary Policy Committee)는 통화약세, 금융시장 불안정 및 인플레 우려에 대응하여 2006년 8~12월에도 17.5%의 기준 금리 수준을 조정하지 않았다. 2006년말 기준으로 인플레 목표치인 5%를 달성하지 못하였으나 터키중앙은행은 2007년말 인플레 목표치인 4%를 충족하기 위하여 긴축통화정책을 시행할 것으로 보인다. 2007년에 들어서도 리라화 약세, 고유가 등으로 인한 인플레 효과, 금융시장의 불안정 가능성으로 터키 통화당국은 금리를 인하하지 못할 것으로 판단된다. 오히려 2006년도에 리라화 약세로 인한 인플레가 가중될 경우 금리를 추가적으로 인상할 가능성이 큰 편이다.

〈표 4-14〉 터키의 주요 국내경제지표 추이

(단위 : %)

	2003	2004	2005	2006e	2007f
경제성장률	5.8	8.9	7.4	5.2	4.5
실업률	10.5	10.3	10.2	10.2	10.6
소비자물가상승률	25.3	8.6	8.2	9.6	8.6
재정수지 / GDP	-11.2	-7.0	-2.0	-2.0	-2.4

자료 : EIU, Country Report, 2007. 1.
IMF, IFS, 2007. 1.

6.2 대외거래

상품수지 적자는 최근에 점진적인 확대추세를 보이고 있다. 수출실적이 인상적인 증가율을 보였으나 수출품 제조에 투입되는 중간재 수입증가, 국제 고유가 등으로 수입실적이 수출실적을 크게 상회한 것으로 나타났다. 즉, 2006년 1~9월 중 수출은 14% 증가한 610억 달러, 수입은 19% 증가한 1,010억 달러를 각각 기록하여 상품수지 적자는 전년동기 대비 26% 증가한 400억 달러를 나타내었다.

2006년 하반기에는 터키의 주요 수출시장인 EU 회원국의 수입수요 강세, 내수 부진으로 인한 터키기업의 해외시장 진출에 따른 교역증가로 수출실적은 호조를 보였다. 특히, 자동차 수출액은 2006년 3분기 중에 전년동기 대비 3%, 전분기 대비 14% 증가하였다. 터키 자동차 산업은 주요 다국적기업(MNCs) 소유형태가 대부분인데, 2006년 1~10월 중 자동차산업은 터키 전체 수출 실적의 14%를 차지하고 있다. 전통적으로 주력산업이었던 직물산업의 수출실적은 2006년 상반기 중에 전년동기 대비 4% 증가한 데 이어 3분기 중에는 7% 증가하였다. 의류 수출실적은 동 기간 중 각각 전년동기 대비 2.5% 하락과 1.5% 증가를 기록하였다. 또한, 철강·제철산업의 수출 실적도 2006년 3분기에 전년동기 대비 69% 증가하였다. 이 같은 수출실적 강세현상은 석유제품, 화학, 금속제품 및 기계류 등의 분야에도 나타났다.

터키 수입의 70% 이상은 산업용 연료, 자재 및 부품 등을 포함한 중간재(intermediate goods)로 구성되어 있다. 터키의 상품 수입실적은 2006년 상반기에 전년동기 대비 19%로 증가하였으며, 동년 3분기에는 23% 증가한 것으로 나타났다. 이 같은 수입실적의 증가는 국제 고유가의 영향을 받은 것으로 분석된다. 반면에 자본재·중간재 및 소비재 수입은 2006년 내내 부진하였다. 2006년 상반기 중 자본재 수입은 전년동기 대비 14% 증가하였으나 3분기에는 5% 증가에 그쳤다. 동 기간 중 소비재 수입은 각각 32%, 6% 증가에 그친 것으로 나타났다.

이는 2006년 2분기의 금융시장 불안정에 따른 대출이자율 상승, 리라화 약세, 소비자 및 투자자의 신뢰 저하 및 시장 과포화 상태 등에 기인한 것으로 판단된다. 상기한 요인들은 운송차량, 자본재와 여타 내구 소비재의 수입실적 둔화에도 영향을 미친 것으로 분석된다. 2006년 1~10월 중 EU 국가들에 대한 터키의 수입비중이 39%로 나타났다. 이는 전년 동기의 42%보다는 낮은 수준으로 수입상대국의 다변화가 진행되고 있음을 시사하고 있다. 천연가스, 원유의 수입상대국인 러시아는 전체 수입실적의 12%를 차지하면서 독일의 11%, 중국의 7%를 추월하여 터키의 최대수입국으로 부상하였다.

(1) 경상수지 적자 누적 지속

2006년 5~6월의 리라화 가치급락과 중반 이후 수출실적의 일시적 개선에도 불구하고 경상수지 적자는 지속적으로 누적되어 왔다. 2006년 3분기에는 경상수지 적자가 최근 전례없는 수준으로 확대되었다. 이는 상품수지 적자 확대와 유사한 추세를 보이고 있다. 터키의 관광수입은 경상수지 적자 확대를 억제하는 역할을 수행하였으나 2006년 3분기에는 전년동기 대비 9%나 감소한 8억 달러 수준을 보였다. 이는 주로 거주자 해외여행 증가에 따른 서비스수지 악화 때문으로 분석된다. 이자소득 등 투자소득의 이전수지 적자가 전년동기 대비 24% 증가한 3억 달러를 기록하면서 예년과는 상이한 양상을 보였다.

이에 따라 2006년 1~10월 중 경상수지 적자는 전년동기 대비 67% 증가한 280억 달러 수준을 기록한 것으로 집계되었다. 연중기준으로 2005년말 230억 달러(GDP의 6.4%)에서 2006년말 330억 달러(GDP의 8.3%)로 증가한 것으로 추정된다. 2007에는 상반기 중 내수부진과 리라화 약세에 따른 수출 증가 및 국제유가 안정 등으로 경상수지 적자(current account deficit)가 다소 개선될 것으로 보이나, 그 적자폭은 GDP의 6.5% 수준으로 여전히 불안정한 상태를 보일 것으로 전망된다.

(2) 자본유입 재개

2006년 2분기 중에는 순자본유입(net capital inflow) 실적이 경상수지 적자를 상쇄할 정도로 충분하지 못하였고 외환보유고(foreign exchange reserves)도 30억 달러나 감소하였다. 특히, 2006년 5월에는 금융시장의 불안정(instability of financial market)으로 터키의 채권·주식시장으로부터 45억 달러 상당의 포트폴리오(portfolio) 자본이 급속히 유출되어 포트폴리오 자본수지는 오히려 순유출을 기록하였다. 그러나 2006년 하반기 이후에는 경상수지 적자누적을 보전하기에 충분할 정도로 다양한 형태의 대규모 자본유입이 이루어졌으며 외환보유고도 증가한 것으로 나타났다. 동년 7~10월 중 4개월간 경상수지 적자를 보전하기에 충분할 정도로 자본수지는 순유입실적을 기록하였다. 그러나 대규모 인수합병(M&A)으로 77억 달러에 달하는 외국인직접투자(FDI) 유치실적(그리스 National Bank의 Finansbank의 지분 46% 취득(27억 달러), 프랑스-벨기에 은행인 Dexia의 Denizbank의 주식 75% 취득(24억 달러) 등 포함)이 없었다면 순자본유입은 아직도 낮은 수준이거나 순유출을 기록하였을 것으로 판단된다.

(3) 민간외채 증가추세

총외채잔액(2006년 6월말 기준)은 1,936억 달러로 3월 말의 1,860억 달러에 비해 증가한 것으로 나타났다. 총외채잔액의 누적현상은 주로 미 달러화의 약세에 기인한다. 즉 유로(Euro)화, IMF의 특별인출권(SDR : Special Drawing Rights) 등 다른 통화표시외채가 전체의 43%를 차지하면서 미 달러화로 환산한 외채총액이 증가하였기 때문이다. 2006년 1분기 말과 2분기 말을 비교한 결과 전분기와 마찬가지로 2분기에는 민간부문의 외채가 증가한 점이 특징적이었다. 민간부문의 중장기 외채는 전분기 대비 11%(70억 달러) 증가한 700억 달러를 기록하였다. 동시에 민간기업의 단기외채도 전분기 대비 12%(21억 달러) 증가한 202억 달러에 이른 것으로 조사되었으며, 은행들의 단기외채도 소폭 증가하여 282억 달러를 기록하였다. 반면에 터키 정부에 의한 순채무부담액을 반영한 공공부문 외채는 모두 중장기외채로서 전분기 대비 3%(21억 달러) 하락한 669억 달러를 기록하였다.

(4) 리라화 환율 불안 가능성 증대

리라화 가치는 2006년 5~6월의 가치급락 이후 8월 중순까지 미 달러화 등 주요 통화에 대해 50% 이상 가치를 회복하였다. 이는 터키중앙은행의 금리인상과 자본유입의 재개로 인한 것이었다. 이후 미 달러화 대비 리라화 환율은 1.45리라를 약간 초과하는 수준에서 유지되어 왔다. 그러나 리라화 환율은 2006년 9월 22일에 1.53리라로 일시적으로 상승하였다. 이는 남아프리카공화국 랜드화 약세와 헝가리 정치불안정(political instability) 등 국제시장 여건에 대한 우려에서 기인된 것으로 판단된다. 또한, 2006년 11월 28일에는 9월보다는 리라화 가치가 덜 하락하였으나 1.48리라 수준으로 하락하였다. 이는 국제주식시장(international stock market) 변동 및 악화된 터키-EU 간의 관계에 대한 우려에서 발생한 것으로 분석된다.

리라화 가치는 2006년 12월 말까지 다시 1.41리라 수준으로 강세를 보였다. 이는 2006년 1~4월 평균의 1.33리라 보다는 약세를 보였으나 6월 23일 금융시장 위기(crisis of financial market) 당시의 1.70리라보다는 상당히 안정된 수준을 나타낸 것으로 볼 수 있다. 이 같은 환율안정은 터키중앙은행의 금리인상 조치와 외환매각에 기인한다. 2007년에는 경상수지 적자의 지속적인 증가, 5월의 대통령선거, 11월의 총선 이전의 정치적 긴장상태 발생 가능성 등으로 향후 6~12개월 기간동안 추가적인 환율불안 현상이 예상되고 있다. 이에 따라 리라화의 대미 달러 환율은 2006년 중 연평균 1.43리라에서 2007년 중에는 1.53리라로 상승하여 리라화는 약세기조를 보일 것으로 전망된다.

〈표 4-15〉 터키의 주요 대외경제지표 추이

(단위 : 억 달러, %)

	2003	2004	2005	2006e	2007f
상 품 수 출	512	670	769	836	927
상 품 수 입	652	909	1,099	1,261	1,293
경 상 수 지	-80	-156	-232	-326	-269
경상수지 / GDP	-3.4	-5.2	-6.4	-8.3	-6.4
총 외 채 잔 액	1,454	1,616	1,711	1,958	1,904
리라화 환율[1)]	1.50	1.43	1.34	1.43	1.53

주 : 1) 미 달러화 대비 연평균 환율
자료 : EIU, Country Report, 2007. 1.
IMF, IFS, 2007. 1.

2006년 5~6월의 금융시장 불안정의 주요 요인으로 만성적인 경상수지 적자누적, 단기외채 중심의 취약한 외채구조, IMF의 대기성차관 이행실적 부진 및 선진권의 금리 인상에 따른 글로벌 유동성(global liquidity) 축소 등을 지적할 수 있다. 2007년에 들어 리라화의 환율이 비교적 안정적인 흐름을 유지하고 있으나, 2006년 중반의 금융위기 유발 요인이 아직도 크게 개선되지 못한 상황이므로 신흥경제권을 중심으로 유동성위기(liquidity cricsis)가 재현될 경우 터키 등 경제구조가 취약한 국가가 일차적으로 피해를 입을 가능성이 큰 것으로 분석된다.

7. 베트남

7.1 국내경제

(1) 경제성장

사회주의공화국인 베트남은 1986년 대외개방 정책인 도이머이(刷新) 정책을 추진하면서 경제가 비약적으로 발전하였다. 2001년에 미국과의 무역협정이 발효된 이후 연평균 7% 이상의 고도경제성장을 지속하고 있다. 특히, 2005년에는 제2위 수출산업인 섬유 및 직물산업을 중심으로 제조업 부문이 3년 연속 10% 이상의 성장을 보이고 소매, 금융, 통신분야의 민간부문이 확대되어 8.4%의 고도성장을 기록하였다. 2006년에는 고유가 지속과 선진국의 수입수요 감소 전망에도 불구하고 베트남의 세계무역기구(WTO : World Trade Organization) 가입으로 그동안 쿼터(Quota) 제한을 받아오던 베트남 섬유류의 대미 수출 증가 예상 등으로 섬유산업이 호조세를 지속하면서 7.8%의 성장을 기록한 것으로 추정된다. 2007년에도 민간소비와 고정투자의 확대로 7%대의 경제성장을 기록할 것으로 보인다. 베트남 경제는 현재 내수활황에 힘입어 제조업이 성장을 주도하고 있으며 산업생산의 중심이 이전의 호치민 중심 남부지역에서 하노이, 하이퐁 지역으로 확대되고 있다.

(2) 재정

경기호황에 따른 세수확대와 원유수출 증대로 재정수지 적자(fiscal deficit)는 무난히 정부목표 범위 내에서 관리되고 있다. 향후 재정수지는 국내 개발 수요 확대로 인한 지출 증대, 금융개혁(financial reform) 추진에 따른 정부부담 증가, 복지예산 확대(베트남의 사회보장 관련 예산지출 규모는 전체 재정지출의 46%에 이르고 있으며 주요 지출항목은 교육비(18%), 정부보조금(12.6%) 등임) 등으로 점차 적자규모가 확대될 것으로 보인다. 그러나 정부가 소득세제를 개혁하고 밀수 및 조세 회피자들을 파악하는 등 세원확대를 추진하고 있고, 2006년부터 축소되기 시작한 연료에 대한 정부보조금(government subsidy)을 2008년까지 철폐하기로 결정함으로써 베트남의 재정수지 적자규모는 관리 가능한 수준에서 유지될 것으로 보인다.

(3) 물가

소비자물가상승률은 물가지수 구성의 50% 이상을 차지하는 식료품 가격과 석유제품의 소매가격이 상승하면서 2005년에 8.5%로 대폭 상승하였다. 2006년에는 고유가 지속과 국내 통화량 증가에도 불구하고 정부의 강력한 인플레 억제의지로 물가상승률이 하락세로 전환되었다. 베트남중앙은행(SBV)은 인플레 억제를 위해 2003년 3월 이후 변동이 없었던 동(Dong)화 예금에 대한 기준금리를 2005년 2월 7.8%(기존 금리 대비 0.3%포인트 상승)로 인상한 바 있다. 동년 12월에는 다시 8.25%로 인상하여 물가안정에 대한 강력한 의지를 보이고 있다.

〈표 4-16〉 베트남의 주요 거시경제 지표

(단위 : %)

	2003	2004	2005	2006e	2007f
경 제 성 장 률	7.3	7.7	8.5	7.8	7.1
재정수지 / GDP	-2.0	-1.4	-1.7	-2.0	-2.7
소비자물가상승률	3.1	7.8	8.3	7.5	5.1

자료 : EIU, Country Report, 2007. 1.

7.2 대외거래

(1) 경상수지

2005년에는 자본재 및 원자재 수입수요에도 불구하고 대미 수출확대와 전체 수출의 22% 이상을 차지하는 석유의 국제가격 상승으로 상품수지는 적자폭이 축소되었으며 경상수지는 해외근로자 송금 증가 등으로 인해 흑자로 전환되었다. 2006년에는 다자간섬유협정(MFA) 종료에 따른 섬유수출 경쟁 심화, AFTA 진행에 의한 수입 확대, 국내 내수시장의 호조에 따른 자본재 및 소비재 수입수요 증대 등에도 불구하고 원유 수출량 증가, 세계무역기구(WTO) 가입 기대에 따른 섬유부문의 수출증가 등으로 상품수지가 이전의 균형수준에 접근하고 경상수지 흑자는 다소 확대되었다.

2007년에는 베트남의 WTO 가입 발효와 미국 정부의 대베트남 항구적 정상무역관계(PNTR) 지위 부여로 섬유부문을 중심으로 수출확대가 기대되고 있다. 그러나 유럽연합(EU)의 베트남 신발류에 대한 반덤핑관세(anti-dumping duty) 부과, 국제유가 하락에 따른 석유 수출액 감소, 경제성장으로 인한 기계류 및 중간재의 수입급증 등의 영향으로 상품수지 적자가 다시 확대되고 경상수지도 적자로 반전될 것으로 보인다.

한편, 베트남의 외환보유고는 상품수지 적자에도 불구하고 외국인투자 및 대외원조자금 유입확대와 함께 베트남 해외교포의 송금이 늘어나면서 지속적으로 증가하고 있다. 특히, 베트남 중앙은행은 베트남 해외교포로부터의 송금이 2005년에 40억 달러에 이른 것으로 추정하고 있다. 2007년에는 비공식적인 송금까지 포함할 경우 70억 달러를 기록할 것으로 전망하고 있다.

(2) 외국인투자

베트남은 2006년 7월 민간경제 활성화와 외국인투자 유치 확대를 위해 그동안의 외국인투자법과 국내투자법을 폐지하고 통일된 투자법을 제정하여 외국인과 내국인의 차별을 철폐하였다. 또한, 기업법도 개정하여 보다 시장경제적인 기업체계를 구축하게 되었다(모든 투자법인 설립 시에 주식회사, 유한책임회사, 합자회사, 개인회사 등의 형태로 회사를 설립하는 것이 가능하게 되었음).

베트남의 안정적인 경제성장 지속 및 경제개혁정책 추진으로 베트남의 투자환경(investment environment)이 개선되면서 외국인투자기업의 진출도 크게 증가하고 있다. 투자 승인액(2006년 11월말 누적기준)은 6,764건에 591억 달러를 기록하고 있으며 실제 투자유입액도 287억 달러에 이르고 있다. 특히, 2006년에 한국은 200개 프로젝트에 약 22억 달러를 투자하여 베트남 최대 투자국으로 부상하였다. 그러나 2006년 11월말 기준 한국의 대베트남 누적 투자승인액이 73억 달러를 기록하였음에도 불구하고 실제 투자유입액은 26억 달러에 그쳐 베트남 정부와 한국기업간 투자실행 여부에 대해 마찰 가능성이 존재하고 있다. 이에 따라 베트남에 진출하는 한국기업이 실제로 진출하는 과정에서의 애로사항을 파악하고 진출기업에 대해 사전정보를 제공하여 시행착오(trial and error)와 마찰을 감소시켜야 할 것으로 보인다.

2006년 외국인투자를 형태별로 보면 전체 승인액의 63%가 공업부문에 집중되어 있다. 지역별로는 공업지대 및 수출가공지대로의 투자가 1/3을 차지하고 있어 외국인직접투자(FDI)가 베트남 경제발전에 중요한 역할을 하고 있음을 알 수 있다.

〈표 4-17〉 베트남의 주요 대외거래 지표

(단위 : 백만 달러, %)

	2003	2004	2005	2006e	2007f
경 상 수 지	-1,931	-957	217	346	-800
(경상수지 / GDP)	(-4.9)	(-2.1)	(0.4)	(0.5)	(-1.2)
상 품 수 지	-2,580	-2,287	-839	-66	-900
수 출	20,149	26,485	32,442	40,768	48,300
수 입	22,730	28,772	33,281	40,834	49,200
FDI 유입액	1,450	1,610	1,890	2,850	3,100
외환보유고	6,224	7,042	9,051	11,315	-

자료 : EIU, Country Report, 2007. 1.

7.3 주요 경제 이슈

(1) 세계무역기구(WTO) 가입

베트남은 유럽연합(EU), 한국, 중국, 일본, 스위스, 미국 등 양자협상 대상국인 28개국과 WTO 가입의 전제조건인 양자협상(bilateral agreement)을 이미 타결하는 등 2006년까지 정식 가입하는 것을 목표로 제반 준비를 충실히 진행해 왔다. 특히, 2005년 5월 14일 베트남 WTO 가입의 최대 이해당사국인 미국과의 양자협상이 타결됨으로써 가입가능성을 크게 제고시킨 바 있다. 2006년 11월 7일 WTO 일반이사회(General Council)에서 베트남의 WTO 가입을 만장일치로 승인하였으며 베트남 의회가 2007년 1월 11일 이를 비준함으로써 정식으로 가입이 발효되었다. WTO 가입으로 베트남은 본격적인 신규시장을 개척할 수 있게 되어 향후 베트남 수출이 호조를 보일 것으로 전망된다.

〈표 4-18〉 베트남의 주요 경제 약사

(단위 : 백만 달러, %)

연도	내용
1986년	제6차 전당대회에서 도이머이(刷新)정책 채택, 개혁개방 실시
1992년	신헌법 채택(4월), 한국과 국교 수립(12월)
1994년	미국, 대베트남 경제제재 해제(2월)
1995년	ASEAN 가입(7월), 미국과 국교정상화(8월)
1998년 11월	APEC 가입
2001년 11월	미·베트남 무역협정 발효
2006년 11월	WTO 가입 및 APEC 개최
2006년 12월	미국, 항구적정상무역관계(PNTR) 지위 부여

한편, WTO 가입으로 수출보조금 축소, 수입관세 인하 등 의무도 부여되었다. 베트남은 섬유, 신발 등 경쟁력 있는 업종의 수출과 투자가 증가하는 반면에 이들 품목에 대한 정부의 지원을 폐지해야 하고 보조금 축소로 인한 수입원자재 가격 상승에 따른 생산비용 증가를 감수해야 한다. 외국기업들의 투자 증대에 따른 베트남 노동력 및 토지수요 증가로 임금과 토지관련 비용 상승 등이 예상되어 단기적으로 투자여건은 오히려 악화될 것으로 보인다. 또한, 베트남은 국제경쟁력(international competitiveness)을 보유한 섬유산업을 제외한 금융, 통신, 서비스 등 선진국에 대해 비교열위(comparative disadvantage)에 있는 분야에서는 불리한 경쟁을 하게 될 것으로 판단된다.

(2) 미국의 항구적정상무역관계(PNTR) 부여

미 하원은 2006년 12월 9일에 베트남에 대한 항구적정상무역관계(PNTR) 안건을 상정해 찬성 212표, 반대 184표로 통과시켰으며, 뒤이어 상원도 찬성 79표, 반대 9표로 승인하였다.[3] 이로써 종전(終戰) 22년 만인 1995년에 정식 수교한 양국은 정치・경제 분야에서 모든 제약을 해제하고 관계를 정상화시키게 되었다. 이 안건은 미국의 대베트남 무역적자 규모가 크게 확대되고 있다는 이유로 미 의회의 강한 반발에 직면해왔다(2006년 1~8월간 미국의 대베트남 무역적자 규모는 49억 달러를 기록하였음). 그러나 부시 행정부는 2006년 11월 13일 베트남의 PNTR 승인 안건을 긴급 상정하는 등 강력한 추진 의사를 표명하였으며, 결국 미 의회의 PNTR 승인을 받아냄으로써 향후 미국의 대베트남 진출이 가속화될 것으로 보인다.

3) 항구적정상무역관계(Permanent Normal Trade Relation)는 미국과 다른 나라와의 무역관계인 '정상무역관계(NTR)'를 영구적으로 체결하는 것을 의미한다. NTR은 미국이 교역국들에 낮은 관세로 미국시장에 접근할 수 있도록 허용하는 이전의 최혜국(MFN) 대우에 해당하는 개념이다. NTR 대우국은 미국시장에 수출하는 상품에 대해 다른 나라와 동일하게 낮은 관세혜택을 받게 된다.

제3편

BRICs 경제의 주요 이슈

5
chapter

브라질 경제의 회복

제 1 절　일반개황

브라질은 국토 면적, 인구, 국내총생산(GDP)면에서 남미 대륙의 50% 정도를 차지하고 있으며 자원의 보고(資源의 寶庫)로 지칭될 만큼 풍부한 천연자원을 보유하고 있다. 세계 제1위의 생산량을 기록하고 있는 철광석, 주석 등 각종 광물자원과 커피, 대두, 원당 등 각종 농산자원이 풍부한 편이다. 자동차, 철강 등의 제조업이 비교적 발달된 중남미 최대 공업국이며 남미공동시장(MERCOSUR)을 주축으로 안데스공동시장(ANCOM)과의 연대를 통하여 미주자유무역지대(FTAA) 창설에 적극적으로 대응하고 있다. 2001년 이후 미국경제의 둔화, 아르헨티나 금융위기, 전력난, 정치불안정(political instablity) 등의 여파로 경기침체(recession)와 금융불안에 직면하였으나 2003년 1월 룰라(Lula) 정부의 출범 이후 금융시장이 안정되고 있으며 경제도 성장세를 보이고 있다.

〈표 5-1〉 일반지표

면　　　적	851만 ㎢	G　D　P	6,039억 달러(2004년)
인　　　구	179백만명(2004년)	1 인 당 G D P	3,284달러(2004년)
정 치 체 제	대통령중심제	통 화 단 위	Real
대 외 경 제	경제실리외교	환　율(달러당)	2.93(2004년말)

제 2 절 경제동향

1. 국내경제

1.1 경제성장

브라질 경제는 2001~2003년 동안 경기침체(recession)와 금융 불안정(financial instability)이 지속되었으나 2003년 하반기 이후 룰라 정부에 대한 투자자들의 신뢰회복, 국제원자재 가격 상승으로 인한 수출호조 그리고 금리인하에 따른 내수 및 투자회복 등에 힘입어 2004년에는 4.9%의 높은 성장률을 기록하였다. 향후에도 이 같은 경제성장세가 이어질 것으로 기대되나 세계경제의 성장 둔화, 미국의 금리인상, 브라질 중앙은행의 물가상승 억제를 위한 금리인상 등의 영향으로 성장률은 3~4%대로 하락한 것으로 전망된다.

1.2 물가

헤알(Real)화 환율인상으로 인한 수입물가 상승이 전체 물가수준을 인상시켜 2003년에는 연평균 소비자물상승률이 14.7%까지 상승하였다. 이후 점차 하향 안정화 추세를 보여 2004년에는 6.6%를 기록하였다. 향후에도 경기회복에 따른 물가상승 압력이 증대될 것으로 전망되나 미국 달러화 약세로 인한 헤알화 강세 지속, 중앙은행의 신중한 물가관리정책 지속 등으로 소비자물가상승률은 6~7%대를 보일 것으로 전망된다.

1.3 재정

긴축정책 지속으로 IMF와 합의한 금융비용을 제외한 기초재정수지 흑자 목표를 달성하고 있으나 막대한 부채 원리금 상환액으로 인해 재성수지는 적자가 지속되고 있다. 2003년 1월 출범한 룰라 정부는 국제금융계의 우려와는 달리 긴축정책을 고수하는 한편 경기회복으로 세수가 증가하면서 2004년에는 재정수지 적자규모가 GDP의 2.7%로 축소되었다. 향후에도 정부의 긴축정책 지속으로 재정적자(fiscal deficit) 규모는 GDP의 2.5~3.0% 수준을 보일 것으로 전망된다.

〈표 5-2〉 주요 국내경제지표

(단위 : %)

구 분	2001	2002	2003	2004	2005f
경 제 성 장 률	1.3	1.9	0.5	4.9	3.5
재정수지 / G D P	-3.3	-4.6	-5.1	-2.7	-2.7
소비자물가 상승률	6.8	8.5	14.7	6.6	6.8

자 료 : EIU, Country Report

2. 경제구조

인구 1억 8,000만명의 브라질은 중남미 최대시장으로 대부분의 산업이 규모의 경제(EOS : Economies of Scale)를 실현할 수 있는 내수시장 규모를 가지고 있다. 이로 인해 이전에는 자급자족형 수입대체 산업화정책을 시도하였으나 1990년대 이후 무역자유화(trade liberalization)와 시장개방정책(market opening policy)으로 전환하였고 1995년 남미공동시장(MERCOSUR)이 출범한 이후에는 다국적기업의 브라질 시장 진출이 급증하였다. 에너지, 자동차, 전자, IT 등 주요 제조업 분야에 다국적기업(MNCs : Multinational Corporations)이 수십년 전부터 진출하여 현지에서 생산 및 판매활동을 전개하고 있어 국내기업과 다국적기업의 구별이 모호한 상태이다. 한편, 브라질 국내기업도 석유, 철강, 항공기산업 등 다수의 분야에서 활발히 활동하고 있다.

3. 경제정책

브라질은 헤알플랜(Real Plan)이 도입된 1994년 이후 전력, 통신, 석유, 가스 등 기간산업 분야의 국가 독점 폐지, 국영기업 민영화(privatization), 무역자유화, 조세개혁, 행정개혁(administrative reform), 사회보장개혁, 노동개혁(labor reform) 등 경제안정과 발전을 위한 각종 개혁정책을 시행해 왔다. 브라질 최초의 좌파정부로 세계의 관심과 국제금융시장의 우려 속에 출범한 현 룰라(Lula) 정부도 당초 우려와는 달리 선심성 정책보다는 긴축과 안정, 개혁 위주의 정책을 추진하고 있다.

룰라 정부는 지속적인 성장기반 구축을 위한 선결과제인 재정수지 균형 달성을 위해 사회보장개혁, 세제개혁 등 각종 개혁정책과 강력한 수출드라이브 정책(export-driven policy)을 추진하고 있다. 정치적으로 민감한 토지개혁이나 노동개혁은 기득권층의 반발로 급속한 진전을 보이기 어려울 것으로 보이나 연금개혁과 세제개혁 부문에서 성과를 보이고 있다. 향후에도 사법개혁, 파산법 및 인프라 투자 촉진을 위한 정부·민간합동투자법 제정 등 경제의 안정성장 기반을 구축하기 위한 개혁정책 기조는 지속될 것으로 보인다.

4. 국제경제

4.1 경상수지

헤알화 평가절하(depreciation)와 국제원자재 가격의 상승으로 수출이 호조를 보임에 따라 2003년에는 경상수지가 1993년 이후 처음으로 흑자를 기록하였다. 2004년에도 수출이 전년 대비 32% 증가한 965억 달러에 이르는 등 기대 이상의 대규모 수출 신장세가 지속되면서 상품수지 흑자는 정부 목표(300억 달러)를 상회하는 337억 달러를 기록하였다. 경상수지 흑자규모도 이에 비례하여 GDP의 1.9%인 117억 달러로 증가하였다. 2006년에도 수출증가세가 지속되어 수출이 1,000억 달러를 초과할 것으로 기대되며 상품수지와 경상수지도 대규모 흑자를 보일 것으로 기대된다.

4.2 FDI

2003년에는 헤알화 평가절하에 따른 수익성 감소, 인프라 프로젝트 감소, 구조개혁 미비 등으로 외국인직접투자(FDI) 규모가 2000년의 50% 수준에도 못 미치는 101억 달러를 기록하였다. 그러나 2004년 들어 인수·합병(M&A) 호조, 자동차와 통신업 설비투자 증대 등으로 FDI가 160억 달러(중남미 2위, 세계 10위)로 크게 증가하였으며 인프라투자 확대를 위한 정부·민간합동투자(PPP : Public Private Partnership) 프로그램 추진 등으로 2005~2006년에도 FDI 유입액은 연간 180억 달러를 상회할 것으로 전망된다.

4.3 외채

총 외채잔액(2004년말 기준)은 2,257억 달러로 외채규모는 세계 최대수준을 보이고 있다. DSR도 최근 수출 증가로 하락추세에 있으나 40%를 초과하는 등 여전히 높은 수준을 유지하고 있다. 그러나 수출호조로 인한 외환보유고 증가는 외채 상환불능(default) 위험을 상당히 낮추고 있는 것으로 평가된다.

〈표 5-3〉 주요 국제경제지표

(단위 : %, 백만 달러)

	2001	2002	2003	2004	2005f
경상수지	-23,215	-7,367	4,177	11,669	10,400
경상수지 / GDP	-4.6	-1.7	0.8	1.9	1.3
상품수지	2,650	13,121	24,794	33,693	37,800
수출	58,223	60,362	73,084	96,475	115,700
수입	55,272	47,241	48,290	62,782	77,900
외환보유고	35,729	37,409	49,108	52,736	54,500
총외채잔액	226,362	227,932	235,200	225,700	220,500
총외채잔액 / GDP	46.9	52.5	49.6	37.4	28.4
DSR	75.4	68.9	63.8	45.0	39.2

자 료 : EIU, Country Report

4.4 외환보유고

수출 증가로 인해 외환보유고를 포함한 대외지급준비자산이 지속적으로 증가하여 2005년 7월말 기준 545억 달러 수준을 보이고 있다.

제3절 정치 · 사회 동향 및 대외관계

1. 정치동향

2002년 10월 대통령선거에서 여당이었던 사회민주당(PSDB)의 주제 세하 후보에 승리하며 2003년 1월 출범한 노동자당(PT)의 룰라 정부는 중드좌파 성향의 노동자당 정부라는 점에서 국내외 투자자들에게 경계의 대상이 되었으나 적극적인 개혁정책으로 룰라 정부에 대한 투자자들의 우려는 대부분 해소된 상태이다. 한편, 대통령선거가 동시에 실시된 하원의원 선거에서는 PT가 91석(선거전 58석)을 차지해 제1당으로 부상하였다. 그러나 PT는 총 513명인 하원의 과반수에는 크게 미달해 중도우파인 자유당(PL) 등과 연립정부를 구성하고 있다.

여당인 노동자당(PT)의 야당 의원 매수 스캔들로 룰라 정부가 최대의 정치적 위기(political crisis)에 직면해 있다. 2002년 대통령선거 유세기간 중 집권 노동자당(PT)의 비밀계좌로 불법정치자금 300여만 달러가 입금됐다는 의회 증언에 이어, 노동자당(PT)이 법안통과를 위해 80여명의 야당의원들에게 불법 자금을 제공했다는 야당 의원 매수 스캔들로 룰라 정부가 최대의 정치적 위기를 겪고 있다. 야당의원 매수 스캔들이 제기되자 룰라 대통령의 최측근인 조제 디르세우 전 정무장관과 노동자당(PT) 지도자 4명이 사임하였다. 룰라 대통령은 야당의원 매수 기도에 직접 개입하지는 않은 것으로 밝혀졌으나 룰라 정부의 최대 장점이었던 도덕성과 청렴성이 크게 훼손되고 지지율도 35% 수준으로 하락하였다.

2. 사회동향

극심한 빈부격차와 치안불안 등은 고질적인 사회불안 요인이 되고 있으나 지역간, 계층간 갈등은 크지 않아 사회전반적인 소요로 발전할 가능성은 작은 편이다.

3. 대외관계

대외적으로는 국제사회에서 제3세계의 이익을 적극적으로 대변하는 등 자주적 외교노선을 표방하고 있다. 멕시코 칸쿤에서 개최된 '제5차 WTO 각료회의'에서는 선진국의 농산품 수입규제 완화를 강력히 주장하는 농산물 수출국가연합(G22)을 결성한 바 있다. 또한, 남미·아랍 정상회담을 주도하고 있고 UN안전보장이사회 상임위 진출을 추진하는 등 제3세계 국가의 리더 역할을 자임하고 있다.

미국과는 미주자유무역지대(FTAA) 협상, 철강 분쟁, 농업보조금 등의 이슈에서 다수의 마찰을 보이고 있으나 우려할 만한 수준은 아니며 아르헨티나 등 주변국과도 대체로 우호적인 관계를 유지하고 있다.

제 4 절 국제신인도 및 대외지급능력

1. 국제신인도

금융불안이 발생한 2002년 일제히 브라질의 신용등급을 하향조정하였던 세계 3대 국제신용평가기관들(S&P, Moody's, Fitch)은 룰라 정부 집권 이후 개선된 거시경제 여건을 반영하여

2004년 9월에 일제히 브라질의 국가신용등급을 상향조정한 바 있다. 2005년 10월에도 Moody's는 지속적인 수출증대에 힘입어 외채상환능력이 개선되고 최근의 정치불안에도 불구하고 룰라 정부가 건전한 거시경제정책 기조를 유지하는 점 등을 고려하여 동국의 국가신용등급을 B1에서 Ba3로 다시 한 단계 상향조정하였다. 이에 따라 3대 신용평가기관의 등급이 모두 동일한 수준을 유지하게 되었다. 브라질의 국가신용등급 상승으로 브라질 기업들과 정부는 해외차입비용을 크게 절감할 수 있게 되었으나 여전히 투자적격 등급(BBB- 이상)보다는 3단계 낮은 수준을 보이고 있다.

최근 브라질의 신용등급 변화는 다음과 같다.

① Moody's : B2(2002. 8. 12) → B1(2004. 9. 9) → Ba3(2005. 10. 12)
② S&P : B+(2002. 7. 2) → BB-(2004. 9. 17)
③ Fitch : B+(2002. 10. 21) → BB-(2004. 9. 28)

또한, 주요 ECA들은 브라질에 대해 특별한 제한없이 정상적으로 지원하고 있다. 2002년 6월 이후 금융불안이 심화되자 브라질 정부는 9월에 IMF로부터 300억 달러의 대기성차관을 승인받았으며 2002년 60억 달러, 2003년 240억 달러를 각각 인출한 바 있다. 2003년 11월에도 브라질 정부는 금융시장 안정과 수출 증가로 인한 외환보유고 증대에도 불구하고 금융불안 재발을 예방하기 위해 IMF로부터 148억 달러 규모의 대기성차관을 신규로 승인받았다. 그러나 148억 달러의 IMF 차관자금의 인출은 없었으며, 2005년 들어 브라질 정부는 1998년부터 이어져 온 IMF의 자금지원을 중단하기로 결정하고 자금지원을 위한 IMF와의 협상을 종료한 바 있다.

2. 대외지급능력

브라질은 모라토리엄(moratorium) 선언, 파리클럽 및 런던클럽과 9번의 리스케줄링(rescheduling) 경험이 있으나 IMF자금을 포함한 대외채무에 대한 동국의 상환태도는 양호한 편이다. 외환보유고 증대와 IMF 대기성차관 도입을 통한 유동성(liquidity) 보완으로 외채상환불능 위험은 크게 감소한 것으로 평가된다.

제 5 절 브라질 경제의 회복

브라질의 경제 펀더멘털(economic fundamentals)이 변화하고 있다. 최근 S&P, Moody's 등 국제신용평가기관들은 이 같은 변화를 반영하여 브라질의 국가신용등급을 연이어 상향조정하였다.[1] 브라질은 UNCTAD가 글로벌 기업체(global corporations) 등을 대상으로 실시한 설문조사에서 중국, 미국, 인도, 러시아에 이어 세계 5위의 투자선호대상국으로 나타났다.

브릭스(BRICs) 국가 중 하나인 브라질은 풍부한 부존자원과 인구 1억 8,000만명의 거대한 내수시장 그리고 정치·경제적 안정을 토대로 21세기의 새로운 경제대국으로 부상하고 있다.[2] 국내에서도 대표적 신흥 경제대국들인 BRICs 국가들에 대한 관심이 증대되면서 이들 국가에 대한 한국기업의 시장진출 강화 움직임이 고조되고 있다. 그러나 한국기업의 브라질 시장진출은 중국 등 여타 BRICs 국가에 대한 진출과 비교하면 아직은 크게 미흡한 실정이다.

규모나 증가율 면에서 한국기업의 대브라질 시장진출이 상대적으로 부진한 것은 무엇보다도 브라질 경제에 대한 부정적 선입견이 크게 작용하고 있는 것으로 판단된다. 이는 주로 1980년대의 중남미 외채위기(foreign exchange crisis)에서 비롯된 것으로써 브라질이 과거 수차례 외채위기를 경험할 때마다 대브라질 투자진출업체와 수출업체들이 큰 피해를 입은 사례가 있기 때문이다. 이외에도 외환위기, 만성적인 재정적자(fiscal deficit), 고물가, 고금리, 1차 산업위주의 취약한 경제구조, 심각한 빈부격차, 정치불안정(political instability) 등 브라질에 대한 부정적 시각이 만연해 있는 것이 사실이다.

---

1) 2003년 1월 룰라 정부 출범 이후 브라질 거시경제 상황의 개선을 반영하여 세계 3대 국제신용평가기관들(S&P, Moody's, Fitch)은 2004년 9월에 일제히 브라질의 국가신용등급을 상향조정하였다. 또한, 2005년 10월 Moody's는 지속적인 수출증대에 힘입어 외채상환능력이 개선되고 최근의 정치불안에도 불구하고 룰라 정부가 건전한 거시경제정책 기조를 유지하는 점 등을 반영하여 등급을 B1에서 Ba3로 다시 한 단계 상향조정한 바 있다(수출입은행, 수은해외경제, 2006. 1. pp. 47~61 요약·재구성).

2) 브릭스(BRICs)는 미국의 투자은행인 골드만삭스(Goldman Sachs)가 2003년 10월 발표한 투자전략보고서인 'BRICs와 함께 꿈을 : 2050년으로 가는 길(Dreaming With BRICs : The Path to 2005)'에서 처음 사용된 용어로 신흥경제대국인 브라질, 러시아, 인도, 중국 등 4개국을 지칭한다.

1. 주요 펀더멘털의 변화

1.1 외채상황 개선

브라질은 세계 최대 외채국가로서 과거 3번의 모라토리엄(moratorium, 대외채무지불유예) 선언과 9번의 리스케줄링(rescheduling)을 경험한 국가로서 외채위기가 발생할 때마다 현지에 진출한 업체들과 대브라질 수출업체들은 막대한 피해를 입은 바 있다. 그러나 최근 들어 대폭적인 상품수지와 경상수지의 흑자와 외국인직접투자(FDI)의 유입증가로 외환사정이 호전되고 외채구조가 개선되고 있다. 2004년에 500억 달러 수준이었던 브라질의 외환보유고(foreign exchange reserves)는 수출 호조, 중앙은행의 달러화 매입, FDI 유입 지속 등으로 인해 1년 만에 670억 달러까지 증가하였다. 이 같은 외환보유고의 증가로 브라질 정부는 IMF의 신규차관 도입 중단은 물론 기존 IMF차관도 전액 조기상환하기로 결정하면서 2006년에는 1984년 이후 최초로 IMF차관이 없는 상황을 맞이하게 되었다.[3]

(1) 외채규모 감소

외채규모도 지속적으로 감소하고 있다. 브라질의 총 외채규모는 2000년 2,169억 달러였으나 2004년에는 2,014억 달러, 2005년 6월 1,913억 달러 등 현저한 감소추세를 보이고 있다. 특히, 외채총액에서 외환보유고, 대외자산 및 상업은행의 외화자산을 공제한 순 외채규모도 2000년 1,711억 달러에서 2004년 1,357억 달러 그리고 2005년 6월에는 1,212억 달러로 크게 감소하였다.

한편, 외채규모의 감소와 더불어 헤알(Real)화 강세로 인해 달러표시 GDP가 증가하면서 GDP 대비 총외채 비율도 2002년 45.9%에서 2004년 33.3%, 그리고 2005년 6월에는 28.2%로 크게 하락하고 있다.[4] 특히, 2005년에는 최근의 급속한 헤알화 평가절상(appreciation)으로 달러화 표시 GDP가 크게 상승할 것으로 보여 동 비율은 더욱 하락할 것으로 전망된다. GDP에 대한 순외채 비중도 2002년 35.9%까지 상승하였다가 2004년 22.5%, 2005년 6월에는 17.9%로 하락하였다.

---

3) 2002년 9월 차입한 IMF 자금 중 2006년 3월말 만료되는 155억 달러는 기간연장 대신 상환을 선택했으며 2005년 9월부터 2006년 3월에 기일 도래할 51억 달러의 IMF 차관도 지난 7월말 조기 상환한 바 있다. 2005년 12월 브라질 정부는 당초 2006~2007년 기일이 도래하는 IMF 차관 155억 달러도 연말까지 모두 조기 상환할 계획임을 표명한 바 있다.

4) 총외채 감소에도 불구하고 총외채/GDP 비율이 일시적으로 높아진 것은 대통령선거가 있었던 2002년에 브라질 헤알화 환율이 크게 변동(평가절하 후 서서히 평가절상)하였기 때문이다.

〈표 5-4〉 브라질의 주요 대외경제 지표

(단위 : 백만 달러)

구 분	2000	2001	2002	2003	2004	2005. 3.	200. 6.
총 외 채	216,921	209,934	210,711	214,930	201,374	201,922	191,309
외 환 보 유 고	33,011	35,866	37,823	49,296	52,935	61,690	59,885
대 외 자 산	12,829	11,363	7,888	14,641	12,737	12,174	10,201
순 외 채	171,082	162,704	164,999	150,993	135,702	127,788	121,223
수 출	55,086	58,223	60,362	73,084	96,475	24,451	53,677
상 품 수 지	-753	2,650	13,125	24,793	33,666	8,314	19,659
경 상 수 지	-24,225	-23,215	-7,367	4,177	11,738	2,704	5,277
외 국 인 직 접 투 자	32,779	22,457	16,590	10,144	18,166	3,489	8,566

자료 : 브라질 중앙은행, 2005. 12.

외채상환능력을 측정하는 지표인 DSR[5]도 헤알화 위기가 발생하여 외채상환이 집중되고 수출이 부진했던 1999년에 112.8%까지 상승하였으나 이후 수출이 급증하면서 2004년에는 45.0%, 2005년 3월에는 39.2%로 개선되었다.[6] 또한, 총외채 대비 외환보유고 비율도 2000년 15.2%에서 2004년 26.3%, 2005년 6월에는 31.1%를 기록하여 외채상환능력이 급속히 개선되고 있음을 보여주고 있다.

(2) 상품수지 흑자 급증 등으로 외화유입 가속

최근 수출이 급증하면서 브라질의 외환보유고도 크게 증가하였다. 브라질의 상품 수출액은 시장개방(market opening) 이전인 1993년 386억 달러에서 1997년에는 530억 달러로 증가한 이후 2000년 551억 달러, 2002년 604억 달러 등으로 미미한 증가세를 보여 왔다. 그러나 현 룰라(Lula) 정부가 출범한 이후 2003년 731억 달러(21.1% 증가), 2004년 965억 달러(32.0% 증가)로 급속히 증가한 데 이어, 2005년에도 11월말 기준 1,074억 달러를 달성하여 2005년 전체로는 목표치 1,120억 달러를 상회하는 1,179억 달러(22.2% 증가)에 이를 것으로 보인다.

수출액의 급속한 증가에 힘입어 2001년 소폭 흑자로 전환된 이후 매년 규모가 크게 늘고 있는 상품수지 흑자는 2004년 351억 달러에 이르렀고 2005년에도 11월말 기준 404억 달러, 연간으로는 420억 달러를 초과할 것으로 보인다. 경상수지도 2003년 소폭(42억 달러) 흑자로 전환된 이후 2004년 117억 달러, 2005년에는 10월 기준 120억 달러로 흑자폭이 확대되고 있다.

2000년 328억 달러로 최고치를 기록한 이후 지속적으로 감소세를 보이던 외국인직접투자

5) DSR(Debt Service Ratio)는 원리금상환액/경상외환수입 비율로 통상 20% 미만이면 외채원리금 상환부담이 크지 않은 것으로 판단된다.

6) 수출은 1998년 511억 달러에서 1999년에는 480억 달러로 하락하였으나 2000년에는 551억 달러로 급증하였다.

(FDI) 유입규모도 2004년에는 경제여건 호전에 힘입어 상당 폭 증가한 182억 달러를 기록하였다. 2005년 10월말 기준 126억 1,000만 달러로 2004년보다 다시 감소함으로써 외국인투자 유입이 확실하게 증가세로 전환되었다고 단언할 수는 없으나 브라질의 고금리(2005년 12월 기준 콜금리인 중앙은행 기준금리(Selic)는 18.0%임) 및 헤알화의 지속적 평가절상(2005년 11월말 기준 헤알화 평가절상 폭은 룰라 정권 출범 이후 37.5%, 지난 12개월간 19.2%에 이르고 있음), 브라질 증권시장 호황(2005년 11월말 기준 누적상승률은 룰라 정권 출범 이후 약 370%, 과거 1년간 33.7%에 이르고 있음) 등을 고려하면 외국인투자가 크게 감소할 가능성은 크지 않은 것으로 판단된다.

1.2 환율 안정

브라질 경제의 가장 큰 특징의 하나로 과거 빈번한 외환위기(foreign exchange crisis) 등으로 인해 환율이 극히 불안정한 모습을 보인 것을 지적할 수 있다. 그러나 1999년 1월 헤알화 위기 이후 정부의 강력한 환율 및 물가 안정정책 시행으로 2002년 대통령선거 당시를 제외하고는 환율이 점진적이고 안정적으로 변화하는 모습을 보이고 있으며 최근에는 오히려 대미달러 환율이 평가절상되고 있다. 최근 1년 중 헤알화 평가절상 비율은 블룸버그(Bloomberg)가 조사하는 60개국 통화 중에서 가장 높게 나타났다.[7] 헤알화의 환율은 2004년 10월까지 달러당 월평균 3.0헤알 수준에서 안정세를 보였으나 이후 지속적으로 평가절상되기 시작하여 2005년 6월 평균환율은 2.4127로 8개월 만에 19.6%가 평가절상되었으며 2005년 11월 30일 기준 환율은 2.2070을 나타내고 있다.

〈표 5-5〉 헤알화 환율 변동 추이

(단위 : 헤알/달러)

1994. 7	1995. 12	1997. 12	1999. 12	2001. 12	2002. 12	2003. 12	2005. 11
1.0000	0.9725	1.1164	1.7890	2.3204	3.5333	2.8892	2.2070

헤알화 강세는 상품수지 및 경상수지 흑자(current account surplus) 지속에 따른 외화유입, 고금리 및 주식시장 호황 등을 목표로 한 막대한 외국인투자 증가, 브라질 경제의 펀더멘털 강화에 따른 외국인직접투자(FDI) 증가 등에 기인하고 있다.

한편, 향후 중앙은행의 기준금리 인하, 세계경제의 성장 둔화로 인한 상품수지 흑자의 축소

---

7) 2005년 4월말 한국 원화의 대미달러 환율이 1,002.50일 때 브라질 헤알화 환율은 2.5313R$/U$ 이었다. 그러나 2005년 11월 30일 기준 원화 환율은 1,036.30으로 약 3.4% 평가절하된 반면에 헤알화는 2.2070으로 12.8% 평가절상되었다.

가능성 등에도 불구하고 다수의 경제전문가들은 브라질의 헤알화가 장기적으로 2.20~2.60 범위에서 안정될 것으로 전망하고 있다. 1999년 자유변동환율제도(flexible exchange rate system) 도입에 따라 브라질 정부의 정책변경으로 인한 급격한 평가절하(depeciation) 가능성은 거의 없는 것으로 평가할 수 있다.

〈표 5-6〉 브라질의 환율 변천사

기 간	화폐 이름	환율 변동 폭
~1942. 11. 1	Reis	-
1942. 11. 1~	Cruzeiro(Cr$)	-
1967. 2. 13~	Cruzeiro Novo(NCr$)	-
1970. 5. 15~	Cruzeiro(Cr$)	1983. 1월초 257.26Cr$/U$(이하 '매도율' 기준)에서 1986. 2월말 13,840,000Cr$/U$로 3년 2개월 만에 53.8배 상승
1986. 2. 28~	Cruzado(Cz$)	1986. 3월초 13.84Cz$/U$에서 1989. 1월 15일 859.25Cz$/U$로 2년 10개월 반 만에 62.1배 상승
1989. 1. 16~	Cruzado Novo(NCz$)	
1990. 3. 16~	Cruzeiro(Cr$)	1989. 1월 16일 1,000NCz$/U$에서 1990. 3월 16일 Cruzeiro(Cr$)로 명칭이 변했으나 1993. 7월 말에는 71,153,000Cr$/U$로 4년 7개월 만에 71,153배 상승
1993. 8. 2~	Cruzeiro Real(CR$)	1993. 8월 2일 종전 Cruzeiro(Cr$)를 1,000 대 1로 화폐개혁을 하였으나 환율은 1993. 8월 2일 72,069CR$/U$에서 1994. 6월말 2,750,000CR$/U$로 11개월 만에 38.6배 상승
1994. 7. 1~	Real(R$)	1994년 7월 1일 헤알플랜을 실시. 새로운 환율을 1.00R$/U$로 하고 강력한 환율 및 물가안정 정책을 시행함

1.3 물가 안정

(1) 초인플레이션 극복

브라질의 인플레이션은 1980년대 최대의 경제난제 중 하나였다. 특히, 1993년에는 2,472%의 물가상승률을 기록하였고 1980년대 중반부터 1990년대 초반까지 3~4 자릿수의 초인플레이션(hyperinflation)이 지속되는 등 브라질은 전통적으로 극심한 물가불안이 경제불안의 가장 큰 원인이 되어 왔다. 그러나 이후 정부의 긴축재정정책, 고금리정책 등 강력한 인플레이션 억제정책에 따라 1995년 22.41%로 두 자릿수 증가율 기록 이후 대통령선거 불안심리로 환율이 크게 평가절하되었던 2002년을 제외하고 지속적으로 한 자릿수의 물가상승률을 기록 중에 있다. 중앙은행의 독립성(independence of Central Bank) 강화와 인플레이션 목표 관리제 도입 등 통화당국(monetary authorities)의 엄격한 통화정책(the rigid monetary policy) 시행으로 향후 물가는 안정 기조를 보일 것으로 전망된다.

(2) 금리수준

극심한 인플레이션을 경험한 브라질 정부는 경제성장보다는 물가안정(price stability)에 정책의 우선순위를 두고 있어서 중앙은행 기준금리(콜금리)도 세계 최고수준을 유지하고 있다.[8] 2005년 12월 14일 기준 브라질 중앙은행의 기준금리는 18.0%로 미국의 4.25%, 멕시코의 9.25% 등과 비교할 때 매우 높은 수준을 보이고 있다. 실질금리(real interest rate) 수준도 세계에서 가장 높은 12.9%로 세계 2위의 고금리 국가인 멕시코의 6.1%보다도 훨씬 높은 편이다. 한편, 2005년 9월 기준 개인의 평균차입 금리가 연 64.9%, 기업체의 평균차입금리가 연 33.3%로서 고금리가 경기과열을 억제하고 물가안정의 핵심 역할을 수행하고 있음을 알 수 있다.

〈표 5-7〉 브라질의 주요 차입금리 수준

(단위 : %)

	기업체				개인			
	당좌대월	무역어음 할인	약속어음 할인	평균 차입금리	당좌대월	자동차 할부금리	기타 할부금리	평균 차입금리
2004. 3.	69.9	41.6	52.4	30.4	142.0	35.1	62.9	64.0
2004. 9.	65.9	40.2	48.3	30.4	140.6	35.7	60.0	63.2
2005. 3.	69.0	43.9	53.5	32.9	146.1	36.7	62.4	64.0
2005. 9.	70.5	43.5	54.3	33.3	148.8	35.9	59.9	64.9

1.4 재정건전성 증대

브라질은 막대한 공공부채(public debt)의 원리금 상환부담으로 인해 통합재정수지가 지속적으로 적자상태를 탈피하지 못한 것도 물가불안과 함께 고질적인 경제적 부담요인이 되어있

8) 브라질 기준금리는 1997년 10월 30일 43.40%를 기록한 이후 1998년 9월 2일 19.00%까지 하락하였다가 1998년 12월 16일부터 다시 상승하여 외환위기와 함께 1999년 3월 4일 45.00%로 정점에 이르렀다. 이후 점차 안정추세를 보여 2001년 1월 17일에는 15.25%가지 하락하였다. 이후 2002년 10월의 대통령선거 때부터 다시 상승하였으나 경제가 점차 안정화되면서 기준금리는 2003년 2월 19일 26.5%를 기록한 이후 2004년 4월 14일에는 16.00%로 낮아졌다. 정부의 강력한 인플레이션 억제 정책에 따라 기준금리는 2005년 5월 18일에는 19.75%가지 상승하였으나 인플레이션이 통제되고 있다는 정부의 판단에 따라 2005년 9월 14일부터는 다시 낮아지고 있다. 중앙은행 기준금리는 그 정점이 지속적으로 낮아지고 있으며 물가안정 추세가 확실해지면서 이전과 같은 급격한 금리인상 가능성은 크지 않은 편이다.

다. 특히, 까르도주 대통령의 임기 8년 동안 공공부채 규모가 2배 이상 증가한 부담(까르도주 대통령 임기 말인 2002년말 공공부채 규모는 GDP의 55.5%인 2,967억 달러를 기록하였음)으로 인해 1999년에는 통합재정수지 적자규모가 GDP의 10.0% 수준을 기록하기도 하였다. 그러나 2000년대에는 재정적자(fiscal deficit) 규모가 전반적으로 크게 축소되고 있는 추세를 보이고 있다. 2001년 3.3%로 낮아졌던 GDP 대비 통합재정수지 적자비율이 2003년에는 일시적으로 5.1%로 높아져 국제금융계가 우려하기도 하였다. 그러나 2003년 1월 출범한 룰라 정부는 국제금융계의 우려와 달리 긴축정책을 고수하는 한편 경기회복에 따라 세수가 증가하면서 2004년에는 동 비율이 2.7%로 축소되었다. 2005년 1~10월 중에도 중앙은행 금리인상에 따른 연방정부의 이자비용 급증에도 불구하고 동 비율은 2.4%로 더욱 하락하였다.

룰라 정부의 긴축정책 지속으로 금융비용(financial cost)을 제외한 기초재정수지는 2003년에 이어 2004년에도 IMF와 합의한 흑자목표(GDP의 4.25%)를 초과하였으며 2005년에도 1~10월 기준 5.28%로서 2005년 중 5%를 상회할 것으로 보인다.

한편, 중앙은행의 고금리정책이 장기간 지속됨에 따라 막대한 부담을 지고 있는 연방정부의 이자지급 규모는 금리 인상이 시작된 2004년 9월을 기점으로 2004년 1~10월 중 653.7억 헤알에서 2005년 1~10월 중 1,008.7억 헤알로 54.3%나 증가하였다. 그러나 2005년 9월부터 금리가 하향추세를 보이면서 2004년 9월 56억 헤알에서 2005년 9월 152억 헤알로 증가하였던 이자지급 규모가 11월 중에는 110억 헤알로 감소하고 있다.

〈표 5-8〉 통합재정수지 및 국가채무 추이

(단위 : %)

	2003	2004	2005. 1~10
통합재정수지 / GDP (%)	-5.08	-2.67	-2.41
연방정부	-3.99	-1.53	-3.27
지방정부	-1.74	-1.92	-0.05
국영기업	0.65	0.79	0.81
국가순채무잔액 / GDP (%)	57.18	51.67	51.08
국내순채무	45.51	44.17	47.54
해외순채무	11.67	7.50	3.54

더욱이 최근 경기부양론자들이 기초재정수지 흑자목표를 GDP 대비 2.5~3.0%로 하락시킬 것을 주장하면서 집권 노동자당 내부의 갈등이 야기되기도 하였다. 그러나 2005년 11월말 룰라(Lula) 대통령이 'GDP 4.25% 수준의 기초재정수지 흑자기조 유지'를 재확인함으로써 정부의 긴축정책 지속이 예상되는 가운데 경제성장 기조의 유지 및 물가, 환율 등의 안정 등 펀더멘털 강화로 향후 브라질의 재정건전성은 더욱 강화될 것으로 판단된다.

1.5 안정적 성장추세 유지

브라질 경제는 1960~1970년대 고도성장을 지속하면서 1980년에는 1인당 GDP가 2,005달러에 이르렀다. 그러나 1981~1983년 중 세계경제의 침체 여파로 마이너스 성장을 기록하면서 1984년에는 1인당 GDP가 1,467달러로 하락하였다. 1984~1987년 중에는 일시적으로 연평균 6.1%의 성장세를 보이기도 하였으나 중남미 전체적으로 만연한 재정적자(fiscal deficit), 외환위기 및 물가상승 등 제반 경제혼란이 가중되면서 2000년대 초까지 브라질 경제는 장기침체를 보였다. 1997년 4,932달러까지 상승하였던 1인당 GDP도 2002년에는 헤알화 평가절하로 인해 다시 2,604달러로 하락하였다.

그러나 2003년 룰라 대통령 집권 시점부터는 국제원자재시세 회복과 세계경제 호조 등과 맞물려 다시 성장률이 상승 추세를 보이고 있다. 최근의 성장세가 이전과는 달리 재정의 건전화, 공산품 위주의 뚜렷한 수출증가세, 외채관련 부문의 현저한 개선추세, 환율 및 물가의 안정 등을 수반하며 과거 20년 간의 장기불황을 탈피하여 중장기 성장추세에 진입한 것으로 평가되고 있다. 세계은행(World Bank) 등 국제금융기관들은 2006년 경제성장률을 3.5~4.0% 수준으로 예상하고 있으며 브라질 재무장관과 중앙은행 총재는 적절한 금리 및 재정정책 수단을 갖고 있어 2006년에는 연 5% 수준의 성장 가능성을 지적하고 있다.

〈표 5-9〉 브라질의 경제성장률 추이

(단위 : %)

시 기	1961~1970	1971~1980	1981~1990	1991~2000	2001	2002	2003	2004	2005f	2006f
성장률	6.17	8.63	1.57	2.65	1.31	1.93	0.54	4.94	3.3	4.5

자료 : 브라질 중앙은행 및 브라질 기획부, 2005. 9.

한편, 최근 가장 양호했던 2004년 경제성장률도 중남미 평균인 5.7%에 못 미치는 4.9%에 그쳤으며 2005년 성장률도 중남미 평균 전망치인 4.9%에도 못 미치는 3.3%로 예상되고 있고 2005년 9월말 기준 과거 12개월간 성장률이 중국(9.0%), 인도(6.0%), 러시아(5.5%) 등 다른 BRICs 국가들에 비해 현저히 낮은 3.1%를 보였다. 이에 따라 일부 경제분석가들은 1차 산품 국제시세가 하락하는 경우 고금리 정책으로 인한 내수 및 투자의 위축과 헤알(Real)화 강세로 인한 수출 감소 등과 겹쳐 향후 브라질 경제성장이 둔화될 수 있다는 가능성을 제기하고 있다. 그러나 브라질은 경기과열 억제를 성장보다 우선시하는 경제정책을 운용하고 있어 성장률 수치는 타 국가와 질적으로 성격이 다르다고 할 수 있다. 브라질 중앙은행은 오히려 경기과열을 우려하여 콜금리를 2004년 8월 연 16.00%에서 2005년 8월 연 19.75%까지 연속 9차례나 인상한 바 있다.[9] 또한, 2005년 12월 14일 기준 콜금리는 세계에서 가장 높은 연 18.0%, 실질금리도 12.9%를 유지하고 있다.

〈표 5-10〉 GDP 성장률 추이[1)]

(단위 : %)

	2004년				2005년		
	1분기	2분기	3분기	4분기	1분기	2분기	3분기
GDP(시장가격)	4.00	5.09	5.89	4.72	2.80	3.99	0.97
GDP(실질가격)	3.99	4.70	5.29	4.23	2.57	3.77	0.76
농 업	5.78	6.01	5.90	3.05	2.57	3.77	0.76
제 조 업	5.46	6.27	7.00	5.90	3.13	5.52	0.40
서비스업	2.35	3.21	4.09	3.58	2.18	2.62	1.53

주 : 1) 전년동기 대비임

다수의 경기부양론자들의 비판을 무시하고 2006년 10월까지 재정지출이 전년 동기보다 16.0% 증가하는 데 그쳤다. 이는 아르헨티나 및 베네수엘라가 비록 2005년 중 8% 및 9% 이상의 경제성장이 예상되기는 하나 동 기간 재정지출 증가율이 아르헨티나는 43%, 베네수엘라는 39%인 것과는 큰 대조를 보이고 있다. 따라서 외견상 나타나는 성장률만으로 브라질 경제를 진단하는 것은 오류를 범할 수 있다. 오히려 다수의 경제분석가들은 과거의 물가 및 환율 불안 등을 방지하기 위한 브라질 정부의 긴축정책을 높이 평가해야 한다는 의견을 제시하고 있다.

1.6 제조업의 중요성 증대

브라질은 커피(세계 수출시장의 40% 점유, 1위), 대두(세계 수출 1위), 오렌지(세계 수출 1위) 등 농산물과 철광석(세계 수출 1위), 보크사이트, 주석 등 광물자원의 세계 최대의 생산국이자 수출국으로서 1차 산업 중심 국가로 인식되어 있다. 그러나 2004년의 산업별 비중은 1차 산업 12%, 제조업 37%, 서비스업 51%로 나타나 1차 산업의 비중이 그리 높지 않음을 알 수 있다. 또한, 국제원자재시세의 호조가 브라질 경제에 기여하는 것은 분명한 사실이나 1차 산품의 수출 비중도 1964년 85.4%, 1970년 74.8%, 1980년 42.2%, 1990년 27.8%, 2000년

9) 컴퓨터, 휴대폰(cellular phone) 등 정보통신기기 판매증가율은 2006년 6월 전년동월 대비 45.9%, 7월 51.9%, 8월 52.9%를 기록하였다. 전체 소매판매도 2005년 8월 기준 전년동기 대비 11.27%에 이르는 등 소비가 과열양상을 보이고 있다. 또한, 2004년 전기·전자·통신 부문의 투자증가율이 26.3%를 기록하는 등 2003년 이후 2005년 10월 현재까지 3년간 일부 부문의 경기과열 양상이 나타나고 있다.

22.8%로 지속적으로 하락하였다. 이에 따라 국제원자재시세의 변동이 브라질 경제에 미치는 영향은 점차 감소하고 있다. 특히, 최근에는 제조업, 그 중에서도 첨단산업의 발전이 경제에 미치는 영향이 점차 증대되고 있는 실정이다.

〈표 5-11〉 브라질 전기・전자・통신 부문 매출 및 증가율[1] 추이

(단위 : 십억 헤알, %)

구 분	2002	2003		2004		2005f	
산업자동화	1,472	1,721	(16.9)	2,090	(21.4)	2,528	(21.0)
전기전자부품	5,916	6,876	(16.2)	8,697	(26.5)	10,002	(15.0)
산업장비	7,088	8,426	(18.9)	10,319	(22.5)	12,486	(21.0)
발전・송전・배전	5,114	4,449	(-13.0)	5,581	(25.4)	6,808	(22.0)
정보화기기	13,391	16,701	(24.7)	20,624	(23.5)	24,335	(18.0)
전기용품	4,649	4,593	(-1.2)	5,947	(29.5)	6,899	(16.0)
통신기기	7,431	8,760	(17.9)	13,006	(48.5)	16,908	(30.0)
가전제품	11,292	12,421	(10.0)	15,338	(23.5)	17,638	(15.0)
합 계	58,354	63,948	(13.5)	81,601	(27.6)	97,603	(20.0)

주 : 1) 전년 대비임

자료 : 브라질 전기전자공업연합회, 2005. 8.

(1) 제조업 성장 본격화

2004년과 2005년 상반기 제조업부문 성장률은 6.2%와 5.5%로 동 기간 5.3%와 3.2%의 농림어업, 3.3%와 2.5%의 서비스업 등 보다 상대적으로 높은 수준을 기록했다.

① 차량부문

차량 생산은 2000년 169만대에서 2004년에는 전년보다 21% 증가한 221만대(2003년 183만대)를 기록했으며 헤알화 강세에도 불구하고 2005년 10월까지 생산도 203만대로 전년동기 대비 11.8% 증가하였다.

② 전기・전자・통신부문

전기・전자・통신부문은 소득증대 추세와 소비패턴의 변화로 인해 브라질 전체 경제성장률을 훨씬 초과하는 폭발적인 성장세를 보이고 있다. 2005년 8월 기준 컴퓨터・휴대폰 등 정보통신기기 판매는 전년 동월에 비해 52.9%나 증가하는 과열양상을 보이고 있다.[10] 특히, 브라질 내수시장의 급격한 확대로 수출보다는 수입이 훨씬 빠르게 증가하고 있다. 2004년 중 통신기기

10) 2005년 10월 기준 브라질의 이동전화 가입자 수는 8,124만명으로 2004년 10월말의 5,964만명보다 36.2%가 증가하였다. 현재 이동전화 수요는 신규수요 외에 종전 저가보급형에서 중・고가품으로의 교체 수요가 급증하고 있다.

의 수출은 33.4%나 감소한 반면에 수입은 52.6%나 증가하였다. 전체적으로 전기전자부문 수출은 12.0% 증가에 그친 반면 수입은 25.9%나 증가하였다. 다만 2005년에는 휴대폰의 수출이 10월말 기준 20억 달러를 상회하는 등 전년 동기보다 배증하여 향후 추이가 주목되고 있다.

〈표 5-12〉 주요 품목의 소매판매 증가율[1)]

(단위 : %)

품 목	2005. 6	2005. 7	2005. 8	2005. 1~8
소매판매	11.37	9.31	9.98	11.27
의류 · 신발	10.83	16.78	19.66	13.84
가구 · 가전	28.63	23.54	23.41	25.73
컴퓨터 · 통신	45.94	51.86	52.92	40.73
차량운반구	9.20	2.85	12.57	12.60
건축자재	6.26	-0.44	7.12	6.73

주 : 1) 전년 동월 대비임

〈표 5-13〉 브라질의 전기 · 전자 · 통신 부문 수출입 추이

(단위 : 백만 달러)

구 분	수 출			수 입		
	2002	2003	2004	2002	2003	2004
산업자동화	67	76	114	776	708	860
전기전자부품	1,716	1,760	1,993	5,213	5,735	7,820
산업장비	298	363	476	1,795	1,287	896
발전 · 송전 · 배전	170	165	275	279	221	224
정보화기기	121	193	263	737	657	777
전기용품	142	151	203	437	449	585
통신기기	1,343	1,334	1,142	707	605	923
가전제품	558	729	878	350	386	562
합 계	4,415	4,771	5,344	10,294	10,048	12,648

(2) 수출의 본격적 증가 및 수출산업구조의 변화

① 수출증대

브라질의 수출은 1964~1970년 중 연평균 11.4%의 비교적 견실한 증가세를 보인 데 이어 1971~1980년 중에는 주로 1차 산품의 국제시세 호조에 힘입어 연평균 22.5%의 매우 높은 증가율을 기록하면서 경제성장을 주도하였다. 그러나 1차 산품의 국제시세가 하락하던 1980년대에는 수출증가율이 4.5%로 하락하였고 1991~2002년 중에는 한 자리 숫자 증가율에 그쳤다.

그러나 2003년 이후 룰라 정부의 수출드라이브 정책(export-driven policy)과 1차 산품의

국제시세 상승, 환율하락 등의 조건이 맞물리면서 수출이 2003년 21.1%, 2004년 32.0%, 2005년(11월말 까지) 23.1%의 높은 증가세를 보이고 있다. 향후 브라질의 수출은 풍부한 저임금 노동력과 활발한 설비투자 증가의 이점을 가진 공산품 분야를 필두로 2005년 1,170억 달러 달성에 이어 2006년 1,500억 달러를 달성할 것으로 전망되고 있다.

② 수출산업구조의 변화

브라질 수출산업구조에 변화가 발생하고 있다. 1980년대까지만 해도 1차 산품의 수출비중이 매우 높아 국제원자재 시세변동에 따라 수출실적도 크게 영향을 받았다. 그러나 1차 산품이 총수출에서 차지하는 비중은 1970년 74.8%에서 2000년에는 22.8%로 크게 하락하였다.11) 한편, 1차 산품 수출이 GDP에서 차지하는 비중은 4.7%(총수출의 GDP 비중은 16.0%임)로서 결코 낮은 수준은 아니나 과거 외화획득원이 제대로 없었던 시기와 비교하면 브라질의 1차 산품 수출잠재력(export potentials)은 경제구조의 취약성을 나타내는 것이 아니고 경제발전에 지대한 기여를 할 수 있는 원천으로 해석해야 한다.

〈표 5-14〉 수출추이 및 수출구조의 변화

(단위 : 백만 달러)

연도	총수출		부문별 비중(%)		
	금액	연(평균)증가율	1차 산품	반제품	완제품
1964	1,430	-	85.4	8.0	6.2
1970	2,738	11.4%(1964~1970)	74.8	9.1	15.2
1980	20,132	22.5%(1971~1980)	42.2	11.7	44.8
1990	31,414	4.5%(1981~1990)	27.8	16.3	54.2
1995	46,506	8.2%(1991~1995)	23.6	19.7	55.0
2000	55,086	3.3%(1996~2000)	22.8	15.4	59.0
2001	58,223	5.7%	26.4	14.2	56.5
2002	60,362	3.7%	28.1	14.9	54.7
2003	73,084	21.1%	29.0	15.0	54.3
2004	96,475	32.0%	29.6	13.9	54.9
2005[1]	107,413	23.1%	29.7	13.5	54.7

주 : 11월까지 실적임

자료 : Ministerio do Desenvolvoimento, Industria e Comercio Exterior, 2005. 12.

따라서 국제원자재 시세가 하락하더라도 1차 산품의 수출부진이 브라질 경제에 미치는 영향력은 이전보다 크게 낮아졌다. 더욱이 세계 원자재 수요의 블랙홀(black hole)로 지칭되는

11) 최근 중국의 수요 급증에 따른 국제원자재 가격상승으로 2004년 1차 산품 수출비중은 29.6%로 상승하였다.

중국의 고도 경제성장세가 지속되고 있어서 향후 국제원자재 시세의 급격한 하락 가능성도 크지 않은 것으로 판단된다.

1.7 경제양극화 축소

브라질의 2004년 GDP 규모는 6,038억 달러에 이르며 2006년 6월말 기준 12개월간 누적 GDP는 헤알화의 평가절상(appreciation)에 힘입어 멕시코의 7,657억 달러를 상회하는 7,944억 달러를 기록하였다 또한, 2006년 7월 세계은행이 발표한 구매력평가(PPP : Purchasing Power Parity) 기준 GDP 규모는 1조 4,800억 달러(멕시코는 1조 100억 달러)로 세계 9위의 경제대국으로 조사되었으며 1인당 GDP는 8,020달러를 기록하였다.

과도한 빈부격차로 인해 실질구매력(real purchasing power)을 가진 소비시장 규모는 실제로 크지 않다는 부정적 시각이 존재하고 있으나 브라질은 2006년 10월말 기준 총인구 1억 8,000만명의 약 45%인 8,120만명의 이동전화가입자를 보유해 세계 5위를 기록하고 있다. 승용차 보유 대수도 2005년 8월말 기준 약 1,945만대로 추정되는 등 결코 작지 않은 시장규모를 나타내고 있다.

한편, 브라질은 빈부격차로 인한 사회불안정(social instability)이 상존하고 있으나 전반적인 경제호조와 경제양극화 해소를 위한 정부의 시책으로 심각한 불안요인으로 발전할 가능성은 크지 않으며 최근 양극화는 다소 개선되는 양상을 보이고 있다. 즉, 실업률(unemployment rate)은 2006년 9월말 기준 9.6%로 2003년 8월의 13%에 비해 상당히 하락하였으며 2006년 11월 발표된 국내가구표본(PNAD) 조사에 의하면 학교출석률과 임금소득도 상승한 것으로 나타났다. 2001년에서 2004년 사이에 고소득층 10%의 소득이 전체소득에서 차지하는 비율이 47.3%에서 44.7%로 감소한 반면에 동 기간 50%의 저소득층의 소득비율은 12.4%에서 14.1%로 상승하였다.

1.8 정치적 불확실성 감소

중남미 지역은 정치적 불확실성(political uncertainty)이 경제에 미치는 부정적 영향이 그 어느 지역보다 큰 것으로 인식되어 왔다. 그러나 브라질에서는 소위 '대중영합주의(populism)'의 폐해를 반복하지 말아야 한다는 국민적 공감대가 형성되어 있으며 중도좌파인 룰라 정부도 건실한 긴축정책 기조를 견지하고 있다.[12)]

한편, 최근의 일련의 정치위기(political crisis)에도 불구하고 브라질 국채의 가산금리는 지속적

12) 2006년 9월말 빨로찌 재무장관은 선거의 해인 2006년에도 브라질이 긴축정책 기조를 유지하여 공공부채를 감소시킬 것으로 언급한 바 있다.

으로 하락하고 있으며 과거와는 달리 금융시장도 정치변수의 영향에서 점차 독립적인 모습을 보이고 있다.[13] 이는 현 정부가 거시경제정책의 일관성(consistency of macroeconomic policy)을 유지하고 있기 때문인 것으로 분석된다. 룰라 정부는 출범 이후에도 수입관세 최고한도를 35%에서 10.5%로, 평균수입관세를 10.77%에서 7.39%로 하락시키는 것을 목표로 일관되게 자유무역정책(free trade policy)을 추진하고 있으며 여타 재정정책(fiscal policy)과 통화정책(monetary policy) 기조도 일관성을 유지하면서 경제에 대한 정치의 영향력은 크게 감소하였다.

2. 시사점

상기한 바와 같이 최근 수년간 브라질 경제는 근본적인 변화를 보이고 있다. 건전한 거시경제정책과 시장개방정책을 적극적으로 추진하면서 경제 펀더멘털(economic fundamentals)이 강화되었고 내수와 수출이 모두 호조를 보이면서 경제성장 기조도 지속되고 있다. 브라질은 2004년 기준으로 이미 세계 14위의 경제대국이며 개도국(developing country) 중 중국에 이은 세계 2위의 외국인직접투자(FDI) 유치국이기도 하다. 특히, 수출지향적 경제성장정책(export-oriented economic growth policy)과 시장개방정책(market opening policy)을 적극적으로 추진함에 따라 브라질 경제는 향후에도 지속적인 성장세를 이어갈 것으로 전망된다. 골드만삭스(Goldman Sachs)는 2003년 10월 발표한 보고서에서 브라질 경제가 향후 50년간 연평균 3.6% 성장하여 2025년에는 이탈리아, 2031년에는 프랑스, 2036년에는 영국과 독일을 추월할 것으로 전망한 바 있다.

브라질의 성장잠재력(growth potentials)을 높게 평가한 국제투자자들은 이미 브라질에 대한 투자를 적극적으로 추진하고 있다. 그러나 한국의 대브라질 수출[14]이나 직접투자[15] 규모는 브라질의 수입시장 규모나 외국인투자 유치실적 등과 비교하면 절대규모 면에서는 만족스럽지 못한 수준을 보이고 있다. 한국기업들도 기존의 회의적인 시각에서 탈피하여 변화하고 있는 브라질의 실상을 제대로 이해할 필요가 있다.

특히, 중남미 지역은 행정제도(administrative system)나 문화적 배경(cultural background)에 있어 우리와 유사점이 많으며 경제성장 경험이나 1980년대 이후의 모라토리엄

13) 2006년 6월 노동당(PT당) 선거인 매수와 7월 노동당 선거자금 비리 폭로, 8월 룰라 대통령에 대한 탄핵발의 위기 등으로 가산금리가 일시적으로 480bp까지 상승하였으나 이후 400bp 아래로 하락하였다.

14) 한국의 대브라질 수출비중은 2000년 1%에서 2004년 0.70%, 2005년 1~10월 중 0.86% 등으로 하락한 데 비해 동 기간 대중국 수출비중이 10.71%에서 21.87%로 높아진 것과는 큰 대조를 이루고 있다.

15) 1996~2000년 중 연평균 4,590만 달러에서 2002년 310만 달러로 격감했다가 2003년 700만 달러, 2004년 1,990만 달러, 2005년 1~8월 7,490만 달러로 급속한 회복세를 보이고 있다.

(moratorium) 경험 및 회복과정 등이 특히 유사하여 중남미 최대 경제대국인 브라질에서 성과를 거둘 경우 여타 중남미국가들에 대한 진출도 성공적으로 이끌 수 있을 것으로 판단된다. 따라서 우선적으로 브라질 시장진출을 적극적으로 도모해야 할 필요가 있다.

제6절 평 가

남미최대의 경제대국이며 세계최대의 외채국인 브라질은 높은 성장잠재력(growth potentials)에도 불구하고 과중한 외채원리금 상환 부담으로 인해 거시경제를 운영하는 데 어려움을 겪어왔다. 이로 인해 1999년 1월 헤알화 위기와 2002년 6월 이후에는 금융불안이 발생한 바 있다. 그러나 브라질 정부는 세계경제 침체, 아르헨티나 금융위기, 전력난 등 연이은 대내외의 악재에도 불구하고 IMF와의 협약 사항을 준수하는 등 건전한 거시경제정책 기조를 지속하고 있으며 룰라 정부에 대한 국제투자자들의 신뢰도 완전히 회복되었다.

이에 따라 금융시장과 환율이 안정을 되찾고 경제도 급속한 회복세를 보이고 있다. 특히, 국제원자재 가격 상승으로 수출이 사상 최대의 호조를 보이고 있으며 내수도 본격적인 회복세를 보이기 시작하여 당분간 높은 경제성장세가 지속될 것으로 전망된다. 수출 증가로 인해 외환보유고가 지속적으로 증가하고 있고 외국인직접투자(FDI) 유입액도 증가 추세를 보이고 있어 외채 상환불능 위험은 상당부분 해소된 것으로 평가되나 공공부채(public debt) 부담 문제가 향후 브라질 거시경제 운영에 큰 부담이 될 것으로 보인다.

6
chapter

인도 · 브라질의 투자환경변화

제 1 절 인도 · 브라질의 성장잠재력

1. 인도

인도는 국토면적 330만㎢로 한반도의 15배, 남한의 33배이며 세계에서 7번째로 광활한 국토를 가진 국가이다. 광활한 국토와 함께 풍부하면서도 질이 높은 노동력을 기반으로 인도는 2004년 국내총생산(GDP) 6,582억 달러를 기록하여 세계 10위를 차지했다. 구매력평가(PPP : Purchasing Power Parity)에 의한 GDP는 3조 달러를 돌파하여 미국(10.9조 달러), 중국(6.6조 달러), 일본(3.6조 달러)에 이어 세계 4위를 기록하였다. 다수의 경제전문가들은 인도를 21세기를 리드할 경제대국 중의 하나로 평가하고 있다. 인도는 BRICs 국가 중 향후 30~50년 기간에 걸쳐 가장 급성장할 가능성을 가지고 있는 국가로 평가되고 있다.[1)]

세계적인 투자은행인 골드만삭스(Goldman Sachs)는 인도경제에 대해 향후 30년간 5% 이상의 성장을 전망하고 있다. 즉, 동사는 BRICs의 여타 국가들이 성장률 둔화를 경험하더라도 인도는 2050년까지 지속적으로 5%대의 성장률을 보일 것으로 전망하고 있다.[2)]

1) Goldman Sachs, 'Dreaming with BRICs: The Path to 2050' 참조
2) 인도는 남아시아 경제권의 중심국가가 될 것으로 보인다. 남아시아(인도, 파키스탄, 방글라데시, 스리랑카, 네팔 등)는 세계 인구의 20%를 차지하고 있으나 GDP 및 교역규모는 세계 규모 대비 각각 2%, 1%로 미약한 수준을 보이고 있다. 그러나 최근 동 지역 국가들간 무역자유화(trade liberalization) 진전으로 향후 성장 유망 지역으로 부상하고 있다. 특히, 인도는 역내 최대 경제대국으로서 그 중요성이 제

1.1 개혁 · 개방정책

인도의 부상은 1991년 국제통화기금(IMF) 지원 이후 시장지향적 개혁과 개방정책(market-oriented reform and opening policy)을 지속적으로 추진한 데 연유하고 있다. 민간경제활동 활성화를 위한 정부의 개입 축소 및 관세 인하 등 무역부문 자유화, 적극적인 외국인 투자유치 정책 시행이 인도 경제의 부상에 기여하였다. 경제개혁(economic reform)의 진전으로 국가신용등급도 2004년 1월 Ba1에서 투자적격등급인 Baa3(Moody's)로 상향조정되는 등 국가신뢰도(country credibility)도 크게 제고되고 있다.

세계 주요 경제분석기관들은 인도는 인구규모 세계 2위(10억 8,000만명)로 장기간 고성장이 가능하다는 전망을 하고 있다. 현재 인도의 인구 성장률은 1.49%로 BRICs 국가 중 가장 높은 수준을 보이고 있어 향후 인도가 중국을 추월하여 세계 1위의 인구대국으로 부상할 것으로 예상된다. 인도의 거대한 인구규모는 향후 BRICs 국가 중에서도 가장 장기간 고성장을 유지할 인도 경제성장의 가장 중요한 요인 중의 하나로 작용할 것으로 기대되고 있다. 총인구 중 3억 인구가 중산층으로 탄탄한 소비자층을 구성하고 있다. 고령화를 보이고 있는 선진국들뿐만 아니라 중국과 러시아와 비교하더라도 인도의 전체 인구 대비 노동가능 인구의 높은 비율은 장기간 유지될 것으로 보인다. 이는 인도 총인구의 54%가 25세 이하로 구성되어 있기 때문이다. 젊은 노동인구가 풍부해서 향후 이들의 소비 증대가 기대된다.

1.2 자원대국

인도는 또한 부존자원이 풍부한 자원대국으로 평가할 수 있다. 생산규모 면에서 볼 때 전세계 운모류 1위, 철광석 4위, 보크사이트 및 망간광각 6위, 알루미늄 10위, 조강 11위를 차지하고 있다. 특히, 철광석의 채광가능 매장량은 세계에서 가장 많은 수준을 보이고 있다. 인도에서 생산되는 광물자원의 종류는 연료광물 4종, 금속류 10종, 비금속류 50종, 기타 광물 22종 등으로 생산규모는 연간 약 6억톤에 이르고 있다. 광물산업의 비중은 최근 10여년간 매년 약 6% 성장하여 전체 국민총생산(GNP : Gross National Product)의 2~3%, 수출액의 10% 이상을 차지하고 있다. 인도산 광물자원은 도로 및 항만 등의 인프라스트럭처(infrastructure) 시설 부족에 따른 공급 상의 어려움으로 국제경쟁력(international competitiveness)이 하락하고 있으나 향후 개발 여건 개선과 더불어 효율성(efficiency)과 가치가 매우 클 것으로 기대된다.

고되고 있다(산업은행, 산은조사월보, 2005. 9. pp. 2~40 요약 · 재구성).

〈표 6-1〉 인도의 주요 부존자원 추정량(2004년 4월 기준)

종 류	매 장 량	가 채 연 수
보크사이트	24억 6,000만 톤	211
구 리	5,300만 톤	80
철 광 석	134억 6,000만 톤	131
망간광각	1억 7,000만 톤	47
석 탄	844억 톤	235
석 유	54억 배럴	19
가 스	7,600억 ㎥	27

1.3 FDI 유입 증대

대인도 FDI(해외직접투자) 유입 증가는 인도의 잠재력을 단적으로 나타내고 있다. 1991년 경제위기(economic crisis)의 타개책으로 7월 대외개방·개혁정책을 도입한 이후 인도는 적극적인 외국인투자정책을 시행했다. 외국 자본 및 기술 도입을 장려하기 위한 외국인투자진흥위원회(FIPB : Foreign Investment Promotion Board) 설립 등을 통해 외국인 투자유치를 적극적으로 추진하였다. 이에 따라 대인도 FDI 유입액은 1990년 2.4억 달러 수준에서 2004년에는 60억 달러 수준까지 급증하였다.

2000년대 들어 급속한 FDI 증가에도 불구하고 현재 대인도 FDI 유입 수준은 인도의 경제규모 및 향후 경제성장 지원 등의 측면에서 볼 때 아직은 미흡한 수준으로 평가할 수 있다. 인도 정부의 FDI 승인액 대비 실제 FDI 유입액 비율은 50%에도 못 미치는 것으로 나타나고 있다. 중국과 비교할 경우 인도의 FDI 유입액은 중국의 10%에도 못 미치는 수준이다. 그러나 인도의 시장잠재력 및 인도 정부의 FDI 유치 노력 등으로 향후 인도로의 FDI 유입은 지속될 것으로 보인다.

한편, 대인도 해외투자는 연료 및 통신 관련 업종에서 가장 활발하게 이루어지고 있는 것으로 나타나고 있다. 인도의 인프라스트럭처 부족 등에 따른 발전소 건설 등에 해외투자가 대규모 유입되고 있고 인도의 저렴한 인건비와 소프트웨어(software) 개발 기술에 힘입어 휴대폰(cellular phone) 제조업에의 투자 등도 활발하게 이루어지고 있다. 또한, 향후 인도 내수시장 확대 전망 등에 따라 자동차 및 운수사업에의 해외투자 유입도 활성화되고 있다.

〈표 6-2〉 대인도 해외투자 유입 업종 현황

(단위: Rs백만, %)

업 종	투자유입액	비 중
연 료	774,067.34	27.60
통 신	562,245.72	20.05
전 자 기 기	273,995.96	9.77
운 수 산 업	206,000.56	7.35
자 동 차	130,165.10	4.64
기 타	988,111.92	35.23
총 액	2,804,421.50	100.00

주 : 1991. 8 ~ 2002. 5 누적 금액 기준
자료: Indian Investment Center, http://iic.nic.in/

2. 브라질

남미의 대국 브라질이 경기악순환에서 탈피하며 재도약하고 있다. 브라질은 광대한 국토와 인구, 풍부한 자원 등 천혜의 조건에도 불구하고 정치·경제적 불안으로 그동안 경제성장이 부진하였다. 3번의 모라토리엄 선언 및 9번의 채무재조정(debt rescheduling) 등을 경험하였다. 그러나 2000년대 이후 거시경제지표 호조와 금융시장의 안정(stability of financial market) 등으로 향후 경제성장이 기대되면서 국제경제계의 이목을 집중시키고 있다. 최근의 성장세 호조가 반영되어 무디스(Moody's) 및 스탠더드 앤드 푸어스(S&P) 등 국제신용평가기관들은 2002년 이후 2년만에 브라질의 국가신용등급을 상향조정하였다.

2.1 높은 성장잠재력

브라질은 국토, 인구, 국내총생산(GDP) 등의 면에서 남미의 50% 정도의 규모를 차지하고 있는 경제 대국으로 높은 성장잠재력(growth potentials)을 보유한 국가이다. Goldman Sachs는 브라질이 향후 50년간 연평균 3.6% 성장하여 2025년에는 이탈리아, 2031년에는 프랑스, 2036년에는 영국과 독일의 경제규모를 추월할 것으로 전망한 바 있다. 2004년 이후 국제원자재 가격 상승과 헤알(Real)화의 평가절하(depreciation)로 인해 수출이 급증하고 산업생산과 내수가 본격적인 회복세를 보이고 있다. 이에 따라 향후 지속적인 성장세를 유지할 것으로 보인다.

〈표 6-3〉 브라질 신용등급 변동 추이

Moody's	S&P
B1(2004. 9. 9)	BB-(2004. 9. 17)
B2(2002. 8. 12)	B+(2002. 7. 2)
B3(2000. 10. 16)	BB-(2001. 1. 3)
B2(2000. 8. 17)	B+(1999. 1. 14)

2.2 자원부국

브라질은 풍부한 임산 및 광물자원 보유국으로 평가할 수 있다. 거대한 영토는 물론 전국토의 60%에 해당하는 산림 규모로 풍부한 임산자원과 광물자원을 보유하고 있다. 철광석 매장량은 전세계 5위 수준으로 추정된다. 이외에도 망간, 석탄, 아연, 크롬, 금 및 주석 등 광물자원이 풍부하다. 또한, 최근 활발한 유전개발로 2007년경에는 석유수출국으로 부상할 것으로 전망된다.

브라질의 광물자원은 중남미국가 중 최고의 매장량 및 품질을 나타낸다. 브라질은 최근 전세계적인 원자재 수요 급증으로 세계 원자재 공급기지로서의 역할이 증대되고 있다. 또한, 해외투자자본 유입이 증가하면서 향후 그 중요성은 더욱 제고될 것으로 보인다.

〈표 6-4〉 브라질의 주요 부존자원 추정량

종 류	매 장 량	세계 매장량 대비 (%)
알루미늄	250만 톤	7.6
철 광 석	2,100만 톤	6.4
망 간	1억 5,000만 톤	2.9
아 연	520만 톤	1.1
크 롬	710만 톤	0.1
금	2,000 톤	1.8
석 탄	73억 7,000만 톤	0.6
석 유	98억 배럴	0.9
가 스	2,200억 ㎥	0.2

자료 : DNPM, USGS Minerals Yearbook Vol. Ⅲ, International, 2002.

2.3 FDI 유입 증대

브라질 경제가 부상하면서 대브라질 FDI 유입 증가도 기대되고 있다. 1994년 중반까지 물가상승률이 월평균 10%대를 상회하는 초인플레이션(hyperinflation) 지속 등 브라질의 경제불안정(economic instability)으로 인해 FDI 유입은 미미한 수준을 기록하였다. 그러나 1994년 이후 FDI 유입은 전반적으로 증가추세를 보이고 있다. 특히, 1994년 헤알 플랜 이후 민영화 프로젝트 증가, 인수 · 합병(M&A) 성사 등으로 대브라질 FDI는 급증하였다.[3] FDI는 2000년을 정점으로 감소세를 보였으며 2003년 헤알화 평가절상(appreciation)에 따른 수익성(profitability) 감소, 인프라스트럭처 프로젝트 감소 및 경제구조 개혁 미비 등으로 급감한 적도 있었다.

그러나 현 룰라(Lula) 정부의 적극적인 투자 유치 노력 등으로 인해 브라질의 2004년 FDI 유입수준은 증가세로 반전되었으며 향후 2000년 유입 수준을 회복할 것으로 기대되고 있다. UNCTAD의 발표에 의하면 브라질의 2004년 FDI 유입 규모는 전년 대비 79% 가량 증가한 182억 달러를 기록하였다. 이는 중남미에서는 멕시코와 함께 가장 높은 수준을 보였으며 전세계적으로도 10번째 규모인 것으로 추정된다.

네덜란드, 미국, 스페인 등이 대브라질 FDI에 가장 적극적이며, 업종별로는 서비스업 중 통신관련 부문에 대한 투자가 활발하게 진행되고 있다. 제조업 부문에서는 자동차 및 부품 제조업과 석탄, 정유 등의 화학 관련 부문에의 투자 비중이 높은 편이다. 또한, 최근 전세계적인 국제원자재 확보 경쟁에 따른 브라질의 풍부한 부존자원의 중요성 부각으로 석유 탐사 및 광물 채광 등 광업 부문에 대한 투자도 활성화되고 있다.

〈표 6-5〉 대브라질 FDI 국가 및 업종 현황(2004년 기준)

(단위: 백만 달러, %)

업종별 FDI 유입			국가별 FDI 유입		
	금액	비중		금액	비중
농목축·광업	1,071	5.3	미 국	4,017	19.8
제조업	10,699	52.8	캐나다	592	2.9
화학	1,363	6.7	영 국	275	1.4
자동차·부품	850	4.2	프랑스	486	2.4
서비스	8,495	41.9	독 일	795	3.9
통신	2,970	14.7	네덜란드	7,705	38.0
금융	940	4.6	스페인	1,054	5.2
전력가스수자원	1,191	5.9	포르투갈	571	2.8
소매업	1,252	6.2	일 본	243	1.2
총 계	20,265	100.0	총 계	20,265	100.0

3) 헤알 플랜은 통화를 헤알로 전환하는 화폐 개혁 및 긴축 통화정책 추진을 통해 당시 브라질의 초인플레이션 극복 등 통화와 물가안정을 도모하고자 한 경제안정화 정책(economic stabilization policy)을 의미한다.

3. 산업구조의 선진화 추진

3.1 인도

(1) 산업별 현황

① 개관

인도의 2003년도 GDP의 산업별 비중을 살펴보면 서비스업이 50.5%로 수위를 차지하고 있으며 제조업과 농수산업은 각각 26.6%와 22.9%를 차지하여 서비스 위주의 산업구조를 가지고 있다. 이를 1998년도와 비교할 경우 농수산업의 비중은 3.9%포인트 감소하고 제조업은 거의 변동이 없는 반면에 서비스업의 비중은 3.8%포인트가 증가하였다.

〈표 6-6〉 GDP 대비 산업별 비중

산업구분	1998	2003	
	비중(%)	비중(%)	금액(10억 달러)
농수산업	26.8	22.9	116.5
제 조 업	26.5	26.6	135.4
서비스업	46.7	50.5	257.0
GDP 총계	100.0	100.0	508.9

자료: EIU Country Report, 2000. 5, 2005. 6.

② 서비스업

항공, 은행, 건설 및 공공부문을 포함하는 서비스업은 최근 가장 급성장세를 보이고 있다. 특히, 통신 및 정보기술(IT) 부문에서 현저한 발전을 보였다. 그러나 항공 및 은행부문에서는 민영화(privatization)가 완만하게 진행되면서 동 부문의 신속한 발전을 저해하는 요인으로 작용하고 있다. 소매업도 전체적으로는 아직 낙후되어 있는 가운데 Chennai, Mumbai, Delhi 및 Kolkata 등 4개 도시에서만 급성장과 더불어 현대화(modernization)가 진행되고 있다. 소매업이 아직 낙후되어 있는 주요 요인으로 비탄력적인 노동법과 높은 유통비용 그리고 인지도가 높은 소매점에만 한정된 소비자 선호도(consumer preference) 때문으로 분석되고 있다.

③ 농수산업

농작물 생산이 대부분인 농수산업은 2003년의 경우 GDP의 22.9%를 차지하였다. 국가전체 노동력의 약 60%가 동 산업에 종사하고 있어 아직까지 인도 경제성장에 있어 중요한 역할을 담당하고 있다. 그러나 도로건설 등 공공투자가 미약하고 토지 관련 소유구조의 복잡성 및 관련 제도의 후진성, 그리고 관수시설의 낙후 등으로 GDP에서 차지하는 비중은 점차 감소하고 있는 추세를 보이고 있다.

④ 제조업

제조업은 그동안 수입대체(import substitution)라는 명목 하에 다변화가 많이 진행되었다. 그러나 아직까지 품질 및 생산성 면에서 낙후되어 있어 국제경쟁력은 낮은 수준을 보이고 있다. 이를 극복하기 위하여 인도 정부는 수출위주의 경제개편정책을 실시함으로써 수출가공구(EPZ : Export Processing Zone)를 확대하는 등 국제경쟁력 제고에 주력하고 있으며 철강, 선박제조, 화학 및 제지 등 중공업부문을 민영화시켜 나가고 있다. 또한 자동차, 전기, 가전 및 컴퓨터의 경우에는 해외사업자들의 참여를 유도하여 현재 생산량이 크게 증가하고 있는 추세이다.

〈표 6-7〉 GDP 및 산업별 성장률

(단위 : %)

구분	2004년 실적	2005년 예상치
농 업	9.6	1.1
광 업	6.4	5.3
제조업	6.9	8.9
전력업	3.7	6.3
건설업	7.0	5.7
무역업	11.8	11.3
금융업	7.1	7.1
GDP	8.5	6.9

자료: EIU Country Report, 2005. 6.

(2) 금융시스템의 발전

인도의 금융시스템은 크게 2가지(① 감독기관, ② 일반금융기관)로 구성되어 있다. 감독기관으로는 인도 중앙은행(RBI : Reserve Bank of India)과 증권거래위원회(Security and Exchange Board of India)가 있다. 일반금융기관은 크게 3가지(① 은행부문, ② 비은행부문, ③ 기타 부문)로 나누어진다. 은행부문은 다시 2가지(① 상업은행(Commercial Banks), ② 협동은행(Co-Operative Banks))로 구분된다. 상업은행도 2가지, 즉 인도 정부 또는 중앙은행이 발행주식의 대부분을 보유하고 있는 공공은행과 민간은행으로 구분된다. 공공은행에는 인도은행 및 동 은행의 자회사(State Bank of India and Associates), 국유은행(Nationalized

Banks) 및 지방은행(Regional Rural Banks)이 있다. 민간은행에는 일반 국내은행 및 외국계 은행이 포함된다. 현재 인도에 진입해 있는 외국계 은행들로는 Citibank, ABN AMRO, BOA, Barclays Bank, Credit Agricole, Dresdner Bank, Bank of Tokyo Mitsubishi, Arab Bangladesh Bank 등이 있다.

비은행부문(Non-Banking Financial Institution)에는 Unit Trust of India, 생명보험협회(LIC : Life Insurance Corporation) 그리고 일반보험협회(GIC : General Insurance Corporation)가 있다. 기타 부문에는 펀드위주의 영업을 하는 비은행금융회사(NBFC : Non-Banking Financial Corporation)와 비은행금융서비스회사(NBFSC : Non-Banking Financial Service Corporation)가 포함된다.

인도는 96개 상업은행이 국가 전체금융자산의 55%를 차지하고 있다. 이 중 27개 은행이 국영은행으로서 전체 상업은행자산의 75%를 보유하는 등 국유 금융기관 위주의 금융시스템을 유지해 왔다. 국유은행 및 금융기관들은 현재 자국 기업의 차입 및 채권발행에 있어 주요 자금원이 되고 있으며 기관투자자들도 국내기업의 자금수요를 일부 충족시키고 있다. 현재 인도의 총 금융자산은 7,000억~8,000억 달러로 이 중 15~20%가 부실여신으로 판단된다.

인도 금융감독당국은 금융시장의 선진화를 위하여 국내 또는 외국은행의 국내시장에서의 인수 · 합병(M&A)을 허가하는 규제완화정책(deregulation policy)을 발표함으로써 해외금융기관들의 국내시장 참여를 유도하고 있다. 이와 더불어 국영은행들의 해외 지점 또는 현지법인 설립 및 국영기업의 민영화 그리고 연기금의 주식투자 허용정책은 향후 금융시스템을 더욱 발전시키고 시장을 확대시킬 수 있는 기회가 될 것으로 전망된다.

선진화된 은행 및 금융기관들은 향후 인도의 인프라시설 확충에 많은 역할을 담당할 것으로 예상된다. 현재 인프라시설의 필요자금은 주로 정부자금, 기부금 및 상업금융기관을 통하여 조달되고 있다. 상업금융기관들은 향후 막대한 자금이 소요되는 인프라사업의 새로운 자금공급원으로 부상함으로써 공공부문의 위험을 축소시키고 기존 금융기법을 혁신시키는 등 중요한 기여를 하게 될 것으로 보인다.

한편, 신용카드 사업부문은 지속적인 성장세를 시현할 것으로 전망된다. 이는 신용카드사업(credit card business)이 인도 은행들의 주요 수익원으로 부상하였고 국가의 통화관리비용을 축소시키며 거래의 안전성 및 투명성(transparency)을 증대시키는 효과도 야기시키기 때문이다. 현재 인도의 3대 신용카드 발행은행은 ICICI BANK, Citibank 및 State Bank of India이다. 이들 은행이 발행한 신용카드는 대부분 대도시 지역에서 많이 사용되고 있다. 향후 인도 금융권에 대한 자유화가 더욱 진행되면 해외에서도 사용이 가능한 카드발급이 이루어질 것으로 보이며 연체금 회수에 대한 기준 마련 및 소비자 보호도 더욱 강화될 것으로 보인다. 이외에도 은행권에서는 직불카드, Smart Card 등 다양한 카드상품을 제공하고 있으며 보험업의 경우 문호가 개방되어 있어 민간기관들의 참여가 증가하면서 시장규모가 점차 확대되고 있는 추세를 보이고 있다.

채권 및 주식거래는 대부분 NSE(National Stock Exchange)와 BSE(Bombay Stock Exchange)에서 이루어지고 있다. 그러나 아직까지 대부분의 대기업은 주식보다는 기업어음(CP : Commercial Paper)이나 채권발행을 통하여 자금을 조달하고 있으며 인도의 전체 자본시장규모도 아직은 작은 편이다. 그러나 향후 시장 유동성(market liquidity)이 제고되고 기업들의 시장참여도가 커지면서 자본시장 역시 점차 활성화될 것으로 보인다. 외환시장도 규제완화가 진행되면서 파생상품(derivatives)이 도입되고 일반투자가들이 선물 및 옵션시장에 적극적으로 참여하는 등 발전되고 있는 양상을 보여주고 있다.

3.2 브라질

(1) 산업별 현황

브라질의 2004년도 GDP 대비 각 산업의 비중을 살펴보면 서비스업이 51%로 주종을 이루고 있는 가운데 제조업이 38.9% 그리고 농수산업이 10.1%를 차지하여 서비스업 중심의 산업구조를 가지고 있으면서도 제조업의 비중이 강화되고 있는 추세를 보이고 있다. 1999년과 비교할 경우 농수산업은 8.8%에서 10.1%로 비중이 증가하였으며 제조업도 34.1%에서 38.9%로 증가하였다. 서비스업은 57.1%에서 51%로 그 비중이 하락하였다.

〈표 6-8〉 GDP 대비 각 산업별 비중

산업구분	1999	2004	
	비중(%)	비중(%)	금액(10억 달러)
농수산업	8.8	10.1	61.1
제 조 업	34.1	38.9	235.2
서비스업	57.1	51.0	308.4
GDP 총계	100.0	100.0	604.7

자료: EIU Country Report, 2001. 6, 2005. 6.

(2) 서비스업

서비스업을 자세히 살펴보면 건설부문은 국내 경기하강의 영향을 절대적으로 받으며 최근의 금융위기(financial crisis)와 민간 및 공공부문에서의 긴축기조 등으로 소강상태를 보였다.

그러나 금융부문은 대규모 민간은행들이 금융시장의 혼란에 성공적으로 대응하며 고수익을 올린 바 있다. 해외은행들에 의한 국내은행의 합병(merger)도 진행되고 있으며 정부의 금융권 민영화 방침에 따라 향후에도 많은 발전이 있을 것으로 예상된다.

(3) 소매업

소매업도 양호한 투자처로 부상할 것으로 기대되고 있다. 브라질은 금융위기 당시 소매부문이 하락세를 보였으나 최근 금리하락으로 인하여 소비자 구매심리가 회복되고 미국계 할인점인 월마트(Wal-Mart)와 유럽계 슈퍼마켓 체인점 등 해외유통업체들의 시장참여가 지속되면서 대규모 유통업체 및 체인점을 중심으로 고성장이 이루어질 것으로 전망된다.

(4) 농수산업

커피와 콩이 주요 수출상품인 브라질의 농수산업은 GDP 대비 비중이 증가하며 그 중요성이 커지고 있다. 1990년 이후 시작된 경제자유화(economic liberalization)와 함께 브라질 정부는 남부 및 동남부 지역에 소재한 수출상품 생산위주의 농장에 대하여 장기신용대출 및 외환관련 정책적인 지원을 실시하면서 많은 투자도 이루어졌다. 그 결과 농수산업이 GDP에서 차지하는 비중은 1999년도 8.8%에서 2004년도에는 10.1%로 증가하였다. 이 같은 결과에 힘입어 농수산업은 브라질의 수출증가와 함께 지방산업 육성 측면에서 그 중요성이 부각되었다. 그러나 남부 및 동남부 등 일부 지역을 제외한 나머지 지역은 기초투자 부족, 저기술수준 그리고 국내 및 국제시장 참여의 물리적인 어려움 등으로 아직 낙후되어 있어 동 산업의 지속적인 발전을 위해서 추가적인 투자의 필요성이 대두되고 있다.

(5) 제조업

제조업은 전통적으로 기계공구, 전기장치 그리고 자동차부문에 주력하여 왔으며 최근에는 고도의 기술을 필요로 하는 항공기 제작 및 통신장비 부문에서 많은 발전을 이루었다. 브라질은 현재 라틴아메리카 국가들 중 산업다양화가 가장 많이 진척된 것으로 평가받고 있으며 1990년 시장개방과 함께 경쟁력도 강화되고 있다.

브라질은 또한 세계 최대의 광물생산국 중의 하나로 철강, 보크사이트 및 금 등 천연자원이 풍부하며 1995년 시장개방 이후 국유회사의 민영화 및 해외업체의 참여가 지속되고 있다. 이로 인해 브라질의 광업은 매년 8~11%의 높은 성장률을 기록하며 급격히 발전하고 있다. 현재 브라질의 총수출에서 차지하는 비중도 약 20%로 많은 비중을 차지하고 있어 향후 브라질 경제에서 광업부문이 차지하는 중요성이 더욱 증대될 것으로 보인다.

(6) 금융시스템의 발전

전통적으로 공공금융기관에 의하여 주도되어 온 브라질의 금융시스템은 크게 2가지(① 규제 및 감독기관, ② 일반금융기관들)로 구성되어 있다.

① 규제 및 감독기관

규제 및 감독기관으로는 국가통화위원회(National Monetary Council), 중앙은행(Central Bank of Brazil), 증권거래위원회(Securities and Exchange Commission), 민간보험감독위(Private Insurance Superintendency), 보험보조사무국(Complementary Pension Secretariat)이 있다. 국가통화위원회는 국가의 통화 및 신용정책을 수립하고 화폐발행을 허가하는 권한을 가지고 있으며 외환정책 수립, 통화예산 승인 그리고 금융기관과 관련된 제반사항을 규율한다. 브라질 중앙은행은 국가통화위원회가 결정한 규범을 집행하고 감사하는 기능을 수행하며 증권거래위원회는 증권거래에 있어 안정성과 신뢰성을 도모하고, 증권거래관련 정보의 적절한 공시 및 관련규율의 준수 감시를 주요 업무로 하고 있다.

② 일반금융기관들

일반금융기관들은 다시 요구불예금을 수취할 수 있는 금융기관, 기타 금융기관, 기타 금융중개기관, 보험 및 연금, 자산운용기관 그리고 유동화 및 결제기관으로 분류된다. 주요 공공금융기관으로는 브라질은행(Bank of Brazil)과 국립경제사회개발은행(Brazilian Development Bank)이 있다. 브라질은행은 1808년에 설립되어 브라질 정부가 의결권주의 100%를 소유하고 있는 국영은행으로 일반적인 상업금융 이외에 설비자금, 외환업무, 지급보증, 유가증권관련 업무, 농지매입자금 대출 등 다양한 금융업무를 취급하고 있으며, 브라질개발은행은 정부의 개발정책에 따라 각 산업부문 및 지역개발에 소요되는 자금을 지원하고 있다.

브라질의 금융산업은 최근 수년간 민영화 및 합병이 진행되면서 금융시스템의 현대화 및 효율화(modernization and efficiency of financial system) 측면에서 많은 발전을 이룬 것으로 평가된다. 국내 대규모 및 해외 은행들은 그동안 브라질 내 국내은행과의 합병을 통하여 통합금융기관으로의 면모를 갖추게 되었다. 이에 대하여 브라질 정부는 중·소규모 은행들의 경쟁력을 제고시키기 위한 노력도 지속함으로써 향후 브라질 금융시장은 안정적인 구조를 갖추게 될 것으로 예상하고 있다. 정부의 금융부문의 민영화 방침은 향후 동 산업의 효율성 제고에 지대한 기여를 할 것으로 보인다.

〈표 6-9〉 인도 · 브라질의 일반지표

	인도	브라질
위 치	서남아시아	남미 동남부
면 적	328만 7천 ㎢	854만 7천 ㎢
수 도	뉴델리(New Delhi)	브라질리아(Brasilia)
인 구	10억 8,000만명	1억 7,687만명
언 어	힌디어, 영어 등	포르투갈어
종 교	힌두교(81%), 이슬람교(12%) 등	카톨릭(85%), 개신교(10%) 등
정부형태	연방공화제	대통령 중심제
회계연도	4월 1일~3월 31일	1월 1일~12월 31일
화폐단위	루피(Rs)	헤알(Real)

자료: KOTRA, 수출입은행

〈표 6-10〉 인도 · 브라질의 경제지표 실적 및 전망

		2004	2005	2006
인도	GDP(시장환율)	6,582억 달러	7,508억 달러	8,440억 달러
	1인당 GDP	610달러	690달러	760달러
	GDP 성장률(실질)	6.9%	7.1%	6.8%
	소비자물가상승률	3.8%	4.3%	4.3%
	환율(연말기준)	43.6 Rs/ $	43.3 Rs/ $	42.8 Rs/ $
	경상수지	-41억 달러	-100억 달러	-145억 달러
	상품수지	-236억 달러	-367억 달러	-469억 달러
	수출	677억 달러	755억 달러	822억 달러
	수입	913억 달러	1,122억 달러	1,291억 달러
	총외채잔액	1,186억 달러	1,198억 달러	1,257억 달러
브라질	GDP(시장환율)	6,047억 달러	7,475억 달러	7,584억 달러
	1인당 GDP	3,380 달러	4,120 달러	4,130 달러
	GDP 성장률(실질)	4.9%	3.1%	3.2%
	소비자물가상승률	6.6%	7.2%	5.2%
	환율(연말기준)	2.65 Real/ $	2.69 Real/ S	2.82 Real/ $
	경상수지	116억 달러	125억 달러	48억 달러
	상품수지	337억 달러	342억 달러	281억 달러
	수출	965억 달러	1,101억 달러	1,120억 달러
	수입	628억 달러	759억 달러	839억 달러
	총외채잔액	2,179억 달러	2,105억 달러	2,086억 달러

자료: EIU Country Forecast, 2005. 7.

보험업은 시장규모가 아직까지 미미하나 최근 급성장을 보이고 있으며 자산운용 및 연기금 부문 역시 시장규모가 작지만 최근 정부의 혁신정책 등으로 인해 향후 성장세를 보일 것으로 기대된다.

주식시장은 아직까지 기업들의 주요 자금조달수단이 되고 있지는 않지만 브라질 정부는 조세감면 및 투자유망업체를 위한 독립된 시장을 제공하는 등 주식시장 활성화(vitalization of stock market)에 주력하고 있으며 최근 2년 연속으로 거래량이 증가하고 주식가격이 상승하는 등 활기를 띠고 있다. 선물 및 옵션시장도 새로운 헤지(hedge) 상품들을 제공하며 거래량이 증가하고 있으며 채권발행시장도 자산유동화를 통한 자금조달이 가능해지는 등 시장범위가 확대되고 있다.

제 2 절 대외개방 · 교역현황 및 외국인 진출환경

1. 대외개방 · 교역현황

1.1 인도

인도는 과감한 개방정책을 채택했다. 이는 수출증대를 도모하는 한편 자국산 제품의 수출을 위해 일정 수준의 시장개방의 불가피성을 인식한 때문이다. 세계 각국과의 통상협정도 활발히 추진하고 있다. 2004년 8월 태국과의 자유무역협정(Free Trade Agreement) 출범을 비롯하여 미국, 싱가포르, 한국, 칠레, 동남아시아국가연합(ASEAN), 남미공동시장(MERCOSUR), 걸프협력회의(GCC)[4] 등과 무역협정을 진행하고 있다. 또한, 2004년 1월 남아시아지역협력연합(SAARC)[5] 회원국들과 남아시아자유무역지대(SAFTA) 창설에 합의하여 2016년까지 자유무역지대(Free Trade Area)를 실현하기로 하는 등 경제블록(economic bloc)에의 참여에도 적극적인 자세를 보이고 있다.

인도는 교역대상국이 편중되지 않는 안정적인 무역구조를 가지고 있다. 2004년 기준 인도의 제1, 2 교역국은 각각 미국 및 중국이며 영국, 벨기에, 독일, 싱가포르가 그 뒤를 잇고 있다. 무역대상국이 특정 국가에 편중되지 않고 골고루 분포하고 있는 점은 인도의 안정적인 무역구조를 반영한다고 할 수 있다. 주요 수출품은 보석, 철강, 섬유, 의류, 석유화학제품 등이며 주요 수입품은 석유, 자본재, 전기제품 등이다.

4) GCC는 사우디아라비아, 바레인, 쿠웨이트, 카타르, 오만, 아랍에미레이트 등 6개국으로 구성되어 있다.
5) SAARC는 South Asian Association for Regional Cooperation으로 인도, 파키스탄, 방글라데시, 스리랑카, 네팔, 부탄, 몰디브 등 7개국으로 구성되어 있다.

〈표 6-11〉 인도의 주요 교역국 현황(2004년 기준)

수 출		수 입	
국 가	총수출액(백만 달러)	국 가	총수입액(백만 달러)
미 국	14,943	미 국	6,705
중 국	6,243	중 국	5,856
영 국	3,835	벨 기 에	5,806
독 일	3,211	싱가포르	4,592
벨 기 에	2,537	호 주	4,394
싱가포르	2,534	영 국	4,379

자료 : KOTIS

인도는 안정적인 교역구조를 가진 반면에 무역수지 적자(trade deficit)는 확대되고 있다. 인도의 무역수지는 전체 수입의 30%선인 석유가격에 의해 크게 좌우될 만큼 인도는 석유의 존도가 높은 편이다. 따라서 최근의 국제유가 상승과 더불어 고도성장에 따른 수입수요 증대로 적자폭이 확대되고 있는 추세를 보이고 있다.

1.2 브라질

브라질은 경제블록화를 통해 시장개방을 가속화시키고 있다. 브라질은 강력한 지역경제통합(regional economic integration) 의지로 남미경제통합을 가속화하고 있는 국가이다. 2004년 12월 남미국가공동체(SCN : South American Community of Nations)를 출범시킨 것을 비롯하여 북미 지역과 함께 미주자유무역지대(FTAA) 설립을 위한 협상을 진행 중에 있다. 브라질이 경제블록화를 적극적으로 추진하고 있는 것은 향후 남미지역 경제통합의 리더로 급부상하기 위한 의도로 볼 수 있다. 브라질의 룰라(Lula) 대통령은 남미 지역 정상들과의 회담을 주도적으로 이끌며 정치적 협력관계를 강화하는 한편, 교량 · 도로 · 발전소 등 사회간접자본(SOC) 공사에 대해 재정적 지원을 부담하고 있다.

〈표 6-12〉 지역공동체 비교

공동체	가입국수	면적(만㎢)	인구(명)	국내총생산(달러)
남미국가공동체(SCN)	12	1,771	3억 6,700만	2조 6,000억
NAFTA	3	2,158	4억 3,000만	12조 9,000억
EU	25	397	4억 5,600만	11조
ASEAN	10	440	5억 5,400만	2조 2,000억

자료 : 현대경제연구원, BRICs, 2005. 5.

브라질의 적극적인 시장개방정책(market opening policy)으로 교역량은 최근 지속적인 상승세를 보이고 있다. 수출은 1999년 이후 헤알(Real)화 평가절하에 따른 수출경쟁력 제고, 국제원자재 가격 상승 등으로 회복세가 지속되고 있다. GDP에서 차지하는 비중을 보면 1999년 10.3%에서 2003년에는 16.9%로 크게 증가했다. 브라질의 주요 수출품은 철광석, 항공기, 승용차, 대두, 커피, 육류 등이다.

수입은 내수경기의 침체 등으로 인해 2000년 이후 감소추세를 보이다 2004년 이후 브라질의 경제회복에 따른 수입수요 증대로 증가세를 보이고 있다. 주요 수입품은 석유화학제품, 기계류, 연료 등이다.

〈표 6-13〉 브라질의 주요 교역국 현황(2004년 기준)

수 출		수 입	
국 가	총수출액 대비(%)	국 가	총수입액 대비(%)
미 국	21.1	미 국	18.3
아르헨티나	7.6	아르헨티나	8.9
네덜란드	6.1	독 일	8.1
중 국	5.6	중 국	5.9

자료 : EIU Country Report, 2005.

2. 대한국 교류현황

2.1 인도와의 교류현황

(1) 개관

한국은 인도와 1973년부터 대사급 외교관계를 수립하였다. 냉전체제(Cold War System) 하에서 한국은 미국을 비롯한 친서방 정책에 치중했던 반면에 인도의 경우 미·소 양 진영 사이에서 균형을 표방하는 비동맹 노선을 고수하여 수교가 지연되었다. 1990년 이전까지 교류 규모도 미미한 수준을 보였으나 1990년대 초반 인도의 시장개방정책 이후 한국과 인도와의 교류는 급격히 확대되는 추세를 보이고 있다.

한국과 인도는 양국의 경제규모, 양국간 교역 및 투자규모, 산업구조의 상호 보완성(mutual complementarity of industrial structure) 등에서 협력관계의 발전 가능성이 매우 클 것으로 분석된다. 따라서 현재 한국과 인도는 FTA의 일종인 양국간 포괄적 경제 파트너십 협정(CEPA : Comprehensive Economic Partnership Agreement)의 타당성 및 협정시 양국의 상호 이익 증진 가능성 등에 대해 공동 조사하는 등 양국간 경제통상관계 강화 및 효과 극대화를 위한 공동 연구 등을 활발히 추진 중에 있다.

(2) 투자

한국의 대인도 투자는 1990년 이후 2004년까지 7억 7,000만 달러를 기록하여 대인도 국가별 순위에서 10위권 이내의 위치를 차지하고 있다. 한국의 대인도 투자는 1996~1999년간 대우자동차, 현대자동차, LG전자, 삼성전자 등의 대기업 중심으로 이루어졌으며 이후 2~3년 동안은 조정기간을 보이는 양상이었다. 그러나 2003년 이후 롯데제과의 인도 제과업체 인수와 현대자동차, LG전자, 삼성전자 등의 부품협력업체 추가 진출 및 기타 중소기업의 신규 진출에 힘입어 증가세가 회복되었다. 특히, 2005년 6월 POSCO가 인도 오릿사주에 100억 달러 규모의 대규모 투자를 통한 제철소 건설 MOU를 체결하여 향후 한국의 대인도 투자는 급격히 증가할 것으로 보인다.

(3) 교역

① 교역량

양국의 교역은 인도가 시장개방정책을 시작한 1991년 이후 지속적인 성장세를 보이고 있다. 한국의 대인도 교역은 1990년 7억 2,000만 달러에서 2004년 54억 8,000만 달러를 기록하는 등 14년 동안 7배 이상의 증가를 기록하였다. 또한, 한국의 대인도 수출은 2000년 이후 연평균 20% 이상의 높은 성장률을 보이고 있다. 무역수지 측면에서도 지속적인 흑자 기조를 유지하고 있다. 그러나 현재 대인도 교역규모는 중국과의 교역규모의 10% 수준에 불과하여 향후 보다 적극적인 교역 확대가 요구되고 있으며 이에 다른 무역수지 흑자(trade surplus) 증대 등이 기대된다.

② 교역구조

한국의 대인도 교역구조를 분석해보면 한국의 대인도 수출은 전자전기제품 및 기계류가 대부분을 차지하고 있는 반면에 인도로부터는 주로 광산물 및 철강금속제품을 수입하고 있는 것으로 나타났다. 대인도 수출의 경우 1900년대에는 기계류 및 철강금속제품의 비중이 높게 나타났으나 1990년대 중반 이후부터는 전자전기제품의 수출이 급증하여 현재 무선통신기기가 수출품목 중 가장 큰 비중을 차지하고 있다. 인도로브터의 수입은 광산물의 비중이 가장 큰 가운데 인도의 저렴한 노동력 등에 힘입은 섬유류 수입이 증가 추세를 보이고 있다.

〈표 6-14〉 한국의 대인도 교역구조

(단위 : 백만 달러, %)

품목별 수출구조			5대 수출품목	
품목(MTI 1단위)	금 액	비 중	품목(MTI 3단위)	금 액
전자전기제품	676	32.5	무선통신기기	494
기계류	595	28.6	자동차부품	193
철강금속제품	323	15.5	철강판	151
화학공업제품	280	13.5	선박해양구조물	116
총 계	2,081	100.0	합성수지	111

품목별 수입구조			5대 수입품목	
품목(MTI 1단위)	금 액	비 중	품목(MTI 3단위)	금 액
광산물	405	41.6	석유제품	274
철강금속제품	141	14.5	천연섬유사	115
섬유류	132	13.6	식물성물질	74
농림수산물	102	10.5	합금철선및고철	53
총 계	974	100.0	기타금속광물	41

주 : 2005년 1~6월 기준
자료: KOTIS

2.2 브라질과의 교류현황

(1) 개관

한국은 브라질과 1959년 수교를 맺어 비교적 오래전부터 교류를 시작했으나 1990년 이전까지 그 규모는 매우 미미한 수준이었다. 그러나 1990년 브라질의 시장개방 확대 이후 교류가 증가하고 있으며 이후 3차례 양국 정상의 방문으로 교류 및 협력이 더욱 활성화되고 있다. 특히, 남미시장의 중요성 및 BRICs 부상 등으로 브라질은 한국의 교역 상대국으로서의 비중이 제고되고 있다.

한국은 최근에 브라질 및 중남미 국가와의 관계 제고를 위한 노력을 다각도로 전개하고 있다. 한국은 현재 브라질 및 남미국가와의 관계 제고를 위해 MERCOSUR(남미공동시장 : 아르헨티나, 브라질, 파라과이, 우루과이)와 무역협정 체결을 위한 자유무역협정(FTA) 또는 특혜무역협정(PTA : Preferential Trade Agreement) 체결시의 경제적 효과 및 경제통상관계 증진 방안 등을 공동 조사 연구 중에 있다. 한국과 MERCOSUR는 경제규모, 교역 및 투자규모, 산업구조의 상호 보완성 등을 고려할 때 협력관계의 발전 가능성이 매우 큰 것으로 분석된다. 한편, 이 같은 중남미 최대 경제통합체인 MERCOSUR와의 무역협정은 브라질 및 중남미 시장에의 진출 활성화뿐만 아니라 향후 미주 지역 경제통합에 대한 대응에도 기여할 것으로 기대된다.

(2) 투자

한국의 대브라질 투자는 1990년대 이전 매우 미미한 수준을 보였으나 1995년 MERCOSUR 관세동맹 출범 이후 본격화되기 시작했으며 최근에는 급증세를 보이고 있다. 한국의 대브라질 투자는 1995년 이후 브라질 경기회복 등에 힘입어 수출과 함께 1998년까지 증가하였으나 이후 브라질 내수 위축 등에 따라 감소세를 보였다. 그러나 브라질 경제의 회복과 더불어 한국의 대브라질 투자는 다시 증가세로 전환되었다. 향후 이 같은 추세는 브라질 경제의 회복 가속화 등과 더불어 강화될 것으로 기대된다. 한편, 한국의 브라질 투자진출 기업은 현재 삼성전자, 삼성 SDI, LG전자, 포항제철 등 주로 전자전기 및 자원개발 분야에 집중되는 경향을 보이고 있다.

(3) 교역

① 교역량

양국의 교역은 1990년에는 10억 달러를 하회하였으나 2004년에는 40억 달러 수준을 기록하여 동 기간 동안 5배 이상 성장하는 등 양국의 규모는 급속도로 성장하고 있다. 특히, 한국의 대브라질 수출은 1990년 브라질 시장개방을 계기로 증가하기 시작했다. 1995년 MERCOSUR 관세동맹이 공식 출범한 이후에는 수입관세 인하와 브라질 경기회복 등으로 인해 1998년까지 급증세를 보였다. 1998년 브라질 금융위기 발생에 따른 경기둔화 등으로 대브라질 수출은 2000년부터 2003년까지는 감소세를 기록하였으나 이후 브라질 경기회복 및 환율안정 등으로 인해 다시 증가세로 전환되고 있다. 향후 이러한 추세는 지속될 것으로 보인다. 브라질 상공부의 2003년 무역통계에 의하면 한국은 브라질의 15대 수출국이며 11대 수입국의 위치를 점하고 있다.

② 교역구조

한국의 대브라질 교역구조를 분석해 보면 수출에서는 전자전기제품의 비중이 압도적인 반면에 브라질로부터는 주로 광산물 비중이 높은 것으로 나타났다. 품목별로는 대브라질 수출에서는 무선통신기기, 전자관, 컴퓨터 등 전자전기제품이 3대 수출 품목을 차지하고 있는 것으로 나타났다. 수입에서는 철강, 원유 등 원자재 비중이 높은 것으로 조사되었다.

〈표 6-15〉 한국의 대브라질 교역구조

(단위 : 백만 달러, %)

품목별 수출구조			5대 수출품목	
품목(MTI 1단위)	금액	비중	품목(MTI 3단위)	금액
전자전기제품	754	68.5	무선통신기기	425
기계류	109	9.9	전자관	120
화학공업제품	105	9.5	컴퓨터	86
섬유류	71	6.5	영상기기	59
총계	1,100	100.0	합성수지	42
품목별 수입구조			5대 수입품목	
품목(MTI 1단위)	금액	비중	품목(MTI 3단위)	금액
광산물	469	43.2	철광	271
농림수산물	253	23.3	강반및기타철강제품	212
철강금속제품	251	23.1	원유	160
화학공업제품	65	6.0	식물성물질	95
총계	1,085	100.0	곡실류	69

주 : 2005년 1~6월 기준
자료 : KOTIS

3. 외국인 진출여건 및 제약요건

3.1 인도

인도는 적극적인 외국인투자 유인정책을 시행하고 있다. 1947년 독립 이후 철저한 국내산업 보호정책을 실시한 결과 장기간의 저성장을 경험한 바 있다. 따라서 1991년 7월 경제위기의 타개책으로 개혁·개방정책을 도입하며 외국인투자에 대해 우호적인 정책을 시행하고 있다. 즉, 외국인투자 승인절차가 간소화되었으며 외국인 소유지분이 40% 이상인 기업에 적용되던 송금규제도 완화되었다. 세제에서도 외국인기업도 국내기업과 동등한 대우를 부여하고 있다. 영세기업 부문에도 최고 24%의 지분 소유가 허용되었으며 수출기업과 전력, 전자, 소프트웨어 등 부문에는 외국인의 지분소유를 100%까지 허용하였다.

또한, 인도는 외국인투자를 장려하는 공동경제계획(CMP : Common Minimum Program)을 발표했다. 2004년 새로 구성된 Manmohan Singh 내각은 CMP를 수립하여 주요 계획 부문 중 특히 인프라스트럭처 및 제조업, 자본시장, 부실 국영기업의 민영화(privatization) 부문 등에서 외국인투자를 적극적으로 장려하고 있다.

〈표 6-16〉 공동경제계획(CMP)의 주요 내용

부 문	내 용
재정정책	· 집권기간 중 7~8%의 GDP 성장 계속 · 2009년까지 재정적자(fiscal deficit) 해소 · 부가가치 세제의 조속한 도입 · 교육재정 확보를 위해 중앙정부 세금에 대한 가산세 도입
노동 및 고용	· 국가고용보장법 도입을 통해 최소 연간 100일 고용 보장 · 고용 및 해고절차 강화 · 하위 신분계층에 대한 민간부문의 의무고용 논의 · 노동법 개정
자본시장	· 외국인 기관투자가의 투자 장려 · 투기자본 유입의 억제 · 인도증권거래소 활성화
민영화	· 수익을 내는 국영기업에 대한 민영화 금지 · 적자 국영기업에 대한 민간 참여 도모
인프라 및 산업	· 민간투자에 대한 인센티브 부여 · 기술, 수출부문에 대한 외국인직접투자(FDI) 적극 유치
농 업	· 농가 대출에 대한 이자율 인하 · 공적분배제도(PDS : Public Distribution System) 강화

인도에서 외국인투자를 우대하는 조치는 다음과 같다. 우선 신규사업의 경우 자동승인제도를 도입하여 100% 투자가 가능하며 다음 6개 분야만 예외를 적용하고 있다.

① 공공부문으로 지정된 원자력 에너지와 철도부문
② 소기업 해당업종으로 분류된 제조업으로 외국인 투자지분이 24% 이상인 경우
③ 1991년의 신경제정책에 의거하여 산업입지관련 산업허가가 필요한 품목(알코올음료의 증류 및 양조, 담배와 담배 대용 제조품, 전자 · 항공 우주산업 및 방위 관련 장비, 산업용 폭약 부문, 위험한 화학제품, 약제 및 조제약 등 6개 산업)
④ 기존에 인도 기업과 합작사업을 하고 있는 외국인 투자가의 신규사업
⑤ 외국인이 기존 인도회사의 지분을 취득하는 경우
⑥ 업종별 정책 및 한도범위를 초과하거나 또는 FDI가 허용되지 않는 업종에 대한 투자 등

또한, 외국인 투자활성화를 위해 경제특구를 조성하였다. 인도정부는 최근 수출가공구(EPZ : Export Processing Zone), 경제특구(SEZ : Special Economic Zone) 등에 관한 특별법을 제

정하고 특별지역을 지정하여 면세 등의 인센티브를 부여하여 외국기업의 입주를 적극적으로 장려하고 있다. 산업공단, 산업모델타운, 경제특구지역 개발을 위한 FDI는 100% 허용되며 2006년까지 100% 소득세 면제의 혜택이 부여된다. 그러나 기간 및 방위산업, 통신, 방송, 금융 등의 부문에서 여전히 투자지분 상한 조치를 운영하는 등의 규제가 존재하고 있다.

한편, 복잡한 사회구조 및 열악한 사회 인프라스트럭처(social infrastructure) 등 진출 제약 요인도 다수 존재하고 있다. 이들 진출제약 요인은 다음 5가지로 집약된다.

① 신분제도

인도에는 여전히 신분제도가 남아 있어 사회적 효율성(social efficiency)이 저하되고 있다. 카스트(Caste) 제도는 공식적으로는 폐지되었으나 실제로 사회 전반에 존속하고 사회적 합의(social consensus)를 도출하는 데 많은 시간과 절차가 소요되는 등 사회적 효율성을 저하시키고 있다.

〈표 6-17〉 외국인 투자지분 한도

부 문	투자한도	비 고
의약 · 항만 · 공항 · 도로 · 석유 · 가스 · 석탄 · 전력 · 도로 등	100%	정유는 26%, 석유제품 · 송유관은 51%
무 역	100%	51%까지는 자동승인이나 이를 초과하는 경우 정부승인
다이아몬드 귀금속 등의 채광	74%	
통신서비스	49%	
무선호출 인터넷서비스업	74%	49%까지만 자동승인
음성 · 문자 메일 서비스	100%	최초 100% 투자 가능하나 일정 기간 후 26%를 인도측 파트너에 매각해야 함
방송서비스	49%	
금융	49%	
민간항공	40%	자동승인 불가
보험	26%	
뉴스 등의 인쇄출판	26%	
영세산업분야의 외국투자	24%	
방위 산업	24%	
농업 · 우편 · 주택	불가	호텔은 100% 가능

자료: 수출입은행, BRICs 국가현황 및 우리의 진출 방안, 2004. 1.

② 전력부족 및 열악한 도로사정

전력부족 및 도로사정 열악 등도 대인도 투자의 주요 제약조건이 되고 있다. 1990년대 이후 전력수요가 크게 증가하였음에도 불구하고 설비투자 부족으로 전력부족률이 12%에 이르는 등 만성적인 전력부족에 직면해 있으며 이는 산업발전의 장애요인이 되고 있다. 도로사정도 1951년부터 1995년까지 자동차 대수는 무려 90배나 증가하였으나 도로는 단지 7배만 확대되는 등 물류비용이 증대되고 있다. 현재 뭄바이와 델리의 자동차 최고 시속이 각각 12km, 22km에 불과하는 등 매우 열악한 실정이다.

③ 열악한 통신인프라

열악한 통신인프라도 문제점으로 지적되고 있다. 인도는 10억이 넘는 인구를 가지고 있음에도 불구하고 산업인프라의 기본인 통신서비스 보급은 세계 최저 수준을 나타내고 있다. 국제전기통신연합(ITU : International Telecommunication Union)의 발표에 따르면 인도의 통신인프라 수준(2001년 기준)은 전세계 206개국 중 160위로 아시아 평균에도 훨씬 못 미치는 수준이다. 전화보급률도 2002년 3월 기준 4.3%에 불과하고 인터넷 사용자는 2001년말 기준 전체 인구의 1%에도 못 미칠 정도로 통신 인프라는 열악하다.

④ 노사제도의 경직성 및 조세제도의 복잡성

노사 및 조세제도 부담도 상당히 존재하고 있다. 현지근로자 채용후 경영자 임의의 해고가 어렵게 되어 있고 노사제도가 경직되어 있어 회사설립시 주의가 필요하다.

또한, 인도는 조세제도가 복잡하고 법인세율도 인도 내국기업(인도회사법에 의해 설립된 현지 법인 포함)의 경우 35.8%를 부과하고 있으나 외국기업의 지사 등에 대해서는 40~41%로 높은 세율을 부과하고 있다. 특히, 법인세는 제도가 복잡해 외국인기업의 경우 법률전문가로부터의 협조를 받을 필요가 있다.

⑤ 중소제조업 진출여건의 부적합성

중소제조업 진출여건이 불리한 것도 제약조건이 되고 있다. 이는 최고급 기술이 아닌 봉제, 의류, 사출 등 단순 노동집약적인 산업(labor-intensive industry)은 인도 내 기업보다 보다 나은 경쟁력을 갖추기 어렵기 때문이다. 인도의 평균 임금과 물류비용이 주변국인 방글라데시, 스리랑카 등에 비해 높아 저임금을 목적으로 하는 투자진출은 적합하지 않다. 또한, 중소제조업은 특성상 투자규모가 상대적으로 작아 노사문제 및 현지 관청과의 문제가 발생할 경우 해결능력이 미흡하다.

3.2 브라질

브라질도 원칙적으로 내・외국인 투자 무차별을 표방하면서 적극적인 외국인 투자정책으로 전환하였다. 1988년 10월에 개정된 헌법에서 공공사업, 광업, 석유개발, 금융업 등 주요 산업 분야에 대한 외국인 투자를 제한했으나 1990년대 들어 꼴로르 정부는 대외문호 개방과 더불어 공기업 민영화와 외국인에 대한 증권시장 투자허용 등 적극적인 투자 유치 정책을 시행하였다. 2003년 집권한 룰라 현 정부도 외국인투자에 적극적인 자세를 보이고 있다. 소프트웨어, 컴퓨터 부품, 의약품, 자본재 등 4개 분야를 중점육성산업으로 선정하여 외국인 투자유치를 적극적으로 추진하고 있다. 2004년 3월에 구체화한 신산업정책(PITCE : Politica Industrial Tecnologica e de Comercio Exterior)에서 외자유치 확대를 위해 외자유치를 전담할 외자유치 특별기구를 설립하기로 했다. 신산업정책은 '4대 중점육성산업 선정 지원', '산업발전을 위한 환경정비', '수출촉진책', 중소기업진흥책'을 핵심으로 하고 있다.

〈표 6-18〉 신산업정책(PITCE)의 주요 내용

과 제	내 용	비 고
중점육성산업 선정	반도체, 소프트웨어, 자본재, 의약품	재정지원, 세제혜택, 수출입통관절차 간소화
산업발전 전담기구 설립	국가산업발전위원회 브라질 산업개발청 외자유치 특별기구 등 설립	PITCE 중점 추진기관
2006년 수출 1,000억 달러 달성	해외브라질 이미지 제고 프로그램 추진	브라질은행의 38개 해외지점에 무역투자 창구 개설
중소기업 적극 육성	중소기업의 마케팅·판매·기술 문제 등 해결	각종 중소기업지원 프로그램 추진

브라질의 외국인 우대조치의 특징은 기본적으로 내・외국인의 무차별에 있다. 외국인투자 유치를 위한 연방정부 차원의 조세혜택 등은 없으며 외국기업은 투자인센티브(investment incentive) 수혜에 있어 국내기업과 동등한 대우를 받는다. 외국인 투자자는 국가경제사회개발은행(BNDES)에서 산업시설자금을, 자회사인 BUNDESPAR가 벤처기업에 대해 지원하는 기술개발 자금을 제공받을 수 있다. 수출 및 투자 목적의 기계, 원자재 구매에 대해서는 주정부 부가가치세(value added tax)가 면제된다. 수출인센티브로는 전국에 소재하고 있는 18개의 수출가공무역지대(EPZ)에 입주한 기업은 수입관세, 공산품세, 사회보장기금세, 금융거래세 등이 면제되며 원부자재의 수입시 수입허가가 필요없다. IT 분야 투자에 대한 세제인센티브도 있다. 국내기업(내국인 지분 51% 이상)이 정보기술분야에 투자하면 과세소득 중 50% 감면되

고 기술개발 관련 기자재 구매시 공산품세가 50% 감면되며 정부가 승인한 연구·개발(R&D) 프로젝트 비용의 8%까지 연방소득세를 감면받는다.

외국인투자 금지업종 등 외국인에 대한 규제조치는 다음과 같다. 우선 전기 및 핵발전, 석유탐사 및 개발, 우편업 및 전보서비스업, 출판, 복권, 알코올연료, 자동차, 원자력발전 등의 업종에는 투자할 수 없다. 금융기관 신설도 엄격하다. 금융기관 신설은 사전에 중앙은행(BACEN)에 투자계획서를 제출하여 브라질 국가통화위원회(CMN)의 승인과 대통령의 결재가 있어야 가능하다. 다만 브라질 내 외국인은행의 지분을 매입하는 것은 허용하고 있으며 외국은행은 현지 투자은행의 지분 30%까지 소유가 가능하다 어업, 항공업, 해운업, 금융업 등에 대해서는 각각 투자한도가 있으며 그 외 투자규제 대상사업이 아닌 경우에는 회사설립시 외국인투자에 대한 정부의 사전허가가 필요없다.

〈표 6-19〉 외국인 투자지분 한도

부 문	투자한도	비 고
방송서비스(라디오, TV)	30%	2002년부터 허용
투자은행	30%	
어 업	40%	
항공업	66.7%	
해운업	50%	
전기, 석유탐사, 우편업, 출판, 복권, 알코올연료, 자동차, 원자력발전	0%	

자료 : 수출입은행, BRICs 국가현황 및 우리의 진출 방안, 2004. 1.

대브라질 진출제약요인으로 다음 4가지를 지적할 수 있다.

① 국가위험성의 상존

외채규모 과다로 Country Risk가 상존하고 있다. 브라질은 여전히 세계 최대 규모의 외채국으로 2003년말 기준 외채규모는 2,189억 달러로 GDP의 44.5% 수준을 나타내고 있다. 외채에 대한 이자지급으로 상품수지의 개선에도 불구하고 경상수지의 흑자를 달성하기가 어려운 실정이다.

② 낮은 국내 저축률 및 투자재원의 해외의존도 심화

낮은 국내 저축률 및 투자재원의 해외의존도 심화도 문제가 되고 있다. 높은 소비성향과 과거 극심한 인플레이션 경험으로 인한 은행예금 기피현상으로 저축률이 25% 수준에 불과하다. 또한, 고금리 정책으로 인해 상업은행의 대기업 평균 대출금리가 연리 30%에 이르고 있다. 이로 인해 저축이 투자로 이어지는 금융의 자금중개기능이 제대로 작동하지 못하고 있으며 투자 재원의 상당부분을 해외에 의존하고 있다.

③ 빈부격차 · 사회불안정 · 브라질 코스트

빈부격차, 사회불안정 및 브라질 코스트도 투자제약요인이 되고 있다. 소득의 상위 10%가 국부(national wealth)의 50% 이상을 소유하고 있는 반면에 국민의 50%는 하루 소득이 2달러 이하인 빈곤층을 이루고 있다. 기업경쟁력(corporate competitiveness)을 저하시키는 사회 전반적인 부대비용을 의미한 '브라질 코스트(복잡한 법체계, 고율의 세금, 높은 금융비용, 관료주의, 인프라 부족 등)'도 브라질 경제발전의 장애요인이 되고 있다.

④ 금융환경의 취약성

금융환경도 취약한 실정이다. 따라서 주식 및 채권시장의 발전에도 불구하고 기업들은 국내보다는 해외시장을 통한 자금조달을 선호하고 있다. 브라질 소재 해외기업들은 높은 국내금리 수준에 따른 국내자금의 조달비용이 아직 해외에서 보다 높아 국내시장보다는 해외자본시장을 이용하는 추세를 보이고 있다. 최근 헤알화 환율이 안정되고 있으나 여전히 환율변동폭 확대에 따른 환차손 위험이 상존하고 있어 기업들이 투자를 고려하는 데 장애요인이 되고 있다.

〈표 6-20〉 브라질 금융기관 연평균 대출이자율 및 스프레드 추이

(단위 : %)

구 분		2003년 12월	2004년				2005년 3월
			3월	6월	9월	12월	
대출금리	평 균	45.8	45.3	44.0	45.1	45.0	47.8
	개 인	66.6	64.0	62.4	63.2	61.5	64.0
	기 업	30.2	30.4	29.7	30.4	31.0	32.9
조달금리	평 균	15.8	15.8	17.0	17.4	17.8	19.0
	개 인	15.8	15.4	17.4	17.5	17.6	18.7
	기 업	15.8	16.0	16.7	17.3	18.0	19.2
금리차	평 균	30.0	29.5	27.0	27.7	27.2	28.8
	개 인	50.8	48.6	45.0	45.7	43.9	45.3
	기 업	14.4	14.4	13.0	13.1	13.0	13.7

제 3 절 진출방안

1. 기업 진출방안

1.1 대인도 진출방안

국내기업의 대인도 진출방안은 다음 6가지 측면에서 살펴볼 수 있다.

(1) 내수시장 공략 및 생산거점화 병행전략의 추진

인도 진출에는 내수시장 공략 및 생산거점화 병행전략이 요구된다. 대인도 진출은 10억 인구의 거대 내수시장을 겨냥한 투자진출 및 제3국 수출을 위한 생산거점지로서 투자진출을 동시에 추진할 필요가 있다. 현지 소비시장이 아지 성숙되지 않았다는 점을 고려하면 단기적으로 제3국 수출을 위한 생산기지로서 활용하고 장기적으로 내수시장을 공략하는 이원적 진출방안을 수립하는 것이 효과적일 수 있다.

(2) 고급제품에의 특화

최고급기술에 바탕을 둔 고급제품 특화가 유리하다고 할 수 있다. 즉, 인도 내 현지기업과의 차별화를 위해 최고급 기술을 사용하는 고급제품 생산에 특화해야 한다. 이는 최고급 기술이 아닌 봉제, 의류 사출 등 단순 노동집약적인 업종은 인도기업에 비해 경쟁력 면에서 우위성을 확보하기가 어렵다고 할 수 있다. 특히, 인도는 어느 시장보다도 가격지향적인 저가시장을 형성하고 있어서 저급기술업종은 현지기업의 경쟁력이 강한 편이다.

(3) 단독투자형태의 실행

또한, 인도인과의 합작투자보다는 단독투자형태가 장기적으로 더욱 유리한 편이다. 이는 신속한 의사결정, 이익의 배당과 송금 등에서 인도의 합작 파트너와의 갈등 요인이 상존하여 단독투자의 성공 가능성이 더욱 크기 때문이다. 인도인들의 책임 회피성향으로 의사결정시 합작 파트너와의 갈등으로 주요 사안 결정이 지연되거나 무산되는 경우가 다수 존재하는 것이 현실이다.

(4) 대기업 위주의 진출

중소제조업의 진출 여건은 불리한 편이다. 인도의 평균 임금과 물류 비용이 주변국인 방글라데시, 스리랑카 등에 비해 높아 저임금을 목적으로 하는 투자진출은 적절하지 않다고 할 수 있다. 또한, 중소제조업은 특성상 투자규모가 상대적으로 작은 경우가 많아 노사 문제 등이 발생할 경우 해결 능력이 미흡하기 때문이다. 실제로 우리기업의 대인도 투자현황을 금액면에서 보면 대기업 비중이 90%를 상회하여 투자의 대부분을 차지하고 있으며 중소기업의 비중은 7%에 불과한 실정이다. 투자부문별로 보면 전체 투자의 약 80%가 제조업에 집중되어 있으며 제조업 투자 중 대기업의 비중이 대부분을 차지하고 있다.

〈표 6-21〉 인도의 직업별 월 평균 임금

(단위 : 루피)

직 업	임금 수준	직 업	임금 수준
전기 기술자	12,000～25,000	품질 검사관	4,200～9,500
기계 기술자	12,000～20,700	사 무 원	4,000～7,000
회 계 사	10,500～20,500	타 자 원	4,000～7,000
산업 근로자	3,500～6,500	전기 조립공	3,500～9,500
연장 제작공	6,000～9,500	반숙련 노동자	3,500～6,500
숙련 노당자	5,500～9,000	비숙련 노동자	3,000～4,500
개인 비서	4,500～11,500	청 소 부	3,000～4,500

자료 : EIU, Country Commerce India, 2003.

〈표 6-22〉 주요 국가의 제조업 월평균 임금

(단위 : U$)

인도[1)]	베트남[2)]	중국[3)]	슬로바키아[4)]
50～75	40～55	111	247

주 : 1) 숙련노동자 임금, 2) 일반근로자 기준,
3) 2002년 제조업 평균, 4) 2001년 제조업 평균
자료 : 중국, 슬로바키아 통계청, 주인도 대사관, 한국무역협회

〈표 6-23〉 한국기업의 대인도 진출현황

(단위 : 천 달러)

구 분	제조업	도·소매(무역)	부동산·서비스	기 타	소 계
대 기 업	405,919	73,395	5,988	6,597	491,899
중소기업	32,542	4,071	419	1,352	38,384
개 인	1,364	23	1,711	15	3,113
소 계	439,825	77,489	8,118	7,964	533,396

자료 : 수출입은행, 해외투자통계, 2003. 12.

(5) 경제특구로의 진출

대인도 진출은 경제특구(SEZ) 등의 진입도 바람직하다고 할 수 있다. 인도 정부는 최근 수출가공구(EPZ), 경제특구(SEZ) 등에 관한 특별법을 제정하고 특별지역을 지정하여 외국기업의 입주를 적극적으로 장려하고 있다. 이러한 지역 내에 한국기업 전용공단을 설치하여 부품·완제품 업체들의 연계 투자진출을 도모하는 것이 효율적이다. 경제특구에 소재한 기업들은 자본재, 원료, 소모품 등을 모두 면세로 수입할 수 있으며 수출품에 대한 세금감면 혜택이 있다.

〈표 6-24〉 대인도 주요 현지투자진출사 현황

업체명	투자지역	주요 생산품목
LG전자	뉴델리	컬러TV, 에어컨, 냉장고, 세탁기 등
삼성전자	뉴델리	주요 가전제품
현대자동차	첸나이	자동차(산트로, 엑센트, 소나타)
(주)카스	첸나이	전자저울
현대전자	뉴델리	산업용 전자부품
LS전선	뉴델리	건설
두산중공업	뉴델리	발전소, 항만 하역설비 공사
로템(주)	뉴델리	전동차

자료 : KOTRA 국가정보-진출성공 및 실패사례 외, 2005. 6

(6) 현지시장 지향형 진출

인도진출시 유망분야를 대상으로 우선적으로 진출할 필요가 있다. 인도시장의 진출 유망업종은 플라스틱, 섬유 및 의류 산업, 컴퓨터 및 주변기기, 휴대폰 및 무선통신기기, 유통업 등을 지적할 수 있다.

① 플라스틱

플라스틱은 인도의 산업화(industrialization) 진행에 따라 수요가 증대되고 있는 데다 인도의 석유 화학산업이 발달되어 있어 원료 조달이 용이한 편이다. 인도의 국민 1인당 플라스틱 소비량은 약 3kg에 불과해 중국 10kg, 세계 평균 19kg에 비해 현저히 낮아서 향후 석유화학 성장가능성이 크다. 특히, 합성수지 수요는 매년 10% 이상의 고성장이 예상되고 있다.

② 섬유 및 의류 산업

섬유 및 의류 산업도 전망이 밝은 편이다. 인도 섬유산업은 면제품 위주의 생산 및 무역구조로 최근 전세계적 추세인 합성섬유의 조류에 뒤처져서 국제경쟁력(international competitiveness)을 상실하고 있다. 이러한 상황에서 현지의 저임노동력을 활용하여 한국에서 합성섬유사와 직물 등의 원부자재를 공급하고 현지가공을 거쳐 제3국으로 수출하는 전략을 추진할 경우 경쟁력 확보가 가능하다고 할 수 있다. 인도 섬유사의 70% 이상이 면사이고 직물의 50% 정도가 면직이므로 대인도 섬유수출 측면만 고려하더라도 합성섬유사와 직물의 수출전망은 양호하다고 판단된다. 더욱이 중고 섬유기계의 수출도 유망하다고 할 수 있는데 인도는 섬유산업에서 시설 고도화가 최대 과제라고 인식하고 생산기술의 향상과 설비 현대화를 위한 중고 섬유기계 수입을 장려하고 있다. 특히, 중국과의 경쟁에서 뒤처지고 있다는 위기감과 인도 섬유업체들의 자본재 조달능력의 한계라는 현실을 고려할 경우 인도의 중고 섬유기계 수입은 불가피한 것으로 판단된다.

③ 컴퓨터 및 주변기기

컴퓨터 및 주변기기도 전망이 밝다. 소프트웨어 산업 호조, PC가격 하락에 따라 컴퓨터 및 주변기기 수요가 지속적으로 상승하고 있다. 특히, 최근 모뎀 및 ISDN을 사용한 인터넷 사용인구가 급증하면서 수요 증가세를 견인하고 있는 실정이다.

④ 휴대폰 및 무선통신기기

휴대폰 및 무선통신기기는 이머징 마켓(emerging market)에서는 수요가 급증하고 있는 추세를 보이고 있다. 인도 내 휴대폰 가입자 수(GSM+CDMA)는 1997년 이후 연평균 100%의 성장률을 보이고 있으며 2003년 2,500만명, 2005년에는 6,500만명에 이를 것으로 전망되는 등 급속한 시장확대 추세를 지속하고 있다. Reliance, BSNL, MTNL 등 인도의 주요 통신업체들에 의해 CDMA 방식이 급격히 확산됨에 따라 이 방식 강국인 한국 휴대폰 업체들이 유리한 입지에 있다.

⑤ 유통업

유통업도 양호하다. 인도의 연간 유통시장 규모는 2,000억 달러가 넘는 데다 급속한 성장세를 보이고 있다. 세계적인 경영컨설팅 기업인 맥킨지(McKinsey)는 현재 2,050억 달러 규모로 추정되는 인도 소매시장은 향후 5년 내 3,000억 달러로 성장할 것으로 전망하고 있다. 영국과 독일의 최대 소매업체인 막스앤스펜서와 메트로가 이미 인도에 진출한 데 이어 미국의 월마트도 인도를 차기 확장 사업의 최우선 후보지로 선언했다. 영국의 더벤햄스는 현지 합작사를 확정한 단계이며 한국의 이마트도 인도 진출을 고려 중에 있다. 인도 정부는 다국적 유통업체의 진출로 경기부양과 전근대적인 물류 시스템 개선효과를 기대효과를 기대하여 소매시장 개방에 적극적인 점도 이 업종의 전망을 밝게 해 주고 있다.

⑥ 기타

자동차 부품, 플랜트 수출, 산업기계 등도 주요한 유망업종으로 볼 수 있다.

〈표 6-25〉 진출 유망 분야

업 종	제 품	진출전략
석유화학	플라스틱, 합성수지	내수시장 공략
섬유-의류	합성섬유사와 직물, 중고 섬유기계	생산거점화
IT	컴퓨터 및 주변기기, 휴대폰 및 무선통신기기	내수 및 수출
자동차	자동차 부품	내수 및 수출
유통	소매업	소매시장 진출
자본재	산업기계류	수출

1.2 대브라질 진출방안

국내기업의 대브라질 진출방안은 다음 5가지 측면에서 모색될 수 있다.

① 브라질 진출시 브라질 내수시장과 함께 주변국으르의 동반진출 모색

브라질은 자체만으로도 인구 1억 7,000만명의 거대시장일 뿐만 아니라 남미공동시장(MERCOSUR)이라는 지역경제블록(regional economic bloc)을 주도하는 국가이다. 이 지역경제블록의 역내 회원국간 관세는 철폐되었으므로 브라질 진출은 파라과이, 아르헨티나, 우루과이 진출까지 확대해서 고려할 필요가 있다. 장기적으로 한-MERCOSUR 특혜관세협정 또는 자유무역협정(FTA) 추진을 통해 수출확대 기반을 조성할 필요가 있다. 브라질 내수시장 진출을 위해서는 브라질 전국이 5개 지역(남부, 동남부 중부, 북동부, 북부)으로 구분되어 전국적으로 상권이 발달되어 있어서 지방 상권을 개척할 필요가 있다. 한국의 대브라질 진출은 주로 상파울로 중심의 동남부 지역에 편중되어 있어 지방상권에 대한 마케팅을 활성화시켜야 한다.

② 양국간 기술협력 강화

양국간 기술협력 강화도 요구된다. 정부차원에서 첨단산업 분야를 중심으로 양국간 기술협력 강화 노력을 통한 동반자적 관계를 정립할 필요가 있다. 이는 브라질이 중소형 항공기, 위성분야, 생명공학(BT) 등에서 상당한 기술력을 보유하고 있으나 이들 기술을 상용화하지 못하고 있기 때문이다. 이러한 분야를 중심으로 브라질과 과학기술협력이 증진될 경우 양측은

기술이전(technology transfer), 공동개발, 자본 등에 있어 상당한 시너지 효과(synergy effect)가 가능할 것으로 판단된다. 항공, 위성, 생명공학 등의 분야는 정부 또는 공공기관 차원에서 진행하고 기업차원에서는 전기전자, 화학 등의 분야에서 양국간 기술협력을 확대할 필요가 있다.

③ 중소협력업체의 동반진출 모색

중소협력업체의 동반진출도 고려해야 한다. 현재 브라질에 진출해 있는 대기업은 주로 부품의 대부분을 한국에서 수입하여 현지에서 조립 생산하는 형태로 운영되고 있다. 따라서 현지진출 대기업에 부품으로 공급하는 중소협력업체가 동반 진출하여 현지에서 직접 부품을 생산·공급할 경우 효율성(efficiency)을 한층 제고시킬 수 있을 것으로 보인다.

④ 합작투자 추진

브라질은 인도에서와는 달리 합작투자도 고려해 볼 필요가 있다. 최근까지의 대브라질 투자는 대부분 단독투자였으나 미국, 일본, 독일기업 등의 투자사례를 보면 합작투자 형태로 진출해서 성공한 사례가 다수 존재한다. 브라질은 자국산업 보호육성과 경제적 배타주의(economic exclusivism) 성향이 강한 편이다. 따라서 국내기업들도 지방정부와의 구체적 협력모델 협의, 한인기업과의 연계 등을 통해 합작투자를 하면 용이하게 현지진출이 이루어질 것으로 판단된다. 특히, 중소기업들은 다수의 현지교민들이 섬유, 봉제업 등을 통해 상당한 자본을 축적하고 IT, 기계 등으로 업종 변경을 모색하고 있어 이들과의 연계를 고려한 합작투자 형태의 진출도 양호한 방안이 될 것으로 보인다.

〈표 6-26〉 대브라질 주요 현지투자진출사 현황

업체명	투자지역	주요 생산품목
삼성전자	마나우스	컬러TV, 모니터, 하드디스크
	깜삐니스	휴대폰
삼성 SDI	마나우스	브라운관, TV및모니터부품(DY), 휴대폰용 LCD모듈
LG전자	마나우스	컬러TV, VCR, 전자레인지, DVD, 에어컨
	따우바떼	모니터, 휴대폰, 광저장매체(CDR, CDRW)
포항제철	빅토리아	Pallet(CVRD와 합작)
동양크레디텍	상조제두스깜뿌스	TV브라운관용 부품
서울전자통신	마나우스	오디오용 트랜스포머, TV용 코일

자료: KOTRA, 국가정보-한국과의 투자정보, 2005. 6.

⑤ 양국간 FTA 추진

장기적으로는 양국간 FTA를 추진하는 것이 바람직하다. 브라질은 풍부한 부존자원과 제조업 기반을 갖추고 있어 성장잠재력(growth potentials)이 매우 크다고 할 수 있다. 그러나 높은 대외 관세, 거리상의 문제점, 불투명한 조세제도 등이 기업들에게 부담이 되므로 장기적으로 FTA를 체결하여 경제협력관계를 강화시켜야 한다.

대브라질 진출 유망분야로 다음 6가지(① IT산업, ② 자동차 및 부품산업, ③ 원자재 가공산업, ④ 석유화학산업, ⑤ 자원개발사업, ⑥ 보안장비)를 지적할 수 있다.

① IT산업

IT 산업분야는 광케이블 및 ADSL이 유망하다. 이는 인터넷 보급확대를 위해 정부차원에서 IT인프라 구축을 적극적으로 추진하고 있고 인터넷 사용인구도 급속도로 증가하고 있기 때문이다. 휴대폰 분야도 유망하다고 할 수 있다. 한국제품 중 브라질에서 가장 인지도가 높은 것은 휴대폰으로 당분간 수출품목 1위를 차지할 것으로 보인다. 컴퓨터 부품은 브라질에서 자체적으로 생산되는 부품이 거의 없는 점을 고려할 경우 컴퓨터 부품 등의 틈새시장(niche market)을 공략하는 것도 좋은 방법이 될 수 있다.

② 자동차 및 부품산업

자동차 및 부품산업도 유망한 업종으로 지적할 수 있다. 고율의 관세 등으로 수출보다는 현지투자가 바람직하다. 브라질의 자동차 생산이 세계 10위 수준이며 향후 포드(Ford), 폭스바겐(Volkswagen), 피아트(Fiat) 등 다국적기업들(MNCs)도 투자를 증대시킬 계획이어서 자동차 부품, 타이어 등의 수요 증대가 기대된다.

③ 원자재 가공산업

원자재 가공산업도 전망이 양호한 편이다. 제지, 펄프, 제철 등 풍부한 원자재를 활용한 현지 생산이 유리하며 현지 업체와 광물자원 개발을 위해 합작투자를 추진할 필요가 있다.

④ 석유화학산업

석유화학산업도 유망하다. 이 분야가 상대적으로 미발달되어 있고 현지 생산이 부족하여 진출할 필요가 있다.

⑤ 자원개발사업

브라질은 풍부한 자연자원(natural resources)을 보유하고 있는 자원개발 사업기회가 많은 국가이므로 자원개발사업도 유망한 분야로 평가된다. 브라질 자원개발사업은 높은 사업위험(business risk) 등으로 인해 미개발 자원이 많으므로 국내기업의 참여 가능성이 매우 크다. 전략자원(strategic resources)의 안정적인 확보를 위해 자원개발관련 공기업 및 대기업의 선도투자가 바람직하며 위험부담을 최소화하기 위해 브라질기업이 추진하는 투자프로젝트에 대한 지분참여를 고려할 필요가 있다.

⑥ 보안장비

브라질의 치안상황을 고려할 때 보안장비도 유망업종으로 지적된다. 현지의 치안불안으로 인해 감시카메라, 디지털 열쇠, 지문인식 시스템 등 보안관련 제품의 수출이 유망하다.

〈표 6-27〉 진출 유망 분야

업 종	제 품	진출 형태
IT	광케이블 및 휴대폰 등	생산 및 수출
자동차	자동차 및 부품	현지 투자
원자재가공	제지, 펄프, 및 제철	현지 투자
석유화학	플라스틱, 합성수지	생산 및 수출
보안장비	감시카메라, 디지털 열쇠, 지문인식시스템	수출

2. 금융기관 진출방안

2.1 대인도 금융기관 진출방안

인도 정부는 은행부문(banking sector)에 대한 외국인투자 확대정책을 실시하고 있으며 투자조건을 점진적으로 완화하고 있다. 글로벌 스탠더드(global standard)에 부합하기 위한 은행부문 개혁조치의 주요 내용은 크게 국영은행과 민영은행으로 나누어져 있는 국내 금융시스템의 통합과 외국계은행 진출의 점진적인 확대이다. 최근 은행부문의 외국인투자 확대조치로는 2004년 3월 발표한 '인도 민영은행에 대한 외국인투자한도 확대(49%→74%)'와 '외국계은행의 자회사(Subsidiary) 설립 허용' 그리고 2005년 2월 발표한 '외국계은행의 진출에 관한 로드맵(Road Map)' 등이 있다.

인도에 은행 네트워크(network)를 개설하고자 할 경우 지점 설립 또는 현지은행 지분참여에 의한 진출을 고려할 수 있다. 외국계 은행의 인도 진출방법은 3가지(① 지점(Branch) 설립, ② 자회사(Wholly Owned Subsidiary) 설립, ③ 현지 민영은행 매입)가 있으며 이 중 하나의 방법만 가능하다. 현지은행의 매입은 인도계 은행들의 경쟁력이 아직 취약한 점을 고려하여 인도중앙은행(RBI)이 구조조정은행으로 지정하는 민영은행(Private Sector Banks)에 대해서만 허용되며 최대 74%까지 지분을 취득할 수 있다. 외국계 투자은행들은 중소규모의 민영화 대상은행에 대한 지분참여를 통한 진출에 관심을 나타내는 편이다. 이는 기존 지점 영업망을 기반으로 현지영업 토착화기간을 최소한으로 단축할 수 있고 초기 투자자금의 축소도 가능하기 때문이다.

〈표 6-28〉 외국계은행의 진출에 관한 로드맵

1단계(2005. 3~2009. 3)	2단계(2009. 3~)
· 신규 진출하는 외국계 은행은 지점(Branch) 또는 100% 소유 자회사(WOS) 중에서 하나를 선택하여야 함	· 외국계 은행 자회사(WOS)의 영업활동에 대한 제한을 철폐하고 인도계은행과 동등한 대우를 함
· 매년 신규 허용되는 외국계 은행의 지점(Branch) 수는 WTO에 공약한 12개를 상회할 것임	· 외국계 은행 자회사(WOS)의 상장 및 지분매각을 허용함
· 기존 외국계 은행이 지점(Branch)을 자회사(WOS)로 전환하는 것을 허용함	· 외국계 은행 자회사(WOS)와 다른 민영은행 간의 인수 · 합병(M&A)을 허용함
· 인도중앙은행(RBI)이 구조조정은행으로 지정한 민영은행에 대해 외국계은행의 매입을 허용함	

한국계 은행들은 전통적인 해외진출 방식대로 지점 설립 또는 사무소 형태로 진출을 시도하고 있다. 지점설립의 경우 본점의 신용등급(credit rating)이 적용되므로 자금조달이 유리하며 자산증가시 BIS 비율 등의 충족을 위한 신규자본의 유입이 필요없다. 또한, 현지법인이나 현지은행 인수에 비해 조직의 의사결정 등이 용이한 점도 있다. 한국계 은행으로는 조흥은행이 1996년 5월에 뭄바이지점을 개설하여 영업 중에 있으며 수출입은행이 2004년 뉴델리사무소를 개설한 바 있다.

현지법인(WOS) 설립의 경우 자본금 및 기업 지배구조(corporate governance)의 부담과 자체 신용도로 영업해야 함에 따른 불이익을 고려해야 한다. 법인설립시 자본금은 최소 Rs 30억(약 7,000만 달러) 이상 요구되며 이사진의 최소 50% 이상은 인도인으로 구성해야 한다. 본점보다 낮은 신용도로 차입함에 따른 비용 상승 및 BIS 비율 충족 등에 따른 지속적인 자본유입도 부담이 된다.

소매금융 경쟁력을 보유하고 있는 은행의 경우 안전한 진출을 원할 경우 지점형태가 바람직하며 공격적 투자의 경우에는 현지 민영화 대상은행의 인수에 의한 진출방법이 바람직하다고 할 수 있다. 도매 및 투자은행의 진출을 시도할 경우에는 후자가 더욱 바람직하다.

〈표 6-29〉 한국은행의 대인도 진출 현황

구 분	형태(지역)	내 용
조흥은행	지점 (뭄바이)	· 설립연월 : 1996. 5 · 직원수 : 15명(한국인 2, 현지인 13) · 투자액 : US$ 10백만 · 주요업무 : 한국계 기업에 대한 금융 지원, 수출입금융, 송금업무 등
수출입은행	사무소 (뉴델리)	· 설립연월 : 2004. 5 · 직원수 : 5명(한국인 2, 현지인 3) · 주요업무: 영업중개, 자료수집 등

진출 유망 분야를 살펴보면 우선 단기적으로는 인도 진출 국내기업과 현지기업에 대한 기업·무역금융 제공이 가능하다. 소매은행의 경우에는 경제성장과 거대한 인구규모를 고려할 때 현지금융기관과의 제휴를 통한 신용카드 및 자산운용사업 진출을 도모할 수 있다. 인도 정부의 주식·채권시장의 육성책과 관련하여 종합금융업 금융기관에 지분 참여 진출을 통하여 기업들의 IPO(기업공개, Initial Public Offering) 작업 및 채권발행 주간사 기능의 제고를 검토하는 것도 바람직하다고 할 수 있다.

중장기적으로는 활발한 외국인직접투자(FDI) 유치와 풍부한 자원을 기반으로 한 개발 사업 가능성 등을 고려할 때 기업금융과 PF(Project Finance) 기능을 확대할 수 있다. 현지금융기관과의 합작투자를 통한 연기금운용 및 보험업 확대 방안도 모색할 필요가 있다.

2.2 대브라질 금융기관 지출방안

대브라질 금융기관 진출을 고려할 경우 민영화(privatization) 및 인수·합병(M&A) 장려 유인 기회를 활용할 필요가 있다. 브라질 정부는 국내금융산업의 경쟁력 제고와 해외자본유치를 위해 민영화 및 M&A를 적극적으로 추진하고 있다. 현재 진행되고 있는 외국계 은행들의 브라질 국내은행에 대한 M&A는 다음 5가지 요인들에 따른 것이다.

① 물가안정에 따른 브라질 경제의 안정성 증가
② 은행업의 자유화로 소매금융부문에서의 성장가능성 확대
③ 1995년도 헤알 플랜(Real Plan)에 따라 시작된 외국계은행의 국내 취약은행 인수·합병 허가
④ 브라질 정부의 국유시장 민영화 방침
⑤ 연기금 및 증권시장의 발전

헤알 플랜에 따라 시작된 외국계 은행에 의한 브라질 취약은행 인수·합병은 국내은행에 의한 인수·합병의 단계까지 진전되고 있다. 2000년까지는 주로 유럽계 은행에 의한 브라질 내 중견은행의 인수가 대부분을 차지하였다. 그 이후 인수되는 은행의 규모는 점타 커지고 있는 실정이다. 미국계은행인 Citibank, Bank Boston 등은 선택적 고객모집 및 소규모 영업방식 등으로 M&A를 통하지 않고 브라질 내 영업을 확대하고 있다. 이러한 미국은행들의 활동배경은 동 시기에 미국 내 은행업 자유화에 따라 자국시장이 활성화되었기 때문으로 분석된다. 외국계 은행의 국내은행 인수·합병에 대항하여 브라질 3대 국내 민간은행인 Bradesco, Itan 및 Unibanco도 국내은행을 인수하는 데 주력하고 있다. 이들 은행은 국내시장입지를 확보하고 외국계 은행에 의해 피합병되는 것을 방지하기 위해서다.

외국계 은행의 브라질 진출방법은 3가지(① 지점설립, ② 현지법인 설립, ③ 현지 금융기관에 대한 외자참여)가 있다. 국가 간의 협약으로 인정받은 사안이 아니면 브라질 내 외국계 은행의 지점 및 현지법인 설립은 최종적으로 브라질 대통령의 재가가 필요할 만큼 엄격하다고 할 수 있다. 지점 및 법인의 설립은 우선 중앙은행(BACEN) 및 국가통화위원회(CMN)의 승인을 득한 후 최종적으로 연방대통령의 재가를 받아 대통령령으로 발표하는 절차를 거쳐야 한다. 외자참여의 형태로 진출할 경우 기존에 외자참여가 있는 금융기관에 소액지분을 인수하는 경우에는 대통령 및 중앙은행의 사전승인이 불필요하나 그 외의 경우(외자참여 비율 증대, 기존에 외자참여가 없는 금융기관에 참여하는 경우 등)에는 중앙은행의 사전승인을 받고 대통령의 재가를 득해야 한다.

한국 금융기관의 브라질 진출은 다음 2가지 측면에서 그 필요성이 인정된다.

(1) 한국의 IDB(Inter-American Development Bank) 가입(2005년 3월)으로 연간 100억 달러 규모의 인프라 사업 등에 국내 기업의 신규 진출 가능성 및 금융수요가 확대되었음

이에 현재 유일한 한국계 은행인 외환은행은 영세규모로 교포상대의 소매금융만 취급하여 한국계 기업금융 취급기관이 필요하게 되었다. 현지 한국계 기업이 안정적이고 장기적인 설비투자를 진행할 수 있도록 환 리스크(foreign exchange risk) 헤지 등 파생상품에 대한 서비스 등의 제공이 필요해졌다.

(2) 브라질의 은행제도는 복잡하며 금융비용(financial cost)이 높고 이자율의 변동폭이 큰데다 장기융자제도가 미흡하여 외국계 기업들은 중장기 자금을 브라질 국내에서 조달하기가 어려운 편임

특히, 중남미는 정치·경제 상황의 변화가 심해서 현지에서 즉시 정보수집 및 급변하는 환경에 적절한 금융서비스를 제공할 수 있어야 하는데 현실적으로 용이하지 않은 편이다. 현재 한국계 금융기관은 소수의 일부은행(소매금융 위주의 외환은행(현지법인)과 수출입은행(사무소))이 진출해 있는 실정이다.

진출 유망분야로는 단기적으로 현지진출 국내기업의 투자 및 무역금융활동 관련 금융서비스 제공을 지적할 수 있다. 본점과 연계하여 환율변동에 대한 환 리스크 헤징 서비스 제공도 가능하다. 금융비용이 높고 장기융자제도가 미흡하여 외국기업들은 중장기자금을 브라질 내에서 조달할 여건이 형성되지 않는 점을 고려할 때 충분히 수익성(profitability)이 있을 것으로 보인다.

제 4 절 시사점

최근 들어 BRICs 국가들은 거대시장으로 부상하고 있다. 우리에게 BRICs는 새로운 성장동력이자 또 다른 잠재적인 위협요인으로 평가할 수 있다. 1980년대 우리의 총무역규모의 2~3%에 불과했던 대BRICs 비중은 2004년에 19%를 초과하였다. 이에 따라 대BRICs 무역수지도 195억 달러의 흑자를 기록하여 우리의 교역 및 경제성장에 있어서 그 중요성이 더욱 커지고 있다.

새로운 시장이자 투자대상으로서의 기회가 존재하고 있으나 위험도 수반됨을 간과해서는 안 된다. 이들 국가는 현재 경제개발의 초기단계인 만큼 불안정한 요인들을 내포하고 있다. 또한, 이들 국가의 대외개방 자체도 자국의 이익을 우선함을 인식해야 한다. 성급하고도 무분별하게 진출할 경우 실패를 자초할 수 있다. 충분하고도 철저한 정보를 바탕으로 한 용의주도한 준비로 21세기 최대의 시장으로 부상하고 있는 BRICs 국가를 우리의 동반자이자 성장엔진으로 활용해야 한다.

7
chapter

러시아 경제의 현황과 과제

1998년 8월 세계금융시장에 큰 혼란을 야기시켰던 러시아 금융위기(대외채무지불유예선언)가 발생한지 8년이 지났다.[1] 러시아 실물경제는 금융위기(financial crisis)로부터 신속히 회복하여 1999년부터 2003년까지 5년 연속 플러스 성장을 지속하는 등 호조를 보이고 있다. 이러한 신속한 러시아 경제의 회복은 무엇보다도 유가 상승 등 외부적 요인(external factor)에 의해 힘입은 바 크다 하겠다. 유가 상승으로 경상수지는 대폭 흑자로 전환되었고, 정부재정도 원유 수출세 증가 등 세수증대에 힘입어 흑자로 전환되었다. 그러나 유가 상승에 따른 상품수지 흑자의 확대는 루블화의 강세를 초래하여 향후 러시아 기업들의 국제경쟁력(international competitiveness)을 저해할 가능성도 존재하고 있다.

유가의 상승과 함께 현재 러시아 경기회복에 기여하고 있는 요인으로 개인소비를 지적할 수 있다. 푸틴 정부의 정치·사회적 안정을 바탕으로 고용 및 소득환경이 개선됨으로써 개인들의 소비가 증가하고 있고, 특히 모스크바 등 대도시를 중심으로 한 '소비 붐'이 점차 다른 지역으로 확산되고 있다.

그러나 개인소비(personal consumption)와 비교하여 볼 때 고정자본투자(fixed capital investment)는 아직 침체상태에서 벗어나지 못하고 있다. 특히, 외국인직접투자(FDI)는 러시아 경제규모에 비해 낮은 수준인데 이는 러시아 투자환경이 아직 제대로 정비되어 있지 않은데 기인한다. 한편, 러시아경제는 구소련 시절처럼 원유·가스 등 자원수출에 의존적인 구조

1) 러시아 정부는 1998년 8월 17일 상업은행에 의한 일부 해외부채 상환(약 400억 달러) 등에 대해 90일간의 모라토리엄(moratorium)을 선언하고, 루블 표시 부채의 구조조정 및 루블화의 30% 평가절하를 발표하였고, 이후 9월 1일자로 중앙은행은 루블 변동 폭 제한조치를 공식적으로 폐지한 바 있다(수출입은행, 수은해외경제, 2004. 2. pp. 26~43 요약·재구성).

를 탈피하지 못하고 있어 유가가 하락할 경우 경제성장률이 저하될 가능성이 크다고 할 수 있다.

따라서 러시아 경제가 유가 변동에 좌우되지 않고 지속적인 고성장을 유지하기 위해서는 과감한 경제개혁의 일관된 추진(consistent pursuit of economic reform)이 무엇보다 긴요한 과제가 되고 있다.

제 1 절 러시아 경제의 현황

1. 1998년 금융위기 이후의 경제동향

1.1 주요 경제지표의 회복추이

1990년대 초 구(舊)공산체제가 붕괴된 이후 러시아 경제는 시장경제체제로 전환되는 과정에서 1998년 8월에는 극심한 금융위기에 직면하여 대외채무지불유예를 선언하기에 이르렀다. 그러나 금융위기로 인한 루블화의 대폭적인 평가절하(depreciation)로 인해 국제경쟁력이 회복되고 1999년 이후 지속된 유가 상승으로 경제여건이 크게 호전되었다. 더욱이 2000년 취임한 푸틴(Putin) 대통령은 정치적 안정을 이루면서 본격적인 경제개혁을 추진하여 러시아 경제는 1999년 이후 연평균 6.4%의 높은 경제성장세를 지속하고 있다. 2003년에도 6.8%의 고성장을 기록하면서 러시아는 과거 금융위기로부터 완전 회복된 모습을 보이고 있다.[2)]

〈표 7-1〉 국내총생산(GDP) 성장률 추이

(단위: %)

	1998	1999	2000	2001	2002	2003f
실질GDP성장률	-5.3	6.3	10.0	5.0	4.3	6.8
가계소비	-3.2	-2.9	7.1	9.7	8.5	-
정부소비	1.0	3.1	2.1	-1.7	2.4	-
총고정투자	-12.4	6.3	18.1	10.5	3.0	-
수출	1.9	11.3	9.5	3.6	10.2	25
수입	-17.4	14.1	32.4	18.0	19.1	23

1998년에는 85.7%의 초인플레를 기록하는 등 물가불안은 체제전환 중인 러시아 경제의 고

2) 러시아 정부는 2003년을 지난 12년의 개혁기간 중 가장 성공적인 한 해로 평가하고 있다.

질적인 불안요인이 되었으나 그 이후 물가상승세가 크게 둔화되면서 2003년에는 물가상승률이 12%를 기록하여 정부의 물가안정목표인 12%를 기록하여 정부의 물가안정목표인 10~12% 수준에 근접하는 등 물가안정기조가 정착되고 있다.

또한, 지하경제(underground economy)의 확산으로 인한 탈세, 경기침체(recession) 등으로 GDP 대비 7~8%의 적자를 기록하던 재정수지도 유가상승으로 인해 2000년 이후 3년 연속 흑자를 유지하고 있다.

〈표 7-2〉 재정수지 추이(GDP 대비)

(단위: %)

	1997	1998	1999	2000	2001	2002
중앙정부 재정수지	-7.3	-5.8	-4.3	0.8	2.8	1.3
기초재정수지	-2.5	-1.3	1.3	5.2	5.5	3.4
(세 입)	12.5	10.9	12.8	15.4	17.6	17.1
(세 출)	19.8	16.7	17.1	14.6	14.9	15.8
연방정부 재정수지	-8.0	-7.8	-3.2	2.7	3.0	0.6

한편, 1998년 말에 122억 달러에 불과했던 외환보유고도 2003년말(12월 26일 기준)에는 778억 달러로 대폭 확대되어 대외채무상환의 안정성이 크게 제고되었고, 경제규모 확대와 외채상환 노력에 힘입어 1999년말 GDP의 92%에 달했던 외채규모도 2002년 말에는 44%로 크게 낮아지는 등 외채관련 지표가 매우 양호하게 전환되었다. 특히, 러시아 정부는 2008년까지 만기도래하는 IMF 채무[3])를 2006년까지 조기상환할 것이라고 밝힌 데 이어, 파리클럽[4]) 관련 외채의 조기상환을 시사하는 등 대외채무 관리에도 만전을 기하고 있다.

〈표 7-3〉 외환보유고 및 외채규모 추이

(단위: 억 달러, %)

	1998	1999	2000	2001	2002	2003e
외환보유고	122.23	124.56	279.72	366.22	477.93	778
외채규모	1,857	1,771	1,583	1,504	1,521	1,547[1)]
외채/GDP	58	92	61	49	44	-

주: 1) 2003년 3월말 기준
자료: 러시아 중앙은행

3) 2002년말 기준 IMF 채무는 65억 달러, 세계은행 채무는 70억 달러이며, 2003년 중 러시아 정부는 IMF 채무 20억 달러를 상환한 바 있다.

4) 2002년말 기준 파리클럽 채무는 약 447억 달러에 이르고 있다.

1.2 국내소비 패턴의 변화

금융위기 이후 마이너스 성장을 기록했던 러시아 경제가 단기간에 V자형 회복을 보인 것은 루블화 가치하락에 따라 러시아 상품의 국제경제력이 개선되었고, 이에 더하여 원유가격 급등[5]이 러시아 경제성장의 견인차 역할을 한 데 기인하였다고 평가할 수 있다.

러시아 경제는 2003년 이후 수요 측면에서는 개인소비의 확대가 경제성장을 견인하고 있으며 공급측면에서도 제조업, 농업, 건설업, 운송업, 소매업 등 전반적 산업생산이 점차 증가하는 모습을 보이고 있다.

이 같이 러시아 경제는 과거 마이너스 성장과 초인플레로 상징되던 체제전환기의 혼란기와 금융위기의 충격을 극복하고 현재는 안정적인 성장국면 초기에 진입한 것으로 평가된다. 경제성장에 따른 실질임금[6]이 증가하고 실업률도 저하하는 등 고용 및 소득환경[7]이 점차 개선되면서 개인소비지출도 증가세를 보이고 있고 실질구매력(real purchasing power) 상승에 따른 소비구조의 변화도 발생하고 있다.

러시아의 개인소득과 소비지출은 2003년 상반기 중 전년동기 대비 각각 30.2%, 23.8% 증가하였고 2003년 실질가처분소득(real disposable income) 증가율은 약 14%로 추정되고 있다.

유가급등에 따른 원유수출 증가로 자원수출관련 기업들의 수익이 증대되었다. 이는 근로자들의 소득증가로 이어지면서 개인들의 소비확대를 야기시켰다. 특히, 석유관련 기업들의 본사가 집중되어 있는 모스크바 등 대도시 중심으로 소비와 건설이 촉진되고 있으며 대형 유전이 위치한 서시베리아 일부 지역에서 승용차 보급률이 주변 타 지역보다 월등히 높은 것으로 나타나고 있다.

시장경제 확산에 따른 개인소비의 증가로 모스크바 중심의 개인 소비 붐은 점차 주요 대도시로 확산되고 있다. 수퍼마켓, 가구점 등 외국계 소매유통 매장[8]이 지속적으로 개점되고 있고 자동차, 가구 등 고급 내구소비재와 맥주, 화장품의 매출이 급증하고 있다. 특히, 맥주 소비량은 금융위기 이후 3년 만에 2배로 증가하여 2001년 기준 세계 제4위의 맥주 소비국이 되

5) 1998년 배럴당 10~11달러 수준을 기록했던 유가는 2001년 24.5달러, 2002년 25.0달러, 2003년 28.6달러로 크게 상승하였다.

6) 2002년 기준 월평균소득 2,000루블 이하의 계층이 전년도의 42%에서 30%로 축소된 반면, 4,000루블 이상인 소득계층은 전체의 1/3을 차지하고 있다.

7) 러시아는 1990년대에는 빈부격차가 크게 확대되었으나 현재는 소득분포(income distribution)가 점차 다양화되고 도시지역을 중심으로 중산층이 확대되고 있다. 러시아 중산층은 3인 가족 기준으로 월수입 약 1,000달러 수준을 나타내고 있다.

8) Ramstore, Stockman, Ikea, Metro Cash & Carry, AVA 등 현재 모스크바에 진출하고 있는 서방소매유통기업은 약 900개에 이르고 있으며 2003년 투자금액은 2002년 보다 3.3억 달러 증가한 약 7억 달러로 추정된다.

었다. 무선휴대폰 증가율도 매 1.5년마다 배증되어 2003년에는 3,000만대를 초과하는 등 가전 소비재[9] 판매 증가도 현저히 증가하고 있다.

개인소비 확대를 견인하는 중산층[10] 인구도 지속적으로 확대되고 있다. 러시아 전체로는 약 1,200~1,300만 가구, 모스크바[11]에는 인구의 약 40~50%가 중산층을 형성하고 있는 것으로 분석되고 있다. 이러한 중산층의 실질소득은 향후 민간경제 활성화에 따라 지속적으로 증가할 것으로 예상되며 현재의 소비 붐도 이어질 것으로 보인다.

향후 개인을 대상으로 하는 소매금융시장의 확대도 예상되는 데 금융기관들의 소매금융이 확대된다면 자동차 등 내구소비재 판매 증가가 기대된다. 또한, 소비 붐이 지방으로 확산된다면 약 1억 4,000만 인구를 보유하고 있는 러시아는 우리기업들의 유망한 소비재 시장으로 급부상할 수 있을 것으로 보인다.

2. 러시아 자본시장 동향

2.1 주식시장 동향

러시아 주가지수(RTS)는 금융위기가 발생한 1998년에 85%가 폭락[12]한 바 있지만 그 후 주가는 회복되기 시작하여 2003년 금융위기 이전의 고점을 돌파하기도 하였다.[13]

2001~2002년 중 미 연방준비제도이사회(FRB : Federal Reserve Board)가 11회에 걸쳐 금리를 인하함에 따라 국제투자자금은 고수익을 추구하기 위해 러시아 등 신흥개도국 자본시장으로 급속히 유입되었다. 2003년에는 사스(SARS) 및 북한 핵문제 등으로 아시아 신흥시장의 리스크가 증대되면서 투자처가 중남미, 러시아 등으로 전환되는 데 힘입어 러시아 주식시장은 급상승세를 보였다. 특히, 원유가격 상승으로 에너지 관련기업들의 주가가 큰 폭으로 상승하였다.[14]

한편, 이전에는 러시아 주식시장 상장기업의 대부분이 민영화된 국영기업들이었으나 2002

9) 냉장고와 세탁기 보급률이 2001년 10인 당 1대에서 2002년에는 5인 당 1대로 급속히 증가하고 있다.
10) 러시아 중산층은 모스카바와 페테르부르크에만 약 100만 가구에 이르는 것으로 추정되며, 이들의 소비지출은 식료품에 1/4을, 의류 구입에 1/10을 충당하고 있는 것으로 조사되었다.
11) 모스크바의 1인 당 월평균 소비액은 500달러에 달하며 전국 소매 매출에서 차지하는 비중이 27%에 이르는 등 모스크바의 소득, 지출, 소비의 비중이 여타 지역에 비해 월등히 높은 것으로 나타났다.
12) 1997년 7월에 정점에 도달한 주식시장은 폭락하면서 1998년 8월 기준 주식가격은 1년 전에 비해 80% 이상 폭락한 바 있다.
13) 2002년 중 러시아 주가지수는 세계 이머징마켓(emerging market) 중 2번째의 높은 상승률을 보였으며, 2003년에도 러시아 주가지수는 연초 대비 약 38%의 높은 상승률을 보였다.
14) 자원 및 에너지 관련주는 러시아 주식시장 시가총액의 약 70%를 차지하고 있다.

년 이후에는 신규기업들의 상장이 본격화되고 있다. 또한, 국내 투자자금 증가에 따라 금융위기 이전 25%에 불과하였던 국내투자자의 비중이 최근에는 75%까지 증가하는 등 투자자 구조도 상당히 변화되고 있다. 특히, 최근에는 통신업체, 소프트웨어 업체, 대형 농업기업 등을 중심으로 약 15개 러시아기업들이 런던이나 뉴욕증권거래소 상장을 추진하고 있는 것으로 조사되었다.

2.2 채권시장 동향

러시아 경제가 호전되면서 채권시장도 뚜렷한 회복세를 보이고 있다. 2002년 중에는 천연가스업체인 가즈프롬이나 알파뱅크 등 대기업들이 국제금융시장(international financial market)에서 기채(起債)한 사례가 있으며 국내 채권시장에서도 군수업체들이 채권을 발행하는 등 러시아 채권시장도 금융위기 발생 4년 만에 활기를 보이고 있다.

이 같이 러시아의 정치적 안정과 지속적인 경제성장(political stability and continuous economic growth)을 배경으로 러시아에 대한 국제신인도도 점차 회복되고 있고 러시아 국채에 대한 리스크 프리미엄(risk premium)도 점차 낮아지고 있다. 2002년 12월 S&P, 2003년 5월 Fitch가 러시아 국가신용등급을 상향조정한 데 이어, 2003년 10월 8일에는 국제신용평가기관 중 처음으로 Moody's가 국가신용등급을 전격적으로 종전 Ba2에서 투자적격 등급인 Baa3로 상향조정한 바 있다.

특히, Moody's는 러시아의 신용등급인상은 양호한 외채상환과 외환보유고 증가와 함께 현재 푸틴 대통령의 정치적 안정기반이 지속되고 있고, 향후에도 경제개혁 추진이 지속될 것이라는 점이 작용하였다고 지적하였다.

이 같이 국제신인도가 투자적격 등급으로 격상됨에 따라 러시아 정부 및 기업의 기채환경은 점차 개선되고 외국인투자도 더욱 증가할 것으로 기대되고 있다.

〈표 7-4〉 러시아 국가신용등급 현황

	최종등급 부여일	외화채권	루블화 채권
S&P	2002. 12. 5	BB	BB+
Fitch	2003. 5. 13	BB+	BB+
Moody's	2003. 10. 8	Baa3	Baa3

2.3 금융부문 취약성

러시아는 금융산업 자산규모가 국내총생산(GDP)의 35%, 은행대출은 GDP의 18%로 경제규모에 비해 상당히 낮은 수준을 보이고 있으며 가계 대출비율이 GDP의 1%에 불과하여 은행의 금융중개기능이 매우 취약한 편이다. 우선, 부동산 담보 등 담보관련 제도[15]가 발달되지 못해 금융기관들은 기업 대출보다도 자금운용의 안정성이 높은 국채매입에 편중하기도 하였다. 러시아 금융위기 이후 은행들은 주로 은행과 특수관계에 있는 대기업을 위주로 대출을 취급하고 있다.[16] 반면에 중소기업이나 개인 대출은 중소기업의 투명성 부족[17], 담보부족, 신용평가의 난점 등으로 인해 적극적으로 취급되지 못함으로써 일반고객에 대한 대출은 극히 낮은 수준을 보이고 있어 금융기관의 실물부문에 대한 본연의 금융중개기능은 상당히 미흡한 수준을 나타내고 있다.

금융위기 이후의 상업은행의 대출 증가율을 살펴보면 금융위기 이후인 1999년에 기업에 대한 대출은 크게 회복되었고, 이어서 2001년에는 개인 대출이 높은 증가를 보이고 있다. 이는 러시아 금융위기 이후 경기회복은 기업부문이 선도하고 그 뒤를 이어 개인소비가 견인했다는 것을 시사해주고 있다. 최근의 개인대출 증가세는 소비 붐을 지탱하는 요인이 된 것으로 판단된다.

그러나 러시아 금융기관의 개인대출은 아직은 소규모로 볼 수 있어서 기업 대출잔액의 10%에도 못 미치고 있다. 이는 태국이나 터키와 같은 개도국들(developing countries)과 비교해 볼 때도 매우 낮은 수준이라고 할 수 있다.

소매금융이 아직 초기단계임에도 불구하고 러시아 내 개인소비는 지속적인 증가세를 보이고 있다. 따라서 향후 금융기관들이 자동차 할부구매 등 소매금융을 확대한다면 러시아 내 내구소비재 시장을 중심으로 소비지출이 증대될 가능성이 클 것으로 보인다.

3. 푸틴 정권 하의 정치동향

3.1 푸틴 정권의 정치적 성향

푸틴 대통령은 2000년 3월 취임 이후 측근이면서 개혁성향이 강한 상트 페테르브르그 출신의 행정관료와 KGB 출신인사들을 대거 기용하여 정치적 영향력을 강화하였고, 경제환경의 정비를 주요 목표로 본격적인 경제개혁(economic reform)을 추진하고 있다. 푸틴은 대통령의 권한을 강화하는 한편, 시장경제에 있어 국가의 역할을 어느 정도 중시하는 입장을 견지하고

15) 담보관련 채권자 보호를 위한 법적 기반 부재 및 사법제도의 불안정성도 지적되고 있다.
16) 상당부분의 금융기관들은 소유구조가 불투명하고 은행대주주와 이해관계가 깊은 특정기업의 사금고 역할을 하고 있는 것으로 조사되었다.
17) 다수의 국내기업들의 불충분한 결산보고 및 투명성(transparency)의 저하가 지적되고 있다.

있다.

취임 초부터 '강한 러시아의 실현', '법질서 확립'을 위해 지방의 주지사, 지방공화국의 대통령을 크렘린의 통제 하에 두는 등 지방과의 관계에서 중앙권력의 우위를 확립하여 연방제를 강화하였다.[18] 또한, 연립여당인 통합러시아당(United Russia)을 구성하고 원내다수를 확보하여 크렘린에 대한 의회의 지지를 확보함으로써 과거 정부와 대립적 관계를 보였던 러시아 공산당을 견제할 수 있게 되었다.

또한, 신흥재벌(Oligarch)과의 관계에서 신흥재벌의 정치개입을 허용하는 등 신흥재벌에 의존하였던 옐친 대통령과는 달리, 푸틴 대통령은 기본적으로 신흥재벌과 일정한 거리를 유지하면서 이들의 정치개입을 통제하고 있다.[19] 언론과의 관계에서도 크렘린에 대한 언론의 비판이 비교적 자유로웠던 옐친 정부와는 달리 푸틴 정부는 일부 비판언론(신문, TV)을 폐쇄조치하는 등 비교적 강하게 대응하고 있다.

푸틴은 집권이후 신흥재벌 및 지방 주지사 등 지방권력을 약화시키고 중앙권력기구의 효율성을 제고시켜 정치적 예측가능성(political predictability)을 실현시키는 등 정치적 안정을 이룩하였다고 평가할 수 있다. 그러나 강권적인 통치방법의 사용은 해외투자자들의 불안감을 조성하는 등 아직도 법의 지배(ruling of law)가 확립되지 못하고 있고, 범죄 및 공무원들의 부패문제 등 향후 극복해야 할 과제도 산적해 있다.

전체적으로 평가할 때 푸틴 집권 이후 정치적 안정을 바탕으로 기업투자환경이 점차 개선되는 등 중소기업이 성장할 수 있는 기반이 마련되었고 완만하지만 러시아에 있어 중산층이 형성되기 시작하면서 경제성장의 기반을 조성하였다고 평가할 수 있다.

3.2 푸틴 정권의 외교노선

러시아는 역사적 · 지리적 이유로 인근 CIS국가들과의 외교를 중시하고 있고, 경제 · 군사적으로도 CIS 내 강력한 영향력을 유지하고 있다. 한편, 미국, 유럽연합(EU) 등 서방측과는 기본적으로 우호정책을 유지하고 있으나 이라크 전쟁, 북대서양조약기구(NATO) 확장 등 이슈에 따라 미국을 견제하는 태도를 유지하는 등 러시아의 영향력을 최대로 행사하면서 경제적 실리를 추구하는 경제우위의 실용적인 외교노선을 견지하고 있다.

푸틴 대통령은 9 · 11 테러사태 이후 탈레반, 이슬람 원리주의 세력의 축출을 위해 미국과

---

18) 전국을 7연방 관할구로 개편하고 지방정부에 대한 각종 세금 및 예산배정을 통해 지방정부를 장악하는 등 중앙의 통제를 강화하고 있다.

19) 옐친시대에 신흥재벌의 기수였던 베레조프스키와 구신스키를 해외로 추방하여 미디어 분야로부터 배제시킨 바 있다.

협력관계를 강화하는 등 장기적으로 미국 및 유럽과의 관계증진이 러시아의 경제발전에도 유리하다고 판단하고 있다. 이 같이 국제사회에서 힘(power)의 원천으로서 경제가 얼마나 중요하며, 경제발전이 없으면 러시아의 미래가 없다는 푸틴 대통령의 인식은 제반 외교정책에도 그대로 반영되고 있다. 또한, 러시아 내 대미, 대유럽 접근에 대한 보수계층과 일부 군부의 비판도 있지만 푸틴 대통령의 강력한 지도력(powerful leadership)으로 효과적인 대응을 하고 있다.

4. 투자환경 개선의 미비

러시아 내 소비수요는 양호한 상태를 보이고 있는 반면에 전체적인 투자는 아직 활성화되지 못하고 있다. 이는 투자관련 법 · 제도의 불안정성, 과다한 조세 부담, 행정의 비효율성 등으로 기업을 지원하기 위한 제반 투자환경이 아직 준비되어 있지 않은 데 있다고 할 수 있다.

자원개발과 관련된 외국인투자자들의 관심이 집중되었던 생산물분배계약(PSA)법규는 외국인투자자들에게 불리한 방향으로 2003년에 개정된 바 있다. 또한, 일부 국내 입찰의 경우에도 외국인 참여를 제한하거나 통신 및 보험시장 등 서비스시장에 대한 외국인투자를 제한하는 등 아직도 외국인투자를 제한하는 요인이 상존하고 있으며 외국인투자의 약 60% 정도가 에너지부문에 집중되어 있어서 투자의 편중도가 심하다고 할 수 있다.

한편, WTO에 가입하지 않은 러시아의 제반 사업환경과 관련된 제도가 아직은 국제기준(international standard)과 격차가 있는 점도 투자자들이 문제점으로 지적하고 있다. 이외에도 외자유치와 관련한 연방정부와 지방정부간 갈등(조세감면, 경제자치권, 외자유치 조건 등), 관료주의와 부정부패(마피아 개입 등), GDP의 30~40%에 이르는 지하경제 등도 개혁해야 할 사항으로 지적되고 있다.

러시아에 유입되는 외국인투자는 금융위기 이전인 1997년을 정점으로 감소경향을 보이고 있는 반면에 러시아의 대외투자는 증가 추세를 보이고 있다. 이는 러시아의 투자환경이 아직도 열악하여 외국인투자자들은 대러시아 직접투자에 신중을 기하고 있는 데 반해, 러시아 국내자본은 해외로 유출(도피)되고 있는 데 기인한 것으로 보인다.

러시아의 GDP 대비 FDI 유입액은 상당히 낮은 수준을 보이고 있다. 이머징마켓 FDI가 집중되고 있는 중국에 비해서는 물론이고 인구 및 1인당 국민소득수준이 비슷한 브라질과 비교해도 상당히 낮은 상태로 평가할 수 있다.

한편, 최근 FDI 증가 추세는 국내투자환경 개선에 따른 것이라기보다는 경제성장과 내수시장 확대에 기인한 것으로 보이며 지속적인 외국인직접투자 유입을 위해서는 투자환경의 개선 노력이 필요한 것으로 지적되고 있다.

현재 러시아 정부의 외국인직접투자 유치관련 정책 방향은 개별 투자자에게 특별한 인센티브를 제공하는 것보다는 세제, 사법제도, 은행제도, 관세 등 제반 경제개혁 조치를 통해 전반적인 투자환경을 개선하는 데 역점을 두고 있는 것으로 보인다.

5. 재정지출 구조

고유가로 인한 자원관련 세수 증대와 경기회복에 따른 부가가치세 증대로 정부재정 수지는 2000년부터 흑자로 전환되었지만 재정수지의 호전이 국민 생활수준의 향상과 경제기반 강화로 직접 연결되지 못하고 있다.

아직도 전체인구의 약 25%가 여전히 빈민층[20]으로 분류될 수 있고 점차 확대되는 계층 및 지역간 소득불균형(income inequality)은 사회적 불안요인으로 잠재되어 있다.

러시아 재정지출 구조의 특징으로 지적될 수 있는 것은 국방비와 치안유지비 등의 비율이 상당히 높다는 점이다. 재정지출 중 국방비가 차지하는 비율이 2002년 중 20%로 미국(약 17%)보다 높은 수준을 나타내고 있다. 또한, 치안유지비가 재정지출에서 차지하는 비율도 점차 증가하여 2002년에는 약 14%에 이르렀다. 따라서 국방비와 치안유지비를 포함하면 이들 부문은 재정지출의 약 1/3을 차지하고 있다.

한편, 재정지출 중 교육 및 보건비용 지출비율은 2002년에는 약 8%로 미국(약 13%)보다 낮다. 이러한 러시아 정부의 재정지출 구조를 볼 때 대규모 군사 및 치안 관련 지출로 인해 민생 관련 지출이 억제되고 있는 것으로 평가할 수 있다.

향후 유럽이나 미국의 하이테크 전투 기술에 대항하기 위해 군비 현대화를 진행하고 있고, 군의 자질 향상을 위해 이전의 징병제에서 지원병제로 전환할 예정이어서 이에 따른 인건비 증가가 예상되는 등 국방관련 지출 증대가 불가피하게 초래될 것으로 보인다.

푸틴 정부는 '강한 러시아'를 표방하면서 국방력 향상을 목표로 하고 있으나 한편에서는 국민 생활수준 향상 및 경제기반과 관련한 재정지출을 어떻게 해결할지가 관건이 되고 있다.

---

20) 러시아 정부는 2003년 최저생계비 수준 이하인 국민의 수가 이전의 3,300만명에서 2,900만명으로 감소하였다고 발표한 바 있다.

제 2 절 러시아 경제의 과제

러시아 경제의 과제를 다음 4가지 측면에서 살펴보고자 한다.

1. 러시아 경제의 리스크 요인

2003년 12월 7일 실시된 하원선거에서 'Yukos' 사건이 영향을 미칠 것으로 예상되었으나 경제의 호조를 배경으로 친여성향 정당들이 안정적인 다수 의석을 확보함으로써 푸틴 정권은 국민의 신임을 확보할 수 있게 되었다. 한편, 푸틴 대통령은 2004년 3월 실시된 대통령 선거에서 재선에 성공함으로써 지지기반을 더욱 공고히 할 수 있게 되었다.

하원 내 안정적 친여세력 확보로 인해 개혁추진에 힘을 얻게 되어 긍정적 평가가 나오고 있지만 한편에서는 신흥재벌에 대한 압력은 지속되고 석유 및 가스자원에 대한 국가통제가 한층 강화되면서 투자활성화(investment vitalization)에는 역기능을 초래할 것이라는 평가도 제기되고 있다.

1.1 과감한 구조개혁 필요

푸틴 정권의 집권 2기는 석유 · 가스 부문에 편중된 경제구조를 극복하는 문제와 빈곤 탈피를 위한 중산계층 확대가 우선적인 과제가 되고 있다. 이와 관련하여 석유가스부문의 초과이익 회수문제 등 에너지 부문의 개혁, 조세개혁, 연금제도 개혁, 행정개혁, 부패와의 전쟁 등 어려운 과제들에 직면하고 있다. 푸틴 정권은 집권 1기에 발생했던 국제유가 상승, 루블화의 가치하락 등과 같은 우호적인 대외환경의 효과가 상당히 약화되는 상황에 직면하게 될 것으로 예상된다.

푸틴이 추구할 집권 2기 주요 경제정책 방향은 현재 양호한 국제유가 흐름을 바탕으로 석유가스 부문의 수입을 제조 · 가공부문으로 이전하고 경제구조를 자원의존형 수출구조에서 고도기술 및 이노베이션(innovation)형으로 전환시키는 등 수출구조의 다양화(diversification of export structure)에 주력할 것으로 보인다. 따라서 천연자원 이용과 관련하여 자원관련 기업들의 이익뿐만 아니라 국민의 이익을 위해서도 자원관련법 개정이 예상되고 있으며, 2001년 초에 시작된 세제 및 관세제도의 개혁도 지속적으로 추진할 것으로 보인다.

또한, 푸틴 대통령은 2003년 5월 의회연설에서 2010년까지 GDP를 2000년의 2배 수준으로 증가시키겠다고 표명한 바 있다. 이는 2001년 5.0%, 2002년 4.3% 경제성장률을 감안한다면 2003년 이후 연평균 약 8% 이상의 높은 경제성장률을 달성해야만 가능한 목표이다. 현재로선 GDP의 2배 수준 증대를 위한 고성장의 가능성은 상당히 불투명한 것으로 보인다. 이는 러시아가 에너지 산업에 크게 의존하는 자원의존형 구조로서 경제적 성장기반이 취약하여 향후 유가하락 등 경기침체(recession)에 대한 리스크가 크기 때문이다.

1.2 유가하락 리스크

러시아는 사우디아라비아와 함께 세계 1~2위에 해당되는 산유국으로서 1999년 이후 석유·천연가스 등 에너지 가격이 크게 상승한 데다 생산량도 증가하고 있다.[21]

1998년 중 배럴 당 15달러를 하회하던 유가는 1999년 이후 크게 상승하였고, 2003년에는 이라크 전쟁, 베네수엘라 및 나이지리아의 원유공급 차질 등 특수한 요인으로 인해 2001년 말의 하향 안정세에서 벗어나 배럴당 28~30달러의 고수준을 유지함에 따라 러시아 경제는 세계경제의 침체에도 불구하고 이례적인 고성장을 유지할 수 있었다. 석유생산도 석유산업의 민영화(privatization of oil industry) 추진 등 구조조정과 선진기술 도입에 따른 설비투자 확대로 인해 1999년 이후 지속적인 증가세를 보이고 있고 석유수출도 신장세를 이어가고 있다.

한편, 최근 중동지역의 지정학적 리스크(geopolitical risk)가 제고되면서 러시아가 향후 대체 원유 공급처로서 부상하고 있고, 향후 국제시장에서의 러시아산 원유 수요도 증가할 것으로 보인다. 다만 러시아는 당분간 에너지산업을 대체할만한 유망산업을 육성할 가능성이 낮기 때문에 러시아의 에너지자원 의존형의 산업구조는 당분간 유지될 것으로 보인다. 현재 러시아 총투자액의 50% 이상이 자원수출과 관련한 운송부문에 집중되는 자원수출 의존형 구조를 극복하지 못하고 있으며, 국제원유 시황에의 의존성이 크므로 향후 원유시황 악화에 따른 경기침체(recession)의 리스크를 피하기는 어려운 것으로 판단된다.

일부 경제전문가들은 러시아가 원유의 국제시장 가격에 크게 의존하고 있어 일시적 활황 속에 잠재된 위험을 지적하고 있다. 러시아 경제의 취약점인 설비투자의 부진은 크게 개선되지 않고 있어 향후 2~3년간 에너지산업 설비의 보수 및 교체의 지연이 치명적인 생산후퇴를 야기시킬 위험성도 큰 것으로 지적되고 있다.

한편, 러시아 정부는 2004년부터 안정화기금(Stabilization Fund)을 설립하는 등 향후 유가 급락에 따른 경제적 충격을 완화하기 위한 사전 대책을 준비하고 있다.[22]

---

21) 2002년 석유생산량은 일산 840만 배럴이며 2010년에는 일산 1,000만 배럴에 이를 것으로 전망된다.
22) 안정화기금의 재원은 원유·석유제품 수출세, 광물수출세 등으로부터 충당할 예정이다.

1.3 환율변동 리스크

고유가로 인해 상품수지 및 경상수지가 대규모 흑자를 유지함으로써 2000년 이후 루블화의 평가절하 속도가 완화되었으며 최근에는 오히려 미국 달러화에 대해 강세현상을 보이고 있다.

고유가에 의한 경상수지 흑자와 국제 저금리 추세를 배경으로 러시아 대기업들이 해외자금 조달 확대, 국제신인도 제고에 따른 외국자본 유입 증가로 루블화의 평가절상 압력이 점차 강해지고 있어 러시아기업들의 국제경쟁력 저하의 가능성이 대두되고 있다. 루블화의 가치상승에 따른 국제경쟁력 저하를 방지하기 위해서는 비에너지산업의 생산성을 제고시켜야 하는 과제도 지적되고 있다.[23)]

루블화의 실질가치 상승을 억제하는 방안으로 현재 고수준의 물가상승률을 저하시키는 방법도 유효한 것으로 고려되고 있으나, 무역흑자(trade surplus) 및 외부로부터의 자본 유입증가를 배경으로 하고 있어 현재와 같은 고인플레가 만성화될 가능성도 존재하고 있다. IMF는 러시아 정부에 대하여 재정수지 흑자(fiscal surplus) 확대를 통해 과잉 유동성을 흡수하는 한편, 중앙은행에 대해 인플레 타겟팅 시스템(inflation targeting system)을 도입하여 물가상승을 억제할 것을 제안하고 있다.

2. WTO 가입 문제

러시아가 향후 현재와 같은 고성장을 지속하려면 경제의 효율성과 경쟁력 강화를 위한 구조조정이 필수적인 데 이러한 구조조정 실현의 시금석이 될 사항은 WTO 가입 문제라고 할 수 있다.

WTO 가입은 중장기적으로 러시아의 경제효율성 및 산업경쟁력(economic efficiency and industrial competitiveness)을 제고시켜 지속적인 성장기반을 마련하는 데 필수적이라고 할 수 있다. 또한, WTO 가입에 따른 러시아 국내 관련 법·제도 변화는 현지투자와 교역환경에 상당한 변화를 파생시킬 것으로 예상된다.

푸틴 대통령도 WTO 가입을 경제개혁 추진의 핵심사항으로 여기고 있지만 현실적으로 러시아로서는 수용하기 어려운 가입협상의 현안사항들이 다수 존재하고 있어 WTO 가입 시기가 다소 지연될 가능성도 있다.[24)]

---

23) 최근 러시아 재무장관은 매년 루블화의 가치는 5~6% 상승할 것이라고 전망하면서 루블화 강세를 용인할 의사를 표명한 바 있다.

24) 다수의 경제전문가들은 러시아의 WTO 가입시기를 2007년으로 예상하고 있다.

WTO 가입을 통해 러시아가 가진 경제적 잠재력(economic potentials)이 조만간 현실적 성과로 나타날 것이 기대되고 있으나 중국뿐만 아니라 캄보디아 등에도 WTO 가입이 뒤처진 상황에서 러시아가 미국, EU 등과 해결해야 할 주요 교섭과제는 다음 3가지로 정리할 수 있다.

2.1 에너지 이중가격의 해소

석유 · 가스 등 에너지의 국내가격은 국제가격의 1/3~1/4 수준에 불과하여 미국 및 EU는 러시아가 저렴한 에너지가격을 바탕으로 공업제품을 부당한 가격으로 수출하고 있다고 지적하면서 국내 에너지 가격을 유럽 수준으로 인상할 것을 요구하는 등 에너지 가격 차이 해소를 요구하고 있다. 이에 대해 러시아는 생산비용 급상승으로 인해 국내기업들이 심각한 타격을 입게 된다면서 수용의 현실적 어려움을 표시하고 있다.

2.2 농업보조금의 철폐

미국 등은 러시아의 농산물 수출보조금제도 철폐를 요구하고 있지만, 러시아는 기존 WTO 가입국도 함께 보조금제도를 철폐할 필요가 있다고 주장하면서 일방적 양보는 하지 않을 것임을 표명하고 있다.

2.3 금융 · 보험 · 통신 등 서비스시장의 개방

미국 및 EU는 러시아에 대해 은행, 보험, 전기통신 등 서비스분야에 대한 외국인 참여 규제를 전면 철폐할 것을 요구하고 있다. 하지만 러시아로서는 서비스 분야의 대외개방으로 외국기업들이 서비스분야를 잠식할 것을 우려하고 있으며 '유치산업보호론'을 들어 외국기업 참여제한을 고수할 것을 표명하고 있다.

3. 금융부문 개혁문제

러시아 경제가 지속적인 성장세를 이어가기 위해서는 금융부문의 개혁(reform of financial sector)을 통한 실물부문으로의 투자확대가 요구되고 있다.[25) 러시아는 금융부문의 취약성이 심각한 수준을 보이고 있어서 이에 대한 개혁없이는 러시아의 장기적인 성장기반이 유지되기

25) 러시아 금융부문의 주요 문제점으로 은행부문의 구조개혁 지연, 국제적인 상관습 · 법규 및 감독제도 도입의 지체, 금융기관 내 리스크관리 및 내부통제시스템 미흡, 소유구조의 투명성 부족, 낮은 자본금 등 유동성 부족 등이 지적되고 있다.

는 어려울 것으로 보인다.

1998년 금융위기 이후 금융기관에 대한 신뢰는 크게 훼손되어 은행의 신용창조기능과 실물부문에 대한 자금중개기능이 매우 미흡하다고 할 수 있다.

금융기관에 대한 신뢰결핍(lack of confidence)으로 정부가 예금보장을 하고 있는 국영저축은행인 스베르뱅크(Sberbank)에 예금이 집중되고 있고, 예금이 대부분 단기예금이어서 중장기 대출 취급은 극히 한정적으로 운영되고 있기 때문에 은행을 통한 장기적인 대규모의 설비투자수요는 발생되지 않고 있으며 기업들의 설비투자는 주로 자기자본에 의존하고 있는 실정이다.[26)]

은행대출과 관련하여 기업의 투명성 부족, 신용공개의 불충분, 신용위험도 평가기법 및 경험부족, 담보법 제도의 미정비 등으로 석유 · 가스 · 금속 · 자동차 등 대기업에 집중되고 있고 중소기업이나 지방기업에 대한 신용배분은 매우 취약하다고 할 수 있다.

러시아은행산업은 지난 5년간 비약적인 성장을 보이고 있는데 현재 국내 민간부문에 대한 대출규모가 총 750억 달러에 이르며 매년 200억 달러씩 증가하고 있다. 그러나 아직 건당 대출규모는 다른 이머징마켓(emerging market) 국가들과 비교할 때 매우 작은 편이고 대출기간도 대부분 초단기적으로 운영되고 있으며, 여신의 대부분이 국영기업이나 산업금융재벌(Oligarch) 그룹 대기업들에게 집중되고 있다.[27)]

러시아은행들은 그동안 대기업에 대한 편중대출[28)]에 따른 은행간 경쟁 격화로 수익성이 악화되었다.[29)] 이에 대한 대안으로 중산계층에 대한 소매금융과 중소기업 지원 확대를 적극적으로 추진함으로써 금융을 통한 산업자본 배분이라는 금융중개기능의 회복과 영업기반 확충에 주력하고 있다.[30)]

러시아 정부는 2007년부터 모든 은행의 최저 자본금을 500만 유로 이상으로 하고 은행의 자기자본비율을 10% 이상으로 할 예정이며 2005년부터 민간은행의 예금에 대해서도 예금보험제도[31)]를 도입할 계획으로 있어. Sberbank의 독점적 지위는 점차 약화되면서 서비스 경쟁

26) Sberbank는 현재 유일하게 정부의 100% 예금보장 혜택을 보고 있는 은행으로서 러시아 내 루블화 예금 총액의 약 70%를 점유하고 있으며 전국 2만개에 이르는 점포망에 종업원 수는 20만명을 초과하는 독점적 지위(monopolistic status)를 차지하고 있다.

27) Sberbank의 경우 여신의 대부분을 가즈프롬(Gazprom), 러시아 통일전력시스템(UES), 츄메니 석유회사, GAZ 등 소수기업에 집중하고 있고, 시장금리보다 낮은 금리로 대출하는 등 금융기관간 경쟁조건을 불평등하게 유지하여 금융개혁의 장애요인으로 지적되고 있다.

28) 러시아은행들은 중소기업의 투명성 결여, 담보부족, 신용도 평가의 어려움 등의 이유로 중소기업이나 개인 대출을 적극적으로 취급하지 못하고 있다.

29) 최근 신용도가 우수한 대기업들을 중심으로 사채발행 등 직접금융의 비중이 점차 제고되고 있다.

30) 현재 러시아 국민 중 약 20%가 은행계좌를 갖지 않은 것으로 분석되고 있어 러시아 은행들은 소매금융 서비스를 확대할 여지가 많은 상황이어서 소매금융 확대는 은행개혁의 시금석이 될 것으로 보인다.

력이 월등한 국내 민간은행 및 외국계 은행들과의 경쟁이 격화될 것으로 기대된다.

4. 푸틴 정부와 신흥재벌과의 관계

4.1 Yukos 사태

2003년 10월 25일 러시아 최대 석유재벌인 Yukos 회장 호도르코프스키(Khodorkovsky)의 구속으로 확대된 Yukos 사태는 최근 러시아의 고도 경제성장과 금융시장의 안정세에도 불구하고 시장경제로의 전환과정에서의 취약성을 보여주는 단적인 예로 러시아 경제에 커다란 충격을 주었다.

정치적인 면에서 동 사태는 러시아 최대갑부인 호도르코프스키가 자신의 기득권 보호와 석유자원 관련 이권 확대를 위해 2003년 12월 총선 및 2004년 3월 대선을 앞두고 야당에 공공연히 정치자금을 지원하는 등 반(反)크렘린 세력 결집 및 정치개입 행보를 시작한 것에 대한 크렘린 측의 경고조치였다는 분석이 지배적이다.

경제적으로는 2003년 Yukos가 정부의 반발을 무시하고 ExxonMobil과 Chevron 등에 자사지분 40% 매각을 위한 협상이 진행 중이었는 데, Yukos의 경영권이 외국인(미국인)에 의해 좌우되면 향후 국가 석유자원에 대한 통제력이 약화될 것이라는 크렘린 내 강경파(실로비키) 세력들의 우려도 작용한 것으로 판단된다.

이번 Yukos 사태가 Yukos 회장 개인만을 대상으로 한 것인지 향후 다른 신흥재벌에게까지 확대될 것인지 또는 크렘린 내 실세 강경파들이 도모하고 있는 주요 전략자원(strategic resources)에 대한 자원국유화(resource nationalization)로까지 확대될 것인지에 대해 러시아 내 석유분야에 공격적인 투자를 해온 미국과 영국을 비롯한 국내외 투자가들의 우려가 커지고 있다.[32]

4.2 올리가르히(Oligarch)와 정경유착 차단

Oligarch들은 옐친 대통령 시절 국영기업들의 민영화 과정에서 석유가스 자원 및 전력 등의 핵심산업을 주식담보부 대출(Loan for Share) 방식[33]을 통해 저가로 인수하였고, 1996년

31) 일반은행 예금에 대한 예금보험제도 도입과 관련 계좌 당 보장한도 및 보험요율, 예금보험 적용은행에 대한 중앙은행의 감독권한 강화 등 예금보험법 제정안이 현재 러시아의회에서 심의 중에 있다.

32) 내각 내 자유경제주의자들과 크렘린 내 국유자원의 국가환수를 주장하는 강경파들과의 전략자원과 관련한 정책방향에 대한 분쟁은 푸틴 대통령의 외자유치 정책을 후퇴시킬 가능성을 야기시키고 있다.

33) 1995년 초, 금융재벌들은 주요 국영기업의 주식과 교환하는 조건으로 정부에 대출하고 정부가 대출금을 상환할 때까지 정부를 대신하여 국영기업 주식을 보유하고 동 기업의 구조조정을 수행하였다. 만

당시 재선 여부가 불확실하던 옐친 대통령을 전폭 지원한 대가로 옐친 정권으로부터 각종 특혜를 받아 부(富)를 축적할 수 있었다.

한편, 2000년 3월 대선에서 Oligarch들의 후원으로 당선된 푸틴은 취임 이후 이들로부터 정치에 간여하지 않는 대신 과거의 투명하지 못했던 민영화 과정 등을 재조사하지 않고 기업활동의 자유를 보장하는 약속을 한 것으로 알려지고 있다. 푸틴 정부와 Oligarch 사이의 밀약은 그동안의 경제성장과 정치적 안정에 어느 정도 기여한 것으로 보인다. 특히, 실물부문에 대한 Oligarch의 지속적인 투자는 최근 러시아의 비약적인 경제성장에 크게 기여하였다. 그러나 Oligarch들은 이에 만족하지 않고 자신들의 기득권 보호와 각종 이권 확대를 위해 언론사 설립 또는 주요 언론사의 지분 장악 등 막강한 자금력을 동원하여 정치에도 개입하기 시작하였다.

푸틴 대통령도 당선 이후 강력한 개혁추진을 위해서는 정경유착을 없앨 필요성이 컸으며 Oligarch들 역시 조세개혁, 금융부문 구조조정 등 정부의 개혁정책에 대한 저항세력으로 부상하였다. 따라서 Yukos 사태는 총선 및 대선을 앞두고 '마피아형 재벌'로 인식되는 Oligarch들을 공격함으로써 국민들의 지지를 얻으려 한 것으로 보인다.[34)]

4.3 Yukos 사태의 후유증

Yukos 사태 이후 푸틴 대통령은 Oligarch들의 불투명했던 민영화 과정을 재조사하지는 않을 것이며 향후 국영기업의 민영화와 외국자본에 대한 시장개방 정책은 지속될 것이라고 표명하는 등 동 사태의 파장을 조기에 매듭지어 경제적인 충격의 최소화(minimization of economic shock)를 위해 노력해 왔다. 그러나 Yukos 사태는 다시 한번 러시아의 정치적 위험(political risk)을 부각시키는 계기가 되면서 최근 자본유출이 증가하고 있다. Yukos 사태는 다른 Oligarch들의 투자심리를 위축시켜 국내투자 부진 및 자본의 도피성 해외이전을 촉발시킨 것으로 판단된다. 따라서 당분간 석유·가스의 생산 부진도 예상되어 향후 국내기업들의 투자심리를 정상적으로 회복시키는 데는 다소간 시일이 소요될 것으로 보인다.

푸틴 대통령은 2004년 3월 재선에 성공함으로써 더욱 강력한 시장개혁정책을 추진할 것으로 예상되며, 장기적으로는 Yukos 사태가 외국인투자에는 큰 영향을 미치지는 않을 것으로 보인다. 이는 높은 투자위험에도 불구하고 국제투자자들 사이에 러시아는 아직까지 더욱 월등한 수익이 가능한 시장으로 인식되고 있기 때문이다. 특히, 폭발적인 성장이 가능한 소비시장

일 정부가 그 대출금을 상환하지 못할 경우 그 주식을 보유하거나 매각할 권리를 보유하는 프로그램이다.

34) 러시아 경제의 약 70%가 Oligarch들의 영향력 하에 있는 것으로 추정되고 있다.

잠재력 등을 감안할 때 해외로부터 투자자금은 지속적으로 유입될 것으로 보인다.

한편, 일부 경제분석가들은 Oligarch의 영향력 축소는 천연자원 부문에 대한 투자환경이 오히려 개선되는 효과를 야기시켜 외국인투자를 증대시키는 역할을 할 것이라고 전망하고 있다. 현실적으로는 다수의 국제투자가들은 Yukos 사태를 우려하기보다는 오히려 러시아의 지속적인 경제성장과 관련된 유가의 하락 변수를 더욱 중요한 것으로 인식하고 있기 때문에 Yukos 사태가 향후 경제에 미치는 영향은 제한적일 것으로 보인다.

제3절 전 망

러시아 경제는 체제전환에 따른 혼란으로 1998년 금융위기를 경험하기도 하였지만 과거의 충격으로부터 신속히 회복되는 등 서서히 민간부문 주도의 안정적 성장국면에 진입하고 있다. 과거 공산주의 시대로의 회귀는 불가능하다고 볼 수 있으며 시장경제에 적응된 국민들의 자유로운 경제활동(free economic activities)을 통한 소득증대로 개인소비 주도의 경기 확장국면은 지속될 가능성이 큰 것으로 보인다.[35)]

러시아는 과거 오랜 기간 사회주의(socialism) 관행에 익숙해 있는 관계로 시장경제체제에서 러시아가 갖고 있는 성장잠재력을 제대로 발휘하지 못하였다. 러시아는 아직도 비효율적인 국영기업과 같은 공산주의시대의 잔재를 가지고 있으나 한편으로는 고학력 노동인력, 독창적인 첨단의 기초과학기술 등 우수한 유산도 함께 갖고 있다. 따라서 적절한 경제정책의 시행과 제도적 정비가 이루어진다면 국제경쟁력 있는 산업의 육성과 성장잠재력 또한 풍부하다고 평가할 수 있다.

다만, 러시아 경제는 향후 원유가격 하락으로 인한 경제성장 위축의 리스크를 안고 있기 때문에 이를 극복하고 고성장을 지속하기 위해서는 금융부문의 개혁, 독점 에너지 분야에 대한 구조조정, 외국인투자유치를 위한 투자환경 개선 등이 필수적이며 이를 위한 개혁추진 과정에서는 사회적 고통 분담, 기득권 보호와 관료주의(bureaucratism) 고수 등의 반발도 적지 않을 것으로 보인다.

따라서 러시아 지도층의 개혁에 대한 의지 및 추진자세도 중요하지만 이와 함께 관료주의체제(bureaucratic system) 및 러시아 국민들의 사고와 행동양식도 시대의 변화에 맞게 근본

35) 대다수 러시아 국민들은 자본주의가 자신의 자녀들에게 보다 나은 기회를 제공할 수 있을 것이라고 인식하고 있다.

적인 변화가 요구되고 있다.

푸틴 대통령 취임 이후 외국인투자환경은 상당히 개선되고 있다. 특히, WTO 가입을 앞두고 세계표준(global standard)에 맞는 시장경제체제 확립(establishment of market economic system) 등 무역제도 및 투자환경 정비가 가속화될 것으로 보이며 거대한 잠재력을 가진 러시아 경제의 회생에 있어서 외국자본의 유치 및 활용은 필수적인 과제이기 때문에 러시아의 투자환경은 급속도로 개선될 것으로 기대된다.

제4절 한·러 경제협력

한국은 러시아와 1990년 9월 수교하였다. 당시는 아직 구소련 시절이어서 실제로는 한국과 소련과의 수교였다고 평가할 수 있다. 소련이 해체(1991년 12월)된 후 러시아가 소련의 모든 외교적 책임과 권리를 승계함으로써 한·소 관계는 자연스럽게 한·러 관계로 전환되게 되었다.

그러나 한국과 러시아가 최초로 수교한 것은 1884년에 조선과 러시아제국 사이에 체결한 '조·러 우호통상조약'이라고 할 수 있다. 이 같이 볼 경우 2004년은 한국과 러시아 간의 수교 120주년을 기념하는 해라고 할 수 있다. 역사적으로 볼 때 조선시대와 대한제국을 거치면서 일본에 의해 주권을 상실당한 이후부터 한국과 러시아 간의 교류는 거의 단절되었다. 해방 이후에도 한반도의 분단과 냉전체제(Cold War System)가 구축되면서 소련과는 완전한 단교상태가 이어지게 되었다. 1980년대 말에 소련에서는 고르바초프 대통령에 의한 '개혁·개방운동'이 활발하게 전개되고 있었으며 한국에서는 소위 '북방정책'이 추진되면서 한·러 양국은 다시 수교를 맺게 되는 계기를 맞이하게 되었다.36)

36) 1990년 수교 이후에 한국과 러시아 간에는 이미 6번의 국가원수 정상방문이 있었으며 2004년 9월에 단행된 한국 대통령의 러시아 방문은 7번째 이다. 양국의 정상이 제3국, 예를 들면 APEC 정상회담 등에서 회동한 것까지 포함하면 정상회담의 횟수는 훨씬 더 많다고 할 수 있다. 이번 한국 대통령의 러시아 방문은 무엇보다도 수교 이후 지난 14년 동안 맺어온 양국 간의 관계를 한 차원 더 발전시키는 계기가 되었다는 측면에서 의미를 부여할 수 있다. 한·러 정상의 공동성명에서 알 수 있듯이 1990년대 초 이후 한·러 양국간 관계를 정의하던 '건설적이고 상호 보완적인 동반자 관계'라는 개념은 이번 정상방문을 계기로 '상호 신뢰에 기초한 포괄적인 동반자 관계'라는 개념으로 대체되었다. 2004년 9월의 모스크바 한·러 정상회담에서는 양국간 관계를, 특히 '포괄적인' 동반자 관계로 정의함으로써 한·러 간의 협력은 이전과 같이 선택적인 현안 중심이 아니라 이미 확인된 모든 잠재적인 협력 가능성을 포괄하여 미래지향적인고 실질협력을 심화하는 관계로 한 단계 진일보한 것으로 간주할 수 있다(대외경제정책연구원, 세계경제, 2004. 9. pp. 50~58 요약·재구성).

1. 한 · 러 경제협력 현황

1990년 수교를 전후해서 시작된 한국과 러시아 간의 교역은 2003년에 약 42억 달러를 기록하였다. 한국의 수출이 약 16억 달러, 수입이 약 26억 달러 정도를 보였다. 이렇게 볼 때 공식통계상으로 한 · 러간 무역규모는 한 · 중 무역규모의 약 10% 정도를 보이고 있다. 그러나 한국의 대러시아 수출의 경우에 실제로는 공식통계보다 훨씬 많은 교역이 이루어지고 있다는 점을 인식할 필요가 있다.[37]

전자제품 이외에 한국산 휴대폰(cellular phone)이 러시아에서 호평을 받고 있고, 자동차의 경우에도 최근 신흥시장(emerging market) 중에서 한국산 자동차의 판매실적이 가장 양호한 지역이 러시아로 평가되고 있다. 또한, 플라스틱 제품이나 식품류(과자, 커피, 라면 등) 수출규모도 매년 지속적으로 증가하고 있다.

한국은 러시아에서 주로 천연자원과 원자재를 수입하고 있다. 최근 수년 동안에 수입규모가 급증하고 있는 것이 러시아산 원유인데, 2003년에 한국이 수입한 러시아산 원유는 6억 5,000만 달러 정도로 대러시아 수입품 중 1위를 차지한 바 있다. 그러나 아직 한국의 전체 원유수입 중에서 러시아산 원유가 차지하는 비중은 2.5% 정도로 매우 낮은 편이다. 특히, 러시아가 세계 2위의 원유생산국이자 수출국임을 고려할 경우 향후 한국이 러시아에서 원유를 수입할 수 있는 여지는 매우 크다고 할 수 있다. 한반도에 인접한 극동 · 시베리아 지역에서 석유생산이 본격화될 경우에는 러시아는 한국에 중요한 원유공급처가 될 가능성이 크다고 할 수 있다.

한국이 러시아로부터 수입하는 주요 품목으로는 원유 이외에도 수산물을 비롯해서 철강제품, 알루미늄, 원목 같은 천연자원과 원자재들이다. 특히, 러시아산 수산물은 한국의 전체 수산물 수입액 중에서 15% 정도를 차지하여 중요한 위치를 차지하고 있다.

러시아와의 교역이 최근 수년 동안 급속히 확대되고 있는 데 비해 한국기업들의 러시아 현지에 대한 직접투자는 아직도 매우 미약하다고 할 수 있다. 한국의 러시아 현지에 대한 직접투자 누계(2003년말 기준)가 2억 1,000만 달러 정도인 데, 이것은 한국의 전체 해외직접투자(FDI)에서 0.5%에 불과한 수준이며, 우즈베키스탄이나 폴란드와 같은 구사회주의권 국가들에

37) 러시아에 대한 한국의 가장 중요한 수출품목인 전자제품(컬러TV, 냉장고, DVD 플레이어, 에어컨 등)은 대부분이 일단 유럽국가에 수출된 이후, 그곳에서 바로 러시아 수입상에 인도되기 때문에 공식통계는 유럽국가에 대한 수출로 기록된다. 현재 러시아 시장에서 한국 전자제품은 매우 높은 선호도를 보이고 있어서 러시아에 대한 한국산 전자제품의 수출규모는 매년 30억~40억 달러에 이를 것으로 추정되고 있다.

대한 직접투자규모보다도 작은 편이다. 한국기업들의 대러시아 직접투자가 이 같이 미미한 수준을 보이고 있는 요인으로 무엇보다도 러시아가 한·러 수교 이후에 장기간 정치적, 경제적으로 혼란한 상황에 있어서 전반적으로 투자환경이 열악했던 것을 지적할 수 있다. 더욱이 한국기업들은 장기간 러시아와 단교상태였기 때문에 현지에 대한 기초지식이나 정보가 부재했다는 점에서 더욱 더 러시아에 대한 직접투자에 소극적일 수밖에 없었다.

러시아 경제가 향후 성장세를 지속하면 한국기업들의 러시아 현지투자도 이전과는 달리 급속히 증가할 것으로 기대된다. 최근 러시아 경제의 성장세와 함께 직접투자대상지역으로서 러시아에 대한 관심도 전세계적으로 증대되고 있다.[38)]

1990년에 한국과 러시아(당시는 소련)가 수교를 맺고 상호 경제교류를 본격적으로 시작한 이후 양국 간의 경제교류는 이제까지 사실상 상품무역을 위주로 전개되어 왔다. 최근 들어 한국과 러시아 간에 철도협력이나 에너지협력에 대한 논의가 더욱 더 활성화되고 있다. 이는 양국이 서로의 지리적·공간적인 입지나 산업인프라스트럭처(industrial infrastructure)의 특성, 경제개발전략(economic development strategy) 등을 고려하면서 국가간 경제협력을 강화시키고자 하는 데 공감대가 형성되어 있기 때문이다. 이러한 논의가 구체적으로 실행될 경우 한국과 러시아 간의 경제관계는 단순한 상품무역을 넘어서서 보다 긴밀한 관계로 발전하게 될 것으로 기대된다.

최근 한·러 사이에 논의되고 있는 대표적인 경제협력 현안으로 다음 3가지를 지적할 수 있다.

1.1 에너지협력

러시아의 극동·동시베리아 지역에서 현재 개발 예정인 에너지자원을 공동으로 개발하거나 파이프라인을 건설, 또는 도입하는 문제들이 양국 간에 논의되고 있다. 예를 들면, 한국에 비교적 잘 알려진 이르쿠츠크 천연가스전 개발 및 파이프라인 건설공사 같은 것이 대표적인 현안이 되고 있다. 현재 이르쿠츠크 가스전 사업은 러시아 정부의 자원개발정책이 변경되면서 다소 정체상태를 보이고 있다. 이외에도 사할린 가스전 및 유전개발사업, LNG 도입사업, 극동송유관 건설 참여와 이를 통한 원유도입건 등 한·러 간에 에너지협력 현안은 매우 다양하여 모든 사업이 한국의 에너지 수급에 중요한 의미를 가지고 있다고 평가할 수 있다.

---

38) 한·러 정사회담을 계기로 한국의 LG상사가 러시아의 타타르스탄 지역에 총 30억 달러에 이르는 초대형 석유화학플랜트 건설을 수주했다. 삼성이나 롯데와 같은 다른 한국의 대기업들도 모스크바, 또는 극동지역에 4억~5억 달러 규모의 건설공사를 진행, 또는 추진하고 있어서 한국기업들의 러시아 내 직접투자활동은 이전과는 상이한 양상을 보일 것으로 전망된다.

1.2 철도협력

또 다른 한·러 경제협력 현안으로 소위 TSR-TKR 연결사업으로 비교적 잘 알려져 있는 철도협력을 지적할 수 있다. 철도연결사업은 러시아는 극동·시베리아 지역 경제개발을 위해서, 한국은 해상운송에 편중된 수출입 물류구조를 전환하고 대륙으로 연결되는 육상운송로를 구축한다는 의미에서 양국에 모두 이익이 될 것으로 기대된다. 그러나 TSR-TKR 노선이 건설되기 위해서는 북한 철도를 이용해야 되는데, 북한이 아직까지 남북한과 러시아의 3자간 공동협력에 적극적이지 않아서 사업의 개시가 지연되고 있는 점이 과제가 되고 있다.

1.3 과학기술협력

에너지가 철도분야에서의 한·러 협력 못지않게 중요한 것이 양국 간의 과학기술협력이다. 러시아가 우수한 기초과학기술을 보유하고 있는 것은 주지의 사실이다. 한국이 2003년의 과학위성 1호 발사나 CDMA 방식 휴대폰의 실용화에서 러시아의 기초기술을 이용하기도 하였다. 한국에서 자체 개발이 어려운 분야, 특히 항공·우주기술 분야에서 한·러가 긴밀하게 협력할 경우 한국은 부족한 기술수준을 한 단계 제고시킬 수 있는 기회를 가지게 된다. 2004년에 모스크바에서 개최된 한·러 정상회담에서는 한국과 러시아의 과학기술부 장관들이 양국간 우주과학기술 협력에 관한 약정서(MOU)를 체결함으로써 향후 이 분야의 기술협력을 보다 긴밀하게 할 수 있는 제도적인 기반을 마련하게 되었다.

2. 한·러 경제협력의 의의

인구가 1억 5,000여만명에 이르는 러시아는 성장잠재력(growth potentials)이 막대한 시장으로 평가된다. 러시아의 경제성장이 신속해질수록 러시아는 한국으로서는 유망한 수출상품 시장이라고 할 수 있다. 상품시장으로서 뿐만 아니라 러시아가 경제성장과 함께 본격적인 경제개발단계에 진입하게 되면 광대한 러시아 영토 안에서 엄청난 개발수요가 창출된다. 따라서 각종 인프라와 산업플랜트, 자원개발 등에 한국기업들이 참여할 수 있는 기회가 확대되게 된다. 특히, 향후 러시아에서 가장 활발하게 경제개발 붐이 발생하게 될 것으로 예상되는 지역이 한국에 인접한 극동과 시베리아 지역이 될 것이라는 점은 한국기업들에 시사하는 바가 크다고 할 수 있다. 또한, 러시아 자체의 시장뿐만 아니라 러시아 시장과 밀접한 연관이 있는 구소련 지역으로의 진출거점으로서 러시아는 중요한 역할을 할 수 있다.

러시아는 한국의 경제발전에 필요한 다양한 생산요소를 제공할 수 있는 국가라는 점에서 경제협력 파트너로서도 특별히 중요하다고 할 수 있다. 러시아는 석유, 천연가스와 같은 에너지자원을 비롯하여 다양한 광물자원과 임산, 수산자원 같은 천연자원의 공급처가 되고 있다. 유라시아 전역을 연결하는 러시아의 철도망을 이용하여 한국 수출입 물류체계의 효율화를 도모할 수 있으며, 러시아의 첨단 기초과학기술 역시 한국의 과학기술과 산업기술을 한 단계 더 발전시키기 위해 필요한 생산요소로 평가된다. 경제협력 파트너로서 러시아의 이 같은 역할은 해가 갈수록 증대되고 있다. 따라서 한국은 러시아와의 경제협력에 대해 전략적인 중요성을 부여해야 할 필요가 있다.

그러나 한·러 경제협력관계는 현실적으로 한국이 러시아로부터 필요로 하는 생산요소를 일방적으로 획득하는 관계가 되기 쉽다. 특히, 러시아의 천연자원에 관한 한 한국 이외에도 잠재적인 수요자가 많기 때문에 천연자원의 도입을 위한 한·러 경제협력 관계는 러시아가 한국에 대해 일방적인 시혜자의 입장이 될 가능성이 큰 편이다. 결국 한국은 필요로 하는 생산요소를 러시아로부터 얻어내기 위해서 러시아가 필요로 하는 것으로 주어야 한다는 시각에서 한·러 경제협력을 추진해야 할 필요가 있다. 특히, 한국만이 제공해 줄 수 있는 것이 있다면 한·러 경제협력의 교환수단으로 더욱 가치가 크다고 할 수 있다. 한·러 경제협력의 효율성을 제고시키기 위해서는 우선 러시아가 필요로 하는 것이 무엇인가에 대한 성찰이 수반되어야 한다.

러시아는 한국으로부터 현지투자의 확대를 원하고 있으나 최근까지 한국기업들은 러시아에 대한 현지 직접투자에 대해 매우 소극적인 자세를 견지하였다. 따라서 투자 건당 평균규모도 작았으며 제조업 투자의 비중도 다른 나라에 대한 투자보다 훨씬 작은 것으로 평가된다. 최근 들어 러시아의 전반적인 투자환경이 급속히 개선되고 있어서 한국기업들의 러시아 내 현지 직접투자의 장애요인이 되었던 정보부족과 불신감도 많이 제거되었다고 할 수 있다. 현지시장에 대한 과도한 불신을 불식하고 현지 상황을 용의주도하게 분석하면서 러시아에 대한 현지투자를 확대할 경우 한국은 러시아와의 경제협력에서 기대했던 성과를 얻게 될 것으로 기대된다.

3. 대러시아 경제협력 전략

향후 한국과 러시아 간에 경제협력을 추진할 경우 주요 지역은 러시아의 극동·시베리아지역이 될 것으로 예상된다. 현재 한·러 경제협력의 핵심 현안인 에너지협력과 철도 연결이 모두 극동·시베리아의 지역개발에 직접 관련된 것들이며 에너지자원 이외에 한국이 관심을 가지고 있는 러시아의 천연자원도 대부분 이 지역에 존재하고 있다. 러시아 최대의 과학단지가 시베리아 중앙에 위치하고 있는 노보시비르스크시라는 사실도 주목할 필요가 있다.

그러나 러시아의 극동·시베리아 지역이 한·러 양국만의 경제협력무대가 될 수는 없다. 이 지역은 세계적으로 중요한 천연자원의 공급원으로 부상하고 있다. 따라서 이 지역에서 최대한의 국익을 추구하기 위해서 중국, 일본 및 미국 등과 치열하게 경쟁을 벌이는 양상이 전개되고 있다. 러시아 역시 자국 경제의 장기적인 지속가능성장(sustainable growth)을 이루기 위해서 극동·시베리아 지역의 경제개발이 필수적이라는 인식 하에 동북아 국가들의 이 지역 개발에 대한 관심을 이용하여 경제적, 외교적 이익을 극대화시키기 위한 전략을 구사하고 있다. 따라서 극동·시베리아 지역을 중심으로 하는 한·러 경제협력은 다수의 경우에 한·러 양국만의 양자관계가 아니라 중국과 일본 등 동북아 국가들이 다수 참여하는 다자관계(multilateral relationship)의 틀 안에서 전개될 것으로 예상된다. 더욱이 한국은 북한이라는 특수한 변수를 함께 고려해야 하는 상황에 직면하게 될 것으로 판단된다. 이 같은 상황을 종합해 보면 한·러 경제협력의 전략과 정책은 순수한 경제적, 통상적인 관계를 초월하여 동북아 각 국가 간의 정치·외교적 역학관계를 함께 고려하는 경제외교전략의 관점에서 인식해야 할 필요가 있다.

8
chapter

중국의 금융긴축정책

중국은 2007년 4월 5일 지급준비율을 2007년 들어 3번째 인상함으로써 3월 기준금리 인상을 포함하여 매월 금융긴축 조치를 시행하고 있다. 최근 들어 금융긴축 조치가 빈번히 발생하고 있는 것은 무역흑자(trade surplus)의 확대, 대출의 대폭 증가 등 유동성(liquidity) 과잉이 심화되는 가운데 소비자물가 상승률이 가속화되고 고정투자도 다시 증가하는 등 경기과열 우려가 증대되고 있기 때문으로 풀이된다.

특히, 중국 통화당국(monetary authorities)은 실물경제에 대한 부정적 영향, 내외 금리차 축소 등을 우려하여 미조정 방식의 긴축을 선호하고 있으며 이에 따라 각 조치의 긴축 효과는 크지 않은 것으로 평가할 수 있다. 향후 중앙은행증권의 대규모 만기 도래, 증자에 따른 은행의 대출 여력 증가 등 유동성 상황을 고려할 때 향후 지급준비율의 추가 인상 및 기준금리 인상 등 미조정 방식의 긴축조치가 수차례 더 단행될 것이라는 전망이 지배적이다.

제 1 절 배 경

중국인민은행(中國人民銀行)은 2007년 4월 5일 금융기관의 지급준비율을 현재의 10.0%에서 10.5%로 0.5%포인트 인상하여 4월 16일부터 시행한다고 발표하였다. 이는 2007년 1, 2월 두 차례 지급준비율 인상과 3월 기준금리 인상에 이은 금융긴축 조치로 2007년 들어 매월 긴축조치를 시행한 것이 된다.

2006년 4월 대출 기준금리 인상 이후 금융긴축 기조가 지속되는 가운데 2007년 들어서는 금융긴축 조치의 빈도가 증가하는 양상을 나타내고 있다. 또한, 중국인민은행의 증권발행에 의한 유동성 환수 규모도 전년동기보다 30% 이상 증가한 1조 7,000억 위안에 이르고 있다.

〈표 8-1〉 금융긴축 조치 추이(2006년 4월 이후)

	2006	2007
지급준비율 인상	· 7.5% → 8.0% → 8.5% → 9.0% (7. 5) (8. 15) (11. 15)	→ 9.5% → 10.0% → 10.5% (1.15) (2.25) (4.16)
금리인상 (1년만기)	· 예금 : 2.25% → 2.52% (8. 19) · 대출 : 5.58% → 5.85% → 6.12% (4. 28) (8. 19)	→ 2.79%(3. 18) → 6.39%(3. 18)
중앙은행 증권발행	· 연간 3.7조 위안 (1~3월 중 1조 3,000억 위안)	1~3월 중 : 1조 7,000억 위안 (전년동기 대비 +30%)

1. 유동성 과잉의 심화

2007년 들어 금융긴축 조치가 빈번히 시행되는 데는 고수익을 기반으로 기업저축(corporate saving)이 지속적으로 증가하는 가운데 2006년말 이후 큰 폭의 무역수지 흑자(trade surplus)가 지속됨으로써 유동성 과잉이 심화되었기 때문으로 해석된다.[1)]

무역수지 흑자는 2006년 10월 이후 월 200억 달러를 초과하였으며 2007년 1~2월 중에는 전년동기의 3배가 넘는 397억 달러로 크게 확대되었다.

〈표 8-2〉 주요 경제지표 추이

	2006				2007
	1분기	2분기	3분기	4분기	1~2월
무역수지 흑자(억 달러)	233	380	487	678	397
외국인직접투자(억 달러)	142	142	142	269	97
제조업이윤 증가율(%)	21.3	28.0	29.6	31.0	43.8

이와 함께 국유상업은행들은 2006년 주식공개에 따른 풍부한 자금여력을 기반으로 대출확대에 적극적으로 나서고 있다. 이에 따라 2007년 2월 대출 증가율은 2004년 하반기 이후 최고 수준인 17%대로 높아졌으며 총통화 증가율도 17.8%로 목표 증가율(16%)을 크게 상회하고

1) 제조업 이윤은 증가세를 지속하고 있으며 이를 기반으로 기업저축률(기업저축/기업이윤×100)은 2005년 이후 상승하여 40%를 상회하면서 가계저축률 하락을 상쇄하고 있다(한국은행, 해외경제정보, 제 2007-27호, 2007. 4. 요약 · 재구성).

있다.

2. 소비자물가의 상승 및 고정자산투자의 활성화

소비자물가 상승률도 2006년말 이후 크게 높아졌으며 그동안 진정세를 보이던 고정자산투자가 2007년 들어 다시 심화되고 있다.

2.1 소비자물가의 상승

기업물가 상승률이 높은 수준을 지속하는 가운데 2007년 2월 소비자물가 상승률은 2006년 12월에 이어 다시 3% 가까이 확대되었다.

2.2 고장자산투자의 활성화

2006년 12월 14% 미만으로 낮아졌던 도시 고정자산투자 증가율은 2007년 1~2월 중 23.4%로 회복되었다.

〈표 8-3〉 고정자산투자 추이

	2006				2007
	9월	10월	11월	12월	2월
고정투자 증가율(누계)	28.2	26.8	26.6	24.5	23.4
(월중)	23.6	16.8	25.0	13.8	-

3. 고성장

2007년 1분기 국내총생산(GDP) 성장률도 11% 가까운 높은 수준으로 예상되면서 경기과열의 가능성이 증대되고 있다.

제 2 절 금융시장데의 영향

1. 중국경제의 안정을 위해 경기과열의 근원이 되고 있는 과잉 유동성의 해소가 시급한 과제가 되고 있으나 통화당국(monetary authorities)은 미조정 방식에 의한 긴축을 선호하

고 있음

중국인민은행은 유동성 관리 강화를 천명하고 있으나 환율 및 실물경제에 대한 영향 등을 고려하여 한번의 강력한 긴축조치보다는 수차례에 걸쳐 소폭의 긴축조치를 취하고 있다.

* 중국 통화당국은 2007년 2월 '2006년 4분기 통화정책 집행 보고서'를 통해 향후 유동성 관리 강화 방침을 명시한 바 있음

강력한 금융긴축 조치를 취할 경우 금리상승에 따른 핫머니(hot money, 단기투기성자본) 유입으로 환율의 평가절상 압력이 증가할 가능성이 있으며 경제성장에 필요한 투자까지 위축되고 기업 수익성(corporate profitability)이 악화될 우려가 있다. 경제여건과 함께 중앙은행증권의 원리금 부담 등을 고려할 때 다수의 경제전문가들은 지급준비율 인상을 합리적인 정책 수단으로 평가하고 있다.

이와 함께 금융기관에 대한 창구지도 방식으로 대출의 합리화 및 증가속도 억제 등의 효과를 보고 있다. 이제까지 지급준비율 및 금리인상 시에는 대체로 창구지도를 병행하고 있다.

2. 최근 긴축조치가 은행대출 및 금융시장에 미치는 영향은 크지 않은 것으로 평가됨

2.1 시중 유동성 증가요인이 지속되는 상황에서 긴축조치가 미조정에 그침에 따라 중국경제에 미치는 영향은 제한적임

지급준비율 0.5%포인트 인상은 1,500억~1,700억 위안의 유동성 환수 효과가 있으나 통화공급량 및 은행의 초과지준 보유 등을 고려할 때 전체 유동성에 미치는 영향은 그리 크지 않은 것으로 판단된다. 2007년 2월말 예금 잔액은 34조 5,000억 위안, 대출 잔액은 23조 5,000억 위안을 나타내고 있다.

2.2 대출 기준금리의 0.27%포인트 인상도 기업의 대규모 자금수요 및 낮은 금리 탄력성(자금수요의 금리 탄력성이 0에 가깝다는 분석도 있음)을 고려할 때 충분한 긴축효과를 기대하기 어려운 실정임

시장에서는 2007년 3월의 기준금리 인상은 유동성 환수 효과보다는 금융긴축에 대한 통화당국의 의지를 보인 것으로 평가하고 있다.

2.3 2007년초 이후 일련의 긴축조치 이후에도 시장금리는 일시 상승후 하향 안정화되었으며 주가도 상승세를 지속하고 있음

(1) 금리

2007년초 이후 수차례 긴축조치에도 불구하고 시장금리(7일물 Repo금리)는 2006년 이후의 평균(2.05%)을 소폭 상회하는 수준을 보이고 있다. 그동안 시장금리(7일물 Repo금리)는 긴축조치 발표 이후 2~3일간 상승한 후 하락하는 모습을 보여 왔으며 이번 지급준비율 인상 이후 상승하고 있으나 그 효과가 지속되지는 않을 것으로 판단된다.

(2) 주가

주가는 2007년 2월말 급락 이후 금리 및 지급준비율 인상과 관계없이 안정적인 상승세를 지속하고 있다.

특히, 시장에서는 시중 유동성 상황 및 지표 동향을 근거로 통화당국의 긴축조치 시행을 사전에 예상한 것도 가격지표의 급격한 변동이 나타나지 않는 요인으로 분석된다.

제3절 전 망

1. 시중 유동성 상황을 고려할 때 다수의 경제전문가들은 향후 지급준비율 및 기준금리의 추가 인상이 단행될 가능성이 크다고 예상하고 있음

해외부문 통화공급 증가 압력이 증대되고 있는 반면 중앙은행증권 발행에 의한 유동성 환수는 제약을 받고 있다. 2007년 중 상환예정 중앙은행증권 규모(2.7조 위안)가 커서 증권의 신규발행이 제약되고 있으며 이에 대한 이자 부담도 큰 상황이다.

1.1 국내 상장은행들의 2006년 수익률이 크게 제고된 데다 2007년 중 일부 금융기관들이 상장을 계획하고 있어 대출 여력이 크게 증가할 것으로 보임

외국계 은행들의 대출업무 개시도 대출 증가요인이 되고 있다.

〈표 8-4〉 금융기관의 A시장 상장계획

	자금조달 규모	발행시기
중신(中信)은행	약 58억 위안(23억주 발행)	2007년 4월 하순
교통(交通)은행	약 300억 위안(40억주 발행)	2007년 5월
베이징(北京)은행	약 78억 위안	2007년 중

주 : 그 밖에 난징(南京)상업은행, 장수(江蘇)은행, 닝보(寧波)상업은행 및 대형 보험사들도 상장 준비단계에 있음

1.2 시장에서는 지급준비율의 추가 인상이 있을 것으로 예상하고 있으며 일부 경제전문가들은 금리의 추가 인상도 있을 것으로 분석함

인민은행 발간 금융시보(일간지)는 은행 초과지급준비율의 적정수준은 2.5% 내외로 지급준비율 인상 여지가 충분하며 제조업 이윤 증가율이 높은 것은 현 금리수준이 낮음을 의미하는 것으로 금리인상의 여지도 있다는 주장을 제기하고 있다.

〈표 8-5〉 금융기관 초과지급준비율

(단위 : %)

2005년말	2006년 6월	9월	12월	2007년 2월
4.17	3.10	2.52	4.78	3.66

JP Morgan사는 지급준비율이 11% 혹은 그 이상으로, Standard Chartered은행은 단계적으로 12% 수준까지 인상될 것으로 예상하고 있다.

※ JP Morgan사는 마이너스 실질금리 해소를 위해 2007년 2분기 중 기준 금리 추가 인상이 있을 것으로 전망하고 있음

중국국제금융회사(국내외합작 투자은행) 수석 경제학자인 하지밍(哈繼銘)은 물가상승 압력 증가로 인민은행이 2007년 4~5월 중 금리를 인상할 것이며 2007년 중 지급준비율을 약 2~3차례 인상할 것으로 전망하고 있다. 일부 경제전문가들은 지급준비율이 아시아 금융위기(Asian Financial Crisis) 이전 수준인 13%까지 인상될 수도 있다는 주장을 제기하고 있다.

1.3 중앙은행증권의 대규모 상환이 이루어지는 2007년 2분기 중에는 동 증권의 상대매출이 다시 시행될 것이라는 관측도 대두되고 있음

* 2006년 중에는 4차례에 걸쳐 3,700억 위안 규모의 증권을 상대매출

2. 중국 정책당국은 긴축조치 시행에 있어 실물경제에 대한 충격이 크지 않도록 지속적으로 관리할 것으로 예상됨

2.1 2007년 가을에 개최되는 中全會(중국공산당전국대표회의), 2008년 베이징 올림픽 등 정치적으로 중요한 행사를 앞두고 실물경제의 호조를 유지하고자 하는 의도가 강한 것으로 평가할 수 있음

최근 소비자물가 상승에도 불구하고 중국인민은행은 인플레이션 우려가 크지 않다고 평가하고 있다.

2.2 이에 따라 지급준비율 인상과 더불어 창구지도를 통한 과열부문으로의 대출억제가 주요 통화관리 수단이 될 것으로 판단됨

9
chapter

차이나 리스크

중국경제의 고도성장으로 인해 한국경제의 대중의존도가 제고되면서 중국은 한국경제와 기업의 생존과 성장에 지대한 영향을 미치는 국가가 되었으며 중국경제의 불확실성(uncertainty of Chinese economy)에 의해 크게 영향을 받는 소위 차이나 리스크(China Risk)가 한국경제와 기업에게 주요 관심사로 부상하게 되었다.

이에 따라 차이나 리스크에 대한 연구들이 활발하게 진행되고 있다. 이들 연구는 대부분 중국경제의 불확실성이 한국경제에 미치는 부정적인 영향에 초점을 맞추어 관련 내용들을 분석하여 대처방안을 제시하고 있다. 연구결과는 대부분 중국경제의 불확실성이 우려하는 만큼 크지 않으며 과잉투자(overinvestment)와 부실채권문제를 해결 또는 해소할 수 있는 중국정책당국의 역량이 충분하기 때문에 경착륙(hard landing)과 같은 차이나 리스크를 크게 우려하지 않아도 된다는 것을 지적하고 있다.

그러나 기존연구들은 한국 해외직접투자의 약 48%(건수 기준)를 차지하는 중국의 환경변화가 중국진출 현지법인에게 주는 경영리스크(business risk)에 대한 분석을 제대로 수행하지 않았다고 할 수 있다. 특히, 대중투자건수의 95.1%와 투자금액의 49.7%를 차지하면서 대중투자를 주도하고 있는 중소기업의 입장에서 이들 중국현지법인이 직면하고 있는 경영리스크에 대한 연구는 거의 수행되지 않았다고 할 수 있다. 또한, 한국경제와 관계없이 중국경제가 내부적으로 겪고 있는 또는 겪을 것으로 예상되는 문제와 위험에 대해서는 세밀한 분석이 이루어지지 않았다.

기존 문헌연구, 설문조사 및 인터뷰를 기반으로 한국 중소기업의 중국 현지법인이 직면하고 있는 또는 직면하게 될 것으로 예상되는 위험들을 차이나 경영리스크로 분류하여 분석하고 이에 대한 대응방안을 제시한 기업은행의 보고서를 중심으로 살펴보고자 한다.[1)]

제 1 절 차이나 경제리스크

기업은행은 본 주제의 담당 연구자들을 통해 중국경제가 직면하고 있는 문제점들을 분석하여 어떠한 리스크 요인이 존재하고 있는지 그리고 이들 리스크가 얼마나 크고 발생가능성은 어느 정도인지를 분석하였다. 분석 결과는 삼농문제가 가장 큰 리스크 요인으로 지적되었다. 이어서 빈부격차 문제와 실업문제가 커다란 리스크르 나타났다. 우수한 인적자원의 부족문제도 주요 리스크 요인으로 분석되었다. 중국은 향후 5년간 국유기업 개혁이나 금융개혁(financial reform) 등과 같은 경제적인 문제보다 삼농문제나 소득격차와 같은 사회적인 문제에 대해 많은 위험을 인식하고 있다. 따라서 이를 해결하기 위해 국가의 역량을 결집시킬 것으로 전망된다.

향후 중국경제에 지대한 영향을 미치는 리스크 10개를 발생가능성을 기준으로 순서대로 제시하면 다음과 같다.

① 삼농문제 리스크
② 빈부격차 리스크
③ 실업 리스크
④ 인적자원 리스크
⑤ 환경 리스크
⑥ 공공위생 리스크
⑦ 대외관계 리스크
⑧ 금융개혁 리스크
⑨ 에너지 리스크

1) 기업은행은 본 주제의 담당 연구자들을 통해 2006년 2월 20일부터 3월 1일까지 중국의 센양, 텐진, 칭다오, 옌타이, 베이징 등을 방문하여 중소기업 경영자들에게 설문서를 배포하였으며 이 중 184부를 회수하였다. 분석에는 166부가 활용되었다. 또한, 이들 경영자와 1~2시간 동안 인터뷰를 실시하여 현지 경영에서 직면한 어려움과 리스크에 대해 어떻게 대처하는지를 파악하였다(기업은행, 기은조사, 2006. 가을호, pp. 51~69 요약·재구성).

⑩ 국유기업 개혁 리스크

상기한 바와 같이 주로 사회적인 문제들이 발생가능한 리스크로 제시되고 있다. 반면에 그 동안 많은 우려를 가져왔던 금융개혁 리스크는 위험도는 높지만 중국정부의 국유은행 개혁의 성공으로 그 발생가능성이 크게 감소하였다. 또한, 긴축 정책에 따른 경착륙 리스크에 대해서도 중국의 경제전문가나 학자들은 크게 우려하지 않는 것으로 나타나고 있다. 따라서 중국경제가 직면하고 있는 거시적인 차원의 문제는 경제적인 것이 아니라 사회적인 것으로 파악할 수 있다.

〈표 9-1〉 중국경제 10대 리스크의 위험도 · 발생가능성 · 발생가능시기와 영향

리스크 유형	위험도	발생 가능성	발생가능시기	영향
대외관계 리스크	★★	★★	불확실	대외관계 불안정과 경제성장 완화
금융개혁 리스크	★★★★	★★	2008~2010	금융계 신용위기와 국민 대정부 신임 동요
국유기업개혁 리스크	★★	★	2006~2010	금융개혁의 실패나 높은 실업률의 유지
빈부격차 리스크	★★★	★★★★	지속적	대정부 불만 급증과 소요사태 빈발
실업 리스크	★★★	★★★★	2006~2020	대정부 불만 증가와 사회 치안 악화
삼농문제 리스크	★★★★	★★★★	2006~2020	도농간 격차 확대와 농민불만 증가 및 농촌 소요사태 대규모화
공공위생 리스크	★★★	★★★	2006~2015	국민건강과 경제발전의 심각한 타격
인적자원 리스크	★★	★★★★	2010~2050	우수한 인재부족과 저기술 함정
에너지 리스크	★★★★	★★	2010~2020	국제에너지 가격 상승과 자원확보 어려움
환경 리스크	★★★★	★★★	2010~2030	생태적, 사회적 및 정치적 위기 동시 발생

주 : ★★★★ 아주 높음 ★★★ 높음 ★★ 보통 ★ 낮음 ☆ 매우 낮음

한편, 한국경제의 입장에서 차이나 리스크를 인식하면 리스크 분야와 위험정도가 중국경제의 문제점을 분석하는 입장에서 바라보는 리스크와 상당히 차이가 있다. 대중 의존도가 높은 한국경제의 입장에서는 산업고도화 리스크를 가장 우려하고 있으며, 다음으로 인적자원 리스크와 기술추격 리스크 그리고 대중무역 리스크를 우려하고 있다. 현재 중간재(intermediate goods)와 자본재(capital goods) 교역을 기반으로 상호보완적인 경제관계(mutually complementary economic relationship)를 구축하면서 중국에 대한 수출과 직접투자를 증대시켜 온 한국경제의 입장에서 볼 때 중국의 산업구조 고도화와 기술추격으로 인해 중국이 중간재와 자본재를 수입대체할 경우

한중 경제관계는 상호경쟁적인 경제관계(mutually ccmpetitive eccnomic relationship)로 전환되게 된다. 따라서 대중무역이 크게 타격을 입게 된다.

중국경제의 불확실성이 한국경제에 미치는 리스크 10개를 발생가능성과 위험도를 고려하여 순서대로 살펴보면 다음과 같다.

① 산업구조 고도화 리스크
② 인적자원 리스크
③ 기술추격 리스크
④ 대중무역 리스크
⑤ 위안화 평가절상 리스크
⑥ 조세 리스크
⑦ 에너지 리스크
⑧ 지적재산권 리스크
⑨ 경착륙 리스크
⑩ 대중관계 리스크

상기한 바와 같이 주로 중국의 산업구조 고도화와 관련된 리스크가 향후 한국경제에 지대한 영향을 미칠 것으로 보인다.

경착륙 리스크(hard landing risk)는 그동안 크게 우려해 왔으나 중국정부의 국유기업과 국유은행에 대한 통제를 통한 경제장악력과 경제운용 역량으로 인해, 또한 8% 이상의 경제성장이 가능한 환경여건으로 인해 발생가능성이 작은 것으로 분석되었다. 따라서 한국경제의 입장에서 볼 때 주요한 리스크는 중국 경제성장률의 급격한 하락이 아니라 중국이 산업구조 고도화를 통해 수입에 의존하고 있는 중간재와 자본재를 얼마만큼 빠른 속도로 수입대체할 수 있는지와 관련된 리스크라고 평가할 수 있다.

전술한 바와 같이 발생가능성이 크고 위험도가 높은 차이나 경제리스크는 크게 삼농문제, 빈부격차, 소득격차 등의 사회적인 문제와 산업구조 고도화와 인적자원 문제 등으로 파악할 수 있다.

〈표 9-2〉 한국경제에 대한 10대 차이나 리스크의 위험도 · 발생가능성 · 발생가능시기와 영향

리스크 유형	위험도	발생가능성	발생가능시기	영향
대중관계 리스크	★★★	★	불확실	한국경제에 대한 큰 타격
경착륙 리스크	★★★	★	2007~2010	경제적 타격과 금융시장에 부정적 영향
산업구조 고도화 리스크	★★★	★★★★	2006~2020	중국발 전반적인 산업경쟁 전개
위안화 평가절상 리스크	★	★★★	2006~2010	중국 경제성장 둔화의 경우 대중국 수출 감소
대중무역 리스크	★★★	★★★	2010~2012	장기적 수출 둔화와 생산능력 과잉
기술추격 리스크	★★★	★★★	2008~2015	대중 수출 감소와 세계시장에서 한국제품 경쟁력 하락
에너지 리스크	★★	★★★	2008~2020	원자재 가격상승으로 제품 원가상승 및 원자재 확보의 어려움
인적자원 리스크	★★	★★★★	2006~2050	중국현지 우수 인력 확보 어려움
지적재산권 리스크	★★	★★	2006~2010	지적재산권 침해와 상표도용 범람
조세 리스크	★★	★★★	2006~2015	중국 현지 수익 급락

주 : ★★★★ 아주 높음 ★★★ 높음 ★★ 보통 ★ 낮음 ☆ 매우 낮음

제 2 절 차이나 경영리스크

차이나 경제리스크로 인해 외자기업 경영환경이 변화하면서 중국진출 국내 중소기업들은 경영관련리스크(① 비용상승 리스크, ② 정책변동 리스크, ③ 경쟁 리스크, ④ 법률 및 관리통제 리스크)에 직면해 있다. 즉, 임금과 원자재 가격 상승, 노동 · 세무 · 환경 · 외자유치 정책의 전환, 판매가격 하락과 기술격차 축소, 법률분쟁과 경영문화의 차이 및 신용판매의 문제 등과 같은 경영관련 리스크에 대해 크게 우려하고 있다.

이들 경영 리스크의 내용과 대응방안을 다음 4가지 측면에서 살펴본다.

1. 비용상승 리스크

임금이 30~40% 정도 상승하고 일부 원자재가격이 급등하고 있다. 저임노동력이 풍부하던 과거와 달리 심각한 인력난과 중국정부의 노동자 보호정책으로 인한 최저임금 인상과 사회보장 보험료 100% 징수 등의 요인으로 저임노동력이 고갈되고 있다. 이와 함께 세계경제의 성장과 중국의 과잉생산(overproduction) 등으로 원자재 가격이 급등하고 있어서 외자기업들은 이에 대한 대책마련에 부심하고 있다. 비용상승에 대해 한국 중소기업들은 외지인력의 유치,

저임노동력을 확보할 수 있는 지역이나 국가로의 공장이전, 노무인사관리 역량 강화, 아웃소싱과 제품차별화(outsourcing and product differentiation)를 통한 사업구조 개편, 마케팅 역량 강화, 제조역량 강화 등의 방안을 강구해야 한다.

2. 정책변화 리스크

노동정책, 세무정책, 환경정책 및 외자유치정책 등이 '제11차 5개년 규획'에서 7대 임무로 규정하고 있는 조화로운 사회건설과 산업구조 고도화 및 환경친화 등의 상위정책에 따라 크게 변화하고 있다.

2.1 노동정책

중국정부의 노동정책은 이전에 노동자의 권익을 저한하는 방향에서 최근 들어 이들의 권익을 적극적으로 보호하는 방향으로 선회하고 있다. 이에 따라 노사관계정책도 안정중시와 갈등봉쇄의 방향에서 안정과 갈등을 관리하는 방향으로 전환되고 있다.

2.2 세무정책

세무정책 또한 이전에 외자기업에게 세제혜택을 부여하던 방향에서 최근 들어 내국민대우(NT : National Treatment) 원칙과 역차별의 논리에 따라 중국기업과 동등하게 세금을 부과하는 방향으로 전환되고 있다.

2.3 환경정책

환경정책은 이전에 경제성장 위주에서 최근 들어 경제성장과 환경보호(economic growth and environmental protection)를 함께 중시하는 방향으로 전환되고 있다.

2.4 외자유치정책

외자유치정책은 이전에 무조건 외자를 유치하기 위해 각종 특혜와 편의를 제공하던 방향에서 최근에는 각종 부대조건을 부과하고 통제를 강화하면서 선별적으로 유치하는 방향으로 전환되고 있다.

이 같은 정책변화로 인해 중국진출 국내 중소기업들은 5대 사회보험료 부담 증가, 단체협약에 의한 임금상승과 노사분규 우려, 세제우대조치 축소와 이전가격 조사 확대, 주재원 개인소득세 징수 강화와 증치세 환급비율 하향 조정, 환경관련비용 증가, 각종 특혜 축소와 통제 강화, 기술이전(technology transfer) 조건 부과, 외환통제(foreign exchange control) 강화 등의 어려움에 직면해 있다.

정책변화 리스크에 대해 국내 중소기업들은 준법경영, 노무관리역량 강화, 협조적인 노사관계 구축, 현지화(localization)와 지역사회 기여활동 강화, 환경규제(environmental regulation)가 적은 지역이나 국가로 공장이전, 아웃소싱과 사업구조 개편, 중국정부 정책에의 부응, 현지 연구·개발(R&D)체제 구축, 정책변화에 대한 모니터링, 충분한 운영자금 확보 등의 방안을 강구할 필요가 있다.

3. 시장경쟁 리스크

이는 공급과잉(oversupply)에 따른 판매가격 하락과 기술격차 축소에 따른 위험이다. 과잉투자와 생산으로 중국시장은 과거 블루오션(blue ocean)시장에서 레드오션(red ocean)시장으로 변하면서 판매가격이 급속도로 하락하고 있다. 또한, 중국기업들과의 기술격차를 유지 또는 확대해왔던 과거와 달리 중국기업들의 기술모방, 흡수 및 개발로 인해 중국기업들과의 기술격차(technological gap)가 점점 축소되고 있다. 시장경쟁 리스크(market competition risk)로 인해 국내 중소기업들은 재고누적과 판매부진, 중국기업과의 기술격차 2~3년 이내로 축소 및 기술경쟁력 저하 등의 어려움에 직면해 있다. 이에 대해 사업구조 개편과 고도화, 마케팅 역량강화, 부품과 소재의 현지화, 생산성 제고, 아웃소싱과 기업간 분업을 통한 전략적 제휴(strategic alliance) 확대, 현지 연구·개발체제 구축 등의 방안이 강구되어야 한다.

4. 법률 및 관리통제 리스크

이들 리스크가 증대되면서 국내 중소기업들은 현지파트너와의 분쟁, 불법복제와 지적재산권(intellectual property rights) 분쟁, 외상매출금 회수문제, 중국법인의 자생력 약화, 경영문화의 차이 등과 같은 어려움에 직면해 있다. 이에 대해 철저하고 적합한 계약서 작성, 한국어 계약서 첨부, 중재를 통한 해결과 법률자문서비스 활용, 준법경영, 경영의 현지화, 현지법인의 자율경영, 현금거래 위주의 매출확대 등의 방안을 마련해야 한다.

상기한 4개 분야의 10개 차이나 경영리스크의 현황, 요인과 영향, 대응방안 등을 정리하면 〈표 9-3〉과 같다.

〈표 9-3〉 차이나 경영리스크의 영향과 대응방안

차이나 경영리스크		요인	대응방안
비용상승	임금상승	생산직 인력난, 고급 인력난, 초저임금 상승, 사회보장비용 부담 증가, 이직률 증가	공장이전, 외지인력 유치, 노무인사관리 역량 강화, 마케팅 역량 강화
	원자재가격 상승	세계경제 상승, 과잉투자, 자원민족주의	제조역량 강화, 마케팅 역량 강화, 사업구조 고도화
정책변화	노동정책	노동자 보호	준법경영, 노무관리 역량 강화, 협조적인 노사관계 구축
	세무정책	외자기업 탈세, 조세형평성	준법경영, 새로운 우대정책 활용, 사회안전망 구축, 현지화
	환경정책	환경보호	준법경영, 공장이전, 아웃소싱
	외자유치 정책	선별적인 유치	중국 정부정책에 부응, 현지 연구·개발체제 구축, 운영자금 확보, 정책 모니터링
시장경쟁	가격정책	공급과잉과 재고누적, 시장개방	사업구조 고도화, 마케팅 역량 강화, 부품의 현지화, 생산성 향상
	기술격차	자주적 기술혁신 전략, 외자유치 통한 기술흡수, 해외 M&A, 해외기술 인력유치	사업구조 개편, 전략적 제휴, 현지 연구·개발 체제 구축
법률 및 관리통제	법률위험	법률분쟁	철저한 계약서 작성, 한국어 계약서 첨부, 중재에 의한 해결, 법률자문, 준법의식 함양
	관리통제	본국지향적인 경영	경영의 현지화, 경영 자율성 부여, 현금거래

전술한 바와 같이 중국진출 국내 중소기업들은 증대되는 경영리스크에 대응하기 위해 제품시장영역의 조정, 경영관리 역량 강화, 정치적 대응 등의 차원에서 여러 가지 방안을 강구하고 있다.

제 3 절 차이나 리스크 실태조사

중국진출 국내 중소기업들이 중국현지법인을 운영하면서 어떠한 애로요인을 인식하고 있고, 이에 대해 어떻게 대처하는지 그리고 향후 현지경영에 부정적인 영향을 미치는 환경변화는 무엇인지를 분석하기 위해 본 주제의 담당 연구자들은 설문조사를 실시하였다. 중국의 텐진, 칭다오, 센양 및 옌타이 지역을 방문하여 166개의 유효설문서를 회수 및 분석하였다.

1. 일반현황

응답기업의 일반현황을 살펴보면 4개 지역에 골고루 분포되어 있다. 57%의 기업이 2001년 이후 진출하였으며 93%의 기업이 독자방식으로 진출하였다. 진출목적별로 보면 생산기지형 57%, 동반진출형 25%, 내수지향형 12% 등 거의 대부분의 기업이 저임노동력을 활용하기 위해 진출한 것으로 파악할 수 있다. 51%의 기업이 100만 달러 미만의 규모로 투자하였으며 약 86%의 기업이 제조업종으로 진출하였다.

2. 현지경영여건

최근의 경영여건에 대해 56%의 기업이 급속도로 또는 점차 어려워지고 있다고 응답한 반면 26%의 기업만이 좋아지고 있다고 응답하고 있어서 중국진출 국내 중소기업들은 다수의 어려움을 인식하고 있다. 이들이 인식하고 있는 24가지 경영애로사항 중에서 상위 10대 사항을 순서대로 정리하면 다음과 같다.

① 인건비 상승(5대 보험료 부과와 최저임금 상승)
② 치열한 경쟁과 판매가격 하락
③ 원부자재 가격 상승
④ 인력난 심화(고급 기술인력 및 유능한 관리자)
⑤ 낮은 생산성과 높은 이직률
⑥ 노동법규 강화
⑦ 인력난 심화(일반 생산직 근로자)
⑧ 외화대출 규제와 현지 자금조달의 어려움
⑨ 세무조사 강화와 조세부담 증가
⑩ 중국기업과의 기술격차 축소

이 같이 응답기업들은 노동력 부족과 인건비 상승과 같은 인사노무관리 분야에서 가장 커다란 애로사항에 직면해 있다. 이어서 치열한 경쟁으로 인한 판매가격 하락, 원부자재가격 인상, 세무조사 강화 등을 애로사항으로 인식하고 있다. 저임노동력 활용이라는 진출목적에 비추어 이들 애로사항을 살펴볼 때 국내 중소기업들은 향후에도 다수의 어려움을 겪으면서 채산성이 악화되거나 철수할 가능성이 큰 것으로 분석된다.

3. 수익성

중국진출 이후 현재까지의 실제 수익성(profitability)을 묻는 설문에 대해서도 흑자지속기업이 21%, 적자에서 흑자로 전환되고 있는 기업이 45%인 데 비해 적자가 지속되고 있는 기업은 17%, 흑자에서 적자로 전환되고 있는 기업은 17%에 불과하였다. 또한, 향후 2~3년간 실제 수익성의 변화를 묻는 설문에 대해서 흑자가 지속될 것으로 예상하는 기업이 38%, 적자에서 흑자로 전환될 것으로 예상하는 기업이 40%인 데 비해 적자가 지속되거나 흑자에서 적자로 전환될 것으로 예상하는 기업은 22%에 불과하였다.

즉, 응답기업들은 전반적으로 양호한 경영성과를 거두고 있으며, 향후 2~3년 동안에도 경영성과가 현재보다 개선될 것으로 전망하고 있는 것으로 조사되었다. 이에 따라 경제와 경영분야의 차이나 리스크가 이들 응답기업의 경영성과에는 당분간 커다란 영향을 미치지는 않을 것으로 보인다. 그러나 응답기업들은 대부분 은행에서 초청한 우량고객들로서 일반 중소기업들과 상이하다고 할 수 있다. 따라서 경쟁력이 취약하거나 환경변화에 대응역량이 부족한 중국진출 국내 중소기업들은 다수의 어려움에 직면하게 될 것으로 전망된다.

4. 판매 · 조달 애로요인과 대응방안

4.1 판매 애로요인

중국 진출기업의 판매 애로요인으로는 대금결제 지연이 37%로 가장 많았으며 다음으로 과도한 납품 단가 인하요구(33%), 계약의 빈번한 변경(12%), 계약상의 내용 고의적 미이행(11%), 기타(7%) 등의 순서로 나타났다.

4.2 조달 애로요인

조달 애로요인에서는 원자재 납품 가격인상(36%)과 불량품 납품 비중 높음(36%)이 가장 높게 나타났다. 다음으로 납품기한 지연(16%), 계약의 빈번한 변경(7%), 기타(5%)의 순으로 조사되었다.

경영애로사항에 대해 응답기업들은 다양한 방식으로 대응방안을 마련하고 있다. 20개 방안 중에서 상위 10대 대응방안을 순서대로 나열하면 다음과 같다.

① 생산성 제고와 비용절감
② 고부가가치 제품으로 사업구조 개편
③ 현지 법규준수와 합법적인 경영활동
④ 중국 관련기관 및 지역사회와의 유대관계 강화
⑤ 연구 · 개발(R&D) 투자 증대와 기술경쟁력 제고
⑥ 자체적인 내수시장 진출 및 판매활동 강화
⑦ 현지 인적자원 개발
⑧ 중국 문화 및 언어에 대한 적응 능력 향상
⑨ 중국의 법률, 세무, 회계에 대한 외부자문 활용
⑩ 현금거래 및 엄격한 매출채권 관리

5. 대응방안

응답기업들은 경영애로사항을 타개하기 위해 생산성 제고와 비용절감을 제1의 대응방안으로 제시하고 있다. 이는 판매가격은 하락하는 반면 임금과 원부자재 가격은 상승하여 채산성이 악화되고 있기 때문인 것으로 판단된다. 생산성 향상과 함께 사업구조개편을 제2의 대응방안으로 제시하고 있어서 응답기업들은 기존제품분야에서 기술격차 축소와 경쟁력 악화를 매우 우려하고 있는 것으로 보인다. 한편, 현지법규 준수와 합법적인 경영활동과 중국 관련기관 및 지역사회와의 유대관계 강화를 제3과 제4의 대응방안으로 제시하고 있어서 응답기업들은 중국의 외국인 투자환경과 정책변화의 크기를 인식하면서 개별적인 대응보다는 공식적인 현지네트워크를 구축하고 중국법규에 적합하게 경영활동을 수행하려는 움직임을 보여주고 있다.

6. 향후 투자환경 악화요인

응답기업들은 향후 2~3년 동안의 환경변화가 현지경영에 심각할 정도로 부정적인 영향을 미칠 것으로 인식하고 있다. 23개 투자환경 악화요인 중에서 상위 10대 환경요인을 순서대로 제시하면 다음과 같다.

① 인건비 상승
② 인력난 심화(고급 기술인력 및 유능한 관리자)
③ 노동법규 강화
④ 위안(Yuan)화 평가절상폭 확대
⑤ 세무조사 강화
⑥ 인력난 심화(일반 생산직 근로자)
⑦ 환경규제
⑧ 중국 정부정책의 불확실성(uncertainty of Chinese government policy)
⑨ 중국 법규 제도 미비 및 불투명성
⑩ 부정부패 만연

응답기업들은 인건비 상승, 인력부족, 노동법규 강화 등과 같은 인사노무관리 분야에서의 환경변화에 대해 많은 우려를 나타내고 있다. 이는 현재 인식하고 있는 애로사항과도 같다. 일반적으로 크게 우려해왔던 경착륙이나 국유기업개혁 등과 같은 거시적인 차이나 리스크에 대해서는 기대만큼 우려하고 있지 않는 것으로 조사되었다.

7. 현지 자금조달 현황

중국현지법인의 자금조달 상태를 살펴보면 원활하지 못하다(36%), 보통(36%), 원활하다(28%) 등의 순으로 중국현지법인 자금조달이 약간 원활하지 못한 것으로 조사되었다. 중국현지법인의 자금조달 어려움의 원인에 대해서는 현지담보부족(39%)이 가장 높았고, 그 다음으로 위안화 대출 규제(20%)가 높은 것으로 나타났다.

7.1 필요자금 용도 현황

중국현지법인의 필요자금 용도 현황에 대해서 살펴보면 원자재 구매자금(37%)이 가장 높았으며 그 다음으로 운영자금(34%)이 높은 것으로 나타났다. 현지차입의 경우 자금 조달처 현황에 대해 살펴보면 중국진출 한국계 은행(58%)이 가장 높았으며 중국계 은행(24%), 기타(14%), 사채(4%)의 순으로 조사되었다.

현지차입의 경우 중국계 은행과 거래하는 이유를 살펴보면 담보대출 용이(29%)와 인민폐 거래 원활(24%)이 가장 높았으며 신용대출 용이(12%)와 적극적인 거래유치(5%)의 순으로 조사되었다. 현지차입의 경우 한국계 은행 거래이유에 대해서는 신용대출 용이(32%), 거래편리성(23%), 본사의 주거래은행(22%), 담보대출 용이(14%), 기타(9%)의 순으로 조사되었다. 따라서 담보대출과 위안화 대출이 필요한 경우에는 중국계 은행과 거래하고 신용대출이 필요하거나 중국계 은행을 잘 모를 경우에는 한국계 은행과 거래하고 있는 것으로 판단된다.

7.2 현지법인 자금조달처

향후 현지법인 자금조달처를 살펴보면 대다수가 현지차입(73%)으로 조사되었으며 본사로부터 투융자(21%), 기타(6%)의 순으로 나타났다. 향후 현지차입 자금 조달처에 대해서는 대다수가 중국 진출 한국계 은행(85%)으로 조사되었고 중국계 은행(11%), 기타(4%) 등으로 나타났다.

8. 중국진출의 성과 및 기술격차 현황

응답기업들은 중국진출의 성과에 대해 대부분 만족하고 있는 것으로 답하였다. 즉, 응답기업의 63%가 매우 만족하거나 만족하고 있는 것으로 나타났다. 반면에 불만족하고 있는 기업은 12%에 불과하고 나머지 25%는 보통이라고 응답하였다. 중국현지법인과 중국경쟁업체의 기술격차는 2~3년 내에 기술추격이 이루어질 것으로 조사되었다. 따라서 다수의 중소기업들의 기술경쟁력(technological competitiveness)이 장기간 유지되기는 힘들 것으로 판단된다.

9. 중국진출지역 투자여건 전망 및 지역이전 이유

9.1 투자여건 전망

현재 진출하고 있는 지역의 투자여건 전망에 대해서 살펴보면 그저 그렇다(30%), 조금 어려움(29%), 조금 유망함(27%), 아주 어려움(8%), 아주 유망함(6%) 등의 순으로 대체로 현재 진출지역의 투자여건이 크게 변하지 않을 것으로 보인다. 즉, 응답 기업들은 지역의 투자여건이 향후 2~3년 동안 크게 변화되지는 않을 것으로 인식하고 있다.

9.2 지역이전 이유

지역을 이전하려는 이유에 대해서 살펴보면 인건비 저렴(43%)이 가장 높았다. 다음으로 현재 판매에 유리가 21%, 원자재 조달에 유리가 21%로 나타났다. 응답 기업들은 현지 경영에 직접적으로 영향을 미치는 임금, 물류비용 및 내수판매 등의 요인으로 이전을 고려하고 있는 것으로 판단된다.

10. 경영성과 만족도

경영성과 만족도를 진출지역, 진출업종, 투자시기, 투자규모, 투자동기 등으로 구분하여 T 검정이나 ANOVA 검정을 실시한 결과 진출지역과 업종 및 투자규모별로는 차이가 없었다. 즉, 진출지역이나 업종 또는 투자규모는 성과만족도에 별다른 영향을 미치지 못하는 것으로 나타났다. 반면에 투자시기와 동기에 따라 성과만족도가 유의한 차이(significant difference)를 보이고 있어서 이들 요인이 투자성과(investment performance)에 영향을 미치고 있는 것으로 판단된다. 즉, 동반진출 유형이나 생산기지 유형이 내수지향 유형보다 투자성과 만족도가 높았으며 2000년 이전에 진출한 기업이 그 이후에 진출한 기업보다 성과만족도가 높은 것으로 나타났다.

이 같이 응답기업의 경영성과 만족도가 진출지역이나 업종 또는 투자규모에 관계없이 투자동기와 시기에 따라 영향을 받고 있는 것은 이들 기업이 풍부한 저임노동력이라는 중국의 입지 우위요인을 잘 활용한 결과로 해석된다. 또한, 현지법인을 장기간 운영하면서 외국비용을 극복할 정도로 충분한 현지경험지식을 축적하고 현지 네트워크를 구축하였기 때문인 것으로 판단된다.

제4절 시사점

중국은 향후 경착륙(hard landing)이나 부실채권 등과 같은 경제적인 문제보다는 삼농문제, 빈부격차, 소득격차 등의 사회적인 문제를 경험할 것으로 판단된다. 한국경제의 입장에서 보면 중국의 산업구조 고도화와 인적자원문제가 우려되고 있다. 그러나 이러한 우려와 문제에도 불구하고 중국경제는 향후 10~20년 동안 안정과 성장(stability and growth)을 지속할 것으로 전망된다.

한편, 기존 보고서에서 주로 분석하고 있는 거시경제 리스크(macroeconomic risk)는 중국정부의 통제능력이 커서 발생가능성이 크지 않은 반면, 미시경영 리스크(microbusiness risk)는 중국정부가 '선부론(先富論)'에서 '균부론(均富論)'으로 정책기조를 전환하면서 점점 증대되고 있다. 외자기업에 대한 투자환경변화로 인해 향후 비즈니스 리스크(business risk)가 컨트리 리스크(country risk)보다 훨씬 증대될 것으로 보인다. 중국에 진출한 166개 중소기업의 현지법인에 대한 설문조사 결과에서도 경제관련 리스크 보다는 경영관련 리스크를 우려하고 있는 것으로 나타나고 있다.

중국의 투자환경변화로 인해 중국에서의 비즈니스 리스크가 증대되고 있음에도 불구하고 중국은 향후 10년 이상 안정적인 고도성장을 할 것으로 예측된다. 또한, 사업방식의 변화를 통해 이들 리스크에 효과적으로 대응할 수 있기 때문에 국내 중소기업들은 중국투자를 한층 증대시켜 나가야 할 것으로 판단된다. 즉, 경영여건이 어려워진다고 해서 타 국가로 공장을 이전하는 지역다변화 전략(regional diversification strategy)보다는 중국 내수시장에서 사업구조를 고도화하여 지속적으로 성장하는 전략이 보다 효과적일 것으로 판단된다. 특히, 경영자원이 풍부하지 못한 중소기업들은 중국으로 핵심기술(core technology)과 인재를 이전하고 사업구조를 고도화하여 경쟁하는 것이 보다 효과적일 것으로 분석된다.

그러나 중국의 투자환경변화에 적절하게 대응하지 못할 경우 중국진출 국내 중소기업들은 퇴출될 가능성이 한층 커지고 있다. 따라서 중소기업들은 이러한 투자환경변화에 적절하게 경영전략과 관리방식을 전환시킬 필요가 있다.

이를 보다 자세하게 살펴보면 다음 7개의 방안으로 정리할 수 있다.

1. 거시환경변화에 대한 이해와 사전대응

중국에 진출해 있거나 진출하려는 중소기업은 중국의 거시적 환경변화에 대한 심층적인 이해를 기반으로 사전대응성을 제고시켜야 한다. 특히, 외국인투자에 대한 중국 정부의 특혜가 감소하고 있다는 사실을 인지하고 이에 대한 대책을 마련해야 한다. 대다수의 중소기업인들은 당면하고 있는 경영관리문제에만 신경쓸 경우 거시적 환경변화를 명확하게 이해하지 못하는 경향이 있으므로 세미나 또는 교육을 통해 관련 정보와 지식을 제공하는 것이 필요하다.

2. 인력과 원자재의 현지화

외자기업으로서 부담해야 하는 외국비용을 감소시키기 위해 인적자원의 현지화 수준을 제고시키고 원자재 및 부품의 현지조달 비율을 확대시킬 필요가 있다. 주재원을 최소한으로 파견하고 유능한 현지 채용인을 경영진으로 승진시켜 나가는 인적자원관리 시스템(human resources management system)을 구축해야 한다. 또한, 중국기업과의 공정간 분업을 기반으로 부품의 현지조달비율을 증가시켜야 한다.

3. 관리역량 강화

총경리의 경영역량 강화, 현지 채용인에 대한 교육훈련 강화, 유능하고 의사결정 권한이 있는 경영자 파견, 그룹웨어 등 정보시스템(information system)의 활용 등을 통해 현지법인의 경영관리 역량을 강화해야 한다. 특히, 본사와의 원활한 의사소통을 기반으로 현지법인장에게 의사결정권을 과감히 위양할 필요가 있다. 또한, 교육훈련효과를 증대시키기 위해 현지 채용인의 장기근속을 유도하는 인적자원관리 시스템을 구축해야 한다.

4. 합작과 전략적 제휴의 활용

경쟁력을 상실하고 있는 공정과 제품의 아웃소싱(outsourcing)을 확대하는 한편 중국기업과의 합작이나 합자를 통해 내수시장으로의 진출을 적극적으로 모색할 필요가 있다. 즉, 중국기업과의 전략적 제휴(strategic alliance)를 통해 경쟁열위 제품(competitive disadvantage product)이나 공정을 이들로부터 아웃소싱하는 한편 사업구조를 고도화해야 한다. 또한, 동일지역에 있는 한국기업들끼리 정보네트워크를 구축하고 중국정부정책에 공동으로 대응하는 한편 공동마케팅이나 공동구매 등을 효과적으로 추진할 필요가 있다.

5. 사업구조 개편과 입지변경

독자적인 제품기술과 공정기술을 기반으로 고부가가치 제품을 생산하는 한편 서비스분야와 같이 새롭게 성장하는 분야로 적극적으로 진출할 필요가 있다. 또한, 물류비용을 고려하여 중국 내 타 지역으로 공장을 이전함으로써 저임노동력을 확보해야 한다.

6. 내수시장 진출

제품경쟁력(product competitiveness)을 강화하고 차별화하여 중국 내수시장의 상단시장(high-end market)을 공략해야 한다. 이때 지적재산권(intellectual property rights) 침해와 불법복제품에 대한 대응책을 마련하는 한편 유능한 유통업체를 발굴하고 지역한정 직판체제를 구축할 필요가 있다.

7. 준법경영과 지역사회 기여활동 강화

중국의 관련법규를 철저하게 준수하고 투명한 경영활동(transparent business activities)을 통해 기업의 안정성장을 도모하는 한편 선량한 기업시민으로서 지역사회발전에 기여해야 한다. 중국은 인치사회(人治社會)에서 법치사회(法治社會)로 전환되고 있기 때문에 현지법규를 철저하게 준수할 필요가 있다.

제4편

Post-BRICs 경제의 주요 이슈

10
chapter

멕시코의 FTA 추진 동향

멕시코는 1990년대 초반부터 무역확대를 통한 경제성장(economic growth through trade expansion)을 도모하고자 역내지역뿐만 아니라 역외국가들과도 활발히 자유무역협정(FTA : Free Trade Agreement) 체결을 추진해 왔다. 그러나 2003년 11월 이후 일본을 제외한 여타 국가와의 협상 추진은 중단된 상태이다.

멕시코는 미주자유무역지대(FTAA : Free Trade Area of the Americas) 협상에 집중하고, 주요 교역국인 미국, EU 등과의 FTA 체결이 완료된 점 등을 협상 중단의 표면적 이유로 지적하였다 그러나 실제는 농민 및 제조업체의 강력한 반발 때문인 것으로 분석된다. 다만 일본과는 돼지고기 수출시장 확대 등을 목표로 FTA 협상을 지속적으로 추진하여 2005년에 발효된 바 있다.

한국은 일본이 멕시코와 FTA를 체결할 경우 우리의 대멕시코 주요 수출품인 전기 · 전자, 자동차 등에 대한 수출 타격을 우려하여 멕시코와 FTA 체결을 추진해 왔다. 그러나 수차에 걸친 양국간 경제공동위원회 개최 등 다각적인 노력에도 불구하고 양국간 협상타결 전망은 다소 불투명한 상황이다.

제 1 절 멕시코의 FTA 추진 경과

국내시장 규모가 상대적으로 작고 수출지향적 산업구조(export-oriented industrial structure)

를 가지고 있는 멕시코는 무역확대를 위하여 1990년대 초부터 역내국가뿐만 아니라 역외국가와도 FTA를 활발하게 추진해 왔다. 이 결과 멕시코는 전세계적으로 가장 많은 FTA를 체결한 국가 중의 하나가 되었다. 2004년말 기준 멕시코의 대외교역 중 86%가 FTA 체결 대상국가들과 이루어지고 있다. 특히, 수출의 94%가 FTA 체결 대상국을 향해 이루어지는 등 FTA는 멕시코 경제의 성장과 발전에 크게 기여하고 있다.

이 같은 중요성에도 불구하고 멕시코는 2003년말 이후 일본을 제외한 여타 국가와의 FTA 협상 추진을 중단하고 있다. 이에 대해 다수의 경제전문가들은 FTA 협상 중단 발표시 내세운 표면적 이유[1])보다는 내부 정치적인 이유에 기인하고 있다는 지적을 하고 있다. 당시 멕시코 국내에서는 다수의 FTA 체결에도 불구하고 NAFTA를 제외하고는 기 체결한 FTA를 제대로 활용하지 못한다는 비판 및 미국, EU 등과의 FTA 타결 이후 농업부문 개방 확대에 불만을 가진 농민들의 시위가 지속되고 있었다. 또한 일본, 한국 등 아시아 국가들과의 FTA 협상 추진에 대한 제조업계의 극심한 반발로 추가적인 FTA 논의가 정부의 정치적 부담으로 작용하고 있었다.

〈표 10-1〉 멕시코의 FTA 체결 현황

연 도	체결 내용
1992	칠레
1994	미국, 캐나다(NAFTA)
1995	베네수엘라, 콜롬비아
1995	코스타리카, 볼리비아
1998	니카라과
2000	EU
2001	엘살바도르, 과테말라, 온두라스
2001	EFTA(스위스, 노르웨이, 리히텐슈타인, 아이슬란드)
2001	이스라엘
2003	우루과이
2004	EU 신규 10개 회원국(2004. 5. 1 가입)
2005	일본(2005. 4. 1 발효)

1) 2003년 11월 멕시코 경제부 장관은 '일본을 제외한 모든 국가와의 FTA 협상 중단' 방침을 발표하면서 3가지 이유(① 미주자유무역지대(FTAA) 협상에 집중, ② 다자간 협상무대인 WTO의 적극 활용, ③ 주요 교역국인 미국, EU 등과의 FTA 체결 완료)를 지적하였다(수출입은행, 수은해외경제, 2005. 4. pp. 85~88 요약・재구성).

다만 기존 FTA 협상 중단에도 불구하고 일본과의 FTA는 지속적으로 추진되었다. 이는 일본 공산품에 대한 관세인하의 반대급부로서 자국 농산물 중 돼지고기 등의 일본 판매 확대를 목표로 하였기 때문이다.

일・멕시코간 FTA는 2004년 상반기에 사실상 타결되어 2005년 4월부터 발효되었다. 일본은 2005년부터 특수강의 무관세 수출과 첨단 전자제품, 기계류 등의 대멕시코 수출에서 양허관세를 적용받게 되었다. 이에 따라 멕시코 시장에서 일본과 경합관계에 있는 한국제품의 수출경쟁력(export competitiveness) 약화가 우려되고 있다.[2)]

제2절 한・멕시코 FTA 추진 경과

한국은 칠레와의 FTA를 추진하면서 중미지역에서의 거점 확보와 수출증대를 위한 방안으로 멕시코와의 FTA 체결도 적극적으로 추진하여 왔다. 특히, 2004년 3월 일본과 멕시코의 FTA 협상이 진전을 보이면서 한국기업의 대멕시코 철강, 자동차, 전자제품 수출경쟁력이 약화될 것을 우려한 한국 정부는 멕시코에 대해 FTA 체결을 적극적으로 요구하였다. 그러나 멕시코가 아시아 국가 중 일본과의 FTA 체결로 경제협력 다변화라는 소기의 목적을 달성했다는 자체 판단과 제조업체의 반발, 한국 농수산물 시장 개방의 불투명성 등의 요인이 복합적으로 작용하면서 2003년 11월 멕시코의 FTA 협상 전면 중단 이후 양국간 FTA 협상은 진전되지 못하고 있다.

이후 2004년 5월 경제협력개발기구(OECD) 총회 당시 한국통상교섭본부장과 멕시코 경제부 장관이 양국 교역증진과 산업협력, 상호투자보호 및 증진에 대한 양해각서를 체결하였다. 2004년 10월 한・멕시코 경제관계 강화를 위한 전문가회의가 서울에서 개최되면서 양국간 FTA 체결 논의가 다시 진행되고 있다.

양국간 합의로 수차례 개최된 경제공동위원회에서 한국은 멕시코에 대해 FTA의 조속한 체결을 요구한 반면에 멕시코는 한국에 대해 FTA 체결의 선결 조건으로 무역역조 시정 및 해외투자 확대를 위해 기존의 양국 교역 및 경제협력 관계의 강화를 희망하는 것으로 나타났다.[3)] 2005년 3월 7~8일 서울에서 개최된 '한・멕시코 3차 경제공동위원회'는 양국이 경제・

2) 경쟁력 저하가 예상되는 품목은 자동차 및 관련 부품, 전기・전자기기, 기계류, 수송기계, 플라스틱, 철강, 고무 타이어 등이며, FTA 미체결국으로서 각종 정부조달시장 참여도 제한받을 것으로 전망된다.
3) 한국은 멕시코에 대해 매년 20억 달러 이상의 상품수지 흑자를 유지하고 있다(멕시코 통계에 따르면 흑자 규모는 이보다 훨씬 큰 것으로 조사됨).

기술 협력 방안을 주제로 무역 및 투자 촉진, IT, 인적자원(human resources) 개발분야의 협력을 강화하고 타국과의 FTA 체결 사례를 비교 · 공유하고 한 · 멕시코간 최적의 경제 · 기술 협력 모델 개발에 합의하는 등 다소의 진전을 보였다.

〈표 10-2〉 한국의 대중남미 국가별 · 지역별 직접투자 추이

(단위 : 백만 달러)

구 분	멕시코	아르헨티나	브라질	Mercosur	칠레	역내 총계
1980~1987	0.2	3.6	1.5	5.2	2.5	17.8
1998~1994	25.5	41.9	1.4	45.6	36.9	308.2
1995~1999	169.2	79.7	220.2	300.0	15.8	1,139.1
2000~2003	88.8	11.2	54.7	67.3	6.5	630.5
총 계	283.7	136.4	277.8	418.1	61.8	2,095.6

자료 : 수출입은행 해외투자통계

그러나 보다 성과있는 합의도출을 위해서는 멕시코가 주장하고 있는 무역역조 시정 및 해외투자 확대 요구에 대한 논리적 대응이 필요하다.

1. 멕시코의 시각

1.1 해외투자 확대

멕시코는 1999~2004년 중 멕시코로 유입된 총 873억 5,800만 달러의 외국인직접투자(FDI) 중 한국의 비중이 0.2% 수준에 불과하다며 투자확대를 요구하고 있다. 그러나 멕시코의 불만에도 불구하고 멕시코에는 한국의 중남미 투자 중 가장 많은 금액이 투자되고 있다. 1995~1999년보다 2000~2003년에 투자규모가 감소한 것은 중남미 전체의 국가위험도(country risk) 증가 이외에도 임금 상승, 높은 세금 등 멕시코의 내부요인에서 비롯되었다고 볼 수 있다.

1.2 무역역조 시정

무역역조 심화 주장과 관련해서는 양국간 무역불균형(trade imbalance)은 대부분 현지 투자한 한국기업들에 대한 부품 및 반제품의 수출증가에 기인한 측면이 크다. 최근 수년간 멕시코로부터의 수입이 10%대의 증가율을 보이고 있으며 수입품목도 원부자재로부터 첨단제품까

지 다양화되고 있다.

〈표 10-3〉 한국의 대중남미 국가별 · 지역별 직접투자 비중

(단위 : %)

구 분	멕시코	아르헨티나	브라질	Mercosur	칠레
1980~1987	0.9	20.3	8.6	29.3	14.1
1998~1994	8.3	13.6	0.5	14.8	12.0
1995~1999	14.9	7.0	19.3	26.3	1.4
2000~2003	14.1	1.8	8.7	10.7	1.0
총 계	13.5	6.5	13.3	19.9	2.9

자료 : 수출입은행 해외투자통계

따라서 한 · 멕시코 FTA의 성공을 위해서는 양국간 경제현안에 대한 인식차이를 해소할 필요가 있다.

2. 한국의 시각

2.1 해외투자 확대

해외투자 확대에 대해서는 한국기업의 대멕시코 투자비중이 중남미지역에서 가장 높다는 점과 멕시코 투자환경의 개선 필요성 등을 설명할 필요가 있다.

2.2 무역역조 시정

무역역조 시정 요구에 대해서는 대멕시코 수입이 급격히 증가하는 점을 강조할 필요가 있다. 그리고 FTA 체결시 칠레에 편중되어 있는 구리 수입의 멕시코로의 전환, IT부문의 산업간 협력, 멕시코산 농수산물의 수입 확대 등 다양한 이점을 제시할 필요가 있다.

11
chapter

NAFTA 이후 멕시코 농업부문의 변화

멕시코는 미국, 캐나다와 북미자유무역협정(NAFTA)을 체결하였다. 1994년 1월 발효된 NAFTA는 미국·캐나다·멕시코 3국간 무역 및 투자장벽(trade and investment barriers)을 2008년까지 14년 간에 걸쳐 점진적으로 철폐하도록 하였다.

농산물 수출국인 미국과 캐나다와는 달리 멕시코는 농산물 수입국으로서 이들 국가와 FTA를 체결하게 되면 농업부문에 상당한 피해를 입을 것으로 전망되었다. 이 같은 전망대로 NAFTA가 멕시코 농업에 부정적인 영향을 미쳤는지 NAFTA 이후 멕시코 농업부문의 변화를 살펴볼 필요가 있다. 특히, 무역자유화(trade liberalization)가 멕시코 농업의 구조전환을 촉진시키는 데 기여하였는지, 또한 이 같은 정책개혁(policy reform)이 멕시코 농민들에게 어떤 영향을 미쳤는지 파악할 필요가 있다. 이는 2007년 4월 미국과의 FTA를 타결한 우리 농업에 시사점을 제공해 주게 된다.

NAFTA 이후 멕시코 농업부문의 변화를 교역, 가격, 생산, 투자, 농업정책 등을 위주로 분석한 대외경제정책연구원의 보고서를 중심으로 살펴본다.

제 1 절 NAFTA 이후 멕시코 농업의 변화

1. 농산물 교역

1.1 농산물 교역량

멕시코는 NAFTA 이후 북미와의 농산물 교역이 증가하였다. 특히, 멕시코와 미국 간의 교역은 더욱 증가하였다. 미국·멕시코 양국간 농산물 교역은 NAFTA 이행기간 동안 2배 이상 증가하였다. NAFTA가 발효되기 이전인 1991~1993년의 기간 동안 미국과 멕시코간 농산물 교역량은 60억 달러를 기록하였으나 NAFTA 발효 이후인 2001~2003년의 기간 동안은 132억 달러로 119.5%의 증가율을 보였다.

〈표 11-1〉 미국·멕시코 농산물 교역량

(단위 : 백만 달러, %)

	1991~1993년	2001~2003년	증가율(%)
미국·멕시코 농산물 교역량	6,018	13,211	119.5

자료 : USDA/ERS, 2004. 12.

1.2 농산물 수출

NAFTA 이후 멕시코는 채소류와 과일류의 수출이 현저히 증가하였다. NAFTA 이전(1991~1993년)에 비해 NAFTA 이후(2001~2003년) 대미 채소류 수출은 약 134% 증가하였으며 과일류 수출은 약 153% 증가하였다. 이들 품목은 NAFTA 이후 생산도 증가추세에 있는 품목이다. NAFTA 전후 멕시코 주요 농산물의 수출 변화를 품목별로 살펴보면 당근과 순무, 후추, 아보카도, 딸기 등이 NAFTA 이후 100% 이상의 수출증가율을 보였다.

〈표 11-2〉 NAFTA 전후 멕시코 주요 작물의 수출 변화

(단위 : 천 톤, %)

	1991~1993년(NAFTA 이전)	1994~2001년(NAFTA 이후)	증가율
아스파라거스	19.21	35.47	84.6
콜리플라워와 브로콜리	26.17	48.21	84.2
당근과 순무	14.21	50.26	253.7
오이	207.96	347.41	67.1
마늘	13.06	17.26	32.2
양파	193.87	241.52	24.6
후추	153.14	309.47	102.1
토마토	367.45	733.05	99.5
아보카도	16.27	66.71	310.0
레몬과 라임	94.52	119.77	26.7
망고	96.19	185.11	92.4
메론	171.34	222.49	29.9
오렌지	11.34	16.54	45.9
딸기(신선, 냉동)	11.04	30.18	173.4
수박	126.97	231.78	82.5
총계	1,522.74	2,655.23	74.4

자료 : FAO

1.3 농산물 수입

NAFTA 이후 멕시코 농산물의 수출이 증가한 반면 수입도 증가하였다. 주로 보리, 콩, 옥수수, 대두, 밀 등 곡물류의 수입이 증가하였다. NAFTA 이전(1991~1993년)에 비해 NAFTA 이후(2001~2003년) 대미 곡물류 및 사료 수입은 약 135% 증가하였다. 이들 품목 중 보리, 대두, 밀 등은 NAFTA 이후 생산이 감소추세를 보이고 있는 품목이다. NAFTA 전후 멕시코 주요 농산물의 수입변화를 품목별로 살펴보면 보리와 수수를 제외한 콩, 옥수수, 밀, 대두 등이 NAFTA 이후 100% 이상의 수입증가율을 보였다.

〈표 11-3〉 NAFTA 전후 멕시코 주요 작물의 수입 변화

(단위 : 천톤, %)

	1991~1993년(NAFTA 이전)	1994~2001년(NAFTA 이후)	증가율
보리	105.59	129.27	22.4
콩	13.52	114.94	750.1
옥수수	979.34	5,222.79	433.3
수수	3,890.75	4,137.07	6.3
대두	1,920.59	3,863.37	101.2
밀	1,119.64	2,717.48	142.7
총계	8,029.43	16,184.92	101.6

자료 : FAO

2. 농산물 가격

NAFTA 이후 멕시코 농산물의 국내가격은 국제가격 또는 미국 농산물 가격과 연동되어 밀접하게 움직이고 있다.[4] 특히, 채소나 과일의 멕시코 국내가격은 국제가격과 더욱 연계되어 움직이고 있다. 또한, 멕시코 주요 수입작물의 멕시코 국내가격이 점차 하락하고 있으며 NAFTA로 인한 제조업부문의 보호조치가 철폐됨에 따라 농산물의 투입재가격도 하락하였다.

3. 생산 및 재배면적

NAFTA 이후 멕시코 농산물 대부분의 생산과 재배면적이 증가하였다. 채소류와 과일류의 생산은 NAFTA 이전(1991~1993년)과 비교하여 NAFTA 이후(1994년~2001년) 채소류는 39.3%, 과일류는 19.4% 증가하였다. 주로 수출품목인 채소나 과일의 국내 생산과 재배면적이 증가한 것으로 나타났으며 생산이 감소한 품목은 보리, 대두, 밀 등 주로 수입품목으로 조사되었다.

4) 기본적인 경제논리로 자유화 정책(liberalization policy)은 가격에 영향을 주고 이는 자원할당에 변화를 주게 된다. 자유화 정도가 높으면 가격에서의 주요 변화가 기대되고 이는 교역 및 국내 공급에서 구조전환을 수반하게 된다(대외경제정책연구원, 세계경제, 2005. 11. pp. 44~51 요약·재구성).

〈표 11-4〉 NAFTA 전후 멕시코 주요 작물의 생산 및 재배면적 변화

(단위 : 천톤, 천ha, %)

	생산			재배면적		
	1991~1993 (NAFTA이전)	1994~2001 (NAFTA이후)	증가율	1991~1993 (NAFTA이전)	1994~2001 (NAFTA이후)	증가율
아스파라거스	33.15	52.29	57.7	11.76	14.39	22.4
콜리플라워와 브로콜리	212.82	260.58	22.4	19.17	20.30	5.9
당근과 순무	239.20	319.24	33.5	9.57	13.54	41.5
오이	257.40	417.24	62.1	15.88	17.73	11.6
마늘	55.37	58.05	4.8	7.70	7.28	-5.5
양파	715.50	932.56	30.3	40.19	42.40	5.5
후추	834.93	1,656.21	98.4	98.84	121.48	22.9
토마토	1,655.43	1,882.21	13.7	84.36	71.30	-15.5
아보카도	738.07	869.27	17.8	92.48	93.78	1.4
레몬과 라임	772.21	1,358.40	75.9	89.98	103.68	15.2
망고	1,115.00	1,412.64	26.7	138.13	138.25	0.1
메론	511.73	565.25	10.5	46.79	30.27	-35.3
오렌지	2,608.22	2,751.98	5.5	274.87	257.66	-6.3
파인애플	258.36	430.98	66.8	8.95	13.54	51.3
딸기(신선,냉동)	86.47	121.96	41.0	7.13	6.76	-5.2
수박	426.43	761.00	78.5	39.59	40.66	2.7
보리	536.15	523.75	-2.3	295.87	282.08	-4.7
콩	1,128.22	1,147.97	1.8	2,070.25	2,258.36	9.1
옥수수	16,435.37	17,699.01	7.7	7,993.44	8,717.77	9.1
수수	4,080.70	5,624.51	37.8	1,313.81	2,027.90	54.4
대두	605.36	182.51	-69.9	305.51	126.51	-58.6
밀	3,754.56	3,207.30	-14.6	953.49	789.01	-17.3
총계	37,060.65	42,234.91	14.0	13,917.76	15,194.65	9.2

자료 : FAO, Mexican Ministry of Agriculture

4. 외국인직접투자(FDI)

멕시코 식품산업에 대한 미국의 직접투자는 NAFTA 이후 2배 이상으로 증가하였다. 1994년 약 27억 달러였던 멕시코 식품산업에 대한 직접투자는 1999년 약 53억 달러로 증가하였다. 투자의 대부분은 파스타, 과자류, 캔 및 냉동육류 등과 같은 가공식품에 집중되었다.

〈표 11-5〉 미국의 멕시코 식품산업에 대한 직접투자

(단위 : 백만 달러)

	1994년	1995년	1996년	1997년	1998년	1999년
직접투자	2,660	2,929	3,579	4,484	4,723	5,300

자료 : USDC/BEA, 2004. 12.

5. 멕시코 농업정책

멕시코 정부는 농산물 무역자유화에 대응하기 위해 NAFTA가 체결되기 이전부터 새로운 농업정책(agricultural policy)을 수립하고 NAFTA 이후에도 지속적으로 정책을 보완하였다. 대표적인 정책으로 3가지(① PROCAMPO(Program of Direct Payment to the Countryside), ② Alliance, ③ Agricultural Armour)를 지적할 수 있다. 이들 정책은 외국과의 경쟁에 직면한 농민들, 즉 기초작물을 생산하는 국내 생산자나 무역자유화에 직면한 경쟁작물을 재배하는 생산자의 소득을 지지하고 멕시코의 농업생산구조(agricultural production structure)를 변화시키기 위한 것이다.

5.1 PROCAMPO

멕시코 정부는 NAFTA가 발효되기 이전인 1993년 겨울 PROCAMPO를 시행하였다. PROCAMPO는 보리, 콩, 옥수수, 면화, 쌀, 밀 등 기초작물을 생산하는 농민들에게 직접 소득을 이전시키는 직접지불제도이다. PROCAMPO의 목적은 보조금을 통해 비교우위(comparative advantage)가 있는 작목으로 생산전환을 유도하고 농산물 시장개방으로 피해가 예상되는 농가의 피해를 완화하기 위해 수립되었다. PROCAMPO는 보조금을 현재 생산량이 아닌 과거의 작목별 단위면적을 기준으로 지불하였으며 PROCAMPO의 도입으로 국내가격을 국제가격 수준으로 하락시킬 수 있게 되었다. PROCAMPO를 통해 낮은 가격에 대한 농민의 손실을 보장해주었으며 기초작물을 생산하는 영세농은 PROCAMPO의 혜택을 받게 되었다. 이 같은 직접소득지불은 멕시코로 수입된 주요 작물의 국내 생산을 촉진시켰으며 이러한 정부의 지지가 국내 생산기반의 붕괴를 방지하였다. 즉, PROCAMPO는 멕시코의 농산물 공급구조를 유지하는 데 중요한 역할을 담당하였다.

5.2 Alliance

1995년에는 농촌지방을 위한 Alliance 제도가 시행되었다. Alliance는 개방경제에 직면하여

효율성 있는 작물을 생산하고 농업 생산성을 증대시키고자 하는 목적을 가지고 있다. 즉, 잠재적 비교우위를 가진 농민들을 위해 기초 작물에서 채소나 과일로의 작물대체를 통한 농가의 효율성을 촉진하기 위한 제도이다.

5.3 Agricultural Armour

멕시코는 2002년 미국의 농업법(Farm Bill)에 대응하여 'Agricultural Armour'를 발표하였다. 이는 미국의 농업법과 같이 주요 곡물류나 유지종자의 생산자를 위한 소득안전망(income safety net)의 목적(멕시코 농민들을 위한 저금리, 신용접근 증대 등)과 불공정한 경쟁(unfair competition)에 대비하고자 하는 목적에서 수립되었다.

제 2 절 시사점

미국, 캐나다와 같은 농산물 수출국과의 FTA로 인해 농산물 수입국인 멕시코는 농업부문에 많은 피해를 입을 것으로 예상되었다. 즉, 수입이 증가하고 국내 생산기반이 붕괴될 것이라는 우려가 증대되었다. 그러나 NAFTA가 체결된 이후 교역, 생산 및 재배면적 등에서 그렇게 우려할 만한 현상은 나타나지 않았다. 오히려 NAFTA로 인해 국내 농업정책이 가격지지에서 직접소득지불로 전환하여 농업 생산성과 효율성(agricultural productivity and efficiency)을 증대시키는 방향으로 변화하였다.

NAFTA가 체결된 이후 멕시코 농업의 변화를 살펴보면 다음 5가지로 정리할 수 있다.

① NAFTA 이후 북미국가와의 농산물 교역이 증가하였고 수출이 증대되었다. 수출품목인 채소류와 과일류의 수출이 더욱 확대되었다. 그러나 콩, 옥수수, 밀, 대두 등 기초작물의 수입도 증가하였다.

② 멕시코의 국내 농산물가격은 국제가격 수준으로 하락하는 등 국제가격과 밀접하게 연계되어 움직이고 있으며 이는 소비자 후생(consumer welfare)을 향상시켰다.

③ NAFTA 이후 국내 생산기반이 붕괴될 것이라는 우려가 있었으나 대부분의 멕시코 농산물 생산과 재배면적이 NAFTA 이전보다 증가하였다. 이러한 증가는 수출품목인 채소류와 과일류를 중심으로 확대되었다.

④ NAFTA는 멕시코 식품산업에 대한 미국의 투자를 이끌어냈다. NAFTA 이전에 비해 2

배 이상 증가한 미국의 투자로 멕시코는 선진기술, 고용증대, 소득증가 등의 효과를 얻게 되었다.

⑤ NAFTA에 대비한 새로운 농업정책을 마련하여 농업부문의 피해를 최소화하고자 주력하였다. 기초작물의 생산이 감소하고 수입이 증가하여 생산기반이 붕괴될 것이라는 우려가 있었으나 이들 작물의 생산기반은 붕괴되지 않았으며 이는 멕시코 정부의 새로운 농업정책에 기인하였다. 즉, NAFTA 체결에 대비하여 옥수수, 콩 등 주요 기초작물에 대해서 직접지불제인 PROCAMPO를 실시하여 농업부문의 피해를 완화시켰으며 멕시코 농업예산 중 PROCAMPO의 예산이 1/3 이상을 차지하고 있을 만큼 이 정책에 중점을 두었다.[5)]

상기한 바와 같이 멕시코 농업은 NAFTA 이후 막대한 피해를 입을 것으로 예상되었으나 시의적절한 농업정책을 통해 취약품목의 피해를 완화하고 수출품목을 중심으로 농업 생산구조가 변화하였다. 이는 멕시코 농민들이 캐나다나 미국의 농민들과 경쟁하게 됨에 따라 생산성을 증가시키는 결과를 야기시켰다. 멕시코 농업은 NAFTA로 인해 생산구조의 변화가 발생하였는 데 경쟁우위(competitive advantage)에 있는 품목 위주로 수출이 증가한 것을 볼 수 있다. 즉, 기초작물의 생산이 감소하고 수입이 증가하였으나 채소류 및 과일류의 생산과 수출이 증가하는 방향으로 나타났다.

멕시코 정부가 NAFTA 체결 이전에 미리 취약품목에 대비한 농업정책을 시행했다는 점을 주목할 필요가 있다. 대부분의 주요 수출품목인 채소류나 과일류의 국내생산과 수출은 NAFTA 이전보다 현저히 증가한 것에 반해 보리, 대두, 밀 등 곡물류의 생산은 감소하였으며 수입도 증가하였다. 그러나 이들 주요 기초작물의 생산기반은 붕괴되지 않았다. 이는 취약품목의 경우 FTA가 체결되기 전에 이미 이에 대응하기 위한 정책을 수립하고 시행한 결과로 해석할 수 있다. 또한, 멕시코의 농업정책은 정부의 직접적인 가격 개입에서 직접소득지불로 변화하였으며 점차 직접지불제가 확대되고 있다.

멕시코의 사례에서 알 수 있듯이 농산물 수출국과의 FTA에 앞서 농가의 피해를 최소화하기 위해 미리 취약품목에 대한 대응정책을 마련하고 농업 생산구조의 조정을 통한 수출전략 방안을 마련하는 것이 급선무이다.

---

5) PROCAMPO는 생산에 직접 영향을 주지 않는 직접지불제 형태이며 지불기준도 과거 일정시점의 경작면적으로 책정하고 있어 시장왜곡효과(market distortion effect)를 최소화하는 제도라고 할 수 있다. 1996년 PROCAMPO가 멕시코 총농업예산에서 차지하는 비중은 36.4%로 멕시코 농업정책에 있어 직접지불제의 비중이 매우 높다는 것을 알 수 있다.

12
chapter

동아시아의 경제성장과 과제

아시아 지역의 인프라에 대해 가장 많은 투자와 지원을 하고 있는 아시아개발은행(ADB), 일본국제협력은행(JBIC), 세계은행(World Bank) 등 3개 기관은 2005년 3월에 'Connecting East Asia: A New Framework for Infrastructure'라는 제목의 3개 기관 최초 합동연구결과를 공개하였다.[1] 연구결과의 발표를 위한 합동 심포지엄이 도쿄시내에 위치한 게이단렌(經團連)[2] 회관에서 개최되었는 데 주최기관인 ADB, JBIC, World Bank는 물론 일본 재무성, 베트남, 인도네시아 등의 정책담당부서, 학계 전문가 등이 대거 참가하여 아시아 지역의 인프라 발전방향에 대해 논의하였다.[3]

동 연구의 계기는 아시아에서 경제성장과 빈곤감축(economic growth and poverty reduction)에 주요한 역할을 했던 인프라 투자가 1997년 외환위기(foreign exchange crisis) 이후 급격히 감소한 데 따른 것으로 이해할 수 있다.[4] 즉, 아시아 지역에 대한 인프라 투자는 소위 '동아시아의 경제기적'을 과시하던 1993년에 146억 달러에서 1997년에는 413억 달러로 정점을 기록하였다. 그러나 외환위기가 닥친 1998년에는 122억 달러로 급감하였고 2001년이 되어서야 겨우 1993년 수준을 회복하였다.

---

1) 아시아개발은행, 일본국제협력은행, 세계은행의 공동연구 결과인 Connecting East Asia: A New Framework for Infrastructure를 중심으로 정리한 수출입은행의 보고서를 요약·재구성하였다(수출입은행, 수은해외경제, 2005. 6. pp. 43~54).

2) 게이단렌은 일본경제단체연합회(日本經濟團體連合會)를 의미한다.

3) 연구보고서가 포함하는 대상국은 캄보디아, 중국, 피지, 인도네시아, 키리바시, 라오스, 말레이시아, 마샬군도, 미크로네시아 연방, 몽골, 미얀마, 팔라우, 파푸아뉴기니, 필리핀, 사모아, 솔로몬제도, 태국, 동티모르, 통가, 바누아투, 베트남 등이다.

4) '경제적 인프라'는 에너지, 홍수방지 및 배수, 관개, 정보통신(IT), 운송, 상·하수도 등을 의미하는 반면에 '사회적 인프라'는 교육, 보건, 사회보장 등을 지칭한다.

세계은행(World Bank)은 한동안 중단되었던 인프라 관련 대출을 재개하면서 인프라 개발을 위한 전략 재검토 필요성이 있었으며, 가장 많은 인프라 투자지원을 담당하던 ADB와 JBIC에게는 본 연구가 주요 관련기관들과 함께 협의하면서 효과적이고 효율적인 전략을 수립할 수 있는 양호한 기회가 될 수 있었다. 따라서 3개 기관은 공동연구를 추진하기로 결정하고 ADB의 인프라개발 연구(Technical Assistance for Infrastructure Development in East Asia)의 시작을 계기로 본 연구에 착수하게 되었다.

한편, 선행연구에 의하면 인프라의 발전은 경제성장 및 빈곤감축과 정(+)의 상관관계를 가지고 있다. 즉, 인프라의 발전은 장기적으로 지속가능한 성장(sustainable growth)을 위한 잠재력을 제고시키고, 빈곤층이 성장으로부터 혜택을 받고 다시 성장에 기여하는 역량을 확충시키는 역할을 하게 된다. 또한, 인프라는 생산성(productivity)을 증진시켜 빈곤층이 성장의 결과를 공유함으로 소득수준을 향상시킨다고 평가한다.

이들 3개 연구기관의 목적은 다음 3가지로 요약된다.

① 경제성장과 빈곤감축에 기여하는 인프라의 역할 재조명
② 정책결정자들에 실질적인 지침 제공
③ 인프라와 관련된 개발파트너와의 협의과정 지원

또한, 3개 기관이 협의한 연구의 주제는 다음 5가지로 정리될 수 있다.

① 빈곤감축에 있어 인프라의 역할
② 공공 및 민간부문의 역할 조화
③ 환경, 사회 및 관리체제(governance)에 미치는 영향
④ 도시화(urbanization), 탈집중화, 통합(integration) 등의 구조적 변화
⑤ 재정 및 금융 문제

상기한 문제의식을 가지고 ADB, JBIC및 World Bank는 합동연구팀을 구성하여 2차에 걸친 워크숍과 연구발표회를 개최한 바 있다.

제 1 절 아시아 인프라개발의 주요 이슈

아시아 전체로 살펴볼 경우 지난 10여년간 연평균 7% 이상의 성장을 달성하는 등 괄목할 만한 경제적 성과를 기록하였다. 일부 국가는 해마다 국내총생산(GDP)의 7% 이상을 투자할 만큼 인프라개발 성과도 크게 향상되어서 하루 2달러 미만으로 생활하는 극빈층 인구가 2억 5,000만명이나 감소하였다.5)

그러나 세계에서 가장 많은 인구를 가진 중국과 가장 적은 인구를 보유한 남태평양군도, 1인당 GNI가 3,000달러를 초과하는 말레이시아와 300달러 정도인 캄보디아, 급속한 경제성장을 시현하고 있는 중국 및 베트남과 마이너스 성장을 나타내는 동티모르가 공존하는 등 다양한 다양성을 가진 아시아 개도국들(developing countries)은 성장률, 국부(national wealth), 인구, 빈곤정도 등에 따라 인프라 개발성과도 커다란 편차를 나타내고 있다.

ADB, JBIC, World Bank는 아시아 지역의 인프라와 관련하여 몇 가지 주요 이슈를 제시하고 있다.

1. 경제성장 및 도시화

아시아의 경제적 성과(economic performance)는 급속한 도시화와 더불어 인프라에 대한 집중투자와 밀접한 관련이 있다. 특히 중국, 인도네시아, 태국, 말레이시아, 베트남 등이 대표적인 사례로 지적될 수 있다. 인프라에 대한 지속적인 투자와 효율적인 운용을 하고 있는 태국과 말레이시아는 인프라 부문에서 상당한 경쟁우위(competitive advantage)를 달성하였다. 중국, 인도네시아, 베트남 등은 태국, 말레이시아보다는 못하나 다른 아시아 국가들보다는 상대적으로 양호한 인프라를 구축하고 있다.

아시아 국가는 일반적으로 다른 지역의 개도국보다 집중적인 인프라 투자를 통해 경제성장 기반을 강화해 왔다고 평가할 수 있다. 아시아 금융위기(Asian Financial Crisis) 이후 경제가 급속히 회복된 것은 직접적으로 국내소비와 수출 증가의 결과인 동시에 노동생산성(labor productivity) 제고와 혁신역량을 강화한 데 따른 결과로 이해할 수 있으나 집적된 인프라가

5) 이는 2명 중 1명꼴에서 3명 중 1명꼴로 향상된 것으로 동 기간 아프리카, 중남미, 중동, 동유럽, 중앙아시아 등에서는 빈곤층이 증가한 것과 대비되는 결과이다.

없었다면 이 같은 양호한 결과는 상당부분 훼손되었을 것으로 판단된다.

〈표 12-1〉 국가별 GDP 대비 인프라 투자 비율

캄보디아, 인도네시아, 필리핀	라오스, 몽골	중국, 태국, 베트남
0~4%	4~7%	7% 이상

한편, 아시아지역 경제발전의 주요 결과 중 하나는 도시화의 심화이다. 도시의 인구는 급속도로 증가하고 있으며 도시지역이 경제성장의 약 70%를 담당하고 있다. 아직까지 세계수준과 비교하면 아시아지역의 도시인구 비율이 높은 편이다고는 할 수 없으나 급격하게 증가하고 있다.[6)]

그러나 도시지역의 인구밀도가 높아짐에 따라 인프라 수요는 급증하게 되는데 적기에 공급이 따르지 못하는 인프라 갭(gap)이 점점 심각한 문제가 되고 있다. 이 문제는 도시의 경쟁력(competitiveness) 저하는 물론 성장지연의 원인으로 작용하면서 도시 빈곤층과 도시에 의존하고 있는 농촌 거주인구에도 부정적 영향을 미치게 된다. 따라서 성장잠재력(growth potentials) 유지를 위해서 인프라에 대한 투자는 절대적으로 중요한 관건이 되고 있다.

〈표 12-2〉 총 도로연장 및 총 발전량 비교

구 분	총 도로연장(Km)			총 발전량(GW)			연평균GDP 성장률(%)
	1990	2000	증감(%)	1990	2000	증감(%)	
중 국	1,028,348	1,679,848	63	127	299	136	9
인도네시아	288,727	355,951	23	13	25	98	4
라 오 스	13,971	23,922	71	0	0	92	6
필 리 핀	160,560	201,994	26	7	12	81	3
태 국	52,305	60,354	15	8	19	125	4
베 트 남	105,557	215,628	104	2	6	180	7
아르헨티나	215,357	215,471	0	17	24	37	4
브 라 질	1,670,148	1,724,929	3	52	69	32	2
인 도	2,000,000	3,319,644	66	72	108	51	5
폴 란 드	363,116	364,656	0	27	29	9	4
남 아 공	185,751	362,099	95	31	40	28	2
한 국	56,715	86,990	53	20	50	150	5

6) 도시인구 비율은 16%(1960)→21%(1980)→36%(2000)로 증가했으며, 2025년에는 50%를 초과할 것으로 예상된다.

2. 환경문제

이전에는 도로, 발전, 폐기물 소각, 상·하수도 등 다양한 인프라의 개발이 추진되면 환경파괴(environmental destruction) 문제가 필연적으로 수반될 수밖에 없었으며 환경의 희생을 통해 경제개발을 우선시하는 경향이 강하였다. 그러나 최근에는 환경도 일종의 자원으로 인식하고 환경보존을 성장의 장애요소로 인식하기보다는 '환경의 고갈'이 오히려 성장에 장애요소로 간주될 정도로 점차 환경의 중요성에 대한 인식이 변하고 있다.

최근 들어 인프라 정책과 계획은 점차 환경개선이나 환경위험 최소화 등의 척도를 고려하고 있다. 아시아 지역에서 환경요인의 고려가 점차 중요해지면서 도심의 대기를 개선하고 온실가스에 영향을 미치는 공해물질 배출을 감소시키며 상·하수 서비스를 향상시킴과 동시에 삶의 질(quality of life)을 제고시키는 친환경시스템의 기능을 유지하는 것이 주요 과제가 되고 있다. 다만 인프라개발이 항상 환경에 무조건 유해하다는 이전의 고정관념에서 탈피하여 환경요인에 대한 복합적인 고려를 통해 인프라 개발문제를 인식할 필요성이 있다. 즉, 수력발전 계획이 하천지역의 환경에는 부정적인 영향을 미칠 수 있으나 화력발전을 감소시킴으로써 이산화탄소(CO_2) 방출 감축에는 긍정적인 효과를 발생시키기 때문에 다면적인 요인을 모두 고려해야 한다.

〈표 12-3〉 동아시아 인프라 투자 및 유지·보수 소요

구 분	금액(백만 달러)			GDP 비율(%)		
	투자	유지·보수	계	투자	유지·보수	계
전 기	63,446	25,744	89,190	2.4	1	3.4
통 신	13,800	10,371	24,171	0.5	0.4	0.9
도 로	23,175	10,926	34,102	0.9	0.4	1.3
철 도	1,170	1,598	2,768	0	0.1	0.1
상 수 도	2,571	5,228	7,799	0.1	0.2	0.3
하 수 도	2,887	4,131	7,017	0.1	0.2	0.3
계	107,049	57,998	165,047	4	2.3	6.3

3. 정치적 갈등요인

인프라개발 분야는 일반적으로 수혜자와 비용 부담자가 상이하여 시장실패(market failure)

가 발생하는 대표적 분야인 데 관리자인 정부, 서비스 이용자, 서비스 제공자 등 3자간 이해 상충으로 인한 갈등의 가능성을 내포하고 있다. 주로 이용요금과 관련한 갈등이 발생하게 된다. 이는 일반적으로 경제적 이익(economic benefit)을 추구하는 서비스 제공자는 요금인상을 요구하는 반면에 정치적 부담을 지니고 있는 정부는 요금인상을 억제하려고 하기 때문이다.

특히, 1997년 외환위기를 경험하면서 아시아 지역에서는 다수의 인프라개발을 위한 민간투자 계약이 취소되거나 환율 평가절하(depreciation), 리스크 증가(risk increase) 등으로 인해 사업재조정 비용이 크게 상승하였다. 더욱이 다수의 아시아 국가들이 민주화(democratization)의 정치적 변화에 직면하게 되면서 정부의 인프라 정책에 비판적인 시민단체의 영향력이 제고되었다. 이는 민간투자자의 인프라개발 이익을 억제하고 각국 정부는 재임기간을 초과하는 장기 인프라사업이나 리스크가 있는 분야를 과감하게 추진할 수 없게 되는 등 인프라개발에 더욱 신중하게 되었다.

경제위기 상황은 종료되고 상당한 수준으로 경제성장이 회복되면서 민간투자는 다시 활성화되고 있으나 아직도 인프라에 대한 투자는 매우 신중하게 추진되고 있다.

4. 인프라개발을 위한 재원조달

아시아는 향후 5년간 인프라 개발을 위하여 매년 약 2,000억 달러의 재원이 필요할 것으로 전망된다. 이 중 65%는 신규개발에, 나머지 35%는 기존 인프라의 유지·보수를 위해 필요한 것으로 평가되고 있다.

〈표 12-4〉 인프라 재원 조달 방식

조달 방식	특 징
사용자 부담(이용요금)	·분야에 따라 비용을 커버할 수 있는 요금산정방식 상이
납세자 부담(보조금)	·미시적 문제 : 투명성, 기간설정 투자와 유지의 균형 유지 등 ·거시적 문제 : 재정안정, 성장 및 빈곤감축 등
민간부문 재원	·적은 규모, 최근 회복기미를 보이나 국가별로 차이가 있음 ·공공부문과 리스크 분담 요구
공적 대주(원조 포함)	·극히 적은 규모 ·공적자금의 효과를 극대화시키는 방법의 모색이 관건

이들 3개 기관의 연구에 따르면 인프라개발을 위한 재원은 궁극적으로 사용자 요금이나 납세자가 부담하는 정부 보조금으로 충당될 것으로 예상되고 있다. 따라서 궁극적으로 민간부문

이든 공적 대주이든 재원 조달자는 실질적인 재원 공급보다는 자금상환 또는 인프라 운영의 기간조절 역할에 그칠 것으로 분석된다.

제 2 절 빈곤감소를 위한 인프라 개발 방안

빈곤을 감소시키기 위한 인프라 개발 방안으로 다음 3가지 측면을 살펴보고자 한다.

1. 인프라와 빈곤의 관계

이들 3개 기관 연구의 핵심적 주제 중 하나는 '포괄적 발전'을 촉진함에 있어서 인프라의 역할이다. 포괄적 발전은 성장과 함께 빈곤감축을 위한 성장의 혜택을 공유하는 것을 의미한다. 아시아의 경험에 따르면 포괄적 발전은 상호 의존을 통하여 정치적 응집력을 강화시키고 사회적 안정(social stability)을 증진시킨다. 한편, 인프라는 이러한 상호 의존을 뒷받침해 왔으며 발전의 방식을 포괄적 성격으로 만드는 데 중요한 역할을 하였다.

우선 빈곤을 협의로 정의할 경우 포괄적 발전은 빈곤선 이하로 살아가는 사람들의 수입과 생계에 초점을 두고 있다. 이에 따라 인프라 개발로 빈곤층의 실질소득이 얼마나 증대되는가에 관심을 가진다. UN이 제시한 새천년 개발목표(MDG)는 빈곤을 보다 포괄적으로 정의하여 사회적 통합(social integration), 인간의 역량과 자유 신장에 초점을 두고 운송과 통신으로 말미암아 공동의 활동에 참가하고 광범한 정보에 접근할 수 있는 능력을 갖추는 것을 강조하고 있다.

이와 관련된 선행연구에 따르면 교통, 통신 및 전력은 성장과 빈곤감축에 전반적으로 매우 중요하며 농촌 도로, 상·하수도는 극빈층의 빈곤감축에 결정적인 역할을 한다고 평가된다.

그러나 모든 사람이 인프라 투자를 통해 혜택을 받거나 그 혜택이 동등하게 공유되는 것은 아니다. 실제 인프라 투자가 수행될 때 혜택을 받는 층과 그렇지 못한 층이 발생하게 된다. 또한, 동시에 성장에 중점을 두는 인프라 투자를 선택할지 아니면 빈곤감축에 중점을 두는 투자를 선택할지를 결정해야 한다. 그리고 담당기관은 빈곤층과 중산층의 이해관계가 상충됨과 동시에 인프라의 혜택을 동등하게 공유해야 할 것을 고려해야 하는 정치적 판단을 해야 하는 상황에 직면하기도 한다.

〈참고〉 **새천년 개발목표(Millennium Development Goals)**

1. UN이 '새천년 정상선언'(2000. 9) 이행을 위해 IMF, World Bank, OECD와 협력하여 마련한 저개발과 빈곤문제 해결을 위한 국제사회의 달성 목표임
2. 중점 8개 목표와 18개 세부목표로 구성되며, 국제사회는 8개 목표를 2015년까지 달성하기로 합의하였음
3. 중점 8개 목표

① 절대빈곤 및 기아인구 감소, ② 모든 아동의 초등학교 혜택 제공, ③ 교육수혜에서 성별 간 차이 제거, ④ 영아 사망률 감소, ⑤ 산모 사망률 감소, ⑥ AIDS 등 감염률 감소, ⑦ 지속가능한 환경(sustainable environment) 유지, ⑧ 공적개발 원조 확대

2. 국가 조정기능의 변화

아시아의 인프라 개발경험이 의미하는 바는 전략적 비전(strategic vision)과 그 비전을 현실화시키는 국가의 능력 형성을 의미하는 '큰 그림'(Big Picture)이 담당부처나 인프라 제공자만큼 중요하였다는 것이다. 이 같은 국가의 능력을 조정기능(coordination)이라고 할 수 있다. 조정기능은 다수의 목적 간에, 특히 다양한 행위자가 관련되어 있을 경우 이해관계 및 득실을 고려하는 능력이 요구된다.

인프라 개발에서 강력한 조정능력 발휘의 예는 현재 아시아 지역의 최선진국인 일본과 홍콩, 대만, 한국, 싱가포르, 말레이시아에서 찾아볼 수 있다. 이들 6개국에서는 정치 지도자와 고위 정책입안자가 장기 발전비전과 분야별 전략을 수립하는 데 중요한 역할을 하였다. 각국에는 인프라 개발을 기획하는 기획기관[7]이 있으며 이들 기관은 상당한 정치적 영향력을 행사하였다. 인프라 투자는 때때로 수요를 예상하고 추진되었으나 대체적으로 공급을 위주로 진행되었다. 그러나 추진과정에서 문제에 직면하게 되던 담당기관은 신속하고 전략적으로 대응하였으나 결과적으로 무용지물로 전락한 다수의 사업을 과감히 수행하기도 하였다.

현재는 국가의 역할이 더욱 복잡해지고 목적이 다양해지면서 국가는 조정능력을 발휘하여 대규모 사업에 집중하고 세부적인 부분은 사업자, 감독기관, 지방정부, 시민사회 및 시장에 위

7) 이의 예로 한국의 경제기획원, 싱가포르의 경제개발위원회, 말레이시아의 총리실 산하 중앙기획 정책결정국, 일본의 관련부처와 자문위원회 등을 지적할 수 있다.

임할 필요가 있다.

인프라 개발에 있어 그동안 국가의 조정기능이 당면하였던 도전은 기획(기획투자부)과 재원도달(재무부) 간의 문제였다. 분야간 조정이 효율적이지 못하면 사업이 지속되지 않거나, 지연되고 완공에 이르지 못하게 되며 결과적으로 재정적인 압박에 직면하게 되었다.

또한, 아시아의 개발경험에 따르면 지방자치의 진전으로 지방정부간 과도한 경쟁이 발생할 경우 중앙정부의 조정기능 작동이 효과를 발휘하지 못하게 된다. 과도하게 기능적인 분권화(decentralization)로 인해 재정 · 규제 조정기구가 부재한 상태에서 인프라 개발을 경쟁적으로 추진하게 되면 소위 '파괴적인 경쟁'(destructive competition) 상태에 이를 수도 있다. 따라서 이런 경우 국가가 개입하는 수직적 조정을 통한 효율적인 개발이 필요하게 된다.

그러나 이제 지난 수십년간 발전을 선도했던 이 같은 일본 및 아시아 선진개발국들의 상명하달식의 모델은 상황의 복잡성과 다양한 도전으로 인하여 후발국의 발전방식으로의 효용성이 저하되게 되었다. 이에 대한 대응으로 관련 국가들은 분권화된 지방정부, 민간부문, 지역사회, 시민사회조직 및 시장에의 권한 위임을 고려하기 시작하였다. 따라서 전반적으로 권한 위임, 참여, 효율적인 서비스 제공을 포괄하는 제도를 고안할 필요가 있다.

〈표 12-5〉 국가 기능의 범위

최소기능	중간기능	적극적 기능
순수공공재 제공 국방, 법, 치안 재산권 거시경제 관리 공중보건 공평성 증대 빈곤층 보호	외부 역점사안 교육, 환경 독점 규제 불충분한 정보개선 보험, 금융규제 사회보험	산업정책 부의 재분배

자료 : 프랜시스 후쿠야마, 강한 국가의 조건, 황금가지, 2005.

3. 책임 부여와 리스크 관리

3.1 책임 부여

성과(performance)에 따라 보상(reward)과 벌칙(penalty)을 적용하는 것은 책임(responsibility)의 강화를 통해서 조직, 서비스 등의 안정적인 운영을 보장하기 위해서이다. 특히, 공공재(public goods)적 성격이 큰 인프라 분야는 서비스 제공자의 사업 책임이 매우 중요하다. 동시에 인프라 개발과 관련된 책임 부여에 대하여 정부, 지역사회, 투자자, 인프라 제공자, 시민사회 등 다양한 행위자들은 보상을 극대화하고 리스크를 최소화하기 위해 노력한다.

인프라 개발에 있어 책임을 강화시키기 위한 방식과 관련하여 아시아 지역의 경험을 살펴보면 적극적인 지역사회의 참여, 경쟁, 규제 등이 주요한 역할을 하고 있음을 알 수 있다.

(1) 지역사회에의 적극적 참여

우선 인프라 개발에 책임을 부여하는 방법으로 지역사회에 자체적인 사업을 기획하고 운영할 수 있게 하는 재량권을 부여하되 주로 소규모의 인프라에 국한한다.

(2) 경쟁

경쟁의 도입을 통해 서비스 제공자에 책임을 부여하는 방법도 고려되고 있다. 이 방법에 따르면 사용자를 만족시키지 못하는 서비스 제공자는 퇴출당하게 된다. 그러나 아시아 국가들은 일반적으로 인프라개발에 경쟁을 도입하는 것을 회피하거나 도입하더라도 제한적으로 적용하는 경향이 있다.

(3) 규제

규제(regulation)를 통해 서비스 제공자들에 책임을 부여할 수도 있다. 그런데 일반적으로 효율적인 규제를 위한 선행조건은 독립성과 책임이다. 아시아 국가에서 인프라 개발은 매우 정치적 성격을 띠고 있으며 규제를 담당기관의 정치적 책임(political responsibility)과 분리해서 생각할 수 없는 경우가 많다. 따라서 독립적 감독체제는 매우 완만하게 진행되고 있다.

3.2 리스크 관리

책임 부여와 관련된 리스크 관리(risk management)의 방법으로 정부 보조금 지원이 있다. 일반적으로 보조금은 인프라 제공자와 정부 간의 책임관계를 희석시키는 부정적인 효과를 발생시키는 것으로 인식되어 있다. 즉, 가장 효율적인 방법으로 서비스를 제공하려는 유인을 약화시킨다는 것이다. 그러나 아시아의 상황에서는 정부 보조금을 지원함에 따라 리스크 공유의 효과를 나타내 오히려 민간투자자에 책임을 부여하는 데 기여하는 경우도 있다. 지불능력과 유동성(liquidity)을 지원함으로써 민간투자자로 하여금 서비스 제공자로서의 책임을 가질 수 있도록 한다는 것이다. 또한, 그 자체로는 그다지 중요하지 않을 수 있는 소유권 부여를 통해 책임을 부여하고 리스크를 관리하기도 한다. 민간에 명목상의 소유권을 부여함으로써 인프라 개발에 있어 책임을 강화시키고 정부 부담을 감소시키는 효과를 얻기도 하는 것이다. 실제로 아시아 국가의 경험을 통해 보면 민간 서비스 제공자가 공공 사업자보다 경쟁과 규제(competition and regulation)에 신속한 대응을 하는 경향이 있는 것을 알 수 있다.

제 3 절 인프라 개발을 위한 과제

ADB, JBIC, World Bank 3개 기관의 연구는 향후 인프라 발전을 위한 12개의 기본 행동과제를 제시하고 있다. 이는 이들 기관의 연구보고서 작성 과정에서 정책입안자, 정책수행자, 인프라 공급자, 시민사회 및 관련 당사자들과 논의를 통해 도출된 주요 관심항목들로 구성된다.

1. 정부의 중심역량 강화

인프라(infrastructure)는 경제와 사회의 핵심이며 생활을 위한 기본적 자원을 제공함과 동시에 환경에 중요한 영향을 미친다. 또한, 경제적 · 기술적으로 복잡하며 결과물은 장기적인 효과를 나타낸다. 전통적인 상의하달식의 경제계획 방식은 지양해야 하나 전략적인 관점에서 계획을 수립하고 조정하는 중앙정부의 중심적 역량은 강화될 필요가 있다.

2. 수직 · 수평적 조정의 필요성

동아시아 국가들의 분권화(decentralization)가 확산되면서 지방의 수요에 부응한 인프라개발이 증가하고 있다. 따라서 지방자치의 확산 자체가 중요한 정책적 역할을 하고 있다. 다만 동시에 지방자치의 확대로 인하여 중앙-지방정부간(수직적), 지방정부간 또는 국가기관 간에(수평적) 다양한 조정의 문제가 발생하게 된다.

3. 재정확보 역량의 중요성

모든 인프라는 궁극적으로 사용자에 의한 요금이나 납세자에 의한 보조금으로 운영된다. 그러나 사용자의 부담으로 비용을 충당하는 것이 장기적으로 중요한 목표라고 할 수 있다. 최근 다수의 인프라개발 사례에서 높은 사용료를 부과하는 민간재원 조달방식이 확대되는 것은 물론, 공공부문도 함께 위험을 분담할 것을 요구받고 있다. 따라서 적정한 경제적 수익률(proper economic profit rate)을 고려한 보증 등의 재정확보 역량(fiscal space)이 필요하다.[8)]

4. 보조금의 양면성

인프라 개발에 있어 정부 보조금(government subsidy)은 환경보호 및 빈곤감축 등의 목적을 위해 정당화될 수 있다. 일반적으로 국민들은 공공재를 향유하면서도 비용을 지불하지 않으려는 경향이 있기 때문에 사실상 인프라의 효용을 실현하기 위해 정부 보조금의 지원이 필요하게 된다.

그러나 일반적으로 보조금은 용이성 때문에 관성적으로 사용될 가능성이 있다. 이로 인하여 재정원칙을 훼손하고 책임소재를 불분명하게 하며 이로 인해 필수 불가결한 개혁이 지체될 수도 있다. 따라서 정부 보조금은 신중하게 사용되어야 한다.

5. 독립적 감독체제(중장기적 과제)

경쟁이 아직 정착되지 않은 곳에서는 규제나 조정이 집중되는 것이 필요하다. 다만 인프라개발과 관련된 규제와 조정을 담당하는 주체는 소비자, 정책담당자 및 투자자들과 점진적으로 신뢰관계를 구축해야 한다. 여기서 신뢰, 더 나아가서 득립적 감독체제(regulatory independence)는 투명성 담보를 통해 제고될 수 있다. 만일 임의적인 재량권이 증가하면 예측불가능(unpredictability)과 불안정(instability)의 문제를 야기시킬 수 있기 때문이다.

따라서 독립적 감독체제는 상대적인 개념으로 장기간의 단계적인 과정을 거쳐 이루어져야 한다.

6. 경쟁체제의 강화

인프라는 원래 독점적 재화(monopolistic goods)의 성격이 강하나 제도적·기술적 혁신을 통해 경쟁의 가능성이 확대되었다. 다면 동아시아 국가들은 인프라 분야에 경쟁을 도입하는데 있어 신중함을 보이고 있다. 이는 그동안 효율적인 인프라 개발을 위하여 보상을 제공하기보다는 문제지역에서 더욱 많은 인프라 개발을 수행하는 것을 선호해왔기 때문이다.

이 같은 방식은 기초 인프라가 이미 구축되어 있고 경제적 목적이 단순하며 상명하달식의

8) 재정확보 역량은 정부가 재정상태 유지에 영향을 받지 않은 상태로 계획된 목표를 위하여 동원할 수 있는 재원확보 역량을 의미한다.

지휘방법이 광범위하게 확산되어 있을 때 효과적일 수 있다. 그러나 복합성이 증가할수록 앞의 방식보다는 경쟁체제(competitive system)의 역할이 강화될 필요가 있다.

7. 시민사회의 역할 강화

시민사회나 지역공동체(regional community)는 때로 지역의 인프라사업을 관리하거나 지역사회와 관련되는 인프라에 관한 의사결정과정에 참여하게 된다. 따라서 시민사회는 의회나 소비자 감시기구 등의 참여를 통해 인프라관리 및 개발의 책임의식을 강화하는 데 중요한 역할을 할 수 있다. 즉, 시민사회 기구와 비정부기구(NGO)는 소규모의 인프라 개발을 담당할 수 있다. 또한, 부정・부패를 감시하고 보다 지속가능한 인프라 정책을 지지하는 등 그 역할이 확대될 수 있다.

8. 부정・부패 방지의 중요성

인프라는 일반적으로 독점적으로 제공되므로 광범한 지대(rent)를 야기할 가능성이 존재한다. 따라서 재정원칙이 약화되고 정치적 개입이 확대되며 지대추구 행위가 확산되면 부정・부패가 만연될 가능성이 증대될 수도 있다. 따라서 부정・부패 억제를 인프라 개발의 우선순위로 삼아야 한다. 그동안 이와 관련된 법적・행정적 주요 개혁과제가 반부패활동(anti-corruption activities)에 집중되었던 이유도 여기에 있다.

9. 공공부문의 제한적 활용

민간투자에 대한 거부감이 강하거나 고용효과에 영향을 주고 구조조정이 어려운 분야, 규모나 수익성이 저하되는 분야 등에는 민간투자를 이용하기가 어려우므로 일반적으로 공공부문을 통해 인프라 개발이 수행된다.

따라서 해당 부문의 효율성(efficiency) 증대를 위해 공공개혁(public reform)의 중요성이 부각된다. 다만 공공부문 확대의 부작용을 고려하여 현실적이고 적절한 수준으로 활용이 제한되어야 한다.

10. 민간투자의 회복 유도

동아시아 인프라에 대한 민간투자는 1997년 정점을 기록한 이후 외환위기로 인하여 급락하였으나 최근 들어 서서히 회복되고 있다. 결국 민간투자가 동아시아 인프라 분야에서 완전 사라진 것은 아니나 그렇다고 현재 대규모의 투자를 실현하고 있지는 않다. 따라서 민간투자가 증대될 수 있도록 보다 예측가능한 정책(predictable policy)이 실행되어야 한다.

11. 국내자본시장의 양성

국제경제계에서는 그동안 아시아의 경제적 성공(economic success)이 부분적으로 높은 저축자금의 국내투자 및 인프라 개발로의 유입에 있다고 평가하고 있다. 그러나 1997년 외환위기로 인하여 국내저축 및 국내자본시장의 취약함이 여실히 노출된 바 있다. 따라서 장기적으로 금융분야의 기여도를 제고시키기 위해서는 인프라개발을 위한 투자 분위기를 개선하는 정책이 최우선시되어야 한다.

12. 신뢰성있는 유능한 개발파트너의 필요성

동아시아 국가들과 인프라를 개발하는 파트너의 역할이 재조명되고 있다. 인프라 개발은 장기간 소요되기 때문에 파트너가 장기간 머물면서 신뢰할 수 있는 파트너십(credible partnership)을 형성하는 것이 중요하다. 따라서 정부와의 관계에서 신속한 문제해결 능력과 조화로운 수행과정을 유지하는 역량을 가진 개발파트너가 필요하다고 할 수 있다.

13
chapter

메콩강 유역개발

제 1 절 메콩강 유역개발 추진 현황

중국 티베트고원에서 발원하여 윈난성(雲南省, Yunnan Province), 미얀마, 태국, 라오스, 캄보디아와 베트남을 거쳐 흐르는 메콩(Mekong)강은 길이가 4,000km가 넘는 세계에서 12번째로 긴 강이다. 또한, 한반도의 4배에 해당하는 약 795,000㎢의 유역면적과 세계에서 8번째로 많은 15,000㎥의 초당 유량을 기록하고 있다.[1)]

이 같은 상황을 인식하여 19세기 후반 이후 메콩강을 개발하자는 움직임이 나타나기 시작하였다. 최초로 메콩강에 대한 개발의 필요성을 제기하고 탐사를 실시한 국가는 영국과 프랑스이며, 양국은 미얀마와 인도차이나 식민지배 시절 중국 서남부지역과의 교류를 위해 유역개발을 시도하였다. 그러나 1990년 초반 이후 본격적인 유역개발 움직임이 구체화되었다. 특히, 1992년 아시아개발은행(ADB)이 주도가 된 확대 메콩유역(GMS : Greater Mekong Subregion) 개발사업(GMS 프로그램)이 시작되면서 구상단계를 벗어나 본격적으로 실행되고 있다.[2)] 1995년 메콩강위원회(MRC)의 재결성 및 유역국의 개발협정 체결, 베트남을 비롯한 유역 국가들의 ASEAN 가입 등으로 메콩강유역개발사업은 더욱 가속화되고 있다.

1) 메콩강을 접하고 있는 중국 윈난성과 인도차이나 국가들의 면적은 약 233㎢이며, 2001년 기준 이 유역에는 상이한 문화를 가진 2억 5,240만명의 인구가 거주하고 있다(대외경제정책연구원, 세계경제, 2003. 10. pp. 62~70 요약・재구성).

2) GMS는 1992년 ADB가 메콩개발사업(GMS Program)을 시작하면서 만들어 낸 신조어로서 동남아 지역은 물론 전세계 원조기구/원조국 간에 인도차이나반도 6개국을 총칭하는 고유명사로 통용되고 있다.

메콩강 유역을 개발하는 사업은 추진주체에 따라 다음 7가지로 구분되고 있다.

1. 1992년부터 시작된 GMS 프로그램(또는 Initiative)으로 운송, 에너지, 환경, 천연자원개발, 인적자원 개발, 관광, 교역 및 투자, 통신부문 등 8개 분야 100여개 프로젝트로 구성되어 있음

1990년대 후반부터는 GMS 국가들간 협력을 더욱 강화하는 방향으로 프로젝트를 추진함과 동시에 이를 뒷받침할 수 있는 각료회의, GMS 정상회의(GMS Summit) 등을 개최함으로써 다시 활발해지고 있다. 최근 중점적으로 추진되는 프로젝트로는 운송, 통신, 환경, 전력, 관광, 인적자원(human resources) 개발, 무역투자 원활화 등을 종합적으로 개발하는 11개 핵심 선도 이니셔티브(Flagship Initiatives)가 있다.

2. MRC가 주도하는 사업

내륙수운, 홍수대책, 농업, 어업, 수력발전과 환경 보전 등이 중점적으로 추진되고 있다.

3. 1995년 제5회 방콕 ASEAN 정상회담에서 확정된 ASEAN·메콩강유역 개발협력사업으로 목적은 메콩강 유역에 있는 ASEAN 신규가입국의 경제개발을 지원하고 이를 통해 역내 통합을 가속화하는 것임

8개 협력부문(① 인프라, ② 무역·투자, ③ 농업, ④ 임업·광업, ⑤ 공업, ⑥ 관광, ⑦ 인재 육성, ⑧ 과학기술)에 걸쳐 다수의 프로젝트가 추진되고 있다. 이 중 가장 중요한 프로젝트로 싱가로프-쿤밍(Kunming, 昆明) 철도 연결(SKRL : Singapore-Kunming Rail Link) 사업이 있다.

4. 2000년 제4회 ASEAN 비공식 정상회담에서 고촉동(Goh Chok Tong) 싱가포르 총리에 의해 제안되어 합의한 ASEAN 통합 이니셔티브(IAI : Initiative for ASEAN Integration)로 ASEAN의 기존 회원국과 신규 회원국의 발전 격차 축소를 통해 신규가입국의 ASEAN으로의 통합을 촉진하고 동시에 ASEAN 전체의 경쟁력을 제고시키기 위해 추진하고 있음

2002년 7월부터 2008년 6월까지 추진될 'ASEAN 통합 이니셔티브'는 4개 분야(① 인프라 확충(수송과 에너지), ② 인재 육성(역량 개발, 고용, 고등교육), ③ 정보통신기술 육성, ④ 지역경제통합 강화(재화 및 서비스 교역, 관세, 투자, 표준화)) 44개 프로젝트가 핵심 사업이다.

5. 1993년 이후 일본정부의 이니셔티브와 지원에 의해 추진되고 있는 인도차이나 종합개발 포럼(FCDI : Forum for Comprehensive Development in Indochina)으로 이는 사회경제 개발에 있어서 지역 차원의 협력 필요성과 기회를 확보하기 위한 것임

주요 사업으로는 인재 육성, 인프라 확충, 민간분야 자문그룹(Private Sector Advisory Group)의 설치를 통한 무역과 투자 촉진(trade and investment promotion) 등이 포함되어 있다.

6. ESCAP에 의해 추진되고 있는 메콩강 유역 민간부문 개발을 촉진하기 위한 하이파이계획(Hi-Fi Plan for Private Sector Development in the Greater Mekong Subregion)임[3)]

인도차이나 종합개발포럼(FCDI), 수출 진흥을 위한 산업자문지원(AAIEP : Advisory Assistance to Industry for Export Promotion), GMS 무역원활화 작업반(TFWG : GMS Trade Facilitation Working Group) 등 현재 추진되고 있는 3개 프로그램에서 무역과 투자 등 민간분야에 관한 것을 ESCAP이 총괄 주도하고 있다.

7. ESCAP이 주도하고 ASEM에서 논의된 바 있는 범(汎)아시아 횡단철도(TAR : Trans-Asian Railway) 사업과 아시아 고속도로(Asian Highway) 중 인도차이나 구간이 추진되고 있음

일본·ASEAN 경제·산업협력위원회(AMEICC : AEM-MITI Economic and Industrial Cooperation Committee) 사업, 유역 내 민간부문 육성을 위한 IT프로그램인 e-Mekong과 유역 각국 정부가 독자적으로 추진하는 메콩강 유역 인프라 개발사업 등도 포함할 수 있다.

---

3) Hi-Fi는 Human Resources Development at the Enterprise Level, Institutional Capacity Building, Facilitation Measures, Investment Promotion을 의미한다.

〈표 13-1〉 메콩강유역개발 주요 프로그램 일람표

프로젝트 구분	해당분야												참가국·기구						
	운수	에너지	정보·통신	무역	투자	농업·관개	어업·수산	수운개발	수자원관리	환경	인재육성	관광	태국	베트남	라오스	캄보디아	미얀마	중국	기타
GMS 프로그램	○	○	○	○	○					○	○	○	○	○	○	○	○	○	ADB
메콩강위원회 (MRC) 사업						○	○	○	○			○	○	○	○	○	△	△	
ASEAN·메콩강유역개발 협력사업 (AMBDC)	○	○	○								○		○	○	○	○	○	○	ASEAN
ASEAN 통합 이니셔티브(IAI: Initiative for ASEAN Integration)	○	○	○								○			○	○	○	○		ASEAN
아시아 하이웨이(AH)	○											○	○	○	○	○	○	○	ESCAP
하이파이 계획 (Hi-Fi Plan)1)				○	○								○	○	○	○			ESCAP
인도차이나종합개발포럼(FCDI)2)	○	○	○	○	○						○		○	○	○	○			일본
일본·ASEAN 경제산업협력회의 (AMECCI)3)			○	○						○		○	○	○	○	○			일본, ASEAN
e-Mekong			○								○		○	○	○	○	○	○	일본

주: 1) Hi-Fi Plan for Private Sector Development in the Greater Mekong Subregion
2) Forum for Comprehensive Development in Indochina
3) AEM-MITI Economic and Industrial Cooperation Committee
4) △는 옵저버 자격으로 참여함을 의미

제 2 절 제12회 GMS Conference의 주요 내용과 성과

1. GMS 프로그램의 추진현황

최근 10주년을 맞아 다시 활발히 추진되고 있는 GMS 프로그램의 경우 ADB와 유역국들은 초창기에는 제도적 협력체제 구축과 함께 수송망, 에너지, 관광, 인적자원 등의 개발, 투자

촉진, 무역 원활화, 환경 보전 등에 집중 투자하였고 1995년에는 통신부문, 2002년에는 농업부문에 집중 투자한 바 있다.

이 같은 노력으로 GMS 프로그램은 유역 내 협력강화를 위한 신뢰 형성, 협력을 위한 제도구축, 인프라 분야에 대한 22억 달러 및 기술원조 프로젝트에 대한 6,900만 달러 투자, 유역국 정상 간의 Ownership 및 Commitment 형성 등의 측면에서 다수의 가시적인 성과를 거두었다. 특히, 제도적 측면에서는 역내협력 강화 및 사업추진 활성화를 위해 3년 주기의 정상회담(Mekong Summit), 연례 각료회의(Ministerial Meeting), 고위급 회담(SOM), 분야별 포럼과 작업반 회의, 비즈니스 포럼(Business Forum) 등이 개최되고 있으며 ADB 내 전담부서 확대 개편 등도 이루어졌다. 또한, 인프라 개선과 관련하여 유역국과 ADB는 2002년까지 고속도로에 17억 3,900만 달러, 공항에 1,700만 달러, 전력부문에 3억 8,300만 달러, 관광 인프라에 4,700만 달러를 투자한 바 있다.

2. GMS 프로그램의 성과

상품 및 인력의 국경간 이동 원활화 협정(Framework Agreement for the Facilitation of the Cross-Border Movement of Goods and People), 역내 전력 연결 및 교류를 위한 정부간 협정(Inter-Governmental Agreement on Power Interconnection and Trade), Single-stop /Single-window Customs Procedures의 시험 운용 등도 역내 협력을 강화하는 데 중요한 역할을 하였다. 그 외 단일 관광지(single tourist destination)로서 GMS 개발, 전략적 환경체제 구축, HIV/AIDS 분야 협력 증진, 소수 민족에 대한 보건 및 교육 강화 등도 주요 성과로 지적할 수 있다.

〈표 13-2〉 GMS Ministerial Conference 개최 현황 및 주요 의제

	시기	장소	주 요 의 제
제1회	1992.10	ADB	· GMS 프로그램에 대한 협력체제 기본합의 · 최우선 과제로 인프라 개발 설정
제2회	1993.8	ADB	· 제2단계 활동계획 승인 · 우선과제로 도로 건설 합의
제3회	1994.4	하노이	· 운수, 에너지, 인적자원개발, 무역 · 투자, 관광 등 타당성 조사 승인 · 분야별 우선프로젝트 승인 · 고위급 협의 확인
제4회	1994.9	치앙마이	· 수송과 에너지분야 보고서 최종안에 대한 검토 및 승인 · 수송과 에너지분야에서의 제도적 협력 강화 · 도로 9, 철도 8, 수운 10, 항공 6, 운수체계 1 등 34개의 우선추진사업 결정
제5회	1995.11	ADB	· 환경, 인적자원, 무역 · 투자, 관광 등의 조사보고 승인 · 자금조달문제 협의
제6회	1996.8	쿤밍	· 각 분야의 우선프로젝트 세부논의
제7회	1997.4	ADB	· 민간자본 동원과 'GMS 2020' 논의 · 원조공여기관과 민간부문회의 의제선택
제8회	1998.9	ADB	· GMS Indicative Work Program(1998~2000) 논의 · 국경간 재화와 인력이동 자유화관련 협정문과 일정 등 합의 · 경제회랑 설정 논의
제9회	2000.1	ADB	· 4대 핵심전략(경제회랑 건설, 국경개방, 환경보전, 빈곤 감축) 도입 · 국경간 재화와 인력이동 원활화 기본협정 일정 마련 · 메콩강 상류국가(중국 · 미얀마 · 태국 · 라오스)간 상업용 수운협정 합의 · ADB의 역할 강화와 민간자본유치 활성화 방안 논의
제10회	2001.11	양곤	· GMS 10년 평가와 향후 10년간 중점추진 프로젝트 선정 (9개 핵심선도 이니셔티브 선정) · GMS 정상회의(Mekong Summit) 개최 합의 · ADB 내 메콩개발 전담부서 및 각국의 GMS 사무국 설치 · 국경간 재화 · 인력이동 원활화 기본협정에 캄보디아 가입
제11회	2002.9	프놈펜	· GMS 정상회의 의제 선정 · GMS 프놈펜 플랜 채택
제12회	2003.9	달리	· 국경간 재화 · 인력이동 원활화 기본협정에 미얀마 가입 · 고위급 회담(SOM) 역할 강화 · GMS Mineral Prospecting Risk Fund 창설 · 제1차 GMS Summit 주요 의제 이행 촉구

3. 제12회 GMS Conference의 주요 합의 내용

3.1 인프라 연계성 구축

이번 제12회 GMS Conference에서는 1992년 GMS 프로그램을 추진할 당시보다 현재가 지

역통합(regional integration)과 세계화(globalization) 등으로 환경이 많이 변화되었음을 전제하고 이미 완료되었거나 진행 중인 기본 수송망을 중심으로 보다 많은 인프라의 연계성을 구축할 것과 3개의 핵심 경제회랑(① 동서, ② 남북, ③ 남부)을 우선적으로 추진하여 동아시아, 남아시아, 동남아를 연결하는 전략적 중요성을 띤 시장을 조기에 설립할 것을 합의하였다. 그리고 미얀마의 상품 및 인력의 국경간 이동원활화 협정 가입을 환영하고 통신부문에서의 협력 증대와 기간 통신망 1단계에 대한 투자, 전력교류에 대한 정부간 협정의 비준 촉진, 농업분야의 협력 중요성 강조, HIV/AIDS 예방 및 통제 강화, 소수민족에 대한 교육 및 보건 증진, 프놈펜 플랜(Phnom Penh Plan)의 필요성 강조, 무역과 투자원활화를 위한 Single-stop Customs Inspection Procedures 실시 강화 및 법・제도적 보완 촉진, 관광분야 개발 강화 등을 촉진하기로 합의하였다.

3.2 3C의 강화

GMS Conference에서는 GMS 프로그램의 비전과 관련하여 3C(Connectivity, Competitiveness, Community)의 강화를 강조하였다.

(1) Connectivity

도로회랑의 완료와 철도, 항공, 수운 등 기타 수송 분야에서의 협력을 통해 Connectivity를 강화한다는 것을 의미한다. 개선된 Connectivity는 경쟁력을 강화하기 위해 필수불가결하다는 데 공감대가 형성되어 있다.

(2) Competitiveness

지역통합과 세계화의 과정에서 파생되는 혜택을 향유할 수 있도록 GMS 지역의 Competitiveness를 강화하는 데 향후 초점을 맞추자는 것이다. 이를 위해서는 유역 내 기술 혁신(technological innovation), 인적자원 개발(human resources development), 무역원활화, 지배구조(governance) 개선 등이 필요한 데 향후 이들 분야에 정책 및 협력의 우선순위를 두고자 한 것으로 판단된다.

(3) Community

Connectivity와 Competitiveness의 개선을 통해 아시아지역에서 진행되고 있는 Economic Community에 적극적으로 대처하자는 것으로 이해할 수 있다.

3.3 제도적 메커니즘의 강화

GMS Conference에서는 환경이나 기타 복잡하고 중요한 의제를 포괄하기 위해 GMS의 제도적 메커니즘 강화의 필요성을 지적하고 고위급 회담(SOM)으로 하여금 조정과 우선순위 설정 등의 역할을 담당하게 하였다. 이번 회의에서는 유역 내 풍부한 광물자원을 이용한 경제 및 사회개발의 가속화(acceleration of economic and social development)와 자원의 효율적인 관리를 위해 'GMS Mineral Prospecting Risk Fund'를 창설하자는 데에도 합의하였다. 이는 최근에 중국이 제안한 것으로 유역 6개국과 ADB가 참여하며 기금의 규모는 약 3,000만 달러에 이르고 있다.[4)]

3.4 다수 프로젝트의 개발

ADB와 유역 6개국은 GMS 프로그램의 원활한 추진을 위해서는 개발자금 동원, 인적자원 개발, 환경 및 자연자원 관리, 시장경제로의 지속적인 개혁 추진 등이 중요함을 다시 강조하였다. 특히, 개발 자금과 관련하여 11개 핵심선도 이니셔티브를 개발하는 데 최소 140억 달러가 필요하며, 추후 보다 많은 프로젝트의 개발이 필요하다는 데 공감대를 형성하였다.

3.5 11개 사업에 대한 이행 촉구

GMS Conference에서는 2002년 개최된 '제1회 메콩 정상회의(GMS Summit)'에서 각국이 제안한 바 있는 다음의 11개 사업에 대한 이행을 촉구하였다(괄호안은 제안국을 의미).

① GMS 비자 협정(캄보디아)
② 환경 이니셔티브(캄보디아)
③ 무역 및 투자활성화를 위한 행동계획(중국)
④ GMS 교육기금(라오스)
⑤ 농카이(Nong Khai)-비엔티엔(Vientiane) 철로 연결(라오스)
⑥ 천연가스 개발(미얀마)
⑦ GMS 항공중심지로서 치앙마이(Chiangmai) 개발(태국)
⑧ 치앙마이에 특별국경경제지대(Special Border Economic Zones) 설립(태국)
⑨ 농림업 훈련센터 설립(베트남)
⑩ 민간 및 공공 분야 고위급 컨설팅 회의 개최(태국)
⑪ NGOs와의 회의 개최

4) 지분으로는 ADB가 60%, 유역 6개국이 30%, 국제금융기관이 10%를 출자할 계획으로 있다.

4. 제12회 GMS Conference의 성과

GMS 프로그램이 활발하게 추진되고 GMS Conference 또한 연례화가 정착되면서 제12회 회의에는 국제사회의 참여가 이전 보다 활발한 것으로 평가되었다. 이번 회의에는 유역 6개국과 ADB의 대표단뿐만 아니라 ASEAN 사무국, GMS Business Forum, 메콩연구소(Mekong Institute), 메콩강위원회(MRC), 유역각국 상공회의소 등이 참가하였다. 전통적인 지원국인 일본, 핀란드, 프랑스 등과 ESCAP, UNDP, ILO, 세계은행, 일본국제협력은행(JBIC) 등도 참가하였다. 그리고 이번에는 EU를 비롯한 Nordic Development Fund(NDF), Swedish International Development Cooperation Agency(SIDA) 등의 원조기관과 Centro International de Agricultura Tropica(CIAT)와 같은 국제기구 그리고 Credit Agricole Indosuez, Deutsche Bank, JP Morgan Chase 등과 같은 민간기관도 참석하여 메콩강 유역개발에 대한 많은 관심도를 나타내었다.

이들 국가 및 기관은 공식자격으로 참여하여 적극적인 의사 및 관심 표명으로 지원 국가 및 기관으로서 위상을 강화한 것으로 평가된다. 특히, 시장경제(market economy)로의 개혁 촉구, 민간분야 개발 강조 등 관심분야에 대한 요구도 적극적으로 표명하였다.

5. 과제

일본은 지난 회의 때와 같이 여전히 중국의 영향력 확대를 견제하였으며 태국 또한 인도차이나 지역에서의 주도적 국가 역할을 강조하면서 중국의 영향력 확대를 우려함과 동시에 보다 적극적인 지원을 강조하였다. 따라서 향후 GMS 프로그램을 포함한 메콩강 유역개발에는 역내 정치적 협력(regional political cooperation)이 더욱 필요시 되고 있다.

제 3 절 메콩강 유역개발의 의미

1. ASEAN 지역의 경제협력과 경제통합에의 기여

GMS 프로그램을 포함하여 최근 추진되고 있는 메콩강 유역개발은 동남아의 경제협력과 경제통합의 일환으로써 추진하고 있다는 점에서 큰 의미를 부여할 수 있다. 그리고 메콩강 유역개발은 동남아지역 내 자연적 경제권의 개발을 의미하는 것으로 이해할 수 있다. 이는 최근 심화되고 있는 지역주의(regionalism)는 소규모의 지역협력이나 성장삼각지대도 포함하나 특정 지역이나 자연환경을 중심으로 한 '자연적 경제권(natural economic territory)'도 포함하고 있기 때문이다.

2. 다수 국가들의 경제협력의 시험장이 되고 있음

메콩강 유역을 중심으로 한 성장잠재력(growth potentials)과 개발수요로 인해 일본을 비롯한 프랑스, 호주 등 경제협력개발기구(OECD) 회원국들과 주변 동남아국가들의 경제협력의 시험장이 되고 있다는 점도 의미가 크다. 6개국을 거쳐 흐르는 메콩강의 개발은 유럽 이외의 지역에서 실패를 거듭하고 있는 국제하천개발의 하나의 이정표가 될 수 있다. 다른 국제하천의 개발과 비교해 볼 때 유역국 간의 조정이 얼마나 중요하고 또 어떠한 메커니즘을 형성하여 이루어지는지를 비교해 볼 수 있다는 점에서 의미가 크다고 할 수 있다.

제 4 절 시사점

상기한 의미와 함께 메콩강 유역개발 사업은 유역개발로 인해 인접 국가간 협력을 위한 신뢰와 개발에 대한 자신감을 증대시킨 것이 가장 큰 성과의 하나로 평가되고 있다. 동아시아 금융위기(East Asian Financial Crisis) 전후로 지연되기도 했으나 이제까지의 유역개발과 개발을 위한 경제협력을 통해 가시적 성과와 비가시적 성과가 창출되었다. 가시적 성과는 교역의 증대와 인력, 자본, 자원의 효율적 활용 등이며 비가시적 성과는 유역국가간 신뢰구축으로 파악할 수 있다. 이러한 신뢰구축은 메콩강 유역의 평화와 안정에 크게 기여한 것으로 평가된다. 즉, GMS 프로그램의 최대 성과는 유역공동개발에 대한 믿음과 신뢰 구축이며, 이를 통해 구축된 유역의 평화 및 안정과 유역개발은 동남아지역의 통합을 가속화시킬 수 있는 계기가 되고 있다. 또한, 동남아 전체의 빈곤 퇴치에 크게 기여하는 효과를 가져다주고 있는 것으로 분석된다.

메콩강 유역개발은 그 잠재력과 상징성으로 인해 향후에도 많은 관심과 정책적 이슈가 제기될 것으로 판단된다. 메콩강 유역개발은 1997년 이후 정례화된 'ASEAN + 3 정상회담'과 한・베트남을 비롯하여 동북아와 동남아 개별정상회담에서도 매번 주요 의제로 다루어지고 있다. 더욱이 2002년 11월 캄보디아에서 GMS 정상회의가 개최되어 다시 한번 메콩강 유역개발이 관심의 대상이 되었다. 또한, ASEAN도 최근 신구회원국간 경제적 격차(economic gap) 해소를 메콩강 유역개발을 통해 적극적으로 모색하고 있다. 또한, ESCAP도 2000년 6월에 2000~2009년을 '메콩강유역개발협력의 10년(Decade of Greater Mekong Subregion Development Cooperation, 2000~2009)'으로 결의하는 등 국제적 관심도가 제고되고 있다. 제12차 GMS Ministerial Conference에도 이전과는 달리 약 50여개 국가, 국제기관, 원조기구 및 민간회사가 참여하여 최근의 높아진 관심도를 나타내었다.

인도차이나지역이 신흥시장(emerging market)으로 부상하고 있고 거대한 성장잠재력(growth potentials)을 보유하고 있는 메콩강 유역개발사업이 다시 활성화되면서 메콩강 유역개발에 대한 정부 및 민간의 관심과 참여 확대가 요구되고 있다. 장기적 시각에서 한국이 메콩강 유역개발사업에서 소외되지 않기 위해서는 보다 적극적인 진출이 필요하다. 우선 GMS 프로그램 자체만 하여도 향후 10년 이내 140억 달러 규모의 프로젝트가 개발될 예정으로 있으며 현재 진행 중인 프로젝트와 연계되어 구상 중인 프로젝트도 다수 존재하고 있다. 그리고 메콩강 유역이 중국과 일본의 경제협력 증진의 시험무대가 될 정도로 이들 국가의 참여가 활발해지고 있다.

14 chapter

이란 핵문제의 부상

제1절 개 관

이란의 핵개발 문제의 향방에 대한 국제적 관심이 제고되고 있다. 반체제단체가 이란 내 비밀 핵시설의 존재를 폭로한 2002년 이후 영국, 독일, 프랑스 등 3개국을 중심으로 한 EU와 이란은 국제에너지기구(IAEA : International Atomic Energy Agency)를 통해 협상으로 핵문제를 해결하려는 노력을 지속하여 왔다.[1] 그러나 이란이 핵확산금지조약(NPT : Nuclear Non-Proliferation Treaty)의 가맹국으로서 IAEA 헌장에 명시된 평화적 핵 이용권의 보장과 고수를 주장하는 반면에 미국을 포함한 서방국가들은 핵무기 제조 가능성을 우려하여 이란의 핵 활동을 제한하는 상반된 견해를 보이고 있다.[2] 이란이 2005년 6월 강경보수파 정권이 출범한 이후 핵변환 활동을 일방적으로 재개하고 서방측은 UN 안전보장이사회를 통한 제재를 추진하겠다는 입장을 보여 대립국면으로 전환되었다.

2005년 11월에 개최된 IAEA 이사회가 이란 내의 우라늄변환 작업은 허용하되 우라늄 농

1) IAEA는 원자력의 평화적 이용 증진과 군사적 사용금지를 목표로 1956년 10월에 80개 UN 회원국이 설립헌장에 서명하였고 1957년 7월 헌장이 발효되어 UN총회 산하기구로 발족하였다. NPT 제3조에 의거하여 핵사찰 대행기구의 역할을 수행하는 데 본부는 오스트리아 비엔나에 있으며 회원국은 2004년 11월 기준 138개국에 이르고 있다.

2) NPT는 군사적 목적의 원자력 사용을 규제 및 감시하기 위하여 UN에서 1968년에 채택되어 1970년에 발효한 국제조약으로서 참여국은 2005년 7월 기준 188개국에 이르고 있다. IAEA는 매년 UN 총회에 활동보고서를 제출하는 데 국제평화와 안보에 관한 문제는 UN 안전보장이사회에도 보고한다(수출입은행, 수은해외경제, 2005. 12. pp. 33~48 요약 · 재구성).

축작업을 러시아에서 이루어지도록 하자는 러시아의 중재안을 수용하기로 결정하였으며 이란도 이를 일정한 조건 하에서 수용할 수 있다는 반응을 보임에 따라 일단 파국을 면하게 되었다.

그러나 미국이 이란의 핵 이용권을 제한하여 핵무기 개발 가능성을 원천적으로 차단하려는 반면에 이란은 이에 반발하여 유사시 석유자원의 무기화 가능성을 시사하는 등 양측의 입장이 고수되고 있어 실질적인 해결방안이 마련되기까지는 상당한 시일이 소요될 것으로 보인다.

최근 국제 원유가격이 사상 최고수준을 기록하고 있는 가운데 세계 제2의 산유국이자 중동지역의 주요 교역대상국인 이란 핵문제의 향방은 한국을 포함하여 전세계 경제에 지대한 영향을 미치게 된다.

이란 핵문제의 발생 과정, 최근의 진행상황과 전망에 대해 분석한 수출입은행의 보고서를 중심으로 살펴보고자 한다.

제 2 절 이란의 핵개발 · 핵협상 과정과 최근 동향

1. 핵개발 과정

이란의 핵개발은 1960년대 미국의 후원으로 그 기반이 마련되었다. 1967년에 이란 원자력기구(Atomic Energy Organization of Iran)는 미국에서 5MW급 연구용 원자로를 공급받아 테헤란핵연구센터(Teheran Nuclear Research Center)를 설립하여 운영하게 되었다. 이어 이란은 1968년에 NPT에 가입(1970년 3월 5일자 발효)하였으며 팔레비(Mohammad Reza Shah Pahlavi) 전 국왕은 원유고갈에 대비하여 2000년까지 원자력발전소 23개소를 건설할 계획을 수립하였다.

1975년에는 미국의 키신저 국무장관이 약 60억 달러 규모의 원자력에너지 장비를 이란에 판매하는 미-이란 핵협정(U.S.-Iran Nuclear Cooperation)에 서명하였으며 1976년에 포드 대통령은 핵연료에서 플루토늄을 추출하는 미국산 재처리시설을 테헤란에 공급하는 것을 승인한 바 있다. 당시 미국은 이란에 원자력이 도입되면 증가하는 전력수요를 충족시키고 원유 여유분을 수출하거나 석유화학산업에 사용할 수 있을 것으로 판단하였다.

또한, 이란은 독일의 Siemens A.G.와 A.A.G. Telefunken의 합작기업인 Kraft-Union A.G.와 총규모 40억~60억 달러의 Bushere 원자력발전소 건설계약(2개의 경수로 설치 포함)을 체결하였으나 1981년 완공을 목표로 1974년에 시작된 이 사업은 1979년 7월에 Kraft-Union A.G.가 철수함으로써 중단된 바 있다.[3] 1990년에 이란은 대이라크 전쟁(1980~1988년)으로 중단되었던 핵 프로그램의 재개를 추진하였으나 당시의 정치적 환경과 미국의 대이란 경제제재조치 등으로 인해 무산되었다.

1992년에 이란은 중국과 Darkhovin에 2대의 950MW급 원자로 건설계약을 체결하였으며 1995년에는 러시아(Ministry of Atomic Energy)와 Bushere 원자력발전소 재건계약(8억 달러 규모)에 서명하였다. 러시아는 동 사업에 대해 원자로가 민수용으로만 사용될 것이므로 NPT 규정에 따라 적법하다고 주장한 바 있다. 이후 2002년에 이란의 반국가 게릴라단체(MKO)가 Natanz의 우라늄 농축시설, Arak의 중수생산시설 등 이란에 소재한 비밀 핵시설의 존재를 폭로함으로써 세계적으로 이목이 집중되었다.

2. 핵협상 과정

이란은 2003년 2월에 일부 핵시설의 존재를 인정하고 IAEA에 사찰을 자원하였다. IAEA는 3차례의 사찰실시 결과 2003년 9월에 IAEA 추가의정서(IAEA가 회원국에 대해 사전 예고없이 신고하지 않은 장소에 대해서도 핵사찰을 실시할 수 있도록 하는 것이 주요 내용임)의 즉각적이고 무조건적인 체결, 비준, 이행을 요구하는 대이란 결의안을 채택하게 되었다.[4] 당시 미국은 이 문제의 UN 안전보장이사회 회부를 추진하였으나 회원국들의 반대로 실패하였다. 이에 이란은 2003년 10월에 우라늄 농축·재처리 활동의 중단(suspension)을 발표하고 11월에 추가의정서에 서명하였다. 당시 IAEA는 '이란이 핵폭탄을 만들려고 시도하고 있다는 증거가 없다'고 선언하였으나 미국은 '믿을 수 없으며 보고서에 나타나지 않은 사실이 있다'고 주장한 바 있다.

그러나 불과 8개월 후인 2004년 6월 이란은 일방적으로 전년의 협상을 파기하고 Natanz에서 IAEA가 우라늄 원심분리기에 부착한 봉인을 제거하고 우라늄 농축을 위한 원심분리기 건설을 재개하자 7월에 세계 주요 언론이 이스라엘의 아란 핵발전소 공격 가능성을 보도하는

3) 1979년 1월 기준 2개 원자로의 공정률은 각각 85%, 15%이었다. Kraft-Union A.G.는 4억 5,000만 달러의 미수금 발생을 철수 원인으로 지적하였으나 사실은 1979년 회교혁명으로 기존의 핵 프로그램이 동결되고 이란의 대서방 관계가 위기에 직면하게 된 것에 기인한 것이었다. 한편, 1984년 4월 미국 국무부는 Bushere 원자력발전소 완공에 2~3년이 소요될 것이고, 경수로는 핵무기 개발에 적합하지 않으며 이란이 원자로에서 사용한 연료로부터 플루토늄을 분리하는 데 필요한 여타 핵시설을 건설하고 있다는 증거가 없다고 발표한 바 있다.

4) 2003년 6월 IAEA 사무총장 Mohamed El Baradei는 이란이 수개의 핵물질과 활동을 보고하지 않았다고 선언하고 각국의 협조를 요청하였으나 IAEA는 이란이 NPT를 위반하였다고 발표하지는 않았다.

등 긴장이 고조되기도 하였다.[5] 이후 IAEA는 2004년 9월 이란에 우라늄 농축과 관련된 모든 행동을 중지할 것을 요청하는 결의안을 만장일치로 채택하였다. 이란은 이를 거부하였으며 10월에는 이란이 농축활동을 영원히 종결하는 대가로 EU가 이란에 민간 핵기술을 이전하겠다는 제안도 거부하였다. 그러나 EU 3국은 2004년 11월에 이란과 무역 등 협력관계 논의를 위한 대화를 재개하고 이란이 추진하고 있는 세계무역기구(WTO) 가입 신청을 지원하기로 합의하면서 이란은 핵 활동을 다시 중단하였다.[6]

2005년에는 5월에 개최된 이란·EU 장관급 회담의 합의내용에 따라 유럽연합(EU)은 8월 5일자로 제한적 핵이용 권리를 인정하고 경제적 인센티브를 제공하는 것을 핵심내용으로 한 '포괄제안서(Framework for a Long-term Agreement)'를 제시하였다. 이란은 이를 즉각 거부하고 Isfahan의 우라늄 변환시설의 가동을 재개하였다. 이에 IAEA의 35개 이사국은 이란이 우라늄 변환을 중지하고 사무총장이 2005년 9월 3일까지 핵 프로그램에 대한 보고서를 제출할 것을 요구하는 결의안을 2005년 8월 11일 채택하게 되었다.

사무총장이 IAEA에 제출한 이란 핵문제에 대한 사찰보고서(2005. 9. 2)의 주요 내용은 NPT에 대한 이란의 새로운 위반사실을 밝혀내지는 못하였으며 기존의 의혹이 여전히 해소되지 않고 있는 책임을 이란에 전가하는 것으로 되어 있다. 즉, Isfahan에서 우라늄 변환작업(8월 이후 6.8톤)이 이루어졌으나 우라늄 농축에는 착수하지 않았으며 IAEA가 매월 감시활동을 지속하고 있는 Natanz의 시험 우라늄농축시설은 현재 가동이 중단된 상태이고 1987년~1990년대 중반에 이란의 핵관련 계약체결, 기술, 장비 습득과정의 일관성에 대해 자료 부족 등 의혹이 있으며, 핵무기 프로그램이 진행되는 것으로 의심되는 일부 기지(Lavisan-Shian의 물리학 연구소 등)에 대한 핵사찰 등에 이란 정부가 비협조적이라는 것이다.

IAEA 정기이사회는 이를 토대로 하여 2005년 9월 19일에 이란 핵문제를 UN 안전보장이사회에 회부할 가능성을 마련한 결의안을 채택하였다. 결의안의 주요 내용은 이란에 ① 핵 프로그램에 대한 국제감시단의 완전한 접근 허용 및 투명성 확보조치 이행, ② 우라늄 농축 및 재처리 활동의 전면 중단, ③ (플루토늄 생산도 가능한) 중수로 연구용 원자로 건설 중단, ④ (핵 활동 중단과 관련한) 약속 이행 및 협상 복귀를 촉구하는 것 등이었으며, IAEA 사무총장이 차기 이사회에 핵문제 관련 보고를 한 후 UN 안전보장이사회 회부 여부를 결정하기로 하였다. 동 결의안은 이례적으로 만장일치가 아닌 다수결로 이사회에서 채택되었는 데 35개

---

5) 이스라엘은 1981년에 이라크의 오시라크 핵 시설을 공격한 바 있다.

6) 핵 활동의 중단에 대하여 이란은 자발적(voluntary) 결정이었다고 주장하고 있으며 IAEA도 이를 인정하고 있으나 유럽연합(EU) 등 서방국가들은 동 조치가 양자간 신뢰의 문제로 협상재개의 선결조건이라고 주장하고 있다.

이사국 중 12개국이 기권하였다.[7] EU의 제안에 강력히 반대하였던 러시아와 중국은 기권하였으며 한국은 찬성하였다.

〈표 14-1〉 EU측 포괄제안서(2005년 8월 8일자)의 주요 내용

1. 핵 관련 내용 · NPT와 국제협약의 틀 내에서 핵에너지의 평화적 사용에 대한 이란의 권리는 인정하나 핵무기 생산으로 이어질 수 있는 우라늄 농축권한은 불허함 - 핵연료는 해외에서 조달하며 사용 후에는 공급국으로 반출함 - 핵무기 생산이 어려운 경수로 핵발전소의 건설은 허용하나 핵무기제조가 용이한 중수로 핵발전소의 건설은 불허함 - 연구용 원자로 등 민간용 핵 프로그램 개발 지원 - NPT 탈퇴금지 및 IAEA의 불시 사찰 수용 - 우라늄 변환을 포함하여 핵농축 활동 재개 시에는 IAEA에 회복함 2. 경제적 인센티브 등 · 이란 측이 제안을 수용할 경우 정치·안보·경제 등의 각종 인센티브 제공 - 영토 보존 및 정치적 독립에 반하는 위협 또는 무력 사용 금지 - 이란의 테러 및 마약퇴치 활동 지원 - EU·이란 무역협력 협정 체결 - 중앙아시아 송유관의 이란 경유 허용 - WTO 가입 지원 - 교역, 투자 및 기술이전 촉진

3. 최근 동향

2005년 11월 25~26일 개최된 IAEA 이사회는 러시아가 제시한 중재안, 즉 IAEA의 사찰하에 이란 내에서 이루어지는 우라늄 변환 작업은 허용하되 변환된 우라늄은 러시아로 보내

7) 표결 결과는 찬성 22개국(아르헨티나, 호주, 벨기에, 에콰도르, 프랑스, 독일, 가나, 헝가리, 인도, 이탈리아, 일본, 한국, 캐나다, 네덜란드, 페루, 폴란드, 포르트갈, 싱가포르, 슬로바키아, 스웨덴, 영국, 미국), 기권 12개국(예멘, 알제리, 브라질, 중국, 멕시코, 나이지리아, 러시아, 파키스탄, 남아프리카공화국, 스리랑카, 튀니지, 베트남), 반대 1개국(베네수엘라)이었다.

농축하는 방안을 '의장 성명' 형식으로 채택하였다.[8] 이는 이란 내에서의 우라늄 농축을 허용하지 않겠다는 EU와 미국 등의 의지와 이란 핵문제를 평화적으로 해결하려는 러시아, 중국 등의 입장이 조율된 결과로 알려지고 있으며 UN 안전보장이사회 회부에 대한 언급은 포함되지 않았다. 이에 이란이 '일정한 조건 하에서 수용할 용의가 있다'고 표명한 것으로 알려짐에 따라 2005년 8월 이란의 우라늄 전환작업 재개로 중단되었던 핵 협상이 조만간 EU 3국과 러시아, 이란이 참여하는 가운데 재개될 것으로 기대된다.

제 3 절 관련국들의 입장과 최근 동향

1. 이 란

이란은 원자력이 필요한 이유로 인구증가와 급속한 산업화(industrialization)를 지적하고 있다. 인구는 지난 20년 동안에 배증하였으며 가솔린과 전기를 정기적으로 수입하고 있고 원유는 연소과정에서 환경에 피해를 주는 데다 결국 고갈될 것이므로 에너지원의 다양화가 필요하고 원유는 발전보다 부가가치(value added)가 높은 부문에 사용되어야 한다고 주장하고 있다.[9]

핵활동과 관련하여 이란이 표면적으로 내세우는 가장 중요한 이유는 NPT 하에서 가입국은 평화적 목적으로 우라늄을 농축할 수 있는 권리가 있다는 것이다. 2005년 8월 이란의 핵활동 재개 시에도 Isfahan 우라늄 전환시설에 대한 IAEA의 봉인철거 작업은 IAEA가 감시카메라 설치를 완료한 뒤에 이루어지는 등 제반 핵활동이 IAEA의 사찰 하에서 이루어져 왔고 이제까지 NPT를 위반하였다는 명백한 증거가 발견된 바 없는 점도 이란에게 유리하게 작용하고 있다. 또한, 이란은 NPT의 목적이 세계적인 핵 비무장임을 고려할 때 서방국가들이 위선적이라고 비판하며 자체적으로 핵무기 능력을 개발한 이스라엘, 인도, 파키스탄 등 3개국은 NPT에 가입하였으나 비준하지 않았음을 고려할 때 자국이 차별적인 대우를 받고 있다고 주장한다.[10]

---

8) IAEA 이사회는 사안의 심각성에 따라 안전보장이사회 회부, 차기 이사회로 유보, 의장 성명(Chairman's Statement), 의장 요약보고(Chairma's Summary) 등을 채택한다. 의장 성명은 협상에서 합의에 이르지는 못하였으나 그 결과를 남길 필요가 있을 때 나오는 것으로 정치적 구속력이 없는 반면에 의장 요약은 단순히 회의결과를 요약하는 수준의 문서로 의장 성명과는 달리 의장의 의지가 포함되어 있지 않다.

9) 이란은 전체 인구 중 25세 이하 인구가 50%를 상회하고 있으며 청년 실업률이 높은 편이다.

특히, 보수파 정권의 출범 이후 이란은 대내적으로 서방의 압력에 굴복하지 않고 유사시 석유자원의 무기화 등도 고려할 것이라는 입장을 표명하면서 대외적으로는 경제관계를 중심으로 우방국과의 결속을 강화하고 이란의 주장에 반대하는 국가에 대한 경제적 보복조치를 취하는 등 강경전략을 구사하고 있다.

2005년 9월 IAEA 이사회 개최를 앞두고 뉴욕에서 개최된 UN총회에 참석한 아흐마디네자드(Mahmoud Ahmadinejad) 이란 대통령은 핵 이용권리에 대한 단호한 입장을 재천명하였다. 즉, 핵무기의 확보의지를 강조하고 핵 농축과 관련된 투명성(transparency) 확보를 위해 민간 및 공공부문과의 협력 용의를 표명하였다. 또한, 남아프리카공화국 등을 언급하며 핵 협상 참여국가의 확대를 희망하고 핵 보유에 대한 서방국가들의 이중기준 적용을 비난하였다. 2005년 10월 26일 아흐마디네자드 이란 대통령은 '시온주의 없는 세계(World Without Zionism)'를 주제로 한 집회의 연설에서 이란의 혁명지도자 고 호메이니의 말을 인용하면서 '이스라엘은 지도에서 지워져야 한다(Israel should be wiped off the map)'고 언급하였다. 이에 영국은 자국주재 이란대사를 소환한 바 있으며 EU 정상들은 2005년 10월 27일 영국에서 개최된 비공식 정상회담에서 성명을 통하여 이를 강하게 규탄한 바 있다. 이란은 2005년 11월 초에 Isfahan에서 조만간 우라늄 변환을 재개할 것이며 그동안 논란이 되어 왔던 Parchin 군사시설에 대한 IAEA 사찰단의 방문 및 조사를 허용할 것임을 IAEA에 통보한 것으로 알려지고 있다. 이는 우라늄 농축을 포기하라는 국제사회의 요구를 수용할 수는 없으나 핵사찰에는 협력하겠다는 의사를 표명한 것으로 해석할 수 있다.

이란 의회는 자국의 핵 프로그램 중 가장 논란이 되고 있는 우라늄 농축공정에 외국의 참여를 허용하는 내용의 결의안을 2005년 11월 3일에 승인하였으며 핵프로그램이 핵무기 개발로 전용되지 않는다는 점을 보장하기 위해 Natanz에 건립될 최초의 우라늄 농축시설에 소요될 10억 달러 중 3.5억 달러의 해외투자 유치를 추진하고 있다고 발표한 바 있다. 이어 11월 20일 이란 의회는 핵문제가 UN 안전보장이사회에 회부될 경우 의회가 정부에 UN의 핵사찰을 거부하도록 요구할 수 있도록 하는 법안을 압도적 지지로 통과시켰다. 동 법안은 유사시 우라늄 농축을 재개한다는 것을 의미하는 것으로 우라늄 농축의 중단을 요구하는 국제사회의 압력에 이란 정부가 대항할 수 있도록 하기 위한 조치로 해석된다.

한편, 이란 외무부는 2005년 9월 IAEA 표결 당시 찬성국에 대한 유감을 표명하는 서한을 발송하였으며 의회는 정부 앞으로 IAEA 결의안에 핵심적 역할을 한 국가들과의 교역·경제관계에 대한 입장을 표명할 것을 요구한 바 있다. 이어 이란 상무부는 10월 17일자로 IAEA

10) 이스라엘은 1968년, 인도는 1974년, 파키스탄은 1998년에 핵무기 능력을 개발하였다.

결의안 찬성국 22개국 중 한국, 영국, 아르헨티나, 체코 등 4개국에 대해 수입신용장 개설에 필요한 수입허가를 거부하는 조치를 취한 바 있다.

2. 미 국

미국은 1979년 11월 테헤란 주재 미국대사관의 인질사건 발생으로 이란과 국교를 단절한 바 있다. 1996년 이후에는 이란・리비아 제재법(ILSA : Iran-Libya Sanctions Act)을 시행하고 있고,[11] 2002년 1월에는 부시 대통령이 이란을 이라크, 북한과 함께 '악의 축(axis of evil)'으로 규정하는 등 대이란 강경정책을 고수하여 왔다.

미국은 원자력의 보유 필요성을 연료부족으로 주장하는 이란에 대해 '원자력에 비해 원유가 생산가격이 낮으므로 원유와 천연가스가 풍부한 이란은 원자력을 필요로 하지 않는다'고 반박하고 있다. 미국은 중동의 지정학적인 면(geopolitical aspect)을 고려하여 이란의 핵무기 보유를 저지해야 한다고 인식하고 있다.[12] 더욱이 이란이 추진하는 원자력의 형태가 발전용, 핵무기 제조용으로 동시에 활용할 수 있는 것으로 인도의 1960년대 핵무기 개발 당시와 유사한 상황을 초래할 수도 있을 것으로 우려하고 있다. EU와 미국은 이란이 장기간 핵 프로그램을 신고하지 않고 개발하여 왔던 전력이 있는데다 단지 연료용이라고 하기에는 지나치게 광범위한 것으로 생각하여 핵무기 개발의도를 의심하고 있다. 이란과의 오랜 악연으로 인해 미국은 이란이 전세계의 주요한 테러지원국의 하나로서 후세인 치하의 이라크보다 더욱 큰 위협이라고 인식하고 있으며 이번 이슈를 해결하지 못할 경우 국제적 리더십(international leadership)에도 큰 타격을 입을 가능성을 우려하고 있다.

그러나 최근 미국의 대이란 정책방향이 다소 수정되는 모습을 보이고 있다. 2005년 2월 라이스(Condoleezza Rice) 국무장관은 이란에 대한 공격은 지금 시점에서 미국의 정책이 아니라고 표명한 바 있으며 3월에는 부시 대통령이 이란이 핵 활동을 포기(give up)하는 것을 조건으로 10여년 동안 지속해 왔던 이란의 WTO 가입 저지정책을 철회하고 민간항공기용 부품의 구입도 허가하겠다고 발표하였다. 이는 미국이 이란의 핵문제와 관련하여 최초로 EU의 정

11) 미국의 ILSA 시행에 대해 세계 각국은 반발하였다. 특히, EU는 미국을 WTO 중재에 회부하고 EU 기업이 제재를 당한다면 보복행동을 취할 것이라고 경고하였다. 미국은 동 법을 실행한 사례가 없으며 수차례 유예조치를 취한 바 있다. 동 법이 사실상 효력이 없게 되자 5년 시효가 종료되는 2001년 8월에 소멸될 것으로 예상되었으나 미 의회는 시효의 5년 연장을 압도적으로 통과시켰는 데 국제적인 반대로 동 법의 효과 발생은 여전히 어려운 상태이다.

12) 미국은 중동 산유국들의 자원민족주의를 가장 신경쓰고 있다. 이란에서는 1951년 모하메드 모사데크 총리 정권이 석유사업 민영화를 추진했다가 2년 만에 미국이 배후지원한 쿠데타로 실각하고 친미 팔레비 왕정이 들어선 사례가 있다.

책에 묵시적이나마 지지를 표시한 것이어서 그 귀추가 주목되고 있다.

〈표 14-2〉 이란-리비아 제재법(ILSA)의 주요 내용

국적에 관계없이 어떤 기업이라도 이란의 원유·가스 부문에 대한 투자액이 연간 20백만 달러(법제정 당시에는 40백만 달러이었으나 후에 축소되었음)를 초과하는 경우에는 미국 정부가 아래 중 2개 이상의 제재조치를 부과하여야 하고, 제재를 받은 제3국 기업이 재차 이를 위반하는 경우 미국 대통령이 다음 사항 중 1개 이상의 조치를 취할 수 있음 ① 제재기업에 상품이나 서비스를 판매하는 경우 미국의 수출허가 거부 ② 제재기업에 상품이나 서비스를 수출하는 것과 관련한 미국수출입은행의 대출, 보증, 보험, 신용한도공여 금지 ③ 제재기업에 대한 미국금융기관의 대출 제한(12개월 내에 10백만 달러 범위 이내) ④ 미국 연방준비제도이사회(FRB)는 이란 내의 원유개발을 지원하는 외국금융기관에 대해서는 미국정부의 기채에 참여하거나 정부의 대리인(agent) 또는 미 정부 기금의 예치대상으로 지정 금지 미국 대통령은 국가안보(national security) 상의 이유로 인해 제재를 유예(waive)할 수 있으며 해당국 정부가 자국 기업을 설득하는 기간 중에는 제재를 연기할 권한이 있음

3. EU · 중국 · 러시아 · 인도

3.1 EU

EU는 UN 안전보장이사회 회부를 주장하는 미국과는 달리 영국, 프랑스, 독일 3국을 내세워 핵문제를 이란과의 대화를 통해 해결하려는 입장을 고수하고 있다. 이란이 최종 협상안을 거부할 경우 EU는 UN 안전보장이사회 회부가 불가피하다는 입장을 수차례에 걸쳐 표명하고는 있다. 그러나 이를 통하여 얻을 수 있는 실익 등을 고려할 때 협상의 결렬은 원치 않을 것으로 보인다. 오히려 EU는 프랑스와 네덜란드의 유럽헌법 비준 반대로 인한 내부 위기를 이란과의 핵협상 타결을 계기로 타개해 나가기를 바라고 있는 것으로 판단된다. 즉, 대외적으로 손상된 EU의 이미지를 개선하고 EU의 위상을 제고시키는 한편, 국제문제 해결에 있어 미국이 주장하는 무력, 제재, 보이코트 등의 강경책보다는 타협과 대화라는 자신들의 방법이 결과적으로 현명한 것임을 입증하고자 하는 것으로 해석된다. 이를 위해 EU는 이란에 경제·정치·외교적 인센티브를 제공함으로써 핵문제를 해결하려고 하고 있다.

한편, IAEA 이사국들은 자국의 이해관계에 따라 다소 상이한 입장을 보이고 있다. 비동맹 비핵국들은 '평화적 목적의 원자력 개발은 모든 회원국의 기본 권리이자 양도할 수 없는 권리'라고 주장하며 이란의 주장에 동조하고 있다.

3.2 중국 · 러시아

중국과 러시아는 이란의 입장을 옹호하며 외교적 해결을 주장하고 있다. 이는 이란과의 경제관계 등에 기인하는 것으로 판단된다. 중국은 2003년 3월 이란으로부터 25년에 걸쳐 1억 1,000만톤의 LNG를 공급받기로 계약을 체결한 데 이어 2004년 10월에는 2억 5,000만톤의 LNG와 함께 일 15만 배럴의 원유를 25년 동안 수입하기로 계약하였다. 러시아는 2005년 2월에 8억 달러 규모의 중수로 건설과 핵연료 공급계약을 체결하는 등 이란의 원자력 발전소 지원에 개입되어 있다. 이에 따라 만약 이란 핵문제가 향후 UN 안전보장이사회에 회부된다 해도 상임이사국인 이 두 나라가 제재에 반대할 것으로 보인다.

3.3 인도

인도는 2005년 9월의 IAEA 이사회에서 예상과는 반대로 대이란 결의안에 찬성하였는 데 11월의 이사회를 앞두고 만약 IAEA가 대이란 결의안의 강도를 제고시킬 경우 이를 반대할 수도 있다고 발표한 바 있다.[13] 이는 2005년 9월 이후 과도하게 미국을 의식하였다는 국내 좌파의 반발이 지속되고 있는데다 인도의 해명에도 불구하고 이란이 당시 결의안 찬성국들과 관계를 재검토하겠다는 입장을 견지하고 있는데 따른 것으로 해석된다.

제 4 절 핵문제 해결과 관련된 제반 요소

1. 이란의 권력구조

이란에서는 2004년 2월 국회의원 선거에서 보수파가 압승(총 290개 의석 중 보수파가 195석을 차지하였으며 개혁파는 50석에 불과하였음)한 데 이어 2005년 6월 대통령 선거에서도 강경보수파인 아흐마디네자드가 당선됨으로써 보수파가 국정 전반을 장악하고 있다.[14]

---

13) 인도의 대이란 결의안 찬성은 국제사회에 책임있는 핵보유국으로서 자국의 이미지를 재차 확인함으로써 미국으로부터 확실하게 핵 협력을 유도하겠다는 판단에서 비롯되었다는 것이 지배적인 분석이다.

14) 서방국가들은 온건보수파인 전직 대통령 라프산자니(Ali Akbar Hashemi Rafsanjani)의 당선이 유력

이란 헌법은 이슬람법(sharia)을 기초로 한 신정(神政)체제를 채택하고 있다. 국가의 최고 권력을 보유한 국가최고지도자(Supreme Leader)를 정점으로 입법부, 사법부, 행정부가 있으며 독특한 형태의 헌법수호기관인 최고지도자운영회의(The Assembly of Experts), 국정조정회의(The Expediency Council), 헌법수호위원회(The Guardian Council of Constitution)가 존재하고 있다.

1.1 국가최고지도자

국가최고지도자는 최고지도자운영회의에서 선출되는 종신직으로서 국가 최고정책의 집행·감독, 대통령의 인준·해임권, 대법원장 해임권, 헌법수호위원회 위원 임명권, 군통수권, 입법·사법·행정부간 조정권 등을 보유하는 국가, 정치, 종교의 최고 권력자이다.

1.2 의회

입법기관인 의회(Majlis)는 직접보통선거로 선출되는 290명의 의원으로 구성되어 하원의 역할을 수행한다.

1.3 헌법수호위원회

이슬람 성직자(6명)와 율법학자(6명)로 구성된 헌법수호위원회는 의회를 통과한 입법안에 대한 최종 승인권 등을 통해 상원의 역할을 수행한다

1.4 국정조정회의

국정조정회의는 의회와 헌법수호위원회 간의 중재를 담당하는 데 전직 대통령인 라프산자니(Ali Akbar Hashemi Rafsanjani)가 의장으로서 주로 헌법수호위원회의 입장을 옹호하는 태도를 보이고 있다.

1.5 최고지도자운영회의

최고지도자운영회의는 최고지도자와 헌법수호위원회 위원 선출이 주요 임무이며, 최고지도자가 특정 기준을 충족하지 못하거나 임무를 원만하게 수행할 능력이 없는 경우 해임할 수 있는 권한이 있다.

할 것으로 예측하였다. 라프산자니는 2005년 6월 17일의 1차 투표에서 득표율 21%로 아흐마디네자드(19.25%)를 앞섰으나 6월 24일의 결선투표에서는 61.9%의 득표율을 기록한 아흐마디네자드에게 패배하였다.

최근 이란 의회는 대내외 정치·경제적 개혁성과의 미흡 등을 이유로 대통령에 대해 석유부장관 인준 지연 등으로 압박하고 있고 권력구조상 사실상의 국정 현안에 대한 결정권이 있는 최고지도자가 핵문제 해결에 신중한 입장을 보이고 있어 대내외 정책에 대한 대통령의 독주를 견제하는 양상을 보이고 있다.

2. IAEA의 활동과 NPT의 한계

2.1 IAEA의 활동

IAEA는 UN의 산하기구로서 UN 안전보장이사회의 위임을 받아 NPT 서명국들의 NPT 준수여부를 확인하는 실행기관으로서 필요시 핵사찰을 실시한다.

총 11조로 구성된 NPT 서명국들의 NPT의 주요 내용은 다음 3가지로 요약될 수 있다.

① 5개국(미국, 영국, 프랑스, 러시아, 중국)만이 핵무기를 소유하고 핵무기 기술을 타국에 이전하지 않으며 비핵보유국은 핵무기 개발을 추진하지 않는다.

② 핵보유국은 핵무기 규모를 축소하여야 하며(서문 및 제6조) 비핵보유국이 핵무기를 획득하도록 유도하지 않아야 한다(제1조). 그러나 핵무기 축소는 최근까지 실행되지 않고 있으며 선제공격 등 위협적인 행동은 비핵보유국의 핵무기 획득을 유도하는 측면이 있다. NPT 서명국들은 잠재적 위협 등 자국이 특별한 사건(extraordinary events)이라고 인식하는 경우 조약을 탈퇴할 수 있다(제10조).

③ 핵 기술을 평화적으로 이용할 수 있는 권리이다(제4조). 이는 핵의 보유 여부와 관계없이 대부분의 국가들이 핵연료의 보유를 희망하는 것을 반영하되 핵무기의 개발을 어렵게 하는 조건을 부여한 것이다. 그러나 연료용으로 우라늄의 농축을 허용하는 것은 사실상 핵무기 개발의 직전 단계로서 정치적 의지가 있는 국가라면 은밀하게 또는 NPT를 탈퇴함으로써 이루어질 수 있어 NPT 체제의 약점으로 지적되고 있다. 이와 관련하여 El Baradei IAEA 사무총장은 약 40개국이 필요하다면 핵폭탄을 개발할 수 있는 상태라고 발언한 바 있다.

핵무기 비보유국은 NPT 제3조에 따라 IAEA와 평화적 핵 이용활동을 위한 안전협정(safeguard agreement)을 체결하여야 한다. 그 주요 내용은 비핵보유국이 핵물질(우라늄, 플루토늄 등)의 생산, 처리, 사용 또는 이와 관련된 시설이나 장비(원자력 발전소, 실험용 원자로, 재처리 시설 등)를 대상으로 항목의 존재, 수량 및 사용에 관해 IAEA에 보고하고 IAEA가 이를 바탕으로 필요시 재고감시, 봉인, 현장방문 등의 방법으로 사찰을 실시하는 것이다.

안전협정 위반국에 대해서는 IAEA 자체적으로 또는 UN 안전보장이사회를 통하여 제재할 수 있다. 자체 제재는 회원자격 중지, 원자력기술지원 중단, IAEA가 제공·지원한 모든 물질과 장비의 반환 요구 등으로 되어 있다. UN 안전보장이사회 제재는 IAEA가 이사회 결의안을 채택하여 회부하는 경우 대상국에 대한 경제적, 외교적, 군사적 제재(economic, diplomatic, military sanctions)가 가능한 것으로 15개 회원국 중 9개국 이상(안전보장이사회 상임이사국 5개국을 포함)의 동의가 필요하다.

한편, IAEA의 안전협정에 대한 추가의정서(Additional Protocol) 제도는 이라크와 북한이 비밀리에 핵무기를 개발하는 것으로 알려진 이후 1997년에 기존 안전협정 체제 하에서 IAEA 사찰의 취약점을 보완하기 위해 도입된 바 있다. IAEA의 사찰은 NPT 가입국에 한정하여 신고한 물질과 시설의 약정된 장소에 대하여 대상국이 동의한 범위 내에서만 가능하며, UN제재에 의하지 않고서는 신고누락 및 은닉시설에 대한 강제사찰이 불가능하다. 그러나 추가의정서는 핵무기에 관련된 모든 시설, 장비, 물질의 정보접근 및 조기 통보에 의한 사찰을 허용하는 것으로 그 주요 내용은 IAEA에 제공하는 정보 범위의 확대, 사찰·검색대상 시설의 확대, 사찰통보기한의 단축(48시간~1일 → 24시간~2시간) 의혹시설 주변지역에 대한 환경 샘플링 등이다. 즉, 알려진 핵 물질과 활동에 중점을 둔 양적인 사찰에서 일종의 포괄적인 핵활동에 대한 질적인 파악으로 전환한 것이다. 2005년 10월 18일 기준 추가의정서에 대한 IAEA 이사회의 승인을 받은 국가는 총 113개국이며 이 중 서명국은 104개국, 비준국은 69개국이다. 이란은 2003년 12월에 서명하였으나 아직 비준하지 않았고 한국은 2004년 2월에 비준을 완료하였다.

2.2 NPT의 한계

IAEA, NPT, 추가의정서 등 핵확산 방지, 군축 및 핵의 평화적 이용을 위한 일련의 체제는 자체적인 문제점과 한계를 내포하고 있다.

(1) 불평등 조약

우선 NPT는 아일랜드가 조약을 발의할 당시 UN 안전보장이사회 상임이사국이자 핵무기를 보유하고 있던 5개국(미국, 영국, 프랑스, 중국, 러시아)의 핵 보유만을 인정하고 있다. 비핵보유국은 핵무기를 제조하거나 보유할 수 없고 IAEA의 사찰을 받아야 하는 반면에 핵보유국은 군축의무가 강제조항이 아니며 IAEA의 사찰대상도 아니다. 기본적으로 차별적이고 불평등한 조약인 것이다. IAEA의 회원국 사찰은 핵의 수평적 확산(비핵보유국의 핵보유)만 견제할 뿐, 수직적 확산(핵보유국의 핵무기 증가와 핵실험 등)에는 별다른 활동을 취하지 않는다.[15)]

(2) NPT 비가입국에 대한 통제력 상실

인도, 파키스탄, 이스라엘 등 NPT 비가입국의 핵 확산에 대해서는 통제력이 전무하여 유사시 가입국의 NPT 탈퇴의 구실을 제공하게 된다. NPT 제10조 2항은 가입국에게 '자국의 최고 이익을 위태롭게 할 비상사태가 발생한 경우에 3개월 전에 가입국과 UN 안전보장이사회에 통보하고 탈퇴할 권리'를 보장하고 있다. 동 비상사태에 대한 판단은 당사국의 주관에 따르게 되어 있어 북한이 동 조항에 의거하여 NPT를 탈퇴한 바 있다.

(3) 핵사찰에 대한 판단기준의 모호성

핵사찰에 있어 판단기준이 모호하다. 핵 보유의 목적이 평화적 또는 군사적임을 판단하는 기준이 모호하며 기술적 감시도 어렵고 제재여부를 결정함에 있어 강대국에 의한 자의적 기준이 적용될 수 있다. 미국이 인도, 이란, 북한의 핵 문제에 대해 상이한 태도를 보이는 것이 대표적인 사례로 지적될 수 있다.

제5절 전 망

이란의 핵문제는 협상과정에서 상당한 기간이 소요될 것으로 보이나 결국 이란이 제한된 범위의 핵 주권을 확보하면서 EU로부터 인센티브를 제공받게 되는 선택을 할 가능성이 큰 것으로 판단된다. EU는 2005년 초에 국제법이 허용하는 범위 내에서 핵에너지 사용에 대한 이란의 권리를 인정할 것임을 표명하였다. 이란도 핵무기 수준 이하의 일정 규모 우라늄 농축 활동이 인정된다면 IAEA의 사찰을 수용할 것이라는 의견을 제시한 바 있다. 미국의 입장에서도 정치적 부담과 현실적 제약 등을 고려하여 불가피하게 EU의 움직임에 동조하게 될 것으로 기대된다.

이란의 보수파 정권은 아흐마디네자드 대통령 취임 이후 국민들이 기대하고 있는 빈곤층의 생활수준 향상이 가시화되고 중동지역은 물론 국제사회에서 이란의 위상을 확고히 해야 한다는 과제에 직면해 있다.[16)] 대통령의 반미 발언은 아프가니스칸, 이라크 전쟁 이후 반미감정이

15) 포괄적핵실험금지조약(CBT)의 발효, 핵무기 제조물질의 생산금지조약 마련에 반대하는 미국에 별다른 대응 방안을 제시하지 못하고 있는 것이 대표적인 예로 지적된다.

극대화된 일부 이슬람 세계의 호응을 얻고 있다. 그동안 소원했던 아랍국과의 관계나 러시아, 중국, 인도 등 지역 패권주의국가들과의 유대관계는 오히려 강화되고 있다.[17] 이란은 이미 미국에 의한 경제제재(economic sanction)를 경험하여 UN 안전보장이사회를 통한 추가적인 제재에 크게 좌우되지 않으며 오히려 의회가 대통령을 압박함으로써 국내경제의 활성화에 더욱 관심을 가지도록 강제하고 있다.

대통령이 회교혁명의 이상에 따라 정치, 사회, 경제 등 제반 부문에서 자유를 구속할 것이라는 우려가 국내외에서 제기되고 있으나 최고지도자 하메네이(Ayatollagh Sayed Ali Khamenei)는 정적을 완전히 축출할 경우 이들이 기존 체제에 대항하는 연합전선을 구축할 가능성이 있다는 점을 인식하고 있어 보수파의 국정 장악에도 불구하고 이러한 우려가 현실화될 가능성은 크지 않다고 할 수 있다. 이란은 석유를 무기화해 핵 주권(nuclear sovereignty)을 확보하면서 중동의 맹주로 부상하겠다는 강한 의지를 보이고 있으며 핵개발의 목적이 경제적 보상(economic reward)이 아니라 정치군사적 필요성에 있는 것으로 분석된다.

미국은 이란에 대해 이미 1996년부터 원유・무역제재를 실시하고 있어 사실상 추가적인 제재수단이 없는 편이며 대통령 선거 결과 개혁파가 약화되어 개혁세력 지원을 통한 이란 내부의 변화를 유도하기도 어려운 실정이다. 핵문제를 UN 안전보장이사회에 회부한다고 해도 현실적으로 EU 등의 협조를 얻기에는 어려울 것으로 보인다. 이란은 중동지역 강대국 중의 하나로 유럽과 경제 등 다양한 부문에서 밀접한 관계를 유지하고 있어 EU가 기득권을 포기할 가능성은 작다고 할 수 있다.

미국의 입장에서 이란의 핵문제는 북한이나 리비아와 달리 전격적인 타결을 기대하기도 어렵다. 식량난, 에너지난이 겹친 북한과 달리 자원대국인 이란의 핵 포기를 유도할 적절한 경제적 인센티브(economic incentive)가 없는 실정이다. 또한, 강경책을 채택하기도 용이하지 않다. 이란은 이슬람권 친미독재국가와는 달리 절차적 민주주의를 준수하고 있고 북한과 달리 NPT를 위반하지 않고 조약에 보장된 '핵의 평화적 이용 권리'를 찾겠다는 것이다. UN이 이란을 비난하는 결의안을 채택해도 현실적 구속력이 없고 오히려 갈등이 지속되면서 유가만 상승할 가능성도 존재하고 있다. 2005년 초부터 나타난 미국의 대이란 정책방향의 변화 움직임도 이러한 현실을 고려한 불가피한 선택으로 판단된다.[18] 미국은 2005년 10월의 이사회에

16) 의회는 최근 빈부격차 해소를 위해 빈곤가구에 국영기업 주식을 할당한 후 20년에 걸쳐 장기 상환하는 계획을 승인하였다. 이는 외국기업들의 에너지 개발참여를 제한하고 오일 달러를 환원하기 위한 정책으로서 이란의 저소득층 인구는 공식적으로 총인구의 15%이나 사실상 40%에 이르는 것으로 추정된다.

17) 러시아, 중국, 인도는 물론 미국과 적대관계인 시리아에도 원유를 공급하고 1980년대에 장기간 전쟁을 수행했던 이라크와의 관계도 급속히 강화되고 있다.

서 안전보장이사회 회부를 요구하는 결의안을 제시하였다가 결국 문구를 수정하여 안전보장이사회 회부 가능성을 언급하는 데 그쳤다. 과거 이라크에 대해서는 대량살상무기(WMD) 의혹 제기→안전보장이사회 회부→UN 사찰→전쟁 명분 축적이라는 절차를 거친 바 있다.

부시(George W. Bush) 행정부는 이스라엘의 핵무기 보유를 용인하고 NPT 비회원국이자 핵보유국인 인도와 핵에너지 협력협정을 체결한 후 이란에 대해서는 평화적 핵 이용을 허용하고 북한에 대해서는 불용하겠다는 일관성없는 접근을 하고 있어 혼란을 가중시키고 있다고 비판받고 있다. 북한은 경제자활능력을 상실하고 핵 이외의 대항수단을 보유하지 못한 상태에서 핵을 체제보장과 경제지원 등을 유도하기 위한 협상수단으로 활용하고 있다. 반면에 이란은 경제적 자활이 가능하고 석유무기화 등 대항수단을 보유하고 있어 핵개발은 반대급부를 유도해 내기 위한 수단이 아니라 자체 핵기술 보유 및 핵연료 자급기반 구축이 목적이라고 할 수 있다. 따라서 서방측 입장에서 이란 문제는 훨씬 다루기 어려우나 리비아의 핵문제가 해결된 상태에서 이란 핵에 대한 국제적 관심이 제고되고 있는 것이 부담으로 작용할 것으로 전망된다.

IAEA도 이사국 간의 의견 불일치가 해소되지 않고 있어 자체적으로 적절한 대안을 제시하기가 어려운 실정이다. 2005년 8월에 이란의 핵 활동 중단을 촉구할 당시에는 만장일치로 합의했던 35개 이사국이 UN 안전보장이사회 회부의 발판으로 평가된 9월의 대이란 결의안 채택은 통상적인 만장일치가 아닌 다수결로 이루어졌으며 12개국이 기권함으로써 서방국가와 여타 국가들 간의 분열상을 노출시켰다.

또한, 2005년 노벨평화상 수상자로 IAEA와 IAEA 사무총장이 선정된 것에 대해 노벨위원회가 핵의 비확산과 외교적 해법을 강조하고 있다는 평가가 우세하다. 즉, 핵 비확산 문제를 힘으로 해결하려는 미국의 정책과는 달리 외교적 해법을 지지한다는 것으로 해석된다.

El Baradei 사무총장은 핵문제의 해결에서 '사찰과 검증', '외교적 해결' 원칙을 고수하여 미국이 '악의 축'으로 지정한 국가들의 핵무기 문제가 발생할 때마다 미국과 갈등을 노출한 바 있다.[19] 이에 따라 일부에서는 북한 핵문제의 해결과정에서 주도적인 역할을 하고 있는 6자

18) EIU(2005. 9 updater)는 미국의 입장에서 선택가능한 3가지 시나리오(① 핵시설에 대한 군사행동, ② 미국이 직접 대화에 나서서 외교적인 해결을 모색하는 것, ③ 이란의 핵 활동을 저지하는 것이 불가능하다는 것을 미국이 현실로 수용하는 것)를 제시하고 이 중 제3안이 가장 확률이 높은 시나리오라고 예상하였다.

19) El Baradei 사무총장은 1997년 이후 임기 4년의 총장직을 3기 연임하고 있는데 2001년 재선 이후 이라크 문제 및 이란 핵문제와 관련하여 미국과 상이한 입장을 나타내고 있다. 부시 행정부는 2005년의 총장 3선을 앞두고 반대 로비를 전개한 바 있으나 IAEA 이사들의 압도적인 지지로 당선된 것으로 분석되고 있다. 미국도 IAEA의 이란 사찰이 철저했고 미국보다 많은 정보를 입수하였다고 인정하고 있다.

회담의 형태를 이란 핵문제의 해결방법으로 제시하고 있다. IAEA가 협상 중재자로서의 역할을 수행하는 데 현실적으로 한계를 노출시키고 있고 이란과 EU는 NPT 틀 내에서 협상의 가능성을 언급하고 있다. 미국으로서는 UN 안전보장이사회 회부가 성사되기 어렵고 회부된다고 해도 제재 채택 가능성이 작은 상황에서 최후의 수단인 군사적 조치는 상당한 희생을 수반하게 되고 협상이 장기화될 경우 이란과 관련 국가들과의 이해관계가 더욱 강화될 수 있다는 점이 큰 부담이 되고 있다.

〈표 14-3〉 이란과 북한의 핵문제 비교

	이 란	북 한
대미 외교관계	1979년 회교혁명 후 단교	미수교
NPT	회원국	2003년 1월에 탈퇴
IAEA 가입	회원국	1974년 가입, 1994년 9월 탈퇴
IAEA와의 관계	사찰단 입회 하에 핵 활동	사찰단 일단 추방 (제네바 합의 이후에도 비밀리에 농축우라늄 개발, 사찰단 추방 후 핵개발 가속화)
핵무기 보유 현황	5~10년 내에 핵무기 보유가 가능할 것으로 추정	2005년 핵보유 선언 (9개 이상 보유 추정)
미국의 협상태도	영국, 독일, 프랑스 등 EU에 위임	6자 회담 통한 다자해결 추구
핵협상 쟁점	핵무기를 포기할 경우 평화적 핵 이용권허용, 경제협력, 안전보장, WTO 가입 지원	핵무기 및 핵프로그램 모두 폐기, 평화적 핵이용 불가, 경제 및 에너지 지원, 다자안보 제공

결국 이란의 핵 문제는 2005년 11월에 IAEA를 통하여 제시된 러시아의 중재안에 대해 상당한 기간을 두고 이란과 EU의 협상이 지속될 것으로 보인다. 이 중재안은 핵주권을 주장하는 이란과 핵활동 포기를 주장하는 서방의 입장을 어느 정도 반영한 절충안으로서 서로에게 적당한 타협의 명분을 제공하고 있다. 이란은 이를 수용하는 경우 2005년 8월 EU의 포괄제안서에 포함되었던 것과 같은 경제 등 각종 인센티브의 제공을 요구할 것으로 판단된다. EU와 미국은 이란의 핵활동이 우라늄 변환에 한정되고 우라늄 농축 등 추가적인 핵활동을 일체 포기한다는 객관적인 보장을 선결조건으로 제시할 것으로 보인다. 핵협상의 원만한 타결이 중장기적으로 중동지역의 평화정착과 세계 원유시장의 안정에도 기여할 것으로 기대된다는 점에서 전세계는 그 진행절차와 향방을 주목하고 있다.

15
chapter

터키의 EU 가입 추진

제1절 개 관

터키의 유럽연합(EU) 가입에 관해서 EU회원국들 간에 논란이 지속되어 왔으나 가입교섭 개시가 결정됨으로써 터키의 EU 가입의 계기가 마련되었다. EU 집행위원회에서는 그동안 오스트리아, 네덜란드 등의 5개국 위원이 교섭 개시에 반대하는 입장을 표명하기도 하였으나 개혁에 대한 철저한 감시를 조건으로 EU 가입교섭 개시가 만장일치로 결정되었다. 또한, 2004년 12월 17일 개최된 EU 정상회의에서는 터키의 가입교섭 개시일자를 최종적으로 2005년 10월 3일로 결정한 바 있다. EU 가입교섭 개시 결정은 2003년 출범한 에르도간 정권이 정치·경제 개혁(political and economic reform)과 함께 민주주의와 인권 존중, 소수 민족의 권리옹호 등에서 진전을 이룬 것으로 인정받은 결과로 평가할 수 있다.

기존 EU 회원국 중 영국[1] 등 일부 국가는 터키의 EU 가입을 지지하는 태도를 보이고 있기도 하나 대다수 회원국들은 터키의 신규가입을 반대하고 있어 터키의 EU가입 확정은 상당한 난관이 수반될 것으로 보인다.[2] 그러나 가입교섭 개시 자체가 터키의 정치 및 경제발전에는 긍정적 영향을 미칠 것으로 평가된다.

---

1) 영국은 자국의 국가주권이 유지되는 연합체 성격을 주장해 왔으며 체제가 상이한 터키가 EU에 가입할 경우 EU의 연합체 성격이 더욱 강해질 것으로 기대하고 있다(수출입은행, 수은해외경제, 2005. 3. pp. 57~61 요약·재구성).

2) EU 가입 확정에는 EU 전체 회원국과 신규회원국의 가입조약 비준이 필요하며 대부분의 회원국은 국민투표로 비준 여부를 결정하게 된다.

제2절 과 제

터키의 EU 가입교섭에는 해결해야 할 과제가 다수 존재하고 있다. 이들 과제는 다음 6가지로 요약할 수 있다.

1. 법체계 적용과정의 개선

EU 집행위원회의 터키 가입교섭 개시 권고는 조건부임을 명확히 하고 있다. 페어호이겐 EU 확대담당 집행위원은 터키의 법체계(legal system)는 민주적 법치국가 요건을 만족시키고 있으나 실제 적용과정에서 다수의 개선이 필요하다는 점을 강조하며 교섭 개시가 EU 가입을 보증하는 것은 아니라고 논평한 바 있다. 동 위원회는 권고서에 터키의 개혁 이행과정을 지켜보고 인권존중(respect of human rights)을 중심으로 하는 개혁이 제대로 이행되지 않을 경우 가입교섭을 중단한다는 단서조항을 포함시켰다.

2. 키프러스 공화국에 대한 승인

EU 정상회의에서 채택된 선언문에는 터키가 키프러스 공화국을 주권국가로 승인할 것을 요구함과 동시에 터키 노동자의 국외이주 제한권한을 EU에 이양하고 터키에 대한 EU의 재정지원 한도를 명확히 하는 한편, 터키의 EU 가입가능 시기를 2015년 이후로 규정하고 있다. 동 선언문은 교섭개시가 가입을 의미하는 것은 아니며 교섭기간 중 규정된 조건을 충족시키지 못할 경우 교섭중단이 가능하며, 주변국과의 관계개선을 이룰 것 등 터키를 압박하는 내용이 다수 포함되어 있다.

특히, 정상회의 선언문은 2004년의 EU 신규가입 10개국에 키프러스가 포함됨에 따라 당연히 터키가 키프러스를 국가로 승인한 것으로 해석하고 있다. 그러나 에르도간 총리는 터키가 키프러스를 아직 법적으로 인정하지는 않았다고 강조하고 있어 이 문제는 논란의 여지가 되고 있다.

3. 터키 노동자의 EU로의 이주 제한

터키 노동자의 EU 노동시장 유입에 따른 혼란을 완화하기 위해서는 EU가 터키인 노동자의 이주를 영구적으로 제한할 수 있는 권한을 가지기로 합의하였다. 그러나 EU의 이주제한 원칙이 선언문 초안에서 사용된 '영구적으로 적용'(applicable permanently)이란 표현이 선언문에서 '영구적으로 가능'(available permanently)으로 완화된 것을 두고 에르도간 총리는 터키의 교섭노력의 성과로 평가하고 있다.

4. 터키에 대한 재정지원 한도 설정

EU는 터키의 EU 가입시 터키에 대한 농업보조금과 인프라건설비 지원에 관한 재정지원 한도를 설정하였다. 이는 터키가 현 회원국들보다 소득수준이 낮고 농업 종사자가 많아 EU의 각종 보조금이 과다하게 터키에 제공되는 것을 방지하기 위한 것으로 해석할 수 있다.

상기한 재정상의 이유로 EU는 선언서에 터키의 정식 가입 시기를 2015년 이후로 하고 가입교섭은 정식가입을 목적으로 하나 교섭개시가 가입을 보증하지는 않는다고 명시하였다. 한편, 교섭이 실패하더라도 터키가 유럽과 강력한 유대관계를 유지할 것을 보증한다는 내용도 첨가되었다.

5. 가입교섭에 대한 EU 집행위원회의 권한 명시

가입교섭 기간 중 터키가 자유주의, 민주주의, 기본적 인권과 법 준수 등 EU의 기본적인 가치관에 대해서 중대한 위반을 반복했을 경우 EU 집행위원회의 결정이나 EU 회원국 1/3 이상의 결정에 따라 EU 집행위원회는 가입교섭의 중단이나 재개를 EU이사회에 권고할 수 있고 EU이사회는 이러한 권고사항을 다수결로 채택할 수 있게 하였다.

6. ENP 준수

EU는 그리스와의 에게해 영유권 문제 등을 포함하여 주변국들과의 우호관계에 대한 명확한 입장표명을 요구하였다. 아르메니아는 코카서스 3국(아르메니아, 그루지아, 아제르바이잔)이 EU의 유럽근린국가정책(ENP : European Neighbourhood Policy)의 대상이므로 터키는 ENP를 준수할 의무가 있다고 주장하며 국경 개방을 포함한 관계 개선을 요구하고 있다.

상기한 제약요인들로 인해 터키의 EU 가입은 현재의 완전한 회원권 확보를 대신하는 새로운 가입형태로 진행될 가능성도 제기되고 있다.

제 3 절 터키경제에의 영향

터키의 인구는 EU 28개국의 약 13%에 해당하나 명목 GDP 비율은 2%에 불과하여 EU 가입교섭 개시는 터키에게 경제적 측면에서 다수의 긍정적 효과를 가져다 줄 것으로 기대된다. EU 집행위원회는 터키가 EU 시장에 참가하면 EU 기존회원국에 대해 상품 및 서비스 수출 증가에 따른 GDP 증가효과가 기대되며 또한 주요 민영화사업도 활성화될 것으로 전망하고 있다.

〈표 15-1〉 터키의 EU가입 영향

긍정적 효과	부정적 효과
터키의 지리적 위치 · 군사력 · 종교적 특성을 통해 지역안정에 공헌	터키의 EU 가입은 역내 경제격차를 확대하여 장기적으로 대(對)터키 지원 필요
이슬람교 정권이 자유, 민주주의, 인권 존중 등을 보장하는 선도적 모델 수립	터키의 비효율적인 농업으로 장기간 EU로부터 농업지원 필요
EU와의 관세동맹이 요구하는 각종 정책 실현, 규제 범위 재편, 법체제 등의 수평적인 개혁	EU의 국경관리 정책에 부담→불법 이민, 범죄 억제를 위한 투자 필요
터키를 경유하는 EU 에너지 공급망의 안전 보장	2014년 이후의 EU 예산구성에서 대폭적인 예산 확대 필요
EU와의 교섭으로 터키의 거시경제 안정 전망	인구수에 따라 각국에 할당하는 유럽 의회 의석수, EU 위원회 투표권수 변경
터키인 노동자의 EU 국가에 대한 이민 증가	이민은 제조치를 필요로 하나 이민은 EU 역내 인구 고령화로 문제시되는 사회보장제도 유지에 공헌

자료 : Mitsui 전략연구소, Issues From Turkey's Membership Perspective 2004, World Compass 2004.

한편, EU와 터키간 자본이동이 비교적 자유롭게 진행되고 있음에도 불구하고 과거 10년간 EU의 터키에 대한 외국인직접투자(FDI)는 저조한 수준을 보였다. 2003년에 터키에 대한 FDI

는 이라크 전쟁과 이스탄불의 테러다발, 주요 민영화(privatization)의 실패 등으로 10억 6,300만 달러를 기록하였다. 그러나 2003년 6월에 외국투자 유치를 위한 신외국인직접투자법 시행 등 터키 정부가 제반 투자환경을 정비하면서 2004년에는 FDI가 전년의 2배 수준인 20억 달러를 기록하였으며 EU 가입교섭 개시가 FDI 유치에 더욱 긍정적인 영향력을 미칠 것으로 보인다. 특히, 유럽으로의 안정적인 에너지 공급을 위해 에너지 인프라에 대한 FDI가 증가할 것으로 기대된다.

터키는 1996년 1월 EU 관세동맹(CU : Customs Union) 발효 후 EU 관세체제에 맞추어 제도를 정비해 왔으며 관세동맹 약정에 따라 2002년 1월 이후 터키는 제3국에 대한 공산품 관세율을 EU기준으로 조정한 바 있다. 그 결과 2003년 터키의 EU 15개국에 대한 수출(총수출의 51.9%)은 전년 대비 31.9%, 수입은 35.1% 증가할 만큼 EU와 긴밀한 경제협력 관계를 유지하고 있다. 특히, 자동차와 관련부품 수출(수출의 11.2% 차지)이 전년 대비 58.7%, 수입이 130.2% 증가하였으며 당분간 자동차관련 교역은 10% 이상의 증가세를 지속할 것으로 보인다. EU 가입교섭 개시로 향후 비관세장벽(non-tariff barriers) 완화가 예상되고 있어 공산품 및 농산품의 수출입 교역규모는 더욱 증가할 것으로 기대된다.

지정학적으로 터키는 에너지수출(석유) 및 수송중계(가스)에 매우 중요한 위치를 차지하고 있다. 남부 제이한 항구는 이라크 석유의 수출항 역할을 해 왔으며 현재 계획 중인 러시아, 투르크메니스탄 등에서 생산된 천연가스를 유럽으로 수송하는 중계거점으로도 주목받고 있다. EU 가입이 가시화되면 터키의 지정학적 중요성(geopolitical importance)은 더욱 제고될 것으로 보인다.

터키의 주요 가스 공급원은 4가지(① 러시아로 부터의 기존 파이프라인(우크라이나 · 루마니아 · 불가리아 경유), ② 알제리와 나이지리아로부터의 파이프라인, ③ 이란과 터키간 파이프라인, ④ 러시아로부터 블루 · 스트림파이프라인)로 이들 공급량의 합계는 2010~2015년에 연간 530억㎥에 이를 것으로 보인다. 이에 따라 향후 터키는 그리스 · 이탈리아 등 유럽국가를 위한 가스공급국의 위치를 공고히 하게 될 것으로 보인다. 터키 정부는 2004년 6월에 흑해 연안의 Kiyikoy와 에게해의 Ibrik baba를 연결하는 전장 198㎞의 파이프라인 계획(투자액 9억 달러)을 승인한 바 있다.[3)]

3) 카스피해에서 채굴된 석유는 흑해까지 파이프라인으로 보내어 유조선으로 유럽과 미국에 수송된다. 동 파이프라인의 부설로 흑해 연안의 노보로시스크(러시아)로부터 미국 휴스턴까지의 수송 시간은 11일 정도 단축되고 톤당 운반비용도 7달러 이상 경감될 것으로 기대된다.

〈표 15-2〉 EU 확대에 대한 신구상

EU와의 통합단계	EU와의 경제적 관계	조건	EU와의 정치적 관계
파트너십 협력협정 (PCA)	비특혜적 대우, 경제협력	시장경제, 민주 법치국가	정치적 대화
양국간 조약 (스위스)	무역규제 부분완화, EU경제와 부분통합, 특혜조약	시장경제, 민주 법치국가, EU구제의 부분적용	정치적 대화
특권적 관계 (스위스 이외의 EFTA 회원국)	EU경제영역과 통합	시장경제, 민주 법치국가, EU구제의 부분적용	집중적 정치 대화
준가입국 (EU가입 후보국)	특혜 무역조약, 상품 · 자본이동의 단계적 자유화	코펜하겐기준[1]	집중적 정치 대화
확장된 준가입국	EU경제와 통합 (노동자이동 제외)	코펜하겐기준과 EU 기준법 실현	EU 정치체제와 부분 통합
완전가입	역내단일시장, 유로통화권 참가	코펜하겐기준과 EU 기준법 실현	공통외교 · 방위정책 참가 등

주: 1) 1993년 코펜하겐 유럽이사회가 동유럽 각국의 향후 EU 가입을 위한 충족조건(Copenhagen Criteria)으로 제시한 민주주의, 인권존중, 시장경제의 단계적 도입, EU 역내 경쟁력에 적합한 능력 등의 기준임

자료: Mitsui 전략연구소, World Compass 2004.

제4절 전 망

터키의 가입교섭 개시는 EU 확대가 어디까지 진행될 것인가의 문제를 제기하고 있다. EU는 유럽근린국가정책(ENP)을 채택하여 인력, 상품, 서비스, 자본의 이동을 동유럽 지역과 지중해 연안 국가까지 확대할 것으로 보인다. 대상국들의 개혁진행 상황이 국가마다 차이가 있어 구체적인 일정은 아직 결정되지 않은 상황이다. 뮌헨대학의 동유럽연구소는 터키 및 ENP 대상국의 EU 완전가입 이외의 방안으로는 '확장된 준가입' 방안과 '파트너십 협력 협정' 방안 등을 검토 중에 있다.[4] 따라서 터키의 EU 가입까지는 해결해야 할 난제가 산적해 있고 가입 형태도 불확실하다고 할 수 있다.

그러나 향후 EU 가입논의 과정에서 비관세장벽이 철폐되면 제3국 입장에서 터키는 유럽시장 공략의 중요한 교두보가 될 수 있을 것으로 판단된다.

---

4) 파트너십 협력 협정에는 현재 모로코, 알제리, 튀니지, 리비아, 이집트, 이스라엘, 팔레스타인, 레바논, 요르단, 시리아, 아제르바이잔, 아르메니아, 그루지아, 우크라이나, 몰도바, 벨로루시, 러시아의 17개 후보국이 있다.

16
chapter

아프리카 투자환경의 변화

아프리카 지역은 낙후된 경제와 정정(政情)불안, 전쟁과 기아, 말라리아로 대표되는 질병의 만연으로 인해 1990년대 중반까지 퇴보와 절망이 점철된 소위 '위기의 대륙'으로 지칭되며 다수의 경제전문가들은 이 지역의 경제발전 가능성에 대해 회의론을 제기하였다. 그러나 1990년대 중반 이후 정치·경제 전반에 걸쳐 새로운 변화가 형성되면서 아프리카 대륙은 무한한 성장잠재력(unlimited growth potentials)을 지닌 새로운 기회의 시장으로 변화하고 있다. 경제발전 노력과 더불어 천연자원 수요 증가로 인해 최근 3년간 아프리카는 선진국(평균 경제성장률 2.6%)을 훨씬 상회하는 4.8%의 경제성장을 시현하는 등 역동적인 경제성장단계에 진입하고 있다.

제 1 절 정치·경제의 안정화를 통한 경제발전 추구

1. 정치적 안정의 확산

이 지역은 최근 들어 정치분야의 개선이 두드러지고 있다. 1994년 4월 남아프리카공화국 최초의 민주선거와 이를 통한 흑인정권의 출범을 계기로 정치상황이 개선되기 시작하였다. 또한, 인구 1억 2,000만명의 나이지리아에서 16년 간의 군정을 종식시키고 1999년 출범한 현 오바산조 정부를 필두로 알제리, 세네갈, 가나, 탄자니아 등 각국으로 민주적 절차에 의한 민주

정부 출범이 확산되었다.

2. 경제발전전략의 수립 및 추진

이 같은 정치적 안정(political stability)을 근저로 경제발전을 이루기 위한 범아프리카 차원의 노력도 가시화되고 있다. EU와 같은 경제·정치적 통합기구 창설을 목표로 설립된 아프리카연합(AU : African Union)은 아프리카의 빈곤퇴치, 지속가능한 성장 및 발전(sustainable growth and development)을 위해 아프리카개발뉴파트너십(NEPAD : New Partnership for Africa's Development)이라는 지역발전전략을 채택한 바 있다.[1)] 2006년 6월 캐나다에서 개최된 G8(Group of Eight) 정상회담으로부터는 부채탕감과 원조확대의 지원을 약속받기도 하였다.

또한, 아프리카 각국들은 경제를 활성화시키기 위해 경제자율화와 민영화(privatization) 등 과감한 개혁조치를 추진하고 있다. 2001년 이후 아프리카 경제성장률은 지속적으로 세계전체 평균성장률을 상회하고 있다. 국제통화기금(IMF)은 이러한 성장기조가 더욱 탄력을 받아 2006년에는 사상 최고수준인 5.9%의 경제성장을 시현할 것으로 전망하고 있다.

제 2 절 천연자원의 보고

아프리카 지역은 풍부한 석유자원 보유는 물론이고 추가 발굴 가능성도 커서 유망한 석유공급지역으로 부상하고 있다. 또한, 백금은 전세계 생산량의 75%, 다이아몬드, 크롬 등은 50% 이상을 점하는 희귀금속을 포함한 광물자원의 득보적인 보고로 평가된다. 그밖에도 코발트, 금, 우라늄, 망간 등의 광물 생산량도 세계적 규도에 이르고 있다.

아프리카 원유 확인매장량(2004년말 기준)은 전세계 매장량의 약 10%인 1,112억 배럴에 이른다. 특히, 중동지역에 비해 추가 유전개발 잠재력이 훨씬 큰 것으로 평가되고 있다. 국가별로는 391억 배럴로 리비아가 가장 많고 나이지리아(353억 배럴), 알제리(118억 배럴), 앙골라(88억 배럴) 등의 순으로 나타나고 있다. 천연가스 확인매장량은 14조 600억 m^3로 전세계

1) NEPAD는 아프리카 빈곤퇴치를 위해 2001년 7월 수립된 종합적인 경제발전계획을 의미한다. 세계화(globalization) 과정에서 아프리카가 변방으로 전락하는 것을 방지하고 정치·경제적 연대 강화와 해외자본 유치를 통해 아프리카 국가들의 지속적인 성장을 도모하는 것을 목표로 하고 있다(수출입은행, 수은해외경제, 2006. 4. pp. 95~100 요약·재구성).

매장량의 7.8%를 차지하고 있다.

아프리카는 서방 석유메이저들(oil majors)이 적극적인 심해유전 개발을 추진하면서 석유개발 유망지역으로 급부상하고 있다. 나이지리아의 경우 미국의 ExxonMobil이 2003~2011년까지 110억 달러를 투자해 다수의 유전을 동시에 개발하고 있다. 영국의 Shell과 미국의 ShevronTexaco도 심해유전에 각각 27억 달러, 40억 달러를 투자하여 개발에 나서고 있다.[2)]

한국은 최근에 나이지리아와 국내의 2.5년간 석유소비량에 이르는 20억 배럴 규모의 2개 해상유전 개발을 위한 '해상광구 생산물분배계약'을 체결한 바 있다. 이번에 계약을 체결한 OPL 321, 323 광구는 국제입찰에서 메이저급들이 대거 입찰에 참여한 광구로 탐사 성공가능성이 매우 큰 것으로 평가받고 있으며 인근에 ExxonMobil이 운영하고 있는 Erha유전(약 6억 배럴), Bosi유전(약 10억 배럴)과 같은 대형광구가 위치하고 있다.

〈표 16-1〉 아프리카 석유·천연가스 현황(2004년 기준)

석유			천연가스		
국 가	확인매장량(배럴)	순위	국 가	확인매장량(m^3)	순위
리비아	391억	9	나이지리아	5.0조	7
나이지리아	353억	10	알제리	4.55조	8
알제리	118억	16	이집트	1.85조	18
앙골라	88억	19	리비아	1.49조	22
수단	63억	21	기타 아프리카	1.18조	-
이집트	36억	29			
가봉	23억	35			
콩고	18억	36			
적도기니	13억	40			
차드	9억	44			
튀니지	6억	47			
기타 아프리카	5억	-			
계	1,122억		계	14.06조	

자료: BP, Statistical Review Report, 2005.

2) UNCTAD의 '2005년 투자보고서'에 따르면 아프리카 FDI 유입액은 2004년 대비 55% 이상 상승한 289억 달러를 기록한 것으로 나타났다.

〈표 16-2〉 아프리카 주요 국가의 FDI 유치규모(2004년 기준)

(단위: 백만 달러)

국 가	2002년	2003년	2004년
나이지리아	2,040	2,171	2,127
앙골라	1,672	3,505	2,048
적도기니	323	1,431	1,664
수단	713	1,349	1,511
이집트	647	237	1,253
콩고 민주공화국	117	158	900
알제리	1,065	634	882
모로코	481	2,314	853
콩고 인민공화국	137	323	668
튀니지	821	584	639

제 3 절 아프리카와의 경제협력 확대

일본과 중국은 석유 등 주요 자원의 확보를 위해 의교적 노력을 전개하며 아프리카와의 경제협력 확대에 주력하고 있다.

1. 일본

아프리카 진출의 선발주자인 일본은 1993년 제1차 회의 이후 5년마다 '도쿄원조회의'(TICAD : Tokyo International Conference on African Development)를 통해 아프리카 개발문제를 논의하고 있다. 1993년 이후 아프리카에 약 100억 달러의 공적개발원조(ODA) 자금을 지원한 일본은 2005년 G8정상회의를 계기로 '일본의 아프리카개발정책'을 발표하고 2007년까지 아프리카에 대한 ODA 규모를 14억 달러 수준으로 증대시키겠다고 발표한 바 있다.

2. 중국

중국 역시 2000년 1차 '중국-아프리카 협력 포럼'에서 약 13억 달러의 채무탕감 계획을 발표한 이후 3년마다 아프리카 지원계획을 발표하고 있다. 2005년에는 향후 3년간 100억 달러

규모의 양허성 차관과 수출신용을 제공하게 된다. 특히, 산유국인 앙골라에 20억 달러의 차관 제공을 약속하는 등 경제원조를 통한 대아프리카 영향력 확대에 주력하고 있다. 현재 중국은 원유와 가스 수입량의 30%를 사하라 이남 아프리카로부터 조달하고 있으며 중국의 아프리카 교역규모는 300억 달러를 기록하였다. 지난 10년간 아프리카에 진출한 기업도 600여개에 이르고 있다.

〈표 16-3〉 중국의 대아프리카 무역동향

(단위: 억 달러)

구 분	수출	수입	합계	주요 수출품목
2004년 (전년 대비)	138.2 (35.7%)	156.5 (87.1%)	294.6 (58.9%)	기계전자방직품(41%), 복장(18%), 고신기술상품(11%), 철강제품(5%)
2005년 10월말 (전년동기 대비)	152.5 (38.9%)	169.2 (39.4%)	321.7 (39.1%)	원유(64%), 철광석(5%), 면화(4%), 강재(3%)

제 4 절 시장잠재력의 제고

아프리카 경제의 약 70% 정도를 차지하고 있는 이집트를 비롯한 6대 경제대국(남아프리카공화국, 알제리, 이집트, 나이지리아, 모로코, 리비아)은 최근 고유가에 힘입어 급증한 오일머니(oil money)를 전략적으로 활용하기 위해 발전설비, 석유화학 플랜트, 도로 건설 등 기간산업 및 인프라 건설 투자를 적극적으로 추진하고 있다.

이집트는 지속적인 경제발전 기반을 구축하기 위해 2003년초 대규모 석유화학산업 발전계획을 발표한 바 있다. 이는 약 100억 달러를 투자하여 14개의 대단위 석유화학단지를 건설하고 향후 20년간 70억 달러의 석유화학제품을 생산한다는 계획이다. 2002~2008년까지 총 35억 달러가 투자되는 1단계 사업이 이미 착수되었다. 이 계획의 첫 플랜트 발주사업인 4억 달러 규모의 선형알킬벤젠 플랜트 건설산업을 한국의 GS건설이 수주한 바 있다.

플랜트, 발전설비 등 산업인프라스트럭처(industrial infrastructure) 건설과 함께 IT 산업은 투자 경쟁력이 있는 분야 중 하나로 지적된다. 사하라 북부 아프리카 및 중동지역의 IT 허브로 새롭게 부상하고 있는 두바이에 경쟁하기 위해 이집트는 카이로를 아프리카 IT 허브로 발전시키기 위한 노력을 활발히 진행하고 있다. 남아프리카공화국의 요하네스버그 등도 이 같은 경쟁대열에 합류하고 있다. 한국과 이집트는 최근 '휴대 인터넷(와이브로) 시범사업'을 2007년 초에 실시하기로 합의한 바 있다. 현재 나이지리아의 정보화 교육장 역할을 담당하는 '정보접근센터' 구축문제가 논의되고 있는 등 한국기업들에게 아프리카 IT 시장은 새로운 유망시장으로 부상하고 있다.

제5절 시사점

1990년대 중반 이후 중동을 대체할 석유개발 유망지역으로 평가받고 있는 서아프리카 심해지역 석유탐사가 시작되면서 아프리카는 전세계로부터 주목을 받기 시작하였다. 한국을 비롯하여 주요 석유수입국들은 아프리카의 자원확보를 위해 치열한 경쟁을 전개하고 있다. 에너지자원 확보 경쟁뿐만 아니라 인구 8억 5,000만명의 아프리카 대륙은 열악한 인프라환경과 미약한 절대적 소득수준 등의 난제 속에서도 BRICs 이후의 미개척시장으로 급부상하고 있어 한국기업의 미래지향적 시장선점 노력이 요구되고 있다.

아프리카는 광활한 영토, 풍부한 자원, 대규모 해안선, 저렴한 노동력 등으로 외국인 투자자에게 유리한 점이 있는 반면에 전력, 도로 등 열악한 인프라, 미개발 인적자원, 미숙한 시장경제체제(market economic system), 정치 불안정(political instability) 등 다수의 고질적인 문제점도 내포하고 있다. 세계은행(World Bank)에 따르면 사하라 이남 아프리카는 최근까지도 평균 기대수명이 46.1세에 불과하고 문맹률은 61.3%에 이르고 있다. 1인당 GDP는 중국의 1인당 GDP(1,217달러)보다 높은 1,900달러 수준이지만 분배시스템 부재로 대부분의 아프리카인들은 빈곤상태에 있다.

한국 정부는 최근 '아프리카 개발을 위한 한국 이니셔티브'를 발표한 바 있다. 동 이니셔티브는 2008년까지 아프리카에 대한 개발원조(ODA) 3배 확대계획 이외에 향후 3년간 1,000여명의 아프리카인을 한국으로 초청하여 한국의 경제개발 경험을 전수하고 아프리카 학교 내 한국의 IT기술을 활용한 정보통신기술(IT) 인프라를 구축하고 직업훈련센터(job training center)를 건립하는 것 등을 포함하고 있다. 이 외에드 아프리카 국가에 통상투자사절단을 파견하는 등 기업인간 교류를 확대해 나가기로 했다. 자원의 보고인 아프리카에 대한 외교 강화의 필요성이 대두되는 가운데 한국 이니셔티브의 활발한 추진과 더불어 한국기업의 아프리카 진출 확대가 그 어느 때보다 필요한 시점이다.

17
chapter

아프리카 석유산업의 부상

국제유가는 2003년 이후 상승하기 시작하였는 데 수급불균형과 이란을 정점으로 한 중동의 정정(政情) 불안으로 향후 2~3년간 상승추세를 지속할 것으로 전망된다. 최근 중국 및 인도 경제의 급성장으로 촉발되고 있는 에너지 수급불균형은 각국이 국가안보전략(national security strategy) 차원에서 에너지자원 확보를 적극적으로 추진하면서 범세계적인 에너지 확보경쟁이 심화되었다.1)

중국은 서방 선진국 석유메이저들(oil majors)의 각축 속에서 에너지 자원을 확보하기 위해 아프리카에 국가적인 외교역량을 집중하고 있다. 중동의 정정불안과 남미 좌파정권의 연쇄적인 에너지 산업 국유화(nationalization of energy industry) 발표로 자국 에너지 전략의 수정 필요성을 인식하고 있는 미국도 미래 에너지 확보처로 아프리카 서북부 기니만 인근지역을 주목하고 있다.

상기한 급변하는 주변환경 하에서 석유를 중심으로 한 에너지 산업의 발전과 그에 따른 오일머니(oil money) 유입은 그동안 정정불안, 인프라 부재 및 만연된 기아와 질병에 직면해 있는 아프리카 국가들에게 새로운 도약의 계기가 되고 있다. 이제 BRICs를 이을 잠재시장(potential market)으로 부상하면서 전세계의 주목을 받고 있는 아프리카는 우리에게도 에너지 자원 확보, 각종 인프라 건설 프로젝트 수주, 미래 잠재시장 선점측면에서 중요한 위치를 차지하고 있다.

---

1) 에너지, 광물자원의 보고인 아프리카는 미래 에너지 공급처로 급부상하며 세계적인 관심을 집중시키고 있다(수출입은행, 수은해외경제, 2006. 7. pp. 44~59 요약 · 재구성).

〈표 17-1〉 세계 석유 수급 전망

(단위: 백만 b/d)

구분	2005 평균	2006					2007 평균
		1분기	2분기	3분기	4분기	평균	
수요(A)	83.7	85.0	83.8	84.9	87.4	85.3	87.2
비OPEC 공급(B)	50.2	50.6	50.6	51.0	51.6	51.0	52.6
기타 공급(C)	3.9	4.1	4.1	4.4	4.5	4.3	4.6
對OPEC수요 (A-B-C)	29.6	30.3	29.1	29.5	31.3	30.0	30.0
OPEC공급(원유)	30.0	29.8	30.0	30.4	30.3	30.1	31.2
공 급	84.1	84.5	84.7	85.8	86.5	85.4	87.3
재고변동	-0.4	0.5	-0.9	-0.9	0.9	-0.1	-0.1

자료: EIA, Short-term Energy Outlook, 2006. 2.

제 1 절 아프리카 석유산업 현황

1. 에너지 자원 보유 현황

1.1 석유

아프리카는 전세계 확인매장량의 약 9.5%에 이르는 1,143억 배럴의 석유를 보유하고 있는 것으로 추산되고 있다. 이는 중동(61.9%) 및 유라시아(11.7%) 지역에 비해서는 작은 규모이나, 아프리카는 향후 석유의 추가 발굴가능성이 매우 큰 지역으로 지난 5년간 신규 확인매장량의 1/3이 아프리카에서 발견되어 중동과 중남미지역을 대체할 새로운 에너지 공급처로 그 전략적 가치(strategic value)를 제고시키고 있다. 주요 산유국은 약 391억 배럴의 석유를 보유하여 역내 1위 매장량을 기록하고 있는 리비아를 비롯하여 나이지리아(353억 배럴), 알제리(118억 배럴), 앙골라(88억 배럴) 등이다.

〈표 17-2〉 아프리카 석유자원 보유 현황

(단위: 십억 배럴)

구 분	1984년	1994년	2004년	2005년		
				매장량	점유율	R/P비율[1)]
리 비 아	21.4	22.8	39.1	39.1	3.3%	63.0
나 이 지 리 아	16.7	21.0	35.3	35.9	3.0%	38.1
알 제 리	9.0	10.0	11.8	12.2	1.0%	16.6
앙 골 라	2.1	3.0	8.8	9.0	0.8%	19.9
수 단	0.3	0.3	6.3	6.4	0.5%	46.3
이 집 트	4.0	3.9	3.6	3.7	0.3%	14.8
가 봉	0.6	1.4	2.3	2.2	0.2%	25.8
콩 고	0.8	1.4	1.8	1.8	0.1%	19.3
적 도 기 니	-	0.3	1.3	1.8	0.1%	13.6
차 드	-	-	0.9	0.9	0.1%	14.3
튀 니 지	1.8	0.3	0.6	0.7	0.1%	25.2
기 타 국 가	1.0	0.6	0.5	0.6	··	12.0
합 계	57.8	65.0	112.2	114.3	9.5%	31.8

주: 1) R/P(Reserves/Production Ratio)는 현재의 생산수준을 유지할 경우 향후 몇 년간 생산이 가능한지를 나타내는 지표임

1.2 천연가스

천연가스(natural gas)는 전세계 확인매장량의 약 8%에 이르는 14조 ㎥를 보유하고 있으며 이는 약 88년간 현재 생산량을 유지할 수 있는 수준으로 평가된다. 2004년 10월 아프리카 최대 천연가스 부국인 나이지리아 정부는 자국의 천연가스 매장량이 현재의 약 4배에 이르는 20조 ㎥에 달할 수 있다고 발표한 바 있다. 따라서 나이지리아는 러시아, 이란, 카타르에 이어 세계 4위의 천연가스 대국에 위치하게 되었다.

〈표 17-3〉 아프리카 천연가스 보유 현황

(단위: 조 ㎥)

구 분	1985년	1995년	2004년	2005년		
				매장량	점유율	R/P비율
나 이 지 리 아	1.34	3.47	5.23	5.23	2.9%	*
알 제 리	3.35	3.69	4.55	4.58	2.5%	52.2
이 집 트	0.26	0.65	1.87	1.89	1.1%	54.4
리 비 아	0.63	1.31	1.49	1.49	0.8%	*
기 타 국 가	0.59	0.81	1.17	1.20	0.7%	*
합 계	6.16	9.93	14.30	14.39	8.0%	88.3

주: *은 100년 이상을 의미

1.3 기타 광물자원

아프리카는 희귀금속을 포함한 광물자원 보유도 독보적인 수준을 나타내고 있다. 백금은 세계 생산량의 약 75%를 차지하고 있으며 다이아몬드, 크롬 등은 각각 50% 이상을 점유하고 있다. 이외에도 코발트, 금, 우라늄, 망간 등의 희귀금속과 여타 광물자원의 매장량과 생산량도 매우 높은 수준을 보이고 있다.

〈표 17-4〉 아프리카 주요 광물자원 현황

광물자원	세계 총생산	아프리카 생산량	점유율	주요 생산국가
코발트	29억 톤	3.5억 톤	12%	콩고민주공화국, 잠비아, 모로코
백금	6.4백만 온스	4.6백만 온스	72%	남아공, 짐바브웨
다이아몬드	1.17억 캐럿	64백만 캐럿	55%	보츠와나, 콩고민주, 라이베리아, 남아공, 앙골라, 시에라리온, 기네
크롬	12백만 톤	6.3백만 콘	53%	남아공, 짐바브웨, 마다가스카르
금	2.57천 톤	598톤	23%	남아공, 가나, 탄자니아, 짐바브웨, 콩고민주, 니제르, 말리
우라늄	3.5백만 톤	6.2천 톤	17%	니제르, 나미비아, 남아공
망간	22.4백만 톤	5.9백만 톤	26%	남아공, 가봉, 가나
보크사이트	1.38억 톤	1.6천만 톤	12%	기네, 가나, 카메룬, 마다가스카르
동	12.5백만 톤	47.4만 톤	4%	잠비아, 남아공, 콩고민주

2. 아프리카 석유산업 동향

2.1 서아프리카와 기니만

2003년 이후 지속되고 있는 고유가 행진이 에너지 블랙홀로 지칭되는 중국, 인도경제의 급성장에 따른 범세계적 에너지 자원확보 경쟁과 맞물리면서 아프리카는 풍부한 부존량과 유망한 신규유전 발굴 가능성으로 전세계적인 관심을 집중시키고 있다. 특히, 서아프리카와 기니만 일대는 중동의 정정불안과 베네수엘라를 중심으로 한 중남미 좌파정권의 연쇄적인 에너지 산업 국유화 발표로 자국의 에너지 안보전략의 변화 필요성을 인식한 미국이 중동을 대체할 미래 에너지 공급원으로 지목하면서 큰 관심의 대상이 되고 있다.

서아프리카는 북쪽의 모리타니부터 앙골라까지 대서양 해안에 맞닿거나 인접한 내륙 국가를 지칭한다. 지리적으로 미국에서 멀지 않으며 생산되는 원유도 서방 선진국이 선호하는

API 지수 35 이상의 고품질 저유황 경질유가 중심이 되고 있다.[2] 실제로 이 지역에서 생산되는 원유는 브렌트(Brent)유보다 현물시장에서 다소 높은 가격에 거래되고 있다. 2005년에 미국은 연간 총 원유수입량의 17%를 서아프리카 지역으로부터 도입하고 있어 이미 사우디아라비아로부터의 수입액을 초과하였다. 미국은 향후 2015년까지 아프리카로부터의 석유수입 비중을 25%까지 확대한다는 전략을 세우고 있다.

특히, 아프리카는 기술, 자금, 사업관리, 인프라 등 신규유전 탐사의 모든 측면에서 열악하여 외국석유회사와의 합작이 필수적이라고 할 수 있다. 동 지역은 생산물 분배방식 등 외국석유회사에게 우호적인 개발방법을 채택하고 있어 석유메이저들은 전략적 진출지역으로 분류하고 있다. 최근에는 석유메이저들 뿐만 아니라 중국 등 아시아 국영석유회사들도 서아프리카 국가의 기반시설을 지원하는 대신 석유개발기회를 획득하는 사례가 증가하고 있다. 이에 힘입어 서아프리카 지역의 석유생산량은 1995년 320만 b/d에서 2005년 484만 b/d로 10년간 무려 51%나 증가하였다.

〈표 17-5〉 서아프리카 석유 생산량 및 공급처

(단위: 천 b/d)

구 분	2004	2005	2006
나이지리아	2,370	2,400	2,700
앙골라	1,000	1,230	1,500
적도기니	350	385	400
가봉	260	265	285
콩고	240	230	220
차드	190	170	180
카메룬	88	88	85
콩고민주공화국	28	28	27
아이보리코스트	24	44	75
모리타니	-	-	50
계	4,550	4,840	5,522

주: 2004년 예측자료로 실제 실적치는 다소 차이가 있음
자료: Petroleum Argus.

2) API 지수는 미국석유협회(API)가 제정한 석유비중 표시방법을 의미한다. 일반적으로 탄소수가 많을수록 비중이 커지며 이것이 중질(重質) 또는 경질(輕質)의 차이가 되어 결국 차별화된 가격을 형성하게 된다. 일반적으로 경질유로 갈수록 Downstream 과정에서 휘발유 등의 부산물을 많이 추출할 수 있다. API 36도 이상을 초경질유, 34도 이상을 경질원유로 분류하며 API 30도 이하의 원유는 중질원유로 분류된다.

2.2 나이지리아와 앙골라

(1) 나이지리아 석유산업 현황

나이지리아 최초의 석유 생산은 1958년부터 시작되었다. 1960년대까지만 해도 일산량이 수만 배럴에 불과하였으나 1970년에 일산량 100만 b/d를 돌파하였으며 원유생산 개시 불과 20년 만인 1980년 초에 현재의 생산 규모인 230만 b/d까지 생산규모가 급증하였다. 최근 세계 석유개발 유망지역으로 부상하고 있는 서아프리카 니제르델타를 중심으로 대형유전이 발견되고 기니만 Bonga 유전 등 해상유전이 본격적으로 개발되면서 나이지리아의 석유생산량은 급증하고 있다.

나이지리아 정부는 2004년 발표된 국가 발전전략인 'NEED(National Economic Empowerment and Development Strategy)'를 통해 2007년까지 원유생산량을 400만 b/d로 증가시킨다는 야심찬 계획을 발표한 바 있다. 니제르델타 지역의 정정(政情)불안[3] 등 장애 요소가 존재하고 있으나 현재의 신규유전 발굴 및 생산시설 확충 속도로 볼 때 동 목표의 달성가능성은 비교적 큰 것으로 판단된다.

나이지리아의 원유생산은 크게 나이지리아 국영석유회사(NNPC)와 5개의 석유메이저 간의 합작회사가 과점하고 있다.[4] 1979년 이후 주로 NNPC가 60% 내외의 지분을 보유하고 나머지 지분을 다국적 석유회사들이 단독 또는 합작으로 참여하는 지분참여형 합작투자회사(Joint-Venture Equity Participation)[5] 형태로 원유를 개발하여 왔으며 총 6개의 합작투자회사(JVP)가 나이지리아 원유시장을 과점하고 있다. 내륙에서 생산되는 석유의 대부분은 통상 나이지리아 NNPC가 60% 내외의 지분을 보유하고 있고 나머지 지분을 다국적 석유개발

3) 나이지리아 원유의 대부분은 니제르강삼각주(Niger River Delta)라 지칭되는 나이지리아 남부 해안선을 따라 분포된 유전지역에 집중되어 있다. 이 지역 주민들은 대기오염(air pollution) 등 석유산업 개발로 인한 피해는 자신들이 입는 반면에 개발이익은 중앙정부가 가져간다며 이를 개선해 줄 것을 요청하고 있다. 일부는 니제르델타 해방군이라는 반군조직을 결성하여 송유관 파괴, 다국적기업인 납치 등의 테러를 자행하고 있다. 2005년말 나이지리아 중앙정부는 이러한 만성적 불만을 해소하기 위해 니제르델타 인근 지방정부와 석유판매 수익의 분배 문제와 관련하여 협상을 벌인 바 있는데 지방정부는 석유판매수익의 25%를 지방정부로 배정해 달라고 요청한 반면에 중앙정부는 이를 17%로 제한한 바 있다.

4) 5개 석유메이저는 세계 석유개발산업을 지배하는 BP, ExxonMobil, Total, Royal Dutch/Shell, ChevronTexaco 등의 5대 다국적기업을 의미한다.

5) 석유개발 프로젝트 형태로서의 JVP(Joint Venture Equity Participation) 방식은 산유국정부(공사)와 외국석유개발회사가 합작법인을 만들어 생산 후 지분대로 판매이익을 분배하는 형태를 의미한다. PSC(Production Sharing Contract, 생산물 분배계약)는 외국석유개발회사가 단독으로 개발한 후 원유판매수입에서 개발비용을 먼저 회수해 가는 형태이다. JVP는 일종의 장기투자로 다수의 투자리스크(investment risk) 부담이 발생하여 석유메이저들은 PSC 방법을 선호하고 있다. 산유국 입장에서는 JVP 방식의 경우 생산 개시와 함께 수입이 발생한다는 장점이 있으나 초기 거액의 지분투자 비용이 발생하는 단점이 있다.

회사들이 단독 또는 연합하여 소유하는 구조를 나타내고 있다.

〈표 17-6〉 모회사 별로 재집계한 나이지리아 원유 생산량

(단위: 천 b/d)

모회사명	2000년	2001년	2002년	2003년	2004년
Total[1)]	54	53	47	57	62
Mobil[2)]	121	119	106	128	139
Shell	284	279	250	300	326
Chevron[3)]	174	171	153	184	200
Texaco[3)]	11	11	10	12	13
NNPC	1,233	1,211	1,081	1,300	1,414
기 타	176	173	155	186	202
총 계	2,054	2,018	1,082	2,166	2,357

주: 1) TotalFina와 Elf는 2000. 2. 9 합병, 2003년 명칭을 Total로 변경
2) Exxon과 Mobil은 1999. 11. 30 합병
3) Chevron과 Texaco는 2001. 10. 합병
자료: OPEC. Annual Statistical Bulletin 2004.

나이지리아는 최근 들어 해상유전 개발에 역량을 결집시키고 있다. 이는 심해에서 생산되는 원유가 대체적으로 높은 품질을 보유하고 있을 뿐만 아니라, 니제르델타를 중심으로 특정 지역에 원유생산이 집중되면서 발생하는 정치, 사회적 문제점을 회피하려는 의도 등에 기인한다. 2005년 나이지리아 최초의 심해 해상유전인 Bonga 유전에서 상업생산이 이루어지면서 본격적인 심해유전 개발시대에 진입하였다. 에너지 예측 전문기관인 Wood Mackenzie의 전망에 따르면 향후 10년 이내에 심해유전이 전체생산의 1/3을 차지할 것으로 기대된다.

(2) 앙골라 석유산업 현황

앙골라는 활발한 신규유전 발굴에 따른 생산량 급증으로 나이지리아와 함께 향후 10년간 아프리카 석유산업을 주도할 것으로 보인다. 2005년에 앙골라는 124만 b/d의 생산량을 기록하였으며 2008년까지 산유량을 200만 b/d 수준으로 증가시킬 계획으로 있다. 특히, 앙골라에서 생산되는 원유는 API가 32~39.5도에 이르며 황 함량이 0.12~0.14%의 고품질 원유로 비교적 고가에 거래되고 있으며, 주요 수출지역도 미국 등 선진국이다.

앙골라의 유전은 북서부 해안지역인 Cabinda 지역이다. 특히, Cabinda 해양에 위치한 Block Zero는 대규모 해양유전이 발굴되어 최근의 앙골라 석유생산량 급증에 크게 기여하고 있다. 다만 나이지리아와 마찬가지로 최대 유전지대인 Cabinda 지역은 분리주의자들이 활발한

활동을 전개하여 더 높은 석유수입금 분담을 요구하고 있어 정치적 불안정(political instability)에 대한 위험이 상존하고 있다. 이에 앙골라 정부는 지역 정정불안 해소를 위해 수차례의 회담을 거쳐 점차적으로 수입금 분배를 증대시키고 일부 자치권을 부여하는 등의 조치를 취하고 있다.

앙골라 석유산업의 높은 잠재력을 인식한 석유메이저들(oil majors)의 투자도 가속화되면서 심해유전의 개발도 급속히 진행되고 있다. Total이 발굴, 운영하여 2001년부터 생산을 개시한 17 block의 Girasol field는 앙골라 최초의 메이저급 심해유전이며, 2003년에는 Total(40%), ExxonMobile(20%), BP(16.67%), Statoil Angola(13.33%), Norsk Hydro(10%) 등이 참여한 컨소시엄이 발굴한 Jasmin field가 본격적인 생산에 들어갔다. 특히, ExxonMobil이 FPSO 방식으로 진행하고 있는 15 block의 Kizomba 프로젝트는 최고 450억 배럴 이상이 매장된 것으로 예상되고 있어 이 사업이 성공하면 앙골라는 세계 석유산업계에 주요 산유국으로 부상하게 된다.

2.3 기타 아프리카 국가들

(1) 적도기니와 상토메프린시페

① 적도기니

적도기니는 2.8만 ㎢의 국토면적과 인구 50만명의 서아프리카의 소국으로 커피와 코코아 농사에 의존하던 빈국이었으나 1995년 미국 Mobil사가 Bioko섬 인근에서 유전을 발굴하면서 산유국이 되었다. 최근에는 기니만 일대의 해상유전 개발이 속속 성과를 거두면서 산유량이 급증하고 있다. 2001년 미국계 석유회사인 Triton이 Ceiba 유전의 상업생산을 개시하면서 2005년 기준 일산량 35.5만 b/d를 기록하여 가봉, 콩고, 차드 등을 추월하여 서부아프리카 지역에서 나이지리아, 앙골라에 이어 3위의 산유국으로 부상하였다. 급성장하는 석유산업을 기반으로 적도기니는 2001년 65.6%라는 기록적 경제성장을 이룩하였으며 이후에도 고도 성장세를 지속하여 2004년에는 32.8%의 경제성장을 시현한 바 있다.

한편, 중국 국영석유회사인 CNOOC(China National Offshore Oil Corporation)는 2005년 12월 Block S 광구 분양에서 개발권을 획득하였다. 또한, 2006년 2월 적도기니 에너지부는 CNOOC의 아프리카 현지법인격인 CNOOC Africa와 적도기니 석유공사(GEPetrol) 간에 생산물분배계약이 체결되었다고 발표한 바 있다. 이는 앙골라, 나이지리아, 수단 등 아프리카 전역에서 서방 선진국들과 활발한 에너지 확보경쟁을 전개하고 있는 중국이 적도기니에서도 본격적인 성과를 보이기 시작했다는 것을 의미한다.

② 상토메프린시페

상토메프린시페는 제주도의 1/2 정도의 면적에 인구 15만명을 보유한 기니만의 도서국이다. 코코아, 커피중심의 농업경제를 기반으로 2000년까지 아프리카 내에서도 최빈국에 속하였으나, 2001년 인근 기니만 일대 해상유전 탐사를 위해 나이지리아와 공동개발구역(Joint Development Zone) 협정에 서명하고 본격적인 석유개발에 착수함으로써 아프리카의 신흥 석유강국으로 도약하는 발판을 마련하게 되었다. 공동개발구역 중 제1광구는 ChevronTexaco가 개발권을 획득하였으며 나머지 2~6광구에 대한 분양절차가 진행되고 있다. 2006년 3월에는 Block 3에 대해 미국계 개발회사인 Anadarko, Addax 및 ERHC로 구성된 컨소시엄과 개발계약을 체결하였으며 Block 4에 대해서도 나이지리아 개발회사인 Conoil 및 Overt 컨소시엄과 개발계약을 체결하였다. 또한, Block 2는 중국 SINOPEC(China Petroleum & Chemical Coropration)이 참가한 컨소시엄과 계약하여 이 지역에 대한 중국의 진출이 급속히 진행되고 있음을 알 수 있다.

동 공동개발 지역에서는 약 110억 배럴에 이르는 원유가 매장되어 있는 것으로 추정된다. 이는 일일 평균 300만 배럴을 향후 2~3년간 생산할 수 있는 규모로 평가된다. 또한, 공동개발구역 인근 지역에서도 활발한 개발이 이루어지고 있어 2005년 3월에는 미국 휴스톤 소재 독립 에너지 기업인 Spinnaker Exploration사가 또 다른 미국계 기업인 Devon Energy로부터 256광구의 지분을 매입하여 본격적인 탐사에 착수하여 광구 시추가 시작되었다.

(2) 중앙아프리카 3국

사하라 이남에서 전통적인 석유강국이었던 가봉, 카메룬, 콩고공화국은 내륙유전의 고갈과 야심적으로 추진했던 심해유전의 발굴 성공가능성이 작은 것으로 판명되면서 지속적인 산유량 감소에 직면해 있다.

① 가봉

가봉의 원유 일산량은 2001년 30.1만 b/d에서 2005년에는 23.4만 b/d로 지속적으로 감소하였다. 가봉 유전개발을 주도해왔던 Total Gabon은 고유가에도 불구하고 2005년 가봉 유전에 대한 투자액을 전년 대비 11.6% 감소시켜 가봉의 경제성장률은 2005년 아프리카 전체 평균 경제성장률 5.3%에 훨씬 못 미치는 2.9%의 경제성장을 기록하였다.

② 카메론

카메룬의 원유생산량은 1998년 11.8만 b/d를 기록한 이래 지속적으로 감소하여 2005년에는 5.8만 b/d를 기록하였다. 2003년 카메룬 정부는 퇴보하는 자국의 석유산업을 다시 부흥시키기 위해 석유메이저의 활발한 개발투자를 촉진하고자 관련 투자법령을 주변국들에 비해 유리한 조건의 개발 계약을 체결할 수 있도록 개정한 바 있다. 2005년에는 Dissoni 광구에서 신규유전 발굴에 성공하여 2006년 일산량이 다소 증가할 것으로 예상되나 유전규모를 고려할 때 카메룬 석유산업을 다시 부흥시킬 수 있을지는 미지수이다. 카메룬 또한 석유산업 위축의 영향으로 2005년 경제성장이 2.4%를 보일 것으로 추산되고 있다.

③ 콩고공화국

콩고공화국 또한 신규유전 발굴이 지체되면서 2000년 28만 b/d이던 일산량이 2005년에는 25.3만 b/d로 감소하였다. 그러나 2006년 3월 콩고공화국 최대 석유개발 투자회사인 Total사는 Mer Tres Profonde Sud Block에서 유전을 발굴했다고 발표했으며 현재 메이저급 심해유전으로 추측되는 Moho-Bilondo 프로젝트가 진행 중에 있다.

〈표 17-7〉 아프리카 석유 생산량 추이

(단위: 천 b/d)

구분	2001	2002	2003	2004	2005	2005 생산비율
나이지리아	2,274	2,103	2,263	2,502	2,508	3.2%
알제리	1,562	1,680	1,852	1,946	2,015	2.2%
리비아	1,421	1,374	1,486	1,607	1,702	2.1%
앙골라	742	905	885	986	1,242	1.6%
이집트	758	751	749	721	696	0.9%
수단	211	233	255	325	379	0.5%
적도기니	173	210	234	329	355	0.9%
콩고공화국	271	258	243	240	253	0.3%
가봉	301	295	240	235	234	0.3%
차드	-	-	24	168	173	0.2%
튀니지	71	75	68	72	74	0.1%
카메룬	81	75	68	62	58	0.1%
기타아프리카	53	63	71	75	72	0.1%
아프리카소계	7,918	8,022	8,438	9,266	9,835	12.0%
북아메리카	13,906	14,069	14,193	14,137	13,636	16.5%
중남미	6,721	6,640	6,367	6,745	6,964	9.0%
유럽·유라시아	15,443	16,281	16,965	17,572	17,534	21.7%
중동	22,871	21,471	23,296	24,588	25,119	31.0%
아시아·태평양	7,877	7,899	7,832	7,890	8,000	9.8%
전세계총계	74,736	74,382	77,091	80,198	81,088	100.0%

자료: BP, Statistical Review of World World Energy, 2006. 6.

제 2 절 중국의 아프리카 에너지 확보 전략

중국은 160억 배럴의 원유를 보유한 산유국임과 동시에 급성장하고 있는 13억 인구의 거대경제를 유지하기 위해 석유를 수입하는 주요 석유수입국이기도 하다. 2004년 9.5%의 경제성장과 함께 중국의 석유소비량은 전년 대비 15% 증가한 데 반해 생산량은 불과 2% 증가하는 데 그쳤다. 현 일산량을 기준으로 계산해 볼 때 중국의 석유자원은 향후 12년 후면 고갈될 것으로 추정된다. 이에 중국 정부는 에너지자원 확보문제를 국가안보(national security) 차원에서 다루며 전방위적인 에너지외교를 전개하고 있다.

중국의 아프리카 진출은 1970년대 탄자니아-잠비아 철도연결 프로젝트로부터 시작되었다. 탈(脫)냉전 이후에는 연이은 쿠데타 발생 등 정치적 불안과 인권 및 테러 문제로 미국이 아프리카에서 점차 관심이 저하되는 틈새를 이용하여 급속히 영력을 제고시켜 왔다. 다르푸르 내전 당시 학살 문제로 UN 안전보장이사회의 제재 위기에 직면했던 수단의 이슬람 정권은 중국의 거부권 행사로 혜택을 입은 바 있으며 이후 아프리카 4위인 64억 배럴의 석유매장량을 보유하고 있는 수단의 석유산업은 중국이 석유메이저들을 제치고 거의 독주하고 있는 상황이다. 미국 등 서방세계는 중국이 자국의 이익만을 추구하여 국제사회의 지탄을 받는 소위 불량국가(rogue country)와 야합해서 인권과 자유를 훼손하고 있다고 비판하고 있으나 중국은 이러한 비판을 무시하고 있다.

중국은 냉전(Cold War) 시절부터 비동맹외교의 한 축이었던 아프리카와 오랜 인연을 맺고 있다. 2000년부터는 '중국·아프리카 협력포럼(FOCAC : Forum on China-Africa Cooperation)'을 정례적으로 개최하여 고위급 경제외교를 전개하고 있다. 2006년 11월에는 후진타오 주석이 아프리카 53개국 정상 모두를 중국으로 초청하여 소위 아프리카-중국 정상회의를 개최한 바 있다.

중국의 대아프리카 무역규모는 2005년에 전년 대비 35% 증가한 397억 달러를 기록하였다. 이는 2001년 교역규모의 약 4배에 이르는 수치로 아프리카와의 경제협력관계가 급속히 진행되고 있음을 알 수 있다. 이로써 중국은 영국을 추월하고 미국, 프랑스에 이어 세계 제3위의 아프리카 교역상대국으로 부상하였다. 중국은 원유와 가스 수입량의 30%를 사하라이남 아프리카 국가로부터 조달하고 있으며 현재 800여개의 중국기업들이 아프리카 전역에서 900여개의 합작사업을 진행하고 있다. 중국수출입은행은 2005년에 앙골라에 20억 달러 규모의 '내전

피해 복구용 차관' 지원을 위한 Credit Line을 개설하고 인프라 건설사업을 지원하고 있다.6) 또한, 중국은 향후 3년간 아프리카에 총 100억 달러의 양허성 차관과 수출신용을 제공하기로 하였다.

상기한 다각적인 노력에 힘입어 중국해양석유총공사(CNOOC)는 2006년초 나이지리아로부터 22억 7,000만 달러에 Akpo 해상유전 지분의 45%를 확보하게 되었다. 이밖에도 중국은 적도기니, 앙골라, 차드 등 아프리카 전역에 걸쳐 석유메이저들의 틈새를 파고들며 성공적으로 진출하고 있다.

〈표 17-8〉 세계 석유 수출입 및 가격 현황

원유 수출입 현황(천 b/d)			연평균 가격현황($/bbl)			
지역구분	수입액	수출액	구분	Dubai	Brent	Nigerian Forcados
미국	10,055	38	1990	23.73	23.85	24.50
캐나다	934	1,643	1991	16.63	20.00	20.11
멕시코	-	1,956	1992	17.17	19.32	19.61
중남미	657	2,201	1993	14.93	16.97	17.41
유럽	10,537	765	1994	14.74	15.82	16.25
CIS	-	5,374	1995	16.10	17.02	17.26
중동	205	17,329	1996	18.52	20.67	21.16
북부아프리카	179	2,462	1997	18.23	19.09	19.33
서부아프리카	58	4,191	1998	12.21	12.72	12.62
동·남부아프리카	548	249	1999	17.25	17.97	18.00
호주	488	145	2000	26.20	28.50	28.42
중국	2,552	135	2001	22.81	24.44	24.23
일본	4,225	-	2002	23.74	25.02	25.04
아시아·태평양	7,421	930	2003	26.78	28.83	28.66
기타	-	441	2004	33.64	28.27	38.13
합계	37,859	37,859	2005	49.35	54.52	55.69

자료: OECD, African Economic Outlook, 2005/2006.
BP, Statistical Review of World Energy, 2006. 6.

6) 앙골라는 중국이 사우디아라비아에 이어 2번째로 많은 석유를 수입하는 국가로 최근 외교적 노력을 집중하고 있다. 2006년 6월 17일 아프리카 7개국 순방에 나선 원자바오 중국 총리는 앙골라에 제공된 동 Credit Line 규모를 30억 달러로 증대시키기로 합의하였다. 또한, 가나에서는 통신시설 건설비 660만 달러 융자를 약속함과 동시에 6,000만 달러 규모의 댐건설 지원문제를 계속해서 협의키로 하였다. 특히, 총리의 이번 아프리카 순방에서 중국은 차세대 국가 기간 전력공급원으로 지목한 핵발전계획의 차질없는 진행을 위해 필수적인 우라늄의 원활한 확보를 위해 주요 우라늄 생산국인 남아프리카공화국과 '평화적 핵기술 교류협정'에 서명하였다.

제 3 절 아프리카 오일머니 유입현황

1. 아프리카 석유생산 추이

아프리카는 서아프리카 및 기니만 일대를 중심으로 한 대규모 유전 발굴과 석유메이저들의 집중적인 투자에 힘입어 2005년에는 983.5만 b/d의 생산량을 기록하여 2004년 생산량 926.6만 b/d에 비해 6.2% 증가하였다. 이는 전세계 석유매장량이 8,019.8만 b/d에서 2005년에는 8,100.8만 b/d로 불과 1.0% 증가에 그친 점을 고려하면 매우 높은 생산증가율로 평가할 수 있다. 국가별 생산량을 살펴보면 전술한 바와 같이 앙골라, 적도기니, 수단, 차드의 신흥 석유강국의 생산량 증가가 두드러지며 카메룬 및 가봉은 지속적인 생산량 감소를 보이고 있다.

2. 아프리카 오일머니 유입현황

2003년 이후 지속되는 고유가 행진으로 석유수출국기구(OPEC) 회원국 등 주요 산유국들은 사상 최대의 오일머니(oil money) 유입을 경험하고 있다. 2005년 OPEC의 석유수출액은 4,731억 달러로 사상 최고치를 기록하였다. 이는 1980년 중동붐 당시의 석유수출액 2,759억 달러의 1.7배 규모이다. 2001~2005년 중 석유수출을 통해 OPEC 국가들로 유입된 오일머니는 1조 4,888억 달러 규모로 추산되고 있다. 아프리카 또한 유가 고공행진과 생산량의 지속적인 증가가 맞물리면서 석유수출을 통한 막대한 규모의 오일머니 유입을 경험하고 있다.

〈표 17-9〉 아프리카 오일머니 유입현황

구 분	2001	2002	2003	2004	2005
원유수출량(천 b/d)	5,906	5,754	6,327	6,965	7,429
원평균가격[1)](USD)	24.23	25.04	28.66	38.13	55.69
수 출 액(억 달러)	524.3	525.9	661.8	969.4	1,510.0

주: 1) Nigerian 가격 기준
자료: OECD, African Economic Outlook, 2005/2006.
BP, Statistical Review of World Energy, 2006. 6.

아프리카는 지난 5년간 약 4,191억 달러 규모의 오일머니가 유입된 것으로 추산되고 있다. 특히, 2005년 한해에 석유수출을 통해 유입된 오일머니 규모는 석유가격의 급격한 상승과 생산량 증가로 인해 1,510억 달러를 기록하여 2004년에 비해 무려 56%나 급증하였다.

이 같이 유입된 막대한 오일머니는 향후 아프리카가 BRICs를 이을 미래 잠재시장으로 변모해 나가는 데 매우 중요한 재원이 될 것으로 평가된다. 우선 산유국 정부는 견실한 재정을 기반으로 재정지출을 확대하여 공무원 임금인상을 통해 내구소비재의 구매력(purchasing power) 향상 효과를 발생시키고 도로, 항만, 전력 등 대규모 사회간접자본(SOC) 건설사업 진행으로 플랜트 및 건설사업 진출 기회가 발생할 것으로 전망된다. 또한, 산업다각화 정책 수행으로 IT, 금융, 관광, 물류, 유통 등 산업 전반에 걸쳐 상호 상승작용을 야기시킬 수 있다.

최근 3년간 아프리카 제국은 선진국 평균 경제성장률 2.6%를 훨씬 상회하는 약 4.96%의 경제성장을 시현하였으며, 1인당 GDP도 2004년 2,000달러에서 36% 증가하여 2005년에는 2,724달러를 기록하였다.

아프리카는 아직까지 절대적으로 열악한 경제 인프라(economic infrastructure)와 그동안 다수의 개선이 있었음에도 불구하고 불안한 정치상황 및 관료들의 부정부패, 업무처리의 투명성(transparency) 부재 등이 여전히 경제발전과 개발 속도를 제약하는 요인이 되고 있다. 그러나 에너지자원의 보고(寶庫)인 인구 9억의 거대시장 아프리카는 점진적으로 개선되고 있는 정치불안정(political instability) 문제와 주요 교역국인 인도, 중국을 정점으로 하는 세계경제의 성장 추세가 막대한 오일머니 유입과 시기적으로 맞물리면서 향후 BRICs 이후의 매력적인 미개척 시장이자 에너지자원 확보의 전략거점으로 부상하고 있다.

〈표 17-10〉 아프리카 주요 산유국 경제성장률 및 1인당 GDP 현황

구 분	실질 경제성장률			2005년 1인당 GDP
	2003	2004	2005	
나이지리아	10.9	6.1	4.4	1,776
알제리	6.8	5.2	5.6	6,504
앙골라	3.4	11.1	15.6	3,363
이집트	3.1	4.1	4.8	4,100
수단	5.1	5.2	8.2	2,359
적도기니	21.3	32.8	6.2	50,522
아프리카 전체	4.7	5.3	4.9	2,724

자료 : OECD, African Economic Outlook, 2005/2006.

제5편

Post-BRICs 경제분석

18
chapter

멕 시 코

제 1 절 일반개황

멕시코는 면적 1,964천 ㎢(한반도 9배)의 광활한 국토와 풍부한 부존자원(은 생산 세계 1위, 원유 생산 세계 8위 등)을 보유하고 있으며 지리적으로 북미와 남미를 연결하는 요충지로 평가된다. 1994년말 발생한 금융위기(financial crisis)로 큰 어려움에 직면하였으나 미국 등의 국제적 지원에 힘입어 동 위기를 극복하였다. 2001년 미국의 경제침체(recession) 및 긴축정책 등으로 -0.2%의 성장률을 보인 이후 2003년까지 경기침체가 지속되었다. 그러나 2004년 이후 미국의 경기회복, 원유수출 증가 등으로 성장세를 회복하고 있다.

외채규모는 다소 과다한 편이나 긴축정책 실시와 신중한 외채관리, 외국인직접투자(FDI)의 유치, 신규 공공차관 도입 등을 통하여 신중히 대처하고 있다.

〈표 18-1〉 일반지표

면적	1,964천 ㎢	GDP	7,614억 달러(2005년)
인구	106.2백만명(2005년)	1인당 GDP	7,169달러(2005년)
정치체제	대통령중심제	통화단위	멕시코 페소(Peso)
대외정책	친서방 실리추구	환율(달러당)	10.90(2005년말)

제 2 절 경제동향

1. 국내경제

1.1 경제성장

2004년에는 장기간의 경기침체에서 탈피하여 4.4%의 비교적 양호한 경제성장률을 기록하였다. 그러나 2005년에는 수출증가세 둔화, 국제금리 인상, 2006년 대통령선거로 인한 불확실성(uncertainty) 증가 등으로 경제성장률이 다소 둔화된 3.0%에 그친 것으로 추정된다.

2006년에도 수출의 85% 정도를 차지하고 있는 미국의 경제성장세 둔화로 수출 증가세 둔화가 예상되며 7월 대통령선거와 관련하여 내수 및 투자도 큰 폭의 증가를 기대하기 어려울 것으로 보여 전년도와 비슷한 3%대의 경제성장률을 기록할 것으로 예상된다.

1.2 물가

물가는 최근 수년간 하향 안정화 추세를 보이고 있다. 2004년에는 공공요금 동결, 긴축 통화정책 기조 유지 등 정부의 물가억제 노력에도 불구하고 경기회복에 따른 소비수요 증가로 연평균 소비자물가상승률은 정부목표(3%±1%) 상한선인 4.0%를 소폭 상회하는 4.7%를 기록하였다. 2005년에도 내수경기 회복에 따른 물가상승 압력에도 불구하고 정부의 강력한 물가관리 정책에 힘입어 소비자물가는 4.0% 상승하는 데 그쳤으며 2006년에도 정부목표 달성이 가능할 것으로 판단된다.

1.3 재정

재정수지는 전반적으로 안정된 수준을 유지하고 있다. 2004년에는 원유수입증가와 긴축정책 지속 등 정부의 재정적자 억제 노력으로 인해 재정수지 적자규모는 GDP의 0.3%로 축소되었으며 2005년에는 0.1%로 거의 재정균형을 달성하였다.

멕시코 정부는 2006년부터는 재정수지 흑자(fiscal surplus)를 달성하여 공공부문 기채수요(PSBR : Public Sector Borrowing Requirement)를 지속적으로 감소시키는 한편, 2008년까지 공공부채 규모를 GDP의 35% 이내로 감소시킬 계획을 세우고 있으나 개혁정책 추진 지연으로 목표달성 여부는 불투명한 상황이다.

〈표 18-2〉 주요 국내경제지표

(단위 : %)

구 분	2001	2002	2003	2004	2005e
경 제 성 장 률	-0.2	0.8	1.4	4.2	3.0
재정수지 / G D P	-0.7	-1.8	-1.1	-1.0	-0.1
소비자물가상승률	6.4	5.0	4.6	4.7	4.0

자료 : EIU, Country Report

2. 경제구조

2.1 높은 서비스업 비중

서비스업이 70%로 가장 큰 비중을 차지하고 있으며 제조업 및 광업(19.5%), 건설업(5.3%), 농업(4%) 순으로 나타나고 있다.

2.2 미국에 대한 의존도 심화

멕시코경제는 대미수출이 총수출의 90%를 초과하고 외국인직접투자(FDI) 유입액의 75%를 미국기업이 차지하는 등 세계에서 가장 높은 대미의존도를 보이고 있다. 이로 인해 멕시코경제는 미국경제가 호조를 보인 1990년대 후반에는 연평균 5% 이상의 성장을 달성했던 반면에 미국경기가 침체 국면에 진입한 2001년 이후 성장세가 급속히 둔화되는 등 미국과의 경제동조화(economic synchronization) 현상이 심화되고 있다.

3. 경제정책

폭스 대통령은 취임이후 현재까지 조세, 에너지, 노동, 공무원 연금 등의 개혁정책을 지속적으로 추진하고 있으나 거대 야당인 제도혁명당(PRI)과 좌파정당인 민족혁명당(PRD)의 반대로 개혁정책 추진이 지연되고 있으며 대통령선거 정국으로 인해 당분간 개혁정책이 진전을 보이기는 어려울 것으로 판단된다.

4. 국제경제

4.1 수출입

고유가 지속과 미국의 경기회복 등으로 인해 수출입이 증가세를 보이고 있다. 2004년 수출은 전년 대비 14.7% 증가한 1,880억 달러를 기록하였으며 수입도 전년 대비 15.7% 증가한 1,968억 달러를 기록하였다. 2004년 멕시코의 평균 원유 수출가격은 배럴당 31.08달러로 사상 최고치를 기록하였으며 고유가 지속으로 인한 석유수출 증가가 수출증가에 크게 기여하였다. 2005년에도 고유가 지속과 일본과의 자유무역협정(FTA) 체결 등 수출다변화정책에 힘입어 수출이 전년 대비 13.7% 증가한 2,137억 달러, 수입은 전년 대비 12.4% 증가한 2,213억 달러를 기록하였다. 2006년에도 수출입규모는 증가할 것으로 보이나 멕시코 수출의 85% 정도를 차지하고 있는 미국의 경제성장세 둔화로 수출입 증가세는 다소 둔화될 것으로 보인다.

4.2 경상수지

경상수지는 소폭 적자가 지속되고 있으나 최근 수년간 현저한 개선추세를 보이고 있다. 2001년 GDP의 2.8%에 이르렀던 경상수지 적자는 2005년에는 0.7% 수준으로 축소되었다. 이는 수출증가에 따른 상품수지 적자규모 축소, 관광산업 회복, 멕시코 노동자의 송금 증가 등에 따른 서비스수지와 소득수지 개선 등에 따른 결과로 해석할 수 있다. 그러나 2006년에는 수출 증가세 둔화로 상품수지 적자규모가 확대될 것으로 예상되고 있어 경상수지 적자규모도 105억 달러(GDP의 1.3%) 수준으로 증가할 것으로 보인다.

4.3 해외거주자 송금

멕시코의 해외거주자 송금액이 2004년에 전년 대비 24% 증가한 166억 달러로 사상 최고치를 기록하였다. 2,000만명이 넘는 것으로 추정되는 미국 거주 멕시코인들의 본국 송금액이 지속적으로 증가하면서 해외거주자 송금은 수출을 제외하고 외국인 관광수입(108억 달러)과 함께 멕시코의 가장 중요한 외화가득원이 되고 있다. 또한, 이로 인해 대규모 흑자를 지속하고 있는 이전수지는 경상수지 적자규모 축소에도 상당한 기여를 하고 있는 것으로 평가된다.

4.4 FDI

멕시코는 개도국(developing country) 중 중국과 브라질에 이은 세계 3위인 FDI 유치국의 지위를 유지하고 있다. 최근 수년간 감소세를 보였던 FDI 유입액은 2004년부터 크게 증가하고 있다. 2003년 114억 달러였던 FDI 유입액은 2004년에는 스페인 BBVA Bancomer은행 인수대금(42억 달러) 유입 등으로 인해 179억 달러로 증가하였으며 2005년에도 178억 달러 정도를 유지한 것으로 추정된다.

4.5 환율

최근 수년간 페소화의 대미달러 환율은 큰 변화없이 안정세를 유지해 왔다. 2005년말 환율은 10.8이었으며 2006년에도 전년도와 비슷한 수준(연말환율 11.2 전망)을 보일 것으로 전망된다.

〈표 18-3〉 주요 국제경제지표

(단위 : 십억 달러, %)

	2001	2002	2003	2004	2005e
경상수지	-17.78	-13.5	-8.6	-7.2	-5.7
경상수지/GDP	-2.8	-2.1	-1.4	-1.1	-0.8
상품수지	-9.6	-7.6	-5.8	-8.8	-7.6
수출	158.8	161.0	164.8	188.0	213.7
수입	168.4	168.7	170.5	196.8	221.3
외환보유고	44.4	49.9	57.7	62.8	73.0
총외채잔액	145.7	140.2	140.0	141.8	137.3
총외채잔액/GDP	23.4	21.6	21.9	21.0	18.0
DSR	26.8	23.8	22.4	16.6	12.4

자료 : EIU

제3절 정치 · 사회동향 및 대외관계

1. 정치동향

2000년 7월 실시된 대통령선거에서 국민행동당(PAN)의 폭스(Vincente Fox) 후보가 제도혁명당의 라바스티다(Francisco Labastida) 후보를 누르고 대통령에 당선되어 12월 1일 취임함으로써 제도혁명당의 장기집권을 종식시키고 71년 간에 평화적인 정권교체를 이룩하였다.

그러나 제도혁명당이 의회를 장악한 상태에서 집권했던 폭스 정부는 2003년 7월에 시행된 총선에서도 하원 500석 중 153석(제도혁명당 224석 차지)을 획득하는 데 그쳐 전력 민영화, 통신규제 철폐 등 폭스 정부의 경제개혁정책(economic reform policy) 추진이 큰 타격을 받았다.

2. 사회동향

멕시코는 빈부격차, 높은 실업률, 부정부패 등의 사회문제에 직면해 있으나 이로 인해 전국적인 내란이나 소요가 발생할 가능성은 크지 않은 편이다. 그러나 남부 치아파스 반군 문제는 여전히 멕시코의 심각한 사회불안 요인 중의 하나로 지적되고 있다. 폭스 대통령은 2002년에 원주민권리법안을 의회에 상정하여 치아파스 반군 문제 해결을 시도하였으나 의회가 제한적인 자결권만 인정하는 등 정부안을 대폭 수정하여 통과시키고 이에 대해 치아파스의 사파티스타 민족해방군(EZLN) 측이 법안 채택을 거부함에 따라 양측의 협상은 중단된 상태이다.

그러나 최근 사파티스타 민족해방군 지도자인 마르코스 부사령관은 사회변혁과 반세계화(anti-globalization) 투쟁을 위해서는 노동자, 교사, 학생 그리고 도시와 시골의 모든 직장인들과의 단합이 필요하다며 무장투쟁을 포기하고 정치투쟁을 선언하였으며 지지세력의 결집을 위해 2006년 1월 1일부터 6개월간 멕시코 전역을 순례하고 있다.

3. 대외관계

폭스 대통령은 불간섭주의 대외정책에서 탈피하여 UN 안전보장이사회 의석 확보, G8 가입 추진 등 국제사회에서의 역할을 제고하고 멕시코를 북미자유무역협정(NAFTA)의 대등한 파트너로 만들기 위해 외교적 노력을 경주하고 있다. 미국과의 관계에서는 마약거래, 불법이민 등의 문제가 상존하고 있으나 부시(George W. Bush) 대통령이 취임 이후 최초로 멕시코를 방문하고 9·11 테러사태 이후 적극적으로 반테러(anti-terror) 및 반마약정책에 동참하면서 양국관계가 개선되고 있다.

멕시코는 캐나다와 기존 협력관계의 유지 강화 및 균형적 발전을 추구하는 한편 중남미 국가와도 유대 강화를 통해 역내 영향력 확대를 모색하고 있다. 유럽연합(EU)과 포괄적 협력협정 및 자유무역협정(FTA)을 체결하였으며 아시아·태평양경제협의체(APEC)에도 참여하고 있다. 2004년에는 일본과 FTA를 체결하는 등 EU 및 아시아·태평양 지역과의 협력 강화도 추진하고 있다.

제 4 절 국제신인도 및 대외지급능력

1. 국제신인도

2000년 3월 Moody's가 동국의 국가신용등급을 종전 Ba1에서 투자적격등급인 Baa3로 상향조정한 이후, S&P도 2002년 2월 개선된 재정통화정책, 조세개혁안 의회통과, 부채비율 축소 등을 근거로 국가신용등급을 BB+에서 투자적격등급인 BBB-로 상향조정한 바 있다. Moody's는 2002년 2월 Baa2로 1단계 상향조정한 이후 2005년 1월에 다시 Baa1으로 상향조정한 바 있다. S&P도 2002년 2월에 BBB-에서 BBB로 한 단계 상향 조정하였다. S&P, Moody's로부터 투자적격등급(BBB- 이상)을 부여받은 중남미 국가는 칠레와 멕시코뿐이다.

한편, 2005년 6월 경제협력개발기구(OECD)도 멕시코의 신용등급을 종전 3등급에서 2등급으로 한 단계 상향조정하였으며 그 밖에 주요 ECA들은 멕시코에 대해 별다른 제한없이 금융지원을 하고 있다.

2. 주요 기관별 신용도 평가등급

① I. C. R. G. : 55/140(2004. 6) → 50/140(2006. 1)
② Euromoney : 48/185(2004. 3) → 49/135(2005. 9)
③ I .I. : 44/172(2004. 3) → 50/173(2005. 9)
④ OECD : 3등급(2004. 6) → 2등급(2005. 6)

3. 대외지급능력

총 외채규모(2005년 기준)는 GDP의 17.9%인 1,373억 달러, DSR은 12.4%로 매우 양호한 수준을 보이고 있다. 멕시코는 신중한 거시경제 운영과 긴축정책 지속 그리고 수출증가와 외국인직접투자(FDI)의 지속적인 유입 및 외환보유고 수준 등을 고려할 때 외채상환불능 위험(default risk)은 매우 낮은 것으로 판단된다.

해외 채권발행을 통한 외자도입에 어려움이 없으며 2019년 만기의 브래디 본드(Brady Bond) 잔여분을 모두 조기 상환하는 등 국제금융시장(international financial market)에서 양호한 평가를 받고 있다.

한편, 폭스 정부는 2006년 대통령선거를 앞두고 정권교체기에 반복되어 온 경제위기의 재발 가능성을 사전에 차단하기 위해 2006~2007년 기일도래 정부외채의 원리금 상환재원 48억 달러를 미리 확보하는 등 신중한 외채관리정책을 시행하고 있다.

제5절 평 가

멕시코경제는 2004년 이후 3~4%대의 경제성장세를 유지하고 있으며 재정, 물가, 경상수지, 외채 등 여타 거시경제지표는 전반적으로 양호한 수준을 유지하고 있다. 대외채무(external debt) 규모는 다소 과다한 편이나 국제금융시장에서 양호한 국가신인도를 유지하고 있고 수출증가 및 FDI 유입 지속 등으로 외환보유고(foreign exchange reserves)도 증가추세에 있어 과거 정권교체기에 발생했던 경제위기(economic crisis)가 재발할 가능성은 매우 낮다고 할 수 있다.

19
chapter

인도네시아

제 1 절 일반개황

일반	위 치 : 동남아시아, 말레이군도
	면 적 : 1,904천 ㎢ (한반도의 8.5배)
	기 후 : 고온다습한 열대 몬순
	인 구 : 218백만명 (2004)
	수 도 : Jakarta (8.4백만 명)
	민 족 : 자바족 (45%), 순다족 등 300여 종족
	언 어 : 인도네시아어 (공용어), 종족 지방어
	종 교 : 이슬람교 (88%), 개신교, 가톨릭, 힌두교, 불교
정치	독 립 일 : 1945. 8. 17 (네덜란드)
	정 부 형 태 : 대통령중심제
	국 가 원 수 : Susilo Bambang Yubhoyono 대통령
	의 회 : 국민협의회 (MPR) 및 국회 (DPR)의 이원조직
	주 요 정 당 : 인니민주당 (PDI-P), Golkar당, 통일개발당 (PPP)
	국제기구가입 : UN, IMF, IBRD, ASEAN, APEC, WTO, OPEC 등
경제	G D P : 2,576억 달러 (2004)
	1인당 GDP : 1,171달러 (2004)
	화 폐 단 위 : Rupiah (RP)
	회 계 연 도 : 1. 1~12. 31
	산 업 구 조 : (2004) 제조업 29.9%, 농림수산업 16.2%, 광업 9.0%
	주요수출품 : (2003) 원유, 천연가스, 의류
	주요수입품 : (2003) 원자재·중간재, 자본재, 소비재
	주요부존자원 : 석유, 천연가스, 원목, 주석, 니켈, 보크사이트, 고무
	경제개발계획 : 농업 및 제조업 발전에 주력
	경 제 적 강 점 : 풍부한 부존자원 및 노동력
	경 제 적 약 점 : 사회간접자본(SOC) 미비, 빈부격차 심화

제 2 절 경제동향

1. 국내경제

1.1 경제성장

실질GDP 성장률(2004년 기준)은 선거비용 지출 및 임금 인상 등에 따른 민간부문의 소비 증가로 인해 5.1%를 기록하였다. 2005년에는 10월 1일 발생한 발리섬 폭탄테러가 관광산업의 위축을 초래하여 경제성장이 전망치에서 약 0.3% 하락할 정도로 경제에 악영향을 미칠 것으로 보인다.

그러나 유류비 보조금 삭감에 따른 루피아화의 가치 안정 등으로 사회인프라 개발 프로젝트(social infrastructure development project)에 대한 외국인투자 활성화, 정부재정지출의 증가 등으로부터 폭탄테러의 악영향을 상쇄할 만큼 경제적으로 긍정적 파급효과가 기대되어 향후 경제성장은 약 5%대를 기록할 것으로 전망된다.

1.2 물가

물가수준(2004년 기준)은 선거비용 지출, 임금상승 및 루피아화 가치의 화락(depreciation) 등으로 다소 상승세를 보였다. 2005년에도 지진·해일 피해복구사업의 추진, 유류비 보조금 삭감에 따른 유류가격의 상승(3월 : 29%, 10월 : 126.6%) 등으로 소비자물가가 약 9%로 지속적인 상승세를 나타낼 것으로 보인다.

1.3 경제정책

2003년말 IMF 지원프로그램의 종료시에 서로 합의한 준수사항에 의거하여 경제백서를 작성하였으며 향후 제반 경제정책은 경제백서에 따라 추진될 것으로 보인다. 경제백서에서 정한 정책수립 방향은 공공채무(public debt) 축소를 위한 정부지출 억제, 물가수준의 안정 및 루피아화의 가치 유지에 주안점을 두는 것이다. 경제백서의 정책방향에 따라 경제정책이 수립되어 시행될 경우 세계은행(World Bank)이 관장하고 있는 CGI(Consultative Group for Indonesia)로부터 지속적인 금융지원을 받을 수 있게 된다.

개발정책 추진의 7대 우선과제는 다음과 같다.

① 빈곤퇴치
② 고용기회 확대
③ 농업 및 농촌 활성화
④ 교육 및 공중위생시설 확충
⑤ 부정부패 척결 및 공직사회 개혁
⑥ 아체 및 니아스 지역의 재건 복구
⑦ 국방 및 안전에 대한 투자증대

〈표 19-1〉 주요 국내경제지표

(단위 : %)

구 분	2001	2002	2003	2004	2005f
경 제 성 장 률	3.8	4.4	4.9	5.1	5.6
재정수지/GDP	-1.0	-0.9	-1.3	-1.5	-1.3
소비자물가상승률	11.5	11.9	6.8	6.1	9.0

자료: EIU, Country Report

2. 국제경제

2.1 상품수지

인도네시아는 아시아의 유일한 석유수출국기구(OPEC) 회원국이나 석유생산 감소로 2004년 3월부터 석유순수입국이 되었다. 대외교역구조에서도 수입증가율이 수출증가율을 초과하고 있어 상품수지의 흑자규모가 2002년 238억 달러를 정점으로 2004년 212억 달러로 축소되었으며 2005년에는 195억 달러로 더욱 감소할 것으로 예상된다.

2.2 경상수지

경상수지는 2005년에 해외로부터의 지진·해일 피해복구 지원금 유입, 파리클럽 채권국들에 의한 26억 달러의 외채상환 유예조치가 유리하게 작용할 것으로 보인다. 그러나 인도네시아는 수출입화물의 95%를 외국선박회사가 취급하고 있어 서비스수지에서 항상 적자를 보이고 있다. 더욱이 최근 상품수지 흑자도 감소하고 있어 경상수지 흑자(current account surplus) 규모는 2004년의 28억 달러에서 2005년에는 31억 달러로 소폭 확대될 것으로 보인다.

2.3 환율

인도네시아는 OPEC 회원국이면서도 석유순수입국이어서 국제유가의 등락이 경제에 미치는 영향은 매우 큰 편이다. 따라서 최근 국제유가의 급등세는 외환수요 증가로 연결되어 루피아화의 가치급락을 초래하였다.

또한, 국제유가 상승은 석유보조금 지급부담의 증가로 재정지출이 확대되어 루피아화의 가치하락을 더욱 가속화시켜 2005년 8월 30일 대미달러 환율이 한때 11,750루피아를 기록함으로써 8월 11일 종가환율과 비교하여 19.9% 급등한 바 있다. 8월 30일 긴급 통화방어대책으로서 기준금리 0.75%포인트, 외화예금금리 1.25%포인트, 지급준비율 4%포인트의 인상 발표 등을 통해 루피아화의 가치급락세를 진정시킬 수 있었다(2005년 8월 30일 대미달러 종가환율 : 10,300루피아).

인도네시아 중앙은행은 2005년 11월 1일 기준금리를 11%에서 약 1개월만에 1.25%포인트 인상하여 12.25%로 상향 조정하였다. 인도네시아 정부도 2005년 10월 1일 석유보조금의 대폭 삭감조치를 통한 재정지출 축소를 시도하여 현재 루피아화의 환율은 10,000~10,200루피아 선에서 유지되고 있다.

〈표 19-2〉 주요 국제경제지표

(단위 : 백만 달러, %)

구 분	2001	2002	2003	2004	2005f
경 상 수 지	6,901	7,824	7,252	2,864	3,100
경상수지/GDP	4.9	4.7	3.0	1.1	1.1
상 품 수 지	22,696	23,814	23,708	21,226	19,500
수 출	57,365	59,165	63,546	71,788	77,000
수 입	34,669	35,351	39,546	50,562	57,500
외 환 보 유 고	27,048	30,754	34,962	34,724	-
총 외 채 잔 액	135,704	132,200	136,700	136,900	137,100
총외채잔액/GDP	97.2	77.9	65.2	53.1	50.3
D S R	23.6	24.7	26.0	16.8	13.2

자료: EIU, Country Report

제 3 절 정치 · 사회동향 및 대외관계

1. 정치동향

1.1 유도요노 정권의 취약한 의회지지 기반

2004년 4월 시행된 총선에서 골카르당이 128석, 투쟁민주당 109석, 연합개발당 58석, 민주당 57석, 여타 군소정당 198석을 차지하여 550 의석의 하원에서 어느 정당도 절대 다수 의석을 확보하지 못하였다. 유도요노 대통령의 민주당은 의석수에서는 4위에 해당되나 총의석에서 차지하는 비중은 10.4%로 의회 내 지지기반의 취약성을 나타내고 있다.

따라서 집권당인 민주당은 의회 의석비중이 매우 낮아 확고한 의회지원을 기대하기가 어려운 실정이다. 의회의석에서 최대 다수당인 골카르당의 경우도 의석 비중이 23.3% 정도여서 여타 정당과의 연대세력을 형성하여도 골카르당 만으로는 의회의 절대 다수 의석 확보가 불가능한 실정이다. 즉, 다수의 정당들과의 의회 연대세력을 유지해 나가야 하는 상황에 직면해 있다.

1.2 현 정권에 대한 저소득층의 불만 고조

인도네시아 정부는 국제적인 고유가 추세로 석유노조금 지출이 증가하면서 재정에 과중한 부담을 주는 것을 완화하고 루피아화 가치를 안정시키기 위하여 2005년 10월 1일 126.6%의 유가인상을 단행하였다. 따라서 유가인상에 따른 물가상승으로 저소득층의 현 정권에 대한 반감이 고조될 것으로 보인다.

2. 사회동향

2.1 분리주의세력 및 과격단체의 테러활동으로 사회불안정 지속

Aceh, Ambon 및 Maluku 지역의 분리독립세력, Foso 및 Central Sulawesi 지역의 종교분쟁, 과격회교단체인 Jemaah Islamiah(JI)의 테러활동, 사회각층에 만연된 부정부패 등으로 인해 사회불안정(social instability)이 지속되고 있다.

2.2 아체 해방군과의 평화협정 체결 및 적극적인 반테러 추진

2005년 8월 15일 핀란드 헬싱키에서 아체 해방군(GAM)과의 분쟁 종결 평화협정을 체결한 바 있다. 그러나 인도네시아 정부와 아체 해방군 간에는 2000년 및 2002년 2차례 분쟁종결협정을 체결하였으나 모두 파기되고 상호 무력 대응으로 귀결된 바 있다. 2005년 7월 반테러(anti-terror) 전담기관 설립 계획을 발표하는 등 테러방지에도 적극성을 보이고 있다.

2.3 정치민주화(political democratization)에 따른 다양한 욕구 표출

인도네시아는 인구의 약 90%가 회교도이나 중동지역의 회교도처럼 순수원리를 추구하기보다는 직업, 부패척결 등과 같은 일상생활과 관련된 분야에 더 큰 관심을 갖고 있으며 2004년 총선 및 대선에서의 투표율이 평균 80%를 상회할 정도로 정치참여도가 큰 편이다. 따라서 향후 국민들에 의한 다양한 형태의 욕구가 표출될 것으로 보인다.

3. 대외관계

말레이시아와는 이주 근로자들의 폭동 등으로 양국 간의 관계가 악화된 적이 있다. 또한, 싱가포르 공군의 비행 훈련시에 발생하는 인도네시아 영공 침해와 관련하여 상호 간에 해결되지 않은 부분이 있다. 그러나 인도네시아, 말레이시아, 싱가포르 등의 국가들은 ASEAN 주도국으로서 서로 회원국간 긴밀한 관계를 유지하고 있는 실정이다.

제 4 절 국제신인도 및 대외지급능력

1. 국제신인도

국제신용도평가기관의 평가순위는 다음과 같다.

① Moody's : B2(2003. 9)
② S&P : B+(2004. 12)
③ Fitch : BB-(2005. 1)

④ OECD : 6등급(2004. 4) → 5등급(2005. 4)
⑤ I. C. R. G. : 104/140(2004. 12) → 113/140(2005. 6)
⑥ Euromoney : 88/185(2004. 9) → 85/185(2005. 3)
⑦ I. I. : 86/173(2004. 9) → 81/173(2005. 3)

S&P는 최근 루피아화의 가치급락 등을 고려하여 2005년 9월 2일 B+ 등급은 유지하되 전망을 positive에서 stable로 하향 조정한 바 있다.

2. 대외지급능력

총외채 규모는 1,371억 달러이며 단기외채가 175억 달러로서 총외채 대비 12.7%를 나타내고 있다. 최근 파리클럽 채권국들로부터 2005년 말까지 만기 도래하는 외채원금 26억 달러에 대해 상환유예를 받았으며 해당 외채는 2007년부터 4년에 걸쳐 상환하는 것으로 조정된 바 있다.

DSR이 2003년 26%에서 2004년 16.8%로 하락했으며 2005년에는 13.2%로 낮아질 것으로 전망된다. 외환보유고 수준(2005년 8월 15일 기준)은 수입 4개월분에 해당되는 325억 2,000만 달러를 기록하였다.

그러나 총수출 대비 총외채잔액이 100%를 초과하는 등 경제규모에 비해 대외채무부담은 과중한 것으로 평가된다. CGI(Consultative Group for Indonesia)는 1992년부터 2001년 사이에 매년 50억 달러를 지원하였다. 예외적으로 경제위기(economic crisis)로 어려웠던 1998년과 1999년에는 각각 79억 달러 및 59억 달러를 지원한 바 있다. 2005년에도 CGI는 28억 달러의 금융지원을 보장하였으며 향후에도 경제백서에서 정한 방향에 부합하는 경제정책을 시행하는 경우 금융지원을 지속적으로 제공할 계획으로 있다.

제5절 전 망

최근 국제유가 상승으로 원유 수입 외환수요의 증가와 석유보조금 지급에 따른 재정수지 악화 등으로 인해 루피아화의 가치급락 사태가 발생한 바 있다. 따라서 인도네시아 정부는 외환거래를 제한하고 기준금리를 인상 조치하였으며 석유보조금을 삭감하였다. 이 같은 대응조치로 루피아화의 가치는 회복세를 보이고 있으며 인프라개발 프로젝트 등에 대한 외자유치가 활성화될 것으로 전망된다.

제 6 절 투자환경

1. 투자관련법

외국인투자법(1967), 내국인투자법(1968), 투자관련 시행령(1994)이 있다.

2. 최저 투자액

1994년 6월에 철폐되었음

3. 투자신청

외국인 투자신청은 신청서(Model 1, PMA)에 소정의 서류를 첨부하여 BKPM, 주투자조정국(BKPMD), 인도네시아 재외공관에 제출하면 된다. 외국인투자는 주식회사 형태이다. 외국인 투자기업(PMA)의 인가기간은 상업생산 개시후 30년 간이며 사업이 확장되면 30년 연장이 가능하다.

4. 투자분야

4.1 외국인투자 우대분야

수출형 제조 가공, 자동차, 전기전자 등의 산업이다.

4.2 외국인투자 제한 분야

(1) 2000년 7월 20일자 대통령령 제96호에 의한 외국인투자 금지

① 내자 및 외자 모두 금지 : 11개 분야

② 외자 전면 금지 : 8개 분야
③ 외자의 출자비율 제한 : 9개 분야
④ 조건부 개방 : 20개 분야

(2) 소규모기업 보호 육성을 위한 투자제한 분야(1998년 7월 14일자 대통령령)

① 인도네시아 소규모기업 이외의 투자 불가 분야
② 대 · 중기업과의 파트너십으로 투자가능 분야 : 외국기업도 인도네시아 소기업과 파트너십 형태로 투자 가능

파트너십(partnership)으로는 주식참여(소규모 기업이 최소한 20% 소유), 대리점, 하청, 프랜차이즈(franchise) 등의 형태가 있다.

※ 소규모 기업의 정의 : 토지, 건물을 제외한 자산이 2억 루피아 이하 또는 연간 매출액 10억 루피아 이하인 인도네시아인 소유 기업, 대 · 중기업이 직간접적으로 소유 · 지배하지 않는 기업, 개인영업, 협동조합 등의 사업체

5. 우대 조치

5.1 외국인 기업에 대한 세제상의 특혜

사업개시 및 30% 이상 사업 확장시 설비 및 2년 이내의 생산에 필요한 원재료에 대해 수입관세율 5%가 적용된다.

5.2 부가가치세의 면제 또는 납부 유보

다음 3가지 경우에는 면세 또는 지급보증서 제출로 납부가 유보된다.

① 보세지역 내 공장의 원재료 구입, 보세지역 간의 반출입, 위탁가공을 위한 반출입, 수리를 위한 반출입
② 특정 수출업자의 원재료 구입
③ 일시적인 수입((예) 전시품 등)

6. 투자비율 규제

6.1 100% 출자는 원칙적으로 가능함

외자의 출자비율 제한 대상 분야는 항만, 발전 송전, 통신, 해운, 항공, 음료수, 철도, 원자력 발전, 병원의 설립 및 운영의 9개 분야(현지인과의 합작을 통해서만 투자진출 가능)이다.

7. 세 제

① 부가가치세 : 상품 및 서비스 제공에 대하여 과세하며 세율은 10%임

② 원천세 : 부과대상은 배당금, 이자 및 보증료, 임차료, 로열티(royalty), 자산의 운용수익 등이고, 세율은 거주자의 경우 15%이며 비거주자는 20%임

③ 법인세 : 과세대상 소득에 다라 10~30%가 과세됨

〈표 19-3〉 과세대상 소득에 따른 법인세율

과세대상 소득	세 율
Rp 50백만까지	10%
Rp 50백만 초과 100백만까지	15%
Rp 100백만 초과	30%

* 과세대상 소득 : 사업이익, 이자, 로열티, 자본이득(capital gain) 등이 있음

④ 기타 세금 : 사치품 판매세, 물품세, 인지세, 토지 건물세 등이 있음

8. 금 융

① 외국인투자자의 자금조달에는 특별한 규제가 없으며 민간에 의한 offshore 차입도 가능함

② 외국인투자 비율이 49% 이하인 합작법인은 국영상업은행으로부터 루피아화 표시 대출을 받을 수 있음

③ 중앙은행은 스왑(SWAP)제도를 제공하고 있어 현지 통화의 평가절하(depreciation)에

대비하여 외환리스크(foreign exchange risk)를 회피할 수 있음

④ 증권거래소를 통한 자금조달도 가능한 데 채권 발행은 증권감독기관(BAPEPAM)의 승인을 필요로 함

⑤ 외환규제는 없으며 외화의 반입, 반출은 자유토우나 금액 규모에 따라 신고 또는 허가가 필요함

9. 외국인 노동자

① 외국인의 고용은 인도네시아인을 활용하기 어려운 직책에 대하여 허가하고 있으며 노동허가 기간은 경우에 따라 상이함

② 수출비중 65% 이상 기업에 대하여는 외국인 고용에서 우대조치가 있음

③ 외국인 투자기업은 SP/PMA(투자승인통지서) 발행 후 3개월 이내에 BKPM 또는 BKPMD에 고용계획(man power plan)을 제출하고 승인을 득한 후 사증 발행을 BKM-PBUMN에 신청함

④ 고용계획에는 총 근로자수, 장래 현지 직원의 고용 및 연수계획을 포함시켜야 함

10. 토지 소유

① 토지의 소유는 인도네시아인에게만 허용되며 외국인 및 기업은 건설권, 개발권, 사용권을 취득하여 사업을 영위함

② 건설권, 사용권의 기간은 20~30년으로 20년 연장이 가능함

③ 개발권의 인정기간은 35년이며 담보로서 제공 가능함

〈참고〉 Indonesia Infrastructure Summit 2005 주요 내용

1. Infrastructure Summit 개최 취지

2005년 1월 17~18일 양일 간에 걸쳐 인도네시아 자카르타에서 인도네시아 정부 및 상공회의소 공동 주관으로 Infrastructure 건설사업에 대한 민간부문의 투자유치계획 발표회를 개최하였다. 인도네시아는 1990년대 후반 경제위기 이후 경제구조개혁 및 금융부문 구조조정을 추진하면서 재원부족으로 인프라스트럭처에 대한 충분한 투자가 이루어지지 못하였으며 이로 인한 인프라스트럭

처의 미비로 인해 경제의 지속적 성장이 어려운 상황에 직면하게 되었다. 경제성장의 장애요인으로 작용하고 있는 부실한 공공 인프라스트럭처에 대한 확충사업을 추진하기 위해 필요한 재원조달과 관련하여 민간부문의 참여가 절실한 것으로 인식하고 Public-Private Partnerships의 구축을 시도한 것으로 보인다.

따라서 본 Summit의 개최 취지는 인프라스트럭처 건설사업에 대한 소요자금 조달 계획 및 국내외 민자유치 전략의 발표, 그리고 관련 법제도의 정비에 의한 투자환경 개선 안내 등을 통해 민간부문의 적극적인 참여를 유도하는 것으로 이해할 수 있다.

2. 인프라스트럭처 개발 소요자금 조달 계획

향후 5년간 연평균 6.6%의 경제성장을 달성하기 위해서는 인프라스트럭처 건설에 매년 약 300억 달러의 총 1,480억 달러에 이르는 자금이 필요한 것으로 분석된다.

〈표 19-4〉 소요자금 조달 계획

(단위 : 억 달러)

자 금 조 달 원	금 액	비 고
정부재정 및 국내 기관투자자금	550	정부재정 250억 달러
해외원조자금	100	
국내외 민자유치 예상액	800	
합 계	1,450	

향후 5년 간의 주요 거시경제지표 달성 목표는 다음과 같다.

① 경제성장률 : 5.1%(2004) → 7.2%(2009)

② 실 업 률 : 9.7%(2004) → 5.1%(2009)

③ 빈 곤 율 : 16.6%(2004) → 8.2%(2009)

3. 민간부문 참여 유치 전략

비상업적 인프라스트럭처 사업은 주로 정부재정으로 추진하고 민간 자금은 상업성이 있는 분야로 연결하는 것을 원칙으로 하고 있다. 민간부문 참여를 촉진하기 위하여 유료도로, 수자원개발, 토지수용, 전력공급, 수송시설(철도 · 항만 · 공항) 등과 관련된 제반 법제도에 대한 정비 작업을 향후 6개월 이내에 완료하는 것을 목표로 하고 있으나 현재 당초 예정대로 법제도 정비작업이 진행되지 않고 있다.

민간부문투자유치의 세부전략을 요약하면 다음과 같다.

① 인도네시아 정부가 민간부문에 대해 계약방식으로 확약한 사항은 모두 준수

② 전력, 도로, 수자원 개발에 대한 민간투자 활성화 관련 전략 및 계획 등을 명료하게 수립

③ 적정 수익성이 있는 인프라스트럭처 건설사업을 선별하여 민간 부문의 참여 안내 - 총 225억 달러에 상당하는 91개 프로젝트 선정(2005년 10월 기준 5개 프로젝트만 진척이 있음)
④ 전력산업에 대한 민간투자유치 관련 잠정규정 제정(헌법재판소의 전력법 무효 판결에 따른 잠정 조치)
⑤ 항만 및 공항 시설에 대한 민간부문 투자활성화 관련규정 제정
⑥ 통신업에 대한 독립 감독이 가능하도록 통신법(Law 36/1999) 개정작업 추진
⑦ 민간부문의 인프라스트럭처 투자에 따른 리스크에 대한 효과적인 관리기법 개발
⑧ 인프라스트럭처 투자를 위한 국내 자본 및 금융시장 육성
⑨ 전력 및 도로 사용료의 책정과 관련하여 독립성 보장
⑩ 감독기관의 자율성 및 투명성 제고를 위한 적정 예산 및 인력 지원

〈표 19-5〉 산업분야별 투자유치 우선 사업

분 야	사업수	금 액(백만 달러)	비 고
가 스	6	2,888	
전 기	12	5,892	
통 신	1	1,600	Palapa Ring 사업(광케이블)
공 항	5	709	자카르타, 메단, 롬복, 마카사
철 도	1	78	
항 구	4	1,485	자카르타, 수라바야, 발릭파판
수 도	24	372	
도 로	38	9,472	
계	91	22,500	

4. 주요 산업분야별 발표내용 요약

4.1 전력 및 석유・가스 산업

(1) 개혁정책 추진 방향
① 정부 간섭의 최소화 및 점진적인 시장메커니즘(market mechanism) 도입
② 민간부문의 참여 확대와 업무 감독의 투명성(transparency) 확보

(2) 주요 현안사항
① 법과 규정 간의 중첩 및 내용의 모호성 해소
② 지역의 자율 인정과 계약의 존엄성 존중 간의 충돌 해결
③ 재원 조달 및 지출 절차 관련 문제점 제거
④ 안전에 대한 취약성 해소

(3) 전력산업

① 인도네시아에서 전기공급이 불가능한 가구가 전체에서 약 47%를 차지하여 인구수 기준으로 9,000만명 이상이 제대로 전기혜택을 받지 못하고 있음. 또한, 산업분야에서의 전력 수요가 지속적으로 증가하고 있어 전력생산증대가 시급한 상황임

② 향후 10년 동안 전력산업에만 300억 달러를 투자하여 석유의존 일변도의 화력발전에서 천연가스(natural gas)를 사용하는 화력발전 및 재생가능에너지에 의한 발전 등으로의 전환과 함께 전력생산 증대를 추진하고 있음

③ 인도네시아 헌법재판소는 2004년 12월 2002년에 제정된 신전기법(법률 제20/2002호)이 전력분야의 경쟁 불허 원칙에 위반되는 것으로 보아 위헌 판결하여 동 법의 효력이 상실되었음

④ 인도네시아 정부는 1985년에 제정된 구전기법(법률 제15/1985호) 및 정부 규정(규정 제3/2005호)에 의거하여 당분간 신규사업에 대한 승인 업무를 실시하는 것으로 발표하였음(조만간 신전기법의 수정안을 국회에 제출 예정임)

⑤ 1997~1998년 경제위기시 중단된 IPP 방식 발전소 건설 계약의 연장 및 확대는 선별적으로 검토할 예정임

(4) 석유・가스산업

인도네시아의 확인 석유매장량이 44억 배럴 정도이며 1998년 이래 석유생산량이 지속적으로 감소하여 현재 생산량으로는 국내수요도 충족시키지 못하고 있다. 2003년 6월에 정해진 OPEC 생산쿼터 1,317백만 배럴/일에 도달한 적이 없는 실정이다. 또한, 인도네시아는 확인 천연가스 매장량이 178조 입방피트로 세계에서 12번째의 천연가스 매장국이며, 세계LNG 수출거래량의 약 26%를 차지하는 세계 1위의 LNG 수출국이기도 하다.

2001년 10월에 제정된 석유・가스법(법률 제22/2001호)에 의거하여 석유・가스 산업을 총괄감독하던 Pertamina가 유한책임회사로 전환되었다. 생산부문(Upstream)에 대한 총괄감독 권한은 BP Migas에, 그리고 정유 및 유통・판매부문(Downstream)에 대한 총괄감독 권한은 BPH Migas로 이관되었다. 민간투자 생산사들은 Pertamina를 통해서만 국내시장 직판이 가능하였으나 신석유・가스법은 민간투자 생산사들에게도 국내직판을 허용하였을 뿐만 아니라 국내수요 우선 충족을 위해 생산량의 25% 이상을 반드시 국내시장에 판매하도록 강제하였다.

(5) 회의 참석자 건의사항

① 재생가능에너지에 의한 발전사업 등 입찰면제가 가능한 사업은 기존사업의 확장시에도 입찰면제 대상에 포함될 수 있도록 요청

② 정부보증을 선별적으로 제공하는 경우 선별 사업의 기준에 대한 분명한 해명 필요

③ 사업승인 등 업무의 효율적 처리를 위해 One Stop Service Place의 설치 운영 요망

4.2 유료도로 분야

(1) 향후 5년간 1,600㎞ 건설 예정
(2) 신도로법(법률 제38/2004호)에 따라 민간투자가들의 투자 장애요인 제거
(3) 조달분야의 투명성, 경쟁원리 보장
(4) 위험 감소(토지 구입시 고가부분은 인도네시아 정부가 차액 보전), 토지 취득법(법률 제55/1993호) 수정 예정
(5) 인도네시아 정부가 전국 유료도로 청사진 작성
(6) 인도네시아 도로공사(PT. Jasa Marga)의 독립적 권리(감독기관 및 사업운영기관)를 폐지하고 대신 독립적 감독기관(BPJT)을 신설하였음
(7) 인도네시아 도로공사도 민간투자가와 동일한 사업운영기관 역할만 수행하고 있음
(8) 계약 체결시 도로사용료 조정 조항(2년마다 인플레이션 등 반영 자동조정)을 포함함
(9) 재원 조달 지원(tax concession, tax holiday 등 세금우대정책, 장기저리 이자 등)

4.3 공항, 항만 등 분야

(1) 공항, 항만 담당 국영공사(PELINDO, AP)의 독점점 권한 방지를 위해 법률 정비 예정임
다만 사기업의 참여가 항공, 해운의 안전, 안보를 희생할 수는 없다는 원칙을 가지고 있다.
(2) 항구, 항만까지 연결도로 등은 정부가 제공함
터미널, 화물창고 등은 투자가들이 건설해야 한다.
(3) 사업승인은 최대 30일 이내에 결정됨
(4) 민간기업의 참여방법 : 사유화, BOT, Contract-out Service
(5) 민간투자를 저해하고 있는 기존 항공, 항만, 철도관련 법에 대한 수정안을 조만간 의회에 제출 예정임

4.4 통신, IT 분야(전체 인구 2.2억명 중 9.1백만명만 유선 전화에 연결되어 있음)

(1) 주무장관의 권한 축소 및 1999년도 통신관련법(법률 제36/1999호) 수정 필요(독립적 감독기관 설립의 법적 기반 마련)
통신분야는 1999년부터 민간에 개방되었다.
(2) 가격 결정시 경쟁원리 도입을 정책의 핵심으로 유지하고 있음
(3) 인터넷, 음성, 자료 전송, 무선 송신 등 제반 분야를 통합해서 인허가 해주는 방안을 검토하고 있음
다만 모든 사항을 통합하기에는 기술적 어려움이 존재하고 있다.
(4) 통신분야에 부적절한 공공요금 철폐
(5) 원격지역(상업성 낮은 지역)에는 보조금 지원이 필요함

4.5 수도, 위생분야(도시민의 39%, 시골 인구의 6%만 상수도에 연결)

(1) 신수자원법(법률 제7/2004호)에 따라 민간투자가 참여 가능
(2) 지방수도공사(PDAMS)의 재정난 해결이 급선무임
동 지방수도공사들의 중앙정부 통제에는 한계점이 있다.
(3) 외국인직접투자(FDI) 유치를 위해서는 소규모 단위 수도, 위생분야의 통합 필요
(4) 상업적 이익이 없는 사업은 정부 지원금 필요

20
chapter

베 트 남

제 1 절 일반개황

일반	위 치 : 인도차이나 반도 면 적 : 330천 ㎢ (한반도의 1.5배) 기 후 : 아열대성 (북부), 열대성 (남부) 인 구 : 82백만명 (2004) 수 도 : Hanoi (284백만 명) 민 족 : 베트남인 (88%), 화교, 크메르인 언 어 : 베트남인 (공용어) 종 교 : 불교, 가톨릭
정치	독 립 일 : 1945. 9. 2 (프랑스) 정 부 형 태 : 사회주의 공화제 (실질적 일당체제) 국 가 원 수 : Tran Duc Luong 주석 의 회 : 단원제 (498석) 주 요 정 당 : 베트남 공산당 국제기구가입 : UN, IMF, ADB, ILO, ESCAP, ASEAN
경제	G D P : 452억 달러 (2004) 1인당 GDP : 545달러 (2004) 화폐단위 : Dong 회계연도 : 1. 1~12. 31 산 업 구 조 : (2003) 농업 21.8%, 제조업 38.5%, 서비스업 39.7% 주요수출품 : (2004) 섬유류 17.1%, 원유 22.1%, 제화류 10.5% 주요수입품 : (2004) 기계류 17.5%, 연료 11.5%, 철강 8.3% 주요부존자원 : 석탄, 석유, 철광석 경제개발계획 : 사회경제개발계획(SEDP) 2001~2005 경제적강점 : 풍부한 저임 노동력 및 천연 자원 경제적약점 : 기술인력 부족, 인프라 미비

제 2 절 경제동향

1. 국내경제

1.1 경제성장

경제성장률(2004년 기준)이 7.7%를 기록함으로써 3년 연속 7% 이상의 고도성장을 지속하고 있다. 이는 공업부문이 연 10% 이상의 성장을 보이고 있는 가운데 민간부문이 확대되고 있기 때문으로 해석된다. 2004년 1~10월 중 민간부문에서 27,000여개의 신설법인이 등록(총자본금 34억 달러 규모)되어 건수 및 등록자본 면에서 전년 대비 25% 증가하였다.

베트남 경제는 내수 활황에 힘입어 제조업이 성장을 주도하고 있으며 산업생산의 중심이 예전 호치민 중심의 남부지역에서 하노이, 하이퐁 지역으로 확대되고 있다. 2005년 초에 다자간섬유협정(MFA)이 종료되면서 섬유류 수출이 타격을 받을 것으로 예상되나 외국인투자 증대 및 민간부문의 활황에 힘입어 공업 생산 및 소매 판매가 급증하면서 고도 성장세가 지속될 것으로 전망된다.

1.2 재정수지

경제 호황에 따른 세수 확대와 원유 수출 증대로 정부의 재정적자 규모는 목표치인 GDP 대비 5%를 무난히 달성할 것으로 추정된다. 향후 재정수지는 국내개발 수요 확대로 인한 지출 증대, 금융개혁(financial reform) 추진에 따른 정부부담 증가로 점차 적자규모가 확대될 것으로 보인다.

1.3 물가

소비자물가상승률은 물가지수 구성의 50% 이상을 차지하는 식료품 가격과 석유 제품의 소매가격이 상승하면서 2004년에 비교적 큰 폭인 7.8%을 기록하였다. 정부의 강력한 인플레이션 억제 의지에도 불구하고 고유가 지속과 국내 통화량 증가로 당분간 물가상승률이 하락세로 전환되지는 않을 것으로 예상된다.

중앙은행(SBV)은 인플레이션 억제를 위해 2005년 1월 재할인율 금리를 50bp 인상하였으며 2월에는 2003년 3월 이후 변동이 없었던 우대금리를 0.3%포인트 인상하여 현재 7.8%를 유지하고 있다.

1.4 경제정책

정부는 경제개혁정책(economic reform policy)으로서 금융기관의 부실채권 해소와 함께 2002년 기준 5,196개에 이르는 국영기업 중 2,857개를 2002~2005년 중에 민영화할 계획으로 있으나 현재까지의 실적은 미미한 편이다.

그동안 1,700여개의 국영기업이 민영화되었으나 이들이 전체 국영기업에서 차지하는 비중이 6%에 불과하여 '기업구조조정 및 개발위원회'(Steering Board of Enterprise Reform and Development)는 대형 국영기업의 민영화가 부진한 상황으로 인식하고 있다.

구조조정이 부진한 이유는 기업들이 민영화할 법적 의무가 없기 때문에 임원 및 지방정부의 반발에 직면하게 될 뿐만 아니라 민영화의 절차가 명확히 규정되어 있지 않기 때문으로 해석할 수 있다. 또한, 다수의 국영기업들이 채무를 지고 있어 기업의 자산(asset)과 부채(liability)를 측정하는 데 오랜 시간이 소모되는 점도 민영화 부진의 요인으로 지적된다.

정부는 최근 민영화(privatization)를 가속화하기 위해 국내 최대 국영 상업은행인 Vietcom Bank의 민영화를 추진하고 있으며 1억 6,00만 달러에 이르는 우선주를 발행할 계획이었으나 관련법 개정의 지연으로 당분간 추진이 어려울 것으로 전망된다.

〈표 20-1〉 주요 국내경제지표

(단위 : %)

구 분	2001	2002	2003	2004	2005f
경제성장률	6.9	7.0	7.2	7.7	7.8
재정수지/GDP	-2.8	-1.9	-2.0	-1.5	-2.6
소비자물가상승률	-0.4	3.8	3.1	7.8	7.8

자료: EIU, Country Report

2. 국제경제

2.1 상품수지 · 경상수지

자본재 및 원자재 수입수요 증가에도 불구하고 대미 수출확대와 전체 수출의 20% 이상을 차지하는 석유의 국제가격 상승으로 2004년에는 상품수지 및 경상수지 적자폭이 감소하였다. 2005년 이후에는 MFA 종료에 따른 섬유류의 수출 경쟁 심화, ASEAN 자유무역지대(AFTA) 진행에 의한 수입 확대, 내수시장의 호조에 따른 자본재 및 소비재 수입수요 증대 등으로 상품수지 및 경상수지 적자가 점차 확대될 것으로 전망된다.

2.2 외국인직접투자

2003년 이후 외국인 투자법 시행령, 노동법 등의 개정을 통한 외국인투자 허용분야 및 인센티브 확대와 제조업 및 유전개발 분야에 대한 투자장려 등으로 인해 2004년 외국인투자 허가액은 약 40억 달러로 전년보다 30% 증가하였다. 베트남 기획투자부(MPI)는 2005년 1월에서 7월까지의 외국인직접투자(FDI) 승인액이 약 500건, 22.4억 달러에 이르렀다고 발표하고 2005년 전체로는 50억 달러에 이를 것으로 전망하고 있다.

〈표 20-2〉 주요 국제경제지표

(단위 : 백만 달러, %)

구 분	2001	2002	2003	2004	2005f
경 상 수 지	682	-604	-1,652	-1,067	-1,800
경상수지 / GDP	2.1	-1.7	-4.1	-2.3	-3.6
상 품 수 지	481	-1,054	-2,562	-2,359	-3,200
수 출	15,027	16,706	20,186	25,883	30,800
수 입	14,546	17,760	22,748	28,242	34,000
외 환 보 유 고	3,660	4,121	6,224	6,815	..
총 외 채 잔 액	12,580	13,324	15,817	17,700	19,000
총외채잔액/GDP	39.0	38.0	40.4	39.1	37.3
D S R	6.7	6.0	3.4	3.1	2.8

자료: EIU, Country Report

제 3 절 정치 · 사회동향 및 대외관계

1. 정치동향

1.1 베트남 공산당 체제 하에 안정적 정권 유지

1976년 통일 이후 총리(판 반 카이), 대통령(쩐 득 르엉), 총서기장(농 득 만) 등 권력의 3축을 중심으로 안정적인 정권을 유지해 오고 있다.

1.2 점진적 개혁 추진

(1) 2001년의 제9차 공산당 전당대회에서 개혁주의자인 만(Manh)이 총서기장에 당선된 이후 개혁정책을 추진하고 있으나 보수파들의 반발로 급진적인 개혁은 이루어지지 못하고 있음

(2) 농 득 만 집권부는 개혁정책의 추진을 천명하고 있으며 신 회사법의 채택, 외국인투자 관련법 개정, 국영기업 민영화 등이 추진되면서 상대적으로 개혁파들의 입지가 강화되고 있음

① 특히, 2005년 2월초 하노이에서 개최된 공산당 창립 75주년 행사에서 만(Manh) 총서기장이 통일 이후 야기된 일련의 경제위기(economic crisis)에 대해 공산당의 책임을 일부 인정하면서 공산당원들의 부정부패 척결을 강조한 바 있음

② 2005년 9월 2일에는 르엉(Luong) 대통령이 독립 60주년 기념사에서 부정부패와 공직사회의 무사안일을 질책하는 등 주요 국가지도자들이 개혁 의지를 천명하고 있음

1.3 부정부패 해소 추진

공무원 및 국영기업 간부의 부정부패 만연으로 인해 전체적인 경제 효율성(economic efficiency)이 저해되고 있다. 부정부패 해소를 위해 카이(Khai) 총리는 반부패위원회를 신설하였으며 국회도 국가감사원의 설립을 검토 중에 있다. 2006년 2분기 중 개최될 것으로 예상되는 제10차 공산당 전당대회에서 만(Manh) 총서기장이 유임될 경우 사회개혁정책(social reform policy)의 추진이 가속화될 것으로 전망된다. 한편, 차기 전당대회에서 현 카이(Khai) 총리의 교체가 예상되나 교체 이후에도 경제정책의 방향에는 큰 변화가 없을 것으로 보인다.

2. 사회동향

2.1 소수민족 대립이 사회불안 요소가 되고 있음

베트남 중앙고원 지역에 다수의 소수 종족이 산재허 있는데 베트남 정부는 이들의 생활 여건과 경제여건 개선 조치를 통해 2001년 초에 있었던 것과 같은 대규모 소요사태 예방에 주력하고 있다.

2.2 빈곤 퇴치에 성과를 거두고 있음

최근 들어 정부의 각종 보조금 지원과 국제원조에 힘입어 빈곤퇴치에 성과를 거두고 있어 빈곤층이 감소한 것으로 나타나 원조국들의 긍정적인 평가를 얻고 있다. 2004년 기준 베트남 내 빈곤층(한달 수입이 약 6.3달러 미만)은 전체 인구의 9% 미만으로 감소한 것으로 발표되었다. 특히, 베트남 정부는 2005년 9월초 대대적인 빈곤층 지원사업을 위해 2010년까지 39억 2,000만 달러를 투입하기로 결정하고 빈곤층에 대한 우대 금리 대출, 재활 사업, 보건, 직업 훈련, 교육부문 등에 대한 장기적 지원을 계획하고 있다.

3. 대외관계

2005년 6월 종전 후 최초로 카이(Khai) 총리가 미국을 성공적으로 방문하였고 국경 마찰 등 역사적으로 잦은 분쟁을 경험한 중국과의 대외관계도 호전되고 있다(2005년 7월 르엉 대통령이 중국을 방문하고 중국과의 해상 및 육상 국경 분쟁을 2008년까지 해결하기로 합의).

제 4 절 국제신인도 및 대외지급능력

1. 국제신인도

1.1 주요 신용도 평가기관의 평가 등급

베트남은 투기적 등급에 속하고 있으며 2005년 7월 Moody's사가 베트남의 경제성과(economic performance) 등을 반영하여 외화표시 장기채권의 신용등급을 한 단계 상향 조정한 바 있다.

① Moody's : Ba3(2005. 7)
② S&P : BB-(2002. 5)

1.2 국별신용도 평가순위

① I. C. R. G. : 71/140(2004. 12) → 75/140(2005. 6)
② Euromoney : 76/185(2004. 9) → 75/185(2005. 3)
③ I. I. : 81/173(2004. 9) → 79/173(2005. 3)
④ OECD : 5등급(2004. 4) → 5등급(2005. 4)

1.3 주요 ECA 인수태도

① 미 국(EXIM) : 공공부문에 대해서는 전액인수, 민간부문에 대한 제한적 인수
② 네덜란드(Atradius) : 승인신용장에 대한 단기 인수가능, 재량한도 없음
③ 영 국(ECGD) : 최고부보율 적용
④ 독 일(Hermes) : 단기 인수가능하나 제약조건이 있을 수 있음

비효율적인 공공기업의 개혁, 금융기관 여신의 약 30%에 이르는 부실여신 해소, 세제개혁 등이 향후 신용등급 제고와 연계되어 있다.

2. 대외지급능력

2.1 양호한 외채구조

외채가 주로 국제통화기금(IMF) 및 세계은행 차관을 포함해 양허성 차관으로 이루어져 있고 DSR도 저수준을 유지하고 있어 단기적인 외환위기 가능성은 작은 편이다. 세계은행(World Bank)은 베트남의 빈곤감소 성과를 높이 평가하면서 IDA를 통해 2003~2006년 동안 30억 달러를 지원한다는 계획이며 아시아개발은행(ADB)도 매년 3억 달러 규모를 지원하고 있다.

베트남에는 매년 선진국(Consultative Group)들의 원조가 유입되고 있으며 2004년 12월에 개최된 세계은행의 자문그룹 회의에서 세계은행 및 주요국 국제원조기관들은 2005년에 34억 달러의 지원을 표명하였다. 2000년에 대러시아 루블화 채무 110억 달러가 협상 타결로 23년간에 걸친 17억 달러의 채무로 전환되어 채무상환 부담이 크게 경감된 바 있다.

2.2 HIPC 대상국에서 제외됨

베트남은 그동안 세계은행이 분류하고 있는 HIPC(고채무 빈국) 중 sustainnable case(기존 채무구제방식에 의한 외채해결 가능국)로 분류되어 왔으나 최근 발표된 세계은행의 HIPC 대상국 리스트에서 sustainable case들이 HIPC 대상국에서 제외되었다. 베트남은 세계은행과의 협상을 통해 세계은행이 제시한 포괄적 빈곤감축 및 성장전략(CPRGS : Comprehensive Poverty Reduction and Growth Strategy)을 수행해 오고 있다.

제5절 전 망

최근 3년 동안 공업 및 민간부문의 성장으로 외환위기(foreign exchange crisis) 이후 7% 이상의 경제성장률을 기록하고 있다. 2005년 이후에도 MFA 종료에 따른 섬유류 수출경쟁력 악화에도 불구하고 외국인직접투자(FDI) 증대 및 내수시장의 호황 등으로 7.8%의 성장을 이룰 것으로 전망된다.

총리, 대통령, 총서기 등 권력의 3대 축을 중심으로 안정적 정권을 유지하고 있고 최근 부정부패 척결, 국영기업 민영화, 외국인투자 여건 개선, 부실 금융 해소 등의 개혁 조치를 추진하고 있으며 중국 및 미국과의 대외관계도 개선되고 있다. 열악한 인프라, 행정 비효율성(administrative inefficiency), 부정부패 등의 부정적인 요인에도 불구하고 양허성 차관 위주의 외채구조를 가지고 있다. 특히, 2005년초 HIPC 대상국에서 제외되는 등 국제신인도 부문도 개선되고 있는 것으로 평가할 수 있다.

제6절 투자환경

1. 외국인투자정책

1.1 외국인투자법 제정을 통한 외국인투자의 적극적 유치

베트남은 국민경제 발전, 천연자원(natural resources) 개발, 노동력 및 기타 국가잠재력

(country potentials)의 효율적 개발을 위해 외국자본 및 기술을 적극적으로 유치하고자 1987년 12월 베트남 외국인투자법을 공포하였으며 1988년 9월에는 베트남 외국인투자법 시행령을 공포한 바 있다. 이후 외국인 투자자들에게 보다 유리한 투자환경을 조성하기 위해 4차에 걸쳐 외국인투자법을 개정하였다.

1.2 외국인투자 프로젝트 분류

(1) 그룹 A 프로젝트

투자규모의 구별없이 다음 10개 분야에 속하는 프로젝트를 의미한다.

① 공단, 수출가공구, 하이테크공단, BOT, BTO, BT 프로젝트
② 항구, 공단 건설 및 운영, 해상, 항공운송사업
③ 석유가스 활동
④ 문화 출판, 신문, 라디오 TV, 질병진료, 교육, 훈련, 과학연구, 치료약 생산
⑤ 보험, 재정, 회계, 감정
⑥ 판매용 주택건설
⑦ 국방, 안보분야 프로젝트
⑧ 4,000만 달러 이상을 투자하는 전기, 광산개발, 제철, 시멘트, 기계제조, 화학, 호텔, 사무실, 임대주택, 레저시설 프로젝트
⑨ 도시용지 5ha 이상, 기타 용지 50ha 이상을 사용하는 프로젝트
⑩ A 그룹에 속하는 프로젝트는 총리의 허가 사항임

(2) 그룹 B 프로젝트

그룹 A에 속하지 않는 모든 프로젝트를 의미한다.

1.3 외국인투자 우대 조치

외국인의 대베트남 투자는 특별 투자장려 분야, 일반 투자장려 분야, 조건부 투자분야, 투자 금지분야 등으로 분류된다. 따라서 우선적으로 진출하고자 하는 분야가 어떤 분야에 속하며 어떠한 조건을 요구하는지 확인해야 한다.

(1) 특별 투자장려분야

① 수출주도형 상품
② 자연, 경제, 사회적 여건이 낙후된 지역의 인프라 건설

③ 국내 원부자재가 소요되는 기계류, 전자부품 생산

④ 생명공학, 전자공학, 제조 신기술, 통신 분야, 정보통신 분야

⑤ 환경오염 방지 및 쓰레기 처리

⑥ BOT, BTO, BT 프로젝트 등

(2) 일반 투자장려분야

① 농림수산업 분야 : 농림수산물 가공 수출산업 등

② 산업 분야 : 광물탐사 및 채굴 등

(3) 법인세

① 외국인투자 기업의 조세체계는 외국인투자법에 규정되어 있음. 표준세율은 28%(국내외 기업 모두 적용)이며 외자기업은 20%, 15%, 10%의 우대세율 혜택을 받을 수 있음

② 산업공단에 진출하는 경우는 '산업공단법'에 따라, 수출가공공단에 진출하는 경우는 '수출가공공단법'에 따라 더욱 유리한 세제혜택이 부여되고 있음

(4) 수출가공구에 대한 우대 조치

① 수출가공구는 제품수출 및 생산과 수출 서비스를 제공하기 위해 베트남 정부에 의해 설립된 산업지역으로 가공구 내에 입주하는 모든 투자조직 및 개인은 수출물품의 제조, 하청 또는 조립생산 뿐만 아니라 수송, 하역, 수리, 보험 및 은행 등의 서비스 업종도 운영할 수 있음

② 수출가공구는 일반 지역과 엄격하게 분리되어 운영되는 지역으로서 수출입시 관세가 면제되나 국내시장 간의 상품교환은 국가간 교역으로 간주하여 수출입세를 부과함. 수출가공구에 입주하는 기업들에게 베트남 정부는 일반지역보다 유리한 세제혜택과 각종 우대조치를 부여하고 있음

③ 소프트웨어와 IT 산업 전담 산업단지가 2001년 3월 호치민시 인근 Quang Trung에 지정됨. 입주비, 인터넷 사용료, 개발보조금 등에서 특혜가 부여됨

(5) 산업별 인센티브

외국인투자법은 특정 산업의 투자 우대조치를 명시하고 있지는 않으나 일반적으로 베트남에서 생산된 상품을 수출하거나 시행령에 명시된 미개발지역에서 활동하는 사업, 첨단기술 산업과 사회간접자본(SOC) 개발 사업을 장려하고 있다.

1.4 외국인투자 규제 조치

(1) 일반 사항

① 무기류, 특정한 공공설비, 금 및 귀금속 등의 분야에 대한 외국인투자는 금지되고 있음

② 투자규모의 최고 또는 최저 자본액에 대한 제한은 없으나 합작투자의 경우 외국 측 비율이 총 자본의 30% 이상이어야 함

③ 투자 시한은 원칙적으로 50년을 초과할 수 없으며 기간 연장이 가능한 천연자원 개발이나 대규모 자본이 요구되는 사업도 70년을 초과할 수 없음

④ 외국인이 교육, 의료, 인쇄 등의 분야에 취업하는 것은 금지되어 있으며 1992년부터 외국인 고객을 대상으로 하는 경우에 한해서 변호사, 회계사 업무가 허용되고 있음

(2) 투자허가시 규제

베트남 정부는 현재 외국인의 투자 관심도가 가장 높은 섬유류 및 신발 생산과 호텔, 사무용 빌딩, 아파트 건설 부문에 대한 투자허가 지침을 발표하였다.

① 섬유류 및 신발류 생산부문에 투자할 경우

가. 합작투자와 사업협력계약 기업은 생산량의 80%, 외국 단독투자 기업은 90% 이상을 수출해야 하며, 또 투자유형에 관계없이 외국인투자자가 수출시장을 확보해야 함

나. 도입하는 중고기계 및 설비는 신품과 비교하여 80% 이상의 효율을 발휘할 수 있는 것으로 반드시 수입검사를 받아야 함. 다만 운송 장비는 신제품이어야 함

다. 부지 내 거주 주민 이전 및 보상비용을 베트남측 투자선, 외국측 또는 설립 법인 누가 지급하든 법정자본금으로 인정하나 베트남측 트자선이 출자한 토지사용권과 정부에 지불하는 토지임차료 등은 포함되지 않음

② 호텔, 사무용 빌딩, 아파트 건설 부문에 투자할 경우

가. 호텔은 3성(星)급 이상의 건축에 한함

나. 합작호텔은 외국의 호텔경영회사에 경영을 위임할 수 있으나 상표사용 및 마케팅 비용 등을 포함하여 경영 서비스료가 매출액의 3% 또는 세전수익의 10%를 초과할 수 없으며 경영위임기간도 10년을 초과할 수 없음

다. 지방 인민위원회 토지사용면적 및 임차료에 관한 추천과 사전승인을 받아야 하며 거주주민 이전 및 보상 비용은 법정자본금으로 간주함

(3) 환경규제

① 외국인 투자기업은 기업의 설립 신청서 중 경제적, 기술적 타당성 검토서에 환경보호 대책을 기재하도록 규정하고 있음

② 기업의 설립허가서는 그 영업의 본거지가 있는 현 내지 중앙직할시의 인민위원회가 발급함으로써 이들 지방인민위원회가 기업의 환경대책에 대하여 평가하게 됨

③ 지방인민위원회는 환경보호 대책이 부적합하다고 판단된 경우 투자허가 불허를 관계기관에 건의할 수 있음

④ 토지법에서는 해변에 있는 농지, 임야는 환경과 생태계의 보호가 특히 필요하므로 토지 사용자에게 특별히 환경보호 의무를 부과하며(토지법 제48조) 시내에 있는 농지, 임야는 환경 및 도시경관보호에 관한 규정에 따름

⑤ 베트남 정부는 공해 방지를 위해 각종 법령을 정비하고 있으나 아직은 산업발전 단계(industrial development stage)가 미비하여 실질적인 시행을 보류 중에 있음

⑥ 공단입주 기업 선정시 피혁산업, 염색산업 등 공해관련 산업의 입주를 제한하는 등 베트남에도 환경보호(environmental protection)에 대한 인식이 점차 제고되고 있음

1.5 외국인투자 절차(합작투자의 경우)

(1) 합작선과 예비상담

① 세부적인 투자계획 및 협의서 교환

② 양자간 투자의향서 및 협의서 교환

③ 양자간 사업타당성 조사 실시

④ 정관 및 합작계약서 초안 작성(대부계약서 포함)

(2) 허가신청 기관

① 그룹 A에 해당하는 사업 : 총리

② 그룹 B에 해당하는 사업 : 계획투자부(MPI : Ministry of Planning and Investment) 또는 해당 지역의 관계 당국

(3) 사업인가

① 제출서류 심사후 투자인가서, 합자법인 정관 등록 확인서 교부

② 허가 소요 시간

가. A 그룹 프로젝트 : 근무일 기준 45일 이내

나. B 그룹 프로젝트 : 근무일 기준 30일 이내

2. 외국인투자제도

2.1 무역 및 관세제도

외국기업은 수출입 허가를 받은 베트남 기업만을 대상으로 거래할 수 있다. 특정 기업이 특정 품목에 대해 거래허가를 받았는지의 여부는 베트남 상공회의소를 통해 확인할 수 있다.

베트남의 수입은 수입관세, 수입수량 제한, 소비세 부과, 수입허가제 등으로 규제수준이 상당히 높은 편이다.

(1) 수입이 전면 금지되는 품목 : 중고 소비재, 무기 및 탄약류, 중독 약품, 유해 화학물, 담배 등이 있음

(2) 관세제도 개요

① 외국기업에 의해 수출입되는 물자에 대하여 수출입 관세가 부과됨

② 합작기업이나 경영협력계약(BCC) 사업을 위해 자본으로 출자되는 기계장비, 설비, 부속품, 사업용 설비 등과 수출품 생산을 위해 수입하는 원료, 부속품 등 기타 물자에 대해서는 수입관세가 면제됨

③ 이들이 베트남 국내시장으로 양도·판매될 때는 관세 및 매출세가 부과됨

(3) 관세 부과대상

① 정부의 허가를 얻어 국경을 통과하는 모든 물품은 과세대상이며 세율은 품질, 성격, 원산지에 따라 결정되며 종가세임

② 수출품은 FOB가격, 수입품은 CIF가격 기준으로 과세되며 과세가격은 베트남화를 기준으로 함

(4) 관세의 면제

① 재수출을 위한 일시적인 상품의 수입, 박람회와 전시회를 위한 상품 반입, 재수입을 위한 일시적인 수출, 가공수출을 위한 천연자원 및 기타 원자재의 수입

② EPZ(수출가공구)에서 수출입되는 물자, 다만 EPZ가 국내에서 반입한 물품과 반출하는 물품은 제외함

(5) 관세의 조정

① 외국인 투자기업의 수출입 상품 및 외국인의 사업협력계약 하의 상품 수출입, 기타 투자 장려가 필요한 경우 관세를 환급함

② 1995년 ASEAN에 가입한 베트남은 아세안자유무역지대(AFTA)에도 참여하고 있으며 이를 위해 공동유효특혜관세제도에 따라 1,600개 품목에 대해 0~5%까지 관세를 인하해야 함

③ 2001년 베트남 정부는 2006년까지 관세를 철폐하거나 감축할 6,130개의 품목을 발표한 바 있음. 일부 소비재와 과일류, 기계류는 현행 25~50%의 관세율에서 20% 이하로 조정되었으며 향후 5% 이내로 재조정될 예정임

④ 부가가치세 : 베트남은 수입품에 대해 10%의 부가가치세를 적용하고 있으며 판매되었을 경우 이를 환급받을 수 있음

2.2 외환제도

(1) 외환통제

① 1994년 10월 이후 외국환의 개래가 외국환은행간 시장(foreign currency interbank market)을 통해 허용되었음

② 정부는 전일의 은행간 거래 환율을 평균하여 당일의 공식 환율을 고시함. 이 같은 정부의 시장개입은 동(dong)화 가치의 급격한 변동을 방지하기 위한 조치임

③ 정부는 또한 지역경제의 '달러화'(dollarization) 현상을 예방하기 위해 dong화를 달러화로 교환하는 개인이나 기관은 반드시 그 자금의 출처를 밝히도록 하고 있음

④ 2001년 1월 발표된 'Decree 05'는 상기한 외환거래규제를 어느 정도 완화하고 있음. 이에 따라 외국인 투자회사는 자금 조달을 위한 외화매입이 허용되나 외환수익의 절반을 dong화로 환전해야 함

⑤ 모든 외국인 투자기업은 대외무역은행이나 중앙은행이 인가한 국내은행과 외국합작은행 및 외국은행 지점에 현지통화나 외화로 구좌를 개설하여 기업의 모든 수입과 지출이 동 구좌를 통해 이루어지도록 하여야 함

⑥ 외국인 투자기업은 외화 예치금을 현지 통화로 교환할 수는 있으나 현지 통화 예치금을 외화로 교환할 수는 없음

(2) 국외송금

① 베트남으로의 송금에는 제한이 없으나 베트남에 송금된 외화는 dong화로 환전하거나 외화 구좌에 예치하여야 함

② 합작 경영이나 외국인 투자기업에 종사하는 근로자는 임금, 급여 및 기타 소득에 대해 소득세를 납부한 후 외화로 국외 송금할 수 있음

③ 모든 송금은 베트남 중앙은행에 등록된 은행의 구좌를 통해야 하며 사업이 종료되거나 청산된 경우 외국인 투자자는 해당되는 세금을 납부한 후 투자자금을 국외로 송금할 수 있음

2.3 금융제도

(1) 개요 및 금융기관 현황

베트남은 1988년부터 재정개혁(fiscal reform)과 더불어 금융개혁(financial reform)을 착수하였으나 아직 과도기 단계로 평가할 수 있다. 금융개혁 이전 베트남의 금융제도는 국가의 경제개발계획과 밀접히 연관되어 있었다. 특히, 국영기업의 생산활동을 위한 금융지원은 가장 중요한 기능으로서 금융정책은 주로 정부의 경제개발계획에 맞추어 적정 자금소요량을 지원해 주는 신용계획(Credit Plan)에 근거하여 결정되었다.

1988년 7월 각료회의 결정에 따라 금융개혁이 본격적으로 진행되었다. 구체적인 내용으로는 중앙은행의 권한 강화, 국영전문은행의 개편, 지주은행(Share Holding Banks)의 설립허가, 일반상업은행의 외환업무 취급허용 등이다.

베트남의 은행산업은 4대 국영은행이 총자산의 80%를 차지하는 등 국영은행 중심의 안정적 영업기반을 유지하고 있으며 제도 금융권 이외의 부문에서 상당한 금융자산을 보유하고 있는 것으로 추정되는 등 은행산업의 성장 잠재력(growth potentials)이 큰 것으로 판단된다. 반면에 국제기준(international standard)에 비추어 볼 때 자산건전성이 취약하며 낮은 국내저축률과 단기 위주의 예금 관행, 집단소유제 등으로 담보권 행사가 어려운 법률구조 등 성장의 장애 요인들도 상존하고 있다.

(2) 중앙은행

1988년 이전까지 베트남 중앙은행(SBV : State Bank of Vietnam)은 중앙은행으로서의 기능보다는 정부가 입안하는 생산 물류 계획에 따라 통화관리만을 해오는 정부의 금고역할에 치중하여 왔다 또한, 상업 금융기능까지 보유하고 있어 사회주의 국가에서 통용되고 있는 전

형적인 일원적 은행제도(One-tier Banking System)가 유지되어 왔다고 할 수 있다. 그러나, 1988년 7월 최초의 금융개혁 조치에 따라 중앙은행으로서의 기능을 강화하기 위해 상업은행적 기능이 신규로 설립된 농업개발은행(Agricultural Development Bank, 이후 농업은행으로 개칭)과 상공은행(Bank for Commerce and Industry, 이후 공상은행으로 개칭)으로 이관되었다.

또한, 1990년 10월 시행된 신은행법에 따라 공개시장조작(open market operation), 지급준비율(required reserves ratio) 및 재할인율(rediscount rate) 조정 등 중앙은행의 고유기능이 추가되어 금융부문의 직접적인 관리가 가능하게 되었다.

(3) 4대 국영 상업은행

① 대외무역은행(Vietcombank : Bank for Foreign Trade of Vietnam) : 1963년 설립되었으며 외환업무 전담과 제조 및 무역업체 지원

② 농업은행(Vietnam Bank for Agriculture) : 1988년 설립되어 농촌개발을 위한 자금조달과 공급

③ 공상은행(Incombank : Industrial & Commerce Bank of Vietnam) : 베트남의 산업발전을 위해 국내외로부터 자금조달 및 공급, 국내외 거래와 관련된 은행간 결제 업무, 공업·운수통신·상업금융 업무

④ 투자개발은행(BIDV : Bank for Investment & Development of Vietnam) : 1953년 설립되었으며 공공투자를 위해 국영기업에 중장기 자금 지원, 국가사업의 중장기 금융 제공

(4) 단기금융

1999년 8월 이후 단기외국금융은 외국인 대출조건을 충족하는 경우 더 이상 승인이나 등록을 요하지 않는다. 외국인 투자기업이 단기대출을 받을 경우 단기대출이 채무자의 총 투자자본 증가를 야기하지 않을 경우에 한하나 건축분야에 있어 합법한 자본이 모두 소요되고 모든 투자자금이 소진된 경우는 예외이다.

외국인 투자 기업이 운용자본을 보충하기 위한 목적으로 단기 외국대출을 받는 경우는 동 대출이 총 투자자본의 증가로 간주되지 않는다. 베트남에서 외국은행이 수행하는 대부분의 대출은 공산품과 농산물을 위한 단기 무역금융인 경우가 많은 편이다.

(5) 중장기 금융

달러화 표시 중장기 금융은 중앙은행이 고시한 대출 요건을 충족시킨다고 하더라도 대출 이전에 중앙은행에 등록을 요한다. 그 밖의 다른 통화로 중장기대출을 할 경우에는 집행 전

중앙은행의 승인을 요한다. 2001년의 중장기 대출은 총대출의 37%를 차지하였다.

(6) 리스금융

2001년 5월 'Decree 16'과 9월 'Circular 08'의 제정으로 금융리스산업이 점차 성장하고 있다. 이 법률은 금융리스사의 활동범위를 대폭 증가시켜 1년 이상의 예치금을 받을 수 있을 뿐만 아니라 채권이나 상업어음(CP)을 발행하거나 국내외 은행의 차관을 도입할 수도 있다. 또한, 제3자의 개입없이 기계와 설비를 자체 수입할 수 있게 되었다. Decree 16은 기계류와 설비, 운송 수단 및 기타 동산의 리스에는 적용되나 부동산에는 적용되지 않는다.

금융리스에 사용되는 자산은 2002년 2월 하노이시에 개설된 보증계약 등록센터(Centre of Guaranteed Transactions)에 등록하여야 한다. 국내 금융리스사는 최소 등록자본 330만 달러를 현금 및 그에 상응하는 수단으로 보유하고 있어야 하며 외국인 투자 금융사는 최소 500만 달러의 등록자본이 필요하다.

(7) 주식시장

2003년 2월 기준 21개사가 상장되어 있으며 시가 총액은 약 1억 달러로 GDP의 0.3% 수준을 나타내고 있다. 외국인 지분소유는 일반기업 3%, 외국기관 7%로 제한되어 있으며 한 기업의 총 외국인 지분소유는 20%를 초과하지 못한다. 외국인이 경영에 참여하지 않을 때에는 최소 1년 이상, 경영에 참여할 때에는 3년 이상 지분을 보유하고 있어야 하며 이러한 조건이 외국인 참여의 주요 장애요인이 되고 있다.

2.4 노동제도

(1) 개요

2001년말 7,880만명의 인구 중 노동가능인구는 약 3,950만명으로 전체 인구의 59%로 집계되었다. 노동가능인구가 연평균 2.5%로 급증함에 따라 실업률(unemployment rate) 증가는 베트남의 사회문제로 부상하고 있다. 2010년에는 노동가능인구가 전체인구의 70%까지 증가할 것으로 예상된다.

(2) 노동관련법

외국인 투자기업의 고용 및 노사관계에 대한 사항은 1994년 제정된 노동법(Labor Codex, 1995년 발효)에 규정되어 있으며 주요 내용은 다음과 같다.

① 외국인 투자기업은 15세 미만의 베트남인을 노동자로 고용할 수 없음

② 외국인 투자기업이 현지 베트남인을 고용할 때에는 우선 고용알선기관을 통하여야 하며 고용알선기관이 15일 이내에 적절한 요건을 갖춘 노동자를 찾지 못할 경우 외국인 기업이 직접 베트남 근로자를 채용할 수 있음

③ 베트남에서 노동조합(labor union)은 강력한 정치경제적 영향력을 행사함. 모든 노동조합은 베트남 노동연합(Vietnam General Confederation of Labor)의 산하에 있음

④ 노동법은 파업의 권리를 인정하고 있으나 파업 전에 중재절차를 거칠 것과 파업 3일 전 통고를 의무화하고 있음. 또한, 공익과 국가안보(national security)에 관련된 분야에서는 파업이 금지되어 있으며 전기, 수도, 체신 및 통신, 대중교통, 은행, 해상 및 항공 운송, 원유 추출, 연료, 국방 및 안보 분야 등이 해당됨

⑤ 고용계약은 기업의 대표이사와 서면으로 체결함으로써 이루어지며 노동계약서에는 직무 규율, 근무지, 근무시간, 휴일, 임금, 계약서의 유효기간 등을 명기해야 함

(3) 임금

① 외국인 투자기업에 대해서는 최저임금제를 도입하여 시행하고 있는데 하노이 및 호치민시 등 대도시의 경우에는 월 45달러, Haiphong, Ba Ria-Vung Tau, Danang, Binh Duong, Hue 지역은 월 40달러, 기타 지역은 월 35달러로 책정되어 있음

② 수습 기간 중에는 최저 임금의 70%만을 지급할 수 있으나 그 기간이 전문직은 60일, 기타 직종은 30일을 초과할 수 없음

③ 2000년 10월 Decision 1037은 특정 분야의 최저임금액을 명시하고 있음. 이에 따르면 senior engineer 1,000달러, ordinary engineer 500달러, 통역 400달러, technician 350달러, 관리직 200달러 등임. 이는 사회보험과 의료보험을 제외한 금액임

④ 1인당 인건비에는 사회보험료의 회사부담분인 임금총액의 15%와 노동조합비의 회사부담분인 임금총액의 2%가 추가됨. 도심지 공장을 제외한 노동집약형 공장에서는 점심을 회사부담으로 제공하는 경우가 다수 존재함

⑤ 초과근무수당은 통상근무일에는 통상임금의 150%, 휴일 200%, 야근수당은 130% 혹은 135%임

(4) 근로계약의 종료

① 사용자는 근로자가 근로계약을 상습적으로 위반하였거나 회사에 상당한 손실을 입혔을 경우, 합리적인 이유 없이 연 20일 혹은 월 7일 근무하지 않았을 경우, 장기간의 병 치료, 자연재해로 인한 업무 축소 등의 경우에는 근로계약을 일방적으로 종료시킬 수 있음

② 징계사유에 의한 해고를 제외한 해고통지는 무기한 고용계약의 경우는 최소한 45일 전에, 1~3년 계약의 경우는 최소한 30일 전에, 1년 이하 계약의 경우는 최소한 3일 전에 해야 함

③ 업무축소 이외의 사유에 의한 해고의 경우에는 노조 집행부와 협의하여 동의를 얻어야 함

④ 합의에 도달하지 못한 경우에는 노동기관에 통지하여 30일 후 해고할 수 있음. 근로자는 해고에 동의하지 않을 경우 노동분쟁처리기관에 중재를 요청할 수 있음

(5) 외국인 노동자의 고용

① 외국인 투자기업은 원칙적으로 베트남인을 고용해야 하나 적합한 노동자를 찾지 못하였을 경우 외국인 노동자를 고용할 수 있음

② 1999년 12월 발효되고 2000년 3월 재확인된 법률(Circular 08/2000/TT-BLDTB)은 외국인을 고용할 경우 노동허가서를 요하는 분야와 그렇지 않은 분야를 명시하고 있음

③ 개정된 법률에 따라 외국인 노동자 고용기간 3년 제한이 철폐되고 노동허가서의 발급여부도 45일에서 단축된 15일로 규정됨

〈표 20-3〉 베트남의 주요 경제정책 추이

연도	주요 정책 및 조치
1986	· 개인기업, 협동조합 형태의 기업소유권 인정 · 생산계획, 자금조달, 제품판매 등 기업의 의사결정권을 개별 사업 단위로 이양 · 도이머이 노선 채택
1987	· 국영기업 개혁에 관한 법령 제정 · 검문제 철폐, 제조업체의 해외무역 허용 등 기업의 영업영역 확대 · 외국인투자법 제정
1988	· 외환관리법, 수출입 · 관세법 제정 · 국영기업의 정리와 피고용자의 해고 개념 도입 천명 · 민간기업에 대한 규모 제한 철폐, 고용의 자유 허용 · 은행제도 개혁(국가은행과 상업은행 분리)
1989	· 적극적인 외국인 투자유치를 위해 국가투자협력위원회(SCCI) 설치 · 재화와 용역에 대한 시장가격제 확립(3월) · 수출가공구 설치 발표 · 국영부문의 보조금 완전 철폐
1990	· 외국인투자법 1차 개정 · 사기업법 제정(2월) · 회사법 제정(12월)
1991	· 외국인투자 및 기술을 유치하기 위한 수출가공구 설치허용법안 통과 · 사회안정화전략 채택(제7차 전당대회) · 외환거래소 설립 : 호치민(8월), 하노이(11월) · 국영기업의 민영화 가능성 제시(12월)

1992	· 새로운 수출입 관세법 시행(3월) · 시장경제 도입을 명시한 신헌법 승인(4월) · 외국인투자법 2차 개정(12월)
1993	· 토지법 개정(7월) · 파산법 시행(7월)
1994	· 외환시장 개설(10월) · 노동법 제정(11월)
1995	· 토지 · 내수면, 해수면에 대한 임차료 규정 및 시행령 시행(1월) · 행정위반 처리법령(7월)
1996	· 민법 시행(7월) · 행정위반 처리 시행령(10월) · 외국인투자법 3차 개정(12월)
1997	· 외국인투자법 시행령 개정(3월)
1998	· 국영기업개혁위원회(NERC) 설치
2000	· 외국인투자법(6월) 및 외국인투자법 시행령(7월) 개정 · 호치민 주식거래소 개설
2002	· 노동법 개정

21
chapter

필 리 핀

제 1 절 일반개황

일반	위치	남중국해상 도서국
	면적	300천 ㎢ (한반도의 1.3배)
	기후	고온다습한 아열대성
	인구	86.2백만명 (2004)
	수도	Manila (10백만 명)
	민족	말레이족, 모로족
	언어	타갈로그어 (공용어), 영어 (공용어)
	종교	가톨릭 (83%), 개신교 (9%), 이슬람교
정치	독립일	1946. 7 (미국)
	정부형태	대통령중심제
	국가원수	Gloria Macapagal Arroyo 대통령
	의회	양원제 (상원 24석, 하원 212석)
	주요정당	LAKA당, NPC당(보수주의 연합), Laban당
	국제기구가입	IMF, IBRD, ADB, ASEAN, WTO, APEC 등
경제	GDP	846억 달러 (2004)
	1인당 GDP	981달러 (2004)
	화폐단위	Peso (P)
	회계연도	1. 1~12. 31
	산업구조	(2004) 서비스업 52.8%, 제조업 23.0%, 농업 15.3%
	주요수출품	(2004) 전기·전자장비, 의류, 농산물
	주요수입품	(2004) 통신설비, 반가공제품, 전기장비제조부품
	주요부존자원	동, 금, 니켈, 석유, 목재
	경제개발계획	기존 경제구조의 전면 개편, 저소득층 중심 개발
	경제적강점	풍부한 천연자원 및 노동력
	경제적약점	지역간·계층간 심한 소득격차, 취약한 수출구조

제 2 절 경제동향

1. 국내경제

1.1 경제성장

필리핀은 농업부문의 작황 호조, 관광산업 등 서비스 부문의 활성화, 수출증가세 등에 힘입어 2004년 6.1%의 성장을 시현하였다. 그러나 2005~2006년 기간 중에는 중국과 경제협력개발기구(OECD) 국가들의 경제성장 둔화 등의 영향으로 수출증가율이 하락할 것으로 예상되어 경제성장률이 5.0%를 기록할 것으로 전망된다.

1.2 재정수지

부실한 조세제도 및 세수기반의 부족 등으로 인해 재정수지가 만성적인 적자기조를 보이고 있으나 긴축 재정정책 운용 등을 통해 재정적자(fiscal deficit)를 감소시키기 위해 주력한 결과 2003년부터 GDP 대비 적자비중이 감소하고 있다. 세수 증대를 위해 조세제도(tax system)를 정비하고 있을 뿐만 아니라 국영 전력회사의 민영화(privatization) 등을 추진하고 있어 재정수지 적자폭의 지속적 축소는 가능할 것으로 전망되나 단기에 큰 폭의 개선은 힘들 것으로 전망된다.

1.3 물가

소비자물가수준은 국제유가 상승에 따른 국내 수송·교통비 및 전기요금의 인상으로 인한 가격 상승요인(cost push)과 경제규모 확대와 관련된 수요 증가요인(demand pull)이 동시에 작용하여 2003년 2.9%에서 2004에는 6.0%로 상승하였다. 향후에도 국제유가의 상승으로 소비자물가의 상승세가 다소 강하게 나타날 것으로 보인다.

1.4 경제정책

경제정책 추진의 최우선 과제가 만성적 재정적자의 해소에 있으므로 세수증대를 위한 세제 관련 법제도의 개선 및 정비 작업을 추진하고 있다. 2004년 12월에는 주류 및 담배의 물품세율을 인상하는 법안이, 2005년 1월에는 징세효율법이 의회에서 가결된 바 있다.

또한, 부가가치세의 세율 인상 및 면세대상 축소 조정을 위한 관련 법안도 2005년 6월말 의회에서 통과되었다.

〈표 21-1〉 주요 국내경제지표

(단위 : %)

구 분	2001	2002	2003	2004	2005f
경 제 성 장 률	1.8	4.4	3.6	6.1	5.0
재 정 수 지 / G D P	-4.1	-5.4	-4.7	-3.9	-3.2
소 비 자 물 가 상 승 률	6.1	3.1	2.9	6.0	8.2

자료: EIU, Country Report

2. 국제경제

2.1 경상수지

일본, 중국 등 아시아권 국가들의 수입수요 증가로 2004년 수출증가율이 약 10%에 달하였으나 국제유가 상승 등으로 인해 수입부담도 급증하여 상품수지 적자폭이 더욱 확대되었다. 2005~2006년에는 중국 및 OECD 국가들의 경제성장 둔화로 상품수출 증가율이 감소할 것으로 예상되나 민간부문의 소비재, 수출 관련 중간재(intermediate goods) 및 자본재(capital goods) 등의 수입증가율이 더욱 하락할 것으로 보이그로 상품수지 적자폭은 다소 축소될 것으로 전망된다.

또한, 2005~2006년에 해외송금 및 관광수입 등이 증가하여 해당기간의 상품수지 적자에도 불구하고 경상수지 흑자 폭은 다소 확대될 것으로 보인다.

2.2 수출

상품수출에서 전자제품이 차지하는 비중이 2003년 기준으로 68.0%를 기록할 정도로 수출품목의 편중이 심한 편이다. 또한, 총수출(2003년 기준)의 약 24.6%가 미국에 집중되어 수출의 대미의존도가 큰 점 등을 고려할 때 수출구조(export structure)가 취약한 것으로 분석된다.

〈표 21-2〉 주요 국제경제지표

(단위 : 백만 달러, %)

구 분	2001	2002	2003	2004	2005f
경 상 수 지	1,323	4,383	1,396	2,400	4,000
경상수지 / GDP	1.9	5.7	1.8	2.9	4.2
상 품 수 지	-743	407	-5,455	-6,381	-5,500
수 출	31,243	34,377	35,342	38,728	41,000
수 입	31,986	33,970	40,797	45,109	46,500
외 환 보 유 고	13,429	13,136	13,457	12,452	
총 외 채 잔 액	57,800	59,300	63,200	66,500	66,700
총외채잔액/GDP	81.2	77.3	79.7	77.9	69.2
D S R	19.6	19.7	20.6	15.7	16.2

자료: EIU, Country Report

제 3 절 정치 · 사회동향 및 대외관계

1. 정치동향

1.1 아로요 대통령의 탄핵정국 극복

아로요 대통령은 대선 부정 의혹 및 가족들의 뇌물수수 조사 등으로 인해 야권 정치세력, 종교계 및 교육계 등으로부터 대통령 퇴직 압력을 강하게 받고 있어서 2005년 6월말 대통령 탄핵안이 하원에 제출되었으나 의회 내의 확고한 친정부 세력의 지원으로 부결된 바 있다. 필리핀 하원 의석 212석 중 주요 정당별 의석수는 아로요 대통령의 라카스당(Lakas)이 91석, 국가수호 국민연립당(NPC) 58석, 라반당(Laban) 15석이며, 친정부 태도를 견지하고 있는 국가수호 국민연립당을 비롯하여 하원 내 정부를 지지하는 의석수는 181석에 이르고 있다.

또한, 상원(의석수 24석)도 친정부 세력이 주도권을 장악하고 있어 아로요 대통령의 의회 내 지지기반은 확고한 것으로 평가할 수 있다. 한편, 헌법 개정을 통해 현 대통령 중심의 중앙집권제를 내각책임의 연방제로 변경하는 정치체제 개혁 작업이 추진되고 있다.

1.2 군부의 부정부패 조사 관련 동요 가능성

군부의 부정부패 조사와 관련하여 군부 내 일각에서 동요가 발생할 가능성이 제기되고 있다. 2003년 7월 간부급 장교들이 주도한 쿠데타 시도 등을 고려할 때 군부 내 부정부패에 대한 조사가 정국 불안으로 연결될 가능성을 전혀 배제할 수 없는 상황이다.

2. 사회동향

2.1 회교분리주의세력 등과의 무력충돌 지속

모로 국가해방전선(MNLF) 및 모로 이슬람해방전선(MILF) 등 민다나오섬의 회교 분리주의세력들과 정부군 간의 무력충돌이 지속되고 있으며 예전에 비해 강도는 상당히 감소되었으나 루손섬을 중심으로 공산주의 게릴라단체인 신인민군(NPA)의 활동도 지속되고 있다.

2.2 민다나오섬의 회교 분리주의 세력과의 협상 추진

민다나오섬의 회교 분리주의 세력들과는 협상이 계속 진행되고 있으며 이미 민다나오섬의 일부 지역에는 자치권이 인정되고 있다(루손섬 북부 코딜레라 지역에 대해서도 역사 및 문화의 특유성을 인정하여 완전한 자치권을 부여하였음).

한편, 미국에서는 회교반군 진압과 관련하여 군비를 포함한 군사지원을 계속하고 있다. 회교반군들이 주로 활동하는 무대는 마닐라 등과 같은 경제중심지가 아닌 남부 섬지방이다.

〈참고〉 필리핀 정국불안 지속의 배경

1. 글로리아 마카파갈 아로요 대통령이 본인의 대선 부정 의혹 및 가족들의 뇌물수수 조사 등으로 인해 야권 정치세력, 종교계 및 교육계 등으로부터 퇴진 압력을 강하게 받고 있음

2005년 6월말 대통령 탄핵안이 하원에 제출되었으나 의회 내의 확고한 친 정부세력의 지원으로 탄핵 정국에서 탈피할 수 있었다. 한편, 아키노 전(前) 대통령과 같은 유력한 여권정치인들도 대통령의 도덕성 손상을 지적하면서 사임을 지속적으로 종용하고 있어 필리핀 정국은 안정이 회복되지 않고 있다.

2. 필리핀 사회불안의 역사적 배경

2.1 필리핀은 전통적으로 국내 과격단체들에 의한 납치, 테러 및 무장충돌 등이 자주 발생하여 사회불안정이 상존해 왔음

민다나오섬의 회교 분리주의세력인 모로 국가해방전선(MNLF) 및 모로 이슬람해방전선(MILF)

그리고 루손섬을 주 활동무대로 하는 공산주의 게릴라단체인 신인민군(NPA) 등이 대표적인 무장과격단체에 해당된다.

※ 모로(Moro) : 필리핀 남쪽 섬에서 전통적으로 거주하는 회교도들을 지칭함

2.2 최근에는 남쪽 바실란섬을 근거지로 하여 아부 사야프가 이끄는 과격 회교단체의 활동이 사회적으로 물의를 일으키고 있음

이들은 독립회교국 건립 투쟁을 표방하고 있으나 관광객 또는 주민을 납치하여 금품을 요구하는 행위를 일삼고 있다.

※ 바실란섬 : 민다나오섬에 속하는 작은 섬으로 민다나오의 서쪽에 위치

2.3 민다나오섬의 분쟁은 그 기원이 16세기 스페인의 필리핀 지배가 시작되면서 토착 회교도를 천주교도를 개종시키는 과정에서 연유된 것으로 약 500년의 역사가 있음

특히, 1950~1960년대에 루손 및 비사야스 지역으로부터 기독교 계통의 주민들이 민다나오섬으로 대거 이주하면서 회교 분리주의세력들의 활동은 더욱 적극성을 보이기 시작하였다.

※ 비사야스 지역 : 루손 및 민다나오섬 사이에 있는 사마르, 파나이, 네그로스, 체부, 레이테 등의 섬들을 총체적으로 지칭함

2.4 민다나오섬의 회교 분리주의세력과 Jemaah Islamiyah(JI)의 연계 가능성에 대해서도 논의가 진행되고 있음

아부 사야프는 자신의 조직원을 오사마 빈 라덴이 아프가니스탄에서 운영한 바 있는 알 카에다(al Qaeda) 훈련소에 파견 훈련시킨 적이 있음을 표명한 것으로 알려지고 있다.

※ JI : 1980년대 인도네시아에서 이슬람 공동체 형식으로 출범하여 동남아지역에 근본주의 이슬람국가 건설을 목표로 하고 있으며 1990년대 중반 al Qaeda 조직과 연관을 맺으면서 테러 활동을 전개하고 있음

2.5 1969년에 발족한 NPA는 1950년대 중반 루손 섬에서 발생한 후크발라합 봉기의 근본 이념을 계승하여 농촌지역으로 침투하여 세력확대를 지속하였음

1985년 정규군이 25,000명에 달하였으며 전국 농촌의 약 20%가 NPA의 영향권 하에 있었다.

2.6 공산당도 1992년에 합법정당으로 인정되면서 NPA는 국가민주화전선(NDF)을 산하 정당으로 설립하였으며 현재 좌익 정치세력으로 하원에도 진출하고 있음

정부의 지속적인 유화정책 추진 등이 주효하여 NPA 정규군의 수는 10,000여명으로 감소하였다.

2.7 1986년 마르코스의 하야 이후 지난 19년 동안 10여 차례의 군부쿠데타 시도가 있었음

2003년 7월에는 특수부대(Scout Rangers) 장교 및 장병 323명이 마닐라 시내 고급아파트 단지의 고층 1개 동을 급습하여 23시간 동안 점거하면서 군부 내 부패일소와 처우개선 등을 요구하는 사건이 발생한 바 있다.

2.8 현재 필리핀 군인들은 군장비의 부족 및 노후화, 불충분한 의료시설 및 병영막사, 군부 고위층의 부정부패 등으로 인해 심각한 사기 저하 상태에 있음

사기진작을 위한 적절한 조치가 단행되지 않을 경우 추가 쿠데타 시도 가능성도 배제할 수 없는 상황이다.

2.9 고질적인 부정부패, 높은 실업률, 빈곤층의 불만 등으로 인해 대정부 항의시위가 빈발하고 있으며 정치적 문제로 인한 군중시위도 자주 발생하는 점 등을 고려할 때 필리핀 국민들은 시위문화에 익숙해져 있는 것으로 판단됨

1986년 2월 마르코스, 2001년 1월 에스트라다의 권좌로부터 축출도 민중의 힘(People Power)이 주도한 것으로 평가할 수 있다.

3. 정국불안 심화의 근인(近因)

3.1 대통령 가족들에 대한 뇌물수수 조사

아로요 대통령의 남편은 고위직에 대한 인사 청탁과 불법 복권게임 운영업자들로부터의 뇌물수수 의혹을 받고 있으며 의회 특별위원회의 조사가 진행되고 있다. 하원의원인 아로요 대통령의 아들과 시동생도 불법 복권게임 운영업자들로부터 각각 미월 50만 페소의 뇌물을 받았다는 의혹이 제기되고 있으며 이들에 대한 조사도 의회 차원에서 진행되고 있다. 또한, 아로요 대통령 본인도 2004년 5월 대선 당시 불법 복권게임 운영업자들로부터 선거자금을 수수하였다는 의혹을 받고 있다.

3.2 강력한 개혁정책 추진에 따른 반작용

(1) 조세제도의 개혁

필리핀 정부는 국가경제에 큰 부담으로 작용하고 있는 만성적 재정적자를 해소하기 위해 2004년 10월 세제 관련 법제도의 개혁을 통한 재정안정화 계획(financial stabilization plan)을 발표한 바 있다. 동 재정안정화 계획은 주류 및 담배 물품세율의 인상, 징세 효율성 제고, 연체 세금의 탕감, 투자인센티브의 합리화(rationalization of investment incentive), 부가가치세의 세율 인상 및 면세대상 축소, 소득세 산출체계의 조정, 통신망 독점세의 도입 등 8개 조세 관련법의 제·개정 작업을 추진하는 것을 주요 내용으로 하고 있다.

8개 조세 관련법 중에서 주류 및 담배의 물품세율을 인상하는 법안이 2004년 12월, 그리고 징

세 효율성 제고를 위한 법안은 2005년 1월 의회에서 가결되었다. 부가가치세의 세율 인상 법안 및 면세 대상 축소법안도 2005년 6월 의회에서 통과되었으나 연체세금 탕감 법안 및 투자인센티브 합리화 법안은 2004년 12월 하원을 통과하였지만 아직도 상원에서 계류되어 있으며 7번째의 소득세 산출체계의 조정과 8번째 통신망독점세의 도입에 대해서는 아직까지 정부 측에서 하원에 관련 법안도 제출하지 않은 상태이다.

2005년 7월 1일 부가가치세법이 발효되자 야당 의원들이 관련법의 위헌을 제기하면서 대법원에 효력중지 청원을 제출하였으며 대법원은 부가가치세법에 대해 발효 후 불과 수 시간 이내에 잠정 효력중지 조치(Temporary Restraining Order)를 취하였다. 2005년 10월 18일 대법원은 부가가치세법이 위헌소지가 없는 것으로 판결하고 효력중지를 해제한 바 있다.

한편, 세율 인상과 관련하여 관련 업계 및 일반 소비자들이 부정적인 반응을 보이고 있다. 특히, 부가가치세율 인상 및 면세대상 축소로 인해 유류및 가스, 전기, 국내 항공 및 해운, 의료 및 법률 서비스, 비식용 농산품 등 국민들의 일상생활과 직결된 분야에서 가격인상이 예상된다.

(2) 정치체제의 개혁

아로요 대통령은 헌법 개정을 통해 현 대통령 중심의 중앙집권제를 내각책임의 연방제로 변경하는 정치체제 개혁 작업을 추진하고 있다. 그러나 조세제도의 개혁(reform of tax system) 등 경제 관련 사항이 시급하여 헌법 개정작업의 추진에 집중하지 못하고 있는 실정이다. 입법절차의 쇄신, 관료적 형식주의의 탈피, 선거비용이 필요치 않은 선거제 도입, 기존 헌법의 경제 관련 조항에 대한 재정비 등도 이번 헌법 개정 작업에 포함되어 있다.

연방제 도입은 회교분리주의자들이 득세하고 있는 민다나오섬 등 남부지방의 안정화에는 기여할 수 있을 것으로 판단되나 정치체계(political system)의 변화에 대해 기득권층에서는 부정적 태도를 견지하고 있다.

3. 대외관계

ASEAN의 주요 회원국으로서 여타 회원국들과의 관계 강화를 위해 외교적 노력을 경주하고 있다. 중국과는 남중국해에 위치한 남사군도(Spratly Islands)에 대한 영유권 문제가 양국간에 현안이 되고 있다. 남사군도에 대해서는 베트남, 말레이시아, 브루나이 등도 일부분에 대한 영유권을 주장하고 있어 국제적 차원에서의 해결 접근이 필요한 사안으로 판단된다.

제 4 절 국제신인도 및 대외지급능력

1. 국제신인도

국제신용도평가기관의 평가순위는 다음과 같다.

① Moody's : B1(2005. 2)
② S&P : BB-(2005. 1)
③ FITCH : BB(2005. 7)
④ OECD : 5등급(2004. 4) → 5등급(2005. 4)
⑤ I. C. R. G. : 71/140(2003. 10) → 75/140(2004. 4)
⑥ Euromoney : 65/185(2003. 9) → 70/185(2004. 3)
⑦ I. I. : 65/172(2003. 9) → 65/172(2004. 3)

2. 대외지급능력

경제규모 및 총수출에 대한 총외채 비중(2004년 기준)이 각각 77.9%, 123.6%를 기록할 정도로 외채상환부담이 과중한 편이다. 또한, 2004년 기준의 외환보유고 수준도 외채상환 등으로 인해 전년 대비 감소세를 보였다. 그러나 최근 들어 DSR 및 단기외채비중은 개선되고 있어 단기에 대외지급불능이 발생할 가능성은 크지 않은 편이다.

한편, 최근 국제신용평가기관들도 필리핀 정부가 재정부족의 일부를 해외차입으로 해결하고 있으면서도 만성적인 재정적자 해소를 위한 노력이 부족한 것으로 보고 국가신용등급을 하향조정한 바 있다.

제5절 전 망

필리핀은 부족한 재정의 일부를 해외차입으로 충당할 정도로 정부의 재정여건이 어려운 상황에 직면해 있다. 만성적인 재정적자 기조를 탈피하고 과중한 외채상환부담에서 벗어나는 것이 필리핀이 추구하고 있는 최우선 과제로 평가된다. 따라서 재정적자 해소와 관련 있는 제반 법제도의 개선 및 정비작업이 순조롭게 추진될 경우 단기에 심각한 경제문제에 직면할 가능성은 작다고 할 수 있다. 한편, Adu Sayyaf의 과격회교단체에 의한 테러행위가 사회 안정(social stability)을 저해하는 가장 위협적인 요소로 지적될 수 있으며 민다나오섬 회교분리주의세력들과는 협상을 추진하고 있다.

제6절 투자환경

1. 투자관련법

1987년 Ommibus 투자법(법률 제226호)은 외국인 및 내국인 투자에 대한 기본 법률로서 우대조치를 규정하고 있다.

① 1991년 외국인투자법(법률 제7042호) : 우대조치를 받지 않는 외국인투자에 대한 기본 법률로서 negative list에 기재된 분야 이외의 외국인투자는 100% 허용된다.

② 1995년 특별경제구역법(법률 제7916호) : 수출가공구 및 특별경제구(SEZ : Special Economic Zone)에 대한 포괄적인 법률로서 가장 많은 우대조치를 규정하고 있다.

2. 최저 투자액

주식회사의 최저자본금은 5,000페소이다.

3. 투자신청

3.1 우대조치를 받는 경우

외국인 투자비율에 관계없이 투자선에 따라서 투자위원회(BOI : Board of Investments) 또는 필리핀 경제구역청(PEZA : Philippine Economic Zone Authority)에 신청한다. 승인 후 파트너십 또는 주식회사의 경우는 증권거래위원회(SEC : Securities and Exchange Commission)에, 개인기업인 경우에는 무역산업성·소비자보호국(BTRCP : Department of Trade & Industry, Bureau of Trade Regulation and Consumer Protection)에 등록한다.

3.2 우대조치를 받지 않은 경우

파트너십 또는 주식회사의 경우 SEC에, 개인기업은 BTRCP에 등록하면 된다.

4. 투자분야

4.1 제한분야

외국인 투자비율에 제한이 있는 분야는 negative list에 기재되어 있다.

4.2 우대분야

매년 발표되고 있는 투자우선계획에 기재된다. pioneer/非pioneer로 분류되어 우대조치를 받는 조건이 상이하다.

5. 우대조치

우대조치의 내용 및 조건은 외국인 투자비율, 투자분야, 투자지역에 따라 상이하다.

5.1 BOI 등록기업

투자우선계획(Investment Priorities Plan)에 기재된 분야에 투자 또는 수출지향형 산업(수출비율 70% 이상)의 경우에는 다음 13가지의 혜택이 부여된다.

① 일정기간의 소득세 면제
② 인건비에 대한 추가공제
③ 수입자본재 및 관련 spare parts에 대한 과세 면제
④ 국산자본재에 대한 세액공제
⑤ 통관절차의 간편화
⑥ 위탁설비의 무제한 사용
⑦ 외국인의 고용
⑧ 번식용 가축과 유전학용 자재의 면세수입
⑨ 국산 번식용 가축과 유전학용 자재에 대한 세액공제
⑩ 수출제품의 원재료에 대한 세액공제
⑪ 보세공장, 보세창고의 사용
⑫ 수입 spare parts에 대한 과세면제(생산품의 70% 이상 수출시)
⑬ 부두세, 수출세, 관세, 공과금 및 수수료 면제

5.2 특별경제구역에 진출하는 경우

BOI 등록기업에 대한 상기 우대조치에 다음 4가지의 혜택이 추가된다.

① 100% 외국인 출자가 인정되며 자본양도에 대한 규제는 없음
② 국세, 지방세가 면제되고 과세는 5%의 특별세뿐임
③ 교육훈련비(노무비 및 관리비)의 추가공제
④ 외국인 투자자와 그 가족에 대한 영주권 부여

6. 투자비율 규제

다음 조건의 경우에는 100% 출자가 가능하다.

6.1 우대조치를 받는 경우

① 수출가공지역 내 또는 특별경제구역에 설립(자본양도 규제 없음)
② BOI 등록기업으로서 투자우선계획에 기재된 pioneer 분야에 투자하는 경우(30년 이내에 60%의 자본양도 규제가 있음. 다만 생산품이 100% 수출되는 경우는 제외)

③ BOI 등록기업으로 투자우선계획에 기재된 非pioneer 분야에 투자하는 경우로서 생산품의 70%가 수출되는 경우

④ BOI 등록기업으로 저개발지역에 입지하는 경우

6.2 우대조치를 받지 않는 경우로 negative list에 기재된 분야 이외의 투자

① 생산품의 60% 이상을 수출하는 경우는 어떤 제약도 없음

② 내수위주의 기업(수출비율 60% 이하)은 다음 사항을 장려함

가. 필리핀인을 파트너로 하고 간부로 채용

나. 필리핀인에 대한 기술이전, 경제개선을 위한 고용확대

다. 필리핀 노동자의 기술육성을 통하여 필리핀인의 사업 참여를 확대시키는 대책을 수립할 것

6.3 상기 이외의 경우는 외국인 투자비율이 40%까지로 제한됨

7. 세 제

① 법인세 : 내외국인을 불문하고 일률적으로 32%, 과세대상 소득은 사업소득, 이자, 배당소득, 서비스 제공에 따른 소득 등 합한 소득원천으로부터 발생된 소득이다.

② 개인소득세 : 5~33% 범위에서 누진 과세되며 과세 대상 및 세율은 납세자에 따라 상이하다.

③ 부가가치세 : 세율은 10%이며 물품의 판매・수입, 서비스 제공에 대하여 과세된다(연간 매출액 20만 페소 이상인 경우).

④ 기타 조세 : 관세, 물품세, 고정자산세, 인지세, 지방세 등이 있다.

8. 금 융

8.1 국내에서의 차입에 관한 규정

(1) 외국인 투자비율 40% 이상인 경우

① 사전에 IAC(Inter-Agency Committee : 중앙은행, 투자위원회, 국가경제개발청 및 재무부의 대표로 구성되며 외국인 기업의 국내차입에 대한 정책 및 시행세칙을 관리 및 실

시하는 조직)에 신청하고 허가를 받음

② 차입 규모에 대한 제한은 자본금 대비 다음 비율을 유지해야 함

가. BOI 및 PEZA에 등록된 수출지향형 산업 : 자기자본 30, 차입금 70

나. 기타 제조업 : 자기자본 35, 차입금 65

다. 비제조업 : 자기자본 40, 차입금 60

(2) 외국인 투자비율 40% 이하인 경우

필리핀 현지기업과 같은 조건으로 차입이 가능하다.

8.2 해외에서의 차입에 관한 규정

외화의 차입은 원칙적으로 자유로운 편이나 향후 원금상환 및 이자지급이 은행을 통한 외환거래를 이용하는 경우 중앙은행의 사전 승인(중장기차입의 경우) 또는 등록(단기차입의 경우)이 필요하다(승인을 받지 않고 차입하는 것도 가능하나 향후 원금 및 이자 상환을 위한 외화를 은행 이외로부터 조달하여야 함).

9. 외국인 노동자

① BOI 등록기업은 필리핀인으로 충당하기 어려운 경우 외국인의 고용이 인정되며 기간은 등록 시부터 5년 간이나 BOI가 동의하면 연장할 수 있음. 인정되는 직책으로는 경영자, 기술자, 고문 등이 있음

② 외국인 투자비율 50% 이상의 기업은 사장, 경리부장, 총무부장 또는 동등한 지위의 외국인을 충당하는 것이 가능하며 상기 제한을 받지 않음

③ PEZA 등록기업도 동일한 우대조치를 받고 있음

10. 토지 소유

토지의 소유는 필리핀인과 필리핀 자본금 60% 이상인 기업에 인정된다. 외국인의 토지소유는 금지되어 있다. 토지의 사용은 장기 임차방식(임차기간 50년, 연장 25년으로 최장 75년까지 가능함) 또는 필리핀인 파트너와 토지보유회사를 설립하고 그 회사로부터 임차하는 방식을 선택한다.

22
chapter

이 란

제 1 절 일반개황

이란은 광활한 국토(한반도의 7.5배)와 풍부한 천연자원(원유매장량, 천연가스 매장량 각각 세계 2위)을 보유한 중동의 정치·경제 대국이다. 2004년 국회의원 선거에서 보수파가 압승한 데 이어 2005년 6월에 실시된 대통령 선거에서도 급진적인 이슬람원리주의자들의 압도적 지지를 받은 아흐마디네자드가 승리함으로써 강경 보수파가 권력을 장악하게 되었다. 신임 대통령의 대이스라엘 강경입장이 표명되는 가운데 2006년 1월 나탄즈 지역 핵시설에서 핵 농축활동을 재개함으로써 IAEA는 긴급이사회를 소집하여 이란의 핵문제를 UN 안전보장이사회에 보고하기로 결정한 바 있다.

이에 대해 이란 정부는 NPT가 보장하고 있는 평화적 핵 이용권은 보장되어야 한다며 조약 탈퇴를 시사하는 등 강력히 반발하고 있어 긴장이 고조되고 있다. 러시아와 중국의 주장에 따라 2006년 3월 초까지 안전보장이사회의 의사결정이 유보된 가운데 러시아가 제안한 중재안 협상 결과가 주목받고 있다. 이란경제는 석유산업에 대한 의존도가 높은 구조적 취약점이 있으나 2000년 이후 국제 원유가격의 강세 지속에 힘입어 대내외 경제지표가 대체로 안정세를 유지하고 있다.

〈표 22-1〉 일반지표

면 적	1,636 천 ㎢	G D P	1,756억 달러 (2005년)
인 구	69.7백만명 (2005년)	1 인 당 GDP	2,300달러 (2004년)
정 치 체 제	이슬람공화정	통 화 단 위	Rial
대 외 정 책	친이슬람, 전방위 외교	환 율(달러당)	9,005 (2005년말)

제 2 절 정치 · 사회동향

1. 강경 보수진영의 권력 핵심 장악

현재 이란 권력을 장악한 급직적인 이슬람원리주의 그룹은 전임 하타미 대통령의 온건노선과 권력층의 부패를 비판하며 Abadgaran-e Iran-e Islami(이슬람 이란 개척자)를 결성하여 2003년 지방선거에서 중앙 정치무대에서 알려지지 않았던 새로운 인물인 아흐마디네자드를 테헤란 시장에 당선시키면서 이란 정계의 전면에 부상하였다. 2004년 실시된 국회(Majlis)의원 선거에서 동 그룹은 당시 다수를 차지하고 있던 온건 개혁노선의 Khordad 연대를 누르고 국회를 장악한 데 이어 2005년 6월의 대통령 선거에서 온건, 개방노선인 하타미 대통령의 계승자이며 전직 대통령인 라프산자니 후보를 누르고 아흐마디네자드 후보를 당선시킨 바 있다.

아흐마디네자드 정부는 정책변화를 공식적으로 천명하지는 않았으나 그동안 국민들로부터 부정부패 의혹을 받아온 석유장관을 비롯한 주요 장관 및 국책은행장 등에 대한 대대적인 교체를 단행하였다. 특히, 외교관의 전폭적 교체를 통해 강경노선 인사들을 외교 전면에 배치하였다. 또한, 임명직 주요 법관들도 강경노선 인사들로 교체됨으로써 사실상 입법, 사법, 행정부 전(全)부문을 신진 강경 보수인사들이 장악하게 되었다.

2. 분배 중시의 경제정책 수행

국회와 석유사업을 중심으로 한 경제계 고위층을 차지하고 있던 전통적 보수세력의 부정부패를 비판하며 정계에 등장한 아흐마디네자드 현 대통령은 선거당시 공약이던 Oil Wealth의 보다 평등하고 광범위한 분배를 실현하기 위해 강력한 정부(strong government)를 만들어 공공부문 보조금 확대 및 임금인상, 공공요금 동결, 국영기업 민영화(privatization) 반대, 대출금리 인하 및 강경 보수단체 지원 등 분배위주 경제정책을 시행하고 있다. 이러한 정책들은 최근의 유가 급등에 따른 경제회복에 힘입어 당분간 유지될 수 있을 것으로 보이나 향후 유가 하락시 국가재정에 큰 부담으로 작용할 가능성이 크며 급격한 인플레이션이 발생할 가능성이 크다고 할 수 있다.

3. 최고지도자의 전통 대 신진 보수세력의 균형유지

정치권과 석유산업을 중심으로 한 경제계 요직을 장기간 장악하고 있던 비교적 온건한 전통적 보수세력의 부패와 무능을 비판하면서 대통령에 당선된 아흐마디네자드 정부는 강경보수 진영의 전폭적인 지지를 받고 있다. 신 정부가 대대적인 교체 인사를 통해 중앙정부를 장악하고 나서자 구 체제에서 기득권을 가지고 있던 전통 보수세력의 우려가 증대되고 있으며 이에 따른 갈등이 표면화될 가능성이 있다. 국가 최고지도자(Ayatollah)인 하메네이는 신진세력의 과도한 권력 장악을 견제하고 양 진영 간의 조정자 역할을 함으로써 국론 분열로 인한 세력간 갈등을 방지하고 정치적으로 자신의 입지를 더욱 더 공고히 하기 위해 양 세력 간의 견제를 통한 정치적 다양성(political diversity)을 유지하도록 하는 조치를 취하고 있다.

최근 국회는 아흐마디네자드 대통령이 임명한 강경보수파 신임 석유장관을 전문성 부족을 이유로 3번에 걸친 인준 거부를 통해 전통 보수파인 관련산업 유경험자로 교체한 바 있다. 하메네이는 지난 대통령 선거에서 현 대통령과 경쟁하여 낙선한 라프산자니 전 대통령을 국정조정회의(Expediency Council) 의장에 임명하여 신구 세력간 견제와 균형을 도모하고 있다.

〈참고 1〉 이란 국가 최고지도자(Ayatollah)

① 이란은 최고 성직자인 국가 최고지도자가 행사하는 통치권 아래 대통령 중심의 행정부, 입법부, 사법부가 3권 독립의 형태를 취하고 있음
② 최고지도자는 국가 최고통치권자로 군 최고통수권, 군사령관 임명권 및 대통령 인준 권한을 비롯하여 국가 주요 기관인 국정조정회의의장, 사법수장, 헌법수호위원회 위원 등에 대한 임명권을 보유하고 있음
③ 임기는 종신직이며 직무 불능시 국가지도자운영회의(The Assembly of Experts)가 후임자 선출함
④ 현 최고지도자 Khamenei는 제2대 지도자로, 제1대 Khomeini 사망 후 1989년 선임됨

제 3 절 핵문제 동향 및 전망

1. IAEA의 이란 핵문제 UN 안전보장이사회 보고 결정

이란은 2006년 1월 10일 나탄즈 지역 핵시설 봉인을 제거하고 핵연료 연구활동을 위한 핵농축(Nuclear Enrichment) 작업을 재개한 바 있다. 이에 IAEA 이사회는 2006년 2월 4일 긴급이사회 결의를 통해 이란의 핵문제를 UN 안전보장이사회에 보고하기로 결정하였다.

〈참고 2〉 핵연료주기(Nuclear Fuel Cycle)와 핵농축(Nuclear Enrichment)

① 핵발전에 사용되는 연료인 우라늄은 석탄과 같이 한번 사용 후 폐기되는 것이 아니라 재처리를 통해 생산된 플루토늄을 이용해 여러 번 재활용이 가능함. 이러한 순환과정을 핵연료주기(Nuclear Fuel Cycle)라 함

※ 핵연료주기 순환과정

① 우라늄 정련(Yellow Cake 생산) → ② 핵변환(천연육불화우라늄기체) → ③ 핵농축(농축육불화우라늄) → ④ 원자력발전소 → ⑤ 사용후 연료 재처리 공장 → ⑥ 핵변환(천연육불화우라늄기체) : 순환

② 핵농축과정에서 우라늄을 2~4%로 농축하면 발전연료가 되고, 90% 이상 농축하면 핵무기 원료로 이용 가능함

③ 국제사회는 이번 이란이 재개한 핵농축 작업이 핵무기 제조와 직접 연관될 수 있는 작업으로 국제안보 상 위험한 수준에 이른 것으로 판단하고 있음(이란은 2005년 8월 이미 핵변환 작업을 재개한 바 있음)

※ 동 결의안은 35개 이사국 중 3개국(쿠바, 시리아, 베네수엘라)이 반대, 5개국(인도네시아, 알제리, 벨로루시, 남아프리카공화국, 리비아)이 기권하고 나머지 27개국이 찬성하여 통과됨

※ IAEA 결의안 주요 내용

- 이란 핵문제의 UN 안전보장이사회 보고
  2006년 1월 31일 런던에서 개최된 미, EU 3국(영국, 프랑스, 독일), 중국, 러시아 등 주요 6개국 외무장관 회담시 러시아가 제안하여 합의된 대로 UN 안전보장이사회 공식회부(formal referral)가 아닌 보고(report) 형태를 취하기로 결정함
- 이란의 즉각적 핵농축 활동 중단 및 IAEA 감시활동 협조 촉구
- 외교적 방법을 통한 핵문제 해결 우선 지향

2. 외교적 해결의 가능성

2006년 1월 31일 주요 6개국 회담시 이란의 핵문제가 안전보장이사회에 보고되더라도 제재 방안을 포함한 UN의 의사결정은 2006년 3월 6일 개최 예정인 IAEA 정기 이사회에 이란 핵문제 보고서가 제출될 때까지 유보하기로 합의함으로써 외교적 해결의 시간과 여지를 남겼다.

> ※ 러시아 중재안은 이란 내 핵변환 작업은 인정하되 핵농축 작업은 러시아에서 실시하고 농축된 우라늄을 다시 이란으로 가져와 핵발전에 사용하는 것임

이란은 이번 핵농축 작업 재개는 핵무기 개발 목적이 아닌 핵발전을 위한 연구목적이라는 이전의 주장을 거듭하며 NPT가 규정한 평화적 핵이용에 대한 이란의 고유한 권리는 어떠한 경우에도 준수되어야 한다고 주장하고 있다.

> ※ NPT는 IAEA가 평화적 이용 목적이라고 확인하는 경우 핵연료주기의 전과정을 고유 핵주권으로 각 회원국들이 수행할 수 있도록 함. 이란의 경우 IAEA는 최근 보고서에서 이란의 핵활동이 평화적 목적이라는 확신을 할 수 없다고 보고한 바 있음

그러나 최근 이란 정부는 최근 재개된 농축작업은 소규모 연구수준으로 아직 산업적 수준의 농축우라늄을 생산할 계획이 없다며 러시아 중재안에 대한 양자 협상도 성실히 임할 것이라고 밝혀 유화적 움직임을 보여주었다.

〈참고 3〉 Economist지의 향후 이란 핵문제 진행 방향 예측(2006년 2월초)

· 이란 핵문제의 UN 안전보장이사회 보고에도 불구하고 중국과 러시아의 반대로 UN제재가 실현될 가능성이 크지 않으며 설사 제재가 실현된다 하더라도 대이란 압박 효과가 크지 않고 세계 석유시장에 미치는 영향이 막대하여 세계경제에 큰 부작용을 야기시킬 가능성이 큰 상황에서 이란 핵문제 해결을 위해 핵심 당사자인 미국이 취할 수 있는 방법을 3가지로 요약하였음(① 이란 핵시설에 대한 군사 공격, ② 직접 협상을 통한 외교적 해결, ③ 이란의 핵연료 주기 수행 수용)

① 이란 핵시설 군사공격 : 광범위 하게 은닉되어 있는 이란 핵시설을 정확히 파악하기 어려워 군사공격을 통해 이란 핵활동을 지연시킬 수는 있으나 중단시킬 수는 없을 것이며 테러 등 군사행동에 따른 후과(後果)를 고려할 때 매우 선택하기 어려운 수단일 것이라고 분석함
② 직접 협상을 통한 외교적 해결 : 이란의 새 정권에 대한 미국 정부 및 국민의 인식을 고려할 때 당사자간 외교적 합의점 도출은 물론, 테이블 마련도 용이하지 않을 것이라고 분석함
③ 이란 핵연료주기 수행 수용 : 조심스런 예측임을 전제로 이란 핵연료주기 수행 수용을 가장 가능성이 큰 불가피한 선택으로 예측함. 이란의 기술 수준 등을 고려할 때 핵연료 농축이 핵무기 개발로 이어지기 까지는 5년 정도의 시간이 필요한 것으로 예상되고 있는데 제한적 형태의 핵연료주기 수행을 수용한 후 이란 정권교체 지원 등의 후속 대책에 집중할 수밖에 없을 것이라고 예측함. 다만 이 경우 이스라엘의 독자적 군사행동 시행이 돌출 변수가 될 수 있다고 지적함

제 4 절 경제동향

1. 국내경제 동향

1.1 경제성장

2000년대 이후 연간 5~6% 수준의 안정적인 경제성장세가 지속되고 있다. 2005년에도 국제원유가격의 강세 지속, 수입수요 증가, 대통령 선거와 맞물린 새 정부의 공공지출 확대 등으로 약 6.1%의 경제성장률을 기록한 것으로 추정된다.

1.2 물가

소비자물가상승률은 2000~2004년 중 연평균 14.3%를 기록하였으나 2005년에는 약 13.5% 수준으로 감소한 것으로 추정된다. 이는 인플레이션 산출 대상에 포함된 공공요금의 동결에 기인하고 있다. 다만 이란의 재정상태 등을 고려할 때 2006년까지 이러한 정책이 유지될 수 없을 것으로 예상되는 데 2006년에는 다시 상승세로 전환될 것으로 예상된다.

1.3 재정수지

2005년 중 원유수출수입 증대에도 불구하고 Oil Wealth의 공평한 분배를 주장하고 있는 신정부의 공공지출 증대 및 공공요금 동결 등의 조치로 재정수지 적자규모가 점차 확대될 것으로 보인다. 그러나 2000년에 설치된 석유안정화기금(OEF)에 대한 정부출연액을 포함할 경우 2005년까지의 실질 재정수지는 흑자를 기록하고 있는 것으로 추정된다.

〈표 22-2〉 주요 국내경제지표

(단위 : %)

구 분	2001	2002	2003	2004e	2005f
경제성장률	5.0	5.7	5.8	6.3	6.1
재정수지/GDP	-0.5	-2.2	-2.7	-2.9	-7.2
소비자물가상승률	11.3	14.3	16.5	14.9	13.5

자료: EIU, Country Report, 각호

2. 경제구조

국내총생산(GDP)의 산업별 구성비(2004년 기준)는 서비스업 51.8%, 제조업 35.8%, 석유산업 10.4%, 농업 13.7% 등으로 나타나고 있다. 석유산업은 GDP 점유비중이 1970년대의 30~40%에서 최근 10~20%로 크게 하락하였으나 원유수출수입이 총수출수입의 약 80%를 차지하는 등 여전히 경제의 주축을 이루며 외국인투자도 대부분 석유산업에 집중되고 있다. 2000년 이후 정부의 지속적인 경제자유화정책(economic liberalization policy) 추진에도 불구하고 공공부문이 경제에서 큰 비중을 차지하고 있다.

주요 수출국(2004년 기준)은 일본(18.5%), 중국(9.6%), 이탈리아(6.0%), 한국(5.8%), 남아프리카공화국(5.8%) 등이며 주요 수입국은 독일(12.3%), 프랑스(8.4%), 이탈리아(7.8%), 중국(7.5%), UAE(7.3%) 등으로 나타나고 있다. 이는 미국의 경제제재(economic sanction)가 지속됨에 따라 유럽, 아시아 국가들과의 경제교류를 활성화한 결과로 해석할 수 있다.

3. 대외거래 동향

3.1 경상수지

경상수지는 원유수출의 호조에 힘입어 흑자 기조를 유지하고 있으며 흑자 폭도 확대되어 2005년에는 GDP의 5% 수준으로 확대되었다.

3.2 수출입

2005년도 수입은 전년에 비해 약 9% 증가한 약 421억 달러에 이르고 있다. 그러나 지난 4년간 평균 증가율인 25%에 비하면 수입 증가세가 많이 완화되었다고 할 수 있다. 수출은 국제유가 급등에 힘입어 533억 달러에 이를 것으로 보여 2005년 112억 달러의 상품수지 흑자를 기록한 것으로 추정된다.

3.3 외채

1990년대의 외채위기를 극복한 이후 2000년대 들어서 인프라 개발수요 등으로 외채규모가 다시 증가하고 있으나 외환보유고 수준 등을 고려할 때 외채상환부담은 크지 않은 편이다.

〈표 22-3〉 주요 국제경제지표

(단위: 백만 달러, %)

구분	2001	2002	2003	2004e	2005f
경상수지	5,985	3,585	816	3,989	6,567
경상수지/GDP	1.6	2.7	1.5	2.5	5.1
상품수지	5,775	6,201	4,993	11,883	11,200
수출	23,904	28,237	33,788	45,235	53,300
수입	18,129	22,036	28,795	33,402	42,100
외환보유고	16,616	21,409	24,427	32,709	39,809
총외채잔액	7,483	9,154	12,100	13,200	16,800
총외책잔액/GNP	6.6	8.5	8.4	11.1	..
DSR	4.9	4.8	5.4	6.0	4.5

자료: EIU, Country Report, 각호

제 5 절 국제신인도 및 대외지급능력

1. 국제신인도 및 ECA 지원 태도

주요국 ECA의 지원태도는 아직까지 특별한 변화가 없으나 UN 안전보장이사회 제재 여부 등 핵문제 진행 상황을 예의주시하고 있는 것으로 알려지고 있다.

2. 주요 기관별 신용도 평가등급

① I. C. R. G. : 73/140(2005. 4) → 71/140(2005. 12)
② I. I. : 76/173(2005. 3) → 77/173(2005. 9)
③ Euromoney : 74/185(2005. 3) → 74/185(2005. 9)
④ OECD : 4등급(2004. 10) → 4등급(2005. 2)
⑤ Fitch : BB-(2004. 12)

3. 대외지급능력

1990년대 대이라크 전쟁피해 복구과정에서 유가하탁으로 외채상환부담이 가중되어 두 차례의 리스케줄링(rescheduling)을 경험한 바 있다. 그러나 2000년대에는 하타미 정부의 점진적 경제자유화 추진과 원유수출수입 증가에 힘입어 외채구모가 크게 축소되고 대외신인도도 제고되었다. IBRD 등 국제금융기관도 2000년부터 금융제공을 재개하고 EU 회원국들도 대이란 무역 관련 여신제공한도를 확대하였다. 2002년에는 사상최초로 10억 우로의 유로본드(Eurobond) 발행을 추진한 결과 자국 금융기관의 참여를 금지한 미국 정부의 조치에도 불구하고 성공을 거두었다.

최근 외채규모의 증가에도 불구하고 국제 고유가 지속으로 외채상환능력 자체에는 큰 문제가 없는 것으로 평가되나 향후 핵문제 관련 협상의 진전방향에 따라 영향을 받게 될 가능성을 배제할 수는 없는 상황이다.

제6절 평 가

이란경제는 국제원유가격의 강세가 지속되면서 경제성장률, 재정수지, 국제수지 등 전반적 경제여건은 2005년에 이어 호조세를 유지하고 있다. 그러나 민간소비를 지탱하던 공공지출 증대, 공공요금 동결 등의 Oil Wealth 분배위주의 대선공약인 정책들이 물가상승 압력 등으로 2006년까지 지속될 수는 없을 것으로 예상된다. 또한 석유생산 감소, 유가조정 등으로 인해 2005년 말을 기점으로 점차 하향세로 전환될 것으로 전망되고 있다.

2005년 8월 아흐마디네자드 대통령 취임 이후 강경 이슬람 원리주의 그룹은 대대적인 인적 쇄신을 통해 입법, 행정, 사법부를 실질적으로 장악하고 대서방 강경노선을 강화하고 있다. 2006년 1월말 핵농축작업 재개로 촉발되어 UN 안전보장이사회 보고까지 진행된 핵무기 개발 의혹은 UN의 군사 또는 경제제재가 이란 정부의 의지를 무산시킬만한 실질적 효과를 거두기 어렵다는 분석 하에 2006년 3월초까지 UN의 의사결정이 유보되어 국제사회는 러시아 중재안 협상 등 외교적 해결 노력에 집중할 것으로 보인다.

〈표 22-4〉 이란 핵문제 관련 주요 일지

일 자	내 용
2004. 11.	· 이란 EU 3국(영국, 프랑스, 독일)과 핵 농축활동 동결에 합의함 - EU 3국은 2005. 7월말까지 핵, 무역, 투자 등에 대한 포괄적 제안을 하기로 함
2005. 6. 24	· 강경 보수파, 아흐마디네자드 대통령 당선됨
2005. 6. 29	· 미 부시대통령, 대량살상무기(WMD) 확산과 연루된 이란, 북한, 시리아 기업 및 기관과의 거래를 금지하는 행정명령 발표함
2005. 7. 19	· 이란 외무부 대변인 성명, EU가 7월말 시한으로 제시할 예정인 포괄 협상안이 만족스럽지 않을 경우 핵 농축활동을 재개할 수 있음을 시사함 - 동 제안서의 내용에 NPT가 인정하는 평화적 핵 이용에 관한 이란의 권리가 포함되어야 함을 강조함
2005. 7. 20	· 이란, EU 3국앞 제안서 제출 시한(7. 31) 경과시 핵변환(Uranium Conversion) 활동재개 의사 통보함 ※ 핵변환 : 우라늄광석에서 추출한 우라늄 정광(Yellow Cake)을 우라늄 농축에 적합한 상태로 변환시키는 작업. 핵발전 또는 핵무기 제조에 필요한 재료를 만드는 핵농축(Uranium Enrichment)의 전단계임
2005. 7. 31	· EU, 이란앞 8월 7일까지 '포괄적 제안서' 제출 의사 통보
2005. 8. 1	· 이란 IAEA앞 EU 제안서 제출시한 경과에 따른 핵 변환활동 착수 결정 통보 - IAEA, 감시장비 설치 소요기간(7~10일)을 이유로 착수시기 연기 요구

일 자	내 용
2005. 8. 5	· EU, 이란앞 제한적 핵 이용과 경제적 인센티브 제공을 핵심으로 하는 포괄적 제안서 제시 - 제안서 주요내용 : 핵에너지 평화적 이용권은 인정. 다만 핵무기 생산으로 이어질 수 있는 핵농축 권한은 불허. 이에 대한 반대급부로 무역협력 협정체결, 중앙아시아 송유관의 이란 경유 허용, WTO 가입지원 등 인센티브 지원
2005. 8. 6	· 이란, 아흐마디네자드 대통령 취임 · 이란 외교부 대변인, EU 제안서 수용 거부의사 공표 - NPT가 인정하는 평화적 핵이용 권리는 어떠한 경우에도 포기할 수 없음을 밝힘
2005. 8. 8	· IAEA 사찰단, 아스파한 핵시설 도착, 감시 장비 설치 착수 · 이란, 핵 변환시설 가동 재개
2005. 8. 11	· IAEA 긴급이사회, 이란 핵관련 결의안 채택 - 핵변환 활동의 즉각 중단 촉구 및 IAEA 사무총장으로 하여금 이란 핵활동에 관한 종합 보고서를 제출(9. 3한)하도록 요구
2005. 8. 23	· EU 3국 8. 31로 예정된 이란과의 핵 협상을 일방적으로 취소 - 협상 진행 중 핵활동을 동결한다는 약속을 이란이 위반했음을 제시
2005. 8. 25	· 이란, 핵협상 참가국 확대 요구 - 협상 상대로서의 EU 3국의 대표성에 의문 제기. 35개 IAEA 이사국 전체 또는 남아공 등 비동맹국가 포함 주장
2005. 9. 2	· IAEA 사무총장, 이사회앞 이란 핵문제 보고서 제출 - 새로운 위반사실을 밝혀내지는 못했으나 기존의 의혹이 해소되지는 못했음을 강조하고 의혹해소 책임을 이란측에 전가
2005. 9. 17	· 이란 대통령, UN 총회 연설에서 핵 이용권리에 대한 단호한 입장 재천명
2005. 9. 24	· IAEA 정기이사회, 이란 핵문제 관련 결의안 채택('UN 안전보장이사회 회부'에서 한발 물러남) - 이례적으로 만장일치 아닌 다수결 결정, 한국 찬성 표결 - 결의안 내용 : 우라늄농축 및 재처리 활동 전면중단, 투경성 확보조치 이행 등. 또한, 11월 이사회에서 UN 안전보장이사회 회부 여부를 다시 논의하기로 함
2005. 9. 27	· 이란 외교부 대변인, 결의안 채택 자체가 불법이며 동 결의안 제안 또는 찬성국가 제재를 위해 경제관계 이용 천명 - 찬성국 앞으로 유감 표명 서한(Letter of Objection) 발송
2005. 10. 17	· 이란 상무부, IAEA 결의안 찬성국 중 한국, 아르헨티나, 이란, 체코 등 4개국에 대하여 수입신용장 개설용 수입허가(Proforma Invoice) 확인 거부
2005. 11. 26	· IAEA 정기이사회, '러시아 중재안'을 포함한 의장성명 채택 - 중재안 내용 : 이란 내의 우라늄 변환은 허용하되 변환된 우라늄 농축은 Joint Venture를 만들어 러시아에서 실시
2005. 12.	· 한국상품 수입금지 조치 완화 - 수입승인 기간이 제재 전보다 장기간이 소요되고 있으나 수입에는 큰 어려움 없으며 아울러 광고 게재 규제도 해제
2006. 1. 10	· 이란, 나탄즈 지역 핵시설 봉인 제거, 핵연료 연구활동 재개 - EU 3국, 이란 핵문제의 UN 안전보장이사회 회부를 위한 IAEA 긴급 이사회 소집요구(2. 2 개최 결정)
2006. 1. 26	· 중국 정부, 이란 핵문제 UN 안전보장이사회 회부 반대 입장 천명 - 이란 핵문제 해결을 위해 국제사회가 제재와 위협 수단을 사용하는 것에 반대

일 자	내 용
2006. 1. 31	· 미, EU 3국, 중국, 러시아 외무장관 회담, 이란 핵문제 UN 안전보장이사회 보고(report) 합의 성명 발표 - 안전보장이사회 보고 이후라도 3월까지는 UN 제재를 연기하기로 함 - 미, EU 3국은 UN 안전보장이사회 공식회부(formal referral)를 추진하였으나 러시아의 제안으로 보고(report)를 추진하는 선에서 합의
2006. 2. 4	· IAEA 긴급이사회, 이란 핵문제 UN 안전보장이사회 보고(report) 결정 - 3. 6일 정기이사회 보고서 제출시까지 UN의 의사결정을 유보함으로써 외교적 해결을 위한 시간 마련 - 35개 이사국 중 27개국 찬성, 3개국(쿠바, 시리아, 베네수엘라) 반대 · 이란 대통령, 우라늄 농축시설 즉시 재가동 명령
2006. 2. 5	· 하메드 라자아세피 이란 외교부 대변인, '이란은 NPT를 준수해 왔으며 향후에도 국제기구와 협조해 나갈 것이다' 며 '대화의 문은 여전히 열려 있다'고 언급. 또한, 오는 16일 러시아와의 중재안 협상도 예정대로 진행될 것이라고 밝힘
2006. 2. 13	· 이란-러시아간 중재협상 무기한 연기 발표(골람 호세인 엘함 이란 정부 대변인) - 엘함 대변인은 이란의 평화적 핵이용 권리를 세계가 인정하지 않을 경우 NPT 탈퇴를 검토할 것이라고 함 - 러시아는 16일 개최 제안은 여전히 유효하다고 밝히고 예정대로 중재회담이 열리길 기대한다고 발표 - 주변 소식통은 이란이 13일 원심분리기에 우라늄 원료가스를 투입하기 시작했다고 밝혔으며 아직 164개 원심분리기 모두를 가동하지는 않았으나 일부를 가동했다고 함
2006. 2. 14	· 러시아의 중재협상 20일 개최 및 전면적 우라늄 농축 보도 일축(골람레자아가자데 이란 부통령 겸 원자력기구 의장) - 최근 재개된 농축작업은 소규모 연구수준이라고 주장 ① 한개 또는 몇 개의 원심분리기에 핵연료 가스를 주입하는 것을 전면적 농축작업으로 정의할 수 없다고 주장 ② 아직 이란은 산업적 수준의 농축우라늄 생산 계획이 없으며 그런 기대도 없다고 밝힘 - 러시아의 중재안에 대한 협상은 당초 계획보다 4일 늦은 20일 개최될 것이라고 밝힘
2006. 2. 17	· 유엔 핵사찰 조건부 수용 용의(프랑스주재 이란대사관 성명) - 일부 미, 영 과학자 제안대로 제한된 수준의 우라늄 농축을 가능하게 해주면 의회에 NPT 추가의정서 비준안건을 제출할 것
2006. 2. 20	· 러시아 중재안 협상 개최 - 구체적 합의에는 이르지 못했으나 알리 호세이니 타쉬 이란 최고 국가안보회의 부의장은 회담성과에 대해 긍정적으로 평가한다고 언급 - 러시아 측은 모종의 타협안을 제시한 것으로 보이며 이란 대표단은 이를 본국 정부에 보고할 예정 · 2월 23일 테헤란을 방문 예정인 키리엔코 러시아 원자력장관은 본 협상안을 놓고 최종 타협안 도출을 시도할 것으로 보임

23
chapter

터 키

제1절 개 관

터키는 2001년에 외채 급증, 은행자산 부실화 등으로 인해 재정수지 악화, 이자율 급등, 환율 및 물가불안 등이 초래되어 경제위기(economic crisis)에 직면하였다. 그러나 2002년 2월 국제통화기금(IMF)으로부터 170억 달러의 대기성차관을 지원받는 동시에 강력한 긴축정책을 실시하여 경제위기를 극복할 수 있었다. IMF 지원프로그램이 부과한 각종 경제개혁(economic reform) 과제의 충실한 이행과 유럽연합(EU) 가입 협상 진전 등에 힘입어 2002년 이후 7%의 고성장세를 지속하였으나 2006년 5~6월에는 만성적인 경상수지 적자(current account deficit), 단기외채 증가 등에 대한 가능성 증대로 단기투자자금(short-term investment fund)이 이탈하면서 환율 불안과 금융시장의 불안정(instability of financial market)이 발생하였다.

미국의 대테러 전쟁 수행과 관련한 지정학적 중요성(geopolitical importance), 경제적 지원 등으로 양국간 우호관계가 지속되고 있다.

〈표 23-1〉 주요 지표

면　적	780천 ㎢	G D P	3,626억 달러 (2005)
인　구	73.3백만명 (2005)	1인당 GDP	4,950달러 (2005)
정치체제	의원내각제	통 화 단 위	신터키리라 (YTL)
대외정책	친서방 및 친아랍	환율(달러당)	1.34 (2005)

제 2 절 경제동향

1. 국내경제

1.1 경제성장

2001년 경제위기 이후 양호한 경제성장세를 지속하였으며 2004년에는 설비투자 증가 및 내수회복에 힘입어 8.9%의 높은 경제성장률을 기록하였다. 2005년에는 국제유가 상승 및 내수감소 등으로 전년보다 성장률이 둔화되었다. 2006년의 경제성장률은 환율, 물가 불안, 고금리 및 2007년 대통령선거를 앞두고 심화되는 정치 불안정(political instability) 등으로 인해 4.5%를 기록할 것으로 보인다.

1.2 재정수지

IMF와의 협의를 통한 강력한 긴축정책으로 국내총생산(GDP) 대비 재정적자(fiscal deficit) 비율은 2002년부터 지속적으로 하락하였다. 터키 정부는 저금리에 따른 정부채의 이자부담 완화와 세수확대에 힘입어 2005년에는 동 비율이 2.0%를 기록했다고 발표하였다. 그러나 2006년에는 금리인상과 물가상승으로 인해 재정적자의 대GDP 비율이 3.8%로 상승할 것으로 보인다.

1.3 물가

2002년 중 45%를 기록하였던 소비자물가상승률은 정부의 강력한 물가억제 정책 및 환율 안정에 힘입어 2005년에는 8.2%로 하락하였다. 2006년에는 제반 경제여건이 악화되어 소비자물가상승률은 10.7%로 다시 상승할 것으로 전망된다(IMF의 차관지원 조건에 따른 물가상승률 목표는 연 5%임).

〈표 23-2〉 주요 국내경제지표

(단위 : %)

	2002	2003	2004	2005	2006f
경 제 성 장 률	7.8	5.8	8.9	7.4	4.5
재정수지 / GDP	-14.5	-11.2	-7.0	-2.0	-3.8
소비자물가상승률	45.0	25.3	8.6	8.2	10.7

2. 경제정책 및 구조

GDP의 산업별 구성(2005년 기준)은 농어업 10.3%, 제조업 25.4%, 건설업 4.4%, 서비스업 59.5%이다. 관광산업 의존도가 높아 서비스분야의 비중이 높은 편이며 최대 교역상대국은 독일이다(수출의 12.9%, 수입의 11.7%).[1]

3. 국제경제

3.1 경상수지

2002년 이후 수출액이 2003년 512억 달러, 2004년 670억 달러, 2005년 769억 달러 등으로 증가하였다. 그러나 최근 국제유가 급등 등으로 인해 수입액은 2003년 652억 달러, 2004년 909억 달러, 2005년 1,097억 달러 등 대폭 증가하면서 상품수지 적자폭도 크게 확대되고 있다. 수출의 14%를 차지하는 자동차 부문은 리라화 약세의 효과로 호조를 보였으나, 수출의 약 17%를 차지하고 있는 섬유부문은 국제시장에서의 경쟁 격화로 부진을 보였다. 수입수요 확대와 고유가 등으로 상품수지가 악화되면서 경상수지 적자도 확대되고 있으며, 2006년에는 GDP의 6.5%(250억 달러)를 기록할 것으로 보인다.

3.2 외환보유고 및 외채

외환보유고(2005년말 기준)는 약 416억 달러를 기록하였으며 총외채잔액은 1,706억 달러로 GDP의 47% 수준을 나타내고 있다.

1) 2001년 경제위기 이후 터키 정부는 IMF의 요구에 따라 은행, 외환제도 등 금융부문 개혁, 조세개혁 등을 추진하였으나 개혁 및 정책성과가 미진한 가운데 2006년 5~6월 중 금융시장의 불안정이 발생한 바 있다(수출입은행, 수은해외경제, 2006. 9. pp. 96~101 요약 · 재구성).

〈표 23-3〉 주요 국제경제지표

(단위 : 백만 달러, %)

	2002	2003	2004	2005e	2006f
경 상 수 지	-1,521	-7,905	-15,543	-23,100	-25,000
경상수지 / GDP	-0.8	-3.3	-5.2	-6.4	-6.5
상 품 수 지	-7,283	-14,010	-23,925	-32,800	-35,700
수 출	40,124	51,206	67,000	76,900	84,200
수 입	47,407	65,216	90,925	109,700	119,900
외 환 보 유 고	26,884	33,793	35,480	41,585	-
총 외 채 잔 액	131,185	145,662	161,500	170,600	182,300
총외채잔액 / GDP	71.2	60.8	55.0	47.0	47.4
D S R	56.5	42.9	61.2	36.1	36.4

자료 : EIU Country Report, 2006. 7.

제3절 정치·사회 동향 및 대외관계

1. 정치동향

정치체제는 대통령제를 가미한 내각책임제로 비교적 안정적인 민주주의 체제(democratic system)가 유지되고 있다. 에르도간 총리가 이끄는 정의발전당(AKP)은 2002년 11월 총선에서 총 550개 의석 중 356석을 차지한 데 이어 2004년 5월 지방선거에서도 압승을 거둔 바 있다. 국민 다수의 지지, 미약한 야당세력 등을 고려할 때 향후 정국이 안정적으로 운영될 것으로 기대된다.

그러나 2007년 총선을 앞두고 이슬람 보수진영 및 친서방 개혁진영 간의 갈등이 증대되고 있다. 당, 내각, 군부 등에서도 보수·혁신간 갈등이 부각되면서 정부의 정책추진력은 일정 부분 제약될 것으로 보인다.

2. 사회동향

2005년 2월 실시된 이라크총선에서 쿠르드족이 27.3%를 득표하며 주요 정치세력으로 부상함에 따라 전세계 쿠르드족의 50% 정도가 거주하고 있는 터키 남동부 지역에서 쿠르드족의 분리운동이 발생할 가능성이 증대되었다고 할 수 있다. 최근 쿠르드노동당(PKK)의 소행으로 추정되는 폭탄테러가 발생하는 등 사회불안의 가능성도 커지고 있는 실정이다.

3. 대외관계

3.1 미국 및 주변 국가와의 관계 강화

이슬람국가 중 유일한 북대서양조약기구(NATO) 회원국인 터키는 유럽, 중동, 아시아를 연결하는 지정학적 중요성을 기반으로 서방 및 중동 국가들과의 조정자 역할을 수행하며 친서방, 친아랍 균형외교를 지향해 왔다. 최근에는 EU 가입을 위해 다각적인 노력을 전개하고 있다.

3.2 EU 가입문제

1999년 EU 집행위원회는 터키에 가입자격을 부여하되 가입협상은 정치, 경제적 기준(Copenhagen Criteria)을 충족한 후에 개시하도록 결정하였다. 이에 따라 터키와 EU는 2004년에 가입협상을 시작한 바 있다. 터키는 성공적인 협상을 위해 소수민족 인권상황 개선 노력, 사형제도 폐지, 국가안보법 폐지, 군부의 의원선출권 폐지 등의 개혁조치를 단행하였다.

그러나 군부의 반발과 덴마크 언론의 모하메드 만평사건과 관련한 대규모 시위발생 등이 터키의 EU 가입의지 후퇴로 인식되고 있다. 일부 경제분석가들은 2005년 2월 이후의 주가급락 요인 중의 하나로 터키 정부의 EU 가입의지 약화로 인한 유럽투자자들의 이탈을 지적하고 있다.

제 4 절 국제신인도 및 대외지급능력

1. 국제신인도

무디스(Moody's)와 스탠더드 앤드 푸어스(S&P)는 터키의 신용등급을 각각 B1(Positive), BB-(Stable)로 평가하고 있다. 피치(Fitch)는 2005년 1월에 터키 정부의 경제개혁 추진을 높이 평가하며 신용등급을 B+(Positive)에서 BB-(Stable)로 상향 조정하였다. 2006년 상반기에 금융시장이 불안정한 모습을 보이기도 하였으나 7월 이후 리라화 안정, 물가상승률 둔화 및 주가 회복의 양상을 나타내고 있어 국제신인도의 하락 가능성은 크지 않은 것으로 판단된다.

1.1 주요 기관별 신용도 평가등급

① OECD : 5등급(2005. 1) → 5등급(2006. 4)
② Euromoney : 72/185(2005. 9) → 71/185(2006. 3)
③ I. C. R. G. : 86/140(2005. 7) → 104/140(2006. 6)
④ I. I. : 74/173(2005. 9) → 72/173(2006. 3)

1.2 주요 ECA의 인수태도

① US EXIM : 제한없이 인수
② ECGD : 제한없이 인수
③ Hermes : 단기 전액인수

2. 대외지급능력

1979년과 1982년에 외채 리스케줄링(rescheduling) 경험이 있다. 경상 및 재정적자 지속과 물가불안, 과다한 외채규모 등의 원인으로 수차례 경제위기를 경험하였으나, 주로 IMF와 미국의 지원으로 위기를 극복한 바 있다. 2001년 외환위기 당시 IMF는 구제금융협정 체결로 2004년까지 160억 달러를 제공하기로 합의하고 2002년 2월 90억 달러를 긴급 지원한 바 있다. IMF는 2005년 5월 3년간 대기성차관 지원협정 체결로 터키에 100억 달러 상당의 차관지원에 합의하였다.

제5절 평 가

터키는 2002년 이후 경제성장률과 소비자물가상승률이 안정적 추세를 유지하였으나 2006년 상반기 금융시장 불안의 여파로 향후 경제성장률 둔화, 소비물가상승 등이 예상되며 재정수지와 경상수지는 적자기조가 지속되고 있다. 국민의 지지를 기반으로 에르도간 총리가 정국을 안정적으로 운영하고 있으나 2007년 총선을 앞두고 이슬람 보수진영 및 친서방 개혁진영 간의 갈등이 불안요소가 되고 있다. 2006년 하반기 리라화 안정, 물가상승률 둔화 및 주가 회복으로 최근 금융시장의 불안은 진정되고 있으나 당분간 거시경제의 변동성(macroeconomic variability)은 증대될 것으로 보인다.

24
chapter

나이지리아

제 1 절 일반개황

나이지리아는 아프리카 최대의 산유국이자 최대 인구 보유국이며 정치와 경제면에서 아프리카를 대표하는 국가로 인식되어 있다. 1999년 5월 장기간의 군부통치를 종식하고 민선 오바산조 대통령이 취임하였으며 2003년에는 재선에 성공해 재취임하였다. 그러나 고질적인 종족, 종교, 지역간 갈등이 심각해 국내 정정(政情)이 매우 불안한 상태를 보이고 있다. 나이지리아는 아프리카의 대국으로 비동맹 중립을 근간으로 아프리카의 지역분쟁에서 평화 중재자 역할을 강화하고 있다.

〈표 24-1〉 일반지표

면적	923.7천 ㎢	GDP	528억 달러 (2003년)
인구	133.2백만명 (2003년)	1인당 GDP	396달러 (2003년)
정치체제	연방공화국	통화단위	Naira (N)
대외정책	친서방 개방정책	환율(달러당)	136.50 (2003년)

제 2 절 경제동향

1. 국내경제 동향

1.1 경제성장

나이지리아는 석유수출국기구(OPEC)의 석유 감산 정책에 동조하여 생산량을 감축함에 따라 2002년에는 성장률이 3.7%로 저하되었다. 그러나 2003년에는 농업생산 호조, 원유생산 증가, 투자확대 등으로 인해 10.2%의 높은 성장률을 기록하였다. 향후 나이지리아는 원유부문의 성장둔화로 성장률이 3%대를 나타낼 것으로 전망된다.

1.2 재정수지

재정수지 적자규모는 석유수출 감소와 재정지출 증대로 2002년에는 국내총생산(GDP)의 5.1%를 기록하였으나 향후 원유가 상승으로 적자폭이 감소할 것으로 전망된다.

1.3 물가

소비자물가상승률은 정부지출 확대, 생필품 가격인상, 통화량 증가 등으로 인해 2003년 이후 상승세를 보이고 있으며 향후 나이라화의 약세로 인한 수입물가 상승으로 15~18% 수준을 보일 것으로 예상된다.

〈표 24-2〉 주요 국내경제지표

(단위 : %)

	2000	2001	2002	2003e	2004f
경제성장률	5.3	4.6	3.7	10.2	3.5
재정수지/GDP	-2.1	-3.9	-5.1	-3.2	· ·
소비자물가상승률	14.5	13.0	12.9	14.0	16.5

자료: EIU, Country Report, 각호

2. 경제구조

나이지리아는 석유 및 가스 부문이 외환수입의 95%, 재정수입의 75% 정도를 차지하는 등 석유에 대한 경제의존도가 커서 국제유가의 등락에 따라 국가경제 전반이 지대한 영향을 받고 있다.

현재 나이지리아의 석유수출국기구(OPEC) 쿼터는 일산 200만 배럴 규모이나 최근의 고유가 지속과 함께 실제 생산량은 동 수준을 초과하고 있다.

3. 경제정책

경제개혁정책(economic reform policy)을 추진하고는 있으나 국제통화기금(IMF)이 요구하는 개혁 속도에는 훨씬 못 미치고 있으며 비공식적으로 이루어지던 IMF의 경제정책 자문을 2002년 초에 거절한 바 있다. 이는 석유가격의 상승으로 IMF 자금의 신규 도입 필요성이 감소하였고 2003년 3월에 시행된 대통령 선거를 앞두고 국제채권단에 대해 강경한 자세를 보인 것으로 해석된다. 2003년 5월 재선된 오바산조 대통령은 재취임 이후 연료비 보조금 삭감, 정부지출 억제, 각종 규제완화(deregulation) 등 경제개혁정책 추진을 표명하고 있으나 나이지리아 역대 정부와 마찬가지로 정치적 이해의 상충으로 제대로 이행되지 않고 있으며 수입금지품목을 확대하는 등 오히려 개혁정책이 퇴보하고 있는 실정이다.

4. 대외거래 동향

4.1 경상수지

석유가격의 상승으로 2000~2001년 흑자였던 경상수지는 2002년과 2003년은 석유감산으로 인한 수출감소로 적자를 기록하였으나 향후 원유수출 증가로 인해 다시 흑자를 기록할 것으로 보인다.

4.2 외국인투자

현 정부의 미온적인 개혁태도로는 외국인의 비(非)석유부문에 대한 투자유치를 기대하기 어려운 실정이다. 민영화 계약이 체결되어 계약금이 납입되었던 국영통신회사 Nitel(13억 달러 규모)의 매각은 사업성에 확신을 갖지 못한 투자자가 잔금을 납부하지 않아 취소된 바 있다.

3) 외채

단기외채잔액은 10% 선으로 점차 제고되고는 있으나 여전히 공적차관의 비중이 커서 동 비율은 낮은 편이다. 그러나 GDP 대비 외채비율과 DSR은 높은 수준을 유지하고 있다.

〈표 24-3〉 주요 국제경제지표

(단위: 백만 달러, %)

구 분	2000	2001	2002	2003e	2004f
경상수지	4,263	1,184	-5,100	-1,600	5,200
경상수지/GDP	8.8	2.3	-10.4	-3.3	-9.3
상품수지	10,327	5,646	4,400	10,500	16,900
수출	21,395	17,949	17,700	27,400	34,000
수입	11,068	12,303	13,300	16,000	17,100
외환보유고	9,910	10,456	7,331	7,128	..
총외채잔액	31,355	31,042	30,476	31,100	..
총외책잔액/GNP	81.7	79.8	76.7	..	..
DSR	7.2	17.1	18.1	18.0	18.0

자료: EIU

제3절 정치 · 사회동향 및 대외관계

1. 정치동향

1.1 정치 불안정의 가능성 증대

1999년 5월 30년 간의 군부통치를 종식하고 자유선거에 의한 민선 오바산조 대통령이 취임하였다. 그러나 남부 요루바족 출신의 기독교도인 오바산조 대통령은 북부 출신 회교도 군부가 주류를 이루던 정치무대에서 종교, 지역, 빈부격차 등 수많은 국내문제의 해결 과제를 안고 있다. 오바산조 대통령은 2003년 3월 치러진 대통령선거에서 무난히 당선되어 4년 임기의 새로운 대통령으로 취임한 바 있다. 선거부정 시비로 수십명이 사망하는 유혈 소요사태 발생과 낙선자의 선거 무효소송 제기 등 정국불안정에도 불구하고 국민들과 서방국가의 반발로 더 이상의 군부 쿠데타 발생 가능성은 낮으며 민선정부는 계속 유지될 것으로 보인다.

1.2 종교간, 종족간 갈등의 심화

나이지리아에는 언어별로 분류하여 약 250개 부족이 존재하고 있다. 그러나 북부, 동부, 서부, 중서부의 중심을 이루는 부족은 4개로 북부의 하우사족과 풀라니족(인구의 30%), 동부의 이보족(인구의 17%), 서부의 요루바족(인구의 20%)이 있다. 회교도가 인구의 약 40%로 주로 북부에 거주하고 있으며, 기독교도는 인구의 약 35%로 주로 남부에 거주하고 있고, 나머지는 전통적인 부족신앙을 믿고 있다.

2001년 북부의 카두나주에서 회교율법인 샤리아의 도입과 관련하여 기독교도와 회교도가 충돌하여 3,000명 이상의 희생자가 발생하였다. 연방정부는 각주의 법제 도입이 주정부 업무라는 이유로 중립적 태도를 견지하였으나 사상자가 증가하자 주지사회의를 소집하여 회교율법 도입을 유보함으로써 유혈사태는 진정되었으나 이후에도 수차례의 유혈사태가 발생한 바 있다. 2004년에도 북부지역의 소요사태에서 회교도 공격으로 인하여 1,000여명의 기독교도가 희생되었다.

2. 사회동향

빈부격차 심화, 연방정부와 지방정부 간의 재정지출 권한과 관련한 갈등, 석유 노동조합의 파업 등도 사회안정(social stability)을 위협하고 있어 다양한 형태의 불안요인이 상존하고 있다. 2004년 9월 국내 유류가격을 23% 인상하였으나 석유 노동조합의 총파업 예고로 인하여 정부가 유류가격을 다시 인하한 바 있다.

3. 대외관계

나이지리아는 서아프리카 지역의 군사강국으로 지역 분규의 해결에 주도적 역할을 담당하고 있으며 시에라레온, 라이베리아 사태에 개입하여 지역분쟁에 대한 나이지리아의 국제적 역할을 인정받은 바 있다. 석유의 매장 가능성이 높은 바카시 반도의 영유권과 관련한 카메룬과의 영유권 분쟁은 국제사법재판소의 중재를 통해 2004년 9월에 카메룬에 양도하기로 하였다.

제 4 절 국제신인도 및 대외지급능력

1. 국제신인도

국제신인도 평가기관들은 대외채무 상환 능력에 비하여 나이지리아의 외채상환 태도가 극히 소극적이라는 이유로 가장 낮은 신용등급을 부여하고 있다.

① I. C. R. G. : 123/140(2003. 8) → 125/140(2004. 9)
② I. I. : 120/172(2003. 9) → 121/172(2004. 9)
③ Euromoney : 123/185(2003. 9) → 127/185(2004. 9)
④ OECD : 7등급(2003. 10) → 7등급(2004. 10)

2. 대외급능력

300억 달러에 이르는 외채 중 연간 도래하는 상환원리금은 매년 30억~40억 달러 수준을 보이고 있다. 그러나 이 중 약 30%만 실제 상환되고 있다. 외국 채권단은 석유 수출증가에도 불구하고 상환액이 증가하지 않는 이유로 외채 상환의지 부족을 지적하고 있다. 2002년까지는 석유수출 수입금 감소와 국영기업 민영화 부진으로 인해 외채상환이 제대로 이행되지 못하였으며 2003년에 이어 2004년 상환예정 외채도 1/3만 상환될 것으로 보인다.

2003년말 IMF 프로그램에 따른 각종 경제개혁 조치의 이행을 전제조건으로 나이지리아의 파리클럽 외채 234억 달러에 대해 2003년까지 상환을 동결하고 향후 18~20년에 걸쳐 분할 상환하는 내용에 합의한 바 있다. 그러나 나이지리아가 2002년초 IMF의 정책자문을 거절함에 따라 발생된 IMF와의 관계 악화와 일부 국가와의 의견 차이로 리스케줄링(rescheduling)이 완전히 타결되지 못하고 있는 실정이다.

나이지리아 정부는 1인당 국민소득이 363달러에 불과하고 300억 달러의 외채 부담이 과중하다는 점을 지적하며 고채무빈국(HIPC)에 적용되는 탕감기준에 따라 공적 채무를 경감하여 줄 것을 요구하고 있다.

제5절 평 가

나이지리아는 2003년 국제유가의 호조로 경상수지 흑자폭이 크게 확대되고 농업생산 호조, 원유생산 및 투자 확대 등에 힘입어 10.2%의 높은 성장률을 기록하였으나 향후 경제성장률은 둔화될 것으로 보인다. 과도한 석유의존도로 경제구조가 취약한 편이며 경제개발계획 관련 집행이 향후 재정 운영에 상당한 부담이 될 것으로 전망된다. 석유수출 호조에도 불구하고 외국인투자에 대한 해외송금 등으로 서비스 수지와 소득수지 적자가 큰 편이며 외채상환이 정상적으로 이루어지지 못하고 있어 대외신인도 개선은 불확실한 상태이다.

제6편

한 · Post-BRICs 경제협력

25
chapter

한 · 멕시코 경제협력

한국은 국가 원수가 2005년 9월 8~13일 멕시코와 코스타리카를 순방하여 정치, 경제, 사회, 문화 등 다방면에 걸친 협력방안을 논의함으로써 중미지역과의 실질협력관계를 강화하는 성과를 거두었다. 이번 순방은 2004년 11월에 있었던 아르헨티나, 브라질, 칠레 등 남미 3개국 순방에 이은 것으로 현 정부의 대중남미 정상외교를 성공적으로 수행했다는 의미를 부여할 수 있다.

특히, 멕시코 순방 시기는 한인 이민 100주년이 되는 해인 점에서 그리고 중미통합기구인 SICA(Sistema de la Integracion Centroamericana) 8개국과의 정상회담은 1996년 한국 국가 원수의 과테말라 방문 이후 9년 만에 개최되었다는 측면에서 그 의의를 더했다.

한국과 경제규모가 비슷한 경제대국으로 성장한 멕시코는 지정학적인 측면(geopolitical aspect)에서 북미와 남미지역을 연결하는 전략적 요충지이며, 경제적 측면에서는 북미와 남미 시장을 공략하는 우회시장 진출을 위한 전략적 투자지로서 중요성을 지니고 있다. 멕시코는 전략적 투자지역(strategic investment area)이라는 중요성 이외에도 자원부국이라는 점과 안정적인 성장지역(stable growth area)으로 부상하고 있다는 측면에서도 진출 강화를 도모해야 하는 지역으로 평가되고 있다. 또한, 국제정치외교 무대에서 공동이익(common interest)을 위해 연대를 강화할 필요성도 증대되고 있다. 이러한 점들은 최근 미국, 유럽연합(EU), 일본, 중국, 대만 등 주요 국가들의 대멕시코 협력강화 노력에서 인식할 수 있다.

한국 국가 원수의 멕시코 방문의 성과를 공동선언문을 중심으로 기술 · 평가하고 향후 양 지역간 협력 확대에 필요한 단기적인 과제들을 분석한 대외경제정책연구원의 보고서를 중심으로 살펴본다.

제 1 절 멕시코 순방의 성과

정상회의 결과 한국과 멕시코는 2001년 6월 폭스(Vicente Fox) 대통령의 방한을 계기로 설립되어 한시적으로 운영된 '한 · 멕시코 21세기 위원회'의 최종보고서와 2004년 5월 출범한 '양국 경제관계 강화를 위한 한 · 멕시코 공동전문가그룹(KMJEG)'이 2005년 8월에 제시한 보고서를 기반으로 양국관계를 '21세기 공동번영을 위한 전략적 동반자관계'로 발전시키기로 합의하였다.

우선 양국 관계를 강화하기 위한 제도적 장치로서 형사사법공조조약, 세관상호지원협정, 광물자원협력약정, 무역구제기관간 협력약정, 정부혁신분야 협력 약정, DMB 협력 약정 등이 체결되었다.

통상 및 산업협력분야에서 양국은 향후 교역 및 투자를 더욱 확대 · 촉진시키기 위하여 조속한 시일 내에 '전략적경제보완협정(SECA : Strategic Economic Complementary Agreement)' 체결을 추진하기로 합의하였다. SECA는 다음 3가지 기본요소를 포괄하고 있다.1)

① 양국간 교역흐름의 확대와 균형에 기여하는 품목들을 포함한 경제보완협정 협상
② 서비스와 투자의 증진과 촉진
③ 정보기술, 산업, 중소기업, 인적자원 개발, 과학기술, 관광, 통상 · 투자증진, 환경, 농수산 분야에서의 협력

통상 및 산업부문 협력 이외에도 양국은 정치, 교육, 문화 분야에서의 협력을 공고히 하고 국제무대에서 양국의 입지와 참여를 강화시키는 데 합의하였다. 국제기구에서 양국이 광범위한 분야의 다수 사안에 대하여 지닌 공통된 입장을 기반으로 협력을 강화하기 위하여 대화채널을 제도화하고 UN개혁, DDA협상, 동아시아 · 라틴아메리카 협력포럼(FEALAC), APEC

1) 양국 정상은 미래지향적인 21세기 새로운 협력관계 구상에 산업협력(industrial cooperation) 및 인적 · 기술적 자원개발을 위한 협력 증진방안도 협의하였다. 특히, 설립된 지 2년이 지난 '한 · 멕시코 IT 협력센터'를 통한 협력사례에 주목하여 센터의 경험과 성공모델을 더욱 광범위하게 IT · 과학기술 및 자원 · 에너지 분야에도 적용할 수 있는 방안을 모색하기로 하였다. 또한, 양국의 경제발전에 기여하고 있는 중소기업간 협력을 제고하고 농업, 수산업, 항공, 에너지, 천연자원, 정부조달, 사회간접자본(SOC) 등 산업별 협력을 증진할 수 있는 방안을 지속적으로 검토하기로 하였다(대외경제정책연구원, 세계경제 2005. 10. pp. 71~80 요약 · 재구성).

정상회의 등에서 협력을 강화할 것으로 보인다.

또한, 양국 국민간 유대강화와 상호 이해를 위해서 문화 및 교육 분야에서의 관계증진이 중요하다는 것을 인식하여 '2003~2006 한 · 멕시코 교육문화협력프로그램'에 포함된 학술기관간 협조, 학생 · 청소년 · 스포츠 교류, 장학제도, 강좌 개설, 인적자원 훈련 등 기존의 협력 프로그램들을 강화시키기로 하였다.

제 2 절 한 · 멕시코 경제협력 현황

1. 교역

한국과 멕시코는 전통적인 우호협력관계를 기반으로 경제협력을 확대하기 위해 노력해 왔다. 1990년대 들어 양국이 시행한 대외지향적 경제정책의 결과로 경제협력관계가 한층 심화되었다. 교역규모가 가장 컸던 2004년을 기준으로 할 경우 양국간 교역은 1990년에 비하여 약 3.1배 증가하는 비약적인 발전을 보였다. 그러나 실질적으로 양국 경제규모나 교역규모와 비교할 경우 매우 미흡한 수준으로 평가할 수 있다. 즉, 2004년 양국간 교역량은 한국 총교역(한국 기준)의 0.7%와 멕시코 총교역(멕시코 기준)의 1.4%에 불과하다.

양국간 교역에서의 특징으로 다음 2가지를 지적할 수 있다.

1.1 한국의 만성적 무역흑자

1990년 3억 달러였던 무역수지 흑자(trade surplus)는 매년 확대되어 2000년에 20억 달러를 초과하고 2004년에는 사상 최대인 25억 8,000만 달러를 기록했다. 멕시코 통계기준으로 볼 때 한국에 대한 무역수지 적자는 한국통계 기준보다도 크게 나타나 2004년에 52억 4,200만 달러의 적자를 기록하였다.

1.2 한국의 대멕시코 수출품목의 편중성

한국과 멕시코간 교역에서 나타나는 또 다른 특징은 대멕시코 수출이 한국의 전통적인 일부 주력 수출품에 의존하고 있다는 점이다. 한국의 디멕시코 수출은 컴퓨터 및 부품, 가전제품, 섬유, 승용차 및 타이어 등에 집중되어 있으며 그 집중도는 매년 증가하고 있다. 그러나 최근 들어 한국산 제품들은 멕시코 내수시장에서 점추율을 확대하기보다는 오히려 밀려나고 있는 상황이다. 이는 멕시코가 시장다변화 전략(market diversification strategy)의 일환으로 FTA정책을 적극적으로 추진하면서 43개 국가와 FTA를 체결했는 데 그 협정 상대국 대부분이 한국과 실질적인 경쟁관계에 있기 때문이다. FTA 미체결국인 한국으로서는 미국과 유럽연합(EU) 등 경쟁국 제품에 비하여 10~15%의 관세를 추가로 부담하고 있어 수출에 지장을 받고 있다.

〈표 25-1〉 연도별 대멕시코 수출입 추이(1995~2005)

(단위 : 백만 달러)

	1995	1996	1997	1998	1999	2000	2001	2002	2003	2004	2005. 6
수 출	941	1,191	1,471	1,405	2,017	2,391	2,149	2,231	2,455	2,994	1,735
수 입	307	408	344	191	292	378	267	295	334	411	198
무역수지	634	783	1,127	1,214	1,725	2,013	1,882	1,936	2,121	2,583	1,537

2. 투자

중남미지역에서 한국의 최대 투자대상국인 멕시코에 대한 투자는 NAFTA 출범 이후 본격적으로 이루어졌다. 투자금액은 연도에 따라 기복이 심한 편으로 1995년에는 한국 총해외투자액의 1.36%를 차지했으나 1990년대 말에는 보세가공수출산업(마킬라도라) 특혜제도 폐지에 따라 외국인기업에 대한 투자환경 악화 등으로 급격하게 감소하였다. 멕시코 경제부 외국인투자국 집계(외국인투자 등록국 신고 및 마킬라도라산업 고정투자)에 따르면 1994~2005년 6월 동안에 한국의 대멕시코 직접투자 누계액은 6억 6,000만 달러로 멕시코 총 FDI의 0.4%를 나타내고 있다. 반면에 한국기준으로 2005년 7월 기준 한국의 대멕시코 직접투자 규모(순투자 기준)는 88건에 3억 2,301만 달러이다. 미국경제의 침체에 동반되어 침체되었던 경기가 회복되면서 최근 들어 대멕시코 직접투자도 활성화되고 있다. 2004년에는 2,500만 달러가 투자되었으며 2005년 들어서는 7월까지 2004년 전체보다도 90% 이상 증가한 4,900만 달러가 투자되었다.

제 3 절 경제협력 확대방안

멕시코는 미주시장 진출거점 및 미래시장으로서의 중요도가 크다. 특히, 국제무대에서 한국의 입장을 지지할 수 있는 주요 협력 대상국으로 평가할 수 있다. 이에 1996년 이후 9년 만의 순방을 통해 정상회의가 개최된 것은 미국, 일본, 중국 등 강대국 중심이었던 한국의 외교기반이 한층 확대되고 외교가 전방위적으로 전개되고 있는 방증으로 인식할 수 있다. 특히, 정부는 이번 중미순방이 미주시장 진출거점 확보라는 성과를 거두고 '전방위 국제협력' 확대라는 국가안보전략(national security strategy)의 일환으로서 외교무대를 더욱 확대시킨 계기가 되었다고 평가하고 있다.

그러나 이번 중미순방은 한 · 멕시코 SECA 추진 및 광물자원 협력협정, 한 · 코스타리카 범죄인 인도조약 서명, IT 및 에너지자원 협력의정서 체결, CABEI 가입의사 재확인 등 다양한 분야에서의 협력방안들이 구체화되었음에도 불구하고 코스타리카를 제외하고는 현지 경제계, 특히 언론 등으로부터 크게 주목받지는 못했다. 특히, 한 · 멕시코 정상회의 직후 이루어진 중국 후진타오(胡錦濤) 주석의 방문에 대한 멕시코 언론들의 반응은 크게 대조적이었다. 즉, 멕시코 언론들은 중국을 멕시코경제에 대한 위협국가로 보는 한편으로 중요한 협력상대국으로 지칭하면서 FTA 추진 등 다양한 분야에서의 협력을 추진해야 한다고 보도하였다.

한국과 중국에 대한 현지의 이 같은 상이한 시각은 멕시코가 인식하는 한국과의 경제협력 확대방안들이 한국과는 다소 차이가 있기 때문으로 판단된다. 멕시코는 대부분 한국과의 무역불균형(trade imbalance)을 해소하고 한국의 자본과 기술을 유치하는 데 많은 관심을 가지고 있다. 반면에 이번 순방에서 한국은 시장진출에만 주목한 나머지 그러한 측면에서의 구체적인 협력방안을 제시하는 데는 미흡했던 것으로 판단된다. 이 같은 상황에서는 한 · 멕시코 SECA 추진에 상당한 어려움이 예상되고 있다. 향후 한국의 대멕시코 경제외교가 농산물 시장개방, 자원개발투자, 관광교류 확대, 인프라확충투자, 인도주의적 협력사업 등 멕시코가 수긍할 수 있는 다각적인 사업들로 병행되어야 한다는 점을 주목해야 한다.

이 같은 맥락 하에서 조속히 실천해야 할 몇 가지 경제협력과제는 다음 3가지로 집약될 수 있다.

1. 멕시코와 합의된 SECA를 조속히 출범시키기 위한 신속한 협상이 이루어져야 함

FTA 미체결시 불이익을 받고 있는 주요 교역품목이라도 조기에 자유화함으로써 경쟁에서 밀려나는 사태를 방지해야 한다. 이미 한국과 멕시코는 KMJEG를 통하여 1년 정도 공동연구를 진행한 경험이 있기 때문에 일부 품목의 교역을 자유화하는 경제보완협정의 조기 타결도 가능하다고 할 수 있다. 비록 자유무역협정(FTA)보다 한 단계 낮은 경제보완협정 체결에 합의한 것은 FTA 추진에 대한 양국 간의 인식의 차이를 나타낸 것이지만 장기적인 관점에서 경제보완협정은 양국간 자유무역을 확대하고 FTA를 지향할 수 있는 기초가 될 것으로 평가된다.

2. 양 지역간 협력 가능성을 제고할 수 있는 유용한 기구라는 데 공감한 FEALAC을 발전 시키고 이를 구체적으로 활용하기 위한 방안들을 마련해야 함

2001년에 공식 출범한 FEALAC은 회원국이 32개국에 이르는 대규모 지역간 협력체이나 최근까지 구체적인 프로젝트 개발이 이루어지지 않는 등 이니셔티브(initiative)가 부족하여 정상회의 수준으로 발전하지 못하고 있다. 한국도 지역간 협력 증진을 통한 외교다변화(diplomatic diversification)라는 중장기적 전략의 큰 틀 속에서 FEALAC에 중요성을 부여하여 FEALAC의 창설회원으로서 2004~2006년에 동아시아 지역조정국 역할을 수행하는 등 적극적으로 참여하고 있으나 다음 3가지 측면에서 FEALAC이 직면하고 있는 과제해결에 한계를 보이고 있다.

① 동아시아 · 중남미간 협력 증진 필요성에 대한 일반의 인식 제고
② 지역협력체로서의 FEALAC 차별성 확보
③ 회원국 간의 동질성(homogeneity)보다는 다양성(diversity)이 큰 지역협력체로서 회원국 간 협력을 효율적으로 도출해내기 위한 융통성 있는 포럼 운영

대표적으로 정부 내에서 FEALAC 담당자를 제외하고는 FEALAC에 대한 인식이 부족한 점과 대국민 홍보가 전혀 이루어지지 않고 있는 점을 지적할 수 있다.

3. 무역불균형의 개선

순방과정에서 확인할 수 있었던 것은 멕시코가 한국과의 관계에서 무역불균형 현상을 강력하게 개선시키기를 원하고 있다는 점이다. 무역불균형은 멕시코가 한국과의 FTA 추진을 거부하는 주요 요인이듯이 경제협력(economic cooperation)을 방해하는 장애요인이 되고 있다. 비록 무역불균형을 시정하기 위하여 정상적인 교역관계를 인위적으로 조작하기에는 한계가 있으나 새로운 수입상품을 개발하거나 무역수지 이외에 다른 수지를 개선하는 방안을 통하여 극복할 수 있을 것으로 판단된다. 예를 들면, 한국의 해외관광수요를 멕시코와 SICA의 관광자원과 연계시키고 양 지역간 관광산업 협력을 활성화하기 위한 인프라로서 직항로 개설 등을 적극적으로 검토할 필요가 있다.

26
chapter

한 · 인도네시아 경제협력

제 1 절 경제개발 현황 · 과제와 전략

1. 경제개발 현황

1.1 경제개발 정책과 거시균형 안정화 정책

인도네시아 경제는 수하르토 정권 하에서 경제자유화(economic liberalization), 적극적인 외국인투자에 대한 문호 개방, 공업화(industrialization) 및 식량증산을 중시하는 개발정책과 인플레 · 재정적자를 억제하는 거시균형 안정화 정책을 적극적으로 추진하였다.

1970년대에는 오일쇼크(oil shock)에 따른 유가상승으로 농업, 교육, 보건 분야 등에 대한 투자를 통해 일부 경제적 성과(economic performance)를 거두었다. 1980년대 후반부터는 석유 · 천연가스, 목재 등 1차 산업 위주의 산업구조를 탈피하기 위해 무역, 외국인투자, 조세제도, 환율 등의 측면에서 과감한 제도개혁을 실시하였다.[1)]

1.2 동아시아의 기적

이 같은 성공적인 경제개발 정책의 실시 및 풍부한 국제유동성(international liquidity)에

1) 이 같은 제도개혁의 결과 경공업 중심의 수출 증대 및 외국인투자 확대가 이루어졌으며 세계은행(World Bank), 아시아개발은행(ADB), 일본 등으로부터 원조공여가 확대되었다(수출입은행, 인도네시아 국가현황 및 진출방안, 2006. 11. 요약 · 재구성).

힘입어 인도네시아는 '동아시아의 기적'으로 지칭되는 고도 경제성장을 이룩하였다. 인도네시아는 1970년대부터 1990년대 중반까지 연평균 7%의 높은 경제성장을 이룩하였다. 이 같은 고도 경제성장은 인도네시아의 빈곤감축에도 크게 기여한 것으로 평가되고 있다. 빈곤 인구는 1976년의 약 5,000만명(총인구의 약 40%)에서 1996년 약 2,000만명(총인구의 약 11%)으로, 유아사망률도 인구 1,000명당 145명에서 46명으로 감소하였다.

다만 금융부문의 제도정비 및 행정전반과 관련된 통치(governance) 등의 측면에서는 큰 성과를 거두지 못한 것으로 평가된다.

1.3 외환위기 이후 경제안정 회복

인도네시아는 1997년 8월 이후의 아시아 외환위기(Asian Foreign Exchange Crisis)로 심각한 경제적 타격을 받은 이후 많은 난관에 직면하였으나 최근 거시경제적 안정(macroeconomic stability)을 회복하였다. 외환위기 직후인 1998년의 경제성장률은 마이너스 13%까지 추락하고 루피아화의 대미환율이 달러당 2,890루피아(1997년)에서 10,210루피아(1998년 평균)로 폭락하였다.

외환위기 이후 국제통화기금(IMF)이 제시한 경제개혁 프로그램(economic reform program)에 따라 거시경제 안정조치 및 금융제도 개혁(reform of financial system) 등을 추진하여 2000년 이후 3~4%대의 경제성장을 이룩하는 등 거시경제의 안정을 이루어 2003년말 IMF 프로그램을 종료하게 되었다.

2. 경제개발 전망

2.1 경제개발의 구조적 문제점

최근의 경제성장은 주로 소비수요 증가에 크게 의존하고 있는 반면, 국내외 투자의 극심한 침체는 본격적인 경제발전에 장애가 되고 있다.

이 같은 투자제약 요소로 다음 7가지가 지적되고 있다.

① 불투명한 사법제도
② 공공부문에 만연한 부정부패
③ 불안정한 치안상황
④ 지방분권 실시에 따른 행정공백과 혼란

⑤ 불투명한 노동제도
⑥ 인프라의 미정비
⑦ 투자촉진정책의 부재

또한, 인도네시아는 아시아 외환위기의 영향으로 향후 적절한 금융정책, 세제개혁을 포함한 세수증대 등을 통한 재정건전성(fiscal soundness)의 유지 등이 당면과제로 부상하고 있다.

2.2 국제경제환경의 변화

중국경제의 급성장과 2001년말 세계무역기구(WTO) 가입 이후 글로벌경제로의 통합은 각국의 경제활동에 지대한 영향을 미치고 있다. 이는 아시아 국가에게도 경제적 기회(economic opportunity) 제공과 함께 치열한 국제경쟁(international competition)을 요구하고 있다.

인도네시아의 경우에도 에너지, 목재 등 중국의 수입수요 증대에 따라 상호의존 관계가 확대되는 가운데 생산거점의 유치, 공산품 생산, 수출 등의 측면에서 중국과의 경쟁이 치열해지고 있다. 또한, 인도네시아는 싱가포르, 태국 등 다른 아세안(ASEAN) 국가에 비해 자유무역협정(FTA)으로의 이행이 지연되고 있는 실정이다.

3. 경제개발 과제

3.1 제7차 경제개발 5개년 계획(2005~2009)

「제7차 경제개발 5개년계획」은 건전재정의 달성 유지, 물가안정 및 외환보유고(foreign exchange reserves) 확충 등을 위해 5가지 주요 목표를 설정하여 시행되고 있다.

① 실업률을 현행(2003년) 9.5%에서 2009년 6.7%로 완화
② 금융부문 구조조정 촉진을 통한 금융부문 안정
③ 빈곤율을 현행(2004년) 16.6%에서 2009년 8.2%로 완화
④ 경제성장률을 현행(2003년) 4.5%에서 2009년 7.2%로 확대
(2005~2009년 중 연평균 6.5%의 경제성장 달성)
⑤ 투자율을 현행 20.5%(2004년)에서 2009년까지 28.4%로 확대

인도네시아 정부는 이 같은 목표달성을 위해 투자환경 개선(improvement of investment

environment), 거시경제의 안정 유지, 빈곤감축 등을 추진하고 있다. 또한, 투자환경 개선을 위해 노동시장의 유연성(flexibility of labor market) 제고, 인프라 개발 촉진 등을 추진하고 있다.

3.2 주요 경제개발 과제

(1) 빈곤감축

인도네시아가 당면한 최대 과제는 빈곤감축(poverty reduction)으로 신규 노동력 흡수를 통한 빈곤감축을 이루기 위해서는 연 평균 6% 이상의 경제성장이 필요한 것으로 분석된다. 지속가능한 경제성장(sustainable economic growth)을 이루기 위해서는 현재의 민간소비 의존형 경제성장에서 탈피하여 민간투자 주도의 성장궤도 진입이 필요하다고 할 수 있다.

중요한 정치적 과제인 빈곤문제의 해결을 위해 실업률(unemployment rate)을 하락시키는 동시에 매년 배출되는 250만명의 신규노동인구의 흡수가 요구되고 있다. 이를 위해서는 연 6% 이상의 경제성장이 달성되어야 한다.

(2) 민주사회 구축

수하르토 정권 하에서 과도하게 집중되었던 권력 및 기업소유 체제가 자유시장 중심 체제로 전환되어야 한다. 이를 위해서는 정치적으로는 민주주의 정착, 사회적으로는 국민참여 확대와 지방분권화 실시, 경제적으로는 은행 및 대기업의 정리와 재편 등 다방면의 개혁이 필요한 실정이다.

3.3 장단기 경제개발 과제

(1) 단기과제

외환위기 극복을 위한 IMF 경제개혁 프로그램에 명시되어 있는 안정적 거시경제의 운용 및 건전재정의 지속가능성 확보, 금융개혁(financial reform) 및 기업부문 개혁(국영기업의 민영화 포함) 등을 지속적으로 추진해야 한다. 2003년 9월 발표된 '경제정책 패키지'는 국제통화기금(IMF) 프로그램 종료 후의 인도네시아 경제운용 전략을 포함하고 있으며 단기과제는 이를 계획대로 실행하는 것이다.

(2) 중기과제

민간투자 주도의 지속적인 경제성장 기반을 구축하고 신규고용을 창출하기 위해서 투자환경 개선, 경제인프라(economic infrastructure) 확충, 토착기업 · 중소기업의 육성, 경제관련 법제도의 정비 등이 요구되고 있다. 특히, 투자환경 개선과도 밀접하게 관계된 행정부문 및 사법제도 등 통치(governance)의 개혁과 개선이 중요한 과제로 부상하고 있다.

(3) 장기과제

경제성장을 통해 소득 증대, 교육·보건 서비스 향상 등 빈곤감축을 실현시키기 위해서는 행정, 사법, 입법, 중앙·지방정부의 관계설정 등 공공부문 전반에서 공정하고 투명한 통치(fair and transparent governance) 구조의 확립이 요구되고 있다.

한편, 민주적이고 공정한 사회(democratic and fair society)를 구현하기 위해서는 국가의 통일성 유지, 환경보호(environmental protection) 및 재해방지 등이 요구되고 있다. 이는 아체, 말루쿠, 파푸아 등 지역분쟁 해결과 평화 구축, 테러 및 해적 방지 등 치안확보 등에 대한 대책과 노력이 항시적으로 요구되고 있음을 시사한다.

4. 경제개발 추진의 장애요인

4.1 중장기 개발전략 부재

인도네시아의 경제개발 과제에 대해 정부의 일관성 있는 경제개발전략 추진(pursuit of consistent economic development strategy)이 미흡한 것으로 평가되고 있다. 따라서 장단기 개발과제를 해결하기 위해서는 종합적인 개발 전략의 수립과 이행이 요구되고 있다. 단기과제는 IMF의 경제개혁 프로그램에 따라 추진되고 있다. 중기과제는 2003년의 대인도네시아 원조국 회의를 계기로 그 중요성이 강조되고 있으나 인도네시아 정부는 구체적인 중기개발 전략을 제시하지 못하고 있다.

인도네시아 경제를 도약시키기 위해서는 향후 산업화 전략, 이에 따른 경제 인프라 정비, 토착기업·중소기업 육성, 농촌 개발, 자원개발(resource development)과 환경보호의 균형 등에 대한 종합적인 전략이 필요하나 이에 대한 구체적인 방향 또는 전략의 제시가 미흡한 실정이다. 당면한 현안인 빈곤감축과 관련하여 인도네시아 정부 내에서 밀레니엄 개발 목표(MGD) 등에 대해 다양한 논의가 전개되고 있으나 일치된 의견을 도출하지 못하고 있다.

4.2 경제인프라에 대한 투자부진

중장기 경제개발 전략의 부재 하에 주요 원조국과 국제기구는 빈곤감축 및 통치개혁 등을 중심으로 사회인프라(social infrastructure)를 지원하는 반면, 경제인프라에 대한 지원을 상대적으로 소홀히 하는 경향을 보이고 있다.

주요 원조국과 국제기구는 각각의 원조기법, 형태, 규모 등의 한계로 원조자금이 주로 사회인프라에 배분됨에 따라 투자환경 개선에 필수적인 경제인프라 개발이 상대적으로 경시되고 있다. 인도네시아 정부도 재정이 취약하여 경제인프라 정비 등 공공사업을 실시하는 데 어려움이 수반되고 있다.

4.3 중앙정부의 기획 · 조정 기능 약화

인도네시아 정부는 경제개발계획으로 신국가중기계발계획(2005~2009년)을 마련하여 시행하고 있으나 지방분권화에 따른 중앙정부의 권한이 축소되어 사업실시기관에 정책결정권이 산재해 있어 정부의 종합적인 기획 · 조정 기능이 약화되고 있다. 2001년 지방자치법 시행으로 경제개발계획 수립 및 실시 등과 관련한 지방정부의 역할이 확대되었으나 중앙정부와 지방정부의 역할분담이 불명확하고 지방정부의 행정능력, 지방정부의 재원 및 책임한계 등 문제점이 제기되고 있다.

원활한 경제개발정책을 실시하기 위해 이 같은 문제의 해결이 시급하며 지방자치의 강화만으로 지역간 격차가 해소될 수는 없는 실정이다. 따라서 지방분권화의 진행과 함께 중앙정부 역할의 중요성이 증대되고 있다. 이에 따라 일관된 경제개발정책을 수립하고 시행하기 위해서는 경제개발전략 기획 · 조정 기능의 강화가 필요하며 경제개발정책의 시행과정에서 중앙정부와 지방정부의 명확한 역할분담이 요구되고 있다.

제 2 절 경제성장의 동인 및 장애요인

1. 경제성장의 동인

경제성장의 동인으로 다음 3가지를 지적할 수 있다.

1.1 풍부한 천연자원

인도네시아는 동남아시아 최대의 석유생산국으로서 총 원유매장량이 약 97억 배럴, 총 천연가스 매장량이 약 385조 입방피트, 총 석탄매장량은 약 388억톤으로 추정되고 있으며 아시아에서 유일한 석유수출국기구(OPEC) 회원국일 정도로 에너지 자원 부국이다. 현재 법적, 제도적 불안정성으로 인해 재투자가 원활히 이루어지지 않고 있으나 정부는 여전히 투자자들에게 유리한 투자환경을 제공하여 적극적인 자원개발을 추진하겠다는 의지를 표명하고 있어 향후 투자증가와 자원개발 활성화가 기대되고 있다. 또한, 전세계적인 자원확보 경쟁도 동국 내 자원개발 사업에 유리한 방향으로 작용할 것으로 판단된다.

1.2 풍부한 노동력

인도네시아 전체 인구(2005년말 기준)는 약 2억 2,280만명으로 중국, 인도, 미국에 이어 세계 4위의 인구 대국이다. 현재 인도네시아의 인구구조로 볼 때 0~14세 인구가 28.8%에 이르고 있어 향후 20~30년간 경제발전에 필요한 풍부한 인력 공급이 가능할 것으로 평가된다.

1.3 정치적 안정 및 유도요노 정부의 지속적인 개혁정책

유도요노 대통령은 취임 이후 경제발전을 위해서는 외국인 투자확대가 필수적임을 인식하고 외국인투자를 저해하는 각종 규제를 철폐하고 부정부패 근절을 추진하는 한편, 인프라 서밋 개최 등 외국인 투자유치를 위한 활동을 적극적으로 전개하고 있다. 그 결과 정치적 안정성(political stability)의 지속가능성 증대와 함께 정부의 친(親) 서방 경제정책, 투자환경 개선 노력 등이 투자자들에게 신뢰를 주고 있다.

또한, 정부가 이전의 1차 산업과 원료의 단순가공을 위주로 해 왔던 경제구조를 탈피하여 고부가가치 산업을 육성하겠다는 의지를 천명하고 있으며 투자자들에게 유리한 환경을 제공하기 위하여 구체적 제도를 마련하고 있어 향후 투자 증가와 고부가가치 산업의 성장이 기대되고 있다.

2. 경제성장의 장애요인

경제성장의 장애요인으로 다음 5가지를 지적할 수 있다.

2.1 경제의 구조적 취약성

인도네시아는 자체적으로 축적된 자본과 기술로 경제발전을 이룰 수 있는 역량이 부족하여 외국으로부터의 투자에 크게 의존하고 있는 실정이다. 따라서 외형적인 경제지표가 양호한 경우에도 사회·정치적 불안정(sociopolitical instability)으로 외국인투자자들의 신뢰를 상실할 경우 경제기반(economic foundation)이 붕괴될 수 있는 취약한 경제구조를 보이고 있다.

또한, 최근 수출증가가 수입증가를 추월하고 있으나 자원수출 이외에는 뚜렷한 수출기반이 없는 상태로 대외교역구조(external trade structure)가 매우 취약한 실정이다.

2.2 열악한 사회인프라

인도네시아는 전기가 공급되지 않는 가구가 전체적으로 약 47%를 차지하여 인구 수 기준으로 약 9,000만명이 전기혜택을 못 받고 있다. 또한, 전력생산의 효율성 및 공급서비스의 질적 수준 등도 저조한 실정이다. 자바나 발리 등의 가정용 전기보급률은 96%를 상회하고 있으나 여타 지역들은 지리적 문제 등으로 인해 전기 보급률이 매우 낮아 지역적으로도 보급률 격차가 큰 편이다. 한편, 인도네시아는 도로운송 여건이 좋지 않은 곳이 많으며 컨테이너의 운송 및 통관 등에 상당한 비용이 소요되고 있다.

2.3 경제성장 격차로 인한 불균형 발전

인도네시아가 풍부한 천연자원(natural resources)을 기반으로 적극적인 외국인 투자유치를 시도하면서 점진적인 경제성장을 이루고 있으나 자카르타 또는 발리 등 일부 대도시 지역에만 경제성장의 과실이 집중되고 있어 지역간, 종족간 경제적 격차가 심화되고 있다. 특히, 자원이 풍부한 아체 지역이나 파푸아 지역에서 발생하는 경제적 이익(economic benefit)을 중앙정부가 거의 독점하고 있어 이 지역 주민의 상대적 박탈감(relative deprivation)이 분리독립 움직임의 주요 요인이 되고 있다.

2.4 질적 측면에서 열악한 인적자원

전술한 바와 같이 인도네시아는 인적자원(human resource)의 양적 측면에서는 강점을 보유하고 있으나 질적 측면에서는 인근 동남아 국가에 비해서도 열악한 실정이다. 2006년도 국제연합개발계획(UNDP)의 인간개발지수(국제연합개발계획이 매년 각국의 교육수준과 국민소득, 평균수명 등을 조사해 인간개발 성취 정도를 평가하는 지수임) 발표에 따르면 인도네시아의 순위는 177개국 중 108위로 태국(74위), 중국(81위), 필리핀(84위), 스리랑카(93위)에 비해 낮은 것으로 나타났다.

2.5 관료주의 및 부정부패의 만연

유도요노의 신정부 출범 이후 제도개선으로 인해 이전에 비해서는 상당히 개선되었으나 여전히 외국인 투자시에 제도상의 투자 허가기간에 비해 몇 배의 시간이 소요되고 있다. 또한, 개발도상국가들(developing countries)에서 흔히 나타나는 자의적인 법해석 및 편법이 성행하여 그 결과 발생하는 부정부패 문제도 경제성장의 장애요인이 되고 있다.

제3절 주요 산업

1. 석유산업

1.1 개관

인도네시아는 총 석유 매장량이 약 97억 배럴로 알려져 있으며 생산량은 일산(日産) 약 95만 배럴의 규모(2004년 기준)로 세계 17위의 석유 생산국(2003년 기준)으로 평가되고 있다. 또한, 동남아시아 최대의 석유 생산국이며 이 지역의 유일한 OPEC 회원국이다. 인도네시아는 동아시아 지역에서 가장 오랜 석유 생산 역사를 지닌 국가 중 하나이나 현재는 다수의 유전들이 매장량 고갈과 재투자 부족으로 생산량의 급격한 감소에 직면해 있다. 최근 5년간 생산량은 OPEC 쿼터(2003년 6월 기준 OPEC 쿼터는 1,317백만 b/d임)를 하회하였으며 2004년 4월에는 처음으로 석유 순수입국이 되었다.

상기한 사실에도 불구하고 석유산업은 여전히 인도네시아에서 가장 중요한 외화 획득원으로서의 위치를 차지하고 있다. 석유 생산량이 지속적으로 감소(인도네시아의 원유 생산량은 2000년 141만 b/d에서 2004년 95만 b/d로 급격히 감소하였음)하고 정유처리용량은 증가하지 않는 데 비해 유류 수요는 2001년 1.03백만 배럴/일에서 2010년 1.54백만 배럴/일로 대폭 증가할 것으로 예상되고 있다. 이에 따라 외국투자를 유치하여 석유 생산량을 증가시키거나 정유 시설을 증설하는 것이 시급한 과제로 지적되고 있다.

2001년 통과된 신석유가스법(법률 제22/2001)은 석유가스 산업의 효율화를 위한 방안을 포함하고 있다. 동 법에 따르면 생산과 유통·판매 부문에서 공히 Pertamina의 지배력이 약화되고 해외투자자를 비롯한 민간사업자의 참여가 크게 확대될 것으로 전망된다. 현재 다수의 해외기업들이 환경 변화로 인한 새로운 사업기회(new business opportunity)를 모색하고 있으나 정책의 일관성 및 안정성(policy consistency and stability) 부재(不在) 등의 문제로 석유산업을 진흥시키려는 노력이 실제로 투자 증가와 생산량 증가로 연결될지는 불투명한 실정이다.

1.2 석유산업의 부문별 실태

(1) 생산부문

현재 인도네시아의 가채 매장량과 원유 생산량은 1998년 이후 지속적인 감소 추세를 보이고 있다. 주요 유전의 매장분은 2011년경 고갈될 것으로 보이며 R/P 비율(Reserve to Production Ratio, 채굴가능 기간을 의미하며 현재의 석유매장량을 현재의 생산량으로 나누어 구함)도 10.3년으로 낮은 수준을 보이고 있다.

탐사와 투자를 확대하여 새로운 원유 공급원을 확보하지 않을 경우 2020년경 인도네시아는 더 이상 원유를 생산할 수 없는 상황에 직면하게 될 것으로 보인다. 원유 생산은 대부분 Sumatra, Java, Kalimantan, Natuna해 등 서부 지방에 집중되어 있다. 이는 이 지역에서의 생산이 다른 지역에서의 생산보다 상업적, 기술적 위험이 상대적으로 적기 때문이다.

그러나 기존 유전의 매장량과 생산량 감소 추세에 따라 인도네시아 정부는 이리안자야와 같이 탐사와 시추 활동이 활발하지 않았던 동부와 심해 지역까지 생산 영역을 확대시키기 위한 노력을 전개하고 있다.

〈표 26-1〉 석유 생산 추이

(단위 : 십억 배럴, 천 배럴/일)

	1999	2000	2001	2002	2003	2004
가채 매장량	5.2	5.1	5.1	4.7	4.4	-
생 산 량	1.4	1.3	1.2	1.1	1.01	0.95

자료 : MIGAS, 대한석유협회

〈참고 1〉 중앙정부 - 지방정부간 문제와 에너지 산업

인도네시아는 산적한 중앙정부와 각 지방정부간 문제를 가지고 있다. 인도네시아로부터의 완전한 독립을 요구하는 지방은 현재 아체와 이리안자야로 알려지고 있으나 향후 리이우와 칼리만탄 동부, 마루쿠, 롬복 등에서도 분리주의 움직임의 가능성이 증대되고 있으며 지방정부는 자원에 대한 통제권 확대를 요구하고 있는 실정이다.

이러한 문제는 상대적으로 면적이 좁고 자원이 적은 편인 Java섬 출신들이 인도네시아의 정치와 경제를 주도하며, 강력한 중앙집권적 체제를 수립하였기 때문으로 해석된다. 자원 부존량이 많은 지역들은 자원을 개발하고 이에 따른 혜택을 누릴 권리를 충분히 부여받지 못하고 모든 권한과 수입이 중앙정부에 집중되는 데 따른 불만을 가지고 있다. 이에 정부는 2001년 제정한 신 석유가스법에서 자원개발에 따른 수입의 일부를 지방정부가 가져가도록 하였으나 그 비중은 크지 않은 실정이다.

중앙정부에 반발하는 각 지방정부의 자치 요구나 분리주의자들의 활동에 따른 치안 부재 등은 인도네시아의 에너지 산업 성장을 저해하고 있는 한 요인으로 작용하고 있다. 천연가스 매장량이 많은 것으로 알려진 동티모르는 1999년 이미 인도네시아로부터 독립하였으며 아체지역 반군들의 위협으로 ExxonMobil의 가스 프로젝트가 어려움에 직면해 있다.

〈표 26-2〉 인도네시아 주요 유전별 석유 생산

(단위 : b/d)

유전	일일 생산량(2003년 추정)	API°*
Duri	250,000	22
Minas	125,000	35
Kepala Burung/Jabung Complex	46,000	35~57
Badak Complex	41,000	26~38
Kakap	35,000	43~51
기타	515,000	n/a
합계	1,012,000	

주 : *원유의 비중을 나타내는 지표로서 미국석유협회(API)가 제정한 화학적 석유 비중 표시 방법임. 원유는 생산지와 산출되는 유층에 따라 그 성질이 상이함. API도가 34도 이상인 경우 경질 원유, 30~34도는 중질(中質) 원유, 30도 이하는 중질(重質) 원유로 분류됨

자료 : WMRC Counry Report : Indonesia(Energy), 2005. 10.

(2) 탐사와 시추

인도네시아에서 원유가 매장되어 있을 것으로 보이는 60여개의 분지 중 22개 곳에 대해서는 광범위한 탐사가 이루어진 상태이다. 현재 대부분의 원유 탐사는 서부 인도네시아의 분지 지역에서 PSC(BP Migas와 투자자 간에 체결되는 기본 업무협약이며 BP Migas는 PSC의 진행에 대해 감독 및 관리함) 형태로 이루어지고 있다. 인도네시아에서는 원유 매장량의 상당 부분이 수마트라 중부와 칼리만탄 지역의 육지나 연안에 집중되어 있어 생산도 이 지역을 중심으로 이루어져 왔다. 그러나 기존 유전들의 매장분이 점차 고갈되면서 인도네시아 정부는 점차 동부 지역과 심해 지역 등 이전에는 경제적인 이유로 탐사와 채굴이 이루어지지 않던 지역에서 원유를 생산하는 데 역점을 두고 있다. 유가가 현재와 같이 높은 수준으로 유지될 경우 이곳의 개발은 지속적으로 이루어질 것으로 판단된다.

특히, 술라웨시와 마루쿠, 이리안자야에서의 탐사와 생산활동이 증가하고 있는 점이 주목의 대상이 되고 있다. Makassar 해협 인근 지역은 Unocal과 Mobil사에 의해 개발이 진행 중인데 2,900 b/d에 이르는 원유와 3.1MMcfd에 달하는 가스가 시험 생산되고 있다. 최근의 탐사

활동은 동쪽 변경으로까지 확대되고 있으며 티모르의 Bayu-Undan 유전, 이리안자야의 Tangguh 유전, 술라웨시 인근의 Senoro 유전에서 탐사와 생산이 진행 중에 있다. 쿠웨이트 해외석유탐사회사(KUFPEC)는 Molulccas 군도 인근의 Osil 유전에 대한 개발계획을 수립하여 시행하고 있다.

(3) 유통 · 판매부문

2001년 신석유가스법이 제정되기 전까지 석유의 유통 · 판매부문은 Pertamina가 독점하였다. 그러나 새로운 법의 도입으로 2005년말 Pertamina는 유한책임회사로 전환되고 유통 · 판매부문은 경쟁적 시장으로 전환하였다. 당분간은 Pertamina가 기존의 판매, 유통망을 충분히 활용하여 시장을 주도할 것으로 보이나 Shell, ExxonMobil, BP, Petronas와 같은 세계 유수의 석유회사들이 인도네시아 석유의 유통과 판매부문에 관심을 가지고 있어 이 부문의 경쟁은 점차 격화될 것으로 보인다.

인도네시아에서 석유 수출은 여전히 가장 중요한 외화 취득원 중의 하나로 평가할 수 있다. 인도네시아산 원유의 주요 시장은 동북아시아 국가들이며 일본이 전체 인도네시아 원유 수출량의 29.7%를 차지하고 있고, 그 뒤를 한국(20.3%), 중국(17.1%), 호주(12.0%), 미국(8.0%), 싱가포르(2.6%)가 잇고 있다(2004년 기준). 특히, 중국으로의 수출은 2002년에 비해 70% 가량 증가한 것으로 나타났다.

(4) 정유부문

인도네시아에는 9개의 정유공장이 있으며 이들은 모두 Pertamina가 운영하고 있다. 이 중 5개의 공장이 100,000 b/d 이상의 처리 용량을 보유하고 있다. 중부 자바에 위치한 가장 큰 규모의 Cilacap 정유소(348,000 b/d)는 주로 수입 원유를 정제하기 위한 목적으로 건설되었다. 2003년 동 정유공장에서 정제된 1억 배럴의 원유 중 22%에 해당하는 2,200만 배럴은 수입 원유이다.

원유의 주요 수입국은 사우디아라비아로 2003년 기준으로 총 수입량의 38.5% 가량을 차지하고 있으며 그 뒤를 나이지리아(29.6%), 베트남(7.5%) 등이 잇고 있다.

〈표 26-3〉 주요 정유 공장 현황

소유자 / 운영자	정유공장	처리용량(b/d)
가동중인 정유 공장		
Pertamina	Cilacap(Java)	348,000
	Balikpapan(East Kalimantan)	240,920
	Balongan(Java)	125,000
	Dumai(Riau, Sumatra)	114,000
	Musi(South Sumatra)	109,155
건설 예정 정유 공장		
HiTech / PT Pola Permai	Tanjung Sauh(Batam)	300,000

자료 : MIGAS ; WMRC Country Report : Indonesia(Energy), 2005. 10.

1.3 시사점

석유산업에 대한 시사점으로 다음 4가지를 지적할 수 있다.

(1) 가스산업에 비해 상대적 발전 가능성이 작은 편임

원유 생산량 증가와 석유 제품의 국내 수요 충족을 위한 정부 차원의 투자 육성 지원에도 불구하고 매장량 고갈과 이에 따른 한계 지역에서의 원유 생산 증가로 인한 수익성(profitability) 저하, 가스산업에 대한 수요 선호도 열위 등에 따라 석유산업은 향후 발전 가능성 측면에서 상대적으로 불리한 것으로 평가된다.

(2) 생산부문에 대한 중·장기 투자 유인 감소

생산규모 확대를 위한 정부의 석유산업 자유화 조치에도 불구하고 생산부문은 큰 영향을 받지 않을 것으로 보인다. 이는 기존의 규정 하에서도 투자자들은 생산에 참여할 자유가 있었고, 실제로 석유자원의 80% 이상이 외국투자자들에 의해 관리되어 왔기 때문으로 풀이된다. 인도네시아 서부 육지와 연안에 위치한 기존의 유전들이 고갈 위기에 직면해 있는 현재 정부는 동부와 심해 등 한계지에서의 생산을 증대시키기 위한 투자 유인책을 전개하고 있다. 탐사 시추 활동에서의 높은 성공률 등 기존 참여자들의 성과를 볼 때 인도네시아 석유산업은 투자 매력도(investment attractiveness)가 있는 것으로 판단된다. 그러나 석유 생산이 점차 원격지와 심해에서 이루어지고 있어 필요 투자 규모가 증대되는 현실을 고려할 경우 충분한 자본 여력의 구비 여부가 성공적인 투자에 있어 필수적인 요소가 되고 있다.

국내외적으로 증가세에 있는 석유 수요와 높은 수준의 유가를 고려할 경우 생산부문에 대한 관심이 일시적으로 증가할 가능성이 있으나 인도네시아에 내재한 불안한 국내 정국 등을 고려한다면 생산부문에 대한 신규 외국인 장기 투자자본의 유입은 용이하게 발생하지 않을 것으로 판단된다. 실제로 현재에도 다수의 외국자본들이 투자계획을 연기하거나 철회하고 있는 실정이다.

(3) 유통 · 판매부문에서의 투자와 경쟁 심화

인도네시아에서의 석유제품 생산은 국내수요를 충족시키기에 충분하지 않기 때문에 인도네시아는 해마다 더욱 더 많은 양의 석유제품을 수입하고 있다. 석유제품 생산을 증가시키기 위해서는 정유부문에서의 새로운 투자 유입이 필요한 실정이다. 원유 정제와 처리 부문에 투자하기 위해서는 세계적인 원유 공급망을 통한 원유의 안정적 수입이 필수적이다. 현재 Pertamina가 석유제품의 생산과 판매를 거의 독점하고 있는 상황을 고려할 때 새로운 참여자는 격심한 경쟁에 직면할 것으로 보인다. 따라서 Pertamina와 합작을 하거나 원유와 석유제품의 안정적 공급원을 확보하기 위해 다른 해외사업자와 협력을 하는 것도 해결책이 될 수 있을 것으로 판단된다.

(4) 법 · 제도에 대한 신중한 검토

석유가스산업 지원 관련 각종 법 · 제도의 문제점으로는 법규 내용의 모호성, 감독 · 관리기관의 소관영역 중복, 미흡한 지원체제 등이 지적되고 있다. 이로 인해 투자진출 결정 후 추진과정에서 예상하지 않은 난관에 직면할 가능성도 배제할 수 없는 실정이다.

2. 정보통신 산업

2.1 개관

(1) 인도네시아 통신시장의 급성장

인도네시아 통신시장은 현재 급속도로 성장하고 있다. 인도네시아는 유선전화 보급률(2005년말 기준)이 6.1%에 지나지 않을 만큼 다른 아시아 국가들과 비교해서도 통신서비스 보급도가 낮은 편에 속하였다. 그러나 유선통신 시장 성숙단계를 생략하고 곧바로 이동통신과 인터넷 서비스 부문에서 괄목할 만한 성장을 보이고 있다(이동통신 이용자 수는 2003년 전인구의 7.6%인 1,600여만명 수준에서 2005년 말에는 인구의 20.5%인 4,500만명까지 증가한 것으로 추산되고 있음).

(2) 인도네시아 소비자들의 구매력 회복

인도네시아는 많은 인구에도 불구하고 빈곤층 인구 비율이 높아 통신서비스를 구입할 수 있는 능력을 갖춘 소비층이 적었다. 그러나 최근의 경제발전과 빈곤퇴치 노력으로 구매력(purchasing power)을 갖춘 소비자도 점차 증가할 것으로 보인다(인도네시아는 1998년 외환위기로 마이너스 성장과 저성장을 경험하였으나 최근 경제가 점차 회복되고 있어 2003년 4.9%, 2004년 5.1%, 2005년 5.6%의 경제성장률을 기록하고 있음). 더욱이 휴대전화(cellular phone)의 사용과 SMS 메시지의 이용이 점차 하나의 트렌드(trend)로 부상하고 있는 것도 시장을 더욱 유망하게 하는 요인이 되고 있다.

(3) 통신시장 장애요소 상존

통신시장 발전을 위해 해결해야 할 문제 역시 산적해 있다. 통신서비스에 대한 수요가 막대함에도 불구하고 여전히 인도네시아는 이를 충족시키기 위해 필요한 자본과 기술이 매우 부족하여 이들 자원을 외부로부터 유입하는 것이 필수적인 상황으로 평가된다. 그러나 부정부패와 관료주의(bureaucratism), 정치 및 경제의 안정성(political and economic stability) 부족 등이 외국기업들로 하여금 투자와 사업 참여를 꺼리게 하는 요인이 되고 있다.

2.2 통신사업의 부문별 현황

(1) 유선통신 부문

전화 보급률(2005년말 기준)은 6%에 불과하나 실제 통신서비스에 대한 접근성은 통계상 수치로 보이는 것보다는 양호한 편이다. 이는 국토 전역에 분포되어 있는 22,000여개의 와르텔(Wartel)(시간에 따라 요금을 부과하며 전화할 수 있는 시설을 갖춘 키오스크)에 의한 것으로 판단된다.

〈표 26-4〉 인도네시아 전화통신 관련 지표

	2001	2002	2003	2004	2005
서비스회선(천회선)	7,219	7,750	8,477	9,990	13,419
회선증가율(연간, %)	8.4	7.4	9.4	17.8	34.3
보급률(%)	3.5	3.7	4.0	4.6	6.1

자료 : Global Insight, Country Report : Indonesia(Telecom), 2006. 5.

정부와 이 부문 주요 사업자인 Telkom은 서비스 소외 지역에 대한 회선 공급을 확대한다는 방침을 세우고 있으나 신규 인프라 구축에 따른 비용과 이동통신시장의 급성장 등의 요인으로 전화통신시장의 성장은 정체되어 있는 실정이다.

전화통신보급률(2001년말 기준)은 3.5%에 불과하였으며 정부와 KSO 체제 하의 사업자들의 노력에도 불구하고 회선증가율은 매년 한 자리수에 머물러 보급률은 2003년 4.0%를 기록하였다. 그러나 보급률은 2005년부터 서서히 증가하기 시작하여 향후에는 급속도로 상승할 것으로 전망되고 있다.

(2) 인터넷

인도네시아의 인터넷 사용자 수는 급속히 증가하고 있으나 인구 대비 보급률은 여전히 저조한 편이다. 이는 부족한 유선망과 소비자들의 낮은 구매력 때문으로 일반적인 소비자의 경제력이 PC를 구입할 정도에 이르게 되기 전까진 보급률은 지속적으로 저조한 수준을 보일 것으로 전망된다.

〈표 26-5〉 인도네시아 인터넷 관련지표

	2001e	2002e	2003e	2004e	2005e
인터넷사용자(천명)	4,200	4,500	8,080	14,508	18,000
사용자증가율(연간, %)	121.1	7.1	79.6	79.6	24.1
보급률(%)	2.0	2.1	3.8	6.7	8.8

자료 : Country Report : Indonesia(Telecom), Global Insight, 2006. 5.

이 부문 역시 Telkom과 Indosat이 경쟁을 하고 있으며 양사간 경쟁으로 서비스 요금이 하락하면 서비스 가입자 수가 더욱 증가할 수 있을 것으로 보인다. 인터넷 서비스는 자카르타와 소득수준이 비교적 높은 대도시 지역에 집중되어 있다. 인터넷 망에 접속하는 주요 수단은 다이얼 호출이 주로 사용되고 있으나 최근 광대역 서비스가 점차 확산되고 있는 상황이다.

2004년 7월 Telkom은 고속 ADSL 서비스를 시작하였으며 2004년 9월에는 11,382 회선을 교체하고 이들 중 50% 정도를 매각한 바 있다. 2005년 11월까지 Telkom은 5,000여명의 고속서비스 가입자를 확보하였으며 향후 동부 자바 지역에서 서비스 영역을 확대하는 것을 목표로 하고 있다. 이에 따라 속도 향상을 위한 설비투자도 증가할 것으로 보인다.

(3) 이동통신

인도네시아에는 2005년말 기준 4,500만명의 이동통신 서비스 가입자가 있으며 보급률은 20.5%에 이르고 있다. 가입자 수의 증가 추세는 매우 신속한 편이어서 2003년부터 2년 사이

가입자 수는 거의 3배 정도 증가하였다. 소득 수준의 증가와 다양해진 통신서비스에 대한 수요 확대 등을 고려해 볼 때 이동통신시장은 인도네시아 통신시장 중 가장 성장이 기대되는 부문으로 평가할 수 있다. 이에 따라 속도 향상을 위한 설비투자도 증가할 것으로 보인다.

〈표 26-6〉 인도네시아 이동통신 관련 지표

	2001	2002	2003	2004	2005
가입자(천명)	6,521	11,700	16,253	32,556	45,000
가입자증가율(연간, %)	77.7	79.4	38.9	100.3	38.2
보급률(%)	3.1	5.5	7.6	15.0	20.5

자료 : Global Insight, Country Report : Indonesia(Telecom) 2006. 5.

〈표 26-7〉 주요 사업자별 통계

연도 / 분기	2003	2004				2005		
	4분기	1분기	2분기	3분기	4분기	1분기	2분기	3분기
Indosat								
총가입자수(천명)	5,962	6,590	7,355	8,977	9,755	10,198	12,875	12,688
총가입자수증가율(연간)	66.4	69.1	70.6	78.5	63.6	54.8	75.1	41.3
총가입자수증가율(분기별)	18.6	10.5	11.6	22.1	8.7	4.5	26.2	-1.5
가입자수 순증가(천명)	933	628	765	1,623	778	444	2,677	-187
Telkomsel								
총가입자수(천명)	9,589	10,743	12,366	13,692	16,291	17,867	21,548	23,483
총가입자수증가율(연간)	-	-	-	-	69.9	66.3	74.3	71.5
총가입자수증가율(분기별)	9.1	12.0	15.1	10.7	19.0	9.7	20.6	9.0
가입자수 순증가(천명)	796	1,154	1,623	1,326	2,599	1,576	3,681	1,935

자료 : Global Insight, Country Report : Indonesia(Telecom) 2006. 5.

현재 이동통신시장은 2개사(Telkomsel과 Indosat)가 양분하고 있다. 이 중 Telkomsel은 Telkom이 65%, 싱가포르의 Singtel이 35%의 지분을 가지고 있는 기업이다.

이동통신 서비스에 사용되는 기술은 현재 GSM 방식이 우세하다. CDMA 방식으로 제공되는 서비스가 잠재적으로 위협이 될 수도 있으나 현재로서는 그 영향이 크지 않은 편이다. 그러나 인도네시아 이동통신시장의 발달단계가 초기인 점을 고려하여 각 사업자들은 초기에 충분한 가입자를 확보하기 위하여 투자를 확대하고 있다.

〈표 26-8〉 사업자별 이동통신 기술

서비스 사업자	시스템	시장진입연도
Telkomsel	GSM(900+1800)	1995
Satelindo	GSM(900+1800)	1994
Excelcomindo	GSM(900+1800)	1996
IM3	GSM1800	2001
NTS(Lippo Telcom)	GSM1800	2000
Metrosel	AMPS and CDMA	1991
Komselindo	AMPS and CDMA	1991
Telesera	AMPS	1993
Mobisel	NMT450	1986

자료 : Tri Haryanto/Anis Gunaefi, ICT Promotion Strategies in Indonesia, 2005. 7.

한편, Telkom의 경우는 Telkomsel과 TelkomFlexi를 통해 GSM, CDMA 방식의 서비스를 모두 제공하고 있으며 양 부문에서 모두 시장점유율 수위를 기록하고 있다.

〈표 26-9〉 공급자별 이동통신 단말기 시장점유율

(단위 : %)

공급자	1999	2000 / 2001	2002	2003
Nokia	41	45	51	54
Ericsson	15	7	5	3
Motorola	8	11	12	13
Siemens	12	15	15	15
Samsung	14	13	13	12
Philips	1	1	n.a.	n.a.
기타	9	9	5	2

자료 : Tri Haryanto/Anis Gunaefi, ICT Promotion Strategies in Indonesia, 2005. 7.

(4) 주요 사업자

① PT Telkom

가. 기업구조

Telkom은 인도네시아의 대표적인 전화사업자이며 정부가 51%의 지분을 가지고 있는 기업이다. 정부의 시장자유화 계획(market liberalization plan)에 따라 시내전화와 국내 장거리전화 부문에서의 독점은 2000년대 초반 종식되었다. 그러나 여전히 전화부문과 이동통신부문(GSM 부문은 PT Telkomsel에 65%의 지분을 가지고 참여하고 있으며 CDMA 부문에서는 TelkomFlexi라는 자회사를 통해 참여하고 있음)을 선도하고 있는 인도네시아의 대표적 통신기업으로 평가할 수 있다.

나. 경영성과

2005년 9월까지 5조 8,000억 루피아의 순이익을 기록하였다. 이는 전년동기 대비 19% 증가한 수치이다. 이동통신부문(Telkomsel)이 성장의 원동력이 되고 있는 반면에 기존의 전화사업부문 수입은 전년 동 기간에 비해 0.5% 감소한 것으로 나타났다.

다. 영업전략

전화통신의 성장이 한계에 직면해 있어서 최근 초점은 TelkomFlexi를 통한 CDMA 기술에 기초한 WLL 서비스에 맞추어져 있다. 한편, CDMA 기반의 TelkomFlexi의 영업이 GSM 기반의 Telkomsel의 영업을 방해하지 않도록 TelkomFlexi의 성격을 유선사업의 보조적 측면으로 제한시키는 새로운 전략을 시행하고 있다.

라. 상품 및 서비스

시내전화, 국내 장거리전화, 무선 CDMA 전화, 국제전화서비스, 협대역 및 광대역 인터넷서비스, 회선 대여, ISP, ISDN, 데이터서비스, 위성 TV 서비스 등이 있다.

② PT Indosat

가. 기업구조

Indosat은 제2의 통신기업이며 전통적으로 국제전화 사업권을 독점적으로 부여받았다. 2002년 민영화(privatization) 이전 Satelindo를 인수하였으며 IM3라는 고유의 브랜드도 만들었지만 후에 하나의 브랜드로 합쳐졌다. 2002년 민영화 과정을 거치며 싱가포르의 STT(Singapore Telemedia Technologies)가 41.94%의 지분을 취득하였으며 정부는 14.96%의 지분을 유지하고 있다.

나. 경영성과

2005년 9월까지 1조 루피아의 순이익을 기록하였다. 이는 전년동기 대비 33% 감소한 수치이다. 매출액은 8조 9,000억 루피아로 전년 대비 14% 증가하였으나 운영비용이 18% 증가하고 환차손이 620억 루피아에서 3,580억 루피아로 증가한 것이 순이익 감소의 주요 요인으로 평가할 수 있다.

다. 영업전략

이동통신부문에 주력하고 있다. 한 때 독점적으로 서비스를 공급하던 국제전화부문의 비중은 감소하고 있다. 한편, StarOne을 통한 무선전화 서비스 개발에도 주력하고 있어 서비스 영역을 점차 확대해 가고 있다.

라. 상품 및 서비스

전화 및 데이터 서비스, 국제 케이블망, 극초단파 전송망, 국제전화서비스, 무선전화, GSM 이동통신 서비스, IP VPN, 회신 대여, 광대역 서비스 등이 있다.

제 4 절 외국인 투자환경

1. 외국인 투자정책 및 절차

1.1 외국인 투자정책

(1) 개관

외국인 투자법은 1967년 최초로 제정되었으며 1970년에 개정된 외국인 투자법에 규정된 원칙에 따라 이루어지고 있다. 법제정 목적은 외국의 자본과 경영기법, 기술개발을 통한 고용창출(job creation), 수출증대 및 자원개발(resource development)을 통한 경제성장을 추진하는 데 있다.

(2) 정부지정 첨단 산업분야 투자소득세 면제 법령 내용

① 개요 : 인도네시아 정부가 지정한 22개 첨단 산업분야에 대한 투자시 소득세를 최장 8년간 면제

② 근거 : 대통령령 No.7/1999(1999. 1. 14)

③ 세부내용

가. 기본 : 자바 및 발리지역(3년), 기타 지역(5년)

나. 추가 : 근로자 2,000명 이상 고용시(1년)

다. 동 투자에 인도네시아 중소기업이 20% 이상 지분 확보시(1년)

라. 총 투자금액(대지 및 건물 제외) 2억 달러 이상(1년)

④ 정부지정 첨단산업 분야

인도네시아 정부가 선정한 첨단산업 분야는 섬유, 피혁, 화학, 석유시추, 철강, 기계류, 자동차, 전자산업이다.

〈표 26-10〉 연도별 투자정책 주요 개정 내용

연도	주요 개정 내용
1977	·외국인 투자유치의 효율성 제고를 위해 투자 관련 행정 총괄전담기구(투자조정위원회 : BKPM) 설립 - BKPM의 기능 : 외국인 투자 안내, 인허가 발급 투자 우선 분야 선정 등
1992. 4	·특정조건 하에서 100% 외국인 투자 허용
1992. 7	·외국인 투자제한분야의 축소(60개에서 51개로 축소) ·투자 금지분야인 우유, 식용유, 합판, 중장비, 자동차 등에 대한 조건부 투자 허용 ·외국인 근로자의 근로허가증 발급 절차 간소화 ·부동산 소유기한 연장(10년에서 30년으로 연장), 부동산을 담보로 은행 융자 허용 ·외국인 투자시 취득허가증 종류 축소(8개에서 4개로 축소) ·토지 취득 및 건물 설립 절차의 간소화
1993. 5	·상장 기업에 대한 외국인 투자의 지분 소유 상한 확대(49%)
1993. 6	·외국인 투자금지 업종 축소(51개에서 34개 업종으로 축소)
1993. 7	·외국인직접투자 기업에 잠정적으로 부여되었던 세금 감면 혜택 폐지
1993. 10	·100% 외국인 지분소유 허용조건 완화 및 기간 연장
1994. 6	·지분 양도의무 폐지 ·100% 지분 소유가능지역 확대(14개 주에서 전국으로 확대) ·외국인 단독 투자시 최저 자본금(5,000만 달러) 규정 폐지 ·합작 투자시 지분 소유한도 확대(80%에서 95%로 확대) ·합작투자범위 확대(금지되었던 SOC 부문 중 9개 부문 합작투자 허용) ·영업허가기간(30년) 연장수속 간소화
1995. 5	·외국인투자금지 품목 축소(팜유, 의약품 등 10개)
1996. 1	·수출입업에 대한 조건부 외자참여 허용(외국인의 100% 지분소유 허용)
1996. 6	·수출지향적 기업에 대한 혜택 부여 - 직물 수출시 부과하던 수출검사료 폐지 - 세관구역, 보세지역, 수출가공지역간 상품교류시 부과되던 VAT 및 수입과징금 폐지
1997. 7	·내국인과 합작조건으로 외국인의 자국 내 경매회사 설립 허용 ·BKPM 면허업체 뿐만 아니라 산업무역부, 지방정부 관리 투자업체에 대해서도 원자재 및 자본재 수입에 대한 면세 혜택 확대
1998. 6	·외국인 투자금지업종 재조정 및 투자금지업종 축소 - Palm Oil Plantation 및 도소매업에 대한 외국인 투자제한 철폐 - 금융기관에 대한 외국인 투자제한 철폐
1998. 10	·은행법 개정안 의회 통과 - 자국에서 영업하는 외국은행에 대한 외자출자규제 철폐(100% 자유화)
1999. 1	·정부지정 첨단 산업분야(22개)에 대한 소득세 면제 조치 발표(최장 8년간)

〈참고 2〉 인도네시아 인프라구축 사업에 대한 중국투자의 확대

1. 적극적인 외국인직접투자(FDI) 유치

현재 인도네시아의 인프라구축 상황은 매우 낙후되어 있는 실정이다. 유도요노 대통령은 전기, 도로, 통신 등과 같은 사회간접시설 인프라를 구축하기 위해 외국투자자본 유치에 주력하고 있으며 이에 중국이 큰 관심을 보이고 있다. 유도요노 대통령은 아시아·태평양경제협의체(APEC) 12개 회원국 지도자들과의 양자회담을 통하여 인도네시아로 투자자본을 유치하고자 노력하고 있다. 그는 APEC에서 적어도 10억 달러에서 20억 달러에 이르는 투자자금을 유치할 수 있길 희망한다고 피력하였다.

2. 향후 5년간 인프라 건설에 705억 달러 소요

유도요노 대통령은 중국, 일본, 미국 등이 인도네시아의 인프라구축사업에 투자를 획기적으로 확대해 주길 바라고 있다. 인도네시아 투자청은 향후 5년 동안 인도네시아의 인프라 구축을 위해 약 750억 달러의 자금이 필요하나 상황에 따라서는 그 금액이 800억 달러를 초과할 수도 있다고 지적한 바 있다.

가장 시급히 추진되어야 할 인프라 시설로는 전기산업, 도로공사, 통신산업 등으로 평가된다. 최근 무선통신산업이 상당히 성장했음에도 불구하고 여전히 잠재적 성장 가능성이 큰 상황이다. 또한, 새로운 경제도약을 이루기 위해서는 항만, 공항, 철도, 위생 등의 분야에 대한 투자도 선행되어야 한다.

3. 중국의 적극적인 대인도네시아 투자

중국은 최근에 인도네시아 인프라 구축사업에 가장 큰 관심을 보이고 있다. 산티아고에서 개최되었던 APEC회담에서 후진타오(胡錦濤) 중국 주석은 중국이 인도네시아에 재투자할 준비가 되어 있다고 밝힌 바 있다. 이러한 인프라 구축사업을 위한 협력은 양측 모두에게 경제적 혜택(economic benefit)이 돌아갈 것으로 판단된다. 이는 중국 역시 개발도상국에 속해 있기 때문에 상호 이익이 되는 사업 수요가 많을 것이며, 장차 협력적인 시장 구축에도 상호 긍정적인 영향을 미칠 것으로 판단되기 때문이다.

4. 에너지산업과 건설산업이 주요 관심분야임

중국은 다른 어떤 분야보다도 에너지산업에 큰 관심을 표명하고 있다. 특히, 수마트라 남부의 빨

렘방(Palembang) 전기 발전사업에 주목하고 있다. 또한, 수마트라 북부의 라부항인(Labuhangin)의 전기발전 사업에도 참여할 것으로 전망된다. 중국이 참여를 원하는 사업으로 자바섬과 수마트라섬을 연결하는 도로공사도 지적할 수 있다. 아직 정부가 순다 해협을 횡단하는 다리나 터널을 건설할 것인지에 대한 결정을 내리지 않았으나 중국은 이미 수주를 위한 관심과 의사를 표명하였다. 중국 정부는 찌레본(Cirebon)과 끄로야(Kroya)를 연결하는 철도 건설사업에도 투자를 위한 준비를 하고 있다.

이 외에도 외국자본 유치를 희망하는 사업으로 1,593km 규모의 고속도로(Jalan Tol) 건설을 들 수 있다. 이 사업은 866km, 298km 규모의 지선(支線) 건설, 293km 규모의 도시 지역 고속도로 및 자바섬 이외의 지역의 56km 도로건설로 구성되어 있다.

(3) 투자금지 분야 리스트

① Negative List 규정(대통령령 96호, 2000년 7월 20일)

② 내·외자 투자 전면 금지 분야

가. 대마·마약의 재배나 가공

나. 산호의 채취나 가공

다. 환경오염(environmental pollution)을 발생시키는 화학원료의 제조 및 판매

라. 살인가스 등의 화학병기

마. 무기와 그 부품

바. 사카린 제조

사. 무선사업과 위성산업

아. 방사선 친화물질의 채굴

자. 알코올음료의 제조

차. 카지노·도박장 경영 등

③ 외국인 투자금지 분야

가. 삼림 벌채

나. 택시·버스영업

다. 국내해운

라. 민영 텔레비전·라디오 방송

마. 신문·잡지 발행

바. 영화 관련 사업

사. 상업 및 그 지원 사업. 다만 대규모 소매업(마트, 수퍼마켓, 백화점, 쇼핑센터), 대규

모 유통업(판매망, 도매업, 수출입업), 품질 검정업, 시장조사 서비스 , 애프터 서비스업 등은 규제 대상에서 제외됨

④ Negative List는 규제완화(deregulation) 방향으로 점차 개정되고 있으며 외자투자 금지 분야라 하더라도 현지기업과 파트너십(partnership) 조건으로 참가가 가능하므로 사전 투자조정위원회(BKPM)를 접촉하여 확인하는 것이 바람직함

⑤ 소기업 보호를 위한 외자 규제대상 업종 규칙(대통령령 제127호, 2001년 12월 14일)에서는 소기업을 위해 유보되는 업종, 소기업과 제휴를 조건으로 투자 가능한 업종이 규정되어 있음

1.2 외국인 투자절차

(1) 투자허가기관 : 투자조정위원회(BKPM : Investment Coordinating Board)

(2) 구비서류

① 신청서 기재(BKPM 양식 : Model I/PMA) 기재

가. 신청인(업종)및 회사명

나. 연간 생산 및 판매 계획

다. 고용 계획

라. 건축일정 및 계획

마. 자금 계획

바. 자본금 조달 및 구성

② 첨부서류

가. 위임장(Power of Attorney)

나. Deed of Establishment of PT.PMA

다. 외국인회사의 연차보고서(Annual Report)

라. 양측회사의 정관(Articles of Association)

마. 인도네시아 회사의 세금 납입자 번호(NPWP)

바. 합자 및 기술협력 약정서(기술협력 약정서는 의무사항이 아님)

사. 생산 공정 설명서 및 도해

아. 공해방지 및 안전설비계획(유해물질 생산의 경우)

자. 양측회사의 Bank Reference

차. 외국 수입업체와의 매매계약서 혹은 매매약정서(수출지향기업의 경우)

(3) 투자허가 절차

① Negative List 검토 및 확인(투자 금지 및 제한 여부 검토)

② BKPM에 투자 신청서 및 첨부서류 제출

가. BKPM, 대통령에게 투자인가 요청

나. 1억 달러 미만인 경우 BKPM 장관 승인사항임

③ BKPM, 투자 관련부서 및 재무부에 동 신청서 사본 송부, 대통령의 인가/비인가 증서 BKPM에 전달

④ BKPM, 투자자에게 대통령의 결정사항 통보

⑤ BKPM, 대통령 결정사항 관련 사본을 다음 기관에 송부

가. 투자 관련 정부부처(Ministries subordinating the Capital Investment Business Fields concerned)

나. 재무부(Ministry of Finance)

다. 국가토지관리청(The National Agency for Land Affairs)

라. 1급지(first level region)의 Governor/Head(지방투자조정위원회(BKPM)가 location license를 발급했을 경우)

⑥ 대통령의 투자승인 후

가. BKPM이 관련 장관을 대신해 제한 수입자 번호(The Limited Importer's Identification Number), 설비에 대한 조세 및 관세 경감에 관한 결정(The Decision on the Granting of Facilities/Tax and Import Duty Relief), 외국인 근로 허가증(The Working License required for Expatriates), 영구 사업허가증(The Permanent Business License) 등을 발급함

나. 1급지 Governor/Head는 국가토지관리청이 마련한 거주 허가증(Location License) 발급

다. 국가 토지 관리청 또는 지방 토지관리청은 규정에 의거 사업운영 및 빌딩 건축에 대한 Land Title 발급

라. 2급지(second level region)의 Regent/Mayor는 빌딩건축 허가증 및 Nuisance Act License 발급

⑦ 대통령의 투자승인서를 BKPM으로부터 얻은 후 투자자는 수입하고자 하는 자본재(Capital Goods), 기초재(Basic Material) 및 부자재(Complementary Materials) 등에 대한 Master List를 작성하여 BKPM에 제출

⑧ 동 Master List 검토 후 BKPM은 설비에 대한 관세 및 수입부과금에 대한 결정사항(Decisions on Facilities/Relief of Import Duty and Other Import Levies)을 통지

⑨ 프로젝트 확장 등을 포함하여 이미 승인을 득한 자본투자계획에 대해 수정할 사항 발생시 투자자는 BKPM이 규정한 절차에 의거하여 BKPM에 신청함

⑩ BKPM에 공장 건설 및 생산 상황 보고

정상조업 개시 후 BKPM에 공장건설 상황보고(연 2회) 및 생산 상황 보고(12월말 1회)를 해야 하며 중앙은행(Bank of Indonesia)에 외화 투자 이행 결과를 보고해야 한다.

⑪ 건물 건축 및 사업장 허가 취득

가. 건물 건축 허가증(IMB)

나. 발급기관 : 해당 지역의 장

다. 허가증 발급 소요일수 : 신청서 접수 후 14일 이내

라. 허가 후 12개월 이내에 건물 건축이 개시되지 않을 경우 취소 가능 시한은 해당지역의 장이 타당성을 인정할 때 연장 가능

⑫ 사업장 허가증(UUG)

가. 발급기관 : 해당지역의 장

나. 허가증 발급소요일 수 : 신청서 접수 후 35일(Work Day) 이내

다. 사업장이 공해 배출 등 환경오염 업체로 판단될 경우 환경관리 규정에 관한 법 No.4/1982에 의거하여 규제를 받음

1.3 외국인 투자 관련 법규

(1) 외국인 투자법

① 정부는 급변하는 외부환경 변화에 대응하면서 경제개발에 기여할 수 있는 외국인투자를 유치하기 위하여 지분소유권 규정을 포함한 외국인직접투자(FDI) 규제를 완화하기 위해 노력하고 있음

② 이에 따라 1967년 최초로 외국인 투자법(법률 제1/1967)이 제정되고 1970년 법률 개정과 1994년 관련 규정 개정을 통하여 현재의 투자법 근간이 마련되었음. 1995년에는 투자금지 품목 리스트가 발표된 바 있음

③ 외국인 투자법은 매년 변경되어 왔으며 1986년 이후 1994년 이전까지의 주요 변경내용으로는 투자 허용범위 확대(1986), 수출지향 기업에 대한 수출 비중 의무기준 완화

(1987 : 85% → 65%), 외국은행 합작투자진출 허용(1988), Negative 방식의 투자유치 정책 채택(1989), 허가절차의 완화(1992), 투자금지업종의 축소(1993) 등을 지적할 수 있음

(2) 지적재산권 보호법

① 인도네시아는 1959년 Bern Convention 탈퇴 이후 1997년 5월 저작권에 대해 다시 서명한 상태이며 EU(1988), 미국(1989), 호주(1992) 및 영국(1993)과 저작권에 관한 쌍무협정(bilateral agreement)을 체결하고 있음. 또한 인도네시아는 스톡홀름협회(1967)의 회원국으로서 산업재산권 보호를 위한 Paris Convention(1997. 5)의 서명국임

② 특허권(법률 제6/1989)의 보호기간은 신청일로부터 20년이며, 특허권 취득 이후 특허권자의 특허권 수입이 개발비용을 초과하지 않거나 지속적으로 특허권이 상업적으로 이용되지 않을 경우 2년 동안 한 번에 걸쳐 연장이 가능함

③ 상표권(법률 제19/1992 제정, 법률 제14/1997 개정)의 보호기간은 등록일로부터 10년이며, 저작권보호법(법률 제6/1982, 법률 제7/1989, 법률 제12/1997 개정)에 의해 최초 공표일로부터 자동적으로 저작권이 인정되며 저작권의 보호기간은 대부분 공표일로부터 50년 이상이고 사진, 컴퓨터 프로그램, 번안 및 편찬의 경우는 25년 간임

2. 투자 우대정책

2.1 일반적인 인센티브

(1) 개관

유도요노 대통령은 2004년 초부터 위축된 투자를 진작시키기 위한 새로운 지원 정책을 마련하겠다고 밝힌 바 있다. 새롭게 지원되는 투자유치 정책은 외국인 투자자들에게 보다 명확한 인센티브를 제공하는 것으로 이해할 수 있다. 새로운 투자진흥법안은 외국인 투자자와 내국인 투자자를 동등하게 대우하는 사실에 기반하고 있다. 또한, 중소기업들에 대한 과세를 감소시키고 정부의 인센티브 부여 절차를 간소화하였다. 최근 정부는 사회간접자본(SOC) 투자에 대한 새로운 인센티브를 개발 중에 있다.

정부는 면세기간 도입 여부를 검토하고 있는 것으로 알려지고 있다. 그러나 2003년 최초로 타당성을 조사하던 인도네시아 정부는 2005년말 이후 별다른 결과를 도출하지 못하고 있다.

투자 인센티브(investment incentive)는 수입관세 면제, 특정 산업분야에 대한 공제 혜택,

제조업 수출분야에 대한 혜택, 부가가치세(value-added tax)나 사치세 해당 품목이지만 수출품의 중간재(intermediate goods) 역할을 하는 상품에 대한 관세 혜택을 부여하고 있다.

(2) 인센티브

수입관세, 부가가치세와 사치세의 환급이 신규투자 관련 수입재에 한해 가능하다. 또한, 현지에서 생산되고 석유를 제외한 수출품 생산 관련 자본재도 가능하다. 수입관세 면제를 위해서는 투자조정위원회(BKPM)의 승인이 있어야 한다. BKPM은 신고 · 접수 건에 대해 2주 내에 승인 여부를 결정하게 된다. 정부는 생산관련 주요 장비와 소비재 생산관련 주요 장비 그리고 기타 부품 수입에 대해서도 수입관세 면제 또는 감세 혜택을 주고 있다. 현지에서 조달 가능하지 않은 원자재 수입이면서 부과되는 수입관세가 5% 이하인 경우 2년간 전액 면제 혜택을 부여한다.

현지에서 조달 가능하지 않은 원자재 수입이면서 5% 이상의 수입관세가 부과되는 경우에는 50%의 세금 공제혜택을 부여하고 있다. 30% 이상 생산능력 확충시 최대 2년간 원 · 부자재 수입관세 면제 등의 조치가 이루어지고 있다. 현재 인도네시아에는 외국인 투자자를 위한 면세 기간이 없는 실정이다. 외국인 투자자를 위한 면세기간(tax holidays) 혜택은 2000년 국회가 폐지한 바 있다. 더욱이 정부의 인센티브 정책 또한 비일관적으로 진행되고 있어 외국인 투자자들의 혼란이 발생되고 있다.

2.2 산업별 인센티브

(1) 석유산업

① 정부의 이윤분담협약

정부와 해당 투자자들 간에 체결된 이윤분담협약(PSC : Product Sharing Contracts)에 따르면 투자사업이 석유관련 산업일 경우 정부가 이윤의 85%, 기업이 이윤의 15%를 분배하고, 천연가스 산업일 경우 정부가 이윤의 70%, 기업이 이윤의 30%를 가지게 된다.

② 이윤분담협약 개선 노력

그러나 정부와 기업 간에 체결된 이윤분담협약은 외국 기업에 부여되는 부가가치세와 수입관세, 지방세 등으로 그 의미가 퇴색되었다. 이 같은 상황을 개선하기 위해서 재무부는 2005년 3월 이윤분담협약을 체결한 외국인 투자자에게 부가가치세와 수입관세, 소득세를 면제하는 제도를 도입한 바 있다.

③ 유전개발 기업 지원정책

에너지·광물자원부는 2005년 4월 유전개발 사업에 참여하는 한계기업에 대해 인센티브를 부여하고 있다. 동 인센티브는 운영비용의 20%까지 보상해주는 혜택으로 투자 대비 15% 미만의 수익을 낼 때 수혜대상이 된다.

(2) 광물자원 관련 산업

① 광물자원 개발 지원 정책

광물자원 개발에 대한 인센티브 관련 법령은 이제까지 통과되지 않고 있다. 그러나 그 내용은 1967년에 제정된 법령을 지방 분권화와 지방정부의 산업 지원 측면에서 갱신될 것으로 보인다. 동 법령으로 외국인과 내국인의 투자에 대한 차별도 제거될 것으로 전망된다.

〈참고 3〉 국가 인프라 시장에 대한 민간참여 확대

1. 인도네시아 정부는 111건의 인프라 프로젝트를 발표하고 있음

2006년 11월 1일부터 3일간 개최된 '인프라스트럭처 2006' 전시 컨퍼런스 행사에서 모델 프로젝트 10건을 비롯해 총 111건, 200억 달러에 이르는 인도네시아 인프라스트럭처 프로젝트들이 투자자들에게 제시되었다.

도로·유료도로, 교통, 항만, 공항, 철도, 정보통신, 전력·에너지, 상수도·담수처리, 파이프라인 등 6개 분야의 총 111개 인프라 프로젝트에 관한 소개와 상담이 진행되었다.

〈표 26-11〉 분야별 모델 프로젝트 및 잠재 프로젝트 너역

(단위 : 백만 달러)

분야	사업수			필요 투자액		
	모델	잠재	합계	모델	잠재	합계
고속도로	2	18	20	1,037.0	4,303.3	5,340.3
수도	3	10	13	108.4	401.1	509.5
발전소	2	34	36	1,475	3,052.0	4,527.0
파이프 라인	-	12	12	-	2,855.0	2,855.0
운송 · 교통	2	27	29	3,690	4,846.9	5,215.9
통신	1	-	1	1,517.0	-	1,517.0
합계	11	101	111	4,506.4	15,458.3	19,964.7

2. 투자 가능 10개 프로젝트의 제시

인도네시아 정부는 상업적으로 이익창출이 가능한 10개 프로젝트를 제시하였다. 이들 프로젝트에 대한 잠재투자가 발굴에 역량을 결집시키고 있다. 유도요노 대통령은 기조연설을 통해 인프라 구축이 경제성장과 고용창출에 핵심적인 역할을 하며, 나아가 지역불균형(regional imbalance)을 해소하고 사회안정(social stability)을 위한 필수적인 요소임을 강조하면서 모델 프로젝트 성공의 중요성을 역설한 바 있다. 부디오노 경제조정부장관도 인도네시아 정부가 인프라 개발 리스크를 투자자와 공유할 준비가 되어 있다고 강조하면서 인프라 정비 분야의 민관협력에 관한 대통령령 제67/2005 및 위험 관리(risk management)에 관한 재무부장관령 제38/2006 등을 법적 근거로 제시한 바 있다.

'인도네시아 인프라스트럭처 2006' 10대 모델 프로젝트는 다음과 같다.

① 메단 - 쿨라나무 고속도로
② 솔로 - 콧오소노 고속도로
③ 반둥 수도시설
④ 두마이 수도시설
⑤ 탕게랑 수도시설
⑥ 마가기리 - 케타팡 선착장
⑦ 탈룩 라몽 항구
⑧ 중부 자바 발전소
⑨ 파수란 발전소
⑩ 팔라파 링 프로젝트(해저 광통신망 네트워크)

3. 인프라 투입자금의 확대

인도네시아 정부는 인프라 전용 예산으로 2006년 2조 7,000억 루피아, 2007년 2조 루피아를 책정했다고 밝히고 있으며 국제금융기관(international financial institutions)에서도 인프라 자금을 지원받아 실제 투입규모는 증가할 것으로 보인다. 인도네시아 정부는 인프라 투자유치를 촉진하기 위해 규제완화(deregulation)도 모색하고 있다. 현재 국회에 제출된 철도법 개정안은 국철의 독점을 해제하는 내용을 포함하고 있으며 재무부는 인프라 보증기금을 설립해 운영할 것이라고 밝혀 인도네시아 정부는 리스크 분산 의지를 천명한 바 있다.

인도네시아 정부의 인프라개발촉진위원회(KKPPI)가 분야별로 검토 중인 리스크 분산 대상이 결정되면 재무부가 최종검토를 거쳐 그 대상을 결정하게 된다.

4. 적극적인 인프라 시장 개방에도 불구하고 다수의 장애요인이 상존하고 있음

인도네시아 정부는 국가 인프라시장에 대한 민간 참여, 특히 외국자본 유치에 적극적으로 나서고 있으나 부처 간의 조정 등 기구개혁과 투명성(transparency)을 제고시키는 방안, 시장상황에 따라 리스크를 분산하는 구조를 도입하는 방안, 토지수용방식의 개선 등 향후 개선되어야 할 과제가 산적한 실정이다.

2.3 지역별 인센티브

(1) 경제개발지역(KAPETs : Integrated Economic Development Zones)

인도네시아 정부는 지역 불균형을 축소시키고 지역간 균형 발전을 위해 13개의 경제개발지역을 선정한 바 있다. 대부분은 인도네시아의 동쪽 지방에 위치하고 있다. Seram Island를 비롯하여 주변의 Buano, Kelang, Manipa Island가 이에 속한다. Seram 경제개발지역은 법인세 면제와 산업용 장비에 대한 수입관세 면제 혜택이 있다. 다른 지역으로는 Banda Aceh Batui, Batulicin, Biak, Bima, Bukari, Das Kakab, Khatulitiwa, Mbay, Manado-Bitung, Pare-Pare와 Sasamba 등이 있다.

이 지역의 투자에 대한 인센티브가 있다고는 하나 현재까지 규정이 명확하지 않아 혼란의 여지가 있다. 그리고 이들 지역의 발전이 정부의 우선적 정책사항이 아닌 것으로 분석되고 있다.

(2) 특별경제지대(SEZ : Special Economic Zone)

현재 Jakarta, Batam, Ujungpandang(남부 술라웨시), Pasuruan(동부 자바), Semarang(중부 자바), Bekasi(서부 자바) 및 Bogor(서부 자바) 등 7개 지역에 특별경제지대가 설치되어 운영되고 있다.

특별경제지대는 비섬유부문의 수출증대를 목적으로 설치되었다. 이 지역 내 투자기업은 생산제품의 2/3 이상을 수출해야 하나 특별경제지대 지역 내 판매물품에 대하여는 부가가치세를 면제받을 수 있으며 제품의 100% 수출시 수입관세도 면제하고 있다. 또한, 1997년 11월 규제완화조치로 판매가격이 수출가액의 50%를 초과하지 않는 선에서 이 지역의 부품생산기업은 국내시장에서 생산제품을 판매할 수 있도록 허용되고 있다.

특별경제지대는 국영기업인 Kawasan Berikat Nusantara에 의해 관리되고 있다.

(3) 산업공단

최초의 산업공단 Pulogadung(자카르타), 제2의 산업공단 Rungkut(수라바야), 제3의 산업

공단 Cilacap(중부 자바) 등 대부분이 자바지역에 밀집되어 있는 가운데 현제 17개 지방에 걸쳐 178개의 산업공단(53,000ha)이 형성되어 있다. 산업공단은 특별히 정한 환경 가이드라인을 준수해야 한다. 신규 공단은 폐수처리 시설과 자가발전 시설(과잉된 국영전기회사의 전력보충 목적)을 구비해야 하고 산업공단에 진출한 기업은 수출가공지대 및 특별경제지대로부터 구매한 제품의 최대 25%를 내수시장에 판매할 수 있다.

(4) 수출가공지대(EPTE : Export-oriented Production Entrepots)

수출가공지대는 수출가공을 목적으로 특별경제지대 지역에서 구매한 제품 또는 수입한 원자재나 물품, 그리고 수출가공지대 내에서 거래된 물품이나 원자재를 보관하는 지역으로 수입관세, 통관세가 면제되고 있다. EPTE는 1993년 2월에 설립되어 산업공단 내·외곽에 설치 가능하며 EPTE 자격신청을 위해서는 관세청을 통해 재무부의 허가를 얻어야 한다. 보세지역과 마찬가지로 생산제품의 최대 25%를 내수시장에 판매할 수 있으며 판매물품에 대해서는 부가가치세를 면제받을 수 있다.

2.4 투자관련 기관

인도네시아 외국인투자는 외국인투자법에 따라 1977년에 설립된 대통령 직속의 투자조정위원회(BKPM)에 의해 총체적으로 관리되고 있다. BKPM은 투자정책의 입안(대통령 건의), 투자허가 및 평가, 투자사업의 이행 감독, 유관 정부부처와의 투자업무 조정 및 투자서비스 제공 등의 업무를 수행하고 있다. 이 밖에도 무역정보 촉진은 수출개발국(NAFED), 유망 투자자 지원은 바탐산업개발청(BIDA), 산업공단 정보는 통상산업부 및 인도네시아산업공단협회 등에서 담당하고 있다.

또한, 지방행정기관으로 외국인 노동력에 대한 고용허가는 투자조정위원회 내 지역투자조정위원회(BKPMD : Regional Investment Coordinating Board), 토지경작권 및 사용권은 지방정부 토지관리청(BPN Dati : Provincial/Regency Land Affair Office), 건축허가권은 건설부 산하의 공공사업성(Dinas Pu Dati)에서 취급하고 있다.

3. 외국인 투자여건

3.1 관세제도

(1) 관세의 분류방식

인도네시아의 수입관세는 일반관세와 아세안(ASEAN) 국가에 적용되는 특혜관세(CEPT : Common Effective Preferential Tariff)의 복수체계로 구성되어 있다. 수입 관세율은 인도네시아 전 관세지역에 동일한 효력이 있으며 아세안 특혜관세 이외에는 원산지에 관계없이 동일하게 적용된다.

최근 중국과의 자유무역협정(FTA) 체결로 2004년부터 일부 농산물에 대해 조기자유화프로그램(Early Harvest Program)을 적용하여 관세를 인하하였으며 2005년 7월부터는 공산품에 대해서도 본격적으로 관세인하가 시작되었다. 1993년 [illegible]월부터 아세안자유무역지대(AFTA)가 추진되어 아세안국가들 간에는 CEPT에 따른 특혜관세가 적용되고 있다. 한·ASEAN 간에도 FTA 상품양허협정이 2006년 5월 체결되어 2007년 6월 1일부터 발효되고 있으며 2010년까지 수입의 90%에 해당하는 품목의 관세를 철폐하기로 하였다.

(2) 평균관세율

1985년 이후 지속적으로 관세인하를 추진해 오고 있으나 일부 보호품목 관세율 수준은 여전히 높은 편이다.

〈표 26-12〉 품목별 평균 관세율

	품목	적용세율
자동차	승용차·상용차	25~80%
자동차부품	-	15%
전기제품	-	5~15%
가죽류	-	10~15%
알코올/알코올 음료	에틸 알코올, 맥주, 포도주	30~170%
농산물	동물, 식물성 제품	0~5%
기타	화학품, 약품류, 고무제품 등	0~5%

〈참고 4〉 실질 관행과 관련 관세절감 요령 및 특기사항

인도네시아 주요 수입상 및 비즈니스맨은 대부분 중국계로서 싱가포르 또는 바탐섬 등 자유무역지대(free trade area)로 일단 수입을 하여 하치, 보관한 후 인도네시아로 재수입하는 것이 관례화되어 있다. 직수입하는 경우에도 싱가포르를 경유하는 선박에 일단 선적을 하고 싱가포르에서 환적한 후 제반선적 서류를 교환하여 아세안 특혜관세 혜택을 받는 경우가 많은 편이다.

(3) 관세평가제도

① 관세 산정방식

가. HS 도입 이전에는 종량세 품목이 521개 품목으로 총 품목의 10% 수준이었으나 1989~1990년 기간 중 모든 종량세를 종가세 및 수입과징금으로 변경하였음. 이 같이 종량세를 종가세로 변경함에 따라 관세율의 투명성과 예측성을 증대시키는 효과가 발생됨

나. 관세부과는 CIF(cost, insurance and freight, 운임 및 보험료 포함 인도) 가격기준

다. 관세금액 = 수입품가격 X 관세율 X 관세환율

라. 관세 환율은 재무성이 외국 통화를 루피아화로 환산한 금액

② 관세부과기준 가액

가. FOB(free on board, 무역상품을 배에 실어 매수인에게 인도할 때의 가격) 가격기준으로 5,000달러 이상인 경우, 수출시 SGS(인증 서비스 제공 기관)가 평가한 수출국의 정상시장가격과 송장금액 중 높은 가격

나. 5,000달러 이하인 경우 송장금액. 다만 송장금액이 의심스러운 경우 유사물품 가격과 비교하여 결정함

(4) 관세환급제도

① 개관

수입된 물품이 수출용으로 사용되었을 경우 수입관세를 환급해 주는 데 이는 수출물품의 제조에 사용되는 완제품 및 원자재의 수입시 수입관세를 일단 납부하고 제조, 가공 및 수출 후 환급받는 제도이다.

② 환급 대상

물품의 수출 전 3년 이내에 수입한 완제품 및 원자재로서 최종 제품이 수출되고 인도네시아에서 사용되지 않은 경우에 한한다.

③ 환급 대상 제외물품

가. 수출되지 않는 부산물, 스크랩 비용

나. 윤활유, 연료 및 공장설비에 대한 수입관세

다. 수입규정에 위반하여 부과된 벌과금

④ 환급 절차

가. 수출 후 1년 이내에 신청서 제출

나. 수입관세 환급신청서 제출(공통서류 : Form E)

다. 수입증빙서류

- 수입되는 제품 및 원재료와 최종 수출품의 연계증빙서류
- 최종 수출품 검정
- Surveyor가 검정한 후 Export Clean Report of Finding을 발급하는 데 Surveyor는 정부가 지정하고 재무성을 대신하여 SUCOFINDO(SGS Agent)가 검사하도록 되어 있음

⑤ 환급 결정

가. 담당부서(P4BM)는 신청서 접수 후 30일 이내에 환급여부를 결정

나. 환급승인시 신청금액의 75%를 지급하고 나머지 25%는 접수 후 60일 이내에 관련서류 확인 후 국영은행을 통해 지급

다. 수입관세환급지시서(SPMKBM), P4BM이 3부 작성

-원본(신청인)

-1부(국영은행)

-1부(예산국장에 송부)

⑥ 환급금 지급

국영은행에서 환급지시서의 진위를 확인한 후 신청인에게 지급한다.

(5) 원산지 규정

① 현지에 진출한 한국기업들이 미국, EC에 수출하는 경우 GSP(일반특혜관세제도, 일반특

혜관세제도는 개발도상국의 수출확대와 공업화 촉진을 위해 선진국이 개발도상국을 원산지로 하는 수입품에 대하여 일반관세율보다 낮은 관세율을 적용하거나 또는 무관세를 적용하는 관세상의 특혜제도임) 혜택을 받기 위해서는 현지 Local Contents 규정을 준수하여야 하는데 현지부품 의무사용비율은 60%임

② 원산지증명서는 검역의 목적 또는 수출용원부자재를 수입 후 관세환급 신청시에 요구됨

〈참고 5〉 인도네시아와 ASEAN FTA 및 단일경제권 구축

1. 아시아 자유무역협정 추진

① 유럽연합(EU) 출범과 더불어 본격적으로 도래하기 시작한 자유무역시대를 맞이하여 ASEAN도 단일시장 창출을 위한 노력을 한층 강화하고 있음

② ASEAN 경제장관들이 최근 말레이시아 쿠알라룸푸르에 모여 2015년으로 예정되어 있던 관세 인하 및 철폐에 대한 시기를 앞당겨 2007년부터 시행하기로 합의하였음

2. 관세 철폐

① 새로운 협정에 따르면 ASEAN 국가 간의 11개 우선추진분야에 포함된 총 4,000개 제품의 수입관세가 철폐됨

② 이 내용은 2007년 1월 1일부터 시행될 예정이나 ASEAN에 나중에 가입한 캄보디아, 라오스, 미얀마, 베트남 등은 2012년까지 시행이 유예됨

③ 관세철폐 대상으로 포함된 11개 우선시행분야는 전자, 어업용품, 자동차제품, 섬유제품(TPT), 전자상거래(e-Commerce), 의료용품, 항공, 관광, 목재 제품, 농장용품, 고무, 물류 등임

3. 비관세장벽 축소

① ASEAN은 비관세장벽(non-tariff barriers) 또한 축소하기로 합의하였는 데 원래 2006년부터 축소하기로 예정되었던 비관세장벽 축소일정을 2008년으로 연기하고 축소작업을 2012년까지 종료하기로 합의함

② 협상시 각국의 법조항 중 폐기 또는 변경 대상을 의미하는 'RED BOX' 범주에는 217건이 포함되어 있으며 협상대상으로 지정된 'AMBER BOX'에 121건, 현행대로 유지되는 'GREEN BOX'에 93건이 포함되어 있음

4. ASEAN 역내 교역증가의 득과 실

① 이러한 새 협정은 ASEAN의 역내 교역을 크게 활성화시킬 것으로 기대되고 있으며 이미 2005년부터 FTA의 효과로 교역량이 크게 증가하였음
② ASEAN 사무국에 따르면 2004년 2,610억 달러이던 역내 교역량이 2005년에는 3,064달러로 17.5% 증가한 것으로 나타났음
③ 인도네시아도 이번 ASEAN 단일시장 창출이 장기적으로 역내시장 진출 확대에 기여하게 될 것으로 전망됨. 반면에 다른 ASEAN 국가들로부터의 수입이 크게 증가할 가능성도 상존하고 있음. 특히, 2005년부터 이 같은 결과가 가시적으로 나타나고 있으며 인도네시아의 대ASEAN 수출규모가 108억 8,300만 달러, 수입규모가 158억 2,490만 달러로 무역적자(trade deficit)를 면치 못하고 있는 실정임

〈표 26-13〉 주요 ASEAN국가 대상 인도네시아 무역적자 현황(2005년)

(단위 : 백만 달러)

	무역액	무역적자
싱가포르	17,306	1,634
태 국	5,693	1,201
대 만	5,579	1,283

④ 현재의 지역 내 교역추세로 볼 때 현재 ASEAN 단일시장 추진이 인도네시아에 유리하게 작용하지 않을 수 있으며 자칫 해외에서의 경쟁력(competitiveness) 상실은 내수시장까지 위협당할 수 있음. 따라서 이 같은 위기의식 속에서 인도네시아 제품의 경쟁력 제고를 위한 해외선진국 제조업분야의 투자유치가 중요한 이슈로 부상하고 있음

5. 인도네시아의 투자유치환경 평가와 개선 노력

① 세계은행(WB)과 국제금융공사(IFC)에서 수행한 투자매력도(investment attractiveness) 설문조사에서 인도네시아는 2005년 131위에서 2006년 135위로 하락하였음. 1위 싱가포르, 18위 태국, 25위 말레이시아 등은 물론 104위 베트남, 126위 필리핀 등에도 투자매력도가 뒤처지는 것으로 나타남
② ASEAN 국가 중에서도 143위의 캄보디아와 174위인 동티모르를 제외하고는 최하위를 기록하였음. 특히, 노동법 개정이 계속 지연되고 있으며 임금인상과 불투명한 세제 및 정책 등이 투자환경 개선에 장애요인이 되고 있음
③ ASEAN의 단일경제권 통합이 가시화되고 있는 상황 하에서 인도네시아 내수산업의 체질강화를 위한 효과적인 조치가 필요하다는 인식이 국내에서 고조되고 있음. 이 같은 인식 하에서 노후화된 섬유기계 설비교체 지원 등 다양한 정책들이 모색되고 있음

④ 해외자본의 유치를 통한 인프라 구축 및 해외직접투자(FDI)를 장려해 국내 생산기반의 강화 및 품질향상을 도모하려는 노력이 진행되고 있음

3.2 수입관리제도

(1) 고율관세

① 1998년 2월 비농산품에 대한 관세를 5% 인하하였으며, 동년 4월에는 농산품에 대한 관세를 최고 5% 인하한 바 있음

② 1999년 6월 자동차 완제품에 대한 관세를 인하하여 승용차에 대한 관세는 1,500cc 이하 65%, 1,500~3,000cc 70%, 3,000cc 이상 80%로 규정되어 있음. 인도네시아가 관세를 부과하고 있는 물품의 59.4%가 관세율 0~5%이며 평균 관세율은 9.5%로 1994년 20%에 비해 현저히 하락하였음

(2) 수입관세 과세가격 산정상의 불합리성

① 관세평가가격을 자의적으로 결정하는 경향이 있음

② 일부 수입품에 대해 10% 부가가치세 외에 사치세를 부과하고 있음
에어컨 및 냉장고의 경우 10~15%의 관세 외에 20%의 사치세를 부과하고 있다.

(3) 복잡한 통관절차의 개선

① 1997년 4월 재무부 관세국은 수입 후 검사제도(post-entry audit system)를 도입하여 검사보다는 인증에 의존함으로써 통관이 간편해졌음

② 수입자, 은행, 세관을 연결하는 전자자료 교환시스템이 점진적으로 도입되고 있음. 1997년 관세법 개정 후 수입자가 컴퓨터 디스켓 양식의 수입서류 제출 후 세관원의 검사는 수입업자 창고에서 사후에 실시되고 있음

(4) 수입허가제도

① 허가제와 쿼터제에 의해 수입을 제한하고 있음

② 수입허가 대상품목은 1990년 1,112개에서 1994년 261개로 축소되었으며 현재는 166개로 축소되었음

③ 수입허가 품목

가. 등록된 수입업자 취급품목(33개) : 주류 및 음료수류 27개, 공구류 6개

나. 생산하는 수입업자 취급품목(71개) : 인조설탕류 3개, 프로필렌류 2개, 엔진 및 펌프

류 5개, 트랙터류 3개, 전자키보드류 1개, 절단금속류 57개

다. 승인수입업자, 대리점 취급품목(47개) : 오토바이류 47개

라. 국영석유회사 PERTAMINA 취급품목(3개) : 윤활유 3개

마. PT. Multi Nitrotama Kimia 취급품목(4개) : 화약류 4개

바. 인도네시아는 세계무역기구(WTO)에 국영무역업체가 취급하지 않는 품목에 대한 비관세장벽(non-tariff barriers)을 2010년까지 폐지하기로 약속함

④ 주요 품목에 대한 검역, 검사시의 수입허가 요건

· 과일 : 보건증명서 및 과실파리 접촉이 없었다는 증명서 첨부(신선한 과일은 수입 전에 37°F에서 17일 이내 기간 동안 저장된 것이어야 함)

· 감자 : 조건증명서 및 흑병에 걸리지 않았음을 증명하는 증경서 첨부

· 특정동물 : 인도네시아 수의부의 검사 증명서 첨부

· 가축 : 수출국의 가축보건관련 규칙을 참조하여 해당규칙을 제정하고 인도네시아 도착 후 10~14일 이내 검역실시(소는 도살용과 번식용으로 분류해서 수입허가)

· 마늘, 완두콩, 식물의 구근, 옥수수, 야자줄기 및 타피오카뿌리에서 추출한 전분가루, 기름추출용 씨앗, 식용유, 지방산, 타피오카, 비료 및 사료용의 기름찌꺼기, 가공되지 않은 담배, 소금, 생고무 및 가공고무, 조리된 과일 및 야채, 과일주스, 커피 및 차, 조리된 고기 및 생선, 비알콜음료 : 농업부나 무역부의 수입허가 필요

· 비료, 살충제 및 살충제 : 농업부나 관계기관의 실제 사용검사를 거쳐야 함

· 인공감미료 : 보건부의 특별수입허가 필요

· 아편 및 마취제 : 보건소의 증명서 첨부

· 조제약품(항생제, 인슐린, 진단시약, 액체 주입물, 샘플형태의 일부 항생제) : 보건부의 의약품 및 식료품 관리담당관의 특별허가 필요

· 동물용 의약품 : 수의부에 등록 필요

· 피하주사바늘, 무수초산, 아편파이프 : 의약품 및 식료품 관리담당관의 특별허가 필요

· 화장품 및 위생품 : 등록, 포장, 상표 및 광고에 관한 규칙에 부합되어야 함

· 가공식품 및 기타 수입식료품 : 보건부장관에게 등록 필요

· 컬러복사기 및 기타 수입식료품 : 보건부장관에게 등록 필요

· 통신장비와 전기제품 : 해당 주무장관에게 완전 분해된 부품목록을 제출하고 사전승인 필요

· 중고기기 및 장비 : 특정조건에 부합해야 함

· 화기 및 탄약 : 국방부의 특별허가 필요

· 고등교육기관, 훈련기관 등의 교육용 과학서적 : 교육, 무역 또는 문화부의 특별수입허가 필요

3.3 외환제도

(1) 내부투자

외환통제(foreign exchange control)가 없어 투자가들은 지정된 계좌를 통하여 자금을 자유롭게 반출입할 수 있으며 중앙은행(Bank Indonesia)이 외환통제를 담당하고 있다. 신규 외국투자가 승인되면 환율은 승인된 투자액을 루피아로 환산하여 결정된다. BKPM이 승인한 환율은 투자계획이 승인된 후 후속 증가분을 포함한 총 외국투자가 결정될 때 외환시장에서의 현행 환율에 근거하고 있다.

환율변화에 따른 루피아 차액은 합작투자사의 회계장부에 할인 또는 할증으로 계산된다. 이익배당금은 그런 할증분에서 지급되지 않으나 청산시 송금자산의 일부를 형성한다.

(2) 외국투자 및 기술의 등록

투자계획에는 주식자산, 부채자산, 기술지원협정 및 합작투자협정 초안 등에 관한 상세한 사항이 포함되어야 한다. 투자계획을 충족시킬 만큼의 인도네시아로의 자금 이동은 외환 차입시와 동일하게 중앙은행 등록이 필요하다.

(3) 현금계정

영업계약은 일반적으로 루피아로 이루어지고 있으나 외환(달러 또는 엔) 계약도 종종 발생하고 있다. 정부관리의 환 체제는 통화바스켓에 연동되어 있으며 루피아 환율은 중앙은행이 매일 조사하여 확정 · 발표하고 있다. 주요 교역통화의 현금계정 설치는 외국환 취급은행에서 가능하다. 외국통화의 현금계정, 정기예금계정, 저축계정 등은 인도네시아 거주자, 회사, 기타 대표사무소, 지사 등에게만 인정되고 있다.

(4) 자본 및 이익의 송금

인도네시아는 외환의 자유로운 이동을 오래 전부터 허용해 왔다. 외국자본투자법(Foreign Capital Investment Law)에 명시된 외환관련사항은 다음 5가지로 요약할 수 있다.

① 외국소유 배당에 돌아가는 세금은 제한 이익과 세금 및 기타 금융 부담을 공제한 이익으로부터 지급되는 이익 배당금

② 인도네시아 국민에게 자산매각으로 발생한 자본금의 송금
③ 인도네시아에서의 외국인 고용과 관련된 그리고 인도네시아 근로자의 해외연수를 위한 비용의 지불
④ 차관에 따른 이자, 원금, 로열티(royalty) 및 기타 비용의 송금
⑤ 국유화(nationalization)에 따른 보상의 전가

(5) 태환불능에 대한 보장

모든 주요 통화는 인도네시아에서 자유롭게 교환될 수 있으며 국제통화기금(IMF)은 루피아가 완전히 태환가능한 통화로 선언한 바 있다. 전술한 바와 같이 외국자본투자법(Foreign Capital Investment Law)은 외국투자가들에게 외환을 해외에 이전할 수 있는 다양한 보장조치를 취하고 있다.

3.4 조세제도

(1) 조세구조

① 현행세법은 1984년 1월 1일부터 시행되고 있으며 주요 법은 다음 3가지임
가. 총칙 및 절차법(법 No. 6)
나. 1991. 12. 31 개정소득세법(법인소득세 포함) (법 No. 7)
다. 재화용역에 대한 부가가치세법, 특별소비세법 (법 No. 8)
② 과세방법은 신고납부를 원칙으로 하되 배당, 이자, 자유직업소득, 특허권 사용료 등의 경우에는 동 소득의 지급자가 지급시에 세액을 원천징수하여 납부하는 제도를 병행하고 있음
③ 조세체계는 3가지(국세, 지방세, 관세)로 구성되어 있음
가. 국세 : 개인소득세(법인세), 부가가치세, 사치품 매출세, 인지세, 건물과 토지에 대한 재산세, 해외출국에 대한 출국세 등
나. 지방세 : 재건축세, 자동차세, 텔레비전세(라디오 포함), 유흥세 등
다. 관세 : 수출입관세, 담배소비세와 주세는 통관시에 과세

(2) 세법근거

① 이전 네덜란드 식민지 시대에 시행해왔던 복잡한 조세제도와 지방세 등의 복잡한 절차를 대폭 개정하였음
가. 1984. 1. 1. 일반세법과 절차법을 규정한 No. 6과 No. 7에 의하여 개인소득세 및 법인

세를 시행

나. 1991년에 No. 7 소득세법을 개정하였으며 1985년 No. 8 특별소비세를 개정하여 거래과세인 부가가치세와 사치품매출세로 분리

다. 1986. 1. 1에 토지 및 건물에 과세하는 No. 12 재산세법, No. 13 인지세법 시행

② No. 6, 7 및 8을 개정하여 신고납부제도로 개정하였으며 정부의 조사에 따른 결정은 관할세무서에서 실시하고 과세결정 및 일반 행정에 대하여는 시행령과 국세청 훈령으로 운영하고 법규정과 같이 중요한 사항은 법으로 제정하고 있음

(3) 조세행정조직

① 모든 개인 및 법인납세자는 소득법에 따라 국세청에 등록하고 납세자 번호를 부여받아야 하는데 다음 사업자는 제외됨

가. 근로소득 이외에 다른 소득이 없는 자

나. 소득금액과세 미달자

② 사업자는 부가가치세법에 의하여 세무서에 사업자등록을 해야 함

(4) 불복제도

① 납세자는 다음 과세처분에 불복하는 경우 이의신청을 제기할 수 있음

납세고지, 과세처분, 추가고지, 세법에 의하여 원천 징수된 금액의 환급을 청구할 수 있다.

② 과세처분에 대하여 이의를 제기한 경우에도 세액납부를 지연하거나 납부기한을 연장할 수 없음

③ 이의신청은 행정처분(과세처분)이 있었던 날부터 3개월 이내에 하여야 하며 이의신청에 대한 과세관청의 결정에 대하여 불복할 경우는 결정일로부터 3개월 이내에 조세법원에 행정소송을 제기할 수 있음

④ 이의 제기 후 1년 이내 국세청장은 이에 대한 결정을 내려야 하며 1년 이내 결정이 없을 경우 납세자의 이의는 수용되는 것으로 간주됨

⑤ 조세법원 소송절차

소송서류는 인도네시아어로 표기되어야 하며 소송제기 사유를 기재하여야 하고 조세법원의 결정은 최종적이다. 소송이 제기되었어도 과세당국의 세금징수 행위에 영향을 주지 않는다.

(5) 법인세

① 개관

가. 정부는 기업에 대한 과중한 세금 부담을 개선하기 위해 새로운 3가지의 법인세 제도개혁을 고려하고 있음

나. 새로운 법안은 일반 세금과 절차 개선, 소득세 개선 및 부가가치세와 사치세 개선을 주요 핵심으로 하고 있음. 이들 새로운 법안의 시행은 2007년부터 적용될 것으로 예상됨

다. 이러한 제도개혁은 행정절차의 단순화와 법인세 인하를 통해 시장 친화적인 환경(market-friendly environment)을 만드는 것에 목적이 있음. 이에 따라 새로운 법안은 인도네시아의 투자 인센티브 절차도 단순화시킬 것으로 판단됨

라. 정부(안)은 이윤세를 30%로 일률 과세할 방침이며 2007년에는 28%, 2010년에는 25%로 축소시킬 것으로 보임

마. 중소기업의 수익이 정부에서 정하는 일정 수준에 미달할 경우 이윤세를 일괄하여 10%까지 인하하는 방안이 포함되어 있음. 그러나 이러한 파격적인 법인세 인하에도 불구하고 인도네시아의 법인세 수준은 아직도 주변 국가들에 비해 기업에 매우 불리하게 작용하고 있음

② 기업의 과세소득에 따라 법인세 차등 부과

가. 500만 루피아 이하 : 10%

나. 500만~1,000만 루피아 : 15%

다. 1,000만 루피아 이상 : 30%

③ 기업에 부과되는 원천과세 세율

가. 15% : 이자, 배당금, 로열티

나. 7.5% : 보험회계, 감정 등의 서비스와 국내에서 행해지는 법률서비스

다. 6% : 토지와 건물을 제외한 지대

라. 6% : 관리, 기술지원과 관련된 서비스

마. 6% : 벌목, 영화 녹화와 관련된 서비스, 중개 서비스, 광물 채취 서비스

바. 4% : 건축 기획, 감독 서비스

사. 3% : 육지용 수송기계 이용 서비스

아. 2% : 건축 관련 서비스

자. 1.5% : 방역 서비스

④ 과세소득의 정의

가. 인도네시아 국내에 소재한 기업이 해외에서 얻은 모든 소득은 과세소득으로 분류됨. 인도네시아에 위치하지 않은 기업에 대해서는 인도네시아에서 발생한 소득에 대해서만 부과됨

나. 과세 순소득 = 총 과세소득 - 기업체의 유지보수에 지출된 소득 - 임금, 이용료, 로열티, 지대, 이자, 채무, 보험 프리미엄 등임

다. 비소득공제 품목은 배당금 지불금, 연금 등의 부가급부, 기부와 소득세금이 해당됨

라. 비과세소득 품목은 국내기업의 배당금, 투자기금과 벤처기업에 대한 투자에 따른 소득

⑤ 자본세

토지와 건물을 제외하고 기업의 자산과 관련되는 자본재(capital goods)에 대한 세금은 없다. 그러나 세금환급을 위해서는 자본재 보유 현황에 대한 신고를 해야 한다.

⑥ 자본 이득에 대한 취급

가. 소득에 근거한 자본이득과 손실(capital gain and loss)은 소득공제에 해당됨. 거래 과정에서 발생하는 개인과 기업의 자본이득에 대해 0.1%의 세금을 부과함. 발기인주(株)에 대해서는 0.5%의 세금이 부과되고 있음

나. 외국인이 인도네시아 자산을 이용하여 수취한 자본이득의 경우 10%의 세금이 부과됨

⑦ 이자에 대한 세금

국내 거주자의 금융기관에 대한 이자에 대해서는 세금이 면제되고 있다. 그러나 외국금융기업에 대한 이자지급은 20%의 원천징수세가 부과되고 있다.

⑧ 로열티와 이용료에 대한 세금

로열티(royalty)에 따른 수익에는 일반적으로 15%의 세금이 부과되고, 국가 간의 특별한 조약이 체결되지 않는 한 해외로 지급되는 로열티에 대해서는 20%의 세금이 부과되고 있다.

⑨ 부가가치세

수입재를 포함한 일반 재화와 용역의 부가가치(value added)에 대한 세금은 10%가 부과되고 있다.

⑩ 물품세

물품세는 석유(10%), 담배(최고 40%), 맥주(50%), 와인(70%) 등에 부과된다.

⑪ 양도소득세

개인이나 기업이 토지나 건물의 매매로 600만 루피아 이상의 차익을 얻게 되는 경우 5%의 양도소득세가 부과되고 있다.

(6) 소득세

① 인도네시아는 소득세에 대해 누진세를 적용하고 있음. 최고 세율은 35%로 이는 인근국가인 필리핀의 32%와 말레시아의 30%보다 높은 편이나 37%인 태국보다 낮은 실정임. 인도네시아의 조세개혁(tax reform)은 소득세의 최고 세율을 2007년 33%로, 2010년 30%로 인하함으로써 인도네시아 시장을 보다 경쟁적인 구조(competitive structure)로 발전시키고자 함

② 소득세율

가. 2,500만 루피아 이하 : 5%

나. 2,500만 ~ 5,000만 루피아 : 10%

다. 5,000만 ~ 1억 루피아 : 15%

라. 1억 ~ 2억 루피아 : 25%

마. 2억 루피아 이상 : 35%

(7) 외국국적 소유자에 대한 과세

① 거주자/비거주자의 지위

가. 거주자는 국내외 소득에 대해 과세되며 관행상 세무서는 국외재산으로부터의 비근로소득을 신고하지 않은 외국국적소유자에 대해 관심을 표명하지 않고 있으나 근로소득의 완전한 신고를 요구하고 있음

나. 내부적인 급여 가이드라인이 세무사들의 외국국적 소유자가 신고한 근로소득평가를 지원하기 위해 마련되었음

② 과세소득 및 비용/세율

가. 인도네시아에서 근로와 관련된 모든 현금보상, 보너스 및 수당은 과세대상에서 포함됨. 사용자가 지급하는 현물지급의 모든 비용은 사용자 측에서 제공되지 않으며 근로자 측에 대해서는 과세하지 않음

나. 유동비용은 소득이나 현물지급으로 간주되지 않으나 현금이 이동하는 수당은 과세되고 있음. 자본옵션계획 및 연불소득계약은 일반적으로 실현될 때까지 과세되지 않음. 최고 세율은 35%이나 상대적으로 낮게 진행됨

③ 영역 및 거주

가. 거주(인도네시아 시민이 아니거나 국적을 소유하지 않은 경우) 여부에 따라 인도네시아의 소득세 납세 의무가 결정되며 인도네시아에 거주하는 외국시민은 국내납세자로 간주됨

나. 인도네시아에서 일하는 비거주인도 소득세를 납부하여야 하며 이중과세협정의 조항을 적용받고 있음. 거주자는 12개월에 걸쳐 183일 이상 인도네시아에 거주하고 있거나 납세기간 중 인도네시아에 거주하고 향후 거주할 의사가 있는 개인을 의미함

다. 거주납세자는 국내외 총소득에 대해 과세되며 비거주자는 인도네시아의 자원으로부터 발생하는 소득에 대해서만 납세의무가 있음. 비거주자는 인도네시아의 근로에 대한 현금보상에 대해 과세함(보통 20%의 원천징수세)

라. 대부분의 조세협정 하에서 단기방문을 목적으로 하는 비거주자는 그 근로자의 비용이 만약 인도네시아 고용사업장이 부담하지 않는 경우 과세대상이 아님. 현물지급도 과세되지 않으며 어떤 비용공제도 받지 못함

④ 이중과세방지

가. 외국인 세액 공제제도는 이중과세를 방지하기 위해 활용되는 데 이것은 인도네시아 조세원칙에 의거하여 납부세액에 한정됨. 기타 수동적인 소득에 대한 외국인 비용은 소득공제대상임

나. 외국인 자원세액 공제에 대한 처리는 규정상 명백히 정해져 있지 않으나 원칙적으로 이월이 가능함. 외국인의 도착 또는 출발시 지난 연도의 외국의 자원소득에 대한 결정을 위한 특별한 규칙은 없음

⑤ 출국세

가. 출국시 거주자는 25만 루피아를 지불함. 이 세금은 개인이 지급하는 경우 개인세금의 선납으로 간주되며 만약 영업상 또는 개인적인 목적으로 고용주가 지급하는 경우 특정 조건을 충족시키는 전제 하에 근로자소득세 공제로 활용될 수 있음

나. 영업목적으로 사용자가 부담한 출국세가 여행시 근로자 측에 과세되는 경우 연말근로자세금에서 완전히 공제됨. 따라서 출국세는 근로자 세금의 효율적인 부분적 선납으로 간주할 수 있음

다. 개인 여행을 위해 사용자가 부담한 세액공제 여부가 명확하지 않음. 거주자, 비거주자 및 외국인에 대한 기타 중요한 소득세는 없음

(8) 투자자의 고려사항

투자자의 고려사항으로 다음 13가지를 지적할 수 있다.

① 외국기업의 국내지사 및 인도네시아 자회사는 동일기준 하에 과세됨
② 어떤 형태의 기업에 대해서도 세금면제가 별로 없음
③ 인도네시아에서 흡수 통합된 기업간 배당은 면세됨
④ 자본이익에 대해서도 과세됨
⑤ 부채/자산에 관한 규정은 아직 없음
⑥ 감가상각률은 관대하나 특별한 경우를 제외하그 과세유예기간, 투자공제 또는 기타 경감조치는 없음
⑦ 근로자의 현물혜택에 따른 비용은 세금공제대상이 아님
⑧ 손실은 5년까지 이월되고 특정산업분야에 대해서는 최대 이월기간은 8년임
⑨ 소유권 또는 영업규정 영속성은 세금공제를 위해 설정하는 자본손실을 이용하는 필수조건이 아님
⑩ 세무당국은 관련자간 계약에서 소득 및 비용을 재결정하는 권리를 가지고 있음
⑪ 기업에 부과되는 원천징수세는 거주납세자의 법인세 또는 비거주납세자의 최종적인 세금의 선납으로 간주됨
⑫ 공동관리 하에 있는 기업들에 대한 통합납세에 대한 규정은 없으며 각 기업에 대해 개별적으로 부과됨
⑬ 주요 사안에 대해서 공식적인 선불규정을 인식하고 있는 것이 바람직함

3.5 노동제도

(1) 인도네시아 노동가능인구

인도네시아의 노동가능인구는 지속적으로 증가하는 추세를 보이고 있으며 실업률도 증가하고 있다. 높은 물가상승률에 비해 실업률도 높은 수준을 유지하고 있어 정부 정책적인 측면에서 다수의 어려움에 직면해 있다.

〈표 26-14〉 인도네시아의 노동 인구

	2004e	2005e	2006f
노동가능인구(백만명)	104.5	106.5	108.2
노동가능인구변화율(%)	1.9	1.9	1.6
실업률(%)	5.9	6.8	5.7
소비자물가상승률(%, 평균)	6.1	10.5	14.0

자료: Economist Intelligence Unit, Country Forecast Indonesia, 2005. 12.

(2) 노동관련 규정

① 인도네시아는 국제노동기구(ILO)의 5개에 의정서에 가입하였는 데 집회와 단체협상에 관한 의정서(1956), 동일직종의 남녀 균등 임금(1957), 강제노동 금지(1998), 결사의 자유(1998) 등임. 가입하지 않은 의정서로는 이민 노동자 보호에 관한 의정서와 고용의 최저연령에 관한 의정서 등이 있음

② 현행의 주요 노동관련 규정으로는 노동법(1984), 노동자의 기본적 권리에 관한 법률(1969), 산업안전법(1951), 산업관계규정(1954/1978), 노동분쟁규정(1957), 퇴직조건 및 급여규정(1964/1978), 외국인고용규정(1958), 임금규정(1981), 사회보장 및 보험규정(1992) 등이 있음

③ 높은 실질실업률로 인해 인도네시아 정부는 근로자의 해고를 엄격히 규정하여 3개월 이상 지속적으로 고용된 근로자에 대한 해고를 법적으로 제한하고 있음. 생산 감축이 필요하거나 노동자의 능력이 부족한 경우에도 노동부의 허가없이 사용자는 마음대로 해고(3회 이상의 경고조치 필요)할 수 없음

④ 2000년 6월 20일 제정된 법률에 의하여 근로자의 해고나 퇴직시 높은 보상의무가 규정됨. 노동자를 해고하려는 고용자는 노동분쟁 해결위원회의 승인을 얻어야 하며 1년 이하 근무자일 경우 월평균 임금의 100%, 2년 이하 노동자는 200%, 5년 이상 근무자의 경우 600%의 고용계약 해제수당을 지급하여야 함

⑤ 상해 보험료는 업종에 따라 상이하나 임금의 0.24~1.74%이고 직업병이 있는 근로자는 병원 교통비, 외래환자 진료비, 재활비용, 장애 및 사망에 따른 비용을 사용자에 청구할 수 있으며 생명 보험료는 임금의 0.3% 수준임

⑥ 보건비에 대하여 사용자는 결혼한 근로자의 경우는 임금이 6%, 미혼인 근로자는 3%를 부담하며, 퇴직금에 대하여 사용자는 통상임금의 3.7%, 근로자는 2%를 각각 부담하고 있음

⑦ 공장근로자는 전통적으로 Lebaran(회교 명절)때는 2일 간의 휴가를 얻고 있으며 12개월간 지속적으로 근무할 경우 최대 12 영업일의 유급휴가도 사용할 수 있음

(3) 근로시간

① 노동규정에는 하루 최대 7시간 근무로 6일간 최대 40시간을 법정근무시간으로 정하고 있으며 실제로는 대략 37~40시간을 운영하고 있음. 또한, 4시간 연속근무 후 30분 이상의 휴식시간도 부여하고 있음

② 14세 이하의 아동근로자는 고용금지, 여성 및 15~18세 미만의 연소자는 광산, 공사현장, 지하작업장 등의 취업이 제한되고 있음. 한편, 여성근로자는 출산전후 45일(최대 3개월) 간의 유급휴가를 주고 질병의 경우 12개월까지 병가를 허용하며 연차휴가는 최대 2주간임

③ 시간외 근무수당에 대하여는 최초 4시간은 통상 시간당 임금의 50%, 4시간 이후부터는 평상임금의 100%를 지급하고 있으며, 일요일과 휴일 근무시 최초 7시간 동안은 평상임금의 2배, 다음 8시간 동안 3배, 다음 8시간 이후 4배를 적용하고 있음

④ 근무시간은 사무직의 경우 일반적으로 월요일~금요일에는 오전 8시부터 오후 4시(1시간 휴식포함)까지이며 토요일에는 오후 1시까지 근무함. 1995년까지 공무원 및 기업근로자들은 6일 근무가 대부분이었으나 지방공무원들의 5일 근무형태가 증가하고 있음

(4) 최저임금 상황

인도네시아의 최저임금(minimum wage)은 물가가 상대적으로 높은 자카르타 지역이 819,100루피아로 가장 높은 편이며 서부 자바 지역이 자카르타보다 50%를 약간 상회하는 450,000루피아 수준으로 가장 낮음

〈표 26-15〉 인도네시아 지역별 최저 임금상황

(단위 : 루피아)

지 역	최저임금
자 카 르 타	819,100
리 아 우 (섬)	760,000
반 텐	750,000
방 까 벌 리 퉁	661,613
리 아 우	640,000
남부 칼리만텐	637,500
남부 술라웨시	629,000
동남부 술라웨시	573,400
벙 꿀 루	516,000
서부 칼리만텐	512,000
발 리	510,000
족 자 카 르 타	460,000
서부 자바	450,000

자료 : Ministry of Manpower & Transmigration

(5) 노동조합

① 노사관계는 인도네시아의 국가이념인 판짜실라 정신에 입각하여 정립되어 있어 근로자는 사용자측에 사회적으로 공정한 대우를 요구할 수 있으나 노사쟁의 행위는 허용되지 않으며 노동분쟁은 근로자측과 사용자측의 공동책임으로 간주하고 있음

② 인도네시아노동자조합(SPSI)은 정부가 유일하게 인정하는 노동조합으로 재향군인, 골카르당과 밀접한 인사들로 1973년에 구성되었으며 조합원은 190만명이고 1993년 9월 12개 산업별 노조를 신설하였음. 반면 인도네시아노동자복지조합(SBSI)은 SPSI의 대안으로 1992년 결성되었으며 조합원은 6만명임

③ 노동분쟁시 당사자는 우선 정부 중재자들을 요구하고 만약 중재로 해결되지 않을 경우 3자지역분쟁위원회(P4D)에 분쟁의 사실을 통고하고 최종 결정은 3자중앙노동분쟁위원회(P4P)에서 하고 있으며 여기에서도 협상이 이루어지지 않으면 노동자의 파업이 허용되나 실제로는 불법임

④ 국제통화기금(IMF)과 세계은행(World Bank)이 노동자의 권리침해에 대해 비판하게 되자 인도네시아 정부는 1998년 5월 노동자 조직의 등록에 관한 규정을 제정하여 노동조합 등록 요건을 완화하였으나 정치·종교·인종 관련 노동조합의 결정은 금지하였음. 동년 6월 국제노동기구(ILO)의 결사의 자유(freedom of association)에 관한 의정서를

비준한 이후 17개의 노동조합이 등록을 하거나 새롭게 결성됨

3.6 지적재산권

(1) 개관

① 특허권(14년), 상표권(10년), 판권(무기한), 산업디자인 특허(10년) 등이 관련법령에 의해 일정기간 보호되고 있으나 위반시 벌칙 조항이 유명무실하여 지적재산권 침해 사례가 빈번히 발생하고 있음. 유명 브랜드의 가방, 장신구 등이 복제되어 매매되고 있으며 영화 DVD는 한국 영화들까지도 1달러 미만에 팔리고 있음. 이 같은 복제품은 암시장에서만 거래되는 것이 아니고 쇼핑몰 등에서도 공공연히 판매되고 있는 실정임

② 미국은 인도네시아를 미 통상법 301조(지적재산권 침해)상의 우선 감시대상국으로 지정하고 인도네시아 정부의 강력한 대책을 촉구하고 있음. 마리 빵에스뚜 인도네시아 상무장관도 2005년 6월 미국과 추진 중인 무역·투자협정 체결에 있어 지적재산권(intellectual property rights) 보호 문제가 큰 장애가 되고 있다고 지적하면서 인도네시아는 지적재산권 보호를 위한 법령은 구비되어 있으나 이를 시행하지 못하는 것이 문제라고 밝힌 바 있음

③ 인도네시아 법무인권부의 지적재산권국은 지적재산권 보호를 담당하는 팀을 2005년 하반기부터 격상시켰음. 이전 법무인권부 장관령에 의해 구성되어 법무인권부 외에 외무부, 상업부, 공업부, 재무부, 국가경찰, 대법원의 대표로 구성되어 있었는 데 이를 대통령령에 의한 기구로 격상시켜 기능을 강화하고 모든 부처의 담당국장을 추가로 포함시켰음

(2) 상표

① 인도네시아의 경우 한국과 같이 상표의 중요성을 크게 인식하지 않고 있을 뿐만 아니라 정부차원에서 자기상표 개발을 적극 유도하는 등의 별도 조치도 강구하지 않고 있음

② 상표 출원 등록 절차

가. 소정 신청양식에 인도네시아어로 작성하여 특허국에 신청

나. 외국 소재 신청인은 반드시 인도네시아 변리사를 통해서만 신청 가능

다. 신청시 1주일 이내 상표 출원·등록 접수증 발급

라. 상표 출원일로부터 30일 이내에 심사를 개시하며 9개월 이내에 심사 종료. 심사에 통과하지 못하면 그 사유를 기재하여 출원자에게 통보하며 출원자는 통보서 수령일로부터 30일 이내에 이의 제기 가능

마. 심사에 통과하면 3개월간 공고 실시하며, 등록에 이의가 있는 자는 공고기간 중 이의신청 가능함. 이의서 접수시 2주일 내에 출원인에게 반박서가 접수되면 공고 종료일로부터 2개월 이내에 재심사 실시

바. 공고기간 중 이의제기가 없으면 공고 종료일로부터 30일 이내에 상표등록증 교부

(3) 특허

① 특정기간 동안 기술분야의 발명에 대해 권리를 인정받을 수 있는 특별권리임. 발명자는 발명 자체에 대한 권리 이행자이면서 타인에게 동 권리를 사용할 수 있는 허가를 부여할 수 있음

② 취득조건

가. 반드시 신청이 선행되어야 함

나. 하나의 발명에 대해 하나의 특허권 부여

다. 법무성이 정해 놓은 비용을 특허국에 납부해야 함

라. 발명가 또는 일반인은 특허신청을 함으로써 동 발명품에 대한 권리를 보유하게 되는데 인도네시아 영구거주자가 아닌 경우 대리인으로 Patent Consultant를 제출해야 함

③ 취소사유

가. 특허권 승인일로부터 4년간 권리이행이 되지 않을 경우

나. 특허법에 규정된 기간 내에 연간 수수료 납부의무를 이행하지 않을 경우

다. 특허사항이 다른 특허와 유사하거나 동일한 발명 건으로 다른 사람에게 이미 특허승인이 이루어진 경우 그 소유자가 취소소송을 함으로써 특허가 취소됨

(4) 저작권

① 인도네시아 시민, 거주자, 법인의 모든 창작물이 해당됨

② 비(非)인도네시아 시민, 거주자, 법인이 인도네시아 내에서 최초로 창작한 것

제5절 한국의 진출 현황 및 전략

1. 한국기업의 진출 현황

1.1 교역 현황

(1) 개관

한국과 인도네시아의 교역규모는 1994년 50억 달러를 돌파한 이후 10년이 지난 2004년에는 100억 달러를 상회하였으며 2005년에는 130억 달러를 기록하였다. 인도네시아는 한국의 9위 교역 상대국(수출 9위, 수입 8위)으로 중요한 경제협력 파트너로 평가된다. 1980년대 중반부터 석유·천연가스 등 천연자원 수입이 본격화되면서 인도네시아에 대해 무역수지 적자(trade deficit)를 보이고 있다. 최근 국제유가 급등의 영향에 따라 무역수지 적자폭이 확대되고 있으나 석유·가스, 원목 등 주요 자원 수입을 제외할 경우 무역흑자(trade surplus)를 보이고 있다.

한국은 직물, 석유화학제품, 전기·전자 및 철강·기계 등 공산품을 주로 수출하고 석유·천연가스, 목재·임산물 및 광물 등의 주요 자원을 수입하고 있다

(2) 최근 교역 현황

① 수출

2005년에는 대인도네시아 수출실적이 전년 대비 37.2% 증가하여 50억 달러에 이르렀다. 이는 석유제품(경유)의 수출증가에 기인하는 것으로 종래 싱가포르를 통해 인도네시아로 수출되는 제품을 2005년부터 직수출로 변경하였기 때문으로 해석된다.

② 수입

수입은 82억 달러로 전년 대비 28.5% 증가하였다. 이는 국제유가와 천연가스 가격 상승에 따라 원유와 천연가스 수입이 각각 34.1%, 41.6% 증가하였고 석탄 수입이 30.2%, 동광 수입이 133.8% 증가하였기 때문으로 해석된다.

2006년 들어 대인도네시아 수출이 감소하고 있는 이유는 석유제품 수출의 중단에 기인하고

있다. 2005년 10월 인도네시아 정부의 유류보조금 삭감으로 국내 유가가 크게 인상됨에 따라 유류 소비가 크게 감소하였고 이에 따라 유류재고가 증가하여 수입이 중단된 상태이다.

〈표 26-16〉 한국의 대인도네시아 수출 · 수입 · 무역수지 추이

(단위 : 억 달러)

	2000	2001	2002	2003	2004	2005	2006. 1~9
수출	35	33	31	34	37	50	35
수입	53	45	47	52	64	82	66
무역수지	-18	-12	-16	-18	-27	-31	-31

자료 : KOTIS

1.2 해외직접투자 현황

인도네시아는 미국, 중국에 이어 한국의 제3위 해외투자국으로 대인도네시아 해외투자(총투자기준, 누계)는 2006년 9월말 기준 총 824건, 약 24억 달러에 이르고 있다.

업종별로는 제조업이 전체 투자의 68.2%를 차지하고 있으며 광업 21.0%, 부동산업 3.7%, 농림어업 2.7% 등의 순으로 구성되어 있다. 한편, 한국의 해외투자는 1990년대 중반까지는 주로 제조업 중에서도 노동집약적 산업(labor-intensive industry) 중심으로 이루어졌으나 1990년대 중반 이후에는 철강, 자동차, 전자, 건설 및 사회간접자본(SOC) 등으로 다양화되고 있다.

〈표 26-17〉 대인도네시아 해외투자 추이(총투자 기준)

(단위 : 건, 백만 달러)

	2001	2002	2003	2004	2005	2006. 1~9	합계
건수	57	57	32	52	83	88	369
금액	177.9	72.5	81.8	58.0	78.3	99.5	568

자료 : 수출입은행

〈표 26-18〉 업종별 대인도네시아 해외투자 현황

(단위 : 건, 백만 달러)

업 종	신고		투자	
	건수	금액	건수	금액
농 림 어 업	34	94,152	30	64,796
광 업	24	705,069	23	495,217
제 조 업	710	3,585,529	619	1,609,827
건 설 업	28	77,494	21	45,105
도 소 매 업	48	38,556	45	20,448
운수창고업	14	43,164	13	13,840
통 신 업	7	11,903	7	11,821
금융보험업	1	300	1	300
숙박음식점업	8	21,305	4	1,413
서 비 스 업	58	24,574	52	12,577
부 동 산 업	10	135,778	9	86,513
합 계	942	4,737,824	824	2,361,857

자료 : 수출입은행

1.3 수출입은행의 금융지원 현황

인도네시아에 대한 수출입은행의 여신지원액(2006년 10월말 기준)은 총 8,298억원으로 대출이 전체의 82.4%인 7,661억원, 보증이 17.6%인 637억원을 기록하고 있다.

〈표 26-19〉 대인도네시아 여신지원 현황(2006년 10월말 기준)

(단위 : 백만원)

		승인액	집행액	여신잔액
대 출		879,937	766,114	612,277
	수출자금	584245	470,427	337,800
	해투자금	197,923	197,923	183,323
	수입자금	10,352	10,352	10,352
	역외금융	84,978	87,978	78,369
	매입외환	2,440	2,434	2,434
보 증		63,536	63,678	55,759
	이행성보증	63,536	63,678	55,759
합 계		943,473	829,792	668,036

〈표 26-20〉 대인도네시아 여신지원 주요 프로젝트 현황

(단위 : 백만원)

	프로젝트명	승인액	여신잔액
직접대출	삼성전자의 PT.Telkom앞 통신설비수출 삼성물산의 PLN앞 석탄처리설비 대우인터내셔널 국방성앞 상륙추진함 수출	117,048 46,784 120,361	111,009 31,304 30,793
외국법인에 대한 사업자금대출	SK케미칼 인도네시아 현지법인앞 대출	28,416	28,416

1.4 대외경제협력기금(EDCF) 지원현황

인도네시아에 대한 EDCF 지원은 2006년 9월말 기준 11개 사업에 대해 2,294억원(약 235백만 달러)이 승인되어 규모 측면에서는 중국에 이어 2위를 차지하고 있다.

분야별로는 의료부문(병원장비 구매 3건)이 848억원으로 37.0%, 환경(병원폐수처리 1건) 453억원으로 19.7%, 교육부문(직업훈련장비 공급 2건)이 263억원으로 11.5%, 교통부문(도로건설 3건)이 384억원으로 16.7%, 정보통신(정보시스템 구축 2건)이 346억원으로 15.1%를 각각 차지하고 있다.

〈표 26-21〉 대인도네시아 EDCF 차관 지원 현황(2006년 9월말 기준)

(단위 : 백만원)

사업명	승인시기	승인액	집행액	추진단계
파당시 우회도로 건설사업	1987. 12	9,839	9,774	지출완료
이동식 직업훈련사업	1991. 9	18,181	16,994	지출완료
실업교육 개선사업	1994. 2	8,110	7,098	지출완료
마나도 우회도로 건설사업	1995. 12	13,318	13,203	지출완료
칼리만탄 병원개선사업	1997. 9	27,534	27,367	지출완료
병원폐수처리시설 확충사업	1999. 12	45,336	44,688	자금지출 중
동자바 지방병원 개선사업	2000. 7	34,369	32,902	지출완료
국가범죄정보센터 개발사업	2004. 6	19,288	-	구매계약 승인
종합병원 개선사업	2005. 12	22,916	-	AR 체결 추진
마나도 우회도로 건설사업(2차)	2006. 7	15,278	-	AR 체결 추진
바탐 전자정부 구축사업	2006. 9	15,278	-	AR 체결 추진
총 11건		229,447	152,026	

한편, 2006년 9월말 기준 대인도네시아 EDCF 차관자금 집행은 1,520억원(EDCF 전체의 9.7%)으로 중국에 이어 2위를 차지하고 있다.

〈표 26-22〉 대인도네시아 EDCF 연도별 집행실적

(단위 : 백만 달러)

구분	1987~1990	1991~1995	1996~2000	2001~2003	2004	2005	합계
금액	13.5	45	100	-	20.2	24	202.7

2. 한국기업의 진출 확대 전략

2.1 진출 방안

(1) 해외사업의 성공 및 수익성 확대를 위한 철저한 사전준비

해외투자에 대한 뚜렷한 목표설정과 신중하고 정길한 사업타당성 조사, 적정한 생산규모 및 투자사업 규모 결정이 선행되어야 한다. 인도네시아의 각종 규제와 법제도가 복잡하기 때문에 현지사정에 철저한 사전준비가 없을 경우 업무적으로 예상하지 못한 문제에 직면할 수 있다. 또한, 수익성(profitability) 및 사업성패에 있어 중요한 진출시점 및 입지결정에 신중할 필요가 있으며 현지법인과 모기업간 공정별, 제품별, 목표시장별 분업유형을 사전에 고려하여야 한다.

이미 한국기업이 인도네시아 현지에 많이 진출해 있는 장점을 활용하여 현지 투자여건 파악시 이들 기업을 직접 방문하여 경험을 습득하는 것도 하나의 유효한 방법이 될 수 있다.

(2) 장기적 안목에서의 투자진출 방안 필요

인도네시아로의 진출은 동국의 풍부한 천연자원(natural resources)과 저렴한 노동력에 기초한 성장 잠재력(growth potentials)을 고려하여 단기적이고 현실적인 이익보다는 장기적인 경제협력 기반을 구축함으로써 상호보완적인 경제적 이익추구(pursuit of mutually complementary economic benefit)에 주안점을 두어야 한다.

2.2 진출 유망분야

한국기업의 진출 유망분야로 다음 4가지를 지적할 수 있다.

(1) 자원개발 사업

최근 들어 미국, 일본, 중국 등 주요 국가들 간에 '자원전쟁'으로 지칭될 정도로 전세계적으로 에너지자원 확보 경쟁이 치열하게 전개되고 있다. 이 같은 상황에서 주요 에너지자원인 원유, 천연가스 등을 대부분 수입하는 한국은 안정적인 자원 확보가 국가적 과제가 되고 있다.

한국은 현재 한국석유공사가 인도네시아 서마두라 해상광구와 SES(Southeast Sumatra) 해상광구를 확보, 원유 및 천연가스를 생산하고 있다. 인도네시아 NEM Ⅰ, Ⅱ 해상광구에서는 SK(주)와 GS홀딩스도 함께 사업에 참여하고 있다. 인도네시아는 비교적 한국과 인접한 동남아시아에 위치해 있으며 개발 가능성 및 투자 잠재력(investment potentials)이 큰 점을 고려할 경우 이 분야에 적극적으로 진출할 필요성이 있다.

(2) 이동통신 분야

인도네시아에는 2005년말 기준 4,500만명이 이동통신 서비스를 이용하고 있으며 가입자 수도 2003년부터 2년 사이 거의 3배 증가할 만큼 높은 증가율을 유지하고 있다. 2006년에도 30% 이상 증가할 것으로 전망되고 있다. 또한, 인구도 2억 2,000만명을 상회하고 있으며 비교적 젊은 층의 인구비율이 높아 향후 이동통신의 잠재적 성장가능성이 큰 편이다.

최근 들어 인도네시아 이동통신 산업은 CDMA 기술에 대한 관심이 증가하고 있다. 이 CDMA 기술은 지난 수년간 급속하게 성장한 한국의 휴대용 전화기 산업분야에서 이미 많은 기술이 축적되어 있는 상황이다. 또한, 전자제품을 중심으로 삼성이나 LG 같은 대기업들의 인지도가 높은 점도 유리하게 작용할 것으로 판단된다.

(3) SI(System Integration) 분야

인도네시아 정부는 IT 사업기반 확보와 네트워크 인프라(network infrastructure) 구축을 통한 안정된 공공정보 서비스 제공을 위하여 국책 사업의 일환으로 전자정부시스템(e-Indonesia) 구축사업을 진행 중에 있다. 따라서 SI(정부나 기업이 필요로 하는 정보시스템에 관한 기획에서부터 개발과 구축과 함께 운영까지의 모든 서비스를 제공하는 사업) 분야는 진출 유망분야로 평가되고 있다.

〈표 26-23〉 인도네시아 전자정부시스템(e-Indonesia) 개발 분야

e-Portal	정부 포털(portal) 서비스 개발
e-Administration	일반행정(부동산, 차량, 사업자등록 등), 문서관리, 전자개표 등
e-Public	정보분석, 지방정부와 시스템 통합
e-Commerce	전자상거래(G2B)
e-Finance	각종 공과금 고지서 부과, 납부의 전산화(e-Billing, e-Payment) 등

최근 활발하게 진행되고 있는 대규모 IT관련 국책사업에 국제경쟁력(international competitiveness)을 보유한 한국기업이 진출할 경우 여타 ASEAN 국가 진출시 교두보 역할

을 할 수 있을 것으로 전망된다.

(4) 노동집약적 제조업

인도네시아의 인건비가 저렴하고 노동력이 풍부하여 봉제, 피혁, 제화, 완구 등 노동집약적 사업이 현재까지도 유리한 편이다. 그러나 일부 경제전문가들은 한국의 대인도네시아 해외투자사업이 노동집약적 경공업 분야에 과도하게 집중되어 있음을 지적하고 있다. 투자기업들이 1995년부터 철강, 자동차, 전자, 건설, 사회간접자본(SOC) 등으로 진출영역을 확대하고 있으나 아직까지 제조업이 압도적인 상황이다.

인도네시아 근로자들의 인건비가 매년 지속적으로 상승하고 있으며 전력부족 및 각종 인프라 설비부족으로 물류비용도 상당한 점을 고려할 경우 제조업 신규투자 보다는 화학, 금속, 전기 · 전자, 기계 등 중화학 공업 분야로 투자를 다각화하고 고도화 할 필요가 있다.

27 chapter

한 · 베트남 경제협력

제 1 절 베트남 경제현황

1. 도이머이(Doi Moi) 이후의 경제변화

1.1 도이머이 도입의 배경

베트남은 인도차이나 반도의 중심국가로서 1975년 통일이후 중앙집권적인 계획경제를 추진하였으나 전쟁 후유증, 비효율적인 경제운용, 서방제국의 경제제재(economic sanctions) 조치 등으로 심각한 경제난에 봉착하였다. 1970년대 말 심각한 경제난에 직면한 베트남은 신경제정책(New Economic Policy)을 추진하여 경제개혁(economic reform)을 단행하였으나 가격 및 통화개혁의 부작용으로 경제혼란을 가중시켰다.[1)]

1.2 도이머이 도입의 경과

베트남 정부는 1986년 경제의 개방화를 추구하는 개혁노선(도이머이)을 채택하였으며 이후 지속적으로 대외지향적인 경제성장정책을 추진하고 있다.

1) 1980년대 들어 생산량 저하, 인플레이션, 스태그플레이션(stagflation) 확대 등에 대처하기 위해 산발적 경제개혁을 단행하였으나 효과를 거두지 못하였다(산업은행, 산은조사월보, 2005. 2 pp. 29~50 요약 · 재구성).

① 1987년 외국인투자법 공포

② 1993년 담보권, 사용권, 토지상속권을 인정하는 등의 토지법 개정

③ 2000년 국내기업 설립요건 완화 등 외국인직접투자(FDI) 유치 강화, 주식시장 최초 개소

1.3 도이머이 정책의 핵심 내용

(1) 대외개방을 통한 외국과의 경제협력 확대 및 시장경제요소의 도입

다변화, 다양화를 기조로 하는 대외지향적인 정책을 추진하고 지역 및 국제 협력(regional and international cooperation)에 동참하는 개방적, 적극적 대외정책을 추구한다. 또한, 물가안정, 재정적자(fiscal deficit) 축소, 외국인직접투자(FDI) 증대 등 안정적인 경제성장을 유도한다.

(2) 외교의 기본전략을 이념(ideology) 중심에서 경제중심으로 전환함

1.4 경제성장세 시현

(1) 1991~2000년 10년간 연평균 7.6%의 고도성장으로 국내총생산(GDP) 2배 증가, 수출액 3배 증가 등 급속한 경제성장 달성

(2) 2002년 이후에도 7%대의 고도성장세 유지

2. 경제정책 기조

2.1 경제발전을 위한 '경제개발 5개년 계획' 시행

(1) 2001년 제9차 당대회에서 '2001~2010년 경제사회 발전전략'을 수립하고 '제7차 경제개발 5개년 계획(2001~2005)' 시행

① 경제정책의 목표는 경제안정화(economic stabilization)와 지속가능한 성장(sustainable growth) 유지

② 경제 및 노동구조의 전환을 통한 산업화(industrialization)와 현대화(modernization) 달성, 경제효율성(economic efficiency) 제고와 경쟁력(competitiveness) 강화 도모

2.2 경제성장기반 구축을 위한 국영기업 개혁 및 사회간접자본(SOC) 건설

(1) 고도의 경제성장을 유지하기 위하여 국영기업의 민영화(privatization) 및 제조업, 건설

업, IT업종 등 산업분야의 개발투자 추진

① 정부는 민간부문 활성화를 위해 2005년부터 향후 5년 내에 전체 5,600개 국영기업 중 약 2,000개 기업의 민영화 추진

② 생산성이 높은 민간기업 및 외국인투자기업의 비중이 증대되면서 시장경제체제(market economic system)가 안정적으로 정착됨

③ 2005년 개발투자에 190억 달러를 조달하여 총투자금액 중 70%는 도로, 교량 등 경제인프라 개발에, 22%는 사회개발에 투자할 예정임

④ 조달방식은 국가예산 40억 달러, 국가신용 19억 달러, 국영기업 37억 달러, 외국인직접투자(FDI) 27억 달러, 나머지 67억 달러는 국채 및 토지 경매 등으로 민간에서 조달함

(2) 경제발전과 기업활동의 근간이 되는 사회간접자본(SOC) 확충 및 에너지 자원의 본격적 개발

① 철도, 고속도로, 항만, 발전소, 수로 등 사회간접자본에 대한 투자 확대

② 특히, 전력 및 석탄, 유전 등의 개발과 관련해서는 풍부한 천연자원을 활용함

2.3 금융개혁 실시

(1) 금융개혁(financial reform) 이전의 금융정책은 국영기업의 생산활동을 위한 금융지원이 가장 중요한 기능으로서 주로 정부의 경제개발프로그램(economic development program)에 맞추어 적정 자금소요량을 지원해 주는 신용계획에 근거하여 결정되었음

(2) 1988년부터 금융개혁에 착수하여 중앙은행으로부터의 일반상업은행 분리, 합작은행 설립 및 외국은행의 지점개설 허용 등을 추진하여 금융부문의 다변화와 재무구조(financial structure)의 개선 등이 상당히 이루어졌으나 아직 과도기 단계에 있는 것으로 판단됨

구체적으로 중앙은행의 권한 강화, 국영전문은행의 개편, 합작은행의 설립인가, 일반상업은행의 외환업무 취급허용 등의 개혁에 착수하고 있다.

(3) 중앙은행은 사회주의 국가에서 통용되고 있는 일원적 은행제도를 유지하여 왔으나 개혁이후 중앙은행으로서의 기능을 강화하고 상업은행의 기능은 농업은행(농업개발은행에서 농업은행으로 개명)과 공상은행(상공은행에서 공상은행으로 개명)으로 이관하였음

(4) 증권시장 발전을 위한 합작은행의 상장 추진

① 1~2위 규모인 Sacombank와 아시아 상업은행의 증권시장 상장 추진[2)]
27개의 합자은행(23개) 및 합작은행(4개)이 영업 중에 있다.

② 은행상장 요건은 5년 이상 영업 및 최근 2년간 연속 흑자 경영, 3% 이하의 불량채권 등임

③ 현재 베트남 증권시장은 호치민 거래소가 유일하며 24개 기업이 상장되어 있음
주식 시가총액은 약 77백만 달러로 GDP의 0.3% 수준을 나타내고 있다(미국은 GDP의 150%, 한국은 35% 정도임).

제 2 절　거시경제 현황과 전망

1. 거시경제 현황

1.1 경제동향

(1) 풍부한 자원, 급성장하고 있는 내수시장, 안정된 물가와 환율, 활발한 외국인직접투자(FDI) 유치 등을 배경으로 2000년 이후 평균 7%대의 경제성장세 시현

① 중증급성호흡기증후군(SARS)의 발생과 대외경제환경의 급변에도 불구하고 고도 경제성장세 시현

② 산업구조는 공업 및 건설업 40.0%, 서비스 및 관광업 38.2%, 농림수산업 21.8%로 구성되어 있음
경제성장과정에서 전통적 주요 산업인 농업의 비중이 1990년 41%에서 2004년 22%로 하락하고 2차산업의 비중이 24%에서 40%로 상승하는 등 경제구조가 근대공업국가 형태로 전환되고 있다.

③ 2004년 산업생산액은 354조 Dong(Vietnam Dong)으로서 전년 대비 16% 증가하면서 높은 성장률을 기록하였음
사상 최대의 작황을 기록한 농업부문을 비롯하여 제조업과 서비스업이 급성장하였다.

2) Sacombank(사이공상업은행)는 1991년 4개 신용기관의 합병으로 호치민에 설립되어 2004년 8월말 자본금이 6,756억 Dong(Vietnam Dong)으로 베트남의 최대 규모 합자은행으로 평가된다.

1.2 GDP 성장률

(1) 국내총생산액(2004년 기준)은 450억 달러로 전년 대비 7.2% 성장한 것으로 추정되어 2003년에 이어 지속적인 고성장세는 시현한 것으로 전망됨

부문별로는 국영기업부문이 37.1%, 외국투자부문 35.7%, 민간부문 27.1%로 구성된다.

(2) 2003년도부터 제조업 및 건설업의 GDP 비중이 40%, GDP 성장 기여도가 53%로서 공업화 및 산업화에 따른 경제구조 변화가 진행되고 있음

1.3 소비자물가

(1) 소비자물가(2004년말 기준)는 9.0% 상승한 것으로 추정되며 최근 2개년간 평균 물가상승률 3.5%대 보다 큰 폭으로 상승하였음

① 물가상승의 요인은 국제 고유가 현상의 지속, 가뭄 등이며 품목별로는 식품류가 15.6%, 의약품이 9.1% 상승하였음

② 인플레이션 압력(inflationary pressure)에 대처하기 위해 상업은행의 여신 증가 억제, 예금 지불준비율을 인상하는 긴축정책으로 전환하였음

(2) 2002~2003년 중의 물가상승률은 제7차 경제개발계획기간 중의 목표치인 5~6% 보다 낮은 각각 3.8%와 3.1%를 기록하여 안정세를 유지하였음

1.4 대외교역

(1) 수출 및 수입금액(2004년 기준)은 232억 달러와 259억 달러로 전년 대비 각각 16.7% 및 15.3% 성장하였음

대외교역은 최근의 세계 원자재가격 상승, 투자활성화(investment vitalization)에 따른 원부자재 수입 확대 등을 배경으로 2001년 이후 높은 성장세를 보이고 있다.

(2) 무역자유화 정책(trade liberalization policy) 추진으로 수출은 1991~2004년 동안 11배 증가하여 GDP의 51%를 차지하고 있음

① 수출구조도 공산품이 전체 수출의 37%를 차지하는 등 점차 선진국형구조로 전환되고 있음

② 주요 수출품목은 원유(18.7%), 의류(18.0%), 신발류(11.2%), 수산품(11.0%), 쌀(3.6%) 등임

주요 수출대상국은 미국(22.0%), 일본(14.5%), 호주(7.7%), 중국(6.6%) 등이며 2002년 대미 무역협정 타결로 미국에 대한 수출이 증가하고 있는 추세를 보이고 있다.

(3) 수입에 있어서는 경제성장에 따른 자본재 및 원자재 수입수요가 증대되면서 기계류(21.4%), 정유제품(9.7%), 섬유부자재(8.2%), 철강(6.6%), 전기제품(3.9%) 등이 주요 수입품목으로 부상하고 있음

주요 수입대상국은 중국(14.0%), 한국(12.0%), 일본(11.4%), 싱가포르(10.7%) 등으로 나타났다.

(4) 2002년 이후 확대 추세를 보여온 무역수지 적자(trade deficit) 규모는 2004년 27억 달러를 기록하면서 2003년(50억 달러) 보다 크게 감소하였음

1.5 외국인직접투자(FDI)

(1) 외국인직접투자는 정부의 적극적인 투자환경 개선으로 활성화되고 있음

최근 주요 투자국인 일본, 한국, 싱가포르 등과 투자보장협정 체결(또는 개정), 이중가격제 폐지 등을 통해 투자환경 개선과 적극적인 투자유치 활동을 전개하고 있다.

(2) 외국인직접투자 누계액(2004년말 기준)은 455억 달러(5,050건)이고, 이 중 신규 직접투자는 22억 달러(723건)로 전년 대비 3억 달러 증가하였음

주요 투자국의 투자금액은 대만 453백만 달러, 한국 340백만 달러, 일본 224백만 달러로 나타났다.3)

(3) 투자분야에 있어서는 정보통신(IT), 자동차, 철강 및 섬유산업 등 부가가치가 높은 분야에 집중되는 특징을 보이고 있음

1.6 환율 및 금리

(1) 환율

2001년 이후 안정세를 보이고 있는 Vietnam Dong의 대외 환율은 2004년 9월 기준 15,740Dong으로 전년 대비 0.48% 상승하였다. 1999년 이후 하루 최대 환율변동폭을 전날 은행간 거래 환율의 일정 범위 내에서만 인정하는 점진적 연동환율제도(crawling peg system)를 도입하였다. 이는 자국 통화의 급격한 평가절하(depreciation)에 따른 경제불안정(economic instability)을 최소화함으로써 외국인의 투자를 유치하고 점진적인 평가절하를 통한 국제경제력(international competitiveness) 유지 및 수출증대를 위한 조치로 이해할 수 있다.

3) 2004년 5월 기준 외국인직접투자는 허가기준 누계액이 42,565백만 달러(4,585건)이고 주요 투자국은 싱가포르(18.4%), 대만(15.1%), 일본(11.1%), 한국(10.3%)이다.

(2) 금리

금리정책에 있어서는 기업 및 투자자의 생산, 투자활동을 촉진시키기 위해 정부가 인하정책을 시행하였다. 1998년 14%대인 대출금리는 2004년 9.39%로 크게 하락하였다. 한편, 대출금리 인하와 함께 하락추세를 보이던 예금금리는 2000년 이후 상승세로 반전되었는 데 이는 대출재원조달을 위한 정부의 예금유치정책에 따른 것으로 볼 수 있다.

〈표 27-1〉 베트남의 거시경제지표

(단위 : 백만 달러, %)

	2000	2001	2002	2003	2004e
경제성장률	6.8	6.9	7.0	7.2	7.2
G D P	31,100	32,300	35,000	39,000	45,000
소비자물가상승률	-1.7	-0.4	3.8	3.1	9.0
수 출	14,448	15,027	16,706	19,881	23,200
수 입	14,073	14,546	17,760	22,463	25,900
외환보유고	3,416	3,660	4,121	6,085	-

주 : 2004 자료는 World Bank, ADB, IMF 하노이 사무소가 추정한 수치임
자료 : IMF, International Financial Statistics(IFS), EIU, 2004. 10.

2. 전망

2.1 경제정책 방향

(1) 경제성장 가속화

① 베트남 정부는 경제성장을 가속화시키기 위해 2005년도 경제정책의 중점사항을 확정하고 재정 · 금융 및 통화정책 등을 강력히 추진할 계획으로 있음

〈표 27-2〉 경제정책 중점사항(2005)

①	경제 및 산업의 성장구조 확대
②	경제체제 및 시스템 개혁
③	농민 및 빈곤층 생활수준 개선
④	농업 및 과학 · 교육 · 문화 · 의료 지원 확대

자료 : 베트남 투자계획부(MPI)

② 국영기업 개혁 및 주식화 과정을 통해 증시발전을 적극적으로 추진할 계획임

시장에서의 자본조달, 외국자본의 유입 등을 목표로 현재 상장기업 주식에 대한 외국인 소유한도를 30%까지 허용하고 있으나 최근 재무부에서 동 상한선의 인상내지 폐지를 검토 중에 있다.

(2) 산업의 균형발전 유도

① 산업 및 지역의 균형발전을 위해 인프라사업을 비롯한 농업, 에너지 분야에 대한 지원 강화

농촌의 도시화(urbanization)에 따른 농촌주민의 수입증대 및 노동자원의 합리적인 배분과 시장규모의 건전한 실현으로 고질적인 3농(농민, 농촌, 농업) 문제의 해결을 모색하고 있다. 또한, 에너지의 공급의 효율성을 증대시키기 위하여 에너지 확충을 위한 투자 확대 및 석탄·전력·석유 운송의 협력강화 정책을 추진하고 있다.

② 투자의 80% 이상 집중된 남부지역에서 지역산업 발전의 다변화를 위해 북부 및 중부 지역으로의 투자 유도

남부지역이 북부지역에 비해 물류시설과 인프라가 잘 정비되어 있고 질 높은 노동력 확보, 기업간 정보교환, 비즈니스 환경(business environment) 등에 있어 북부지역보다 상대적으로 우위에 있어 집중 투자되고 있다.

2.2 경제 및 무역 전망

(1) 경제성장

2005년도 베트남의 국내총생산(GDP)은 484억 달러에 이를 것으로 예상되어 2004년(450억 달러, 7.2%)보다 다소 높은 7.5%대의 고도 경제성장이 전망되고 있다. 민간소비 및 사회간접자본(SOC)의 지속적 투자로 경제성장의 견인 역할을 하고 경제성장에 필요한 외국인직접투자(FDI)의 유입이 지속적으로 늘어나고 있다. 부문별로는 공업 및 건설업 부문에서 10.4%, 서비스 부문에서 6.8%, 농림·수산업 부문에서 4%의 GDP 성장이 기대된다.

(2) 소비자물가

2005년도 물가상승률은 6.0%대로 예상되어 전년 물가상승률(9.0%)보다 낮을 것으로 전망된다.

〈표 27-3〉 경제성장률 및 소비자물가상승률

(단위 : %)

	GDP	소비자물가
아시아개발은행(ADB)	7.6	6.0
세 계 은 행(WB)	7.0~7.5	6.4
일본무역진흥회(JETRO)	7.5	-

(3) 무역

① 2005년도 수출예상액은 264억 달러, 수입예상액은 299억 달러로 전년 대비 각각 13.8%, 15.4% 증가할 것으로 전망됨

수출호조 예상품목은 의류, 신발, 전자부품, 공예품, 목제품 등으로 17.4~30%의 증가세가 기대된다.

② 투자, 수출, 민간 소비 등이 모두 10% 이상 증가함으로써 본격적인 성장추세에 진입할 것으로 보임

(4) 외국인직접투자(FDI)

2005년 신규 직접투자는 2,840백만 달러로 전년 대비 29.1% 증가할 것으로 예상되고 주요 투자국은 대만, 한국, 일본, 싱가포르이다. 대만의 투자예상금액은 600백만 달러로 전년 대비 32.5% 증가, 한국은 420백만 달러(23.5% 증가)로 전년도와 같이 2위로 예상되고 있다. 투자 분야는 정보통신(IT), 자동차, 철강 및 섬유산업 등 부가가치가 높은 분야에 집중될 것으로 예상된다.

2.3 환율 및 금리 전망

(1) 환율

① 수입증가 등에 따른 외환부족으로 환율은 지속적으로 평가절하될 것으로 보이나 급격한 평가절상(appreciation)에 따른 부작용을 완화시키고자 평가절하는 점진적으로 이루어질 것으로 전망됨

② 향후 계획 중인 환율정책은 환율 변동폭 확대, 현금 및 자본계정의 자유화, 은행간 외환 시장 개입 제한 등이 있음

(2) 금리

① 국제유가 상승에 따른 원자재가격의 인상으로 물가상승 요인이 커서 금리인상의 가능성

이 상존해 있음

제3절 한·베트남 경제교류 현황

1. 경제교류 현황

1.1 정부간 경제교류 협력현황

(1) 양국 정부는 경제협력, 자원, 특허, 관세, 환경, 항공 등 각 분야에 있어 정기적 회담을 추진하고 있음

① 한·베트남 투자보장 협정 개정(2003. 9)

한국 투자자에 대한 내국민 대우의 일반적 보장이 구정되었으며 투자자 분쟁 및 손해 발생시 해결절차 명시 및 경로가 마련되었다.

② 법인세(2004. 1) 및 소득세법 개정(2004. 7)

법인세 기본세율은 28%로 상향조정(종전 25%)되었으며 외국인 소득세 면세 기준은 800만 Dong(현행유지)이고 최고세율은 현행 50%에서 40%로 인하되었다.

(2) 양국 정부는 무역확대 및 통상마찰 예방활동을 강화시키기 위해 무역, 조세, 노동 등 투자관련 애로사항을 해결하고자 노력하고 있음

민간기업의 베트남 시장 진출 지원과 무역역조 시정을 위한 정부간 협력 확대 및 대미 섬유쿼터 관련 대정부 교섭을 시도하고 있다.

(3) 베트남은 최근 들어 중국의 대안시장의 하나로 급부상하고 있으며 동남아진출의 교두보로 활용가능성이 커지고 있음

한류(韓流)의 영향과 2004년 10월 한국 대통령의 순방시 조성된 우호적 분위기 등을 적극적으로 활용하여 진출전략을 수립하고 수출마케팅을 더욱 강화해야 할 필요성이 있다.

1.2 교역부문

(1) 1997년 이후 베트남의 경기침체(recession) 및 한국의 대베트남 설비투자 축소로 인해

수출이 감소하는 추세를 보였으나 2000년부터는 베트남의 대외수출 호조에 따른 수출용 원부자재 수요증가로 인해 증가세로 반전되었음

① 한국은 베트남의 제6위의 교역국(2004년 기준)임

베트남의 주요 교역국 순위는 일본(59억 달러), 미국(50.8억 달러), 중국(48.7억 달러), 싱가포르(39억 달러), 대만(36.6억 달러), 한국(31.8억 달러) 순이다.

② 베트남은 한국의 제25위 교역상대국(수출 15위, 수입 35위)임

수출증가에 따라 한국의 무역흑자(trade surplus) 규모도 1999년 11.8억 달러에서 2003년 20.5억 달러로 약 2배 정도 확대되었다. 베트남은 한국의 무역상대국 중 제5위의 흑자국으로 나타났다.

(2) 한 · 베트남 교역에 있어서 한국은 자본재 및 원부자재 수출, 베트남은 농수산물 등 1차 상품과 일부 전자부품을 수출하는 전형적인 선진국-개도국간 무역형태를 보이고 있음

1995년 11억 달러 수준이던 한국의 무역수지 흑자규모는 지속적으로 확대되어 2004년에는 20억 달러를 초과하여 무역불균형(trade imbalance)이 심화되고 있다. 이는 한국의 투자확대에 따른 진출업체의 원부자재 수입급증에 기인하는 일시적 현상으로 베트남의 경제활성화(economic vitalization)와 수출확대 등에 의해 해소될 것으로 보인다.

(3) 한국상품의 현지시장점유율은 가전제품의 경우 삼성전자와 LG전자를 중심으로 30%, 자동차 분야는 GM대우를 중심으로 25% 점유율을 각각 차지하였음

화장품은 LG드봉의 공격적인 마케팅 전략이 성공하면서 35%, 휴대폰(cellular phone)은 삼성전자와 LG전자를 주축으로 37%를 점유하였다.

1.3 투자부문

(1) 한국기업들의 베트남 진출과 투자증가는 베트남의 풍부한 양질의 노동인력과 저렴한 인건비 외 8,200만명 규모의 내수시장, 미국과 유럽연합(EU)에 대한 수출 전진기지로서의 중요성에 따라 활성화되고 있음

(2) 베트남의 신규 외국인직접투자액(2004년 기준) 22억 달러(723건) 중 한국의 투자액은 3억 4,000만 달러로 대만(4억 5,300만 달러)에 이어 2위를 기록하였음

IMF관리체제 이후 베트남 및 한국의 경기침체(recession)에 따라 중공업 및 건설분야의 투자가 감소했으나 2002년부터는 섬유 · 봉제 등 노동집약, 중소기업형 소규모투자가 활성화되고

있다.

(3) 한국기업의 진출현황(2004년 5월 20일 기준)은 총 760여개사(누계)에 이르고 있으며 최근 한국건설업체의 베트남시장 진출이 활성화되고 있어 포스코개발, 대우건설, LG건설, 대원 및 기타 중소중견 건설업체들이 시장진출을 했거나 신규로 시장진출을 추진하고 있음

1997년 IMF 외환위기 이전에는 대우, LG, 포스코(POSCO) 등 대기업의 진출로 철강, 전자, 자동차 등 중공업분야의 대규모 투자가 조성되었다. 외환위기 이후에는 섬유, 봉제, 신발, 가방, 모자 등 노동집약형·중소기업형 소규모 투자가 활발히 진행되고 있는 실정이다.

2. 베트남의 금융환경과 국내 금융기관의 진출현황

2.1 베트남의 은행현황

(1) 베트남 중앙은행은 은행기관과 비은행기관에 대한 감독을 수행하고 인플레이션과 실업문제를 조절하는 기능을 담당하고 있음

중앙은행의 총재는 하노이에 있는 본사와 전국 각지의 61개 지점을 통해 은행활동을 감독하고, 국가통화정책 자문위원회는 정부에 통화정책을 조언하고 있다. 인플레이션 억제에만 주력하는 유럽의 체제와 달리 재무부와 동등하게 독립된 지위를 갖고 인플레이션과 실업문제를 조절하는 기능을 담당하고 있다.

(2) 4대 국영상업은행이 대출잔액의 70%를 점유하고 있으며 나머지는 외국은행 15%, 합자은행(Joint Stock Bank) 12%, 합작은행(Ioint Venture Bank) 3%로 구성되어 있음

① 대외무역은행(Vietcom Bank : Bank for Foreign Trade of Vietnam)

1963년 설립되어 외환업무 전담, 제조 및 무역업체를 지원하고 있다.

② 공상은행(Incombank : Industrial and Commerce Bank of Vietnam)

산업발전을 위한 자금조달·공급, 은행간 결제업두, 공업·운수통신·상업금융업무를 담당하고 있다.

③ 투자개발은행(BIDV : Bank for Investment and Development of Vietnam)

1953년 설립되어 국영기업이 중장기 자금 지원, 국가사업의 중장기 금융을 제공한다.

④ 농업은행(Vietnam Bank for Agriculture)

1988년 설립되어 농업금융을 제공하고 있다.

(3) 외국계은행의 진출현황(2004년말 기준)을 보면 27개의 외국계 은행지점과 4개 합작은행이 진출하여 여신, 투자, 수출입금융 등의 업무를 취급하고 있으며 이밖에 44개의 사무소가 개설되어 있음

미국은 Citibank, JP Morgan Chase, First National 은행 등 3개 은행이, 일본은 Tokyo, Mizho, UFJ 은행 등 3개 은행이 활동 중에 있다.

〈표 27-4〉 베트남 은행 현황(2004년 12월 기준)

(단위 : 개)

구 분	베트남계 은행		외국계 은행			계
종 류	국영 상업은행	합자은행	합작은행	외국계은행 지점	사무소	
기관수	4	23	4	27	(44)	58(102)

자료 : 세계은행

(4) 대출금리는 동화는 연 8~11%, 미화는 연 3~6%(LIBOR + 80~250bp선)를 보이고 있음

베트남 내 달러통용은 Dong화(Vietnam Dong, VND)의 유통수준에 거의 육박하고 있으며 실질적으로 상거래계약 자체를 달러로 체결하는 경우도 많고 일반적인 소비생활에도 동화와 같이 통용되고 있다.

(5) 은행의 설립과 관련한 인허가권은 일반적인 외국인투자와는 달리 중앙은행에서 직접 관장하고 해당 설립희망 업체의 자본력, 국제지명도, 베트남 경제에 대한 지원효과 등을 종합적으로 검토하여 설립 인허가가 이루어지고 있으며 최저 자본금은 10백만 달러임

(6) 최근 들어 투명성(transparency) 제고 및 경영관리 개선을 통한 은행의 체질개선에 주력하고 있음

① 4대 국영 상업은행 강화를 위한 구조조정

② 민간 합작은행의 구조개혁

③ 정책적 대출과 상업적 대출의 분리

④ 대출시 담보조건 명확화

⑤ 국제회계기준(international accounting standard)에 적합한 회계기준 수립 등 법적 감시 체계 개선

⑥ 국내외 은행 간의 차별 철폐 및 경쟁 강화 등에 주안점을 두고 개혁 추진

2.2 국내 금융기관의 진출현황

5개 금융기관(은행)이 8개 영업점을 개설하고 있다.

〈표 27-5〉 국내은행의 베트남 점포개설 현황

(단위 : 개, 명)

은행	진출지역	점포수	주재원	비 고
조흥	호치민, 하노이	2	4 (호치민 3, 하노이 1)	호치민은 현지합작법인(조흥비나)임[1)]
외환	호치민, 하노이	2	3 (호치민 1, 하노이 2)	호치민사무소, 하노이지점
우리	호치민, 하노이	2	3 (호치민 1, 하노이 2)	호치민사무소, 하노이지점 2005년 내 호치민사무소 지점 승격 예정
수출입	호치민	1	3	리스회사(KEXIM LEASE)
신한	호치민	1	4	지점
합계	-	8	17	

주 : 1) 제일비나 은행 지분인수(2000. 8), 현지합작은행으로 50% 지분보유
자료 : KOTRA

2.3 국내은행 영업현황

(1) 사회간접자본(SOC), 건설, 전자제품 및 IT 등 주요 산업에 대한 점진적 투자 확대로 자금수요가 증대되면서 은행들의 대출규모가 증가하는 추세를 보이고 있음

① 조흥비나, 신한은행 호치민지점은 기술력 있는 중소기업 및 대기업 위주의 안전한 영업과 무역금융, 송금수수료 등 Fee Business를 기반으로 120백만~150백만 달러 규모의 대출과 2~4백만 달러 규모의 수익을 창출하고 있음

② 우리, 외환은행 하노이지점의 경우 진출기업들의 영업규모가 크지 않아 대출자산이 20백만~80백만 달러에 불과하고 수익성(profitability)도 낮은 실정임

(2) 영업점(지점, 사무소, 현지법인 등)은 국내에서 1~4인을 파견하여 비교적 소규모 형태로 운영되고 있음

〈표 27-6〉 국내은행 영업현황(2004년 12월 기준)

(단위 : 백만 달러)

은행명	대출규모	수 익	비 고
조흥비나	150	4	
신한은행	120	2	
우리은행	80	0.6	
외환은행	75	0.5	
수출입은행	20	0.2	리스회사
합 계	445	7.3	

3. 진출기업의 애로사항

베트남 진출기업의 애로사항으로 다음 5가지를 지적할 수 있다.

3.1 사회간접자본(SOC) 기반 부족에 의한 안정적 생산활동이 어려운 실정임

베트남은 경제성장 및 사회발전에 필요한 SOC(도로, 항만, 공항, 전력 등) 기반이 부족하여 생산활동에 어려움이 많은 실정이다.

(1) 도로운송 여건이 좋지 않은 곳이 많고 컨테이너(container)의 운송 및 통관 등에 상당한 비용이 소요되고 있음

도로여건이 호치민시 등 남부의 경우에는 비교적 좋은 편이나 하이퐁-하노이 구간 등 북부지역이 특히 열악한 실정을 보이고 있다.

(2) 전력부문에서는 전국적인 전력망이 형성되어 있으나 송전 및 배전망의 부족으로 대부분의 지역에서 전력 손실, 전력 품질의 저하, 정전이 자주 발생되고 있음

3.2 중국 및 일본제품의 시장 선점에 따른 진출의 어려움이 존재함

중국제품은 섬유, 봉제, 저급한 전자제품, 오토바이, 건설 등의 부문에서, 일본은 자동차, 조미료, 철강, 기타 가전제품, 컴퓨터 등의 시장을 선점하고 있어 한국기업의 진출이 용이하지 않은 상황이다. 일본은 자동차(도요타 승용차 50% 이상), 조미료(아지노모토 30%), 철강(합

작회사 양태 40%), 기타 가전제품, 컴퓨터 등 30% 내외를 점유하고 있다.

3.3 성급한 투자진출로 인한 사업의 부실화가 발생될 가능성이 큼

중소기업들이 정확한 사업성 검토없이 국내영업환경의 악화와 베트남투자에 대한 성급한 기대로 투자하는 사례가 다수 존재하고 있다. 전문인력이 없어 제도나 관습, 문화 등이 한국과 크게 상이한 베트남에서 경쟁력 있는 대처에 한계가 노출되고 있다.

3.4 합작투자시 의사결정 및 경영권의 심각한 마찰가능성이 우려됨

베트남 기업과 합작으로 투자할 경우 신규투자나 차입 등 각종 의사결정시 의견불일치로 인하여 사업추진이 난관에 봉착하는 경우가 다수 발생하고 있다. 국영기업은 자금·기술·판매력도 충분하지 않으면서 사업추진에 장애요소가 많아 합작파트너로 적절하지 않으므로 합작파트너 선정시 유의할 필요가 있다.

3.5 노무관리상 애로사항이 발생할 가능성이 큼

베트남 근로자는 아시아 최상급 노동력으로 평가되나 자존심이 강하고 배타적이어서 인력관리상 다수의 어려움이 존재하고 있다. 사회주의 체제의 관행을 탈피하지 못하고 있어 비자발적, 수동적, 낮은 책임감 등의 부정적 면을 자주 노출시키고 있다.

제4절 시사점

한·베트남 경제협력의 시사점은 다음 5가지로 요약할 수 있다.

1. 사회간접자본(SOC) 부문 건설 참여 및 상호협력 방안 모색

한국의 우수한 건설업체들이 베트남의 열악한 SOC 부문 건설에 참여하여 생산시설 기반을 구축하고 장기적으로 대규모 자본투입 및 고급기술을 제공하는 형태의 합작기업 혹은 컨소시엄(consortium)을 형성하는 방안을 모색할 필요가 있다.

2. 중국 및 일본제품에 비해 경쟁력 있는 한국제품의 틈새시장(niche market) 공략

중국의 섬유, 봉제, 전자제품 등과 일본의 자동차, 철강, 가전제품, 컴퓨터 등에 비해 경쟁력 있는 우수한 한국제품으로 틈새시장을 공략할 필요가 있다. 최근 베트남에서는 한류(韓流) 영향으로 우리 대중문화의 확산과 함께 우수한 한국제품을 선호하여 가전제품(TV, 냉장고, 에어컨), 휴대폰, 의류, 섬유, 철강, 건설 등의 분야에서 시장 진출이 용이해지고 있다.

3. 철저한 사업계획과 충분한 운영자금 확보

전문인력을 투입하여 장기목표의 설정과 철저한 투자계획 수립을 통하여 자금운용의 효율화를 도모하고 예상하지 못한 비용 및 자금수요에 대비해야 한다.

4. 기술위주의 투자와 독자기업 형태 진출

저렴한 노동력에 의존하는 투자보다는 기술력이 뒷받침되는 분야에 투자하고 경영권분쟁의 소지 등을 최소화하기 위해 가능한 독자기업 형태로 진출하는 것이 바람직하다. 또한, 제품경쟁력 확보와 신속한 의사결정체제(decision-making system)를 구축함으로써 안정적이고 효율적인 영업활동 기반 조성을 도모해야 한다.

5. 근로조건 개선 및 합리적 관리를 통한 경영의 효율화

베트남인의 장점(근면, 성실, 뛰어난 손재주 등)을 인정하면서 인간적인 경영과 함께 임금, 근로시간, 복지혜택 등 근로조건을 점차 개선하고 합리적인 관리체계를 구축해야 한다. 이는 기업을 보다 효율적으로 경영할 수 있게 만드는 첩경이 될 수 있다.

〈표 27-7〉 산업별 현황(2004년 기준)

분 류	1차산업	2차산업	3차산업
	농림수산업 (농림업, 수산업, 광업)	공업 및 건설 (전통공업, IT)	서비스업 (관광산업)
성장 기여도	21.8%	40.0%	38.2%

① 1차 산업
- 농림업(수산업을 포함할 경우 총 노동인구의 약 60% 이상이 종사)
  - 쌀, 고무, 사탕수수, 커피, 열대과일
  - 2003년 쌀생산은 3,452만톤(벼 기준)이고, 수출은 386만톤으로 태국에 이어 세계 2위
  - 커피는 브라질, 콜롬비아에 이은 제3위 수출국
- 수 산 업 : 담수어업, 연안어업, 양식업
- 광업
  - 원유 : 제1의 부존자원, 매장량 약 50억톤 추전
    1986년 최초로 원유생산을 시작한 이래 2001년 1,700만톤(31.26억 달러), 2002년 1,685만톤(32.7억 달러), 2003년 1,717만톤(38.2억 달러) 수출 달성
  - 무연탄(매장량 80억톤), 철광석(매장량 7억톤), 주석 등

② 2차 산업
- 공업발전을 위해 자본지출, 설비혁신, 선진기술 도입 및 적용, 산업현대화 적극 추진
- 전자 및 정보기술, 기계, 조선, 석유·광물자원 개발 산업, 사회간접자본 적극 육성
  - 전기 및 전자조립 생산, 자동차, 소형 모터, 농업기계류, 시멘트 제조(내수용), 비료생산, 합성수지 생산 분야도 성장 전망

③ 3차 산업
- 서비스업, 관광업 성장률 점진적 증가 추세

자료 : 베트남 통계청, 2004. 12.

〈표 27-8〉 베트남 주요 경제지표(2004년 기준)

항 목		2003	2004
GDP		390억 달러	450억 달러
1인당 GDP		483달러	542달러
경제성장률		7.24%	7.2%
산업생산지수		16%	16%
물가상승률		3.1%	9.0%
실업률		7.0%(도시지역)	n.a.
산업구조	1차산업	21.8%	21.8%
	2차산업	40.0%	40.0%
	3차산업	38.2%	38.2%
화폐 · 금융	외채	약 177억 달러	n.a.
	외환보유고	61억 달러	n.a.
	국내저축률	31.4%	n.a.
	화폐단위	VND(Vietnam Dong)	
	환율	1USD : 15,740VND(2004. 9. 기준)	
무역	수출	199억 달러(19.0% 증가)	232억 달러(16.7% 증가)
	수입	225억 달러(26.5% 증가)	259억 달러(15.3% 증가)
	수지	26억 달러	27억 달러
	주요 수출품목	원유, 의류, 신발, 수산물, 쌀, 커피	
	주요 수입품목	기계, 정유, 섬유직물, 철강, 화학, 전자제품	
	주요 교역국	일본(59억 달러), 미국(50.8억 달러), 중국(48.7억 달러), 싱가포르(39억 달러), 대만(36.6억 달러), 한국(31.2억 달러)	
외국인투자 (연간)	투자건수(연간)	746건	723건
	투자금액(연간)	1,858백만 달러	2,200백만 달러
	주요 투자국	1위: 대만(187건, 372백만 달러), 2위: 한국(181건, 336백만 달러)	1위: 대만(225건, 453백만 달러) 2위: 한국(187건, 340백만 달러)
	FDI 누계	5,050건, 45,500백만 달러	
	주요 투자국 (누계기준)	1위 싱가포르(318건, $7,913백만), 2위 대만(1,199, $7,004백만), 3위 일본(463건, $4,909백만), 4위 한국(787, $4,524백만)	
주요 자원 및 농산물	쌀	2003년 생산 3,452만톤, 수출 386만톤(세계 2위 수출국)	
	기타 작물	- 고무, 커피,(세계2위), 사탕수수, 후추(세계1위) * 농림수산업이 총 고용인구의 60% 이상 고용	
	원유	추정매장량 50억톤, 일 38만배럴 생산 중	
	가스	추정매장량 5조입방피트, 일산 293백만입방피트	
	무연탄	추정 매장량 80억톤	
	철광석	추정 매장량 7억톤	

자료 : 베트남 통계청, 2004. 12.

〈표 27-9〉 주요 국가별 투자동향(1988~2004. 5. 20 현재 누계 : 허가기준)

순 위	국 가 명	건수	금액(백만 달러) (투자비중)
1	싱 가 포 르	298	7,829 (18.4)
2	대 만	1,136	6,427 (15.1)
3	일 본	440	4,704 (11.1)
4	한 국	729	4,371 (10.3)
5	홍 콩	304	3,020 (7.1)
6	프 랑 스	139	2,121 (5.0)
7	버 진 군 도	195	2,083 (4.9)
8	네 덜 란 드	52	1,788 (4.2)
9	영 국	55	1,187 (2.8)
10	러 시 아	47	259 (0.6)
	기 타	1,190	8,776 (20.5)
계		4,585	42,565

자료 : 베트남 투자계획부, 2004. 6.

〈표 27-10〉 분야별 투자동향(1988~2004. 5. 20 현재 누계 : 허가기준)

순 위	분야	건 수	금액(백만 달러)
1	공 업	3,074	24,466
2	서비스	891	14,978
3	건설업	279	3,437
4	농림업	524	2,857
5	석유 및 가스	27	1,892
6	수산업	96	265
계		4,585	42,565

자료 : 베트남 투자계획부, 2004. 6.

〈표 27-11〉 한·베트남간 경제교류 현황

① 한·베트남 교역추이

(단위 : 백만 달러, %)

구 분	1996	1997	1998	1999	2000	2001	2002	2003	2004. 10
총교역	1,831.2 (18.6)	1,841.7 (0.6)	1,545.2 (-16.1)	1,709.4 (10.6)	2,008.5 (17.5)	2,117.4 (5.4)	2,710.5 (28.0)	3,071.9 (13.3)	3,177.3 (26.6)
수 출	1,599.1 (18.4)	1,603.1 (0.3)	1,361.4 (-15.1)	1,445.2 (6.2)	1,686.0 (16.7)	1,731.7 (2.7)	2,240.2 (29.4)	2,561.2 (14.3)	2,609.1 (24.9)
수 입	232.0 (19.9)	238.6 (2.8)	183.8 (-22.9)	264.2 (43.7)	322.4 (22.0)	385.8 (19.6)	470.3 (21.9)	510.7 (8.6)	568.2 (35.6)
무역수지	1,367.1	1,364.6	1,177.6	1,180.9	1,363.6	1,345.9	1,769.9	2,050.5	2,040.9

주: ( )안은 전년 대비 증가율
자료: 무역협회, 2004. 10.

② 한 · 베트남 주요 교역품목(2004. 10)

(단위 : 백만 달러, %)

수 출				수 입			
품목	금액	증감률	비중	품목	금액	증감률	비중
석유제품	232.9	214.6	8.9	원 유	51.6	-	9.1
자동차	212.4	-1.2	8.1	연체동물	46.9	21.7	8.2
기타직물	163.9	25.8	6.3	수산가공품	32.6	-1.0	5.7
편직물	158.3	7.5	6.1	신 발	32.6	28.9	5.7
합성수지	158.2	55.2	6.1	의 류	29.7	-11.2	5.2
인조장섬유직물	117.5	21.3	4.5	곡실류	25.9	68.0	4.6
섬유 및 화학기계	86.3	-24.0	3.3	석 탄	23.5	117.0	4.1
철강판	85.4	17.0	3.3	임산부산물	22.9	33.3	4.0
가 죽	84.6	16.7	3.2	기호식품	22.5	0.7	4.0
무선통신기기	80.3	58.9	3.1	기타섬유제품	21.7	22.2	3.8
상위 10대 품목의 비중			52.9	상위 10대 품목의 비중			54.6

28
chapter

한 · 필리핀 경제협력

제 1 절 필리핀의 주요 산업

1. 산업구조

필리핀의 산업구조는 2005년 기준으로 농림어업부문이 전체 국내총생산(GDP)에서 차지하는 비중이 14.3%, 제조업을 포함한 공업부문 32.2%, 서비스산업부문 53.4%로 나타났다. 농림어업부문의 비중은 감소세를 보이고 공업부문은 거의 변화가 없는 반면에 서비스산업부문의 비중은 증가세를 유지하고 있다.

〈표 28-1〉 산업구조 변화 추이

(단위 : %)

	2001	2002	2003	2004	2005
농림어업	15.1	15.1	13.0	13.7	14.3
공업(제조업)	31.6(22.9)	31.8(23.1)	32.6(23.8)	32.4(23.5)	32.2(23.3)
서비스업	53.2	53.1	54.4	53.9	53.4

자료 : IFS, EIU

① 농림어업

농림어업부문은 GDP 비중에서 공업부문보다 낮을 뿐만 아니라 감소세를 보이고 있지만 산업부문별 고용구조에서는 공업부문을 앞서고 있다.1)

② 서비스산업

서비스산업은 제조업보다 초기 투자에 대한 부담이 비교적 적으며 단기에 이익창출이 가능하여 화교 및 화교계 필리핀인들이 적극적으로 참여하고 있다. 영업실적에서도 국영기업과 외국인투자기업을 제외하면 화교 및 화교계 필리핀인들이 주로 투자하는 항공회사, 은행, 백화점 및 유통업체들이 상위를 차지하고 있는 것으로 나타났다.

2. 농림어업

2.1 쌀과 코코넛이 주요 농산품임

필리핀 수출이 한때 모두 농산품으로 이루어질 정도로 농업부문이 경제에서 중요한 위치를 차지하였으나 2005년 기준으로 농산품이 총수출에서 차지하는 비중은 4%를 나타내고 있다.

〈표 28-2〉 주요 농산품의 수출 비중(2004년 기준)

(단위 : 백만 달러, %)

	금액	비중
코코넛 기름	578	1.5
건조 코코넛	100	0.3
야자 과육	31	0.1
바나나	324	0.8
파인애플	176	0.4
망고	31	0.1
기타	325	0.8
계	1,565	4.0

자료 : EIU, Country Profile

필리핀 농업부문의 전통적 주산품은 쌀과 코코넛으로 쌀은 주로 국내수요를 위해 생산하고 있으나 코코넛 수확량은 전세계 산출량의 50%에 이르고 있다. 쌀농사는 주로 루손섬에서 이

1) 이는 필리핀의 농림어업부문은 생산 및 고용에서 아직도 중요한 위치에 있음을 시사한다고 할 수 있다(수출입은행, 필리핀 국가현황 및 진출 방안, 2006. 11. 요약 · 재구성).

루어지고 있으며 총경작면적은 약 400만ha이고, 코도넛은 민다나오섬에서 50% 정도가 재배되고 있으며 총재배면적은 약 320만ha이다.

1998년 엘니뇨 한발로 인해 쌀 수확량이 전년 대비 24%, 코코넛 수확량은 6.6% 감소하여 각각 860만톤, 1,280만톤을 기록하였으나 이후 주요 농산품의 산출량은 점차 증가하여 2004년 기준 쌀과 코코넛의 수확량이 각각 1,450만톤, 1,440만톤으로 증대되었다.

〈참고 1〉 **농업분야 성장의 장애요인 – 농지개혁 실패**

1. 토지분배 실패

여타 동아시아 국가의 경제발전에 미치지 못하는 필리핀의 경제성장은 토지 재분배의 실패에 기인하는 것으로 분석된다. 인구증가에 못 미치는 경작지 확보로 인해 농가당 평균 경작면적이 지속적으로 감소하고 있다. 2002년 국가통계청(National Statistics Office)의 조사에 따르면 1가구당 평균 면적도 2.04ha에 불과하고, 소수의 지주가 대규모 농지를 소유하여 불평등이 점점 심화되고 있으며 농촌지역 소득분배가 악화되고 있는 것으로 나타났다.

2. 농지개혁법(CARP : Comprehensive Agrarian Reform Program)

1986년 민중혁명으로 아키노 정부가 집권한 이후 1987년부터 시행된 농지개혁법은 농가 1가구당 농지소유한도를 5ha(상속자당 3ha)로 제한하였다. 수혜계층은 농민과 농장 노동자였고, 당시 농지의 55% 가량이 동 법의 적용을 받았으나 이로 인해 단위 경작규모가 소규모화되고 농가의 자금여력이 부족하여 농업부문의 발전이 지체되었다.

한편, 동법은 광범위한 예외조치를 허용하였는 데 기업이 토지를 소유할 경우 토지 이전이 아닌 주식 이전을 가능하도록 함으로써 대규모 농장 지주는 기업설립을 통해 토지를 분할하지 않고 계속 보유할 수 있게 되었다. 농지개혁법 시행시한이 당초 1998년이었으나 정부재원 부족으로 자금이 없어 제대로 진척되지 못하였으며 2008년까지 10년간 시한을 연장하였다. 2004년 상반기 기준 분배대상 토지 429만ha 중 80%인 372만ha 면적의 토지가 195만 농민들에게 분배되어 있는 실정이다. 정부의 재정적자(fiscal deficit)로 인해 2008년까지도 달성이 어려울 것으로 전망되며 2010년까지로 다시 시한 연장을 추진 중에 있다.

2.2 한계산업에 속하는 임업부문

임산물의 생산량은 장기간에 걸쳐 지속적으로 감소하여 왔으며 1990년대 초반 대GDP 비중이 약 0.5%로 나타났다. 2004년 기준의 임산물 수출액은 3,390만 달러로 경제에서 차지하는 비중이 미미하다. 한편, 아직도 민다나오섬 등의 오지에서는 불법 벌목이 대단위로 자행되고 있는 것으로 알려지고 있다.

2.3 어업부문의 경제기여도 증가 추세

어업부문의 종사자가 1,400만명(2003년 10월 기준)에 이를 정도로 동 부문의 필리핀 경제에 대한 기여도는 매우 중요하다. 외화획득원으로서도 어업부문의 중요성은 점진적으로 증가하고 있다. 최근 상업적 어로활동 및 양식어업 등이 활발해지고 있으나 과도한 남획으로 근해어장이 심각하게 훼손되고 있는 실정이다. 특히, 근해에서 다이나마이트 등을 이용한 어로행위는 산호초 파괴로 인해 어로자원 고갈을 급속하게 진행시키고 있으며 외국선단의 필리핀 어장 잠식으로 상당한 피해를 입고 있다.

3. 광업

3.1 금 및 동이 주요 광물자원임

필리핀의 주요 생산광물은 금 및 동 등이 해당되며 여타 광물로는 은, 니켈, 크롬 등이 있다. 최근 광물생산량이 증가세를 보여 왔으며 2005년 기준으로 GDP에서 차지하는 비중이 1.7%를 나타내고 있다. 2003년 기준 금 생산량은 37,844kg, 동정광 생산량은 20,414톤에 이르고 있다.

3.2 외국인투자의 활성화 기대

2004년 12월 필리핀 대법원이 '광업부문에 대한 외국인투자는 위헌'이라는 이전의 판정을 취소 결정함으로써 향후 이 부문에 대한 외국인투자자금 유입이 활성화될 것으로 보인다. 1995년 위헌판정으로 인해 40여개 외국인투자 광업프로젝트의 추진이 중단되었으며 위헌판정 취소 결정 이후 광업부문에 대한 외국인투자 신청 건수가 28건에 이르고 있다.

3.3 호주 Climax Mining의 디디피오 금 · 동광 프로젝트

호주 Climax Mining이 추진하고 있는 루손섬 디디피오 금 · 동광 프로젝트는 현재 개발이 진행 중에 있으며 2007년에는 상업적 생산이 가능할 것으로 전망된다. 디디피오 금 · 동광 프로젝트의 총투자금액은 1억 1,500만 달러로 추산되며 생산규모는 금의 경우 연산 9만 4,000

온즈, 동정광 1만톤으로 추정된다. 향후 15년 동안 예정 생산규모로 금 및 동정광을 생산할 수 있을 것으로 기대되고 있다.

4. 제조업

4.1 개관

제조업은 2005년 기준 GDP에서 차치하는 비중이 24%에 이를 정도로 필리핀 경제에서 가장 중요한 부문 중의 하나로 인식되고 있다. 1950~1960년대에는 주로 수입대체품을 생산하여 국내산업을 육성·보호할 수 있었다. 특히, 소비제품의 부품을 수입하여 조립 생산하는 산업이 크게 발전되었다.

1980년대 초반부터 중공업부문의 개발이 정책적으로 추진되기 시작하였으며 동제련소, 화학단지, 비료공장, 시멘트공장 등의 건설이 정부주도로 진행되었다. 그러나 제조업의 구조는 소비재 생산 치중으로부터 탈피하지 못하였다. 1970년대부터 노동집약적 산업(labor-intensive industry)으로 전자 및 자동차부품산업 등의 개발이 시작되었으나 해외시장보다는 국내시장 수요 충족에 초점이 맞춰진 육성지원정책이 실시되었다.

〈표 28-3〉 주요 제조 품목별 생산 비중(2004년 기준)

(단위 : %)

	전년 대비 증가율	비중
식료품	8.8	47.4
전기·전자장비	13.6	12.0
화학제품	7.2	6.6
의류 및 신발류	7.4	1.5
전체 제조품목	5.1	100.0

자료 : EIU, Country Profile

4.2 가전산업 위축

필리핀 가전제품 생산업체들은 수출을 목표로 하기보다는 내수 지향적인 것으로 파악된다. 따라서 판매량의 대부분이 내수용이다. 현지 제조업의 경쟁력이 하락하고 수입 완제품에 대한 관세율이 인하되어 채산성이 저하됨에 따라 점차 동남아 현지법인에서 제품을 수입하여 판매하는 비율이 증가하고 있다. 특히, 아세안(ASEAN) 통합에 따라 대ASEAN 수입관세율이 현재 대부분 무관세 내지는 5%까지 인하되어 필리핀 현지 생산을 중단하고 있으며 LG전자도 생산공장을 판매법인으로 전환한 바 있다.

4.3 수출가공 특별경제지대(EPZs)

1995년 특별경제지대법(법률 제7916호)의 제정으로 필리핀 특별경제지대청이 설립되면서 바탄의 마리벨레스에 처음으로 수출가공특별경제지대가 설치된 바 있다. 현재 150개의 수출가공구 및 산업단지 등이 전국에 걸쳐 설치되어 운영되고 있다. 특별경제지대에 입주하는 기업에 대해서는 100% 외국인투자가 허용되고 있으며 자본양도에 대한 규제도 받지 않고 있다. 세제상의 혜택으로는 국세, 지방세가 면제되고 5%의 특별세만 납부하는 등 여타 기업들보다 많은 추가 혜택이 부여되고 있다.

〈참고 2〉 특혜제공 대상에서 제외된 Clark 특별경제지대

필리핀 대법원은 2005년 4월 Clark 특별경제지대는 세제상의 특혜를 누릴 수 없는 것으로 판결한 바 있다. 전 미군기지에서 특별경제지대로 전환된 경우 Subic 특별경제지대에만 세제상 특혜제공이 가능한 실정이다. 1992년의 기지전환개발법은 특혜제공에 대해서 단지 Subic 기지만 언급하고 있어 여타 기지들은 해당이 될 수 없다고 대법원은 해석하고 있다. 관련법의 개정 또는 투자인센티브 합리화법에 특별조항 반영 등을 통해서 조치하지 않는 한 Clark 특별경제지대에 대한 특혜제공은 불가능할 것으로 판단된다.

이 같이 필리핀 법제도의 일관성 없는 시행이 외국인투자자들의 불신을 증가시켜 외국인투자 유치가 어려워지고 있다.

2005년 기준으로 전국 특별경제지대의 기업에 취업한 총인원수는 약 100만명 이상에 이르는 것으로 조사되었다. 또한, 동년 중 전국 특별경제지대의 총수출규모는 320억 달러를 기록하였다.

한편, 필리핀 정부는 만성적 재정적자(fiscal deficit)를 해소하기 위해 특별경제지대에 제공되는 세제상의 혜택에 대한 축소 등을 포함하는 투자 인센티브 합리화 법안을 추진하고 있다.

4.4 중국제품과의 경쟁 심화

필리핀은 ASEAN 역내국들에 의한 국가간 생산설비 이전을 추진하기 위해 주력하고 있다.

일본 및 대만의 제조업 공동화에 따른 반사이익 등으로 장기적으로 수출제조업의 경쟁력은 제고될 것으로 보인다. 그러나 현재 필리핀의 수출경쟁력(export competitiveness)이 중국제품의 저가경쟁력에는 미치지 못하고 있는 실정이다.

4.5 제조업의 고용기여도

1999년 기준 근로자가 20인 이상인 기업체는 7,451개이며 총고용인원은 110만명으로 조사되었다. 근로자가 20인 이하인 기업체는 11만 7,000개로 총고용인원은 45만 6,000명으로 나타났다. 근로자 20인 이하의 소규모기업에 대해서는 통계자료가 충분하지 못하여 고용기여도를 정확하게 파악할 수 없는 실정이나 이들 소규모 기업이 고용기여 측면에서 중요한 역할을 담당하고 있는 것으로 판단된다.

5. 정보통신업

5.1 개관

최근 통신기반시설의 비약적 발전 및 보급을 통하여 필리핀 국민들의 유·무선 통신, 인터넷에 대한 접근성은 크게 제고되었다. 무선통신 가입자(2005년말 기준)는 3,400만명을 초과하고 있으며 인터넷 보급 확산으로 지식공유 및 전파가 촉진되어 지역간 정보격차(digital divide)가 점차 축소되고 있다.

5.2 유선통신의 보급 정체

현재 Philippine Long Distance Telephone Company(PLDT)가 지배적 사업자로서 유선통신시장을 지배하고 있으며 뒤를 이어 Globe Telecom 외 70여개 회사가 서비스를 제공하고 있다. 유선전화 보급률은 9.12%를 기록한 1999년을 기점으로 지속적으로 감소하고 있으며 2004년 기준 보급률은 7.83%에 불과한 실정이다.

5.3 무선통신시장의 비약적인 발전

무선통신산업은 현재 필리핀 정보통신산업 중 가장 성장이 빠르고 유망한 분야로 평가할 수 있다. 혁신적인 선불요금제와 문자전송서비스(SMS : Short Message Services)의 인기를 기반으로 2005년 기준 무선통신 가입자 수는 3,250만명, 총인구의 42%가 무선통신을 이용하고 있다.

1991년 아날로그(analogue) 기술을 기반으로 시작된 무선통신 서비스는 PLDT의 자회사인 PILTEL이 잠시 시장을 독점하였으나 1993년 통신시장 자유화 이후 SMART, GLOBE, ISLACOM, EXTELCOM 등 다양한 기업이 시장에 참여하고 있다. 1999년에 이르러 GSM(Global System for Mobile Communications으로 유럽 전기통신 표준화기관인 ETSI에서 제정한 디지털 셀룰러 무선통신 시스템 표준임. 1982년 당시 유럽전기통신표준기관인 CEPT 산하에 설치된 무선통신 기술위원회(Group Special Mobile)의 이름을 따서 GSM시스템이라고 함) 방식이 시장에서의 표준이 되고 저렴한 비용으로 이용할 수 있는 SMS와 연체방지를 위한 선불요금제가 도입되면서 무선통신 수요는 급증하고 있다. 2003년 중반 유선통신회사 DIGITEL의 자회사 Sun Cellular가 저렴한 요금을 기반으로 시장에 새롭게 진출하여 영역을 확장하고 있으며 현재는 SMART, GLOBE, Sun Cellular가 시장을 삼분하고 있는 상황이다.

〈표 28-4〉 연도별 무선통신 가입자 현황

(단위 : 천명, %)

	2002	2003	2004	2005	
					점유율
DIGITEL	-	732	1,200	1,860	5.3%
EXTELCOM	30	30	14	10	0.0%
GLOBE	6,572	8,800	12,514	12,500	35.9%
ISLACOM	182	-	-	-	-
PILTEL	1,174	2,867	4,612	4,984	14.3%
SMART	6,826	10,080	14,596	15,424	44.3%
합 계	15,384	22,509	32,936	34,778	100.0%

5.4 인터넷 보급의 확산

인터넷서비스는 1994년 시작되었으며 최근 이용률이 증가되고 있으나 PC 보급 저하와 유선통신망 보급 정체 등 인프라 미비로 여전히 초보단계에 머물러 있는 실정이다. 인터넷 이용자는 2004년 기준 100명당 5.3명(필리핀은 후불제 인터넷 시장보다는 선불제 인터넷 시장의 비중이 더 크기 때문에 인터넷서비스 가입자 수를 근거로 인터넷 사용인구를 추산하기가 어려운 실정임)(440만명/7,650만명)으로 추정되고 이 중 약 70%, 310만여명이 인터넷카페를 이용하는 것으로 알려져 있다. 한편, 세계적인 IT 시장조사회사인 Gartner의 조사에 따르면 2002년말 기준 인터넷서비스 가입자 수는 135백만명이고 2007년에는 300만명까지 증가할 것으로 예상된다.

필리핀 인터넷시장의 특징은 인터넷카페가 인터넷 보급의 주요 통로역할을 한다는 점이다. 여타 개발도상국과 마찬가지로 대다수의 인터넷 이용자들은 가정 또는 직장이 아닌 인터넷카페 또는 컴퓨터센터 등에서 인터넷을 사용하고 있으며 1996년 수백개에 불과하던 인터넷카페는 2004년말 전국적으로 약 14,000개까지 증가하였다.

인터넷 인프라와 관련하여 인터넷 호스트는 2002년 10,000명당 1.8개에서 2004년 7.9개로 지속적으로 증가하고 있으나 다른 아시아 국가들인 한국과 싱가포르에 비해서는 여전히 열악한 실정이다.

〈표 28-5〉 인터넷 인프라 및 사용자 현황(2004년)

인터넷 호스트	인구 10,000명당	인터넷 사용자	인구 100명당	PC 보급대수	인구 100명당
65,390개	7.91개	440만명	5.32명	368만대	4.46대

주 : 2005년 기준 인터넷 호스트는 96,500개, 인터넷 이용자는 782만명에 이르는 것으로 추정됨

〈참고 3〉 필리핀 내 콜센터 서비스 산업의 성장 가능성

필리핀은 인도와 전세계 콜센터(call center) 시장을 선점하기 위하여 치열한 경쟁을 전개하고 있다. 필리핀에서 비등록 회사를 포함하여 130여개의 기업이 6만여개의 좌석(콜센터 운영 및 규모는 좌석(seat)으로 표시되며 한 좌석은 2~3교대로 24시간 운영됨)을 보유하고 사업을 운영하고 있다. 현재 콜센터 사업 종사자는 3만에서 6만명에 이르는 것으로 추산되며 조만간 종사자 수는 4배까지 확대될 것으로 전망되고 있다.

주요 기업으로는 Etelecare International Inc., Infnyx, People Support, C3 Customer Contact Center Inc., Sykes Asia Inc., Contact World, SVI Connect, Cquadrant and Immequire Phils. Inc. 등을 지적할 수 있다.

필리핀이 콜센터 사업 유치에 유리한 점으로는 다음 3가지를 지적할 수 있다.

① 미국과 같은 선진국들이 비용 절약을 위하여 자국의 콜센터를 해외 아웃소싱(overseas outsourcing)으로 급속히 전환하고 있는 점

② 콜센터 직원 전문 양성기관을 필리핀 내에 운영하고 있을 정도로 콜센터 사업에 대한 국가적 관심이 높으며 국민들의 유창한 영어구사 능력도 장점이 되고 있음

③ 현재 도심지역의 유선통신망의 실제 이용률이 50%에 불과한 점도 유리하다고 할 수 있음. 잉여 유선통신망을 저렴한 가격으로 활용할 수 있으며 이 통신망은 미국, 유럽, 일본 등과 광통신으로 직접 연결되어 있어 위성통신 접속에 비해 통화품질 및 비용 측면에서 유리하다

고 평가할 수 있음

6. 건설업

6.1 1993~1997년 건설경기 호조

1993~1997년 지속적인 경제성장에 힘입어 마닐라 수도권에서는 고급 아파트단지, 오피스 건물, 쇼핑단지 등의 건설 붐이 발생하여 동 기간 중 건설부문이 매년 약 10% 성장하였다. 특히, 건설프로젝트에 대한 민간금융 활성화가 건설부문 확대에 크게 기여하였으며 1997년에는 민간건설가액이 1,230억 페소(32억 달러)를 기록하였다.

6.2 아시아경제위기의 여파로 건설경기 급락

1998년 아시아경제위기의 영향으로 급격한 금리인상이 발생되어 건설경기가 급랭하는 상황이 초래되었다. 따라서 동년 중 민간건설가액이 690억 페소로 하락하였으며 2002년 860억 페소로 상승하기까지 건설경기는 답보상태에 있었다. 2003년의 민간건설가액이 다시 800억 페소로 감소한 것으로 보아 건설경기가 아시아경제위기(Asian Economic Crisis) 이전으로 회복하는 데는 상당한 기간이 소요될 것으로 판단된다.

7. 금융서비스업

7.1 금융산업의 발전수준이 인접국가들에 비해 상대적으로 낙후되어 있음

필리핀 금융기관 총자산이 국민총생산(GNP)에서 차지하는 비중은 동아시아에서 가장 낮은 수준으로 알려져 있다. 또한, 아시아경제위기 발생 이전에 필리핀의 GNP 대비 총통화량이 51.8%인 반면에 말레이시아는 101.1%, 태국은 81.5%로 산출되었다. 이는 동아시아의 여타 인접국들에 비해 필리핀 금융산업의 발전수준이 상대적으로 낙후된 것을 의미하며 금융산업의 미성숙이 저조한 투자성향의 주요 요인이 되고 있다.

1995년 외국계 금융기관에 대한 국내영업을 허용하기 이전까지 44년 동안 미국계의 Citibank 및 Bank of America, 영국계의 HSBC 및 Standard Chartered Bank 등 4개 외국은행을 제외하고는 외국계 금융기관의 국내영업을 전면 금지한 것이 필리핀 금융산업의 발전을 저해한 역사적 배경으로 지적할 수 있다.

7.2 금융기관의 현 체제

필리핀은 자산규모가 3,000억 페소 이상인 대형 금융기관에서부터 가족경영의 소규모 금융기관에 이르기까지 다양한 형태의 42개(2005년 기준) 상업금융기관이 존재하고 있다. 국영금융기관으로 필리핀토지은행(Land Bank of Philippines)과 필리핀개발은행(Development Bank of the Philippines)이 있으며 필리핀국민은행(Philippine National Bank)은 정부가 지분의 45%를 소유하고 있다.

〈표 28-6〉 10대 상업금융기관의 자산규모(2005년 기준)

(단위 : 10억 페소)

금융기관명	자산규모(금액)
Metrobank	586.5
Bank of Philippine Islands	530.0
Equitable PCI Bank	326.2
Land Bank of Philippines	310.9
Banco de Oro	234.0
Philippine National Bank	224.4
Development Bank of the Philippines	210.6
Citibank	198.7
Rizal Commercial Banking Corporation	189.3
Allied Banking	138.4
합 계	4,114.2

자료 : EIU, Country Profile

외국계 금융기관에 대한 국내영업 허용 이후 아시아·태평양지역의 금융기관을 중심으로 10개 외국은행에 영업허가를 발급하였다. 필리핀 중앙은행은 추가로 10개 외국계 금융기관에 대해 영업허가를 발급하는 계획을 추진하였으나 자국상업금융기관들이 경쟁체제를 구축하는데 일정 기간이 필요할 것으로 판단하여 추가 영업허가 발급계획을 중단한 바 있다. 필리핀에서 영업활동을 하고 있는 외국계 금융기관은 2005년 기준으로 총 18개이다. 이들 금융기관은 기업금융(corporate finance)을 주로 취급하고 있으며 역외금융 운용은 외국금융기관에만 허용되고 있다. 자산규모에서 10대 금융기관에 속하는 외국금융기관에는 Citibank만이 포함되어 있다.

Bank of the Philippine Islands Investment Corporation, PDCP Bank 등의 민간투자금융회사가 운용되고 있으며 국영은행인 Development Bank of the Philippines는 농업부문 및 중소

기업에 대한 투자금융 제공에서 중요한 역할을 수행하고 있다.

7.3 금융기관의 재정건전화 추진

특수목적자산관리회사에 금융기관의 부실자산 양도를 허용하는 법을 2002년 12월 제정하여 금융기관의 재정상태 건실화를 추진한 바 있다. 동 법의 시행에 따라 2001년말 19.4%에 이르던 부실채권규모가 2006년 3월말 기준 8%까지 감소하였다. 2006년 4월 동 법상의 양도허용기간을 2년 연장함으로써 2008년까지 부실채권 규모를 외환위기(Foreign Exchange Crisis) 이전 시기 5% 수준까지 감축할 수 있을 것으로 전망된다.

7.4 증권시장의 현황

1990년대 초중반 국제금융계의 이머징시장(emerging market)에 대한 관심이 제고되었을 뿐만 아니라 투자자유화(investment liberalization) 및 민영화(privatization) 추세 등의 영향으로 필리핀 증권시장의 총주식자본금이 1992년말 3,530억 페소에서 1996년말 2조 1,200억 페소(809억 달러)로 크게 신장할 수 있었다. 그러나 1998년 아시아경제위기의 영향으로 증권시장의 총주식자본금이 1996년 수준의 50% 이하로 하락하였으며 1998년 9월 종합주가지수(PHISIX 지수)가 1,082를 기록하였다. 1999년 들어 증권시장이 활황세를 보여 동년 9월 PHISIX 지수가 2,487로 상승하였다. 그러나 2000년 들어 에스트라다(Estrada) 대통령의 실정(失政) 등이 증권시장에 악영향을 미치기 시작하였다. 2001년 9월 11일 세계무역센터(World Trade Center) 테러사건이 발생하자 동년 10월 PHISIX 지수는 993으로 추락하였다.

2003년 12월 아로요(Arroyo) 대통령의 2004년 대통령선거 출마 발표가 증권시장에 호재로 작용하여 2003년말 PHISIX 지수는 1,442로 회복되었다. 2004년 5월 Arroyo 대통령의 대통령선거 승리, 재정적자 해소 관련 세제개혁 추진, 경제의 호조 등으로 증시경기는 계속 상승세를 보였다. 그러나 2005년 중반 대통령 탄핵정국 및 부가세법 시행 관련 논란 등으로 인해 다소 위축되었다. 2005년 하반기 이후 재정적자(fiscal deficit) 축소, 경상수지 흑자(current account surplus) 확대 등의 호재로 인해 2006년 5월 8일 역대 최고 수준인 2,589 지수를 기록하였으며 2006년 11월 기준 지수는 2,000을 상회하고 있다.

한편, 2000년에 제정된 증권법이 내부자거래의 방지, 등록기업의 재무자료 투명성(transparency of financial data) 제고 등을 엄격히 규정하고 있다. 감독기관의 권한도 대폭 강화하였으나 증권부문 종사자들의 인맥관계 존중태도 등이 관련 법규정의 엄격한 시행을 어렵게 하고 있어 향후 증권시장의 확대 발전을 저해할 가능성이 있다.

〈참고 4〉 **최근 추진된 주요 경제정책**

① 2001년 6월 : 전력산업개혁법안이 통과되어 전력분야 민영화가 추진되고 기타 정부소유 공기업의 민영화 활성화

② 2002년 12월 : 금융분야 부실채권 해소를 위하여 특수목적자산관리회사를 설립하여 한시적으로 부실자산 양도 허용

③ 2003년 11월 : 정부수입 증대를 위하여 464개 공산품에 대하여 수입관세를 3~10%에서 5~15%로 인상. 인상된 세율은 2007년까지 지속

④ 2004년 12월 : 대법원은 외국자본의 광산업 투자가 위헌이라는 판결을 철회함으로써 자원개발 활성화 기대

⑤ 2005년 1월 : 부채가 과다한 전력산업 민영화 촉진을 위하여 정부는 공기업인 Napocor(National Power Corporation)의 부채 35.7억 달러를 인수

⑥ 2005년 5월 : 부가가치세 면세 품목을 폐지하고 부가가치세를 10%에서 12%로 인상하는 세법 개정

⑦ 2006년 4월 : 부실자산 양도 허용법안의 시한 연장

8. 소매유통업

국내 소규모 소매유통업을 보호하기 위하여 외국계 유통업체의 시장진입을 차단하고 있다. 1999년 기준으로 자동차 소매유통업소를 제외한 총소대유통업소는 298,764개에 이르렀으며 총 고용 인원은 120만명으로 집계되었다. 1980년대 후반과 1990년대에 걸쳐 마닐라 수도권을 중심으로 고소득층을 목표로 한 대단위 쇼핑단지가 건립되기 시작하였으며 대단위의 소매유통 구조가 추세로 정착되었다.

9. 관광업

9.1 관광산업의 현황

1997년 관광산업 현황은 방문객수 222만명, 관광수입 28억 달러를 기록하였으나 1997~1998년 경제위기로 인해 관광산업이 크게 위축되었다. 2004년 방문객수가 229만명에 이

를 때까지 1997년 방문객수에 계속 미치지 못하였다. 한편, 2004년의 방문객수는 1997년을 다소 초과하였으나 관광수입은 20억 달러로 1997년에 비해 약 30% 감소한 것으로 나타났다. 2005년 중 관광 목적 방문객 수는 260만명으로 점차 증가하고 있는 추세를 보이고 있다.

9.2 숙박시설 등 인프라 부족 및 테러위험이 발전의 저해요인이 되고 있음

필리핀은 다양한 관광자원을 보유하고 있으며 아직 개발되지 않은 분야가 많은 실정이다. 그러나 관광산업의 발전에 장애가 되는 다수의 요인들도 상존하고 있다. 예를 들면, 숙박시설이 마닐라 수도권지역에 밀집되어 있는 점, 관광지를 연결하는 도로 등 교통망이 충분하지 못한 점, 관광객을 테러대상으로 하는 Abu Sayyaf 회교과격단체의 준동 등을 지적할 수 있다.

9.3 필리핀에 대한 주요 방문국가는 미국, 한국, 일본 순임

2005년 관광목적 총방문객 중에서 미국인이 20.1%(528천명), 한국인 18.6%(489천명), 일본인 15.8%(415천명)를 기록하여 3개국으로부터의 내방 관광객이 전체의 54.5%를 차지하고 있다. 현재 중국인 관광객의 비중은 미미한 상태이나 큰 폭의 증가율을 기록하고 있다. 2005년 상반기 중 필리핀에 대한 중국인 관광객수는 46,000명으로 전체에서 차지하는 비중은 3.6%이나 전년동기 대비 증가율은 138.8%를 기록하여 향후 중국인 관광객의 증가 가능성을 시사하고 있다.

〈표 28-7〉 주요 관광 방문국별 관광객 비교

(단위 : 천명, %)

	관광객수		전체비중		증감률
	2004	2005	2004	2005	
한국	379	489	16.5	18.6	29.0
미국	478	528	20.9	20.1	10.5
일본	382	415	16.7	15.8	8.6

자료 : EIU, Country Profile

제 2 절 외국인투자 환경

1. 외국인투자 정책 및 절차

1.1 외국인투자 정책

필리핀에서는 1967년 공업화촉진을 위한 「투자우대법(Investment Incentive Act)」이 제정되었다. 1968년에는 투자관련 업무를 전담하는 투자위원회(BOI : Board of Investment)가 설립되면서 외국인투자 유치를 위한 기본골격이 마련되었다.

1980년대 말 이후 적극적인 외국인투자 유치정책의 일환으로 1987년 투자에 관한 모든 법령과 인센티브를 통합한 「종합투자법(OIC : Omnibus Investments Code)」이 도입되어 외국인투자 관련조치가 일원화되었다.

1991년에는 외국인투자를 촉진하기 위해 현행 헌법과 법령에 반(反)하지 않는다면 외국인의 100% 지분소유도 허용하는 「외국인투자법(FIA : Foreign Investments Act of 1991)」이 제정되었으며, 1996년 3월 필리핀인 해외교민에 대한 투자 관련 제한을 대폭 완화하는 것 등을 반영하여 일부 내용이 개정된 바 있다. 1987년의 종합투자법(OIC)에 따라 투자분야의 인센티브를 부여하는 「투자우선계획(IPP : Investment Priorities Plan)」이 매년 발표되고 있으며, 「중기개발계획(Medium-Term Philippine Development Plan) 1999~2004」에 의해 농업 발전, 제조업 및 서비스산업의 활성화를 도모하였다.

1992년 8월에는 외국인의 외환송금 및 외환보유를 전면 자유화하였으며 1994년 5월에는 외국은행의 설립 및 운영에 대한 규제가 완화되어 1995년 중 10개의 외국은행이 영업을 개시하였다. 1995년에는 국적 제한조건이 철폐되어 다국적금융기관(Multinational Financial Institutions)의 지분투자가 허용되었으며, 1996년 3월에는 외국인투자 금지업종이 축소되었다. 또한, 1998년 2월에는 석유산업의 2단계 규제완화 조치가 의회에서 승인되었으며, 1999년 11월에는 다국적기업(MNCs : Multinational Corporations)의 지역본부에 관한 조건 등이 명문화된 바 있다.

2000년 8월 발효된 「증권규제법(Securities Regulation Code)」에 의해 외국계기업의 주식공시, 내부자 거래 및 주가조작 등에 관한 감독·규제가 강화되었다.

〈참고 5〉 **투자위원회(BOI : Board of Investment)의 성격**

1. 외국인투자 촉진, 투자업무의 효율화, 외국인투자의 허가 및 감독 등을 관할하는 기관임

2. 주요 업무는 ① 투자우선순위 작성, ② 외국인투자의 신청접수, 검토 및 승인, ③ 외국인의 필리핀 내 취업을 위한 관리청에의 협조 요청, ④ 외국인투자업체의 투자법규 이행여부 감독, ⑤ 등록업체의 인센티브 부여기간 연장 및 중지결정, ⑥ 외국인의 필리핀 투자 및 사업활동 관리 통제, ⑦ 외국인의 필리핀 투자 안내 및 정보제공 등임

1.2 투자 관련 법규

(1) 주요 외국인투자 관련 법

필리핀 정부당국은 최근 투자위원회(BOI)를 통하여 고용기회 창출, 자원생산성 증대, 기술수준 향상 및 국제경쟁력(international competitiveness) 제고에 기여하는 산업에 대한 외국인투자 유치를 경제정책의 최우선 과제로 삼고 있다. 외국인투자 관련 기본법으로는 종합투자법(Omnibus Investment Code of 1987), 외국인투자법(Foreign Investments Act of 1991, 1996년 개정), 투자자임대법(Investor's Lease Act of 1993), BOT(Build Operate Transfer)법, 특별경제지대법(Special Economic Zone Act of 1995, 기존의 수출가공지대청법 통합) 등이 있다.

① 종합투자법

종합투자법(OIC)은 기존의 투자우대법, 수출진흥법 및 외국인 사업 활동규제법 등을 통합하여 외국인투자 관련조치를 일원화시켰다.

② 외국인투자법

외국인투자법(FIA)은 OIC의 외국인 투자제한품목 관련내용을 대폭 개정하여 투자제한방식을 이전의 Positive System에서 Negative System으로 전환하고 Negative List에 포함되지 않는 외국인투자에 대해 외국인투자 비율을 완전 허용하였다. 또한, 수출기업의 의무출자비율을 70%에서 60%로 하향 조정하였으며, BOI의 사전심의에 의한 외국인기업 설립허용, 그리고 투자 인센티브를 부여받지 않는 기업에 대한 등록의무 면제 등 외국인투자 승인절차를 간소화하였다.

③ 투자자임대법

투자자임대법(Investor's Lease Act, 1993년 6월 개정)에 의해 외국인 토지임대기간이 이전의 최대 50년에서 추가로 25년 재연장이 가능해졌다. 또한, 1994년에는 BOT법이 제정되어 사회간접자본(SOC)에 대한 국내외 민간투자를 적극적으로 유치하기 위한 기반이 마련되었다.

④ 특별경제지대법

1995년의 특별경제지대법(SEZA)은 농업, 상공, 관광, 금융, 투자 및 재정센터로서의 특별경제지대를 개발하여 별도의 세제상 특혜를 주고 있다 동 법에 따라 수출가공지대 및 산업공단 등지의 특별경제지대를 관장하기 위한 특별경제지대청(PEZA : Philippine Economic Zone Authority)이 창설되었다.

(2) 지적재산권 보호법

필리핀은 산업재산권 보호를 위한 Paris Convention(1965년), 문학 및 예술작품 활동 보호를 위한 Bern Convention(1951, 1997년), Rome Convention(1984년)의 서명국이다. 지적재산권 사무국(IPO : Intellectual Property Office)에서 특허권, 상표권 및 기술이전(technology transfer) 등의 등록에 관한 업무 및 규제를 관장하고 있다.

① 특허법

특허법(1947년)에 따라 특허권의 보호기간은 부여일로부터 20년(갱신 불가) 간이나 의장권의 경우에는 5년 간이며 이후 2회에 걸쳐 5년간 갱신이 가능하며, 실용신안권의 경우에는 7년(갱신 불가) 간만 유효하다.

② 상표법·저작권보호법

상표법(1947년)에서는 상표권의 보호기간을 부여일로부터 10년으로 규정하고 10년간 갱신할 수 있다. 저작권보호법(1972년)에 의하면 저작권은 작품의 최초 완성일로부터 발효되고 저작자의 사후 50년을 합산한 기간 내 보호받으며 국립도서관에 등록하면 배타적 권리(exclusive rights)를 향유할 수 있다.

1.3 투자 절차

(1) 개관

1991년 외국인투자법(1991년 7월 1일 발효)에 의해 외국인 투자시 100% 외국인 지분참여가 허용되고 등록절차가 간소화되었다. 1996년 10월 외국인투자 금지업종의 축소 및 1997년 2

월 발효된 석유정제산업의 규제철폐를 통해 외국인투자에 대한 규제가 상당히 완화된 바 있다. 외국인투자법에 따라 자본금 50만 달러 이하의 중소기업에 대한 투자는 원칙적으로 금지하고 있으나 Negative List에 포함되지 않는 사업의 경우(과학기술부가 인정하는 첨단시술 도입 등)에는 가능하다.

외국인투자법에 의한 투자 인센티브를 받지 않을 경우의 신규투자는 BOI에 신고할 필요없이 증권거래위원회(SEC : Securities and Exchange Commission)나 통상산업부 산하의 무역규정/소비자보호국(BTRCP : Bureau of Trade Regulations and Consumer Protection, 개인기업의 경우)에 직접 등록할 수 있다.

〈참고 6〉 외국인투자법의 투자 인센티브

1. 수출형 투자업체 혹은 투자우선계획(IPP)에 의한 품목에 해당되는 경우 투자인센티브(investment incentive)를 받을 수 있음
2. 인센티브 내용 : ① 소득세 면제, ② 자본재 및 원부자재 반입시 관세 및 내국세 면제, ③ 부두사용료, 수출세 및 제반 관련요금 면제, ④ 투자철회 보장, ⑤ 외국인투자분에 대한 국가로부터의 징발 제외 등임

그러나 투자인센티브를 받을 경우의 외국인투자자는 BOI의 승인을 받아야 하며 특별경제지대 내의 인센티브는 PEZA의 허가를 전제조건으로 하고 있다. 이 경우 BOI가 정한 형식에 따라 투자프로젝트의 사업타당성 검토보고서를 제출해야 한다. 회사등록 신청절차는 원칙적으로 SEC나 BTRCP에 의해 신청서 수령 후 3일 이내에 완료되나 실제로는 통상 2~3주가 필요하며 경우에 따라서는 4~6주 이상이 소요되기도 한다.

프로젝트를 확장할 경우에는 해당 기업이 인센티브를 부여받거나 자본을 증자하지 않는 한 정부당국에 사전승인을 받지 않아도 되나 프로젝트 확장에 소요되는 외화자금을 반입할 경우에는 중앙은행(BSP : Bangko Sentral ng Pilipinas)에 그 사실을 통고하여야 한다. 금융기관에 대한 투자에 관해서는 BSP, 그리고 보험회사에 대한 투자에 관해서는 보험위원회(IC : Insurance Commission)의 사전승인을 받아야 한다. 석유 및 가스개발 프로젝트 투자는 에너지부(DE : Department of Energy), 천연자원 탐사 및 잠재적인 공해산업에 대한 투자는 환경 및 천연자원부(DENS : Department of Environment and Natural Resources)에서 관장하고 있다.

기업간 인수·합병(M&A : Merger and Acquisition)을 규제하는 법률은 없으나 신 증권규제법(Securities Regulation Code, 2000)에 의해 인수·합병 회사는 소액주주에게 주식인수청구권을 제공하여야 한다. 허가된 투자사업을 수행하기 위하여 현지직원 채용, 사업부지 선정 및 공항건설, 기계 및 원자재 수입, 환경저해사업과 관련해서는 별도의 구비서류가 요구된다. 또한, 투자수익(investment profit)의 과실송금시 BSP에 신고하도록 되어 있고 투자사업 청산시에는 투자산업 허가기관에 청산보고를 하면 된다.

(2) 회사설립

주식회사는 가장 일반적인 회사형태로 회사존속기간은 최대 100년(최초 50년 인가, 추가로 50년 갱신 가능)까지이다. 증권규제법에 의해 금융기관을 제외한 회사 설립시 수권자본금의 25% 이상 출자되고 납입자본의 25%(최소 5,000페소) 이상만 납입되면 되나 정책상 외국인의 초기 출자금은 설립당시 전액 납입되어야 한다.

주식회사를 설립하기 위해서는 5인 이상 15인 이하(필리핀 거주자 과반수 이상)의 발기인이 정관(공증필)을 SEC에 제출해서 등록하게 되면 SEC는 정관을 검토한 후 회사 설립증서를 교부한다. 법인 설립을 위해 SEC에 제출할 서류로는 회사의 명칭, 회사정관 및 내규, 회계경리인 진술서, 예금잔고증명서, 은행계좌명 확인서, 임원/간부직원/주주에 관한 인적사항, 주주의 납세번호 등이다. 또한, 외국인 투자지분이 40% 이상일 경우에는 추가로 인센티브 승인증명서(투자 인센티브를 부여받는 경우), 비거주자로부터의 외환송금증명서, 외국인 거주증명서 또는 법인등록증 사본 등을 BOI에 제출하면 되고, 투자허가기관은 관련서류 검토 후 투자승인을 하는 과정을 거치게 된다.

이외에도 회사설립 신청인은 법률 및 재정상태 등의 승인을 위해 3부의 관련서류를 등록청(Records Division)에 제출해야 되며 관할 자치시에 영업신고, 중앙은행에 투자신고, 사회보장공단(Social Security System)에 사업자 등록 등을 하여야 한다. 회사설립 신청인은 설립증서를 수령한 후 1개월 이내에 정기 및 임시 주주총회의 소집시기와 장소, 주식 의결권, 임원의 자격, 임기 및 권한 등에 관한 사항을 기재한 부속서류를 작성하여 BOI, BSP 및 SEC에 등록함으로써 회사설립 절차가 완료된다. 대부분의 경우 주주의 의결권은 과반수의 찬성으로 이루어지나 자본금 증자, 회사정관의 변경 및 배당금 지급에 관해서는 2/3의 찬성이 요구되고 있다.

외국기업은 SEC에 등록하여 지점 또는 대표사무소를 설치할 수 있다. SEC는 지점설치에 관한 이사회결의서 사본, 본지점간 관계증명서(certificate of reciprocity), 필리핀 거주자 앞으로 권한을 위임하는 위임장(power of attorney), 재무제표(financial statements), 최근 연차보고서, 회사정관 사본 등의 제출을 요구하고 있다.

1.4 투자 유관기관

필리핀에 대한 외국인투자는 투자위원회(BOI)의 주관으로 실행된다. 특별경제지대에 진출하려는 기업은 필리핀 경제지대청(PEZA)에 문의하여야 한다. 이밖에 외국인투자 유관기관으로는 필리핀 중앙은행(BSP), 증권거래위원회(SEC), 국가경제개발청(NEDA) 및 노동부 등이 있다.

(1) BOI

BOI는 외국인투자의 사전심의와 허가사항을 관장하며 투자 우선순위(investment priority)를 결정하고 투자우선계획(IPP)을 입안하는 역할을 수행하고 있다. BOI는 외국인투자 상담실을 개설하여 투자절차안내 및 등록업무 등 외국인투자에 필요한 제반정보를 제공하고 있다. 특히, IPP에 따라 승인된 투자분의 통계치를 매월 공개하고 있다.

(2) BSP

BSP는 외자도입 및 과실송금의 허가, BOI의 심의를 거쳐 등록허가를 받은 외국인 투자기업의 등록 관계업무를 담당하고 있다.

(3) SEC

SEC는 법인 설립허가 및 주식 공개 등의 업무를 취급하고 있다.

(4) PEZA

PEZA는 공업단지 및 수출가공지대 등 특별경제지대에 진출하려는 기업의 일차적인 허가 및 등록업무를 관장하고 있다.

(5) OSAC

외국인투자정보센터(OSAC)는 외국인투자에 필요한 서류 및 절차 등에 관한 편의를 제공하고 있다.

2. 투자우대정책

2.1 일반적인 인센티브(세제)

필리핀은 고용기회(job opportunity) 확대, 생산성(productivity) 제고, 근로자의 기술수준 제고, 경제발전의 기반 제공, 국제경쟁력(international competitiveness) 제고 및 수출 기여의 기준에 부합하는 산업에 대하여 인센티브와 특권을 보장하고 있다. 전략적인 산업(strategic industry)으로 분류하는 석유, 석탄, 전기, 가스 등 에너지 관련산업에 대해서는 외국인 투자 지분을 100%까지 허용하고 있다. 인센티브를 부여받기 위해서는 종합투자법(OIC)에 의해 규정된 인센티브를 관장하고 있는 BOI에 등록하는 절차가 요구된다. OIC의 제시기준에 부합하지 않을 경우에는 BOI가 매년 발표하는 IPP에 합당해야 된다.

2.2 투자위원회(BOI)의 주요 인센티브

BOI의 주요 인센티브로는 2가지(① 금전적 인센티브, ② 비금전적 인센티브)가 있다.

(1) 금전적 인센티브

① 신규 프로젝트(개척산업)에 대한 소득세 감면기간은 사업개시일로부터 최대 4년(6년)간 부여됨(다만 국내자원 사용, 근로자 대비 자본설비 비율 충족, 최초 3년간 연간 50만 달러 이상 저축의 경우 추가로 1년 연장 가능)

② 1995년 1월 1일 이후부터 RA7369에서 규정한 자본설비 수입시 관세 면제됨

③ 생산제품의 70% 이상 수출시 수입부품에 대한 면세

④ 수출제품의 생산에 투입되는 원료, 원자재 및 반제품에 대한 세액공제

⑤ 내국세 면제 가능 보세 제조/무역시스템의 수혜

⑥ 비전통적인 제품 수출시 등록일로부터 10년간 각종 세금 및 부두 사용료 면제

(2) 비금전적 인센티브

① 설비, 부품, 원자재 수입 또는 가공 제품의 수출시 통관절차 간소

② 등록일로부터 5년간 감독, 기술 및 고문직에 외국인 고용 허용

③ 1998년 IPP에 따르면 투자우선사업으로 수출지향산업(export-oriented industry) 및 사회간접자본(SOC)에 대한 지속적인 정부지원 이외에도 개별 산업의 현대화 프로그램을 통한 환경관련 프로젝트 추진, 주택건설, 자동차산업 활성화, 사회복지사업(social welfare business), 관광 및 기술개발에 역점을 두고 있음

④ 1991년 외국인투자법에 의하면 BOI에 등록한 기업이 IPP에서 규정한 산업에 투자할 경우 법인소득세, 수출관세, 부가가치세, 수출세, 부두사용료, 수출부과금 및 수입관세(생산제품 70% 이상 수출시)를 면제하고 인건비 증가분에 대해 50%의 세액을 공제하는 특혜를 부여하고 있음

⑤ 전술한 경우 신규로 등록된 개척산업(pioneer industry)에 대해서는 사업개시 후 6년간,

비개척산업(non-pioneer industry)에 대하여는 4년간 법인소득세가 면제되고 일정조건을 충족하면 2~8년간 면세연장이 가능하며 등록기업이 사업을 확장한 경우 확장분에 대하여 3년간 법인소득세가 면제됨

⑥ 종합투자법(OIC)에 규정된 저개발지역(underdeveloped region)에 투자하는 기업에 대해서는 비개척산업의 경우에도 개척산업과 동등한 혜택을 부여하고 공장가동에 필요한 주요 인프라스트럭처(infrastructure) 및 공공시설 건설비용 전액에 대하여 세액 공제함. OIC규정에 따르면 IPP에 제시되지 않는 사업분야의 경우에도 외국인투자자(외국인지분 40% 이상인 기업)는 생산제품의 70% 이상을 수출해야 일반적인 인센티브를 부여받을 수 있음

⑦ 다국적기업(MNCs)이 필리핀 내 보세창고를 설치하여 부품 원자재의 공급기지로 활용할 경우 보세창고에 입하되는 수출용 부품, 원자재 및 완제품에 대하여 세금부과가 면제되며 사업운영을 위해 연간 5만 달러 이상의 자금을 필리핀 내로 유입할 경우 법인소득세 면제 및 지적재산권(intellectual property rights) 보호 등의 특혜를 받을 수 있음

2.3 산업별, 지역별 인센티브(투자장려 업종)

투자장려산업은 개척산업과 비개척산업으로 구분되어 개척산업의 경우 상업적으로 생산되지 않은 제품, 새로운 공정을 통해 생산되는 제품 및 식품가공 등 농업원료 가공업, 비재래식 에너지를 생산하거나 동 원료를 사용하여 제품을 생산하는 기업에 대하여 특별히 우대하고 있다.

필리핀의 경우 투자장려업종은 투자위원회가 매년 발표(4월 1일 발표)하는 IPP에 의해 지정된다. 일반적으로 투자위원회가 적극적으로 우대하고 있는 분야는 주로 4가지 프로젝트(① 수출지향형 프로젝트, ② 노동집약형 프로젝트, ③ 부존자원의 효율적 이용을 제고하는 프로젝트, ④ 근로자의 기술향상에 기여하는 프로젝트)이다.

자동차 사업자는 승용차발전프로그램(CDP : Car Development Programme)과 상용차발전프로그램(CVDP : Commercial Vehicle Development Programme)에 의해 자동차 제조 및 완전조립(CKD : Completely Knocked-Down) 장치의 수입에 있어 독점적인 권리를 누릴 수 있다. 한편, 1998년 1월 21일부터 CKD 수입관세율을 7%로 부과하고 있으며 부분조립(SKD : Semi Knocked-Down) 수입관세율은 자동차 수출비중이 70% 이상인 경우 6개월간(6개월 연장가능) 3%로 적용되고 있다.

가전제품 수출 촉진 프로그램(PEPCEP : Progressive Export Programme for Consumer

Electric Products)에 의하면 가전제품의 70% 이상 수출시 CKD 형태의 수입, 잉여금의 재투자를 위한 세금 공제, 기계류, 설비 및 부품의 수입관세 면제를 보장하고 있다. 연간 수출액이 50만 달러 이상이고 과거 5년간 의복직물수출위원회(GTEB : Garment and Textile Export Board), BSP 및 관세국(BC : Bureau of Customs)에서 정한 무역규정을 위반하지 않은 의복수출업체는 수출상품의 제조시 수입 원재료의 사용에 관한 통상산업부의 검사의무가 면제된다.

필리핀 광산법(Philippine Mining Act of 1995) 및 RA7942에 따라 광산 투자업체에 대해 광물에 대한 물품세를 2~5%에서 1~2%로 인하하였으며 최대 81,000ha를 채굴할 수 있다. 또한, 사업개시 최초 10년 이내에 발생한 순운영손실을 최초 5년간 과세소득으로부터 공제받을 수 있다.

종합투자법에 의하면 저개발지역에 입지한 기업에 대하여 개척산업의 인센티브 부여, 6년간 소득세 감면기간 적용, 주요 인프라스트럭처 및 공공 편의시설의 이용에 따른 지출의 100% 세금공제, 인건비 지출에 대한 세금공제 확대(2배)의 추가적인 인센티브를 규정하고 있다. 투자우선지역은 통상산업부의 지방사무소에 의해 지정된다. 이 지역은 원자재, 인력, 기술 및 인프라스트럭처의 가용성 측면에서 선호되고 있다.

2.4 투자규제 조치

(1) 개관

1987년 종합투자법에 따라 외국인투자의 지분참여가 40%로 제한되었으나 외국기업에 대한 이 같은 차별적 조항은 1991년의 외국인투자법이 제정되면서 투자금지업종에 포함되지 않는 사업, 투자우선계획에 해당되는 사업, 생산량의 최소 70% 이상을 수출하는 기업 및 수출가공지대에 입주한 기업에 대해서는 100% 외국인직접투자(단독투자)가 허용되고 있다. 외국인직접투자(FDI) 제한분야를 List A와 List B로 구분하여 시행하고 있다. List A는 헌법, 특별법 및 국제협약에 의해 특별히 제한되는 분야로 대부분 금지되고 있으며, List B에 해당되는 프로젝트는 안전, 국방, 보건, 공중도덕 및 중소기업 보호를 목적으로 지분소유를 제한하고 있다.

현지부품 사용에 대하여 세제상의 우대조치를 부여하고 투자허가시 행정지도 등 현지부품의 사용비율을 제고하도록 유도하고 있다. 주요 품목별 현지부품비율 준수기준을 보면 의류 35%, 여객용 차량 40%, 트럭 27%, 자전거 51% 등이다.

원칙적으로 모든 기업은 필리핀인 고용의무가 있으나 해당 직무를 수행할 수 있는 필리핀인이 없는 경우에 한해 외국인 취업이 허용된다. 투자위원회에 등록된 기업은 등록후 5년간 관리직, 전문기술직 및 고문직에 외국인을 채용할 수 있고 투자위원회의 심의를 거쳐 제한된 기간 내에서 고용기간의 연장이 가능하다. 자본의 50% 이상을 투자하는 경우에는 관리직의 고용기간 연장은 제한받지 않는다. 기존의 석유산업 규제완화 법안 중 원유 및 정유제품에 대한 3%의 단일 수입관세율은 원유 3%, 정류제품 7%로 차등 적용하려던 법안이 1997년 11월 위헌판결(공정거래제한)을 받음에 따라 1998년 2월 의회는 정유업계가 연간 매출액의 10%(40일분의 공급분량)에 상당하는 재고수준을 유지하도록 하는 규정을 무효화하는 등 외국인기업의 석유산업 참여를 고취하는 법안을 의결한 바 있다.

(2) 지분소유 제한

외국인의 지분소유 제한업종은 다음과 같다.

① List A

가. 지분소유 금지 업종 : 협동조합, 방송매체, 사설경호안전기관, 소매업, 전문면허를 필요로 하는 서비스업, 소규모 광산업, 배타적 경제수역 등의 해양자원 이용, 투계장 운영, 핵무기 · 생화학무기 · 폭죽 제조

나. 25% 지분소유 허용 업종 : 현지 및 해외인력 채용, 정부발주 국내 프로젝트(BOT 또는 국제입찰방식 제외)

다. 30% 지분소유 허용 업종 : 광고업

라. 40% 지분소유 허용 업종 : 쌀 · 옥수수 경작업, 공익시설의 운용 · 관리, 교육문화체육부에 등록한 교육기관, 심해 상업어선 운영, 공기업에 대한 물자조달업, 부동산 소유(천연자원의 개발 · 이용), BOT 프로젝트의 관리(공익시설 프랜차이즈)

② List B

가. 최대 60% 지분소유 허용 업종 : SEC에 의해 규정된 금융업, SEC에 의해 규정된 투자업

나. 최대 40% 지분소유 허용 업종 : 화기 및 폭발물(필리핀 국립경찰의 사전허가 필요), 군수 및 우주산업(국방부 사전허가 필요), 공중도덕 및 보건위해사업, 납입자본금 20만 달러 이하의 국내영업기업, 첨단기술 보유 또는 상근근로자 50명 이상이면서 납입자본금이 최소 10만 달러인 국내영업기업

RA8179에 의하면 헌법과 법률에서 특별히 제한하고 있는 사업을 제외하고는 100% 외국인

지분소유를 허용하였다. 또한, 기존의 List C를 폐지하고 시민권이 없는 필리핀 내 거주민들의 투자권리를 확대하였으며 중소규모기업의 범위를 납입자본금 기준으로 50만 달러(FIA 규정)를 20만 달러로 하향 조정하였다.

1997년 10월 Investment Houses에 대한 외국인의 의결주주 한도를 최대 51%(1973년 투자회사법)에서 60%로 허용한 데 이어 1998년 2월 국가간 상호주의 원칙에 따라 Finance Company에 대한 외국인 지분소유 한도를 40%(1969년 Finance Company Act 및 List A)에서 60%로 확대하기로 하였다. 외국인 지분소유가 제한되고 있는 분야는 2년마다 국가경제개발청(NEDA)에 의해 외국인투자제한품목(FINL : Foreign Investment Negative List)으로 지정된다.

(3) 부동산 취득 제한

플랜트 및 빌딩 건축, 토지 개량을 필요로 하는 프로젝트의 경우 우선 주택토지사용규제위원회(Housing and Land Use Regulatory Board)의 허가서(1~2주 소요)를 받고 투자지역 관할 지방정부의 부동산 취득에 관한 허가를 획득해야 한다. 1987년 헌법에 따르면 외국인은 토지를 소유할 수 없고 필리핀인의 참여지분이 60% 이상인 사업체만이 토지를 취득할 수 있으며 외국기업에게는 임차만 허용되며 임차기간은 최대 50년(1993년 6월에 발효된 투자자리스법에 의해 기존의 25년에서 2배로 확대)이고 추가로 25년간 연장할 수 있다.

3. 외국인투자 여건

3.1 무역제도

(1) 수출입제한

필리핀은 산업경쟁력(industrial competitiveness)의 제고 및 자원배분의 효율성(efficiency of resource allocation) 향상을 목적으로 무역자유화 정책(trade liberalization policy)을 지속적으로 추진하고 있다. 1980년대 이후 공업화(industrialization) 및 외화획득을 위해 수출산업의 육성에 주력하여 수출업체에 대한 세제 혜택, 수출신용 확대, 수출절차의 간소화 등의 조치를 시행하고 있다. 정부 당국은 1986년 국제통화기금(IMF) 및 세계은행(World Bank)의 권고로 수입자유화 계획(import liberalization plan)을 수립하여 5만 달러 이상의 기계류 수입시 공급자의 신용제공 의무 폐지, 시중은행의 수입예탁금 자율결정, 투자위원회 등록기업의 자본재 수입시 중앙은행의 사전승인제 폐지 등을 핵심 내용으로 하는 수입규제 완화조치를 실시한 바 있다.

수출시 과학실험 목적을 제외하고는 소관 정부기관의 수출허가를 받아야 되고 전략물자와 공업화에 필요한 원자재 등의 수출은 제한되어 있다. 특히 알바니아, 앙골라, 이집트, 라오스, 리비아, 몽골, 모잠비크, 미얀마, 북한에 대한 수출은 통상산업부 산하기관인 필리핀 국제무역공사(PITC)의 사전허가를 받아야 한다. 정부기관의 허가가 필요한 수출품목의 리스트는 Export Assistance Network가 관리하고 있다.

필리핀은 1981~1994년간 2,700개 이상의 품목에 대해 수입제한을 철폐한 수입자유화 프로그램을 시행하였으며 1996년 4월의 RA8178에 의해 옥수수, 설탕, 가금, 가축, 비료 및 사료 등의 농축산물에 대한 수입 수량제한을 모두 폐지하는 등 대체적으로 상품 수입이 자유로운 편이다. 수입시 정부기관의 허가가 필요한 품목은 쌀, 필수 화학제품, 시안화 나트륨, 페니실린, 석탄, 폭발물 제조용 화학제품, 살충제, 자동차와 그 부품 등이다.

수입물품의 통관절차시 요구되는 서류는 다음과 같다.

① 수입 신고서, 상업송장(견적송장), 원산지 증명서 및 선하증권
② 취소불능 L/C, 은행 지급보증서(창고증권) 및 수입화물 적하목록
③ 관세청(소관부처)에서 요구하는 관계서류

신용장(L/C) 거래는 500달러 이상의 물품수입시 요구되고 있으며 인수도어음(D/A) 및 당좌거래에 의한 지급기한은 일반적으로 360일을 초과할 수 없다. 관세국(Bureau of Customs)은 자동세관운영시스템(Automated Customs Operating System)을 통해 수입통관을 운영하고 있다. 동 시스템은 위험의 정도에 따라 품목을 분류하고 있다(저위험 품목은 그린라인(통관 2시간), 중위험 품목은 옐로우라인, 고위험 품목은 레드라인(통관 4일)). 그러나 실제로 고위험 품목의 경우 통관 검사가 20일까지 소요되는 경우도 있다.

수입품의 라벨링에는 원산지, 브랜드, 트레이드마크, 물리적 · 화학적 구성성분, 중량이나 크기, 제조업자의 주소 등의 정보가 필수적으로 포함되어야 한다. 이를 위반할 시에는 5,000페소의 벌금과 6개월의 징역형이 부과될 수 있다.

(2) 관세제도

1981년 이후 포괄적인 관세개혁 프로그램을 수립하여 4,353개 품목에 대한 관세구조의 단순화와 균일화를 위해 관세분류를 7단계에서 4단계로 축소시키고 관세수준도 10~50%에서 10~30%로 인하하였다. 수입금액이 1,000달러를 초과할 경우 L/C 방식에 의한 대금결제를

원칙으로 하며 L/C 개설시 수입자는 수입관세 전액과 선급판매세(수입금액의 25%)를 납부하여야 한다. 수출세는 부가가치세를 납부한 기업에 대하여 세액공제 또는 관세 환급을 하는 영세율(zero-rated)을 적용하고 부가가치세를 납부하지 않는 기업에 대해서도 수출상품에 대한 수출세는 면제된다.

동남아시아국가연합(ASEAN)이 1991년에 ASEAN 역내 지역통합(regional integration)의 단계로 결성한 아세안자유무역지대(AFTA)는 1993년 1월 공동유효특혜관세(CEPT) 체계를 도입하였다. 1994년 관세인사 합의에 따라 관세율을 최종 0~5%까지 인하하고 비가공 농산물도 관세인하 대상품목에 해당된다. 또한, 1994년 11월 개최된 'APEC 각료회의'에서 2020년 이후 역내 무역자유화를 달성하기로 합의한 바 있다. 이 Bogor 선언에 의하면 역내 선진국은 2010년까지 모든 무역장벽(trade barrier)을 철폐하고 신흥투자국(emerging market)에 대해서는 세계무역기구(WTO) 규정에 따라 2020년까지 유예할 예정으로 있다.

(3) 특별경제지대(Special Economic Zone)

① 수출 인센티브

RA7844(Magna Carta for Exporters로 지칭됨)에서는 수출 생산에 사용되는 수입재의 L/C 개설전 수입관세 및 조세부과 면제, 수출제조에 투입되는 자본설비 및 부품의 수입관세 면제, 생산 및 포장을 위한 수입원자재에 대한 5년간 세억공제 등의 특혜를 수출산업에 보장하고 있다.

수출가공지대(EPZ : Export Processing Zone) 소재기업에 관한 인센티브 조치를 포괄한 RA7916은 특별경제지대에 소재한 수출기업에 대하여 다음 10가지의 광범위한 인센티브를 부여하고 있다.

가. 소득세 감면기간 확대(4년 → 8년)
나. 수입 자본설비 및 부품 등에 대하여 관세 및 조세부과 면제
다. 소득세 감면기간 경과 후 국세 및 지방세 면저(총수익의 5%를 특별세 명목으로 납부)
라. 수입대체(import substitution)를 위한 세액공저 시행
마. 부두사용료, 수출세, 수출부과금 및 수수료 면제
바. 국내 자본설비 사용에 대한 세액공제
사. 근로자에 대한 연수비용의 추가공제
아. 외국인투자자(직계가족)에 대한 영주권 부여
자. 외국인 고용권 허가

차. 인건비 추가공제

특별경제지대에 입주하기 위해서는 PEZA에 등록하여야 하는데, 우선 입주기업으로서의 등록신청서를 제출하고 사업타당성 조사를 포함한 부속서류도 제출하며 신청수수료를 납부하여야 한다.

② 수출가공지대(EPZ)

수출확대, 공업화 촉진, 고용증대를 목적으로 1970년의 대통령령 제66호에 의거하여 현재 4개 지역(Bataan, Mactan, Baguio City, Cavite)에 수출가공지대를 설치하여 운영하고 있다. 수출가공지대에 진출하는 기업에 대해서는 수출입수속의 간소화와 세제상의 우대조치가 부여되고 있으며, 경제지대청(PEZA)에서 등록허가를 받은 후 중앙은행 및 증권거래위원회에 등록을 하는 절차가 요구된다. 수출가공지대는 공업단지로서 인프라스트럭처가 잘 정비되어 있을 뿐만 아니라 보세지역으로서의 기능도 하고 있고 원자재 수입시 관세가 면제되며 입주기업은 BOI 등록기업과 동일한 투자우대조치를 부여받고 있다.

수출가공지대 입주절차(투자신청에서 승인까지 통상 2~3개월 소요)는 다음과 같다.

가. PEZA와의 투자상담, 정보입수 및 신청서 수령
나. PEZA에 관련서류 제출(제출전 회계과에 1,000페소 지불)
다. PEZA 2주 내 심사 후 이사회에 심사의견 상정
라. 이사회 2주 내 승인여부 결정
마. 투자승인 즉시 투자자에 통보, 승인 후 20일 이내 등록서에 서명(등록서 서명시 수수료 1,000페소 지불)

수출가공지대 내 입주 유망업종을 살펴보면 Bataan 지대에서는 리스, 통신, 주택, 금융, 선박, 전력 및 용수 산업, Mactan 지대에서는 중소규모 경공업, Baguio City 지대에서는 통신설비 및 주택 산업, Cavite 지대에서는 전력, 용수, 통신설비 산업이 각각 유망한 분야로 평가되고 있다.

③ 자유무역지대(FTZ)

필리핀 정부는 1995년 특별경제지대법을 제정하여 산업공단, 수출가공지대 및 자유무역지대에 대한 투자인센티브를 제고하였다. 수빅만 자유무역항(SBF : Subic Bay Freeport)과 클

라크 특별경제지대(CSEZ : Clark Special Economic Zone)를 특별 자유무역지대(FTZ : Free Trade Zone)로 설정하고 있다.

수빅만권역청(SBMA : Subic Bay Metropolitan Authority)에 의해 관장되고 있는 수빅만 자유무역항은 마닐라 북쪽 80km 지점에 위치하고 부지는 7,000ha이다. SBF는 천연 심해항구로서 숙련된 영어구사 가능 노동력, 복합 발전설비를 갖춘 발전소, 양호한 상하수도 관리 시스템 및 항구 등의 부대시설을 보유하고 있다. SBF에 소재하는 기업은 원자재, 자본설비 및 소비재 수입시 관세 및 조세부과 면제, 운영소득에 대한 5%의 최종 과세를 제외하고는 모든 국세 및 지방세 면제, 100%의 외국인 지분소유 허용 등의 인센티브를 부여받게 된다.

클라크기지개발공사(CDC : Clark Development Corp)가 통제하는 클라크 특별경제지대(CSEZ)는 마닐라에서 80km, SBF에서 70km 지점에 의치하고 있고 1,020ha의 부지를 보유하고 있다. 또한, CSEZ에는 50MW의 발전소, 용수, 저장탱크 및 통신시스템이 잘 갖추어져 있다.

3.2 외환제도

(1) 외환통제

필리핀 은행연합회(BAP)는 1998년 1월 6일부터 외환시장에서의 환율변동제를 적용하여 하루 중 전일 가중평균환율의 ±6% 변동시 거래를 일시적으로 정지하는 제도를 시행하였다. 이는 우선 ±4% 변동시 30분간 휴장하고 거래재개후 ±1% 변동시 1시간 휴장하며 다시 거래 재개 후 ±1% 변동시 외환거래를 정지하는 시스템이다.

BSP 총재를 위원장으로 하는 통화위원회(Monetary Board)가 외환정책(foreign exchange policy)을 수립하고 외환통제를 하고 있다. 1992년 9월 경상거래에 관한 외환규제를 완화하여 거주자의 외화매매와 비거주자의 외화보유를 자유롭게 허용한 바 있다. 외환거래가 자유화되었으나 아시아 외환시장에서 페소(Peso)화의 거래를 억제하기 위해 1만 페소 이상되는 필리핀 페소화의 대내외 송금시 BSP의 승인이 요구되고 있으며 외국인(주도)기업이 외환수령액을 페소화로 환전할 수 없도록 규정하였다.

(2) 과실 송금

BSP 또는 저축은행에 적법하게 등록한 모든 투자게 대하여 완전하고 즉각적인 자금송금이 허용되고 있다. 현지은행은 BSP의 승인없이 외환으르 전환한 투자수익을 매각, 송금할 수 있다. 과실송금은 BSP의 사전승인 없이 직접지분투자의 경우 상업은행(보험회사, 석유회사 포함)에 의해 이루어지는 반면에 정부 또는 상장증권투자의 경우 저축은행 또는 증권 중개인에 의해 취급되고 있다.

미결 재투자분 또는 과실송금도 일시적으로 은행에 예치될 수 있으나 당해 은행은 BSP에 예치사실을 보고해야 하며 세후 이자수익을 포함한 최종적인 과실송금은 BSP의 승인을 요하지 않는다.

3.3 금융제도

(1) 개관

외국인은 지분투자를 목적으로 자본시장(capital market)으로부터 차입할 수 없으나 외국기업이 현지에서 필요한 단기자금을 조달하는 데는 별다른 문제점이 없다. 장기기금 조성은 대개 다국적금융기관(Multinational Financial Institution)의 대출 및 차관공여국의 공적원조에 의한 사회간접자본(SOC) 개발프로젝트 등으로 제한받고 있다. 필리핀의 금융기관은 중앙은행을 비롯하여 특수은행, 상업은행, 저축은행, 지방은행 및 비은행 금융기관으로 구성되어 있다. 외국인 투자비율이 40% 이상인 외국인 투자기업이 이들 금융기관으로부터 현지금융을 받기 위해서는 외국기업대출위원회(ICFCB : Interagency Committee on Foreign Company's Borrowings)의 승인을 받아야 한다. 그러나 외국인 투자비율이 40% 이하인 경우에는 필리핀 현지기업과 동일한 조건으로 차입이 가능하다.

대규모 금융기관을 Universal Banks(Unibanks로 지칭함)라고 하여 모든 상업 및 투자금융 서비스를 담당하고 있다. Metrobank, Bank of the Philippine Islands, Philippine National Bank 및 Equitable PCI Bank 등이 이에 해당된다. 1994년 5월의 은행자유화법(RA7721)은 5년 내 완전 상업금융 서비스를 제공할 수 있는 10개 정도의 추가적인 외국은행의 영업을 허용하였다. 이에 따라 통화당국은 1995년에 기존의 4개 외국은행에 추가로 10개의 외국은행(지점 및 자회사 형태)의 설립을 허가한 바 있다.

2005년 5월 발효된 일반은행법(RA8791)은 추가적인 금융자유화(financial liberalization)의 일환으로써 향후 7년간 외국은행의 무제한적인 국내은행 소유를 허가하고 있다. 이에 따라 HSBC, Standard Chartered, Banco Santander, Chinatrust, Development Bank of Singapore 등의 은행이 국내은행을 합병하거나 지점 개설 허가를 획득하였다. 그러나 7년 이후에는 소유권이 60%로 하향조정될 예정으로 있다. 필리핀 수출 · 대외차관 보증공사가 수개의 상업은행과 협조하여 신용도가 높으나 담보능력이 부족한 중소기업을 위해 신용보증서비스 프로그램을 운영함으로써 Packing Credit과 수출금융을 보증하고 있다(중소기업을 위한 수출신용보증 프로그램).

(2) 단기금융

선도적인 Unibank 및 투자회사(investment houses)에 의한 단기 대출 및 약속어음 발행이 대표적인 형태의 단기금융 상품이다. 자금시장을 통해 기금을 조성하려는 기업은 적법한 은행과 투자회사와 거래하여야 한다. 1994년 중앙은행 규정에 의해 외국인에 대한 대출시 우대지역에서의 프로젝트 및 산업에 대해서만 외국인 신용보증이 부여되고 1,000만 달러 이상의 금융시 현지은행의 외화로 상환하거나 재대출할 경우 정부의 신용보증을 받기 위해서는 중앙은행의 승인을 득해야 하나 단기자본 조성을 위한 대외신용은 자유로운 편이다.

(3) 중장기금융

중장기금융은 정부의 개발계획에 부합하는 프로젝트를 대상으로 재대출 또는 지분투자 방식을 통해 필리핀 개발은행(Development Bank of the Philippines) 등의 정부출자 금융기관에 의해 대부분 취급되고 있다. 대부분의 민간 금융기관도 주로 신디케이트(syndicate) 형식을 통해 중장기 금융을 취급하고 있다. 외국은행이 중장기금융 시장에 진입하면서 보다 혁신적인 금융기법과 대출 프로그램이 활성화될 것으로 보인다. 1992년의 중앙은행의 Circular 1389에 의하면 외국기업이 지분투자를 목적으로 현지차입을 할 수 없도록 규정하였으나 1996년 8월 통화당국은 5% 이상의 외국인 지분을 소유하고 있는 외국기업이 현지에서 차입할 수 있는 금액에 제한을 가하였던 Circular 572를 폐지하여 1997년 1월부터 시행하였다.

3.4 조세제도

(1) 개관

필리핀 정부는 2004년 10월에 만성적인 재정적자(fiscal deficit)를 해소하기 위해 세제 관련 법제도의 정비를 통한 재정안정화 계획(financial stabilization plan)을 발표하였다. 동 안정화 계획에 의하면 조세제도가 의도하는 방향으로 정비되었을 때 매년 800억 페소의 추가 재정수입이 확보될 것으로 보인다. 그러나 추진 중에 있는 3개 관련법의 정비작업을 완료하는 데 상당한 시일이 소요될 것으로 보여 단기에 재정수입 확대가 대폭 이루어지기는 어려운 실정이다.

또한, 1996년 7월 RA8181에 의해 관세평가의 기준이 국내 소비가격(HCV : Home Consumption Value, 원산지 수입상품의 현지도매가격) 방식에서 송장가격(브뤼셀의 Definition of Value 수준)을 기준으로 한 수출가격(EV : Export Value) 방식으로 변경되었다. 1997년 12월 의회는 소득세 체계 및 징수절차를 간소화하고 탈세 및 허위신고행위에 대한 세무당국의 권한을 강화하는 내용의 세제개혁법(RA8424)을 의결한 바 있다.

다양한 형태의 감가상각 방법이 허용되고 있으나 대체로 정액법(Straight-Line Basis)이 시행되고 있다. 석유생산에 직접 관여된 고정자산은 10년의 내용연수로 이중정률법(Double-Declining-Balance Method) 또는 정액법에 의해 감가상각되고 있다.

(2) 소득과세

외국기업은 전년도에 필리핀 내 재원으로부터 발생한 소득에 대해서 과세된다. 거주자는 순소득(net income)에 대해 과세되는 반면에 비거주자는 총소득(gross income)에 대해 과세된다. 과세대상 소득은 총소득에서 통상경비와 필요경비를 공제하면 된다. 공제경비로는 손실, 부실채무, 이자지급분, 감가상각비, 세금납부액, 과세소득 5% 이하의 기부금, 연구 및 개발비, 로열티(royalty) 및 기술용역수수료 지급분을 포함하고 있다.

필리핀에서 영업하는 법인은 발생소득에 대하여 35%(또는 총소득의 15%)의 법인소득세를 통상 매 분기 회계기간 종료 후 60일 이내에 납부하여야 한다. 회계연도 전체의 총 과세대상 소득에 대한 납부는 회계연도 종료 후 4개월 째의 15일까지 납부하여야 한다. 소득세 납부 기한 경과시 총 세금의 25%에 해당하는 체납비가 25%의 연이자와 함께 징수된다. PEZA에 등록하지 않은 법인이 세후 순이익을 본국에 송금할 경우 15%의 추가 세율(석유관련 사업의 경우 7.5%)을 부담하게 된다. 과세대상이 될만한 소득이 없거나 손실을 입었을 경우 통상적으로 계산된 소득세가 최소법인소득세액에 미치지 못할 경우 최소 법인소득세(Minimum Corporate Income Tax)로 총소득의 2%를 납부해야 한다.

① 법인소득세

특정사업별로 법인소득세는 상이하게 부과되고 있다. 예를 들면, 항공우편서비스를 하는 운수회사에 대해 지불한 필리핀인 총소요 경비의 2.5%, 외국인 상호생명보험회사의 필리핀인 보험가입에 따른 총투자소득 및 거주자에 대한 외화대출로부터 발생한 (이자)소득의 10%, 역외금융기관(OBUs) 소득의 0%(거주자에 대한 원화대출 운용소득에 대해서는 10% 부과)를 적용하고 있다.

② 개인소득세

개인소득세의 경우 근로성소득(active income)에 대해 계층별로 과세대상소득의 5~30%(1998년부터 순사업소득구분 폐지)의 소득세를 부과하고 있다. 거주 외국인에 대하여 총소득의 15%, 비거주 외국인에 대해서는 25%의 고정세율을 적용하고 있다.

③ 기타 소득세

로열티(royalty), 이자(달러화 예금이자 7.5% 적용) 등 수취소득에 대하여는 20%의 단일세율로 원천 분리과세하고 있다. 내외국법인은 주식판매시 자본소득세(capital gain tax)를 납부해야 하나 법인이 투자내국법인으로부터 받은 주식 배당금에 대해서는 비과세된다.

(3) 소비과세

1994년 5월 RA7716에 의해 제정된 확대 부가가치세(E-VAT : Expanded VAT)법이 1996년 1월부터 시행되어 호텔, 레스토랑, 음식제공업(catering), 채권판매, 통신, 운수 및 보험회사의 판매 서비스, 부동산 및 무형자산(intangible asset)(저작권)의 판매 및 임대 등 기존에 포함하지 않았던 거래에 대해서도 적용되고 있다.

이전의 판매세(sales tax), 보상세(compensating tax) 등 간접세(indirect tax)에 대신하여 도입된 부가가치세는 연간 매출액 50만 페소(E-VAT 발효전, 20만 페소) 이상인 기업에 대해 10%의 세율을 적용하고, 매출액이 10만~50만 페소인 기업에 대해서는 매출액의 3%를 물품소비세로 부과하며, 10만 페소 이하인 경우 부가가치세를 면제하고 있다.

부가가치세가 면제되는 거래로는 비식품 농산물, 허산 및 임산제품 등 1차산품의 판매, 가공하지 않은 농수산 식품의 수입 및 판매, 인쇄 및 출판, 5,000톤 이상의 선박 수입, 가재도구의 수입, 의료 및 교육 서비스 100만 페소 미만의 부등산 거래, 월간 8,000페소 미만의 숙박시설 임대 및 연간 매출액이 10만 페소 미만인 사업 등을 지적할 수 있다.

〈참고 7〉 부가가치세제의 주요 변경내용

1. 부가세 면제대상에서 제외된 거래 : 비식용 농산품의 매매, 의료 및 법률 서비스 제공, 인쇄 및 출판업 등(2005년 7월부터 면제대상에서 제외)
2. 부가세율 인상조건 및 시기 : 2005년 재정적자가 GDP의 1.5% 초과하는 경우 2006년 1월부터 인상
3. 부가세율 인상 및 신설 내역
   ① 최고율 부가세 인상폭 : 2%(10% → 12%)
   ② 기초 식품류는 국내산일 경우 6%, 수입품일 경우 3%의 부가세율 적용
   ③ 전기 및 유류제품에 대한 부가세율은 법시행 1차년 4%, 2차년 6%, 3차년 8%, 4차년 12%로 인상
4. 세율 체계가 다단계로 구성되어 실제 시행에서 문제점 발생 가능성이 큰 것으로 보는 시각이 있음

3.5 노동여건

(1) 개관

2004년 기준 노동인구는 3,580만명이고 실업률은 11.8%로 추산된다. 노동력의 지역별 분포현황은 메트로마닐라 13.5%, 남부 Tagalog 13.2%, 중부 Luson 9.7%, 서부 Visayas 9.0% 등으로 지역간 노동력 수급의 불균형 양상을 보이고 있다. 또한, 노동력의 산업별 분포현황은 농업 37%, 산업 16%, 나머지는 서비스 분야로 추정되고 있다. 통계청에 의하면 2010년까지 매년 850,000명의 새로운 노동인구가 노동시장으로 유입될 것으로 전망된다.

숙련 노동자의 해외유출이 많고 노동자의 고용은 주로 신문, 광고에 의존하고 있다. 노동력의 평가 측면에서는 낮은 문맹률, 높은 영어 구사능력, 높은 교육수준과 직업습득능력 등으로 임금수준에 비해 노동력은 양호한 것으로 평가되고 있다.

(2) 근로조건

1976년 2월 발효된 필리핀 노동법(Labour Code of the Philippines, 대통령령 442)이 모든 노동관련 규정을 포괄하고 있으며 여성차별 등의 불공평한 관행을 인식하고 파업 및 폐쇄로 인한 난관 협상의 기준을 다루고 있다. 제조업의 정규 근무시간은 생산직 주 44~48시간, 사무직 주 40시간이며 시간외 근무는 가능하나 여성근로자의 경우 교통불편과 치안을 이유로 기피하는 경향이 있다.

시간외 근무수당은 정규 근무시 기준월급의 125%, 공휴일 및 주말 근무시 150%(8시간 초과시 160%), 야간근무(22:00~06:00)시 110%를 지급하고 있다. 법정휴가로 5일 간의 연가, 45일 간의 출산유급휴가, 15일 내의 병가 등의 제도를 운영하고 있다. 고용주는 근로자에게 의료서비스를 제공하도록 되어 있으며 근로자 해고 1개월전 노동부 및 해당 근로자에게 통보하여야 한다. 인건비 절감을 위한 설비도입으로 해고된 근로자는 근무연수에 1개월분의 급여를 곱한 급액을, 사업손실 및 중지를 방지하기 위한 해고시 1개월분의 급여 또는 근무연수에 0.5개월분의 급여를 곱한 금액과 비교해서 많은 쪽을 각각 수령할 수 있다.

정당한 해고 사유로는 노동의무의 습관적인 태만, 사용자(가족, 권한대행자)에 대한 범죄행위, 근로와 관련된 사용자의 적법 명령에 대한 부당행위 및 고의적인 불복종, 사기 및 사용자로부터 부여받은 신뢰의 고의적 배반, 사용자의 사업손실 및 중지를 방지하기 위한 노동절약형 설비도입 및 인원조정에 따른 해고 등이 해당된다.

(3) 노동조합

제조업을 중심으로 3대 노동조합(① 자유노동자연합(Federation of Free Workers), ② 필리핀 노동조합총협의회(Trade Union Congress of the Philippines), ③ 5월 1일 운동(Kilusang Mayo Uno))이 결성되어 있다. 적합한 노동정책, 노동법의 효과적인 시행 및 향상된 노동관리규정으로 노사관계는 적절하게 관리되고 있는 것으로 평가된다.

노사분규는 일반적으로 불공정한 관행 및 협상 난항으로 인해 발생하게 된다. 이전에는 노동쟁의가 빈번하였으나 최근에는 실업 증대로 인해 노조 활동이 사내 중심으로 위축되었고 파업건수도 감소하고 있는 추세를 보이고 있으며 정부관여에 의한 노동쟁의의 중재비중이 증가하고 있다.

(4) 임금수준

노조파업이 정치적인 동기보다 경제적인 동기로 인해 발생하면서 최근 들어 임금이 급속도로 상승하고 있다. 최저임금(minimum wage)은 매년 정부, 노동조합 및 경영주 등 3개 분야의 대표자로 구성된 노동중재위원회(LACC : Tripartite Labor Advisory and Consultative)의 건의를 받아 정부가 결정한다. 법정 최저임금은 생계비 지수 등을 고려하여 지역별 산업별로 상이하게 결정된다. 2005년 2월말 기준 마닐라 수도권 기준으로 하루 최저임금은 비농업부문이 300페소(타 지역 170~255페소)이고 농업부문이 263페소(타 지역 170~230페소)를 나타내고 있다.

제3절 한국의 대필리핀 진출확대 방안

1. 교역현황

1.1 개관

한국의 대필리핀 수출액(2006년 9월말 기준)은 2,882백만 달러, 수입액은 1,665백만 달러를 기록하여 1,217백만 달러의 무역수지 흑자(trade surplus)를 보였다. 대필리핀 수출은 한국의 현지 투자진출기업에 대한 원자재가 큰 비중을 차지하고 있으며 현지에서 생산된 완제품은 제3국으로 수출되고 있어 필리핀의 수출증가에도 다소 기여하였다.

한국의 대필리핀 수출추이는 2002년 16.4%, 2003년 0.8%, 2004년 13.6%의 증가율로서 다소 등락은 있었으나 증가세를 보였다. 2005년 전년 대비 수출증가율이 -4.7%로 다소 감소하였으나 2006년 9월 기준 전년동기 대비 21.5% 증가함으로써 대필리핀 수출 추이가 증가세로 반전되었다. 필리핀으로부터의 수입은 2002년 2.6%, 2003년 5.2%, 2004년 7.9%, 2005년 9.3%의 증가율로 지속적인 증가세를 보였으나 2006년 1~9월의 수입증가율은 -4.0%로 하락하였다.

2005년 대필리핀 수출이 부진한 것은 현지 정치 · 경제의 불안정 요인 지속에 따른 한국기업들의 대필리핀 투자진출 기피가 지대한 영향을 미친 것으로 판단된다. 그러나 최근 들어 필리핀의 경제상황이 호전되면서 한국의 대필리핀 수출은 증가세로 반전된 것으로 나타났다.

1.2 주요 수출품목

한국의 주요 수출품목은 전자부품, 광물성연료, 산업용 전자제품 등이다. 2006년 1~9월 기간 중 전체 수출에서 전자 · 전기제품의 비중이 35%로 나타나 수출구조가 특정분야로 집중되어 있는 것으로 나타났다. 수출 전자부품에서도 가장 큰 비중을 차지하는 품목이 반도체, 조립 용반제품, 컴퓨터부품 등으로 대부분 재수출용 완제품 조립에 사용되거나 바로 제3국 시장으로 재수출되었다.

1.3 주요 수입품목

주요 수입품목도 전자부품, 산업용전자제품, 농산물 등으로 구성되며 2006년 1~9월 기간 중 전체 수입에서 전자부품이 36%를 차지하여 수출과 유사한 구조를 보였다. 이 같이 대필리핀 수출입구조가 유사한 것은 한국기업의 현지투자진출과 직접적인 연관이 있는 것으로 판단된다.

주요 수입 농산물은 바나나, 코코넛, 코코넛 기름 등이다. 망고, 파파야에 대한 수입규제(import regulation)가 2000년부터 해제되어 수입이 증가하고 있으며 최근 새우의 수입도 크게 증가하고 있다.

〈표 28-8〉 한 · 필리핀 교역 현황

(단위 : 백만 달러, %)

	2002		2003		2004		2005		2006. 9.	
	금액	증가율	금액	증가율	금액	증가율	금액	증가율	금액	증가율
수　출	2,950	16.4	2,975	0.9	3,379	13.6	3,220	-4.7	2,882	21.5
수　입	1,867	2.7	1,964	5.2	2,120	7.9	2,316	9.3	2,316	-4.0
무역수지	1,083	51.2	1,011	-6.6	1,259	24.6	904	-28.2	566	-

자료 : KOTIS

2. 투자현황

2.1 투자규모 및 업종

한국의 대필리핀 투자는 1998년 경제위기(economic crisis)의 영향으로 크게 감소하였다. 1999~2000년에는 다소 회복세를 보였으나 2001~2002년에 급감한 이후 신규 투자진출이 활성화되지 않고 있다. 한국의 대필리핀 해외투자(2006년 9월 기준)는 704건, 748백만 달러를 나타내고 있다.

현지투자진출의 주요 업종은 전자, 통신장비, 화학 등 제조업 분야이며 CAVITE, BATAN 등 특별경제지대에 위치한 공단에 주로 입주하고 있다. 삼성전기(주)의 현지투자법인 SAMSUNG ELECTRO-MECHANICS PHILIPPINES INC.가 투자금액 기준으로 규모가 가장 큰 9,100만 달러이며 대필리핀 전체투자에서 차지하는 비중이 11.4%에 이르고 있다.

〈표 28-9〉 대필리핀 해외직접투자 현황(2006년 9월)

(단위 : 건, 천 달러)

신고		총투자	
건수	금액	건수	금액
1,036	1,251,183	704	747,650

자료 : 수출입은행

〈표 28-10〉 대필리핀 주요 투자기업 현황

(단위 : 천 달러)

현지법인	신고금액	투자금액
SAMSUNG ELECTRO-MECHANICS PHILIPPINES INC.	95,000	91,000
KEPCO INTERNATIONAL PHILIPPINES INC.	90,700	90,700
SAMSUNG ELECTRONICS PHILIPPINES CORP.(SEPCO)	82,040	81,122
MEKENY KINGDOM RESORT CO., LTD.	54,000	84
RADIX COMMUNICATION INC.(PHILIPPINES)	37,200	45,750
AMKOR ANAM PILIPINAS INC.	33,750	32,824
BEST CHEMICALS & PLASTIC INC.	31,000	21,200
HANJINPHIL CORPORATION	29,110	141
PARTHENON INC.	26,800	6,197
SOUTHEAST ASIA CEMENT HOLDINGS INC.	26,732	18,265
DAEWOO CONSTRUCTION PHILIPPINES, INC.	26,643	23,234
POONGSAN MICROTEC PHILS INC.	22,200	13,300
KOPRI INC.	21,500	8,211
LG COLLINS ELECTRONICS MANILA INC.	20,767	19,144
REPUBLIC TELECOMMUNICATIONS HOLDINGS. INC.	20,468	19,835
PHILIPINES SAMSUNG ELECTRONICS COMPANY(PSEC)	20,000	300
MAXON SYSTEMS(PHILIPPINES) INC.	16,150	10,000
DAE DUCK ELECTRONICS PHILIPPINE CO. INC.	16,000	8,480
PHIL. BXT CORP.	15,407	8,000
KYUNG KEE PHILS., CORP.	12,450	3,650
YONG SUNG ELECTRONICS INC.	10,100	10,100

자료 : 수출입은행

2.2 수출입은행의 금융지원

필리핀에 대한 수출입은행의 여신지원액(2006년 10월말 기준)은 총 1,334억원으로 대출이 전체의 95.0%인 1,276억원, 보증이 5.0%인 67억원을 나타내고 있다.

〈표 28-11〉 대필리핀 여신지원 현황(2006년 10월 기준)

(단위 : 백만원)

		승인액	집행액	여신 잔액
대 출		143,436	126,746	102,930
	수출 자금	86,292	69,602	45,787
	해투 자금	52,875	52,875	52,875
	수입 자금	4,268	4,268	4,268
보 증		5,747	6,691	5,747
	이행성 보증	5,747	6,691	5,747
합 계		149,183	133,437	108,678

〈표 28-12〉 대필리핀 여신지원 주요 프로젝트 현황

(단위 : 백만원)

	프로젝트명	승인액	여신잔액
직 접 대 출	KEILCO앞 복합 화력발전설비 수출	65,639	39,693
해외투자자금대출	(주)한진중공업 현지법인 설립	47,210	47,210

3. 진출확대 방안

3.1 수출 및 투자진출시 고려사항

(1) 특별경제지대로의 진출이 유리함

마닐라 수도권 등 대도시에 교통망 등 사회간접자본(SOC) 시설이 집중되어 변두리지역은 제반 여건이 열악한 실정이다. 따라서 정부 또는 민간이 개발한 수출공단, 산업공단과 같은 특별경제지대 등에 진출하는 것이 치안 및 양질의 노동력 확보에 있어 유리하다고 할 수 있다.

투자진출비용이 다소 적게 드는 지방의 경우에는 지방정부의 불투명한 정책운영, 낮은 노동력 수준 등으로 인해 난관에 직면하게 될 가능성이 큰 편이다.

(2) 태풍 등 자연재해 다발지역의 회피

태풍 등 천재(天災)로 인한 수해 및 침수 다발지역은 가급적 피하는 것이 바람직하다. 따라서 투자진출 대상지역의 공항, 항만, 도로, 통신, 전력, 용수 공급상태 등을 상세하게 확인할 필요가 있다.

(3) 거래상대방의 신뢰성 결핍에 대한 철저한 대비

구매계약서 또는 구두약속에 근거하여 상거래를 추진하다가 난관에 직면할 수 있으므로 금융기관이 발행한 L/C, T/T 등을 받은 후에 추진할 필요가 있다.

(4) 하자보수 서비스의 긴요성

기계류 등 설비장비를 취급하는 경우 반드시 철저한 하자보수 서비스(A/S)를 제공하는 것이 필요하다. 일부 업체의 불성실한 A/S가 한국 업계 전체의 이미지를 손상시키는 결과를 초래할 수 있다.

3.2 수출 및 투자진출 유망분야

(1) 투자우선계획(IPP)에 포함된 업종

IPP에 포함된 업종은 필리핀산 원자재의 활용도가 높고, 필리핀 내에서의 고용창출효과(job creation effect)가 크며, 수입대체산업으로서 외화유출을 감소시킬 수 있기 때문에 필리핀 정부로부터 각종 세제상의 혜택 등을 제공받을 수 있다. 해당업종으로는 동광, 망간, 니켈, 크롬 등 금속광, 시멘트 원료, 유황, 석탄 등 광산물, 코코넛 등 농산물 가공업 등이 있다.

(2) ASEAN 시장진출에 유리한 산업

내수시장의 확대 가능성이 있고 ASEAN 국가들 사이에 교역확대가 기대되는 자동차 부품산업 및 화학제품산업을 지적할 수 있다.

(3) 현지의 저렴한 노동력을 활용할 수 있는 산업

① 단순노동산업 : 전자부품 조립, 섬유 등

② 고급인력산업 : 컴퓨터 소프트웨어 개발, 디자인 개발, 데이터 입력, 만화영화산업 등

(4) 필리핀의 쿼터 및 GSP 특혜를 활용할 수 있는 산업

선진국의 대필리핀 공여 GSP 혜택, 그리고 AFTA 추진에 따른 역내 특혜관세의 활용이 가능한 투자유망 분야로 시멘트, 조선, 철강, 강판, 석유화학, 사료, 자동차부품, 농산물, 식품가공, 섬유, 신발, 완구, 포장재 등을 들 수 있다.

3.3 진출전략

한국기업의 대필리핀 진출 전략은 다음 3가지 측면에서 모색될 수 있다.

(1) 목표시장을 먼저 선정한 다음에 투자전략을 추진할 필요가 있음

필리핀은 중산층이 미약하고 절대빈곤층이 전국민의 30% 이상을 차지하여 내수시장의 구매력(purchasing power)이 낮은 실정이어서 대필리핀 외국인투자업체들의 주요 투자목적은 제3국 수출이 되고 있다. 따라서 목표시장(target market)을 먼저 선정하고 장래 수출확대를 도모하는 제반 투자전략을 수립하여 시행하는 것이 바람직하다고 할 수 있다.

(2) 통상마찰을 예방하는 사전적 노력이 필요함

필리핀에 대한 무역수지 흑자는 최근 들어 확대되고 있으며, 2006년 1~9월 중에도 5억 6,600만 달러의 흑자를 기록하였다. 향후 예기치 않은 수입규제(import regulation)로 국가적 손실이 발생할 가능성이 존재하므로 사전에 철저히 대비할 필요가 있다. 한편, 한국에서 필리핀에 수출하는 원부자재가 완제품으로 재생산과정을 거쳐 제3국으로 수출되어 필리핀경제에 기여하는 부분을 정책적 차원에서 홍보할 필요도 있다

(3) 현지시장 정보의 수집 및 제공 시스템을 구축할 필요가 있음

해외시장 공략에 있어 기업들이 가장 필요로 하는 현지시장 정보의 수집 및 제공 시스템의 구축과 정확한 정보 입수를 통한 효과적 대응과 주도력 강화를 위해 동 지역에 대한 지역전문가(regional expert) 양성 및 연구기능을 강화시킬 필요가 있다.

부 록*

Ⅰ. ASEAN 개요
Ⅱ. 각국 사회개발 지표
Ⅲ. 국민소득 및 지역에 의한 국가 분류
Ⅳ. 국민소득 및 외채 규모에 의한 국가 분류
Ⅴ. 약어표
Ⅵ. 용어 설명

* 수출입은행, 필리핀 국가현황 및 진출 방안, 2006. 1. 참조

Ⅰ. ASEAN 개요

1. 설립

ASEAN은 1967년 8월 8일 방콕에서 설립되었다.

2. 설립 근거

① 동남아시아 국가연합(ASEAN) 설립 선언

② 통상 '방콕 선언'으로 지칭되며, 1967년 8월 5~8일에 개최된 동남아시아 5개국 외무장관회의에서 채택됨

3. 회원국 : 10개국

① 설립 회원국 : 인도네시아, 말레이시아, 필리핀, 싱가포르, 태국(1967. 8. 8. 설립 회원국)

② 신규 회원국 : 브루나이(1984. 1. 8.),
베트남(1995. 7. 28),
라오스, 미얀마(1997. 7. 23),
캄보디아(1999. 4. 30)

4. 목적

① 역내 경제, 사회, 문화 등의 발전을 위한 협력

② 패권주의(hegemonism)에 대한 견제를 통한 역내 정치·경제적 안정 유지

③ 역내 국가간 상호 갈등 해소

5. 설립 배경

① ASEAN 설립 이전 동남아시아 지역에는 태국, 필리핀, 말레이시아 3개국으로 구성된 '동남아시아 연합(ASA : Association for Southeast Asia)'이 존재하였음

② ASA는 회원국 간의 정치적 문제로 기능이 정치된 상태였으며 더욱이 필리핀, 말레이시아 및 ASA 비회원국 인도네시아 간에도 상호 국가적 이해갈등이 발생한 바 있음. 따라서 인도네시아, 싱가포르를 추가한 새로운 기구의 창설이 시도되었음

③ 1967년 8월 5일자 인도네시아, 말레이시아, 필리핀, 싱가포르, 태국의 외무부장관들이 방콕에서 동남쪽으로 약 100km 떨어진 방샌에서 만나 3일간 협의를 거친 후 8월 8일 ASEAN 설립을 알리는 '방콕 선언'을 채택하여 ASEAN을 발족시켰으며 ASA는 발전적으로 해체하기로 함

6. ASEAN 기구

6.1 ASEAN 정상회의(ASEAN Head of Government)

① ASEAN 최고 의사결정기구임

② 1976년 제1차 회의 이후 필요시 개최되었으나 1992년 제4차 정상회의에서 매 3년마다 공식 정상회의를 개최하고 공식 회의 사이에 최소한 1회의 비공식 회의를 갖기로 하였음(1995년 제5차 회의에서 공식 회의 사이에 매년 비공식 회의를 개최하기로 합의)

③ 1998년 제6차 공식 정상회의에서 공식, 비공식을 불문하고 모두 ASEAN + 3(한국, 중국, 일본) 정상회의 형태로 개최하기로 함

6.2 ASEAN 외무장관회의(AMM : ASEAN Ministerial Meeting)

① 1967년 방콕선언에 따라 설립되어 매년 개최되고 있음

② 각종 각료회의 중에서 최상위급 회의로서 정책 가이드라인의 채택 및 제(諸) 활동의 조정 역할을 수행함

③ 1997년 정상회의에서 필요시 여타 관계장관의 참석도 가능하도록 함

6.3 ASEAN 경제장관회의(AEM : ASEAN Economic Ministers Meeting)

① 경제협력문제를 중점적으로 협의하기 위해 1977년 정상회의에서 기구화되었고 AMM과 마찬가지로 매년 개최되고 있으며 필요시 비정기적으로 개최됨

② 산하에 AFTA 위원회를 두고 있으며 정상회의에 AEM, AMM 공동으로 보고서를 제출하고 있음

6.4 분야별 경제장관 회의(Sectoral Ministers Meeting)

특정 경제협력 분야(에너지, 농업, 산림업, 관광, 수송 등)의 장관이 필요시 개최하며 AEM에 보고서를 제출하고 있다.

6.5 비경제분야 장관회의(Other Non-Economic ASEAN Ministerial Meetings)

① 보건, 환경, 노동, 복지, 교육, 과학기술, 정보, 법무 등 비경제분야의 협력을 위하여 정기적으로 개최함

② 비경제분야 장관회의와 AMM과의 조정을 요하는 사항은 정상회의에 보고함

6.6 합동 장관회의(JMM : Joint Ministerial Meeting)

① ASEAN의 활동에 있어 특정 분야간 조정 및 협조를 위하여 1987년 정상회의에서 기구화됨

② AMM과 AEM의 공동의장 체제로 운영되고 있으며 통상 정상회의 전에 개최됨

6.7 상임위원회(ASC : ASEAN Standing Committee)

① AMM 폐회 후 차기 AMM까지 1년 간의 정책 조정 업무를 수행하고 AMM에서 결정된 추진방침에 따라 진행사항을 점검함

② 차기 AMM 개최국 외무장관이 의장이 되며 사무총장 및 각 회원국의 사무국장으로 구성됨

6.8 사무총장(Secretary-General of ASEAN)

① AMM의 추천에 의거하여 정상회의에서 임명하며 임기는 5년임

② 1992년 조인된 ASEAN 사무국 설립협정에 의거하여 사무총장은 ASEAN 각종 활동에

대한 계획, 자문, 조정하는 권한을 가지며 연차보고서를 준비하여 AMM에 제출함

6.9 ASEAN 사무국(ASEAN Secretariat)

① 1976년 정상회의에서 기구화되었으며 상임위원회 산하에 있음

② 1992년 사무국의 기능을 강화하는 정상회의 합의 이후 기능이 확대되어 현재 4개국(AFTA국, 경제협력국, 계획조정국, 협력국)으로 구성되어 있음

6.10 기타 조직

① 고급 업무담당자 회의(SOM : Senior Officials Meeting)

② 고급 경제업무담당자 회의(SEOM : Senior Economic Officials Meeting)

③ 기타 고급 업무담당자 회의(Other ASEAN Senior Officials Meeting)

④ 합동자문회의(JCM : Joint Consultative Meeting)

⑤ ASEAN 국내사무국(ASEAN National Secretariats)

⑥ 제3국 소재 ASEAN 위원회(ASEAN Committees in Third Countries)

7. ASEAN의 역내협력

7.1 역내협력의 목표

(1) ASEAN Vision 2020

① 1996년 자카르타 비공식 정상회의에서 2020년까지의 역내 중기목표를 수립하기로 합의하였으며 1997년 쿠알라룸푸르 비공식 정상회의에서 'ASEAN Vision 2020'을 채택하였음

② 동 내용의 특징은 다음 4가지로 요약될 수 있음

가. 2020년까지의 역내 발전 및 협력을 통해 높은 생활수준의 달성을 제시하는 미래지향적 중기계획

나. 경제협력, 정치・안전보장, 문화 등 전 분야를 포괄하는 지역 협력방안 제시

다. 국가・기관 간의 관계 강화 중시

라. ASEAN의 30년 역사에 대한 점검과 미래 방향 설정

(2) 하노이 행동계획(Hanoi Plan of Action)

① 1998년 하노이 정상회의에서 'ASEAN Vision 2020'을 실현하기 위한 행동계획(Hanoi Plan of Action)을 채택하여 실천계획을 구체화하였음

② 동 계획의 주요 내용은 다음 8가지로 요약될 수 있음

가. 거시경제와 금융의 안정(stability of macroeconomy and finance)을 위한 긴밀한 정책 협의

나. 화학기술 개발의 촉진 및 정보기술 인프라 개칼

다. 사회개발 촉진과 금융·경제위기의 사회적 대비 체계화

라. 인재 육성의 촉진

마. 환경보호(environmental protection)의 지속적 추진

바. 역내 평화 및 안전보장 강화

사. 아시아·태평양 및 국제사회에서의 역할 강화

아. ASEAN 기구와 조직의 개선

7.2 경제협력

(1) ASEAN 특혜무역협정(PTA : ASEAN Preferential Trading Arrangement)

1977년에 체결되었으며 역내무역에 대한 관세율 인하와 우대관세 적용 품목의 확대를 지속하고 있다.

(2) ASEAN 자유무역지대(AFTA : ASEAN Free Trade Area)

① 1992년 1월 제4차 정상회의에서 역내무역을 촉진하는 조치로서 'ASEAN 경제협력 증진을 위한 기본협정(Framework Agreement on Enhancing ASEAN Economic Cooperation)'이 채택되고 1993년 1월부터 AFTA는 정식 발효되었음

② AFTA의 주요 목적은 역내무역의 활성화(vitalization of regional trade)와 타 지역으로부터의 직접투자의 유입 촉진 및 역내산업의 국제경쟁력(international competitiveness of regional industry) 강화에 있음

③ AFTA 실현 수단으로서 공통실효특혜관세(CEPT : Common Effective Preferential Tariff) 제도는 1993년 1월부터 시행되었는 데 총 ASEAN의 관세제도의 90%가 이미 CEPT에 포함되는 등 ASEAN 역내 무역의 대부분에 포괄적으로 적용되고 있음

④ 원칙적으로 전 ASEAN 생산품에 대한 역내관세는 2002년 1월 1일까지 0~5%로 인하

하는 것을 목표로 하였으나 수차에 걸친 계획수정으로 현재는 최초의 회원국 6개국(브루나이 포함)은 2002년까지, 베트남은 2006년, 라오스 · 미얀마는 2008년, 캄보디아는 2010년을 목표로 하고 있음

(3) 기타 ASEAN 역내 경제협력

① 산업개발 협력

가. ASEAN 산업프로젝트(AIP : ASEAN Industrial Project)

나. ASEAN 산업협력계획(AICO : ASEAN Industrial Cooperation Scheme)

② 금융협력

1999년 개최된 'ASEAN + 3 정상회의'의 결정에 따라 2002년 태국 치앙마이에서 개최된 'ASEAN + 3 경제장관회의'에서 토의한 결과 ASEAN 스왑협정(swap agreement)을 전회원국 및 한 · 중 · 일 간의 이국간 스왑 Repo 거래 네트워크를 구축하기로 합의한 바 있다.

③ 기타 에너지, 운수 · 통신, 관광, 지적소유권 등 분야의 협력이 진행 중에 있음

7.3 정치 · 안전보장 협력

① 1971년 동남아시아 평화 · 자유 · 중립지대(ZOPFAN : Zone of Peace, Freedom, and Neutrality) 구상

② 1976년 동남아시아 우호협력조약(TAC : Treaty of Amity and Cooperation in Southeast Asia) 채택

③ 1976년 ASEAN 화합선언(Declaration of ASEAN Concord)

④ 1995년 동남아시아 비핵화조약(Southeast Asia Nuclear Weapon Free Zone) 서명

7.4 기타 과학기술 분야 등의 협력

과학기술, 환경, 문화 · 정보, 사회개발, 마약규제, 에이즈(AIDS) 퇴치, 국경 범죄 등에 대한 협력을 강화하고 있다.

8. ASEAN의 역외국가와의 협력

8.1 ASEAN 확대외무장관회의(ASEAN PMC : ASEAN Post-Ministerial Conference)

(1) ASEAN 회원국과 역외제국 간의 광범위한 분야에 대한 의견교환을 통하여 상호 우호 관계를 강화하고 지역의 평화와 안정을 위한 환경을 조성하는 것을 목적으로 함

(2) ASEAN은 1970년대 중반 역외국가들과의 정례협의체제를 구축하여 1979년부터 확대 외무장관회의(PMC)로 정례화함

① 1974~1985년 : 호주, 뉴질랜드

② 1977년 : 일본, 미국, 캐나다, 유럽연합(EU)

③ 1991년 : 한국(1989년부터 잠정협의대상국)

④ 1995~1996년 : 인도, 중국, 러시아

(3) 매년 AMM 직후 협의대상국(확대외무장관회의 대상 역외국) 외무장관과 별도 회의를 개최함

협의대상국은 한국, 미국. 일본, 호주, 뉴질랜드, 캐나다, 인도, EU, 러시아, 중국이다.

(4) 회의 구성

① 전체회의 : ASEAN 10개국과 협의대상 10개국(10 + 10 회의)

② 개별회의 : ASEAN 10개국과 역외국(10 + 1 회의)

8.2 ASEAN 지역안보포럼(ARF : ASEAN Regional Forum)

아시아 · 태평양 지역의 정치 · 안전보장에 대한 범지역적인 대화포럼으로 정치 · 안전보장에 관한 대화와 협력을 통하여 지역의 안전보장 환경을 제고시키는 것을 목적으로 하고 있다.

회의 구성은 아시아 · 태평양지역의 주요 국가 및 EU 의장국이 참석하며 현재 총 23개국이 가입하고 있다.

① 협의대상국 : 한국, 미국, 일본, 호주, 뉴질랜드, 캐나다, 인도, EU, 러시아, 중국

② 기타 국가 : PNG, 몽골, 북한(2000년 7월 가입)

8.3 ASEAN + 3 정상회의(ASEAN + 3 Summit Meeting)

ASEAN은 한국, 중국, 일본과 동아시아의 광범위한 분야에 대해 정상 수준의 의견을 교환하여 상호 우호협력관계를 강화하고 지역의 평화와 안정(regional peace and stability)을 조성하는 사업을 추진하였다. 1997년 ASEAN 창설 30주년을 기념하여 ASEAN 비공식 정상회의와 병행하여 한국, 중국, 일본을 초청한 바 있으며, 1998년 하노이에서 개최된 합동회의에서 정례화하기로 결정한 바 있다.

8.4 ASEAN + 3 외무장관회의(ASEAN + 3 Foreign Ministers Meeting)

(1) 1999년 11월 'ASEAN + 3 정상회의'에서 'ASEAN + 3 외무장관회의'의 개최가 결의되었으며, 2000년 7월 ASEAN · PMC 회의시 처음으로 개최되었음

(2) ASEAN + 3 형태의 회의는 외무장관회의 이외에도 2000년 5월 재무장관회의를 개최하였으며, 2001년 5월 노동장관회의, 2001년 10월 농림장관회의가 개최되었음

9. 한 · ASEAN FTA 상품무역협정 타결

① 한국과 ASEAN 회원국들은 2006년 5월 캄보디아 프놈펜에서 개최된 한 · ASEAN FTA 제11차 협상회의에서 상품양허안과 원산지규정을 포함하여, 한 · ASEAN FTA의 상품무역협상을 타결하였음

② 이번 타결된 상품양허안과 원산지규정을 포함한 상품무역협정은 5월 개최된 한 · ASEAN 경제장관회의(AEM Retreat)시 한 · ASEAN 통상장관 간에 정식 서명되었으며 국내비준 절차를 거쳐 2007년 6월 1일 발효되었음

③ 2005년 12월 말레이시아 쿠알라룸푸르에서 개최되었던 한 · ASEAN 정상회의를 계기로 한 · ASEAN 통상장관들은 상품무역협정 본문과 그 부속서인 상품자유화방식에 합의한 바 있으며, 이번 협상에서 상품 양허안, 원산지 규정 부속서에 양측이 최종 합의함으로써 상품무역협정을 구성하는 모든 문서를 타결함

④ 태국은 국내정국 사정상 이번 상품양허안 타결에 참여하지 않았으며, 한 · ASEAN FTA 상품협정에서의 당사국은 일단 태국을 제외한 ASEAN 9개국과 한국임

⑤ 한 · ASEAN 양측은 원칙적으로 2010년까지 각각 수입의 90%에 해당하는 품목(수입액, 품목수 기준)에 대해 관세를 철폐하고 2016년까지 나머지 7%에 대해 관세를 0~5%로

인하할 예정임. 나머지 3%에 대해서는 해당품목에 대한 각국의 민감성을 고려하여 양허 제외, 장기간 관세인하, 최소수입물량(TRQ) 설정 등 다양한 방법으로 보호할 수 있도록 하였음

⑥ 한·ASEAN FTA는 한국의 5대 수출시장과 체결한 FTA로서 중장기적으로 한국의 대 ASEAN 수출을 약 100억 달러 증가시키고 ASEAN 무역흑자(trade surplus)를 약 60억 달러 증가시킬 것으로 분석됨

⑦ 상당수 자동차 및 철강제품 등을 비롯하여 한국의 주력 수출상품에 대한 ASEAN 각국의 관세가 철폐되거나 인하되어 한국기업들은 중국 및 일본 등 주요 경쟁국들에 비해 ASEAN 수출시장에서 우월한 위치를 차지하게 될 것으로 전망됨

⑧ 중국은 2005년 7월 한국보다 먼저 ASEAN과 FTA를 발효시켰으나 초민감품목 수입액 상한선이 없어 자동차 및 철강 등 대부분의 핵심 교역품목에 대한 실질적인 시장개방이 이루어지지 않았으나 한·ASEAN FTA는 초민감품목에 대한 엄격한 수입액 상한선을 두고 있기 때문에 실질적인 시장개방 효과를 기대할 수 있음

⑨ 자동차와 철강의 경우 한·ASEAN FTA 하에서 ASEAN 국가들의 양허내용은 중·ASEAN FTA 하에서 ASEAN 국가들의 대중국 양허 내용보다 전반적으로 매우 높은 수준이며 일본에 비해서도 현재 발효 대기 중인 일·말레이시아 FTA를 제외하고는 ASEAN 전체시장을 고려하면 한국이 유리한 것으로 평가됨

⑩ 한국은 쌀을 비롯한 대부분의 민감 농수산물을 양허제외, 장기간 소폭의 관세인하 등 다양한 방식으로 보호할 수 있는 초민감품목 3%에 포함함으로써 시장개방(market opening)에 따른 충격을 방지하였음

⑪ 한·ASEAN FTA는 이번 타결된 상품협정(상품협정은 2007년 6월 1일부터 발효되었음) 이외에 서비스협정과 투자협정을 포함하게 되는 데 서비스 및 투자협정 협상은 2006년 초에 시작되었으며 조만간 타결을 목표로 하고 있음

Ⅱ. 각국 사회개발 지표

국 가 명	절대빈곤 계층비율(%) 1985~2001[1)]	평균수명 (년) 2001	도로 포장률 (%) 1995~2000[1)]	1,000명당 전화보급대수 (대수) 2001	일인당에너지 소비량 (석유환산 kg) 2000
Afghanistan	-	43	13.3	1	-
Albania	-	74	39.0	50	521
Algeria	22.6	71	68.9	61	956
American Samoa	-	-	-	212	-
Andorra	-	-	-	447	-
Angola	-	47	10.4	6	584
Antigua and Barbrda	-	-	-	-	-
Argentina	55	74	29.4	224	1,660
Armenia	-	74	96.3	140	542
Aruba	-	-	-	-	-
Australia	-	79	38.7	519	5,744
Austria	-	78	100.0	468	3,524
Azerbaijan	68.1	65	92.3	111	1,454
Bahamas	-	-	-	-	-
Bahrain	-	-	-	-	-
Bangladesh	33.7	62	9.5	4	142
Barbados	-	-	-	-	-
Belarus	41.9	68	89.0	279	2,432
Belgium	-	78	78.2	498	5,776
Belize	-	-	-	-	-
Benin	33.0	53	20.0	9	394
Bermuda	-	-	-	-	-
Bhutan	-	61	-	-	-
Bolivia	62.7	63	6.5	62	455
Bosnia & Herzegovina	19.5	74	52.3	111	-
Botswana	-	39	55.0	91	-
Brazil	17.4	68	5.5	218	1,077
Brunei	-	-	-	-	-
Bulgaria	-	72	94.0	359	2,299
Burkina Faso	45.3	44	16.0	5	-
Burundi	36.2	42	7.1	3	-
Cambodia	36.1	54	16.2	2	-
Cameroon	40.0	49	12.5	7	421
Canada	-	79	-	676	8,156
Cape Verde	-	-	-	-	-
Central African Rep.	-	43	2.7	2	-
Chad	64.0	48	0.8	1	-
Channel Islands	-	-	-	-	-
Chile	17	76	19.4	233	1,604
China	4.6	70	22.4	137	905

국 가 명	절대빈곤 계층비율(%) 1985~2001[1)]	평균수명 (년) 2001	도로 포장률 (%) 1995~2000[1)]	1,000명당 전화보급대수 (대수) 2001	일인당에너지 소비량 (석유환산 kg) 2000
Colombia	17.7	72	14.4	171	681
Comoros	-	-	76.5	-	-
Congo. Rep	-	51	9.7	7	296
Congo. Democratic Republic of	-	45	-	0	292
Cost Rica	22.0	78	22.0	230	861
Côte' d'Ivoire	36.8	46	9.7	18	433
Croatia	-	74	84.6	365	1,775
Cuba	-	77	49.0	51	1,180
Cyprus	-	-	-	-	-
Czech Republic	-	75	100.0	375	3,931
Denmark	-	77	100.0	719	3,643
Djibouti	45.1	-	-	-	-
Dominica	-	76	-	-	-
Dominican Rep.	20.6	67	49.4	110	932
Ecuador	35.0	70	18.9	104	647
Egypt, Brab Rep.	16.7	68	78.1	104	726
띠 Salvador	48.3	70	19.8	93	651
Equatorial Guinea	-	-	-	-	-
Eritra	53.0	51	21.8	8	-
Estonia	8.9	71	20.1	352	3,303
Ethiopia	44.2	42	12.0	4	291
Faeroe Islands	-	-	-	-	-
Fiji	-	-	49.2	-	-
Finland	-	78	64.5	548	6,409
France	-	79	100.0	573	4,366
French Polynesia	-	-	-	-	-
Gabon	-	53	9.9	26	1,271
Gambia. The	64.0	53	35.4	26	-
Georgia	11.1	73	93.5	159	533
Germany	-	78	99.1	634	4,131
Ghana	31.4	56	29.6	12	400
Greece	-	78	91.8	529	2,635
Greenland	-	-	-	-	-
Grenada	-	-	-	-	-
Guam	-	-	-	-	-
Guatemala	57.9	65	34.5	65	628
Guinea	40.0	46	16.5	3	-
Guinea-Bissau	48.7	45	10.3	10	-
Guyana	43.2	-	-	-	-
Haiti	65.0	52	24.3	10	256

국 가 명	절대빈곤 계층비율(%) 1985~2001[1)]	평균수명 (년) 2001	도로 포장률 (%) 1995~2000[1)]	1,000명당 전화보급대수 (대수) 2001	일인당에너지 소비량 (석유환산 kg) 2000
Honduras	53.0	66	20.4	47	469
Hong Kong, China	-	80	100.0	580	2,319
Hungary	17.3	72	43.4	374	2,448
Iceland	-	-	-	-	-
India	28.6	63	45.7	38	494
Indonesia	27.1	66	46.3	35	706
Iran, Islamic Rep.	-	69	56.3	169	1,771
Iraq	-	62	84.3	29	1,190
Ireland	-	77	94.1	485	3,854
Isle of Man	-	-	-	-	-
Israel	-	79	100.0	476	3,241
Italy	-	79	100.0	471	2,974
Jamaica	18.7	76	70.1	197	1,524
Japan	-	81	46	597	4,136
Jordan	11.7	72	100.0	127	1,061
Kazakhstan	34.6	63	94.7	113	2,594
Kenya	42.0	46	12.1	10	515
Kiribati	-	-	-	-	-
Korea, Dem. Rep.	-	61	6.4	22	207
Korea, Rep.	-	74	74.5	486	4,119
Kuwait	-	77	80.6	240	10,529
Kyrgyzstan	64.1	66	91.1	78	497
Lao PDR	38.6	54	-	10	-
Latvia	-	70	38.6	308	1,541
Lebanon	-	71	84.9	195	1,169
Lesotho	49.2	43	18.3	10	-
Liberia	-	47	6.2	2	-
Libya	-	72	57.2	109	3,107
Liechtenstein	-	-	-	-	-
Lithuania	-	73	91.3	313	2,032
Luxembourg	-	-	-	-	-
Macao, China	-	-	-	-	-
Macedonia, FYR	-	73	63.8	263	-
Madagascar	71.3	55	11.6	4	-
Malawi	65.3	38	18.5	5	-
Malaysia	15.5	73	75.8	196	2,126
Maldives	-	-	-	-	-
Mali	-	41	12.1	4	-
Malta	-	-	-	-	-
Marshall Islands	-	-	-	-	-

국 가 명	절대빈곤 계층비율(%) 1985~2001[1)]	평균수명 (년) 2001	도로 포장률 (%) 1995~2000[1)]	1,000명당 전화보급대수 (대수) 2001	일인당에너지 소비량 (석유환산 kg) 2000
Mauritania	46.3	51	11.3	7	-
Mauritius	10.6	72	97.0	257	-
Mayotte	-	-	-	-	-
Mexico	10.1	73	32.8	137	1,567
Micronesia, Fed. Sts.	-	-	-	-	-
Moldova	23.3	67	87.0	154	671
Mongolia	36.3	65	3.5	52	-
Morocco	19.0	68	56.4	41	359
Mozambique	69.4	42	18.7	4	403
Myanmar	-	57	12.2	6	262
Namibia	-	44	13.6	66	587
Nepal	42.0	59	30.8	13	343
Netherlands	-	78	90.0	621	4,762
Netherlands Antilles	-	-	-	-	-
New Caledonia	-	-	-	-	-
New Zealand	-	78	62.8	477	4,864
Nicaragua	47.9	69	11.0	31	542
Niger	63.0	46	7.9	2	-
Nigeria	34.1	46	30.9	5	710
N. Mariana Is.	-	-	-	-	-
Norway	-	79	76.0	720	5,704
Oman	-	74	30.0	90	4,046
Pakistan	32.6	63	43.0	23	463
Palau	-	-	-	-	-
Panama	37.3	75	34.6	148	892
Papua New Guinea	37.5	57	3.5	12	-
Paraguay	21.8	71	9.5	51	715
Peru	49.0	70	12.8	78	489
Philippines	36.8	70	21.0	42	554
Poland	23.8	74	68.3	295	2,328
Portugal	-	76	86.0	427	2,459
Puerto Rico	-	76	100.0	336	-
Qatar	-	-	-	-	-
Romania	21.5	70	49.5	184	1,619
Russian Federation	30.9	66	67.4	243	4,218
Rwanda	51.2	40	8.3	3	-
Sao Tome and Principe	-	-	68.1	-	-
Saudi Arabia	-	73	30.1	145	5,081
Senegal	33.4	52	29.3	25	324
Seychelles	-	-	-	-	-

국 가 명	절대빈곤 계층비율(%) 1985~2001[1)]	평균수명 (년) 2001	도로 포장률 (%) 1995~2000[1)]	1,000명당 전화보급대수 (대수) 2001	일인당에너지 소비량 (석유환산 kg) 2000
Sierra Leone	68.0	37	7.9	5	-
Singapore	-	78	100.0	471	6,120
Slovak Republic	-	73	86.7	288	3,234
Slovenia	-	76	99.9	401	3,288
Solomon Islands	-	-	-	-	-
Somalia	-	47	11.8	4	-
South Africa	-	47	20.3	112	2,514
Spain	-	78	99.0	431	3,084
Sri Lanka	25.0	73	-	44	437
St. Kitts and Nevis	-	-	-	-	-
St. Lucia	-	-	-	-	-
St. Vincent	-	-	-	-	-
Sudan	-	58	36.3	14	-
Suriname	-	-	-	-	-
Swaziland	40.0	45	-	31	-
Sweden	-	80	78.4	739	5,354
Switzerland	-	80	-	746	3,704
Syrian Arab Rep.	-	70	23.1	103	1,137
Tsjikistan	-	67	-	36	470
Tanzania	41.6	44	4.2	4	457
Thailand	13.1	69	97.5	99	1,212
Togo	32.3	49	31.6	10	333
Tonga	-	-	-	-	-
Trinidad and Tobago	21.0	72	51.1	240	6,660
Tunisia	7.6	72	64.8	109	825
Turkey	-	70	34.0	285	1,181
Turkmenistan	-	65	81.2	80	2,627
Uganda	55.0	43	6.7	3	-
Ukraine	31.7	68	96.7	212	2,820
United Arab Emirates	-	75	100.0	40	10,175
United Kingdom	-	77	100.0	588	3,962
United States	-	78	58.8	667	8,148
Uruguay	-	74	90.0	283	923
Uzbekistan	-	67	87.3	66	1,930
Vanuatu	-	-	-	-	-
Venezuela	31.3	74	33.6	109	2,452
Vietnam	50.9	69	25.1	38	471
Virgin Islands(U.S.)	-	-	-	-	-
WestBank and Gaza	-	72	-	78	-
Western Samoa	-	-	-	-	-

국 가 명	절대빈곤 계층비율(%) 1985~2001[1)]	평균수명 (년) 2001	도로 포장률 (%) 1995~2000[1)]	1,000명당 전화보급대수 (대수) 2001	일인당에너지 소비량 (석유환산 kg) 2000
Yemen Rep.	41.8	57	11.5	22	201
Yugoslavia, Fed. Rep.	-	73	62.3	229	-
Zambia	72.9	37	-	8	619
Zimbabwe	34.9	39	47.4	19	209

주 : 1) 기간 중 최근 연도치임
2) - 자료 없음
자료 : World Bank, World Bank Atlas, 2003.

Ⅲ. 국민소득 및 지역에 의한 국가 분류

1. 저소득국[2)] : 총 64개국

지 역	저소득국(low income)	
사하라이남 아프리카	Angola	Burundi
	Burkina Faso	Central African Rep.
	Cameroon	Comoros
	Chad	Cote d'Ivoire
	Congo, Rep.	Eritrea
	Congo, Dem. Rep.	Eguatorial
	Ethiopia	Ghana
	Gambia, The	Guinea
	Guinea-Bissau	Kenya
	Liberia	Lesotho
	Madagascar	Malawi
	Mali	Mauritania
	Niger	Mozambigue
	Rwanda	Nigeria
	Senegal	Sao Tome and Principe
	Somalia	Sierra Leone
	Tanzania	Sudan
	Uganda	Togo
	Zimbabwe	Zambia
	Benin	
북아프리카, 중동	Yemen Rep.	
아 시 아	Afghanistan	Bangladesh
	Bhutan	Cambodia
	Indonesia	India
	Lao PDR	Korea Dem. Rep.
	Myanmar	Mongolia
	Pakistan	Nepal
	Papua New Guinea	Solomon Islands
	Vietnam	
미 주	Nicaragua	Haiti
유 럽	Armenia	Azerbaijian
	Georgia	Kyrgyz Rep.
	Moldova	Tajikistan
	Uzbekistan	Ukraine

2. 중소득국 : 총 94개국

지 역	하위중소득국[3] (lower middle income)	상위중소득국[4] (upper middle income)
사하라이남 아프리카	Cape Verde Namibia Swaziland South Africa	Botswana Gabon Mauritius Mayotte Seychelles
북아프리카, 중동	Algeria Djibouti Egypt, Arab Rep. Iran Iraq Jordan Morocco West Bank and Gaza Syrian Arab Rep. Tunisia	Bahrain Lebanon Libya Malta Oman Saudi Arabia
아 시 아	China Fiji Kiribati Maldives Marshall Islands Micronesia Fed. Sts. Philippines Samoa Srilanka Thailand Tonga Vanuatu	American Samoa Malaysia Palau
유 럽	Albania Belarus Bosnia and Herzegovina Bulgaria Kazakhstan Macedonia, FYR Romania Russian Federation Turkey Turk Menistan Yugoslavia Fed. Rep.	Croatia Czech Rep. Estonia Hungary Isle of Man Latvia Lithuania Poland Slovak Rep.
미 주	Belize Bolivia Colombia Cuba	Antigua and Barbuda Argentina Barbados Brazil

지 역	하위중소득국[3] (lower middle income)	상위중소득국[4] (upper middle income)
미 주	Dominican Rep. Ecuador El Salvador Guatemala Guyana Honduras Jamaica Paraguay Peru St. Vincent and the Grenadines Suriname	Chile Costa Rica Dominica Grenada Mexico Panama Puerto Rico St. Kitts and Nevis St. Lucia Trinidad and Tobago Uruguay Venezuela

3. 고소득국[5] : 총 51개국

지 역	OECD국 (OECD Countries)	비 OECD국 (Non-OECD Countries)
사하라이남 아프리카		
북아프리카, 중동		Brhrain Israel Kuwait Qatar United Arab Emirates
아 시 아	Australia Japan Korea, Rep. of New Zealand	Brunei French Polynesia Guam Hong Kong, China Macao, China New Caledonia N. Mariana Is. Singapore Taiwan, China
유 럽	Austria Belgium Denmark Finland France Germany Greece Iceland Ireland Italy	Andorra Channel Islands Cyprus Faeroe Islands Greenland Liechtenstein Monaco San Marino

지 역	OECD국 (OECD Countries)	비 OECD국 (Non-OECD Countries)
유 럽	Luxembourg Netherlands Norway Portugal Spain Sweden Switzerland United Kindom	
미 주	Canada United States	Aruba Bahamas, The Bermuda Cayman Islands Netherlands Antilles Virgin Islands(U.S.)

주 : 1) 본문의 지역분류와 다소 차이가 있음
2) 저소득국 : 2000년 기준 1인당 GNI가 755달러 이하인 국가
3) 하위중소득국 : 2000년 기준 1인당 GNI가 756~2,995달러인 국가
4) 상위중소득국 : 2000년 기준 1인당 GNI가 2,996~9,265달러인 국가
5) 고소득국 : 2000년 기준 1인당 GNI가 9,266달러 이상인 국가

자료 : World Bank, Global Development Finance, 2003.

Ⅳ. 국민소득 및 외채 규모에 의한 국가 분류

	중채무국 (Severely indebted)	고채무국 (Moderately indebted)	경채무국 (Less indebted)
저 소 득 국	Angola Benin Burkina Faso Burundi Central African Rep. Chad Comoros Congo, Dem. Rep. Congo, Rep. Côte d'Ivoire Ethiopia Guinea Guinea-Bissau Indonesia Kyrgyz Republic Lao PDR Liberia Madagascar Malawi Mauritania Myanmar Nicaragua Niger Nigeria Pakistan Rwanda Sao Tomé and Principe Sierra Leone Somalia Sudan Zambia	Bhutan Cambodia Cameroon Gambia, The Ghana Haiti Kenya Mali Mongolia Papua New Guinea Senegal Tanzania Togo Uganda Uzbekistan Zimbabwe	Armenia Azerbaijan Bangladesh Equatorial Guinea Eritrea Georgia India Lesotho Mozambique Nepal Solomon Islands Ukraine Vietnam Yemen, Republic of Tanzania
중소득국	Ecuador Guyana Jordan Peru Syrian Arab Rep. Belize Lebanon Panama Uruguay Yugoslavia, Red. Rep. of	Algeria Belize Bolivia Bosnia and Herzegovina Bulgaria Colombia Honduras Jamaica Papua New Guinea Philippines	Albania Belarus Cape Verde China Djibouti Dominican Republic Egypt, Arab Rep. El Salvador Fiji Guatemala

	중채무국 (Severely indebted)	고채무국 (Moderately indebted)	경채무국 (Less indebted)
중소득국	Argentina Brazil Gabon	Russian Federation Samoa St. Vincent and the Grenadines Thailand Tunisia Turkmenistan Dominica Grenada Kazakhstan Latvia Slvac Republic St. Kitts and Nevis Chile Croatia Estonia Hungary Malaysia Turkey	Iran, Islamic Rep. Lithuania Macedonia FYR Maldives Moroco Paraguay Romania Sri Lanka Swaziland Tonga Vanuatu Bostswana Costa Rica Czech Republic Aljeria Barbados Bosnia and Herzegovina Malta, Mauritius Morocco Venezuela, R.B, de
상위중소득국 (Upper Middle Income)			Mexico Oman Poland Seychelles South Africa St. Lucia Trinidad and Tobago

V. 약어표

약 어	원 명	한 국 명
【A】		
ACM	Arab Common Market	아랍공동시장
ACP Countries	African-Caribbean-Pacific Countries	아프리카/카리브/태평양지역 국가
ADB	Asian Development Bank	아시아개발은행
ADF	Asian Development Fund	아시아개발기금
AfDB	African Development Bank	아프리카개발은행
AfDF	African Development Fund	아프리카개발기금
AFIA	ASEAN Free Investment Area	아세안 자유투자지역
AFTA	ASEAN Free Trade Area	아세안 자유무역지역
AIBD	Association of International Bond Dealers	국제본드거래자협회
AIC	ASEAN Industrial Complementation Scheme	아세안 산업보완계획
AICS	ASEAN Industrial Cooperation Scheme	아세안 산업협력계획
AIJV	ASEAN Industrial Joint Venture	아세안 합작사업계획
AIP	ASEAN Industrial Project	아세안 산업계획
AmCham	American Chamber of Commerce	미 상공회의소
AMU	Arab Maghreb Union	아랍・마그레브 연합
ANCOM	Andean Common Market	안데안공동시장
ANZCERTA 또는 CER	Australia-New Zealand Closer Economic Relations Trade Agreement	호주-뉴질랜드경제관계 긴밀화 무역협정
AOF	Arab Oil Fund	아랍석유기금
APEC	Asia-Pacific Economic Cooperation	아시아-태평양 경제협력체
ASA	Association of Southeast Asia	동남아연합
ASEAN	Association of Southe East Asian Nations	동남아국가연합
ASEM	Asia-Europe Meeting	아시아-유럽정상회의
ATMI	American Textile Manufacturers	미국 섬유제조업자협회
【B】		
BBC	Brand to Brand Complementation	제품별 보완체제
BENELUX	Belgium, Netherlands and Luxembourg	베네룩스
BIAC	Business and Industry Advisory Committee	기업・산업자문위원회
BIS	Bank for International Settlements	국제결제은행
BISF	Baltic Investment Special Funds	발트투자특별기금
BOP	Balance of Payment	무역수지
BSF	Baltic Special Fund	발트특별기금
BSFF	Buffer Stock Financing Facility	완충재고금융
BTASF	Baltic Technical Assistance Special Fund	발트기술지원특별기금
BWIs	Bretton Woods Institutions	브레튼 우즈 기구
【C】		
CAC	The Joint FAO/WHO Codex Alimentarius Commission	FAO/WHO 국제식품표준위원회
CACM	The Central American Common Market	중미공동시장
CAP	Common Agricultural Policy	공동농업정책
C-20	Committee of Twenty	20개국 위원회
CARICOM	Caribbean Common Market	카리브 공동시장
CARIFTA	Caribbean Free Trade Association	카리브 자유무역연합
CCC	Customs Cooperation Council	관세협력이사회

약 어	원 명	한 국 명
CCFF	Compensatory and Contingency Financing Facility	확대보상금융제도
CCV	Committee on Customs Valuation	관세평가위원회
CEAO	West African Economic Community	서아프리카 경제공동체
CEEC	Convention on European Economic Cooperation	유럽경제협력위원회
CEN	European Committee for Standardization	유럽표준화위원회
CENELEC	European Committee for Electrotechnical Standardization	유럽전기표준화위원회
CEPT	Common Effective Preferential Tariff	공동유효특혜관세
CET	Common External Tariff	대외공동관세
CFC	Common Fund for Commodities	상품공동기구
CFF	Compensatory Financing Facility	보상금융제도
CG-18	Consultative Group of Eighteen	18개국자문단
CIME	Committee on International Investment and Multinational Enterprises	국제투자 및 다국적기업위원회
CMIT	Committee on Capital Movements and Invisible Transaction	자본이동 및 경상무역외거래위원회
CS	Country Schedule	이행계획서
CTI	Committee on Trade and Investment	무역투자위원회
【D】		
DAC	Development Assitance Committee	개발원조위원회
DAEs	Dynamic Asian Economies	역동적 아시아 개도국군
DEC	Dialogue for Economic Cooperation	한미경제협력대화
DMCs	Developing Member Countries	개발도상회원국
DMS	Dispute Mediation Service	분쟁조정서비스
DNMEs	Dynamic Non-Member Economies	역동적 비회원국
DRF	Debt Reduction Facility	외채감축기금
DSB	Dispute Settlement Body	분쟁해결기구
【E】		
EAC	East African Community	동아프리카공동체
EACM	East Africa Common Market	동아프리카공동시장
EADB	East Africa Development Bank	동아프리카개발은행
EAEC	East Asian Economic Caucus	동아시아경제회의
EAEG	East Asian Economic Grouping	동아시아경제그룹
EAGGF	European Agricultural Guidance and Guarantee Fund	유럽농업지도보장기금
EBRD	European Bank for Reconstruction and Development	유럽부흥개발은행
EC	European Community	유럽공동체
ECAFE	UN Economic Commission for Asia and the Far East	유엔 아시아·극동 경제위원회
ECB	European Central Bank	유럽중앙은행
ECLA	UN Economic Commission for Latin America	유엔 라틴아메리카 경제위원회
ECOSOC	Economic and Social Council	유엔 경제사회이사회
ECOWAS	Economic Community of West African States	서부아프리카제국 경제공동체
ECSC	European Coal and Steel Community	유럽석탄·철강공동체

약 어	원 명	한 국 명
ECU	European Currency Unit	유럽통화단위
ECUBA	ECU Banking Association	유럽은행협회
EDI	Economic Development Institute	경제개발연수원
EEA	European Economic Area	유럽경제지역
EEC	European Economic Community	유럽경제공동체
EEIGs	European Economic Interest Groupings	유럽경제이해집단
EFF	Extended Fund Facility	확대신용제도
EFTA	European Free Trade Association	유럽자유무역연합
EIB	European Investment Bank	유럽투자은행
ELSA	Employment, Labor and Social Affairs Committee	고용노동사회문제위원회
EMCF	European Monetary Cooperation Fund	유럽통화협력기금
EMA	European monetary Agreement	유럽통화협정
EMFTA	Europe-Mediterranean Free Trade Area	유럽-지중해 자유무역지역
EMI	European Monetary Institute	유럽통화기구
EMS	European Monetary System	유럽통화제도
EMU	Economic and Monetary Union	경제·통화동맹
EMU	European Monetary Union	유럽통화동맹
EOTC	European Organization for Testing & Certification	유럽시험인증기구
EPG	Eminent Persons Group	저명인사그룹
EPU	European Political Union	유럽정치동맹
ERM	Exchange Rate Mechanism	유럽환율조정제도
ESAF	Enhanced Structural Adjustment Facility	확대구조조정금융제도
ESC	Euro-Currency Standing Committee	유로 커런시 상설위원회
ESCAP	UN Economic Social Commission for Asia and the Pacific	유엔 아시아·태평양 경제사회 위원회
ESCB	European System of Central Bank	유럽중앙은행제도
ESD	Enviromentally Sustainable Development	환경적으로 지속가능한 성장
ESF	European Social Fund	유럽사회기금
ESPRING	European Strategic Programme for R&D in Information Technology	유럽정보기술연구개발계획
EU	European Union	유럽연합
EURATOM	European Atomic Energy Community	유럽원자력공동체
【F】		
FAO	Un Food and Agriculture Organization	유엔식량농업기구
FCN	Friendship, Commerce and Navigation	우호통상항해
FDI	Foreign Direct Investment	외국인직접투자
FIRA	Foreign Investment Review Act	외국인투자심사법
FSO	Fund for Special Operations	특별업무기금
FTA	Free Trade Area	자유무역지역
FTAA	Free Trade Area of the Americas	미주자유무역지역
【G】		
G-7	Group of Seven	선진7개국
G-10	Group of Ten	선진10개국
G-24	Group of Twenty-four	24개도국 그룹
G-77	Group of Seventy-seven	후진77개국 회의

약 어	원 명	한 국 명
GAB	General Arrangements to Borrow	일반차입협정
GATS	General Agreement on Trade in Services	서비스무역에 관한 일반협정
GATT	General Agreement on Tariffs and Trade	관세 및 무역에 관한 일반협정
GNS	Group of Negotiations on Services	서비스협상그룹
GC	Green Currency	녹색통화
GCC	Gulf Cooperation Council of Cooperation Council of the Arab States of the Gulf	걸프만 연안국 협력위원회
GEF	Global Environmental Fund	지구환경기금
GEMIT	Group on Environmental Measures and Trade	환경작업반
GIC	Gulf Investment Corporation	걸프투자회사
GNG	Group of Negotiations on Goods	상품협상그룹
GRA	General Resources Account	일반재원계정
GSP	Generalized System of Preferences	일반특혜관세제도
GSTP	Global System of Trade Preferences	개도국간 무역특혜제도
【H】		
HIPCs	Heavily Indebted Poor Countries	외채과다빈곤국
HRD	Human Resources Development	인적자원개발
HS	Harmonized Commodity Description and Coding System	국제통일상품분류제도
【I】		
IAEA	International Atomic Energy Agency	국제핵에너지위원회
IAIS	International Association of Insurance Supervisors	보험감독자국제연합
IBRD	International Bank for Reconstruction and Development	국제부흥개발은행
ICAs	International Commodity Agreements	국제상품협정
ICB	International Commodity Body	국제상품단체
ICCICA	Interim Coordination Committee for International Commodity Agreement	국제상품협정 임시협력위원회
ICO	International Commodity Organization	국제상품기구
ICSID	Internationl Center for Settlement of Investment Disputes	국제투자분쟁해결본부
IDA	International Development Association	국제개발협회
IDB	Inter-American Development Bank	미주개발은행
IDPC	International Diary Products Council	국제낙농이사회
IEC	International Electrical Commission	국제전기기술위원회
IFC	International Finance Corporation	국제금융공사
IFC	International Financial Center	국제금융센터
IFF	Intermediate Financing Facility	중간금리 융자제도
IFIs	International Financial Institutions	국제금융기구
IIE	Institute for International Economics	국제경제연구원
IMD	International Institute for Management Development	국제경영개발연구원
IMF	International Monetary Fund	국제통화기금
ILO	International Labour Organization	국제노동기구
IOE	International Office of Epizootics	국제수역사무국
IOLM	International Organization of Legal Metrology	국제법정계량기구
IOSCO	International Organization of Securities Commissions	증권위원회국제기구

약 어	원 명	한 국 명
IPPC	International Plant Protection Convention	국제식물보호협약
IPR	Intellectual Property Right	지적재산권
IPC	Integrated Program for Commodities	국제표준화기구
ISO	International Standard Organization	일차산품통합계획
ITA	Information Technology Agreement	정보기술협정
ITO	International Trade Organization	국제무역기구
ITCB	International Textiles & Clothing Bureau	국제섬유의류기구
ITO	International Trade Organization	국제무역기구
【J】		
JSF	Japan Special Fund	일본특별기금
【L】		
LAFTA	Latin America Free Trade Area	라틴아메리카 자유무역지역
LAIA	Latin American Integration Association	라틴아메리카 통합연합
LLDC	Least Less Developed Countries	최빈개도국
LTA	The Long-term Arrangement on Cotton Textiles	장기면직물 협정
【M】		
MAI	Multilateral Agreement on Investment	다자간투자협정
MAPA	Manila Action Plan for APEC	마닐라실행계획
MEA	Multilateral Environment Agreements	국제환경협약
MERCOSUR	El Mercado Comun del Sur, The Common Market of the Southern Cone	남미공동시장
MFA	Multi-Fiber Arrangement	다자간 섬유협정
MFN Treatment	Most-Favored-Nation Treatment	최혜국대우
MIGA	Multilateral Investment Guarantee Agency	국제투자보증기구
MRU	Mano River Union	마노강 동맹
MSAC	Most Seriously Affected Countries	후발 개도국
MTA	Multilateral Trade Agreement	다자간 무역협정
MTN Codes	Multilateral Trade Negotiation Codes	다자간 무역협상협약
MTO	Multilateral Trade Organization	다자간 무역기구
【N】		
NAB	New Arrangements to Borrow	신차입협정
NAFTA	New Zealand-Australia Free Trade Agreement	호주-뉴질랜드 자유무역협정
NAFTA	North American Free Trade Agreement	북미자유무역협정
NBIP	Non-Binding Investment Principle	비구속적 투자원칙
NGOs	Non-Governmental Organization	비정부기관
NICs	Newly Industrialized Countries	신흥공업국
NIEO	New International Economic Order	신국제경제질서
NTBs	Non-Tariff Barriers	비관세장벽
NTE	National Trade Estimates on Foreign Trade Barriers	국별무역장벽보고서
NTF	Nigerian Trust Fund	나이지리아 신탁기금

약 어	원 명	한 국 명
【O】		
OAA	Osaka Action Agenda	오사카행동지침
OAS	Organization of American States	미주기구
OCR	Ordinary Capital Resources	일반재원
ODA	Official Development Assistance	공적개발원조
ODI	Outward Direct Investment	해외직접투자
OECD	Organization for Economic Cooperation anc Development	경제협력개발기구
OECF	Overseas Economic Cooperation Fund	일본해외경제협력기금
OEEC	Organization for European Economic Cooperation	유럽경제협력기구
OMA	Orderly Marketing Arrangement	시장질서유지협정
OPEC	Organization of Petroleum Exporting Countries	석유수출국기구
【P】		
PAFTAD	Pacific Trade and Development Conference	태평양무역 · 개발회의
PBEC	Pacific Basin Economic Council	태평양경제협의회
PECC	pacific Economic Cooperation Council	태평양경제협력위원회
PEI	Presidents' Economic Initiative	한 · 미 기업환경개선방안
PFC	Priority Foreign Country	우선협상대상국
PPMs	Process and Production Methods	공정 및 생산방식
PPP	Polluter-Pays Principle	오염자부담원칙
PTA	Plurilateral Trade Agreement	복수국간 무역협정
PTA	Preferential Trading Arrangements	특혜구역협정
PTI	Program of Targeted Interventions	빈곤퇴치방안
PWL	Priority Watch List	우선감시대상국
【R】		
RBP	Restrictive Business Practices	제한적 영업관행
RIAs	Regional Integration Agreements	지역통합협정
RB	Rollback	철폐
RSBISF	Russia Small Business Investment Special Funds	러시아소기업투자특별기금
RSBSF	Russia Small Business Special Funds	러시아소기업특별기금
RSBTCSF	Russia Small Business Technical Cooperation Special Fund	러시아소기업기술협력특별기금
【S】		
SAARC	South Asian Association for Regional Cooperation	남아시아지역협력연합
SACU	Southern African Customs Union	남아프리카관세동맹
SADC	Southern African Development Community	남부아프리카 개발공동체
SADCC	Sourhern African Development Coordination Conference	남부아프리카 개발조정회의
SAF	Structural Adjustment Facility	구조조정금융제도
SAFTA	South Asian Free Trade Area	남아시아자유무역지역
SALs	Structural Adjustment Loans	구조조정대출
SAP	Social Action Programme	사회정책 프로그램
SAPs	Structural Adjustment Programs	구조조정계획

약 어	원 명	한 국 명
SAPTA	South Asian Preferential Trade Arrangement	남아시아 특혜무역협정
SDA	Special Disbursement Account	특별인출계정
SDRs	Special Drawing Rights	특별인출권
SEA	Single European Act	단일유럽법
SECALs	Sectoral Adjustment Loans	부문조정대출
SFF	Supplementary Financing Facility	보완금융제도
SICA	Sistema de la Integracion Centroamericana	중미통합기구
SII	Structural Impediments Initiative	미·일구조협의
SOM	Senior Officials' Meeting	고위실무회의
SPA	Special Program of Assistance	특별지원계획
SPS	Sanitary and Phytosanitary Measures	위생 및 식물검역조치의 적용에 관한 협약
SPTF	Social Progress Trust Fund	사회개발신탁기금
SRF	Special Relief Fund	특별구제기금
SRTAs	Subregional Trade Arrangements	소지역무역협정
SS	Standstill	동결
SSRB	Standstill & Rollback	현상동결 및 점진적 철폐
STA	The Short-term Arrangement on Cotton Textiles	단기면직물 협정
STABEX	Stabilization of Export Earnings	수출소득 안정화제도
STF	Systemic Transformation Facility	체제전환금융제도
【T】		
TAFTA	Transatlantic Free Trade Area	범대서양자유무역지대
TBI	Trade Barriers Instrument	무역장벽수단
TBT	Technical Barriers to Trade	기술적 무역장벽
TASF	Technical Assistance Special Fund	기술지원특별기금
TCF	Technical Cooperation Funds	기술협력기금
TDB	Trade and Development Board	무역개발이사회
TEU	Treaty on European Union	EU조약
TMB	Textile Monitoring Body	섬유감시기구
TNC	Trade Negotiations Committee	무역협상위원회
Total AMS	Total Aggregate Measurement of Support	농업보조측정총액
TPF	Trade Policy Forum	무역정책포럼
TPRB	Trade Policy Review Body	무역정책검토기구
TPRM	Trade Policy Review Mechanism	무역정책검토제도
TRIMs	Trade-Related Investment Measures	무역관련투자조치
TSB	Textile Surveillance Body	섬유감시기구
TRADP	Tuman River Area Development Program	두만강지역개발사업
TRIPs	Trade-Related Intellectual Properties	지적재산권의 무역관련측면
TTII	The Transatlantic Trade and Investment Initiative	범대서양무역투자협의
TUAC	Trade Union Advisory Committee	노동조합자문위원회
【U】		
UDEAC	Central African Customs and Economic Union or Union Douaniere et Economique del' Afrique Centrale	중앙아프리카 관세·경제동맹
UNCDF	United Nations Capital Development Fund	유엔자본개발기금
UNCED	United Nations Conference on Environment and Development	유엔환경개발회의

약 어	원 명	한 국 명
UNCFE	United Nations Conference on Trade and Employment	유엔무역고용회의
UNCTAD	United Nations Conference on Trade Aid and Development	유엔 두역개발회의
UNDP	United Nations Development Program	유엔개발계획
UNECA	United Nations Economic Commission for Africa	유엔아프리카 경제위원회
UNESCO	United Nations Economic and Social Council	유엔경제사회이사회
USCFTA	U.S-Canada Free Trade Agreement	미-캐나다 자유무역협정
USIFTA	U.S-Israel Free Trade Agreement	미-이스라엘 자유무역협정
USITC	U. S. International Trade Commission	미국국제무역위원회
UR	Uruguay Round	우루과이 라운드
USTR	United States Trade Representative	미국 무역대표부
【V】		
VERs	Voluntary Export Restraints	수출자율규제
【W】		
WHO	World Health Organization	세계보건기구
WIPO	World Intellectual Property Organization	세계지적재산권기구
WL	Watch List	감시대상국
WTO	World Trade Organization	세계무역기구

Ⅵ. 용어 설명

▶ AFTA(Asean Free Trade Area, 아세안자유무역지역)

1992년 1월 제4차 아세안정상회담에서 AFTA창설협정 조인으로 결성됨. 1993년 1월부터 2007년까지 점진적으로 관세 및 비관세장벽을 완전 제거하여 2008년 1월부터 명실상부한 자유무역지역의 형성을 목표로 하고 있음. 추진배경은 EU, NAFTA와 같은 경제블록에 대응하기 위해 ASEAN을 경제협력단계에서 경제통합단계로 발전시키고자 하는 것임

▶ ANCOM(Andean Common Market, 안데안공동시장)

1969년 5월 보고타에서 공동시장을 설립하는 카르따헤나협정을 체결함으로써 설립됨. 회원국은 베네수엘라, 페루, 콜롬비아, 에쿠아도르, 볼리비아 등 5개국임. 주요 목적은 가맹국간 균형발전, 경제통합을 통한 각국의 성장촉진 및 회원국의 국제적 지위향상에 있음

▶ ANZCERTA(Australia-New Zealand Closer Economic Relations Trade Agreement, 호주-뉴질랜드 자유무역협정)

1965년 호주-뉴질랜드 양국간에 체결된 자유무역협정을 대체하기 위해, 1983년 3월에 조인된 경제·무역협정임. 주요 목적은 양국간의 무역에 있어서 관세 및 수량제한을 철폐하여 완전한 자유무역지역을 설립하는 것임

▶ APEC(Asia-Pacific Economic Cooperation, 아태경제협력기구)

1989년 호크 호주 수상의 아·태지역 정부간 공식협의체 창설제의에 따라, 동년 11월 호주에서 창설됨. 회원국은 현재 아세안(필리핀, 말레이시아, 인도네시아, 싱가포르, 부르나이, 태국)을 비롯, 한국, 중국, 홍콩, 대만, 일본, 미국, 캐나다, 호주, 뉴질랜드, 멕시코(1993년 가입), 파푸아 뉴기니(1993년 가입), 칠레 등 18개국이며 향후 회원국은 더욱 늘어날 전망임. 조직은 지도자회의, 각료회의(최고의사결정기구), 고위실무회의(실질적 운영기구), 실무그룹(10개) 및 비공식그룹 등으로 구성되어 있음. 주요 활동으로는 지역협력사업(Work Project) 추진, 무역 및 투자자유화 추진, 저명인사그룹(EPG : Eminent Persons Group) 설치 등이 있음. 미국, 호주 등은 역내무역 및 투자자유화를 촉진하기 위해 경제통합을 지향하고 있으나 지역의 경제력, 문화 등의 차이, 역내국가간(미국, 아세안, 일본 등)의 의견차이로 인해 경제공동체 또는 자유무역지역으로의 발전 전망은 불투명한 상태임

▶ ASA(Association of Southeast Asia, 동남아연합)

1961년 말라야연방, 필리핀, 태국 등 3개국이 인도차이나지역에서 공산세력의 확장을 억제하고

각 분야에서 상호간 협력을 도모하기 위해 결성된 지역협력체임. 1967년 8월 Malphilindo와 통합되어 ASEAN으로 확대·개편됨

▶ ASEAN(Association of Southeast Asian Nations, 동남아국가연합)

1967년 8월 ASA(Association of Southeast Asia)과 Malphilindo의 두 기구를 발전적으로 통합함으로써 탄생한 동남아지역의 국가간 협력기구임. 회원국은 인도네시아, 말레이시아, 싱가포르, 필리핀, 태국, 브루나이, 캄보디아, 미얀마, 베트남, 라오스 10개국으로 구성됨. 주요 목적은 역내 제국간 경제·무역상의 상호협력뿐만 아니라 지역내의 평화와 안정, 문화, 교육, 행정분야에서의 협력 등 다부문에 걸쳐 상호협력을 도모하는 것임

▶ Benelux 관세동맹

1943년 10월 21일의 런던통화협정(La convention monetaire)과 1944년 9월 5일의 관세협정(La convention douaniere)에 의해 창설에 관한 합의가 이루어지고, 이후 정책조정을 거쳐 1948년 1월부터 실행된 베네룩스 3국간(벨기에, 네덜란드, 룩셈부르크)의 관세동맹, 이후 EEC설립(1957)에 자극을 받아 베네룩스 경제동맹(1958년 2월)으로 발전함

▶ Benelux 경제동맹

1958년 2월 네덜란드 헤이그에서 베네룩스 3국간의 베네룩스경제동맹 조약체결로 성립됨. 이는 베네룩스 3국이 EEC설립에 자극을 받아 기존의 관세동맹보다 결속력을 강화하고자 창설함. 주요 목적은 3국간의 상품교역 자유화, 향후 완전한 경제동맹의 실현에 있었음. 그러나 현재는 EU의 확대 발전으로 그 중요성이 상대적으로 약화되었음

▶ CACM(The Central American Common Market, 중미공동시장)

1963년 중미통합일반조약체결(1960)로 창설됨. 회원국은 코스타리카, 과테말라, 니카라과, 온두라스, 엘살바도르 등 5개국으로 구성됨. 주요 목적은 정치적, 경제적, 사회적 공동체 형성을 위해 회원국가 통합을 추진하는데 있음

▶ CARICOM(Caribbean Common Market, 카리브공동시장)

1968년 결성된 CARIFTA(카리브자유무역지역)에서의 역내국가간 경제력차이로 인한 수혜의 불균형을 해소하고 결속력을 강화하기 위해, 공동시장 설립(1993년 12월 완성)을 목표로 1973년 차과라마스조약에 의해 창설됨. 회원국은 카리브연안 영어사용 15개국(안티구아 바뷰다, 바하마, 바베이도스, 벨리스, 도미니카(연), 도미니카(공), 그레나다, 가이아나, 아이티, 자마이카, 몬세레트, 세인트 크리스토퍼 & 네이비스, 세인트 빈센트, 세인트 루시아, 트리니다드 토바고)임

▶ CARIFTA(Caribbean Free Trade Association, 카리브자유무역연합)

1968년 5월 카리브연안 제국이 역내무역에 대한 관세 및 수량제한 철폐를 목적으로 설립한 자

유무역지역임. 회원국은 트리니다드 토바고, 바베이도스, 가이아나, 자마이카, 그레나다, 도미니카, 세인트 루시아, 세인트 빈세트, 안티구아 바뷰다, 세인트 크리스토퍼 네이비스, 몬세레트, 안길라 등 12개국임. 1973년 4월 상호협력기반을 더욱 공고히 하기 위해 CARICOM(카리브공동시장)을 결성함

▶ **CEAO(Communaute Economique de l'Afrique l'Ouest, 서아프리카경제공동체)**

1974년 서아프리카의 불어권 국가를 중심으로 하여 창설된, 역내경제통합을 추구하는 경제협력기구임. 회원국은 베넨, 부르키나파소, 코트디브아르, 말리, 모리타니아, 니제르, 세네갈 등 7개국으로 구성됨. 그 동안 비공산품에 대한 역내관세를 철폐하였으며, 비공산품에 대한 역외공동관세는 아직 채택하지 않고 있음. 농업과 공업 개발사업 및 경제통합계획을 추진하고 있으며 거주이전의 자유 보장, 경제개발 등에 관한 정보교환협정을 체결하였음

▶ **COMECON(Council for Mutual Economic Assistance, 동구상호경제원조회의)**

1949년 1월 형성된 사회주의 경제권내 유일의 경제통합체임. 회원국은 독립국가연합(舊소련), 불가리아, 헝가리, 폴란드, 루마니아, 체코, 슬로바키아, 몽고(1961), 쿠바(1972), 베트남(1978) 등 10개국임. 초기 창설목적은 국가적 자원배분구조의 국제적 확산을 통해 사회주의권 전체의 경제협력을 강화하고 경제적 효율성을 제고시키는데 있었으나, 최근 사회주의체제의 붕괴로 유명무실해졌음

▶ **Council of Arab Economic Unity(아랍경제통합회의)**

1967년 6월 아랍연맹 산하 아랍경제회의 결정으로 설립된 기구임. 회원국은 이집트, 이라크, 요르단, 쿠웨이트, 리비아, 모리타니아, 소말리아, 수단, 시리아, 아랍에미리트, 예멘 및 팔레스타인해방기구(PLO) 등 12개국임. 이 기구의 설립취지는 경제·사회발전을 통한 지역경제의 통합달성임

▶ **EAC(East African Community, 동아프리카경제공동체)**

1967년 6월 케냐, 우간다, 탄자니아 간에 조인된 동아프리카협력조약에 의해 창설되었음. 주요 목적은 회원국간의 균형발전, 결속강화 및 공동시장의 유지에 있음. EAC는 회원국간의 불화로 해체되어 현재는 존속치 않음

▶ **EAEC(East Asia Economic Caucus, 동아시아 경제회의)**

1990년 12월 말레이시아 마하티르 수상이 NAFTA와 EC에 대응하는 배타적인 동아시아경제블록(East Asia Economic Group) 창설을 제의한 바 있음. 당초 제안에 의한 협력대상국은 ASEAN 6개국을 중심으로 한국, 일본, 중국, 대만, 홍콩, 미얀마 및 베트남이 포함됨. 그러나 미국의 강력한 반대에 부딪혀 대외협상에 있어서 협상력증대를 위한 공동대응 및 무역·경제협력 강화를 위한 협력체로 재규정됨

▶ **EC(European Community, 유럽공동체)**

1967년 EEC, EURATOM 및 ECSC를 통합하는 통합조약에 의해 세 기구는 EC로 통합되었으며, EC의 모든 기구는 기존의 로마조약(1957년 3월)에 의거 설치됨. 초기 회원국은 6개국(EEC의 회원국-독일, 프랑스, 이탈리아, 벨기에, 네덜란드, 룩셈부르크)으로 출발하였으나, 그 동안 영국, 아일랜드, 덴마크(이상 1973년 가입), 그리스(1981년), 스페인, 포르투갈(이상 1986년)이 추가로 가입하여 현재는 12개국으로 구성됨. 마스트리히트조약에 의해 통화·정치통합이 완성되면 명실상부한 "유럽연합(EU)"으로 발전되며, 향후 EEA협정에 따라 "범유럽통합"으로 이어질 것으로 예상됨

▶ **ECCAS(Economic Community of Central African States, 중부아프리카 경제공동체)**

라고스행동계획(Lagos Plan of Action)에 따라 아프리카 전대륙을 공동시장화하려는 계획의 일환으로 추진되었으며, 1983년 서명, 1984년말부터 발효되었음. ECCAS는 UDEAC(l'Union Douaniere et Economique de l'Afrique Centrale, 중부아프리카 관세 및 경제동맹)와 ECGLS(Economic Community of the Great Lake States, 대호수국경제공동체)를 포함하고 있으며, 회원국은 상토메 프린시페, 콩고, 가봉, 카메룬, 중앙아프리카공화국, 적도기니, 챠드, 자이르, 부룬디, 르완다 등 10개국으로 구성됨

▶ **ECGLS(Economic Community of the Great Lake States, 대호수국경제공동체)**

1976년 자이르, 르완다, 부룬디 등으로 구성된 회원국간의 공동경제개발과 공동관심사를 협의하기 위한 기구임

▶ **ECOWAS(Economic Community of West African States, 서아프리카 경제공동체)**

1975년 5월 라고스조약(Treaty of Lagos)에 의해 서아프리카 제국의 교역·경제협력·경제자립 증진을 위해 설립됨. 회원국은 베닌, 기네아비소, 나이지리아, 코티디브와르, 세네갈, 감비아, 리베리아, 시에라리온, 가나, 말리, 토고, 기네아, 니제르, 모리타니아, 오트볼타(지금의 부르키나파소), 카보베르데(1977년 가입)의 16개국임. 서아프리카경제공동체에는 ① 무역·관세·이민·통화결제, ② 공업·농업·천연자원, ③ 수송·원격통신·에너지, ④ 사회적·문화적 문제 등을 다루는 4개 특별위원회가 있음

▶ **ECSC(European Coal and Steel Community, 유럽석탄철강공동체)**

1951년 4월 파리조약에 의해 성립됨. 회원국은 독일, 프랑스, 이탈리아, 벨기에, 네덜란드, 룩셈부르크의 6개국임. 이후 1967년 EEC(유럽경제공동체) 및 EURATOM(유럽원자력공동체)과 함께 EC(유럽공동체)로 통합됨

▶ **EEA(European Economic Area, 유럽경제지역)**

1989년 12월 19일 EU·EFTA간 외무장관들의 합의에 따라 EEA창설협상이 본격 진행되어

1991년 10월 룩셈부르크에서 정식조인되었고, 1994년 1월 1일부터 조약이 발효되었음. EU회원국과 EFTA회원국 간의 확대된 협력 프로젝트로 EU와 EFTA를 묶은 경제통합체이며, EES(European Economic Space)라고도 불림. EEA조약 효력 발생시 EFTA와 EU입법을 수용하고, 각료이사회에 투표권은 없지만 새로운 입법제정시 참여할 수 있음

▶ **EEC(European Economic Community, 유럽경제공동체)**

1957년 3월 로마조약에 의해 창설된 경제공동체임. EEC의 목적은 관세동맹, 경제 및 화폐동맹과 회원국간의 상품 · 인력 · 서비스 및 자본의 자유이동을 이룸으로써 공동의 경제 · 산업 · 사회 · 재무 및 재정 정책을 실시하는 단일시장을 형성하는 것임. 창설회원국은 독일, 프랑스, 이탈리아, 벨기에, 네덜란드, 룩셈부르크의 6개국임. 1967년 7월 1일 EEC, ECSC와 EURATOM의 기구단일화에 대한 통합조약이 체결된 후, EEC라는 용어보다는 이들 3기구를 통칭하는 EC로 불리움

▶ **EFTA(European Free Trade Association, 유럽자유무역연합)**

1960년 스톡홀름조약에 의해 성립됨. 영국, 스웨덴, 노르웨이, 덴마크, 오스트리아, 스위스, 포르투갈의 7개국으로 출발하였으나, 그 동안 회원국의 변동으로 현재는 스웨덴, 스위스, 노르웨이, 아이슬란드, 핀란드, 오스트리아, 리히텐슈타인의 7개국으로 구성됨. 1992년 5월 EU와의 사이에 체결된 EEA(유럽경제지역)협정이 1994년 1월 1일부터 발효되었음

▶ **EU(European Union, 유럽연합)**

기존 EC(European Community)의 경제통합을 더욱 강화한 유럽연합조약(일명 마스트리히트 조약)의 발효(1993년 1월)로 탄생됨. 마스트리히트 조약은 역내에 존재하는 모든 물리적, 기술적, 재정적 장벽을 제거함으로써 완전한 경제통합을 이룩하는 한편, 궁극적으로 유럽정치동맹을 결성하여 유럽합중국(United States of Europe)을 지향하고 있음

▶ **EURATOM(European Atomic Energy Community, 유럽원자력공동체)**

1957년 3월 25일에 체결된 로마조약(1958년 1월 1일 시행)에 의해 핵산업의 평화적 이용을 위한 신속한 정립과 성장에 필요한 조건을 조성함으로써 회원국간의 관계를 발전시키며 회원국의 생활수준을 개선하는데 기여하기 위해 설립한 EC 3공동체중의 하나임. 주요 목표는 공동 에너지 시장의 창설, 핵원료의 균형공급 보장, 핵에너지의 안전 및 인간과 환경의 보호를 위한 특별 계획 등을 추진하는 것임. 핵에너지의 공급기관과 핵공동 연구소로 설립하였으며, 현재 1967년 통합조약에 따라 EC위원회 DG XVII국이 핵 안전의 기준을 제안하고 통제함

▶ **GCC(Gulf Cooperation Council, 페르시아만협력위원회)**

1981년 5월 25일 페르시아만 연안제국간의 모임을 통해 결성되었으며 참가국은 사우디아라비아, 아랍토후국연합, 쿠웨이트, 카타르, 바레인, 오만 등의 6개국임. 창설 이후 그 동안 국방, 외교, 교육, 에너지 분야 등에서 여러 가지 협정을 부분적으로 체결, 협조하여 오다가 1983년 3월 1일에

발효된 통일경제협정(The Unified Economic Agreement)을 체결함으로써 결속된 경제권으로 부상함

▶ G-3(Group of Three, 중미3국그룹)

1992년 2월 멕시코, 콜롬비아, 베네수엘라 3국이 비관세장벽의 철폐와 역내수입관세 인하를 통한 자유무역지역 창설(1993년 12월 완성)에 합의함으로써 성립함

▶ G3-CACM

1993년 2월 카리카스협정에 의해 성립되었으며 1996년 12월에 완성되었음. 회원국은 G-3 3개국(멕시코, 콜롬비아, 베네수엘라), CACM 5개국(코스타리카, 과테말라, 니카라과, 온두라스, 엘살바도르) 및 파나마의 9개국으로 구성됨. 주요 목적은 G3과 중미 6개국간 경제협력을 위한 자유무역 실시 및 지역투자 활성화에 있으며 궁극적으로는 G3-CACM-CARICOM을 연결하는 자유무역지역을 결성하는데 있음

▶ LAFTA(Latin American Free Trade Association, 중남미자유무역연합)

1961년 몬테비디오조약에 의해 창설됨. 회원국은 아르헨티나, 브라질, 칠레, 멕시코, 파라과이, 우루과이, 페루, 에쿠아도르, 콜롬비아, 베네수엘라, 볼리비아 등 11개국으로 구성됨. 1980년말을 기해 역내국간의 이해조정 및 통합의 성과부진 등으로 해체되고, 대신 LAIA(Latin American Integration Association)라는 새로운 경제통합체를 결성함

▶ LAIA(Latin American Integration Association, 중남미통합연합)

1980년 8월 조인된 몬테비디오조약 Ⅱ에 의해 결성됨. 회원국은 아르헨티나, 브라질, 멕시코, 칠레, 콜롬비아, 페루, 우루과이, 베네수엘라, 볼리비아, 에쿠아도르, 파라과이 등 11개국으로 구성됨. 주요 목적은 회원국의 경제, 사회발전을 위해 역내통합을 이룩하고 최종적으로 남미공동시장을 형성하는데 있음

▶ Maghreb(마그레브 국가)

'마그레브'란 고대 아랍인이 '해가 지는 곳', '서쪽'이란 뜻으로 사용한 아랍어로 북서 아프리카 국가들인 알제리, 리비아, 모로코, 모리타니아와 튀니지를 지칭함

▶ Malphilindo(말필린도)

1963년 말레이시아, 필리핀, 인도네시아 3국이 반식민주의, 반제국주의를 실현하기 위해 결성한 지역협력기구임. 1967년 8월 ASA(동남아연합)와 통합되어 ASEAN으로 확대, 개편됨

▶ MERCOSUR(Mercado Comun del Sur, 남미공동시장)

1991년 3월 26일 아순시온조약의 체결로 성립됨. 회원국은 브라질, 아르헨티나, 우루과이, 파라

과이 등 4개국임. 남미공동시장은 경제통합체의 명칭과는 달리 경제통합의 단계적인 성격에서 평가할 때 상품뿐만 아니라 생산요소(서비스·노동·자본 등)의 자유로운 이동을 허용하는 완전한 의미의 공동시장의 수준에는 이르지 못하고 있음

▶ MRU(Mano River Union, 마노강동맹)

1973년 결성된 것으로 회원국은 라이베리아, 시에아리온, 기니(1981)의 3국으로 구성됨

▶ NAFTA(North American Free Trade Agreement, 북미자유무역협정)

1992년 12월 미국, 캐나다, 멕시코 3국간 자유무역협정의 체결로 결성되어 1994년 1월 1일부로 공식출범하였음. 주요 목적은 역내국의 수직적 분업을 통한 역외국에 대한 경쟁력 강화에 있음. 미국은 향후 북미자유무역협정을 중남미지역으로 확대하여 범미주통합(EAI : Enterprise for Americas Initiative)을 계획하고 있음

▶ OEEC(Organization for European Cooperation, 유럽경제협력기구)

1948년 결성되었으며 회원국은 영국, 독일, 프랑스, 이탈리아, 터키, 벨기에, 룩셈부르크, 덴마크, 노르웨이, 스웨덴, 그리스, 핀란드, 포르투갈, 스페인, 아이슬란드, 리히텐슈타인의 17개국으로 구성됨. 이후 1961년 9월 미국, 캐나다를 회원국으로 맞이하여 OECD(Organization for Economic Cooperation and Development)로 확대·개편됨

▶ OAU(Organization of African Unity, 아프리카통일기구)

1963년 5월 25일 창설된 아프라카내 정부간 조직으로 남아프리카공화국, 나미비아, 모로코를 제외한 아프리카의 50개 국가가 참여하고 있음. OAU의 주요 업적은 알제리와 모로코분쟁(1964~65)을 중재한 일이며, OAU는 또한 아프리카 대륙의 발전과 농업재건에 역점을 두고 있음. OAU의 본부는 아디스아바바(이디오피아)에 소재하고 있으며, 최고기구는 국가 및 정부수반들의 연례회의임

▶ OECD(Organization for Economic Cooperation and Development, 경제협력개발기구)

1948년 4월 16일 마샬플랜에 의해 주도되었던 유럽경제협력기구(OEEC)를 1961년 9월 30일자로 발전적으로 해체하고 유럽지역 이외의 국가도 회원으로 하여 선진 산업 민주국가간의 경제 및 사회정책을 조정하기 위해 발족한 국제기구임. 당초 회원국은 오스트리아, 벨기에, 덴마크, 프랑스, 독일, 그리스, 아이슬란드, 아일랜드, 이탈리아, 룩셈부르크, 네덜란드, 노르웨이, 포르투갈, 스페인, 스웨덴, 스위스, 터키, 영국, 캐나다, 미국 등 20개국이었으나 그 뒤 일본(1969년), 핀란드(1969년), 호주(1971년)와 뉴질랜드(1973년), 멕시코(1994년), 체코(1995년), 헝가리(1996년), 폴란드(1996년), 한국(1996년) 등이 가입하였음. OECD의 이사회(Council), 집행위원회(Executive Committee), 사무총장 등의 상부기구와 상부기구의 결정을 집행하는 하부기관 및 사무국 등으로 조직되어 있음

▶ **PTA(The Preferential Trade Area for Eastern and Southern African States, 동남부아프리카 특혜무역지역)**

1978년 3월 루사카선언에 따라, 1981년 12월 ECA(UN아프리카 경제위원회)의 주도 아래 잠비아의 수도 루사카에서 PTA설립조약이 체결되었고, 1982년 9월부터 발효되었음. 회원국은 초기의 모로코, 지부티, 이디오피아, 케냐, 말라위, 모리셔스, 소말리아, 우간다, 잠비아에서 레소토, 스와질랜드, 짐바브웨, 부룬디, 르완다(이상 1984년 가입), 탄자니아(1985년) 등이 추가로 가입하여 회원국이 15개국에 이름. 기본목적은 역내 회원국간 교역을 증진시켜 경제발전을 도모하고 남아프리카공화국 및 선진국에 대한 경제적 의존상태에서 탈피하여 역내경제의 자립화를 실현하는데 있음

▶ **SADDC(Southern African Development Coordination Conference, 남부아프리카 개발조정회의)**

1980년 보츠와나, 앙골라, 모잠비크, 잠비아, 탄자니아, 짐바브웨, 스와질랜드, 레소토, 말라위 등 9개국에 의해 창설됨. 주요 목표는 동 지역의 경제협력과 발전조정, 이를 통한 남아프리카공화국으로부터의 경제적 종속 탈피에 있음

▶ **Treaties of Maastricht(마스트리히트 조약)**

유럽 정치통합과 경제 및 통화 통합을 이룩하기 위한 새로운 유럽통합조약임. 유럽연합조약이라고도 함. 1991년 12월 10일 네덜란드 마스트리히트에서 EC정상간 합의되고, 1992년 2월 7일 EC 외무장관회의에서 정식 조인되었음. 주요 내용은 1997년까지, 늦어도 1999년까지는 특정 다수결제도에 의해 유럽단일통화를 도입하며, 좀더 긴밀한 정치통합체로서 EC를 발전시키기 위해 유럽동맹의 창설을 궁극적인 EC지향목표로 합의한 것임. 그 외 적당한 시기에 공동방어로 이행될 장기적인 공동방위정책을 포함한 공동외교 및 방어정책을 설정하기로 하였으며, 조사권 · 청원권 · 협력절차를 도입함으로써 유럽의회의 입법권을 개선하면서 기원 공무원의 임명권 같은 특별한 조치를 포함하는 유럽의회의 권한을 강화시켰음

▶ **Treaty of Paris(파리조약)**

벨기에, 프랑스, 독일, 이탈리아, 룩셈부르크 및 네덜란드 6개국이 1951년 4월 18일 ECSC설립을 위해 체결한 조약임. 조약유효기간은 발효일인 1952년 7월 25일부터 50년간이며, 석탄 및 철강산업의 분야에서 회원국간의 공동시장을 창설하고 고용과 생활수준의 개선을 통한 경제발전을 목적으로 함

▶ **Treaty of Rome(로마조약)**

ECSC 6개국에 의해 이탈리아 로마에서 1957년 3월 25일 서명된 유럽경제공동체(EEC)와 유럽원자력공동체(EURATOM) 창설을 위한 조약임. 1951년 서명된 ECSC조약과 함께 EC 3기본조약을 이루며, 이 중 특히 EEC창설을 위한 조약은 가장 중요한 조약으로 인정됨. 전문 248조, 15개 부속 합의서, 4개의 설립 선언문과 3개의 의정서로 구성됨. 로마조약은 각 회원국 법에 우선하여

적용되며, 룩셈부르크 조약과 단일유럽법 등에 의해 주요 내용이 개정되었음

▶ **UMA(Union of the Arab Maghreb, 마그레브제국연합)**

알제리 독립(1962)후 튀니지, 알제리, 모로코 3국이 교통, 통신, 무역 및 관광 등의 여러 면에서 공동시장 조성을 위해 창설한 협력체임. 현재 회원국은 알제리, 리비아, 모리타니아, 모로코, 튀니지의 5개국으로 구성되어 있으며 관세동맹 결성과 북아프리카 공동시장 형성을 추진 중에 있음

▶ **UDEAC(l'Union Douaniere et Economique de l'Afrique Centrale, 중부아프리카 관세 및 경제 동맹)**

1964년 12월 8일 체결된 Brazzaville 조약에 의해 1966년 1월에 설립되었음. 회원국은 당초 카메룬, 중앙아프리카공화국, 콩고, 가봉, 챠드(1968년 탈퇴, 1983년 재가입)등 5개국이었으나, 1985년 적도기니가 가입함으로써 6개 회원국으로 구성됨. UDEAC는 회원국간 경제협력과 무역증대를 기본원칙으로 하고 있으며, 이를 통해서 진정한 지역경제통합체로 중부권 아프리카 공동시장을 운영할 것을 목적으로 하고 있음

▶ **USCFTA(U.S-Canada Free Trade Agreement, 미-캐나다 자유무역협정)**

1988년 1월 공업경쟁력 및 산업생산성 증진을 위해 미-캐나다간에 결성한 자유무역지역임. 현재는 NAFTA의 발효(1994년 1월 1일)로 이에 흡수된 상태임

▶ **U.S.-Israel Free Trade Agreement(미-이스라엘 자유무역협정)**

1985년 9월에 미-이스라엘 양국사이에 체결된 자유무역협정임. 이스라엘측은 안정적 수출시장의 확보와 안보상의 고려하에, 미국측은 GATT라운드협상의 추진과 대이스라엘 지원방식을 기존의 경제·군사원조 중심에서 미국시장의 개방에 의한 수출증대 보장으로 전환하려는 의도에서 추진하였음

찾아보기

[ㅇ]

[ㅍ]

[ㅎ]

〈기타〉

〈주요 저서〉

현대통상의 이해(공저), 경문사, 2001.
남북한경제의 이해, 굿북스 코리아, 2001.
국제지역학의 이해, 도서출판 두남, 2002.
국제투자의 이해(공저), 경문사, 2002.
현대무역의 이해(공저), 연암사, 2002.
유럽지역연구, 도서출판 두남, 2003.
미주지역연구, 시그마 프레스, 2003.
세계지역연구, 한올출판사, 2004.」
국제통상환경론, 청목출판사, 2005.
현대중국경제론, 청목출판사, 2005.
21세기 글로벌기업론, 청목출판사, 2006.
APEC · ASEM · ASEAN+3 Focus, 청목출판사, 2006
21세기 글로벌 무역의 이해, 청목출판사, 2006.
21세기 글로벌 통상의 이해, 청목출판사, 2007.
21세기 글로벌 투자의 이해, 청목출판사, 2007.
국제경영과 경제의 이해, 청목출판사, 2007.
현대한국무역론, 청목출판사, 2007.
FTA의 경제학, 청목출판사, 2007.
외 다수

〈주요 논문〉

- "미국과 일본의 거시경제적 충격이 한국경제에 미치는 상대적 영향", 경제학연구, 제43집 제3호, 한국경제학회, 1995.
- "Empirical Test of The Market-oriented CAPM and January Effect", LSU Working Paper, 1997.
- "Money Demand Model of Inflation : Reexamined", LSU Working Paper, 1997.
- "Cointegration Test of Purchasing Power Parity", Western Social Science Association, 40th Annal Conference Proceeding, 1998.
- "A VAR Analysis of the Influence of the U.S. Economic Disturbances on the Korean Economy", Journal of Korea Trade, Vol. 3, 1999.
- "Economic Interdependence between Korea and Japan : Empirical Inquiry", Journal of Korea Trade, Vol. 4, No. 2, 2000.
- "교육용 유사주문형 비디오에 대한 지불의사액 분석", 경제학연구, 제48집 제13호, 한국경제학회, 2000.
- "산업연관 분석을 이용한 전파통신산업의 산업파급효과 분석", 중소기업연구, 제22권 제2호, 한국중소기업학회, 2000.
- "남북경협과 중소기업의 대북한 진출방안", 무역학회지, 제26권 제1호, 한국무역학회, 2001.
- "Modeling Zero Response Data from Willingness to Pay Surveys", Economics Letters, Vol. 71, No. 2, 2001.
- "Real Exchange Rate-Interest Rate Differentials : Empirical Inquiry", Journal of Korea Trade, Vol. 5, No. 1, 2001.
- "International Transmission of Economic Disturbances : Reexamined", 국제통상연구, 제7권 제1호, 한국국제통상학회, 2002.
- "An Empirical Analysis of Economic Linkages between Korea and U.S.", 산업경제연구, 제16권 제5호, 2003.
- "남북한 금융협력에 관한 연구", 국제통상연구, 제8권 제3호, 한국국제통상학회, 2003.
- "동북아허브 발전전략에 대한 고찰", 한국항만경제학회지, 제19집 제2호, 한국항만경제학회, 2003.
- "An Empirical Analysis of Economic Linkages between Korea and Germany", 유럽연구, 제21권(2005년 여름), 한국유럽학회, 2005.
- "동북아 금융허브 발전전략에 관한 연구", 국제지역연구, 제10권 제3호, 국제지역학회, 2006. 외 다수

Post-BRICs 경제의 이해

2007년 8월 20일 초판인쇄
2007년 8월 25일 초판발행

저 자 이 재 기
발행인 유 성 렬
발행처 청목출판사
서울특별시 영등포구 신길동 233-96
전화 (02) 849-6157(代) · 2820
FAX (02) 849-0817
등록 제318-1994-000090호

파본은 바꾸어 드립니다. 값 25,000원

http : //www.chongmok.co.kr

ISBN 978-89-5565-206-2